NOS PASSOS DE Hannah Arendt

Laure Adler

NOS PASSOS DE Hannah Arendt

Tradução de
TATIANA SALEM LEVY e MARCELO JACQUES

Revisão técnica de
PEDRO DUARTE DE ANDRADE

EDITORA RECORD
RIO DE JANEIRO • SÃO PAULO

2007

CIP-Brasil. Catalogação-na-fonte
Sindicato Nacional dos Editores de Livros, RJ.

Adler, Laure

A185n Nos passos de Hannah Arendt / Laure Adler; tradução Tatiana Salem Levy e Marcelo Jacques. – Rio de Janeiro: Record, 2007.

Tradução de: Dans les pas de Hannah Arendt
ISBN 978-85-01-07587-1

1. Arendt, Hannah, 1906-1975. 2. Cientistas políticos – Biografias. I. Título.

06-2357 CDD – 923.2
CDU – 929:32

Título original em francês:
DANS LES PAS DE HANNAH ARENDT

Direitos exclusivos de publicação em língua portuguesa para o Brasil adquiridos pela
EDITORA RECORD LTDA.
Rua Argentina 171 – Rio de Janeiro, RJ – 20921-380 – Tel.: 2585-2000
que se reserva a propriedade literária desta tradução

Impresso no Brasil

ISBN 978-85-01-07587-1

PEDIDOS PELO REEMBOLSO POSTAL
Caixa Postal 23.052
Rio de Janeiro, RJ – 20922-970

À memória de Jacqueline Veinstein

Para a minha neta Annah

Sinto-me um animal para o qual todos os acessos estão fechados. Não posso mais me entregar, pois ninguém me quer do jeito que sou; todos sabem mais de mim do que eu.

Hannah Arendt a Karl Jaspers,
19 de fevereiro de 1965.

SUMÁRIO

Introdução 11

I. Criança febril 17
II. Moça estrangeira 37
III. Sombra 57
IV. Estudante antinazista 85
V. Exilada 135
VI. Pária 169
VII. Jornalista 191
VIII. Anti-sionista 221
IX. Militante política 261
X. Primeiro retorno à Europa 285
XI. Pensar o totalitarismo 307
XII. Radical 329
XIII. Devoradora de livros 371
XIV. Grande repórter 401
XV. Controvertida 431
XVI. Acuada 461
XVII. Leal à realidade 481
XVIII. Filósofa 493
XIX. Sozinha 519
XX. Profunda 533

Agradecimentos 563

Notas 567

Bibliografia das obras de Hannah Arendt publicadas no Brasil 633

Índice onomástico 635

INTRODUÇÃO

Descobri Hannah Arendt há vinte e cinco anos com a leitura de *Da Revolução*, livro em que ela propõe, de maneira surpreendente, algumas pistas de reflexão política com o objetivo de nos fazer agir de modo a tornar o mundo mais humano, menos injusto. Essas pistas coincidiam com as minhas interrogações do momento. Mais tarde, li seu texto sobre Kafka, que foi uma revelação para mim. Ela descrevia um homem tão próximo de nós que quase podíamos ouvi-lo ofegar diante do terror do que pressentia. Hannah evocava seu dever de antecipar a destruição do mundo contemporâneo com frases de uma força rara e fazia desse imenso escritor um membro da comunidade, um cidadão de um mundo novo a ser construído imediatamente. Vi então que Hannah Arendt não era apenas uma intelectual, uma filósofa, uma escritora, mas também, sem dúvida, uma mulher que conhecia o sofrimento, a distância entre si e o mundo, o esfacelamento íntimo de cada um. A leitura do resto de sua obra apenas confirmou essa minha intuição: Hannah Arendt era uma mulher atormentada, dividida em duas, coagida, ao longo de toda a vida, a procurar seu lugar, tanto intelectual quanto físico, entre a língua alemã e a cultura judaica, entre o amor por Heidegger e a vida de esposa com Blücher, entre a paixão pela filosofia e o gosto pela política, entre a *vita contemplativa* e a *vita activa*.

"Entre" quer dizer: "entre duas margens." E sempre correndo um risco extremo, seja na vida pessoal, seja nos engajamentos públicos, ou na assunção de uma solidão que não era, nela, orgulho de auto-suficiência, mas método vital de acesso à verdade.

Hannah Arendt não faz parte desses intelectuais do século XX que mudaram de verdade segundo as épocas e as modas. Nunca cedeu a nenhuma ideologia e desconfiava, como da peste, de todos os *ismos*. Foi e continua sendo uma intelectual livre, um exemplo de coragem e independência. Em nome de suas próprias idéias, sozinha, sem escola nem apoio, escolheu, durante sessenta anos, se questionar sobre o que produz o mal, sobre o que vai mal: as violências políticas, os totalitarismos, o conflito israelense-palestino, o crescimento incessante da sociedade de consumo, o aumento do número de refugiados no mundo, a redução do espaço público, a degradação de nossas liberdades.

Hannah Arendt é a pensadora de um momento caótico, aquela que sabe diagnosticar as causas do mal que gangrena nossas sociedades. É também a pensadora que acredita na força do bem, nos recursos de nossa humanidade, no futuro de um bem comum, na superação de nós mesmos por uma sociedade mais fraternal. Nela, aliam-se a vontade de acreditar numa lei moral partilhada por todos e o questionamento sobre a fragilidade dos negócios humanos. Ela acredita que temos a capacidade de agir e que nossa liberdade deva ser inalienável. É por todas essas razões que nos é tão preciosa. Sua maneira tão próxima, tão direta, de questionar o mundo, nos ajudando a encontrar instrumentos de navegação para compreender o que ela chamava de "tempos sombrios", é insubstituível.

Hannah Arendt é potência do pensamento, mas é também lealdade. Mergulhar em seus textos, encontrar seus amigos e descobrir correspondências inéditas, como tive a sorte de poder fazê-lo, fez crescer em mim um sentimento perturbador de proximidade com essa mulher que sempre desvendou seus próprios modos de funcionamento, confessou suas incertezas, assumiu sua violência — pronta a ser insultada — e reivindicou seu lugar de pessoa politicamente incorreta, sabendo que pagaria caro por isso.

No entanto, Hannah Arendt continua, ainda hoje, pouco conhecida pelo grande público. Não faz muito tempo que sua notoriedade começou a ultrapassar os círculos universitários. Na França, recentemente, o presidente da República fez referência a ela e, num horário de grande audiência, o programa televisivo "Questions pour un champion" [Perguntas para um campeão] citou seus livros. Na Alemanha, foi lançado um selo com sua efígie, o trem que liga Karlsruhe a Hanover tem o seu nome e uma rua Hannah

Arendt foi inaugurada em Berlim; inúmeros colóquios e seminários são realizados em torno de sua obra e um prêmio Hannah Arendt, um dos mais vultosos da Europa, recompensa o trabalho de um pesquisador. Nos Estados Unidos, sua obra alimenta diversas correntes filosóficas e sociológicas, e não há um ano sequer em que inúmeras teses não lhe sejam consagradas. Em Israel, ela suscita paixões, gera entusiasmo, mas também atiça a cólera daqueles e daquelas que, parafraseando Gershom Scholem, a condenam por não ter mostrado as provas de seu amor pelo povo do qual é filha.

Meu relato, portanto, tem a intenção de dar a conhecer melhor Hannah Arendt, de tentar restituir sua força e coragem nos combates que conduziu durante toda a sua existência, assim como de propiciar a vontade de ler, reler e meditar sobre o que ela escreveu, de tanto que seu pensamento gera entusiasmo, força e energia.

Para obter sucesso na minha investigação, foi necessário não apenas debruçar-me sobre sua obra — uns trinta textos publicados em francês, centenas de artigos e a massa de sua correspondência —, mas também ir aos lugares onde viveu, encontrar aqueles que a conheceram e, graças à confiança que me concedeu Jerome Kohn, seu herdeiro testamentário, ter acesso à sua correspondência inédita e a numerosos trabalhos, cadernos de trabalho, *works in progress*, indícios materiais e vestígios intelectuais de sua maneira de refletir, de reunir, de eliminar para inventar. Viajei então por toda a Europa e passei semanas inteiras, na frente de uma tela, na biblioteca da New School, em Nova York, onde, para protegê-los dos estragos do tempo, os documentos estão hoje digitalizados.

Muitas testemunhas e amigos aceitaram me abrir suas portas e falar de coração aberto: Hermann Heidegger, o filho de Martin, que se lembrava muito bem de Hannah na época de seu retorno à Alemanha e que me falou de sua mãe Elfride. Edna Fuerst, a sobrinha de Hannah, a quem ela chamava de sua "querida" na correspondência. Edna, a doce, nascida em Israel, com quem ela assistiu ao processo de Eichmann. Lore Jonas, a esposa de Hans Jonas, o companheiro de estudos de Hannah em Marburg desde 1924, que veio se instalar, como ela, em Nova York em 1955. Lotte Köhler, que

Hannah encontrou em Nova York em 1941 — Lotte, a íntima, a confidente, que ensina inglês a Hannah, que traduz seus livros, que a acompanha ao cinema nos dias de melancolia, Lotte que canta *Lohengrin* e recita Hölderlin noite adentro... — Lotte que se ocupou dela até seu último suspiro.

Restava-me em seguida reunir essa multidão de fragmentos... Mas estava fora de questão preencher as lacunas, propor uma narrativa sem falhas nem contradições, suprir as ausências com retoques. Apenas desenhar uma trajetória. Fora de questão fazer uma biografia ou um livro de filosofia. Já existem vários, que alimentaram esta pesquisa. Em particular, o trabalho magnífico de Elisabeth Young-Bruehl, a primeira biógrafa, aluna de Hannah, que lhe presta homenagens já em 1982, época em que sua obra era pouco conhecida. O de Julia Kristeva, que inicia seu tríptico consagrado ao gênio feminino com um texto sobre Hannah Arendt, incandescente tratado filosófico, poético e psicanalítico. O de Martine Leibovici, que foi a primeira a resgatar, em seu luminoso *Hannah Arendt, une juive*, a questão da judeidade em sua obra. Os de Françoise Collin, que introduziu a obra de Hannah Arendt na França e que soube fecundá-la, tanto no plano do feminismo quanto no da fenomenologia. Por último, os de Sylvie Courtine-Denamy, que se dedica, há vinte anos, a levar ao conhecimento do público a obra de Hannah Arendt e que acaba de organizar o monumental *Journal de pensée* [Diário de pensamento]. São muitas as mulheres a quem muito devo e cujo imenso trabalho irrigou a minha narrativa.

Ler Hannah Arendt me levou muito longe, talvez longe demais. A exigência que essa pensadora tinha consigo própria impõe que se extraia o máximo de si para tentar compreendê-la. Era preciso se recusar a adotar sistematicamente seus pontos de vista, mostrar as zonas sombrias e as contradições, os enclausuramentos políticos em que ela, por orgulho ou má-fé, se deixou cair.

Ler Hannah Arendt é se alongar numa tarde de verão bem quente num campo onde a grama acaba de ser podada e olhar para o sol. Levantar, ir descalça até o regato e caminhar, com os tornozelos cobertos de água gelada, sobre os calhaus. O corpo arde, a cabeça gira, o espírito está em chamas.

Ler Hannah Arendt é, numa noite fria de fevereiro, clara e sem vento, longe do burburinho da cidade, levantar os olhos para o céu, admirar o arco celeste e se deixar envolver. A doçura dessa cintilação. Imobilidade protetora. Pensar em Kant, que ela amava tanto, que não temia inventar uma nova língua para falar de pensamentos verdadeiros, e para quem a filosofia não era saber tudo, mas saber de si mesmo como princípio de acesso à liberdade. Ser conseqüente é a obrigação principal de um filósofo, dizia Emmanuel Kant. Hannah foi conseqüente.

Hannah acreditava ter vindo ao mundo para cumprir uma sina. Sabia que era dona de capacidades intelectuais particulares que a impediam de gozar da existência. Seu talento mais evidente era a atividade do espírito. Estimava ser uma servidora do espírito. Nesse sentido, Hannah era religiosa. Ela respondeu ao chamado. Para ela, pensar não era uma atividade excepcionalmente difícil, ainda que pudesse ser laboriosa. Era um dom. Pensar lhe caía de cima, como um raio sobre a árvore durante uma tempestade. E Hannah lhe obedecia sabiamente: ela se alongava, inclinava a cabeça para trás, abria os olhos, mirava o teto e colocava os braços embaixo da cabeça. Isso podia lhe acontecer em qualquer lugar. Seus amigos sabiam. E se retiravam na ponta dos pés para não atrapalhá-la.

Como eles, fico no quarto ao lado, o ouvido colado à porta, guardando na mente e no coração essa frase de seu *Journal de pensée*: "A verdade é o critério mais elevado do pensamento [...]. Sem pensamento, não há verdade."*

**Journal de pensée*, traduzido para o francês por Sylvie Courtine-Denamy, Seuil, 2005 (vol. 2, caderno "Vérité et politique", 1963-1964 § 14, p. 816).

I

CRIANÇA FEBRIL

Hanover, Baixa Saxônia, janeiro de 2004. O avião sobrevoa a cidade cercada pelas curvas do rio Leine, cavalos galopam pelos prados de um verde terno iluminado pelo sol de inverno. O contraste com a descoberta da cidade será ainda mais brutal. Uma longa rua de pedestres, uma sucessão de edifícios de concreto, bancos, corretoras. A cidade natal de Hannah Arendt, onde Leibniz se estabeleceu a partir de 1676 como bibliotecário e historiador na corte do ducado, foi destruída pelos bombardeios na Segunda Guerra Mundial.[1] Hannah Arendt nasceu em Linden em 1906, nos arredores de uma cidade que foi arrasada. Será essa a razão de nunca mais ter desejado retornar a seu local de nascimento nas diversas visitas à República Federal da Alemanha depois de dezembro de 1949? Ela passou a infância, desde os dois anos, e a adolescência em outra cidade, igualmente destruída, a cidade de Kant: Königsberg, na época pertencente à Prússia Oriental, hoje, Kaliningrado.

Hanover se lembra dela. Uma rua e uma escola têm o seu nome. Todos os anos, a universidade organiza "jornadas Hannah Arendt", nas quais filósofos do mundo inteiro vêm comentar a sua obra. Uma sala consagrada a ela — com objetos pessoais: sua maleta de couro marrom com suas iniciais em dourado, suas canetas, seus diplomas e suas condecorações (protegidos com vidro, o prêmio da universidade de Copenhague, o prêmio Sigmund Freud, o certificado da academia de Darmstadt e a medalha da Universidade de Chicago) e todos os seus livros traduzidos para o alemão — acaba de ser inaugurada no primeiro andar da biblioteca municipal da cidade. Que ironia do destino para uma mulher que não gostava dos símbolos ostentatórios de reconhecimento!

Num café no centro do bairro de pedestre, os professores Detlef Horster e Peter Brokmeier me explicam o interesse dos estudantes por Hannah Arendt. O primeiro, nascido em 1942, é professor de filosofia moral, o segundo, nascido em 1935, de ciências políticas. Todos os dois ministram cursos sobre Hannah Arendt. Brokmeier lembra que em Berlim Ocidental, no final dos anos 1960, sua reputação era péssima: "Fazíamos parte de um grupo da esquerda radical. Depois de tê-la ignorado durante longo tempo, até porque não era possível encontrar suas obras nas prateleiras da biblioteca da universidade onde eu trabalhava, tive vontade de saber o que escrevia essa mulher de quem meus camaradas falavam tão mal. Eles me diziam que ela colocava o comunismo e o nazismo no mesmo nível. Acrescentavam que ela confundia todos os valores e que era uma ideóloga perigosa. De tanto ouvir falar mal, acabei ficando interessado em saber mais: quis ir às fontes. Descobri seu livro *Origens do totalitarismo*. Parei logo de lê-lo. Estava escandalizado. Foi preciso muito tempo e um longo desvio pela história das idéias políticas para retomá-lo. Minha incompreensão não vinha dos textos de Hannah Arendt, mas dos meus preconceitos marxistas. Eu havia pesquisado durante longo tempo as possibilidades de tornar o marxismo sensato. Já tinha entendido que seria difícil. Até o dia em que percebi que seria impossível. Graças a Hannah Arendt. Foi um pouco antes da queda do Muro."

Sua obra é incômoda, tão forte que pode mudar nossa visão de mundo e nossas tomadas de posição, abrir portas, dar impulso. Mas é também impossível de ser apoderada. Em movimento permanente, o pensamento de Arendt nunca se deixa reduzir a uma opinião, uma categoria, uma ideologia. Não se deixa fechar num grupo político. Ela mesma tentou redefinir e circunscrever o que é a política: "A política baseia-se na pluralidade dos homens", escreve ela em 1950. "[...] *o* homem é a-político. A política surge no *entre-os*-homens; portanto totalmente *fora dos* homens. Por conseguinte, não existe nenhuma substância política original."[2] Ela própria não se importava em ser rotulada como de direita ou de esquerda e dava a impressão de não se preocupar com isso. Qual era, então, a sua preocupação? Poder pensar com toda a liberdade, alimentar-se de leituras até não poder mais, como testemunha a sala que lhe é dedicada na biblioteca de Hanover.

Nas prateleiras, inúmeros livros, algumas correspondências, o exemplar original de *Eichmann em Jerusalém*, minuciosamente anotado, com correções em alemão e em inglês em mais de um terço do livro — prova, caso houvesse necessidade, de que levou em conta certas críticas que lhe foram dirigidas e de que verificou algumas de suas afirmações após a tempestade de ódio desencadeada pelo texto.

É na época do processo Eichmann, na primavera de 1961, que o jovem Horster escuta pela primeira vez o nome de Hannah Arendt. Ele descobre, com o processo, a existência dos campos de concentração. Transtornado, quer saber as razões do silêncio familiar: "Perguntei à minha mãe: 'Por que você nunca me falou dos campos?' Ela me respondeu gritando: Nunca falaremos sobre isso em casa.' No dia seguinte, triunfante, minha avó diria que, no processo, uma jornalista americana chamada Hannah Arendt acabava de explicar que os judeus também eram culpados. 'Enfim uma mulher que diz a verdade.'" Horster ficou sabendo nesse mesmo dia que sua mãe e sua avó haviam pertencido ao partido nazista.

Linden, o local de nascimento de Hannah, é hoje um subúrbio próximo de Hanover. Antes da Primeira Guerra Mundial, Linden era um grande povoado de mais de vinte mil habitantes, onde vivia uma população operária. Atualmente, Linden se tornou um bairro chique, meio burguês, onde vendedores de frutas e legumes orgânicos dividem a paisagem com galerias de arte contemporânea. Linden foi poupada durante a guerra e o edifício burguês dos anos de 1880 onde Hannah nasceu, na pequena praça do mercado, não foi restaurado. Uma placa comemorativa foi pendurada, mas aqui ninguém sabe quem é Hannah. Tive uma idéia de como era o bairro na época de seu nascimento conversando com o farmacêutico que mora no térreo do imóvel. Ele some nos fundos da loja e volta com uma foto sépia do edifício no início do século. À exceção das charretes e da arquitetura rococó do quiosque do jornaleiro, nada mudou nesse ambiente sossegado e pequeno-burguês onde Hannah viveu seus dois primeiros anos de vida.

De seu pai, Paul Arendt, sabe-se que trabalhou numa usina de máquinas agrícolas de Linden.[3] Ele deixara sua cidade natal de Königsberg para ir a Berlim, onde viveu os primeiros anos de seu casamento. Paul fizera seus estudos na Albertina, a prestigiosa universidade de Königsberg, de onde saiu formado. Único filho homem, ele tinha uma irmã, Henriette, que Max tivera em seu primeiro casamento, com Johanna. Depois da morte desta, Max casara com sua cunhada Klara, conhecida pelo mau-caráter, a intolerância e a arrogância. Terá sido para fugir dessa madrasta, que era também sua tia, que Paul propôs à sua jovem esposa, Martha, deixar o ambiente, sem dúvida protetor, esclarecido, culto, porém pesado, de sua própria família para ir morar em Linden? Martha também nasceu em Königsberg. Seu pai, Jacob Cohn, nascido na atual Lituânia em 1830, imigrou em 1852 e, uma vez que Königsberg se tornava um ponto estratégico para o comércio de chá, abriu uma sociedade de importação. Jacob revelou um grande talento comercial, optando por importar chás russos em vez de ingleses, que estavam na época em posição de força no mercado. Foi assim que a Sociedade J. N. Cohn se tornou a primeira sociedade de chá da cidade. Sua mãe, Fanny Spiero, era uma emigrante russa com quem Jacob casou-se em segundas núpcias. Ele teve três filhos do primeiro casamento, e quatro com Fanny. Que tribo! Quando morreu, em 1906, deixou um capital de peso para a avó de Hannah e seus sete filhos. Fanny falava alemão com um forte sotaque russo. Pode-se vê-la vestida com roupas eslavas bem rústicas nas raras fotografias do álbum de família que Edna, a sobrinha de Hannah, me autorizou a consultar. Martha tem o jeito de uma moça firme, decidida, com os pés no chão. Ela não sorri, e até parece séria demais. Ao seu lado, Fanny. A avó e a mãe de Hannah eram e continuaram sendo sempre muito próximas. Todas as duas perderam seus maridos muito jovens. A viuvez as aproximava. A família de Hannah teve, sob vários aspectos, a aparência de um clã feminino. Juntas, as mulheres se unem contra a adversidade, vivem juntas, viajam em férias, dividem tudo. Hannah herdou a personalidade da mãe: corajosa, independente, orgulhosa, avessa à mentira, às vezes correndo o risco de chocar, sem medo de nada nem de ninguém.

"Temperamento vivo"

Hannah, Johannah no estado civil, nasce em casa, como de costume na época, em 14 de outubro de 1906, um domingo, às 21h30, depois de vinte e duas horas de contrações. A mãe, num caderno intitulado *Unser Kind*, "Nosso bebê", conservado nos Arquivos Arendt na Biblioteca do Congresso, em Washington, anotou a evolução do bebê a partir de 3 de dezembro de 1906. Esse diário, uma espécie de caderno escolar, é um documento manuscrito no qual Martha anotava a evolução física e psicológica da filha. Ele acompanhou Martha aos Estados Unidos, e Hannah Arendt o guardou preciosamente. Hannah, desde as primeiras semanas de vida, sofre de eczema. A mãe encontra vários defeitos na filha: mãos e pés grandes demais, voz rouca e muita excitação.

Hannah dorme profundamente desde o nascimento. Adulta, conservaria o prazer desse sono pesado. Ela sorri na sexta semana, "brilha" desde a sétima. A mãe adora essa palavra. Hannah, pequenina, expressa as suas emoções: ri com as canções alegres, chora com as sentimentais. A mãe percebe que ela precisa dos outros: "Ela não gosta de ficar sozinha."

Aos onze meses, Hannah cantarola bastante, com uma voz forte. Aos doze, adora ficar ao lado do piano, escutar e cantar. Aos quinze meses — é cedo! — sabe responder à pergunta: "Quem é você?" Aos dois anos e meio, confundem-na com uma criança de quatro anos. Seu temperamento é muito vivo, muito alegre, e sua curiosidade enorme. A mãe observa o quanto a pequena, "muito doce", gosta de se encolher em seus braços.

Em 1909, a família sai de Linden rumo a Königsberg. Mais tarde, a cidade mudaria de nome, de população, de configuração: em 1946, data da anexação de uma parte da Prússia Oriental à União Soviética, passa a se chamar Kaliningrado, em homenagem a Kalinin, antigo presidente da

URSS. Hoje, é um enclave russo cercado pela Polônia e a Lituânia, países membros da União Européia. Hannah nunca pôde voltar aos lugares onde passou a infância e a adolescência, pois a cidade, à beira do mar Báltico, transformada num importante porto militar, era proibida aos estrangeiros. É preciso ir ao Instituto Histórico Alemão consultar antigos atlas fotográficos e livros de história para tentar imaginar a atmosfera dessa cidade provinciana e sossegada que era Königsberg nos tempos da juventude de Hannah. Num desses livros de imagens, um pintor de domingo imortalizou uma cena de rua da cidade no início do século. O tempo está bonito. É verão. As mulheres vestem saias compridas, camisas de renda, grandes lenços na cabeça. Os homens estão todos de terno e gravata e chapéu. No terraço de um café, uma mãe e sua filha têm os lenços abaixados sobre a nuca mas continuam de luvas. A mãe observa os transeuntes, a filha lê o jornal.

Em Essen, na Renânia do Norte-Vestfália, na casa de Edna, a sobrinha de Hannah, encontro num cartão a foto da menina no colo do avô Max, que a adorava: no pátio em frente à casa, ela sorri para a objetiva nos braços do ancião. Martha não gosta de se separar da filha. No dia 19 de fevereiro de 1911, ela anota: "Hannah suporta muito bem o inverno. [...] Temperamento: muito vivo, interessa-se por tudo o que a rodeia. Nenhum interesse pelas bonecas [...] Com seus quatro anos, ela é uma pequena tão grande e segura que as pessoas a tomam por uma menina que vai à escola."[4]

"Ela tem cabelos compridos e muito bonitos. É linda e saudável. Canta muito, quase com paixão, mas com muitas notas falsas [...] Não vejo nenhum talento artístico e nenhuma habilidade manual: por outro lado, vejo uma precocidade intelectual e talvez uma capacidade particular, como por exemplo o senso de orientação, a memória e uma capacidade de observação afiada. Mas antes de tudo um enorme interesse pelas letras e os livros..."[5]

Martha e Paul se estabelecem em Königsberg em 1910 devido à doença desse último, que logo o impedirá de trabalhar. Nunca, no caderno da mãe, o nome da doença é mencionado, e isso por um motivo: ela é vergonhosa. O clã familiar, tanto do lado do pai quanto do lado da mãe, será solidário a essa jovem obrigada a tomar conta do marido dia e noite.

As duas famílias são judias liberais, cultas e com uma boa situação financeira. Martha, como a maioria das mulheres de sua classe e geração, fez seus estudos em casa com um preceptor, e depois foi estudar música e língua na França durante três anos. Apaixonou-se pelas novas teses sobre educação que preconizavam o respeito pela individualidade das crianças em vez de aniquilar sua personalidade pela obediência. Era ligada a um grupo de mulheres que tinham aberto jardins de infância e escolas de ensino fundamental de um novo modelo. Sem dúvida, é essa a razão pela qual decide escrever este diário íntimo sobre a filha, um verdadeiro diário de bordo dos primeiros anos dessa menina que ela considera, desde cedo, uma pessoa especial.

Martha, como o marido, é mais culta e mais engajada do que os próprios pais. Todos os dois, socialistas desde a juventude, compartilham o ideal de um mundo mais igualitário e aderem a um partido ainda ilegal na Alemanha. Paul e Martha vivem no fervor da alimentação intelectual. Hannah falará até o fim da vida da dívida com o pai, que lhe permitia pegar os livros de sua biblioteca, dentre os quais os clássicos gregos e latinos.[6] Hannah não tem dificuldade em aprender a ler. A mãe se dá conta, quando a coloca num jardim de infância, de que ela já havia aprendido a ler sozinha. Ela passa o tempo imitando a professora, o que deixa Martha satisfeita.

Criança dotada e precoce, ela deve suportar o isolamento provocado pela doença do pai. No verão de seus quatro anos, Hannah é deixada com os avós, que a levam para a costa. Quando retorna a casa, a doença do pai progrediu. "Ela é gentil e doce com o pai doente. Como uma mãezinha."[7] Martha, acuada, percebe que a criança observa e vive na própria carne os terríveis momentos de sofrimento do pai perante a evolução da doença. Paul havia confessado a Martha, antes de se casar em 1902, ser portador de uma sífilis contraída na juventude. Depois de um tratamento ao qual foi submetido antes do casamento devido a uma febre palúdica, os médicos o consideraram curado. Como nenhum sintoma havia reaparecido e como Martha não havia sido contaminada, eles decidiram enfrentar o risco de ter um filho. Mas dois anos e meio após o nascimento de Hannah, Paul tem de ser hospitalizado na clínica da universidade de Königsberg. Seu estado, então, só piora. A sífilis desenvolve ciclos sucessivos de distúrbios, primeiro com a aparição de lesões cutâneas, em seguida, pouco a pouco, com síndromes neurológicas graves. Solidão do trio pai-mãe-filha. O pai vive, recluso em casa, esse mal do qual não se pode falar. Prisão que deve ter sido pesada para a menininha. Paralisia geral, distúrbios psicomotores, déficit intelectual, arrebatamentos delirantes... "A menina é boa e paciente com ele", observa a mãe. Ela joga cartas com o pai, não deixa que a mãe lhe diga palavras rudes, mas "de qualquer maneira, às vezes deseja que ele não esteja mais aqui". Reza por ele de manhã e à noite, sem que ninguém lhe tenha ensinado.

"Sim, a liberdade tem um preço alto. A humanidade judia específica, sob o signo da perda do mundo, era uma coisa extremamente bonita. [...] Era muito bonito poder ficar-de-fora-de-qualquer-vínculo-social, assim como essa ausência total de preconceitos que vivi de modo tão intenso, justamente ao lado de minha mãe, que a praticava também em relação à sociedade judia. Não foi em casa que soube que era judia",[8] dirá Hannah Arendt a Günter Gaus no dia 28 de outubro de 1964 no segundo canal da televisão alemã, ao evocar esse período de sua infância. Sua mãe é completamente atéia, e seu pai também. Os jovens pais deixam os avós à vontade para levarem Hannah à sinagoga e freqüentarem assiduamente Hermann Vogelstein, rabino de Königsberg, intelectual influente, autor de vários livros sobre a história judaica, membro do partido social-democrata, judeu alemão, alemão e judeu, orgulhoso de sê-lo.

"Meu avô era presidente da municipalidade liberal e conselheiro municipal de Königsberg. No entanto, a palavra 'judeu' nunca foi pronunciada entre nós quando eu era menina."[9] Hannah adora seu avô paterno Max, membro da Associação central de cidadãos alemães de confissão judaica, o *Zentralverein deutscher Staatbürger jüdischen Glaubens*, que defende a promoção da igualdade perante a ascensão do anti-semitismo.

Max Arendt, personalidade influente da cidade, conhecido por sua combatividade em promover a integração dos judeus no Estado alemão sem, para isso, ceder às sereias da assimilação, opõe-se ao sionismo, responsável, segundo ele, por querer separar os judeus da comunidade nacional. "Considero criminoso aquele que contesta a minha germanização",[10] ele gosta de repetir.

Max adora Hannah e divide com ela suas emoções, seu modo de vida. A relação de Hannah com sua origem judaica passou primeiramente pelo avô, e acredito que tenha sido de início harmoniosa, luminosa, evidente. Não foi constituída pelo aprendizado de textos talmúdicos ou pela leitura da Bíblia, mas pelos sabores adocicados das guloseimas do shabbat, pelos cantos que a menina ouvia na sinagoga, pelas conversas do rabino Vogelstein, que vinha com freqüência jantar na casa de seu avô, pelo gosto delicioso do *gefilte Fish*, preparado por sua avó para a festa do Pessah. Esse baú de sensações e emoções agradáveis e doces constituiu um tecido matricial que a envolveu por toda a vida no mais íntimo de seu ser.

Virgílio, que Hannah Arendt apreciava muito e lerá até o fim da vida, escreve que uma criança que não sorri para a mãe não compartilha nem a mesa do deus nem o leito da deusa.[11] Hannah, criança, sorriu para o avô, que a reconheceu, distinguiu, protegeu. Ser judeu, para ele, não constituía um signo de distinção. Ser judeu era uma evidência. Vivendo no meio de dois clãs que se afrontavam, o dos judeus ortodoxos e o dos não-ortodoxos, ele experimentava apenas compaixão e desprezo por aqueles que menosprezavam as suas origens e se convertiam ao cristianismo, e suspeita e ironia perante as teses de Theodor Herzl.

A relação de Hannah com a judeidade vai constituir o fio condutor de sua vida, tanto pessoal quanto intelectual. "Foi por intermédio dos comentários anti-semitas das crianças da rua — que não valem a pena ser lembrados — que a palavra me foi pela primeira vez revelada. A partir desse momento que fui, por assim dizer, 'esclarecida'."[12] Judia, ela é ao olhar dos outros. Judia, ela se assumirá, desde a infância, sem drama: "Eu me dizia: 'Pois muito bem, é isso'."[13] A história colocará essa evidência em maus lençóis.

Max deseja lhe fornecer alguns elementos de instrução religiosa quando ela entra para a escola primária, e pede a seu amigo, o rabino Vogelstein, que venha lhe fazer uma leitura comentada da Bíblia várias vezes por semana. Ela lhe declara um dia: "Não acredito mais em Deus. — E quem está lhe perguntando alguma coisa?", responde Vogelstein.[14]

"O problema nada representou para ela [minha mãe]", confirmará Hannah. "Ela era evidentemente judia e jamais teria me batizado. Suponho que me daria uns tapas se algum dia houvesse descoberto que eu teria abandonado o judaísmo. [...] veja bem, todas as crianças judias conheceram o anti-semitismo e ele envenenou a alma de inúmeras crianças, mas a diferença lá em casa era que minha mãe sempre adotava o seguinte ponto de vista: não se deve abaixar a cabeça! É preciso defender-se!"[15] Diversas vezes, Hannah larga a escola quando insultada por alguns professores. A mãe vai reclamar com o diretor. Sem resultado. Negócio banal. Negócio facilmente classificável naquela época de anti-semitismo.

A saúde do pai piora. As fotografias mostram um homem elegante com ar melancólico. As perdas de memória se multiplicam, ele pronuncia frases incompreensíveis. Um dia, num passeio com a filha num jardim público, ele desmaia. Os sintomas se agravam. No verão de 1911, Martha é obrigada a internar o marido no hospital psiquiátrico de Königsberg, e em seguida leva a filha à estação balneária de Neukuhren, na costa báltica, na casa dos Cohen, onde ela logo fica doente. O médico diagnostica uma arritmia cardíaca. É efetivamente do coração que vêm as fraquezas da menina. "A pedra cai do coração. O coração é um órgão estranho; é só quando está partido que ele bate em seu próprio ritmo; quando não está partido, ele se petrifica", observa Hannah em janeiro de 1954 em seu *Journal de pensée*.[16] Hannah tem problemas de coração, mas não pode dividir seu sofrimento com a mãe.

As visitas ao pai se reduzem aos domingos. Hannah confessou que a mãe nem sempre tinha coragem de visitá-lo, de tanto que ele perdia a cabeça, e que era ela quem tentava convencê-la. Parece que Hannah quis continuar vendo seu pai até o fim de seu calvário, face a face, sem a mãe, no quarto desse homem que não a reconhecia mais.[17]

Os primos, os avós, o rabino e sobretudo a atenção permanente da mãe continuam, para o bem e para o mal, a formar um casulo para Hannah.

Em 1913, ela ainda não completou sete anos quando morrem, sucessivamente, seu avô, em março, e seu pai, em outubro. Estranhamente, essas mortes não parecem tocá-la. À morte do avô, causada por uma caxumba, Hannah demonstra, como relata a mãe no seu caderno, "um grande interesse pelas flores belas" e pela cerimônia do funeral. Ela observa o cortejo da janela e fica muito orgulhosa ao ver tantas pessoas acompanhando o caixão.[18]

Ela retoma as aulas em agosto de 1913 numa instituição pedagógica liberal que a mãe, apaixonada pelas novas teses sobre psicologia infantil, conhece bem. Adora suas professoras, em particular as srtas. Stern e Sander, por quem demonstra uma certa exaltação. Aprende com facilidade. Em outubro, o pai morre. A menina pergunta à mãe:

"— Mamãe, você conhecia o pai de sua mãe?

— Conhecia.

— E o pai de seu pai?

— Não.

— E seu pai o conhecia?

— Imagino que sim.

— Você fala isso assim.

— Se uma criança nascer na nossa casa agora, ela também não conhecerá o pai."[19]

Ela se mostra mais preocupada em tomar conta da mãe do que ceder a seu próprio pesar. Martha, inquieta com sua falta de reação, escreve no caderno: "Ela vê essa morte como algo de triste para mim. Ela mesma não está tocada. Diz para me consolar: 'Pense, mamãe, isso acontece com muitas mulheres'."[20] Hannah permanece ao lado da mãe durante o enterro. Vejam a coragem de Martha, que não impede a filha de assistir à cerimônia. Hannah chora na sinagoga.

Mas depois falará tão pouco dele que a mãe se preocupará. Hannah já havia dito o seguinte a propósito da morte do avô: "É preciso pensar o menos possível em coisas tristes, pois não faz o menor sentido ficar triste." Hannah finge não estar triste para proteger a mãe. Ao evocar a época de seus sete anos, escreverá em seu *Journal de pensée*: "Realmente desejei não precisar mais viver, porém sem jamais questionar o sentido da vida."[21]

Para onde tinha ido seu pai? Existe vida após a morte? Deus existe? A morte do pai não foi para Hannah apenas uma revelação, mas também uma revolução: ela começa a pensar em Deus. Esse aperto não se afrouxará e é se entregando à filosofia que Hannah acalmará suas crises existenciais futuras e seu desejo de abrandá-las. "Se posso dizer que desde os sete anos sempre pensei em Deus, também posso dizer que, em compensação, nunca meditei sobre Deus."[22]

Na primavera de 1913, a mãe deixa Königsberg para ir a Paris e se separa da filha por dez semanas. Uma eternidade! Nas escadas da entrada da casa da avó, a menina repreende a mãe: "Não se separa uma criança da mãe." Martha escreverá em seu caderno, como que para se assegurar: "Parece que ela sente um pouco de saudades de mim." Logo que chega, anuncia à filha que deve viajar novamente. Segunda separação na primavera de 1914. Dessa vez, Martha vai a Karlsab, Viena, e depois à Inglaterra.[23] Segundo a avó, Klara, Hannah sofre muito com sua ausência. Uma prima de Hannah, Nadja, morre subitamente, muito jovem. Por sua vez, Hannah cai de cama. Depois, ao fim de uma semana, como um pequeno soldado que sempre se levanta, viaja em férias com a mãe para Neukuhren, num hotel à beira-mar próximo à casa dos avós. Aparentemente tudo vai bem. Oito dias mais tarde, a guerra explode.

Em *Août 14*[24] [14 de agosto], Alexandre Soljenitsyne descreveu admiravelmente o início dos combates nessa região da Prússia Oriental. No dia 1º de agosto, a Alemanha declara guerra à Rússia. No dia 2, os exércitos russos se põem em marcha, no dia 6, eles atravessam a fronteira. Alguns combates acontecem em Mazurie, ao sul de Königsberg. Tropas desorganizadas atravessam uma região já deserta. As mós de feno queimam, as colunas avançam sob um sol escaldante. Dos combates, mãe e filha escutam apenas estrondos surdos e vêem nas ruas de Königsberg as intermináveis filas de feridos, a pé ou de carro. Elas tentam fugir. Em vão. Colunatas de capacetes pontudos amontoados, aglomeração de cadáveres na cidade. No dia 14 de agosto o czar Nicolau II dá ordem de desobstruir o mais depressa possível e a qualquer preço a estrada de Berlim para aliviar o front ocidental onde os alemães ameaçam Paris. Sua prioridade continua sendo a destruição do exército alemão. Mãe e filha, recém-chegadas de Neukuhren, "num arrebatamento próximo ao pânico",[25] vivem em suspense com as novidades do front. Os russos se aproximam de Königsberg. Em 23 de agosto, Martha decide ir para a casa de sua irmã Margarethe em Berlim, sem saber se um dia poderão voltar para casa. No trem, os refugiados se amontoam no meio dos feridos. Hannah e a mãe vão passar dias e noites atravessando paisagens de campos incendiados, com um forte cheiro de queimado, trocando relatos sobre os assustadores soldados russos. Elas assistiam à vergonha dos prisioneiros atrelados no lugar dos cavalos para puxar os canhões e as grandes charretes, onde, no lugar do feno, acumulavam-se cadáveres. Prisioneiros exaustos, morrendo de fome, que as olham com um olhar aflito, perdido. Cavalos estripados. Véu negro sobre o mundo. A mãe tenta acalmar a filha: "Nós já tínhamos atravessado muitos combates interiores e momentos difíceis",[26] observa ela sobriamente, utilizando pela primeira vez o "nós". Todas as duas, então. Hannah, apesar da pouca idade, não é mais a menina, mas a companheira de infortúnios da mãe. A partir de então, elas se protegerão uma à outra.

Em Berlim, a irmã de Martha as recebe de braços abertos. Hannah poderá seguir os estudos numa escola de Charlottenburg, uma escola para moças onde é bem acolhida e à qual se adapta rapidamente. Ela manifesta um grande interesse pela sua escolaridade, mas sente falta de Königsberg, para onde voltarão dez semanas mais tarde.

Em Königsberg, onde a vida voltou ao normal apesar da guerra que continua tanto no Oeste quanto no Leste, a existência de Hannah se desenvolve como um pesadelo. Ela fica doente o tempo todo. Sua mãe a chama de "criança febril",[27] de tanto que ela passa de doença em doença. Fortes angústias aparecem desde os nove anos. "Um período horrível, cheio de medos e preocupações." A mãe viaja de novo. Dez semanas de ausência aumentam sua solidão e seu nervosismo. Hannah não suporta a separação. A relação fica tensa entre mãe e filha. "Ela se tornou impertinente e totalmente sem modos. Tenho freqüentemente a sensação de não controlá-la mais, o que me atormenta muito. Ora eu sou boa e indulgente demais, ora o inverso, mas nunca justa; decidi controlar menos e deixar as coisas fluírem mais."[28] A mãe se sente culpada pelos sofrimentos da filha e deduz que se deixa exceder por ela. Ela mesma confessa ter tido uma infância e uma adolescência difíceis. De uma sensibilidade dolorosa, um temperamento solitário, teme a repetição dos sofrimentos que suportou: "[...] preocupo-me seriamente. Ela é de uma extrema sensibilidade psicológica e sofre por todas as pessoas com quem se envolve. [...] Mas não se pode afastar ninguém de seu destino. Por que ela não se parece com o pai? Os Arendts são muito mais firmes em seus sentimentos e conseguem controlar melhor suas vidas do que as pessoas do nosso tipo."[29] Dores de garganta, sangramentos no nariz, febres súbitas, o corpo de Hannah sofre o tempo todo. Martha se preocupa com sua saúde. Será que ela tem medo de que a filha tenha herdado a doença do pai? Ela parece robusta, mas é na verdade de uma magreza preocupante, embora tenha bom apetite. Em relação à escolaridade, Hannah, apesar das faltas sucessivas, continua sempre a melhor aluna da classe. É um círculo vicioso. As doenças impedem o desenvolvimento de sua sociabilidade, e a solidão forçada aumenta suas angústias.

A coragem faz a mulher

Durante o verão de 1916, Hannah toma conhecimento à beira-mar da morte do tio materno Rafael. Ele sucumbiu à disenteria no front oriental. Ela fica ainda mais transtornada por ter acabado de passar uma semana com ele. É o quarto falecimento em dois anos em seu universo familiar, e ela não tem nem dez anos. A vida cotidiana em Königsberg, longe do front durante a guerra, permite as atividades normais: marionetes, fantoches, teatro, pequenos oásis da vida dos quais a reclusa pouco aproveita, a enferma Hannah, que tenta baixar as febres permanentes com soros de cavalo. A mãe toma conta dela, protege-a, faz o papel de enfermeira e confidente. Ela observa em seu caderno: "Nós duas novamente, reduzidas a nós duas, sozinhas, passamos boas semanas alegres."[30] Até a sua morte, Hannah virá, como um bichinho ferido, buscar refúgio nela, e inúmeros amigos testemunharão o fato de que, mesmo após os quarenta anos, Hannah ia se enroscar na mãe enquanto conversavam, mantendo-se agachada no chão, a seus joelhos, durante noites inteiras.

Esse face a face é rompido pela primeira vez com a chegada de uma estudante de dezessete anos, Kaethe Fischer, a quem Martha aluga um quarto no apartamento. Cinco anos as separam, mas essa nova moradora provoca o estímulo intelectual e afia sua capacidade de polêmica. As duas moças brigam com freqüência, para em seguida caírem nos braços uma da outra. O duo mãe-filha voa em estilhaços. A guerra acentua o engajamento político de Martha. O apartamento silencioso se transforma a partir de 1916 em local de encontros e discussões políticas dos socialdemocratas. Martha, que até então havia seguido os debates da ala reformista no seio do grupo de Joseph Bloch, na época redator do jornal berlinense *Sozialistischen Monatshefte*, se aproxima da visão mais radical desenvolvida por Karl Liebknecht e Rosa Luxemburgo.

A popularidade de Rosa, perseguida nos tribunais por ter incitado os militares à desobediência, não pára de crescer. Seus encontros são acompanhados por milhares de pessoas que logo verão nela uma mártir e um símbolo. Será que Martha assistiu a alguma dessas assembléias? Sua filha dirá que a mãe se impressionava com o ardor, a firmeza e a força de convicção de Rosa Luxemburgo, e lembrará que Martha arrastava-a para as primeiras reuniões fervorosas para apoiá-la.[31] Ela acompanha com paixão o desenrolar dos acontecimentos. No dia 4 de agosto de 1914, o grupo parlamentar do partido socialdemocrata havia votado a favor dos créditos militares, provocando a indignação da ala de esquerda do partido. Martha, como alguns intelectuais e parte da juventude, continuará a se sentir próxima das posições pacifistas e seguirá os anos de guerra através dos artigos de Rosa Luxemburgo, de maneira fervorosa e apaixonada. Os rompimentos internos e a marginalização da qual essa última foi vítima no seio da socialdemocracia habitarão por muito tempo a visão política de Hannah, que via nela a figura moral de uma esquerda não corrompida e a encarnação do movimento "a coragem faz a mulher".[32]

Em 18 de fevereiro de 1916, Rosa Luxemburgo sai da prisão cercada por centenas de mulheres. Ela desfruta dessa popularidade e confia nos acontecimentos. Participa de reuniões para defender suas posições, trabalhando clandestinamente na elaboração do programa espartaquista. "Abaixo a guerra. Abaixo o governo", grita ela nas manifestações e nas reuniões. Tida como uma das agitadoras mais extremistas e revolucionárias da socialdemocracia, será presa novamente em julho de 1916. Martha se sente cada vez mais ligada a Rosa.

Por sua vez, Hannah Arendt será marcada pelos encontros políticos a que assistiu na companhia da mãe, e pela figura de Rosa. Não é Rosa, a vermelha, sedenta de sangue — como pretendia a imagem de propaganda que circulava nos meios anti-semitas e revolucionários —, mas Rosa, a doce, que amava os pássaros e as flores, Rosa, a terna, a quem os guardas da prisão disseram adeus com os olhos cheios d'água, como se não pudessem continuar a viver sem ela, Rosa, a fiel na amizade, quem se impregnou em seu espírito de menina.[33] Hannah admirará por toda a vida essa teórica fora de série dotada de um julgamento infalível sobre os indivíduos, essa revolucionária exemplar, corajosa e franca, cuja "'virilidade' não tem paralelo na história do socialismo alemão".[34] Nessa que se considerava feita para "cuidar dos gansos", Hannah vê uma marxista tão pouco ortodoxa que chega a duvidar de que ela tivesse sido apenas uma marxista, e afirmará que o que contava mais em sua concepção do político não era a ideologia mas a realidade, "a realidade em todos os seus aspectos medonhos e maravilhosos, mais ainda do que a própria revolução".[35]

Hannah tem dez anos quando a revolução democrática de fevereiro explode na Rússia. De Rosa Luxemburgo, ela se lembrará da teoria de que as revoluções não são feitas por ninguém, mas explodem espontaneamente, transformadas por forças que vêm sempre de baixo. Também tornará sua, a recusa categórica de ver na guerra — em qualquer guerra — apenas o mais terrível dos desastres.

Hannah, em seu magnífico texto *Homens em tempos sombrios*, analisará com profundidade e empatia as ilusões alimentadas por Rosa durante o turbilhão desses acontecimentos, de tão envolvida que ela estava com o surgimento da Revolução russa e a má apreciação das forças políticas presentes. Subestimando a força do adversário e contando apenas com o impulso revolucionário das massas, ela faz de Rosa a figura mais controvertida e menos compreendida da esquerda alemã dessa época crucial e dolorosa para o socialismo europeu.

Martha acompanha atentamente o congresso de Conselhos dos operários e dos soldados no Reichstag em dezembro de 1918 e o nascimento do partido comunista alemão. Os homens de Spartakus estão armados e recebem 30 marcos por dia. Grupos de marujos ligados a Karl Liebknecht ocupam os edifícios oficiais. Em 21 de dezembro, Liebknecht faz uma oração fúnebre às vítimas das manifestações de 6 de dezembro. Caixões colocados em caminhões cobertos de coroas de flores vermelhas, operários, marujos, milhares de homens e mulheres num cortejo interminável.[36] Hannah viverá com a mãe esses dias trágicos numa atmosfera eufórica. Em 5 de janeiro de 1919, Karl Liebknecht pronuncia um discurso em Berlim, na Alexanderplatz, em meio a uma multidão considerável, que o aplaude como o poeta de uma revolução agora inevitável. Martha será levada por essa onda de esperança mal definida, à qual se opõem, segundo ela, apenas os vestígios de democracia parlamentar socialista purulenta, reacionária, mortífera. Em Königsberg, Martha continua arrastando Hannah aos clubes políticos e leva a filha a manifestações de rua, dizendo-lhe repetidamente: "Guarde bem isso aqui. Você está vivendo um momento histórico."[37]

De fato, Hannah vive momentos que ficarão gravados na história da Europa. O destino da Alemanha está em suspenso. Entre a guerra e a paz, o Oriente e o Ocidente, a utopia da revolução e a edificação da república de Weimar. Ondas de lodo contra-revolucionário. Irresolução dos governantes. Coisas essenciais estão em jogo nesses dias agitados. Em Berlim, ouvem-se tiros. Barricadas, agitações. É a "semana espartaquista", que termina com sangue. Em Königsberg, a situação está mais tranqüila: sem motins, mas com manifestações. A guerra arruinou a Alemanha. A revolução ainda pode encarnar a esperança de um novo paraíso? Em meados de janeiro, reina em Berlim a paz dos cemitérios. No entanto, Rosa acreditará até o fim na continuação e no contágio da revolução.

Hannah vai admirar até seus últimos dias a capacidade de Rosa de colocar fogo num prado e defender, em qualquer circunstância, a necessidade de uma liberdade absoluta, não apenas individual, mas pública. Entretanto, ela se mostrará cética em relação à crença inabalável na mudança da sociedade. Reforma ou revolução? Essa questão vai obcecá-la por toda a vida.

Hannah vê o fim da infância nessa explosão de violência acompanhada de um questionamento intelectual das normas do passado e das regras morais em vigor. Essa batalha, Nietzsche, com sua crítica das idéias morais "a golpes de martelo",[38] e Schopenhauer, com seu pessimismo, já haviam levantado antes da guerra, dinamitando a própria hipótese de um ideal metafísico. Hecatombe física. Desastre moral. Ernst Bloch publica em 1918 seu *Esprit de l'utopie*[39] [Espírito da utopia] convocando à construção e à necessidade de um mundo novo. Gershom Scholem escreve um poema, "Saudação do Anjo", e o envia a Walter Benjamin:

> [...]
> *Asa preste a voar*
> *Voltaria de bom grado*
> *Pois ao ficar uma vida inteira*
> *Muito feliz não seria.*[40]

Ainda é possível sonhar com uma revolução? A descontinuidade se torna um imperativo categórico, a noção de progresso se despedaça e a tese da história como avanço perpétuo se dilui. A história será pensada de agora em diante como uma coabitação de fragmentos, e o tempo como um caos incessante. Franz Rosenzweig escreve, nas trincheiras, seu *Étoile de la Rédemption*[41] [Estrela da redenção]. Na introdução, ele ressalta: "É da angústia da morte que procede todo conhecimento."[42] A Grande Guerra, brecha aberta na vida mental, intelectual e espiritual de toda essa geração, exige uma nova fundação filosófica da ordem do mundo. Será que o esmagamento da revolução permitiu o avanço do nacional-socialismo? Em Berlim, na noite de 15 de janeiro de 1919, Karl Liebknecht e Rosa Luxemburgo, depois de terem passado por um interrogatório no estado-maior da cavalaria da guarda, são assassinados no parque do Tiergarten. O corpo de Rosa é jogado no Landwehr Kanal. Segundo a versão oficial, Liebknecht foi abatido numa tentativa de fuga, e Rosa morta por desconhecidos. Seus assassinos, no final de uma farsa de processo, não foram seriamente incomodados. Em Königsberg, Martha participou com a filha do silêncio em memória das vítimas da revolta de Spartakus, enquanto se desenrolavam em Berlim, em 25 de janeiro de 1919, os velórios de Liebknecht e de seus trinta e dois companheiros. Rosa não teve nem mesmo direito a velório. Um poeta ainda desconhecido, Bertolt Brecht, que se tornará mais tarde amigo de Hannah, lhe dedicou esse poema com o título de "Epitáfio 1919":

Rosa, a vermelha, também desapareceu.
Onde se encontra seu corpo ninguém sabe.
Por ter dito aos pobres a verdade.
Os ricos a executaram.[43]

O corpo de Rosa só foi encontrado no fim de maio.

II

MOÇA ESTRANGEIRA

O caderno de Martha se interrompe em 1918. Os primeiros poemas de Hannah datam de 1923, e seu longo texto autobiográfico, "Sombras",[1] é concluído em 1925, aos dezenove anos. Restam poucos meios para o biógrafo esclarecer o período do pós-guerra. Consegui encontrar alguns documentos administrativos, dentre os quais a certidão de casamento de sua mãe: em fevereiro de 1920, Martha se une a um viúvo, Martin Beerwald, homem de negócios relativamente rico, que ela havia conhecido alguns anos antes, na casa da mãe. Martha se muda com a filha para a casa do novo marido, a algumas centenas de metros de seu antigo apartamento.

Para Hannah, que tem quinze anos, a mudança é dura. Sua mãe se torna uma esposa. Hannah não é mais o objeto único de seu amor e tem de coabitar com as duas filhas do padrasto: Clara, de vinte anos, e Eva, de dezenove. Elas se conhecem de vista, por terem participado de um espetáculo que a escola havia realizado em 1915 em homenagem às tropas alemãs, mas as diferenças de idade — cinco anos é um abismo na adolescência —, educação e personalidade foram para Hannah verdadeiras provas a serem superadas. Uma fotografia do álbum de família mostra todas as três na varanda que dá para o jardim da casa. As duas irmãs Beerwald se parecem: mesmo formato de rosto, cabeça comprida, impressão de tristeza nos olhos de Clara, sorriso e timidez na expressão de Eva, que está cabisbaixa; beleza selvagem e força magnética de Hannah, cabelos longos presos para trás, echarpe em volta do pescoço, olhar profundo. Um ciúme enorme aparecerá logo entre Eva e Hannah que, sem dúvida, percebe a aproximação entre a primeira e sua própria mãe. O amor pela música, a mesma alegria comunicativa e a recusa por complicações intelectuais são algumas das afinidades. Eva quer fazer de Martha sua segunda mãe, e os laços que estabelece com sua madrasta serão profundos e recíprocos. Foi, aliás, para viver definitivamente com sua enteada, instalada na Inglaterra desde 1938 depois de fugir da Alemanha, que Martha realizou sua última viagem. Ela deixou Hannah nos Estados Unidos e morreu num hospital inglês, aos cuidados de Eva, na madrugada de 26 a 27 de julho de 1948.[2] Sua irmã Clara, mais cerebral e mais voltada para a matemática e a literatura, herdou da mãe a personalidade sombria e um temperamento suicida. Uma de suas tias havia sido internada, e Clara luta contra seus próprios demônios se dedicando aos estudos e ao piano. Aluna dotada e brilhante, termina com sucesso o ginásio de moças de Königsberg e vai estudar matemática, química e línguas em Berlim.

Clara teve influência sobre Hannah. Emprestou-lhe seus livros, considerou-a rapidamente uma igual, apesar da diferença de idade, e a estimulou em seu amor pela língua grega e seu desejo insaciável por poesia. É sem dúvida graças a Clara que Hannah encontra seu primeiro amor, Ernst Grumach, cinco anos mais velho do que ela. Hannah aparenta ter mais do que a sua idade, e sua maturidade intelectual é evidente. Não gosta nada do padrasto, patriarca, bigodudo e implicante, que tenta, com a cumplicidade de sua mãe, frear sua sede de independência. Clara lhe permite, apresentando-a a seu círculo de amigos, freqüentar pessoas mais velhas e "saltar", assim, uma fase e, com isso, evitar os tormentos de uma adolescência difícil. Como Clara, Hannah adora os estudos, mas não necessariamente a disciplina de sua escola, a Luisenschule. Estuda no seu próprio ritmo, recusando ir à aula de manhã cedo. Chega mesmo a se fazer desculpar pelos professores, que lhe propõem uma prova concebida especialmente para ela! Hannah já testemunha um grande espírito de concentração e tem necessidade dessa solidão meditativa exacerbada por seus tormentos interiores. Suscetível, pouco segura de si, pode ser facilmente ferida. Nunca contará como se portou com ela um jovem professor de sua escola, conhecido pelo desprezo pelos alunos e suas advertências hostis. Prefere organizar o boicote com os camaradas. Ela ganha o combate, mas acaba suspensa do ginásio. Martha intercede. Ela lhe dá razão. Martha admira a filha e se surpreende com seus dons intelectuais. Entende e adere à ambição de Hannah de ser melhor do que os outros. Hannah ganhou. O colégio de Königsberg não quer mais saber dela. A liberdade chega antes que o previsto. Martha envia a filha para a casa de velhos amigos da família, também de esquerda, os Levin, em Berlim, onde Hannah aluga um quarto numa casa de estudantes e faz cursos de latim, grego e teologia cristã na universidade.

Lendo os testemunhos de seus amigos um pouco mais velhos do que ela, é impossível não se impressionar com sua precocidade intelectual, sua determinação e sua capacidade de memorizar textos. Parece que ela já leu tudo, a poesia, Goethe em particular, a filosofia, Hegel, Kierkegaard, mas também obras românticas, alemãs ou francesas, assim como os romances modernos, como os de Thomas Mann.

O Eros da amizade

Como escapar à obsessão de não se sentir autorizada a ser deste mundo? Como afastar essa angústia que a esmaga? A poesia será a primeira resposta. Hannah começa a escrever seus poemas. Aos dezessete anos, transcreve seus questionamentos metafísicos, dos quais testemunha esse poema sem título:

Nenhuma palavra irrompe na escuridão —
Nenhum deus levanta sua mão —
Até onde meu olhar alcança
Vejo terra que se agiganta.
Nenhuma forma se desprende,
Nenhuma sombra pairante se dá.

E continuo sempre apenas a ouvir:
Tarde demais, tarde demais.[3]

No mesmo ano, Hannah volta a Königsberg, onde a mãe solicita para ela, no colégio para moças, uma autorização para realizar o exame de fim de estudos, o *Abitur*, como candidata livre. Martha não mede esforços para ajudar a filha: contrata o diretor da escola superior de rapazes para lhe dar aulas; Frieda Arendt, a meia-irmã de Paul, antiga professora, vem todos os dias verificar os deveres e estimular a adolescente, fazendo-a beneficiar-se de seu conhecimento e sua paixão pela literatura. Após seis meses de trabalho intenso — Hannah detestará para sempre os exames e confiará a sua amiga Anne Mendelssohn que esse passaporte para a universidade foi uma das experiências mais aterrorizantes de sua vida —, no entanto, ela passa no concurso na primavera de 1924, um ano antes do que o previsto. Então vai mostrar, toda orgulhosa, a pequena medalha de ouro que ganhavam os formados do ginásio para os antigos colegas e professores, dizendo-lhes que, no final das contas, a expulsão a havia feito ganhar tempo![4]

Hannah era precoce em tudo: nos estudos, mas também no amor. Enquanto se preparava em casa para o *Abitur*, começou o relacionamento com Ernst Grumach, o namorado de Anne, a amiga que teve de deixar Königsberg com a família. Depois que Anne partiu, Hannah caiu nos braços desse rapaz, apaixonado por filosofia, como ela. Ela que se considerava "magra e digna de pena" se transformou numa moça com formas arredondadas, sociável e calorosa.[5]

Martha encorajou essa relação apesar dos olhares de desaprovação que ela suscitava. Hannah teve a sorte de encontrar muito cedo uma turma de amigos formada por jovens excepcionalmente dotados, abertos para o mundo, entusiastas e generosos. Desde 1922, Ernst Grumach segue os primeiros cursos de Martin Heidegger em Marburg. Paul Jacobi, amigo de Ernst e Hannah, estudava filosofia em Heidelberg, e todos os dois revelam a Hannah a emoção que suscita neles essa paixão por compreender as coisas. Essa geração de jovens pertencia a um mundo desaparecido, no qual a cultura servia de cimento, no qual a erudição era algo banal e normal e onde o judaísmo evocava uma história mais que uma crença. A maioria deles quase nunca tinha sofrido com o anti-semitismo. Eles se consideravam alemães, judeus e alemães, mas intelectuais antes de tudo.

Entre eles, Walter Benjamin, Hans Jonas, Gershom Scholem. Benjamin, já aberto à mística, tem um único astro que o guia em suas inúmeras pesquisas filosóficas, políticas e sociológicas: Hölderlin. Scholem relê Platão, estuda matemática e começa a se interessar pela renovação do judaísmo com os escritos de Martin Buber.[6] Ele deverá, como Hannah, deixar o colégio um ano antes do *Abitur*. Autor de um artigo pacifista publicado na *Jüdische Rundschau*, intitulado "La guerre de l'arrière", será acusado de antipatriota. Seu pai, irritadíssimo com a expulsão e com suas idéias, decidiu, para puni-lo, enviá-lo como aprendiz para a casa de um "domador de arenques", expressão berlinense para designar um merceeiro. Um de seus tios toma seu partido e lhe diz que, em virtude de um regulamento chamado de pequena matrícula, ele tem o direito de se inscrever sem habilitação e por quatro semestres na faculdade de agronomia ou de filosofia. Gershom escolhe a filosofia, para o sofrimento do pai, que tenta se opor ao filho e reclama com freqüência diante dele: "O Senhor meu filho só pratica as artes que não sustentam o homem. O Senhor meu filho se interessa pela matemática, a matemática pura. Pergunto ao Senhor meu filho: o que você quer? Você não tem nenhuma chance de fazer carreira na universidade, já que é judeu. Nunca conseguirá um posto interessante na Academia. Seja engenheiro, vá à universidade técnica, e então poderá estudar o quanto quiser de matemática nas horas livres. Não, o Senhor meu filho não quer ser engenheiro, ele só gosta de matemática pura. O Senhor meu filho se interessa pelas coisas judaicas. Digo ao Senhor meu filho: para a sua comodidade, vá ser rabino, você poderá judaizar quantas pessoas quiser. Não, o Senhor meu filho não quer se tornar rabino de maneira alguma. Somente as artes que não sustentam o homem."[7] Já conhecemos a continuação. O filho seguirá os estudos de filosofia, redescobrirá as origens judaicas, irá à sinagoga, aprenderá hebraico, continuará a militar pela causa sionista. O pai assimilado tem vergonha do orgulho do filho em assumir a judeidade. Ele morre em 1925, "poucos meses antes de me nomearem à universidade de Jerusalém para ensinar essas artes judaicas que não sustentam o homem". De fato, Gershom Scholem deixou a Alemanha em 1923 para ir à Palestina, onde, até em plena tormenta nazista, aguardará Walter Benjamin, que havia prometido se juntar a ele na universidade de Jerusalém.

Destinos entrelaçados. Caminhos cruzados. Europa, Estados Unidos, Palestina. O pano de fundo: o exílio imposto, a necessária reconstrução de uma identidade. Hannah experimentará com freqüência o sentimento de que o chão foge incessantemente sob seus pés e de que ela vive num tempo descontínuo, fragmentado. Sua única pátria foi imaterial: a amizade que ela construiu ao longo da vida da mesma maneira que um arquiteto sabe construir uma casa para se viver bem. Esse sentimento de serenidade, essa permanência no mundo, ela experimentou nas relações com os amigos: Kurt Blumenfeld, Karl Jaspers, Hans Jonas e Gershom Scholem. Essa última amizade sobreviveu aos tropeços, apesar das graves crises e das dissensões ideológicas e políticas que surgiram na época do processo Eichmann e das tomadas de posição de cada um.

De Hannah, todos eles respeitavam o Eros da amizade e a intransigência do pensamento nutrido na mesma fonte que esses antigos estudantes ávidos de teologia e poesia: a liberdade interior que o estudo da filosofia proporciona. Hannah estudará filosofia, mas também a teologia cristã de Romano Guardini,[8] nascido em 1885, quatro anos antes de Heidegger, um dos líderes da escola de existencialistas cristãos que começavam a se multiplicar na Alemanha. Hannah é atraída pelas questões existenciais. A filosofia constitui uma resposta vital, necessária, aos tormentos que a cercam. Ela nunca considerou a possibilidade de fazer outra coisa. Por quê? Em 1964, responde ao jornalista Günter Gaus: "Fiz muitas vezes essa pergunta a mim mesma e só posso lhe responder: a filosofia se impunha. Desde os 14 anos [...] Eu tinha lido Kant. Você então me pergunta: por que você leu Kant? De todo modo, a questão colocava-se para mim nos seguintes termos: se eu não puder estudar filosofia, estou perdida! Não que não amasse a vida, mas só levando em conta a necessidade [pela qual passava]: eu tinha que compreender."[9]

Entender o horror da guerra, os danos da revolução, a falta de valores comuns, os defeitos da república de Weimar, as fronteiras entre o bem e o mal. Saber se, como diz Rilke em suas *Elegias*, os homens são como os anjos: caminham no meio dos vivos ou dos mortos? Saber, no interior de si mesma, como ressoam as palavras de Hölderlin no lamento de *Hyperion*: "São palavras difíceis, as que tenho para dizer, e entretanto as direi, pois são verídicas: não se pode conceber povo mais despedaçado do que o alemão. Nele, você encontrará operários, pensadores, padres, patrões e empregados, jovens e adultos; mas nenhum homem."[10]

Hannah chegava a uma universidade velha e esclerosada. Scholem confessou que os professores de filosofia da faculdade de Berlim lhe tiraram a paixão e o impediram de gostar de Aristóteles e Kant. Adolf Lasson ainda lecionava, aos oitenta e três anos, um curso público sobre Hegel com uma retórica excepcionalmente viva, mas que não conseguia convencê-lo, não mais do que Ernst Cassirer, que ensinava os pré-socráticos, e que Gershom Scholem achava particularmente irritante. Hannah, que residia numa casa de estudantes, ficou encantada: fazia os mesmos cursos que ele, além de latim e grego, aos quais acrescentou ainda, como já mencionamos, o aprendizado de teologia cristã de Romano Guardini.

O estudo da filosofia caminhava junto com o de teologia. Nesse sentido, sua escolha cinco anos mais tarde, em Marburg, de seguir não apenas os cursos de Martin Heidegger, mas também os de Rudolf Bultmann sobre o Novo Testamento, não será um acaso, mas conseqüência natural de sua sede de compreender a filosofia e a teologia a um só tempo: "Eu só me confrontava com esta única pergunta: como fazer teologia quando se é judia? Como encarar isso? Eu não tinha a menor idéia!"[11] Como romper a intriga religiosa a partir de uma reflexão rigorosa sobre a crise da inteligibilidade do mundo? Como compreender o judaísmo e o cristianismo em sua aproximação com a verdade? Como enfrentar a angústia da morte que nenhum sistema filosófico saberá contornar? Hannah confessa ter lido Kierkegaard, como boa parte dos estudantes de sua geração, e ter ficado bastante impressionada. Em reação ao "Sistema" de Hegel, Sören Kierkegaard desenvolveu, em meados do século XIX, um pensamento próprio que não apenas pretendia ultrapassar a religião, reduzida a uma forma de representação simbólica a fim de que deixasse lugar para uma ciência puramente conceitual, mas que também parecia negar o ser e o valor do indivíduo em proveito das totalidades, tais como o povo, o espírito de uma época e o Estado. Kierkegaard opõe o valor do indivíduo ao Sistema e distingue três estados possíveis da existência: o estado estético, que — através da figura de Don Juan — é o próprio tipo da existência inautêntica, o estado ético, que se realiza no trabalho e no casamento, e o estado religioso, que procede de uma ruptura com o estado ético. Segundo Kierkegaard, a fé não pode ser tida como um saber; bem ao contrário, resulta de um engajamento que opera para além das categorias da razão, ou contra a própria razão: quando Deus lhe pede que sacrifique o filho, Abraão conserva sua fé em Deus, apesar do absurdo e da crueldade dessa demanda. A fé é um engajamento total que implica certa forma de salto para além da razão e da ética. A verdade não se encontra nas argumentações conceituais, mas nesse engajamento da subjetividade: "A subjetividade é a verdade",[12] escreve o pensador dinamarquês. A fé não é uma experiência tranqüila. Ligada à angústia da liberdade e ao erro, ela tem de se confrontar à dúvida para ser autêntica, assumindo sua própria absurdidade. Existência autêntica e existência inautêntica, angústia, sentimento do absurdo, náusea, fé, comunicação alienada: os problemas e os grandes temas das filosofias da existência já estavam bem consolidados. Esses tormentos do ser, essa melancolia surda, essa ausência de lugar no mundo constituíram para Hannah uma preparação mental e psíquica à descoberta da obra de Martin Heidegger. A preocupação do que nos constitui como ser no mundo se encontrava também no livro cativante de Franz Rosenzweig publicado em 1921, *L'Étoile de la Rédemption*,[13] que coloca em evidência o conceito de revelação. Escrito em seis meses, no fim da guerra, no front balcânico e nos cartões-postais enviados à mãe, esse texto — redigido na época em que o autor, vindo de uma família judia profundamente assimilada, tenta se converter ao cristianismo para em seguida voltar à religião dos pais depois de uma noite memorável — propõe, numa reflexão nutrida pela experiência da guerra, um retorno ao judaísmo e uma nova aventura espiritual.

Esse livro, impressionante pela amplitude de sua reflexão e comovente pela emoção que desperta, impregnou consideravelmente Hannah Arendt.

Mais tarde, encontraremos na conceitualização de sua obra o "viver junto", "a fragilidade dos negócios humanos" e o "pertencimento comum ao mundo".

Ernst foi o amor de uma primavera, e depois se tornou um amigo. No ritmo de uma canção popular, ela escreveu esse poema logo após a separação:

EM TOM DE CANÇÃO POPULAR

Se de novo nos virmos
Brancos lilases irão florescer,
Te envolverei de mimos,
De nada mais deves carecer.

Queremos o tom da alegria,
Que o vinho seco,
Que as tílias perfumadas,
Nos encontrem ainda juntos.

Quando as folhas caírem
Deixa nossos caminhos porém se apartarem.
Que adianta nossas fúrias se elevarem?
É preciso simplesmente sofrer a separação.[14]

Hannah comprova muito cedo seus dons intelectuais, mas sem consciência disso. Ela tem o sentimento de ser como todo mundo, como Ernst Grumach, Karl Löwith e Hans Jonas, que, por sua vez, se tornarão seus colegas no seminário de Heidegger. A Primeira Guerra Mundial havia amadurecido esses jovens intelectuais apaixonados por um mundo novo, submersos pela violência que seus camaradas haviam sofrido nas trincheiras. O ideal revolucionário deles havia se despedaçado. Um pressentimento sombrio sufocava essa juventude nutrida no pessimismo de Schopenhauer e de

Kierkegaard. Como imaginar um mundo onde possamos viver juntos? Eles não acreditavam nem nas teorias de Spengler sobre o declínio do Ocidente,[15] que faziam um grande sucesso na época, nem na revolução bolchevista e um futuro radioso. Preferem se refugiar na poesia. Para Hannah, a poesia se torna um alimento, um refúgio, uma pátria. Seus poemas são impregnados de uma profunda melancolia, como esse que ela intitula *Müdigkeit*, "Cansaço":

Na noite que lentamente cai —
E levemente acusadora se esvai
Ressoa ainda o chamado dos pássaros
Que criei tão raros.

Cinza parede
Logo cai por terra,
Minhas mãos, vede,
Uma a outra novamente encerra.

O que amei
Não posso apreender
O que me cerca, sei,
Não posso esquecer.

Tudo afunda.
O crepúsculo se eleva.
Nada toma conta de mim —
É certamente da vida o curso sim.[16]

Hannah é absorvida por essa atmosfera de destruição do mundo em que tudo se desmancha e as referências soçobram. Os tormentos mais íntimos da adolescência se misturam a um romantismo inflado de religiosidade, e uma filosofia da existência nascente impregna seus questionamentos mais íntimos. No verão que precede sua entrada na universidade, ela continua a escrever poemas:

Segue por entre os dias sem direção.
Pronuncia palavras sem expressão.
Vive na obscuridade sem visão.

Sê na vida sem a força engenhosa.

Sobre mim apenas monstruosa
Como uma grande preta e desditosa
Ave: a face da noite.[17]

Como acontecia com muitos outros estudantes, Hannah sofria a influência da poesia como profecia, legisladora suprema, transcrição das emoções e força civilizadora da construção do eu.

Isto não é felicidade
Como estes o pensam
E por templos aspiram
E do átrio a devoção vêem
E uma bênção que não entendem
Com mau olhado para trás se voltam
E reclamam de uma vida perdida.

O que é a felicidade para aquele
Que consigo mesmo está unificado.
Os pés só encostando,
Onde para ele é visado
Para quem o conhecimento de si é um limite e um direito
Para quem nomear-se é um sinal de estirpe...[18]

Estranha religiosidade do coração. A poesia para Hannah é a um tempo consolação, comemoração de um tempo engolido imemorial e homenagem à única princesa das trevas: a morte onipresente, a morte que imobiliza o ser, a morte que pode nos capturar em sua rede.

Só é possível entender, creio eu, a futura ligação entre Heidegger e Arendt sob o signo das núpcias secretas da morte e da poesia, ou seja, da leitura de Hölderlin, considerado o detentor do sentido último de uma mesma visão de mundo, em que filosofia, misticismo e sentimento da natureza estão indissociavelmente ligados.

É isso a vida. Desde o início da adolescência, o sentimento de ainda estar viva surpreende Hannah. O que significa viver? Como compreendê-lo, elucidá-lo, interpretá-lo? Hannah está em pleno caos. Não dorme mais, multiplica as leituras, escreve poemas. Durante o dia, fica abatida, deprimida, desorientada. Não sabe mais quem é. Sente-se flutuar. "A morte habita a vida, eu sei, eu sei", escreve ela. Anne, sua melhor amiga, conta que um dia recebe um telefonema de Hannah que fala com ela formalmente e lhe diz, para seu grande espanto: "É a Hannah Arendt. Você se lembra de mim?"[19] A pergunta é, acredito, para ser levada ao pé da letra: a própria Hannah não se lembra muito bem de quem ela foi, e não sabe se quer continuar a viver. Foi nesse grande período de angústia que se deu o encontro com o professor Martin Heidegger. Esquecê-lo seria depreciar o papel que ele teve antes mesmo do início de sua relação amorosa: ao mesmo tempo gerador de vida e mestre espiritual que lhe ensinou a dar ordem a seus pensamentos. Martin Heidegger foi o primeiro a reconhecer — a primeira pessoa depois de sua mãe, que sempre o soube — a força intelectual de Hannah, mas também a entender suas grandes confusões. Ele soube lhe dar confiança, dissipar suas crises de identidade e afastar a tentação do suicídio.

O mágico de Messkirch

É sem dúvida graças a Ernst Grumach, ele próprio aluno de Heidegger em Marburg, no Hesse, desde 1922, que Hannah Arendt decide seguir seus estudos. Nessa época, a reputação do antigo discípulo de Edmund Husserl, que tinha abalado a base da filosofia alemã, já atravessava as fronteiras da cidade universitária, e estudantes de filosofia de outras universidades se inscreviam em seus seminários. Dizem que ele vestia roupas extravagantes —

calças de esqui, meias compridas, camisas estampadas —, que era um maravilhoso orador em guerra contra a sua época, contra os professores que repetiam seus cursos de filosofia moral decorados, contra a teologia cristã que o havia formado, contra a existência mundana e também contra si mesmo, desejoso que era, desde 1920, de uma única coisa: dizer o que pensa, assumir a tempestade do pensamento a que ele dá vida e assinar assim a ruína das antigas maneiras de filosofar. Ele quer descobrir o que há de essencial nessa situação revolucionária a partir de sua própria experiência, sem se preocupar em saber, como ele mesmo afirma, se conseguirá extrair dela uma cultura ou uma aceleração do destino.

Hannah tem dezoito anos em 1924, quando entra na universidade de Marburg, feudo do neo-kantismo. Segue os cursos de Paul Natorp[20] sobre a *Crítica da faculdade de julgar*, a terceira crítica escrita por Kant, e considera a filosofia transcendental a energia criativa do conjunto de sua filosofia. Não devia ser muito fácil entrar nessa comunidade de pesquisa cujos próprios membros diziam que os cursos magistrais e os seminários, por mais excitantes e fecundos que fossem, eram às vezes tão obscuros que chegavam a ser dificilmente compreensíveis. Hannah, apesar da pouca idade, está bem armada: aprendeu filosofia clássica sozinha, iniciou-se em Kierkegaard em Berlim, leu a *Crítica da razão pura* de Kant aos dezesseis anos e experimenta entusiasmo por tudo o que tem relação com o mundo das idéias. A esse desejo de erudição, mistura-se também a vontade de encontrar soluções para os tormentos existenciais que a assaltam. Ela não quer viver. Não quer morrer. Quer escapar da vida. Hannah é uma intelectual angustiada. Tem necessidade de compreender a totalidade da vida natural e espiritual. Está ligada a questões religiosas, mas desconfia de qualquer dogmatismo. Segue com paixão o curso de Rudolf Bultmann sobre o Novo Testamento. Esse teólogo protestante nascido em 1884 já havia escrito em 1921 a primeira versão de sua obra *L'Histoire de la tradition synoptique*[21] [A história da tradição sinóptica], em que, à maneira de um geólogo, colocava em evidência os estratos de escrita heterogêneos do Novo Testamento, desde a narrativa da predicação de Jesus até a Igreja do século II, passando pelo cristianismo judaico, o cristianismo helenístico, ou ainda pelas narrativas de Paulo e de João, assim como as dos outros evangelistas. Rudolf Bultmann suscitaria polêmica mais tarde, afirmando a necessidade de esvaziar a fé da crença nos milagres e de desmitificar a Bíblia para extrair apenas o kerygma, a proclamação ou a predicação: Jesus Cristo foi enviado por Deus para salvar os homens. Bultmann também retomou algumas categorias de Heidegger, tais como a angústia, o desamparo e a decisão, explicando que Cristo convida os homens a sair da existência inautêntica.

A filosofia constitui para Hannah não uma história do pensamento, mas uma matéria viva, que permite dar um quadro teórico e psíquico a essa jovem sedenta de referências, dona de uma imaginação transbordante, de uma inteligência poderosa, poderosa demais, tão poderosa que chega a atormentá-la.

Pensar é viver. Viver é pensar. Não há pensamento sem riscos. Não há pensamento que não seja um afrontamento pessoal com o mundo. Pensar é também esbarrar no precipício, assumir o desespero e a solidão que possam resultar do pensamento. Pensar será a sua atividade. Finalmente, fará apenas isso, no mais íntimo de seu ser. "Não acredito que possa existir algum processo de pensamento sem experiência pessoal. Todo pensamento é re-pensamento: ele pensa a perda da coisa. Pensar é se expor."[22]

O que se passou no outono de 1924? Apenas Martin Heidegger e Hannah Arendt o sabem, e não quiseram tornar público. Paz às suas almas. De qualquer maneira, isso continua intraduzível. Um beijo fez a confissão.[23] Os dois, com culpa, falam do amor. Como diz Paul Celan: "Tanto um quanto o outro querem existir e morrer [...] O lábio sabia. O lábio sabe. O lábio termina de calá-lo."[24]

Só a poesia dá sinal e sentido ao nevoeiro desse amor. O que podemos restituir, graças à correspondência, aos testemunhos e ao texto autobiográfico de Hannah intitulado "Sombras",[25] é a grande transformação que ocorre em sua vida. A crisálida se abre, a falsa armadura que ela construiu se fissura, o mundo de quimeras onde ela se escondera desvanece progressivamente, e o mal de ser, pouco a pouco, começa a recuar.

Hannah é aceita no seminário de Edmund Husserl e procura se inscrever no cenáculo fechado da comunidade de estudantes que já idolatra Martin

Heidegger. Nessa época, ele ensina Platão — *O sofista* — e Aristóteles — *Ética a Nicômaco*. Ele se proclama aluno de Edmund Husserl, mas também de Karl Jaspers, de quem Hannah havia descoberto adolescente, em 1922, o livro *La Psychologie des conceptions du monde*[26] [A psicologia das concepções do mundo]. Essa leitura teve uma influência determinante sobre ela, pois lhe permitiu rejeitar a filosofia dos professores e compreender que a verdadeira interrogação filosófica tem como tarefa única o questionamento dos problemas da existência. Esse livro havia obtido um grande sucesso na época de sua publicação, em 1919, e estimulado inúmeros estudantes a se orientar em direção a uma pesquisa filosófica pura e rigorosa.

Hannah está em Marburg não apenas para aprender, mas também para experimentar formas e métodos de pensamento capazes de cartografar as novas linhas de força desse mundo novo e caótico do pós-guerra. Martin Heidegger tem a impressão, desde o início dos anos 1920, de comungar com Jaspers no que ele chama de "reanimação da filosofia".[27] Os dois filósofos haviam se conhecido na primavera de 1920, em Freiburg, por ocasião do aniversário de Edmund Husserl. A Sra. Husserl o apresentou a Jaspers como o "filho fenomenológico", o precioso e incansável assistente de seu marido desde janeiro de 1919. A simpatia entre Jaspers e Heidegger foi imediata e recíproca. Já no dia seguinte, o primeiro visita o segundo, conversa com ele sobre teologia e filosofia, e observa a maneira penetrante com que Heidegger evoca os problemas filosóficos.[28] Entretanto, logo em seguida Jaspers é obrigado a desconfiar dele. Em breve, terá a ocasião de constatar o arrivismo de Heidegger.

Desde o verão de 1921, Martin Heidegger lhe pede indiretamente que o ajude a obter o posto de professor titular em Heidelberg, mas descobre que ele não tem a menor chance de consegui-lo.[29] Jaspers nota então sua tendência de julgar os colegas de forma peremptória, sua maneira pretensiosa e agressiva de falar dos outros alunos de Husserl. Ele está disposto a passar por cima de todos com arrogância, inclusive do próprio Jaspers, que logo se defende com veemência. No entanto, ele reconhece em Heidegger uma grande faculdade de inteligência e de inventividade, ainda que, nas relações humanas, o considere violento e injusto. Heidegger confia a Jaspers suas decepções de professor: acha os alunos e as alunas superficiais e presunçosos: são ou iluminados, ou adeptos insignificantes de círculos de poesia, ou doentes perdidos numa bulimia de leituras malsãs e de um saber disperso.[30] Retrato autobiográfico de um jovem professor para quem o mundo universitário já é medíocre, limitado, que revela muito cedo e sem rodeios suas ambições imensas, mostrando-se pronto a todas as renúncias, com a condição de poder se tornar rapidamente um igual perante seus mestres. Impaciente para mostrar seus talentos, orgulhoso por não medir esforços para inovar com os estudantes que, no entanto, não se mostram merecedores. Desde então o ressentimento, a decepção. Sempre dos outros. Nunca dele mesmo. Sobrecarregado de trabalho por causa da preparação dos cursos, com o sentimento de nada receber em troca. Desiludido, amargo. "Não vale a pena nos entregarmos a esses que estão sentados diante de nós",[31] ele escreve a Karl Jaspers.

Construtor de uma nova filosofia, que sabe grego tão bem quanto alemão, pretende devolver o caráter de nobreza científica à ciência do ser, colocando em jogo sua existência. A filosofia, para ele, é uma esgrima, e não a tagarelice presunçosa de conceitos ultrapassados. Antes mesmo do encontro entre eles, Heidegger era um professor exaltado, que desejava deixar sua função de assistente na universidade de Marburg, tomando-se pelo líder de uma tropa de rebeldes que deveriam resistir à apatia do tempo. Ele a conclama, desde 1922, como uma "comunidade de luta rara e independente",[32] utilizando já uma linguagem guerreira, retomando, e deturpando, o vocabulário nietzschiano. Pretende-se o fundador de uma comunidade invisível, nem círculo, nem liga, nem corrente, mas cenáculo. Quer erradicar todas as tentativas de fazer da filosofia uma bricolagem da alma. Aluno de Edmund Husserl, de quem é também nessa época assistente, amigo e confidente, dedica-se, de corpo e alma, aparentemente, a desenvolver com seus alunos as teorias fenomenológicas revolucionárias de seu mestre. Husserl colocava a necessidade de distinguir os fatos psíquicos empíricos, por exemplo, o triângulo tal qual o representamos, das verdades objetivas do espírito, nesse caso a essência pura do triângulo. É por isso que a fenomenologia se apresentou de início como a ciência que estuda as essências tais como elas se dão para a consciência. Mas Husserl continuou sua pesquisa direcionando a análise para a própria consciência, utilizando um método, comparável à dúvida de Descartes, que consiste em colocar entre parênteses toda afirmação de existência do mundo ou de verdade para se elevar à consciência pura do "eu penso". Husserl estabelece assim que a consciência é o que dá sentido a tudo o que se dá como objeto ou como experiência. Longe de se ater a uma filosofia idealista desligada de um mundo que poderia perfeitamente não existir, Husserl cumpre, ao contrário, seu programa de "volta às coisas mesmas" e à experiência. Desenvolveu intensamente a análise da experiência que a consciência faz do mundo natural e humano, já repleto de sentido para nós antes mesmo de qualquer conhecimento científico. Sem dúvida, a noção de ser-no-mundo que Heidegger analisou em *Ser e Tempo* já havia sido pensada por Husserl.

Martin Heidegger dedicará a Edmund Husserl seu primeiro livro, *Ser e Tempo*, em 1927. No entanto, desde 1923, ele confia a Jaspers: "Husserl não tem mais coerência alguma — se é que teve algum dia —, o que tem parecido cada vez mais duvidoso nesses últimos tempos — ele oscila de um lado a outro e fala frivolidades, o que chega a dar pena. Vive de sua missão de fundador da fenomenologia — ninguém sabe o que é isso..., e começa a se dar conta de que as pessoas não o acompanham mais."[33] O jogo duplo. A mentira. Pelo momento, ele se instala em Marburg com a mulher Elfride, com quem se casou em 1917, e seus dois filhos, Jörg e Hermann. Alguns meses mais tarde, encontra Hannah pela primeira vez nos bancos da universidade.

Hannah ouviu falar de Heidegger por vários amigos,[34] que exaltam suas audácias intelectuais e seu brilhantismo de orador. Os estudantes o chamam de "o pequeno mágico de Messkirch", sua cidade natal. Quando Hannah vem assistir a seus cursos em Marburg, a disputa por um lugar no seminário já é grande. O homem intriga, seduz, fascina. Seus alunos sabem pouco a respeito de sua vida pessoal, exceto que ele escreve o tempo todo. Eles são cativados pela seriedade, a energia e a sua faculdade de desconstruir, magistralmente, a tradição clássica. Ele tem a desconfiança prudente e astuta do camponês. A intensidade de sua determinação filosófica o coloca muito acima dos outros universitários.[35]

Antes mesmo de ele ter publicado qualquer coisa, um japonês desembarca no seu seminário para convidá-lo a ensinar em Tóquio num instituto fundado pela nobreza japonesa. O que significa que sua reputação já tinha atravessado fronteiras. Salário anual proposto: 17 mil marcos. Heidegger hesita. Sua mulher só vê vantagens: dinheiro para construir uma casa, mudança de horizonte, aventura distante. Ele se pergunta se tem mesmo vontade de tentar tal expedição.[36] Heidegger tem o espírito caseiro, quer continuar trabalhando sem deixar o país — já começava essa obsessão pelo enraizamento —, ainda que se entedie na universidade, onde nada acontece. "É enfadonho, a média é medíocre, nenhuma agitação, nenhum estímulo",[37] confia ele a Karl Jaspers.

Martin Heidegger inova em tudo, inclusive em matéria de horário: persuadido de que só se pode refletir direito no início do dia, decide fazer seus seminários às sete horas da manhã. Não foi ao Japão e se alegra com essa decisão. Quando encontra Hannah pela primeira vez, redescobria o gosto pela vida, e até mesmo pelo ensino. No reinício das aulas, Hannah se inscreve em seu seminário sobre Platão. Heidegger começa com uma homenagem a Paul Natorp, que acaba de morrer, e desde a primeira aula insiste nos laços entre filosofia e política. Estimula a juventude alemã a assumir suas responsabilidades, assim como fez Natorp, um dos raros professores a entender o alcance político dos movimentos da juventude Wandervogel-Bewegung que, em 1913, se reuniram perto de Kassel para tentar organizar a direita estudantil.[38]

Heidegger nunca falará a Jaspers sobre sua relação com Hannah. Na correspondência que troca regularmente com ele, pode-se observar, entretanto, que ele gosta cada vez mais de ensinar e que aprecia particularmente, nesse ano, a qualidade dos estudantes: "Meus alunos mais obstinados, limitados progressivamente pela duração de sua condição de alunos, estão diminuindo, e eu encontro pessoas cada vez mais jovens."[39]

Ainda hoje, ler os cursos que ele deu naquela época continua sendo um exercício fascinante, tamanho o ritmo de seu pensamento, a precisão de sua argumentação. Sua maneira de utilizar a língua — aparentemente da forma mais simples do mundo — cativa, arrebata, dando a cada um a impressão de ser mais inteligente. Pode-se imaginar a sedução que ele era capaz de exercer sobre esses jovens, impressionados com sua profundidade, sua poesia, sua audácia e seu charme. Ele fascinava ainda mais porque não desejava seduzir seu auditório. Porque trabalhava apenas para si, diante dos alunos que viam, quando ele começava a falar, sua testa abaular, se ornar de uma veia saliente. Longe de tudo e de todos, ele embarcava num discurso tão vibrante, tão ardente, que aqueles que o escutavam o recebiam como uma aventura pessoal, psíquica, cheia de emoção, reservada a cada um dentre eles.

Um documento fotográfico atesta o sucesso mundano de seu seminário: alguns estudantes estão de pé no fundo da sala, outros nos corredores, e inúmeras moças tomam nota. Martin Heidegger coloca em cena a filosofia com graça, poesia, humor e sem cerimônia. Nessa época, seu vocabulário é claro, até mesmo límpido. Ele abandona suas notas, pede aos alunos que se imaginem no começo do mundo. Na aurora do pensamento. Certamente, é melhor conhecer o grego antigo e ter o espírito veloz quando se lê esse curso que ele teve o cuidado de transcrever; mas, apesar do recuo do tempo, experimentamos um abrasamento, um ardor, um entusiasmo, ao percorrer com ele esse caminho de pensamento.

Proximidade com o passado, matéria viva dessa filosofia grega que ele nos traz para tão perto, preparação física e mental para nos compreendermos, para nos amarmos: sim, a filosofia está em dívida, por ter negligenciado e desdenhado Platão e Aristóteles. Nossa sobrevivência intelectual talvez dependa desse reconhecimento tardio, desse retorno às origens.

Desvelar a verdade das coisas, recusar todas as loquacidades... Heidegger destrói as certezas como arrancamos as ervas daninhas. Ele é dono dessa maneira ao mesmo tempo elegante e discreta de tornar Platão vivo, ele próprio sendo um *bon vivant*, malicioso, irônico com os alunos e, antes de mais nada, poeta. Retomando uma imagem já utilizada por Platão no *Teeteto*,[40] será que ele não falava da alma como um pombal, das idéias como pombas prontas a se deixar capturar ou a voar, em bandos ou solitárias? Para Heidegger, a filosofia é indissociável da vida. É como o ar que respiramos. Impossível compreendê-la, portanto, sem o esforço em seguir seus passos, se possível com entrega.

Não querer entender tudo, apoderar-se dos fragmentos, das revelações, depois retomar, repisar, renomear, repetir como ele próprio fazia em seus cursos, onde se mostrava paciente, obstinado, modesto, nesse período abençoado de 1924-1925. Lembremos as leituras que ele fez nessa época do *Diário* de Van Gogh e essas palavras que o obcecavam: "Sinto com todas as minhas forças que a história dos homens é exatamente como a do trigo: não importa se estamos na terra para desabrochar, pois de qualquer maneira seremos moídos e nos tornaremos pão. Cuidado com aquele que não é moído." É preciso lembrar a influência de Lutero em sua obsessão de fazer apenas o que se deve e o que se julga necessário. Ele renegará sua formação de teólogo, aderindo a um pensamento da existência com a leitura de Kierkegaard. Em Marburg, o que ele teria pendurado nas paredes? Teria trazido de Freiburg sua crucificação expressionista? Os retratos de Pascal e de Dostoievski ainda estariam em sua escrivaninha? Andaria ele com *Les Grands Bois* [Os grandes bosques], seu livro preferido do escritor austríaco Adalbert Stifter,[41] cujo título de uma das narrativas, "O caminho florestal", inspirou toda uma parte de sua filosofia? Esse homenzinho moreno sabia "nos maravilhar fazendo desaparecer o que tinha acabado de mostrar", afirma um de seus alunos, Karl Löwith. A fascinação que ele exercia vinha em parte de sua opacidade. Ninguém o entendia de fato. Ele projetava a estrutura de um pensamento e a demolia em seguida. Hans Jonas comenta em *Souvenirs* sobre essa atmosfera de seita que reinava em seu seminário, freqüentado — seria isso um acaso? — por muitos jovens judeus. Como se Heidegger fosse um rabino miraculoso — um guru.[42]

Essa atmosfera não era sã, e a arte do encantamento podia ser perigosa: Heidegger atraía seres relativamente psicopatas, e uma estudante se suicidou depois de três anos desse jogo de adivinhações.[43]

III

SOMBRA

Quando começou a história entre os dois? Segundo as confidências de Hannah a Hans Jonas, seu camarada na época, foi numa noite em que a aluna veio visitar o professor, a pretexto de falar de filosofia. A escuridão reinava no escritório de Heidegger, e ele não acendeu a luz. Quando Hannah se levantou para ir embora, aconteceu algo de extraordinário: "De repente, ele se ajoelhou na minha frente. Inclinei-me e, de onde estava, ele levantou os braços na minha direção e peguei sua cabeça entre as minhas mãos: ele me deu um beijo que devolvi."[1] Dramatização. Intensidade. Romantismo. Relação invertida: o professor de joelhos diante da aluna. Veneração?

O primeiro vestígio escrito data de 10 de fevereiro de 1925.

Cara senhorita Arendt,

Preciso encontrar-me ainda hoje com a senhorita, para falar ao seu coração.

Tudo entre nós deve ser simples, límpido e puro. Só assim seremos dignos da sorte de termos nos encontrado. O fato de a senhorita ter sido minha aluna e eu seu professor foi apenas a ocasião propícia para o que nos aconteceu.

Nunca terei o direito de a querer para mim, mas a senhorita não sairá mais da minha vida, e por isso minha vida terá mais vivacidade.[2]

A ligação amorosa começou há poucos dias. Martin Heidegger ainda evoca a relação em termos de amizade, mas já lhe pede desculpas por um breve momento de desvario durante um passeio. Hannah deve ter ficado assustada. O tom de Heidegger é cominador: é preciso viver plenamente o que lhes acontece, e não ter vergonha. Nada a ver com o estado de espírito de um homem loucamente apaixonado. Ele tenta, no entanto, tranqüilizá-la: "E minha fidelidade deve apenas ajudá-la a permanecer fiel a si mesma."[3]

Ele tem trinta e cinco anos, ela dezenove. Esse encontro é uma sorte para os dois, mas sobretudo para ele. Heidegger, fantasma de Don Juan um pouco envelhecido, seduz uma de suas alunas. É um de seus esportes favoritos. Hannah não é nem a primeira nem a última. Rapidamente, ele utiliza com ela um vocabulário antiquado, forçando as barreiras do sexo e da idade: "'Alegre-se!', este é o modo como doravante passarei a saudar a senhorita. E apenas se conseguir se alegrar, a senhorita se tornará a mulher que pode dar alegrias: a mulher que concentra em si mesma toda a alegria, o acolhimento, o descanso e a gratidão pela vida."[4] Ele lhe pede, para tanto, que não se faça de inocente e, logo, evoca com ela a possibilidade não de uma amizade etérea, mas de uma relação amorosa em que a jovem, graças a ele, poderá se tornar mulher.

Heidegger quer então aparecer para Hannah como aquele que vai lhe permitir realizar a sua feminilidade. Essa palavra de realização se repete com freqüência nas primeiras cartas. O professor indica como ela pode se tornar uma boa aluna, apoderando-se de sua juventude, e a incita a se metamorfosear num novo ser. Hannah é uma moça em flor. A expressão é de Heidegger.[5] Ela se tornará uma adulta autônoma, ganhando confiança em sua inteligência e também em sua beleza. No entanto, as relações logo se invertem, e a aluna passa a conduzir o jogo do professor, que se mostra confuso com o que lhe acontece. Desde o fim de fevereiro Heidegger reconhece: "O demoníaco atingiu-me. [...] Algo deste gênero nunca tinha me acontecido antes."[6]

Hannah vive num quarto para estudantes nos arredores de Marburg. Heidegger vem buscá-la depois de suas aulas para longos passeios na montanha. Nas férias de páscoa, eles vão se separar. Heidegger, que não quer deixá-la ser apenas uma estrela cadente, teme esse distanciamento.[7] Hannah vai para a casa da mãe em Königsberg. Ele se tranca no seu chalé em Todtnauberg, com a mulher e os filhos.

Como quem não quer nada

Em maio de 2001, o filho de Martin Heidegger me recebe no subúrbio de Freiburg em companhia da esposa. Testamenteiro do pai, ele tomou a si a obrigação de publicar todos os seus escritos, todas as suas correspondências e o conjunto dos seus seminários. Sim, ele se lembra muito bem de Hannah Arendt, que veio a Freiburg em 1950, na casa de seus pais. Sim, ele guarda na memória as discussões entre o pai e a mãe a propósito de Hannah. Ele soube, ou entendeu, desde criança, que essa relação era importante. A mãe não soube, ou não quis saber, de nada antes do fim da guerra, mas não tinha como ignorar, tamanha a reputação, que seu marido era um garanhão e escolhia suas presas entre as alunas.

Estou surpresa. Minha candura e meu espanto fazem Hermann rir. Se a sua mãe se mostrava tão altiva, tão desconfiada, tão atenta e presente diante do marido, era certamente para proteger seu trabalho, mas também para protegê-lo de seus próprios demônios. Afinal, não era boba, pois ela mesma já tinha sucumbido a seu charme!

É uma primavera fria. Apesar dos junquilhos que revestem os prados desde que deixamos o vale, a neblina sobe, espessa, e a estrada em curvas na montanha é árdua. Chegamos enfim a Todtnauberg, esse chalé onde Martin Heidegger se refugiava para trabalhar e meditar sempre que podia, lugar mítico e mitificado pelos admiradores do filósofo, que o transformaram em santuário, célula de trabalho magnético, oásis de filosofia aonde o pensador vinha regularmente para recarregar a energia, graças ao ar frio e puro, às conversas com os camponeses, aos longos passeios de esqui de fundo, e graças também à solidão. Ele mesmo teorizará sobre esse lugar, fazendo-o entrar em sua própria visão de mundo, mas universalizará a idéia, afirmando que cada um de nós precisa de um lugar só seu. Não um quarto seu, mas um lugar seu, por menor que seja, para se proteger, para fazer, se tiver vontade, um retiro espiritual, um diálogo com a natureza, que é também uma maneira de se confrontar com a sua própria finitude, que só conseguiríamos experimentar em plena tempestade, escutando o barulho do vento, ou por ocasião de uma caminhada na floresta, quando estamos perdidos e a noite cai.

Esse pequeno chalé na montanha em cima do vale, isolado no alto do vilarejo, se tornará um lugar de peregrinação para os estudantes que ele convidava para grandes festas do corpo e do espírito, seguindo a tradição dos movimentos de juventude. Quando selvagens tempestades de neve cobriam seu refúgio, era para ele a alta estação da filosofia.

Embaixo, o tecido doce e leve, mas esvaecido e superficial, da poluição das tagarelices universitárias; no alto, o ar vigoroso dos cumes. Dias para cortar lenha, para reler Kant e Hegel, para caminhar durante horas e para delinear um perfil para a sua própria filosofia, tentando se libertar das vagas visões de mundo. Embaixo, os professores embriagados de poder, perdidos em suas lutas de clã; no alto, os camponeses, mais corteses, mas também mais interessantes. No alto, a velocidade do esqui na neve. Embaixo, o passo lento e pesado na planície.

Nessa estação, o chalé está fechado, e Hermann só vem para esquiar. Para subir, é preciso contornar as placas de neve. Da casa, a vista abarca o cimo do maciço de Feldberg. O ar é puro. Silêncio absoluto. Ainda que o vilarejo de baixo tenha se transformado numa hedionda estação de esqui para colônias de turistas, o lugar inspira uma impressão física de calma, serenidade e paciência infinita.

Martin Heidegger, após as férias de páscoa, vai a Kassel para uma série de conferências. Hannah o encontra em segredo. Heidegger mostra, sempre, uma prudência de serpente. Alegra-se com a sua presença, mas avisa que eles não poderão fazer a viagem de volta juntos. Não quer chamar a atenção, correr o risco de serem vistos na rua, na plataforma da estação, no trem. Nunca se sabe. Heidegger não quer se mostrar com ela nem aos olhares dos estudantes, nem dos seus colegas professores. Prepara então uma verdadeira estratégia de astúcia, de dissimulação, da qual testemunham os múltiplos bilhetes, tal como o do dia 17 de abril, em que ele marca um encontro com ela depois de uma conferência. Como se encontrarem? Não no hotel. O melhor é pegar o trem até a última estação. "Talvez você pudesse tomar discretamente o próximo trem. Como quem não quer nada."[8]

De volta a Marburg, Hermann Heidegger me confirma: antes do nosso encontro, ele verificou bem, classificou tudo, olhou tudo, procurou tudo. Na correspondência entre seu pai e Hannah, achou muitas cartas do primeiro, mas poucas respostas da segunda. Onde elas foram parar? Será que ele quis guardar em segredo algumas cartas para preservar a intimidade familiar? Não, ele nunca encontrou as cartas que Hannah deve ter redigido durante esse período de amor recíproco. Ele acredita que sua mãe era tão ciumenta que Heidegger tenha tido medo de deixar escapar o menor vestígio de infidelidade. Ele deve tê-las queimado, com exceção desta, transtornante, que parece mais um testamento de vida da jovem, uma introspecção dolorosa de sua própria existência, do que uma carta de amor.

Hannah a intitulou "Sombras", e fala dela na terceira pessoa:

> Sempre que acordava desse longo sono, absorto e ainda assim pesado, no qual se está totalmente unificado consigo mesmo tanto quanto com o que se sonha, experimentava a mesma ternura tímida e tateante em face das coisas do mundo. Em meio a tais coisas tornou-se então evidente para ela que uma grande parte de sua própria vida estava completamente mergulhada e perdida em si. Poder-se-ia dizer que estava dormitando, se existisse na vida comum algo comparável a isso. Pois estranhamento e ternura já cedo a ameaçavam com a possibilidade de se unirem e identificarem. Ternura significa afeição tímida e reservada. Não uma entrega, mas um afagar com as mãos que se confunde com a carícia, a alegria e a admiração em relação a formas estranhas.
>
> Talvez tudo isso advenha do fato de ela já ter sido tocada ao longo de sua juventude mais silenciosa e recém-desperta pela presença do extraordi-

> nário e admirável, assim como de estar acostumada a duplicar sua vida com uma naturalidade que francamente a atemorizaria depois. No aqui e agora, aqui e ali. Não estou me referindo à nostalgia de uma coisa determinada que deveria ser alcançada. Ao contrário, só penso na nostalgia como o que perfaz a vida e pode ser parte integrante dela.[9]

Esse texto autobiográfico descreve os tormentos de uma menina que se sentiu excluída desde muito cedo, torturada pelo desejo de querer ser igual a todo mundo. Para acalmar suas angústias, ela se joga de corpo inteiro na leitura da poesia, da literatura. "Ela sabia muitas coisas, através de uma experiência e atenção incessantemente despertas. Tudo o que lhe acontecia caía contudo no fundo de sua alma, lá permanecendo isolado e encapsulado."[10] Afastada dos outros sem o querer, atormentada por angústias dia e noite, a menina se torna uma adolescente perdida em suas quimeras, com um temperamento suicida. Não consegue fazer algo de si mesma, não consegue fixar limite algum, só se centraliza quando se agarra a seu desespero e apanha sem poder se proteger. "Seu aniquilamento, que talvez só tenha como razão de ser uma juventude largada e sem rumo, exterioriza-se através desse estar oprimida em si mesma. Ela própria encobria e obstruía para si uma visada e um acesso a si mesma."[11]

Certamente reconhecemos aqui os tormentos habituais devidos à adolescência, assim como a influência do vocabulário da poesia romântica. Mas o texto provoca ainda hoje a impressão de uma violência contra si mesma, esse exagero de si mesma que a oprime e com o qual ela não sabe o que fazer, assim como um medo sem limite. Medo de quê? Hannah sofrerá a vida inteira desse sentimento de não ter proteção, abrigo, sempre a descoberto.

Será a perda do pai que reaparece aqui dissimuladamente? Ela não fala de sua ausência. O texto descreve o comportamento de um ser sem defesa, tomado pela vertigem que se sente ao se punir, ao afundar no sofrimento, infligindo-se punições intelectuais, bebendo do cálice até a última gota, e recusando qualquer possibilidade de aceder algum dia à felicidade. Ela fala de si como alguém imóvel, imbecil. Não pára de se mostrar agressiva em relação a si mesma, irônica, mordaz. As palavras de opressão, de abatimento, reaparecem. Será por causa da época? É preciso ler aqui as reminiscências da guerra? Será que todos os seus camaradas estudantes estropiados lhe contaram como viveram nas trincheiras a loucura do inferno? Sem dúvida. O chão foge sob seus pés. Ela sente no corpo os tormentos do que chama de tempos sombrios,[12] essa época tão devastada quanto desesperada. Compara-se a um astro em liberdade, paralisada, prisioneira desse medo obsessivo que a deixa mais feia e mais comum do que qualquer outra pessoa.

"A paralisia e a sensação de estar sendo caçada — de modo que a alegria e a dor, o sofrimento e o desespero transpassavam-na como a carne morta — amaldiçoavam toda a realidade, deixavam o presente como que recuar e continuavam abrindo a percepção do fim de tudo como a única coisa certa."[13]

Essas são as "Sombras". Sombras do passado, sombras das crises de identidade, e sombras também do suicídio, ainda que este não seja nunca nomeado. Hannah espera que essa confusão da alma termine algum dia, que ela encontre enfim uma harmonia com o mundo e consigo mesma. Não exclui a hipótese, mas duvida dela, "[...] o mais provável, contudo, é que ela prossiga a sua vida em incessantes experimentos e em uma curiosidade destituída de direito e fundamento; até que então, derradeiramente, o fim longa e fervorosamente esperado a surpreenda e insira no mecanismo inútil de uma meta arbitrária".[14]

Momento intenso de trocas intelectuais. São dois amantes que vão viver, nessa primavera de 1925, uma história de amor de dar inveja às lendas. São também dois pensadores que vão trocar suas visões de mundo, nutrir-se mutuamente, elevar-se moralmente, superar-se filosoficamente. Porque se Hannah lhe entrega por escrito o segredo de seus tormentos existenciais, sua vida íntima, Heidegger lhe confia nesses dias de abril um primeiro manuscrito de dez páginas, dedicado a Hannah, que se intitula: "III. Ser-situado e temporalidade".[15] Ela assistirá a seu seminário "Introdução à história do conceito de tempo", continuação do seminário sobre Platão, e será sua interlocutora privilegiada enquanto ele escreve *Ser e Tempo*. Ela lhe trará sua audácia e lhe dará a força para ir até o fim de sua revolução filosófica.

Heidegger lhe entrega realmente o manuscrito de sua grande obra por vir, texto que sofrerá diversas modificações e chegará a sua versão definitiva no ano seguinte. *Ser e Tempo* vai revolucionar os fundamentos da filosofia, ultrapassando as teses de Edmund Husserl, a quem, no entanto, o livro é dedicado, colocando em novos termos a questão do ser. Esse ensaio, publicado em 1927 no oitavo volume dos *Anais de fenomenologia e de pesquisa fenomenológica*, terá então Hannah Arendt como primeira leitora, primeira comentarista, primeira revisora.

Não me parece exagero dizer que esse texto foi irrigado, fecundado, aprofundado por e com o amor da jovem mulher. Claro, há interpenetrações entre o ensino dispensado — desde maio, o filósofo ministra o seminário às 7 horas da manhã para cento e vinte alunos — e as pesquisas teóricas pessoais. Mas Hannah não é apenas uma aluna atenta. Torna-se uma musa, e ela própria se espanta que Heidegger a considere como interlocutora e recipiendária, mas em nada desorientada, tamanha a sua capacidade de reflexão e a intensidade de seu amor.

Numa carta que lhe envia a Kassel, Hannah evoca seu desejo de viver com ele "se você me quiser", "se você gosta de mim"[16]. Mas Heidegger não quer ouvir falar de vida nova, de separação da mulher. Ele lhe diz isso claramente desde o fim de abril. Ele a ama livre, independente. Hannah reforça nele o desejo de refletir, incentiva o desejo por invenções teóricas. Coisas importantes acontecem em seu trabalho graças a seu amor. Ele não vê razão alguma para mudar de vida: de um lado, o domicílio conjugal onde pode escrever sua obra e onde é feliz, e do outro, essa aluna que o inspira, que tempera a sua vida, o rejuvenesce. Ele tem dificuldade em entender os tormentos que Hannah lhe confessa. Ele, que teve um quadro familiar e uma vida muito mais simples e tranqüilos do que ela. Mas isso não o impede de acreditar nela, e então ele vai se dedicar a dissipar os fantasmas que a impedem de aceder à felicidade. "Não a amaria, se não acreditasse que *você* não é assim, que esta imagem não passa de uma desfiguração e uma ilusão criadas por um auto-esfacelamento infundado e introduzida de fora."[17]

Ele vai lhe dar o impulso da confiança em si, assim como a segurança que autoriza o amor. "Fui tomado então pelo esplendor desta essência humana, da qual tenho o direito de estar perto através de você."[18] Martin ama Hannah. Ele ama a mulher, mas ama também a idéia do amor. Tão absorvido pela luminosidade, a determinação e a beleza de Hannah, chega, na sua presença, a esquecer que ela está lá, ao seu lado, pois a própria idéia do amor o afoga na meditação: "livre de preocupações e considerações mundanas, em meio à clara alegria diante de sua existência".[19]

Espera do ser amado, presença entremeada da filosofia e da poesia, Hannah e Martin recitam Goethe e Hölderlin e se dedicam sempre a seus passeios intermináveis. Sua correspondência é impregnada do sentimento dessa natureza benfazeja, da cintilação do rio, da calma e do ar fresco do fim de tarde. Martin inflige a Hannah um jogo de esconde-esconde. Ele a espera, à noite, em seu escritório de trabalho: beijos roubados. Impõe-lhe concertos aos quais eles assistem lado a lado sem poder dar as mãos, e todos esses eventos e essas noites que não lhes pertencem. Pede-lhe sem parar que o espere: "Você não gostaria de estar comigo nesse domingo à noite? [...] Chegue por volta das 9! Se a luz do meu quarto estiver acesa, isso significa que fui retido por alguma discussão. Neste caso — provável —, venha na quarta-feira no mesmo horário. Terça, infelizmente, tenho 'Graeca'."[20] Ela se submete. Aceita. Ela o ama e, como um duende brincalhão, faz-lhe perguntas sobre o futuro de seu amor. Ele lhe responde como um filósofo, não como um apaixonado. "Afinal algo ainda poderia *acontecer*? Tudo já não tinha *se dado* e não será sempre assim? Fizemos algo para que isso acontecesse? E o que podemos fazer além de nos abrirmos: além de *deixarmos* ser o que é?" Aliás, seria impossível fazer de outra maneira: "Só podemos dizer, contudo, que o mundo não é mais meu nem seu, mas nosso."[21]

Não se pode duvidar do amor de Heidegger por Hannah nem do respeito que ela lhe inspira. Ele mesmo fica transbordado por essa paixão que o eleva e o faz exultar. Mas Hannah espera outra coisa. Morar com ele. Dividir tudo. Ele não pode nem pensar nisso, e por isso tira o corpo fora. Em vez de lhe dizer não, romanceia e santifica a relação, louva suas qualidades de pudor e inteligência, designa-a como a destinatária de seus cursos. Somente ela pode compreendê-lo sem ter mais nada a aprender. Ele a conduz amorosa e intelectualmente, joga dos dois lados, o de amante e o de mestre espiritual. Diz-lhe para não tomar mais notas enquanto escuta: "Prefira escutar e tente *acompanhar.*"[22]

Ele tem certeza: agora, graças a ele Hannah enfim encontrou seu lugar no mundo. O resto não tem importância. Ele deseja que essa história dure. Suplica a Deus, responsável e culpado por ter organizado esse encontro não apenas terrestre: "Agradeço-lhe apenas o fato de ter *se* transformado nesta dádiva. Agora a carrego na alma e peço a Deus que conserve minhas mãos puras, para que possa cuidar deste tesouro."[23] Ela lhe oferece flores cheirosas, poemas. Ele a tranqüiliza, citando Santo Agostinho, que soube descrever tão bem o que eles estão vivendo: *amo, volo ut sis*, "eu a amo: quero que você seja o que é".[24]

Ele transforma a história deles em destino e a integra em suas invenções filosóficas: quer que ela seja livre, independente, dentro dos limites do ser. A impossibilidade de definir o ser não dispensa o questionamento de seu sentido: ao contrário, leva imperativamente a isso. Em *Ser e Tempo*, há ressonâncias da história de amor entre eles, vestígios de questionamentos de Hannah sobre a dificuldade de viver, de compreender quem somos. Heidegger fica impressionado com o andamento voluntarista e finalista da introspecção filosófica de Hannah, que o conduz a ir mais longe, o encoraja a ampliar a elucidação. Juntos, lêem Kant e Hegel, mantêm conversas filosóficas sobre o nada, a não existência, o obscuro. Como estar implicado com as coisas que existem por si mesmas? Ser no mundo, estar no mundo, estar depois do mundo?

Martin escreve aforismos. Hannah, poemas, como o "Canção de verão":

Através da madura plenitude do verão
Deixo minhas mãos escorregarem
Minhas articulações dolorosamente se ampliarem
Até a terra obscura e pesada.

Campos que tonitruantes se erguem
Sendas que a floresta obstrui
Em rigoroso silêncio as coisas nos pedem:
Que amemos no sofrimento com coração nobre.

Que o sacrifício, que a abundância
Do sacerdote a mão não resseque,
Que em distinto e claro sossego
A alegria não nos abandone.

Pois as águas superfluem,
Cansaço quer nos destruir
E deixamos ser nossa vida
Ao amarmos, ao vivermos.[25]

Não se trata de resumir um livro tão fundamental quanto *Ser e Tempo*,[26] que inspirou tantas exegeses e fornece ainda hoje um grande número de pistas de reflexão para filósofos ávidos em compreender a existência e a relação do homem com o mundo.[27] Digamos simplesmente que Heidegger, ao colocar a questão do sentido do ser, empreende a análise ontológica do homem que ele chama de *Dasein*, literalmente o ser-aí ou o existente, como se traduzia antigamente. O ser do *Dasein*, explica Heidegger, consiste no cuidado, no fato de ser antecipadamente sobre si, além de si, aberto para o mundo, o futuro e a perspectiva de sua morte. A angústia é um sentimento pelo qual o *Dasein* descobre o mundo e a sua liberdade: "Angustiar-se é descobrir original e diretamente o mundo como mundo."[28] "A angústia faz explodir no cerne do *Dasein o ser na direção* do poder-ser mais autêntico, ou seja, *o ser-livre para* a liberdade de escolher e de se apoderar de si mesmo."[29] É por isso que a dimensão temporal do futuro, a do projeto, está intimamente ligada ao *Dasein*, que existe num angustiante caminho para a morte: "A morte é uma possibilidade de ser que o *Dasein* tem de assumir a cada vez."[30] A partir dessa idéia, Heidegger elabora uma análise da temporalidade. Podemos tentar relê-la com os óculos do amor crescente de Heidegger por

Hannah, que o conduziu talvez — além da dádiva que ela lhe oferecia — a transpor as fronteiras filosóficas até então desconhecidas, e integrar em sua reflexão um campo novo de experiências. A noção de distanciamento, de abolição do distante, da necessária presença do outro consigo nessa interpretação do *Dasein* como "ser-com", o *Mitsein*, ressoam como continuações dessa experiência vivida da qual ele tira todo o mel. A sombra do amor plana sobre *Ser e Tempo*. E esse desvelamento do mundo, ao qual somos guiados quando o lemos, não seria também a descoberta de um mundo novo, um mundo iluminado pelo desejo que Hannah lhe provoca?

No capítulo consagrado ao "ser-em" enquanto tal, a análise do medo tem um papel notável.[31] Aqui, descobrimos uma tonalidade extremamente parecida com a do texto de Hannah, as "Sombras". Chega até a ganhar o ar de uma resposta. O medo, diz Heidegger, pode desaparecer com o nascimento do amor. "[...] há a *possibilidade* de uma preocupação mútua que não se precipita tanto ao lugar do outro que ele *não antecipe* sobre si precedendo seu poder-ser existencial, não para o liberar do 'cuidado', mas antes para lhe restituir verdadeiramente o que ele tem de autêntico. Essa preocupação mútua que interessa essencialmente à preocupação verdadeira — quer dizer, a existência do outro e não uma *coisa* qualquer com a qual ele se preocupe — ajuda o outro a ver com clareza *em* sua própria preocupação e a se deixar *livre* para ele."[32] O mesmo acontece com sua homenagem ao silêncio. Hannah tinha, entre outras qualidades, a de saber se calar. De dividir no silêncio. Heidegger será muito sensível a esse traço de sua personalidade e fará, na definição do Um e do Outro, um elogio às pessoas que sabem escutar que poderia muito bem ser atribuído a Hannah. "Quem se cala numa conversa pode se 'dar a ouvir' de forma muito melhor, ou seja, compreender mais, do que aquele que não abre mão de falar."[33]

Trata-se, portanto, de uma compreensão profunda. Intelectual, sexual, psíquica. Ele se inclina diante dela e admira seu orgulho e sua independência. Agradece por lhe permitir transpor fronteiras e descobrir um mundo até então insuspeitado. O amor afia seu desejo de inventividade filosófica. "Estar em meio ao amor = ser impelido até o seio da existência mais própria.[34]" Heidegger trabalha cada vez mais intimamente com Hannah. Ele, que vivera muito perto de seu mestre Husserl, de agora em diante toma Hannah como interlocutora principal. Heidegger tem necessidade de confiar, de falar de seus questionamentos, de trocar idéias. Tem como modelo Platão e seus diálogos. Hannah será seu Teeteto. Ele a manda ler suas cartas a Husserl antes de enviá-las. Ele a conduz a questões que lhe dão vertigem, mas o fazem prosseguir. Chega até mesmo a afirmar: "Se me sinto 'mal', então isso é sempre um sinal de que as coisas vão 'bem'."[35] Ele a vê, durante esses meses, dissipar suas próprias inquietudes, conquistar sua própria independência intelectual e se desprender da relação aluna-professor para se tornar sua amante. Ele já imagina seus projetos vindouros, desvela-se falando do futuro. Mas em julho explode uma primeira desavença.[36] Hannah o recrimina por não ser forte o suficiente para viver o amor que ela lhe dá. Ele responde que é uma questão de geração. Que não tem mais idade para isso. É preciso saber virar a página, ele a ama, e ela deve continuar a alimentar seu amor ganhando confiança em si mesma. Ela aceita. Temporariamente. Doce Hannah que se dobra aos rituais dos encontros clandestinos.

Hannah se acomoda aos interstícios livres da agenda sobrecarregada do professor. Essa que ele chama de "graciosa ninfa da floresta"[37] se apaixona pela teologia e se entrega de corpo e alma a ela, o que cai como uma luva. Ele a deixa com seus livros e vai passar o verão com a mulher e os filhos. Um último encontro? Sim, talvez: "Você não quer vir amanhã às 8:45? Se não houver luz em *meu* quarto, toque a campainha."[38]

A separação será longa. Depois de dois meses no seu chalé, alguns dias passados com Husserl, Martin Heidegger vai visitar a família em Messkirch e em seguida Karl Jaspers. Sem pressa de reencontrar Hannah. Durante as férias, descobrirá graças a ela *A montanha mágica*, de Thomas Mann, caminhará no meio de cabritos monteses, estudará Kant entre dois passeios, e relerá Hölderlin nas noites de insônia. Parece arrebatado pelo próprio trabalho: "Com freqüência, fico todo amuado. Quando isso acontece, porém, salto até a montanha mais próxima e deixo a tempestade passar em redor de meus ouvidos. Careço desta proximidade da natureza."[39] Ele esquece tudo.

Não pensa mais nela e, quando seu amor vem à memória, escreve-lhe para se desculpar pelo silêncio, pela solidão que lhe parece tão vital e nutritiva. Em seguida, subitamente, a saudade. Precisa dela. Tem pressa em revê-la: "Você precisa ajudar-me com a sua adorável presença, para que tudo corra bem."[40] Ele se engana.

PARA OS AMIGOS

Não confiai na suave queixa,
Se o olhar do sem-pátria
Ainda timidamente vos corteja
Senti o quão orgulhosamente a mais pura ária
Tudo ainda ocultamente festeja.

Percebei da gratidão e fidelidade
O mais terno tremor.
Vós sabeis: em constante novidade
Terá lugar o amor.[41]

Hannah decidiu romper. Continua acompanhando os cursos de Heidegger e espaça os encontros até a explicação final, que acontecerá numa noite no início do mês de janeiro de 1926. Infelizmente, temos apenas a versão do filósofo. Hannah lhe comunica a decisão de deixá-lo. De início, ele não leva fé nas suas declarações, não acredita nelas, mostra-se irônico. Não imagina que ela possa, como ele mesmo diz, "ter sido impelida até o limite da perda da crença".[42] Chega de romantismo excessivo. Ele a ama, é assim. Essa história caiu dos céus. Não foi desejada nem por ele nem por ela. É a encarnação do destino. É, portanto, eterna.

Ele parece certo de poder reconquistá-la. Como um homem cujo orgulho foi profundamente ferido, um homem profundamente machista, ele se mostra egocêntrico, até mesmo ofensivo. Ela o acusa de ter ficado ausente? Sim, ele precisava disso mais do que ela poderia imaginar. Está mergulhado num trabalho que o proíbe *de facto* qualquer relação, e se curva ao fardo.

Tem consciência da importância da obra em andamento, julga-a mais forte do que seu amor, e se glorifica disso: "Não me esqueci de você por indiferença, nem tampouco porque circunstâncias extrínsecas se intrometeram entre nós, mas porque precisei e sempre precisarei esquecer-me de você ao atingir o caminho da última concentração do trabalho."[43] Ele a coloca contra a parede e a toma ao pé da letra. Ela fala em ruptura. Não é preciso remoer as palavras, mas entender suas conseqüências. Ela precisa sair de Marburg o mais rápido possível.

O tom da carta de Heidegger oscila entre a contrição, a má-fé e a esperança de que tudo seja apenas um incidente de percurso; no entanto, a sua fúria de touro ferido aparece o tempo todo. Ela quer partir. Que assim seja. Ele poderá trabalhar tranqüilamente, sem que ela o censure. No fundo, ele interpreta sua decisão como um sinal do destino, e se consola dizendo que terá mais tempo para escrever com toda serenidade, sem ser atormentado pelos encontros com Hannah, que sempre quer mais... Será que Heidegger não teme que Hannah se torne inconveniente e envenene a atmosfera de Marburg, contando a sua história? Nunca se sabe. Ele a estimula a soltar as amarras e a não contaminar, com a sua presença, os outros alunos do seminário.

Por que tanta violência? Será que o sábio filósofo está com ciúmes? Será que teme por sua reputação? Ela lhe confessa fazer parte de um grupo de jovens estudantes que zombam divertidamente de seus professores, inclusive dele seguramente. No grupo, estão Hans Jonas, Karl Löwith, mas também Günther Stern, que se tornará o primeiro marido de Hannah e de quem Heidegger fala com desprezo e hostilidade, mas também com um pressentimento impressionante, na penúltima carta de amor que escreve a Hannah. Günther Stern havia lhe enviado um texto filosófico e uma carta em que se dizia tocado pela quantidade de idéias que eles têm em comum.

Essa carta de aluno, sem dúvida desastrada e pretensiosa, terá o dom de exasperar Heidegger, que escreverá a Hannah: "Algo assim só pode ser levado a cabo pelo senhor Stern, que há anos vem arranjando para si tudo o que digo em exercícios e seminários. Respondi-lhe brevemente que, 'em um caso no qual não posso decidir quais são meus próprios pensamentos e quais são os pensamentos de um outro, não penso em publicação. Saudações cordiais.'"[44]

Heidegger, então, encoraja Hannah a sair o mais rápido possível da cidadezinha universitária. Ela não se faz de rogada. Parte com o coração pesado, e confessará, anos mais tarde, ter vivido na época os dias mais desesperados de sua vida. Heidegger se mostra orgulhoso e dá a impressão de ter se livrado de um fardo embaraçoso. Como se, no início da separação, o amor de Hannah lhe pesasse. Mas logo em seguida ele se dá conta da falta que ela faz. Envia-lhe sinais, mensagens de amor. Suplica que ela marque um encontro. Só pensa nela, dia e noite. Hannah não voltará atrás na sua decisão, e não desejará revê-lo. Novamente, para transmitir seus estados de alma e a tristeza em que navega, ela acalma seus tormentos, escrevendo poemas:

CANÇÃO DA NOITE

[...]
E se profundamente nos cansamos,
No colo noturno da noite
Esperamos por um suave consolo.

Esperando, podemos perdoar
Toda dor, toda aflição.
Nossos lábios começam a se fechar —
Sem som o dia inicia sua ascensão.[45]

Hannah deixa Marburg para ir a Freiburg na primavera de 1926. Durante um semestre, seguirá os cursos de Edmund Husserl, o próprio mestre de Martin Heidegger, a quem *Ser e Tempo*, concluído quatro meses após o rompimento, é dedicado: "Em testemunho de admiração e amizade." Heidegger acrescentou essa frase de Lessing: "A clareza maior sempre foi para mim a beleza maior." Hannah quer se alimentar das teorias do mestre de seu mestre, e assim buscar argumentações para se desfazer da influência de Heidegger? Nada se sabe. A desavença entre o mestre e o discípulo ainda não se tornou pública, mas Heidegger já rompeu, filosófica e moralmente, com aquele que lhe permitiu inventar um novo questionamento do ser. A tempestade provocada pela publicação de *Ser e Tempo*, em 1927, concretizará *de facto* o distanciamento, já que o livro coloca em causa a própria definição da fenomenologia tal como a tinha inventado Husserl no início do século. Querendo se beneficiar de seu ensinamento, Hannah Arendt mostra interesse pelo filósofo mais ouvido da Alemanha, que considera, depois de Nietzsche e Kierkegaard, terem chegado os tempos de dar à filosofia a importância de uma disciplina necessária à compreensão do mundo.

Husserl, que havia conseguido em 1916 a sucessão do neokantiano Heinrich Rickert em Freiburg, era há muito tempo o centro de atração da universidade alemã e o pensador mais respeitado do país. Tinha acabado de formar uma geração de estudantes, dentre os quais Karl Löwith e Emmanuel Levinas, que descreverá de forma luminosa sua iniciação à filosofia num lindo livro de título significativo: *En découvrant l'existence avec Husserl et Heidegger*[46] [Descobrindo a existência com Husserl e Heidegger]. Karl Löwith também evocará a clareza sóbria de seus seminários, a inventividade de suas análises fenomenológicas e o rigor humano de seu ensino científico. Nos exercícios do seminário a que Hannah assiste, Husserl força os alunos a evitar as grandes palavras, a confrontar qualquer termo com a intuição dos fenômenos, encorajando-os sempre à modéstia e à clareza. Pede-lhes, para a apresentação de seus trabalhos, "pequenas moedas" em vez de sacar "notas altas".[47] Após alguns meses escutando os geniais, mas às vezes verborrágicos, vôos de Heidegger, esse semestre em Freiburg deu a Hannah a impressão de um oásis de liberdade e pureza. Fisicamente, sentia-se melhor. Intelectualmente, tirará proveito dessa estada ao longo de toda a vida: conservará em sua obra a crítica husserliana da unicidade da verdade, a força do princípio de incerteza para se poder refletir, e guardará a convicção husserliana de que *pensar* é antes de tudo *existir enquanto sujeito responsável.* Adquirirá com ele uma disciplina e uma certeza que a acompanharão até o suspiro final: a filosofia, tanto para ela quanto para ele, não é uma questão de sistema, menos ainda de visão de mundo, mas um modo singular de pertencimento à existência, um questionamento pessoal incessante. Pensar é ser responsável. A vida do espírito é a coisa mais importante que nos deram, e todos os engajamentos do homem no mundo fazem parte de sua vida espiritual, repetia Husserl.[48] Esse grande intelectual continuou fiel aos ensinamentos essenciais da civilização européia. Duvidava de métodos da tradição intelectual, mas não de seus valores, como testemunha seu texto admirável, *Die Krisis*,[49] em que estabelece como a ciência positivista moderna rompeu com a sua origem, esse lar de verdade que é a subjetividade, e com o "mundo da vida". No entanto, seu rigor e sua frieza nem sempre apaziguarão os tormentos existenciais dos estudantes que seguem seus seminários e tentam se reencontrar no caos do pós-guerra. Coisa que Heidegger conseguiu fazer. Ele age sobre as mentes desde o primeiro contato. Heidegger estigmatiza o mundo burguês e a sua crença no progresso, e o que ele quer da filosofia não é a procura pela adaptação ao real, mas a tentativa de pensá-lo a partir da existência, que é trágica por essência.

Hoje, os livros de Edmund Husserl continuam a inspirar a fenomenologia, que ainda é uma corrente filosófica importante e extremamente viva.[50] Seu método e sua lógica podem parecer difíceis e severos, mas permitem a esperança de que a liberdade seja o horizonte de espírito na existência, ainda que seja sempre preciso conquistá-la. Para Husserl, a vida espiritual é a única experiência dos valores e, enquanto a Europa se afunda numa crise espiritual e moral, Husserl reafirma com fé o valor da razão e seu laço essencial com a própria humanidade: "É de fato a razão que fornece expressamente o tema às disciplinas do conhecimento (quer dizer, do conhecimento verdadeiro e autêntico: o conhecimento racional), a uma axiologia verdadeira e autêntica (os valores verdadeiros como valores da razão), a um comportamento ético (o agir-bem verdadeiro, ou seja, o agir a partir da razão prática). [...] A filosofia e a ciência seriam, a partir disso, *o movimento histórico da manifestação da 'razão' universal, 'inata' na humanidade enquanto tal*."[51] Seu sistema filosófico e sua liberdade de espírito o impediram de imaginar, ao contrário do que aconteceu com seu discípulo Heidegger, que se pudesse sequer cogitar em dar atenção aos líderes do nacional-socialismo. Husserl era judeu. Por causa de suas origens, embora já estivesse aposentado, foi suspenso de suas funções em 1933. Seus livros foram retirados da biblioteca, e alguns queimados por terem sido escritos por um judeu. A partir de dezembro de 1932, Heidegger, que ia todas as quartas-feiras fazer a *siesta* na casa dele após o curso, nunca mais irá visitar seu antigo mestre. Pior, impedirá que um apartamento da cidade de Freiburg lhe seja emprestado para que pudesse viver dignamente.[52] Mais simbólico ainda, e prova irrefutável de seu delito moral e intelectual, Heidegger retirará, por ocasião da reedição de *Ser e Tempo*, a dedicatória a Husserl, contentado-se em citar seu antigo mestre em pé de página. De agora em diante, ele fala da admiração e da amizade em letras minúsculas. Será que o velho homem que lhe havia ensinado Platão não teria se tornado, como repetia um professor nazista, um filósofo que tinha "talmudizado" o mundo das idéias do "ariano" Platão? Husserl morreu em Freiburg em 1938. Heidegger não proferiu uma palavra sequer à sua memória, nem falada nem escrita, nem em público, nem em particular.

Karl Jaspers

Por que Hannah decide abandonar o seminário de Edmund Husserl e fazer o curso de Karl Jaspers em Heidelberg? Não se sabe. Retrospectivamente, constatamos que ela viaja pelas universidades alemãs escolhendo as personalidades mais fortes, no momento em que estão em plena efervescência criativa. Quem sabe não tenha sido estimulada por Hans Jonas, esse jovem com quem estabeleceu uma amizade sólida em Marburg, o único confidente de sua ligação com Heidegger, e que na época residia em Heidelberg? Pode-se apenas supor.

Nova York, 6 de outubro de 2002. Graças a Jerome Kohn, antigo assistente de Hannah, encontro o telefone da mulher de Hans Jonas, Lore, que mora a uma hora de Nova York. Não, inútil me deslocar. Ela prefere me encontrar em Nova York e, diz ela, aproveitar para ir ao cinema. Está contente em me falar de sua amiga Hannah. Marcamos um encontro na Penn Station. Para os que conhecem essa estação onde a vertigem das idas e vindas dos viajantes toma conta de nós, nosso encontro, embaixo do relógio, é um milagre. Lore só tem elogios sobre Hannah, de quem se tornou amiga desde a sua chegada aos Estados Unidos em 1945, e quer apagar a imagem de mulher rude e autoritária que alguns leitores de *Eichmann em Jerusalém* parecem ter tido. Mas sobretudo queria me contar um segredo que levou muito tempo para descobrir. Hans apaixonou-se por Hannah desde que a viu em Marburg e, depois de tê-la cortejado durante longo tempo, confessou-lhe o seu amor. Basta ler a descrição que Hans fez de Hannah na primeira vez em que se encontraram para se convencer de que Lore tem razão: "Tímida e reservada, com traços de uma beleza estonteante e olhos solitários, Hannah parecia à primeira vista uma pessoa excepcional, única, entretanto, indefinível. O brio intelectual não era coisa rara naqueles tempos. Mas havia nela uma intensidade, uma direção interior, uma busca instintiva pela qualidade, uma procura tateante pela essência, uma forma de ir ao fundo das coisas que difundiam uma aura mágica em torno dela. Era possível sentir uma determinação absoluta em ser ela mesma, uma vontade tenaz igualável apenas à sua grande vulnerabilidade."[53]

Como Hannah, Hans Jonas tinha lido e descoberto Kant aos quatorze anos. Também havia sido aluno de Edmund Husserl e tinha aprendido que a filosofia não é uma doutrina acabada, mas um pensamento em curso que, de monólogo em monólogo, prosseguia prudentemente para descobrir o que estava escondido.[54] Hans, quatro anos antes de Hannah, havia acompanhado o seminário do primeiro ano que Martin Heidegger dava sobre Aristóteles. Também para ele, a terra havia tremido e, graças a Heidegger, tinha descoberto que cada eu era "desejante, aflito, necessitado e mortal". Hans dividia ainda com Hannah o gosto ávido pela teologia. Todos os dois haviam feito em Marburg os seminários de Rudolf Bultmann. Como todo grande professor, Bultmann, graças à sua grande segurança, não ensinava *ex cathedra*, mas discutia de igual para igual com seus alunos. Antes de se inscrever em seus cursos, Hannah tivera o cuidado de lhe pedir um encontro:

"Tenho algo para esclarecer de início. Não admito observações anti-semitas." Ao que Bultmann respondeu: "Senhorita Arendt, se esse tipo de coisa acontecesse, você e eu, acredito, contornaríamos o problema juntos."[55]

A abertura intelectual que Bultmann fornecerá a Hannah, em particular a investigação a fundo do Novo Testamento, foi decisiva para a sua filosofia. Além de sua grande pureza de alma e de sua bondade comunicativa, Bultmann dará a Hannah o gosto por compreender o cristianismo primitivo, a natureza do pensamento mitológico, e lhe fará descobrir Santo Agostinho.

Quando chega a Heidelberg, ela já é dona de uma sólida cultura filosófica e de uma grande independência de espírito. Sob o amparo de Heidegger, Bultmann e Husserl, desenvolve-se intelectualmente, e suas capacidades extraordinárias logo a distinguem de seus novos condiscípulos.

Algumas mentes malignas afirmam que Martin Heidegger teria enviado Hannah como um saco de roupa suja a seu amigo Karl Jaspers. De qualquer forma, ele teria repassado o bebê. Isso seria fazer pouco caso da independência da jovem moça, de sua capacidade de revolta contra ele e de sua sede em adquirir, por si própria, instrumentos de navegação intelectual e existencial.

Fazer filosofia na época era ir atrás do pensamento de alguém. Depois de Heidegger, Husserl e Bultmann, só sobrava Karl Jaspers como encarnação excepcional de uma nova maneira de encarar a filosofia. Terá sido Heidegger quem sugeriu a Hannah encontrar esse homem a quem ele era profundamente ligado? É possível...

É verdade que há seis anos Heidegger e Jaspers compartilham a mesma visão alarmista de uma universidade exangue, um mesmo amor por Platão e Aristóteles, uma mesma recusa dos sistemas e das tagarelices. Heidegger confia por cartas seus tormentos existenciais a Jaspers. Questões metafísicas ocupam os dois durante meses, e Heidegger visita Jaspers regularmente. Eles passam dias e noites discutindo filosofia. Jaspers prefere convidá-lo a sua casa quando a mulher Gertrud, seu duplo, sua companheira, seu guia, parte em viagem. Heidegger acredita que os dois pertençam à mesma comunidade invisível.[56] Na realidade, tudo os separa: suas idades, suas origens, suas maneiras de considerar a vida religiosa, assim como a própria definição que dão à palavra filosofia. Nessa época, ainda refazem o mundo com palavras. O nazismo os obrigará a escolher, cada um, o seu lado.

Quando Hannah encontra Jaspers em Heidelberg em 1926, ela tem vinte anos, e ele, quarenta e três. Ele é o autor consagrado de *La Psychologie des conceptions du monde* que Hannah, lembremos, leu em 1921 como o primeiro testemunho do que se chamou mais tarde de filosofia moderna da existência. Como o homem se situa no mundo? Como reagimos a situações limites, ao sofrimento, à luta, ao acaso, à culpa, à morte? Como o amor, a verdade, o real podem nos proteger? Jaspers é ao mesmo tempo psiquiatra e filósofo. Rejeita as revelações de uma psicologia niilista, inventando uma filosofia da ciência diferente. Hannah logo aprecia as qualidades de sua exigência intelectual, sua capacidade de inventar no seminário novos conceitos, cruzando a ciência e a psicologia, sua grande doçura humana e sua intransigência moral.

Embora decida fazer paralelamente o curso de Rickert, ela não aprecia em nada seus ataques recorrentes e obsessivos a Jaspers. Rickert é um pensador pungente, uma vedete na época, apaixonado por Goethe, mas também um ser insuportável, de uma vaidade exacerbada, protegido até a morte pela sombra protetora de Max Weber, que, no entanto, zombava de sua pretensão, de seu pathos sentimental, de sua maneira de fazer da filosofia uma costureirinha. Rickert teme a concorrência e tenta ridicularizar Karl Jaspers para seus alunos. Ele o trata como o *has-been* tagarela e sem futuro.[57]

Hannah chega no momento em que Jaspers, apesar do sucesso de *La Psychologie des conceptions du monde*, decide não publicar mais e dedicar todo o seu tempo aos estudantes. O essencial, diz ele, é aceder aos cumes da verdadeira filosofia. Isso rendeu panos para manga! Rickert aproveitará essa falta de publicação para dizer a quem quisesse ouvir que Jaspers era um gozador e um preguiçoso, um homem acabado. Ele fomenta um complô para que seu curso seja abandonado pelos alunos.

Hannah, como outros, não cede e continua acompanhando com paixão o ensino de Karl Jaspers. Rickert, irritado em ver que Jaspers continua com a sala lotada, o acusa de sedutor da juventude. Isso não desagrada Hannah. Jaspers é o professor de um pensamento flexível, e não didático. Seus cursos divididos em duas partes, uma histórica, e outra sistemática, dão a Hannah um painel do pensamento, uma coluna vertebral que permite classificar e amadurecer suas reflexões. Depois de ter sofrido a influência, o magnetismo do pensamento efervescente de Heidegger, que reinterpretava a história da filosofia para inventar constantemente, os cursos de Jaspers lhe parecem um recanto de paz, uma maneira de fazer um balanço. Não de se entediar, pois Jaspers persegue o mesmo objetivo de Heidegger: pensar a filosofia de forma nova. Jaspers o faz de maneira menos pessoal, apoiando-se na história da filosofia européia como um chefe de orquestra ressuscitando o passado. Não encontrei nenhum vestígio escrito de alguma recomendação de Heidegger para Jaspers aceitar Hannah em seu círculo. No entanto, na época, a correspondência que troca com Jaspers é intensa, e ele não se priva de pedir ao último para se ocupar de alguns de seus alunos, como Hélène Weiss, condiscípula de Hannah, para escrever cartas a seu assistente Karl Löwith, a fim de que recebesse uma bolsa, e para fazer elogios a algumas pessoas, como Paul Oskar Kristeller, para que ele conseguisse um cargo na universidade.

Faz seis meses que Hannah deixou Heidegger, que ele parece se alegrar com isso. Bons ventos. Mas logo em seguida ele sente saudades de Hannah. Jonas[58] o visita em julho, em Marburg. A chegada do amigo o deixa eufórico. Ele lhe pergunta por novidades de Hannah, obtém seu endereço, e lhe escreve para pedir um encontro na Suíça, implorando aos céus para sua carta não chegar tarde demais. Imagina todas as hipóteses, inclusive a de que ela possa ir ao encontro sem conseguir avisá-lo. Ele ressalta então que a esperará de qualquer maneira em Weinheim. Podemos imaginar Heidegger andando para lá e para cá um dia inteiro na plataforma da estação. Desconhecemos se Hannah recebeu essa missiva a tempo. Eles se encontraram? Não sabemos. Sabemos apenas que a reconciliação não aconteceu. O único testemunho desse período evidencia uma estudante apaixonada e vibrante, como atesta essa carta que ela envia ao novo professor, Karl Jaspers:

> Senhor professor, [...]
>
> Só entendo a história a partir do terreno em que eu mesma me encontro [...] tento interpretar a história, compreender o que se exprime nela a partir do que já sei pela minha experiência. Do que consigo compreender assim, eu me aproprio, o que não compreendo, rejeito. Ora, se entendi bem o seu seminário, encontro-me diante da seguinte questão:
>
> Como é possível, a partir da interpretação da história assim concebida, tirar algo de novo da história? A história não constitui, dessa maneira, uma simples série de ilustrações para o que quero dizer e para o que já sei, mesmo sem a história? Imergir-se na história significaria então apenas encontrar uma mina de exemplos apropriados?[59]

Além do caráter evidente de sua personalidade, um tom já levemente arrogante, nota-se nessa carta uma capacidade singular de reflexão sobre o tempo e o início de uma vontade de pensar a história como fonte de compreensão, tema que ela terá a oportunidade de desenvolver quatro anos mais tarde, por ocasião do começo da sua amizade com Walter Benjamin.

Não sabemos nada sobre o ano de 1927. Entretanto, no fim de dezembro, Heidegger, fortemente tomado pela publicação de *Ser e Tempo*, que tem o efeito de uma bomba no meio universitário, só pensa nela, suplica para revê-la e confessa que, ao saber que ela passaria o verão em Heidelberg, decidiu se instalar na mesma cidade, tendo passado semanas caminhando pelas ruas na esperança de encontrá-la por algum milagre.

"Não agüentava mais o vagar perdido por entre as ruas de Heidelberg, nas quais a cada instante esperava encontrá-la."[60] Ele esquece a violência de Rickert por ocasião da publicação de *Ser e Tempo* e as feridas narcíseas por ter sido recusado pela universidade a ocupar um cargo mais prestigioso. Experimenta a necessidade de falar com Hannah e de lhe confiar suas interrogações sobre o futuro: a solidão do pensador ou a tomada do poder universitário contra esses medíocres? Ele precisa ver Hannah, falar de sua mãe que acaba de morrer e das últimas horas que passou à sua cabeceira, da importância que a teologia reveste em momentos como esse. Gostaria de tê-la como testemunha de suas incertezas sobre *Ser e Tempo;* dividir com ela a evolução de sua relação com Husserl, com quem a ruptura se torna inevitável.

Heidegger envia seu livro ao antigo mestre, prevendo suas reações. No início, Husserl acha o conjunto "surpreendente".[61] Depois, na releitura, fica furioso. Pode-se entender a amplitude de suas reações folheando seu exemplar, repleto de anotações. É um documento transtornante: tem-se a impressão de acompanhar diretamente um pensador que reage e reflete em voz alta. Lê-se primeiro a interrogação: "Não entendo." Depois a estupefação: "Mas é absurdo." Enfim, a suspeita: "Haveria categorias e conceitos como há cães e gatos?" E, inúmeras vezes, o questionamento: "Isso, eu contesto." Num primeiro momento, Husserl tratará o autor de *Ser e Tempo* como um aluno superdotado que tenta ultrapassá-lo, mas ainda confia nele. Encarrega-o até de escrever com ele, naquele ano, o artigo "Fenomenologia", que ele entrega à *Encyclopaedia Britannica.* Heidegger ainda precisa do auxílio do mestre, faz-se convidar para a sua casa, chama-o de "amigo querido e paternal", aceita suas críticas e retoma, por sugestão dele, algumas passagens de seu livro. Como confia a Karl Jaspers, "se o tratado é escrito contra alguém, é contra Husserl, que percebeu logo, mas que se deteve desde o início ao aspecto positivo".[62]

Ser e Tempo também é escrito por alguém e com alguém que acaba de alçar vôo. Conhecemos o comportamento febril de alguns amantes casados. Ora não se cansam de elogiar a mulher, escrevendo um poema ao ser amado, ora se ocupam da escarlatina dos filhos, interrompendo todas as atividades. Mas o mais comum é que gastem uma energia considerável para saber onde está a amante, o que ela faz e com quem está.

Heidegger tem a impressão de que o céu cai sobre a sua cabeça quando descobre, em outubro de 1927, numa conversa aparentemente banal e amigável com Jaspers, em que ele tentava desesperadamente, sem dizê-lo abertamente, ter notícias de Hannah, que ela está... noiva, ou mais precisamente, que Jaspers acredita que ela o esteja. Com um pretexto anódino, Heidegger deixa Jaspers brutalmente. Precisa ficar a sós. Sai pelas ruas de Heidelberg à sua procura. Suplica que o destino possa selar seu encontro. Não sabe mais o que fazer, nem quer se rebaixar fazendo perguntas ao colega, mesmo estando louco para saber de quem e há quanto tempo ela está noiva. Caminha por longo tempo, invocando a sua presença. Finalmente, decide fazer as malas. Sua esposa, seus dois meninos e os alunos do seminário sobre Kant o aguardam em Marburg. É lá que ele receberá uma carta de Hannah, hoje desaparecida. Temos apenas o eco de Heidegger, confessando-lhe saber que ela acaba de celebrar o noivado. Ela tem dificuldades em lhe contar, sofre em imaginar sua reação, como se o tivesse traído. Ele, na resposta, agradece por sua franqueza e diz que preferiria ter sabido por ela pessoalmente, e desfere o golpe: "Já não me resta, neste instante, senão desviar minhas saudades de você e de sua alegria profunda para o delírio do trabalho."[63] Heidegger espera a sua hora. "Longe do olhar."[64] Péssimo jogador. Vingador. Post-scriptum: "Escreva-me novamente, se lhe pedir." Dois meses depois, ele não agüenta mais, e suplica por notícias suas além de lhe pedir para enviar fotografias — no mar de preferência, e de corpo inteiro, pois "eu gostaria de ter toda a sua adorável figura, assim como guardo profundamente em mim a timidez e a benevolência de seu coração".[65]

Hannah aceita. Ele agradece: "[...] Ó amada, sei que você se faz presente em meus caminhos mais solitários, como nas montanhas uma flor espera por um vasto campo. Em suma, simplesmente se faz presente. Acredito que isto seja a 'eternidade'; de outro modo não a encontro."[66] Heidegger se esforça para levar a má sorte numa boa, regozijando-se de sua alegria e da calma soberana que essa história lhe proporciona. As sombras do passado são dissipadas, os tormentos suicidas desaparecem. Heidegger se alegra mesmo sem saber com quem e graças a quem ela alcança essa tranqüilidade. No momento, prefere não sabê-lo, age feito menino comprando novos esquis, e inquieta-se com sua nomeação em março para a universidade de Freiburg.

Ele se farta de conferências em Riga, em Berlim, aceita com satisfação seu novo cargo com um salário bem melhor, compra um terreno em Freiburg e prepara a mudança. Tudo isso sem perder a esperança de reconquistá-la. Logo utiliza o pretexto de uma viagem a Meinz, aonde deve ir para acompanhar o filho mais velho, para fazer uma parada em Heidelberg, na casa do amigo Jaspers. Objetivo: vê-la. "Se não lhe fizer uma visita hoje à tarde entre 2 e 4 horas, por favor, espere por mim às 10 horas da noite na frente da biblioteca da universidade."[67]

O que aconteceu exatamente? É verossímil que eles tenham se visto no dia 18 de abril, mas talvez Heidegger não tenha se apresentado a um encontro ulterior.

"Um único ser lhe faz falta e tudo está despovoado", conhecemos bem a canção.* Como Hannah se distancia finalmente, ele decide guardá-la cativa em sua obra. Como essas pombas da alma platônica, ele continua sendo o proprietário da gaiola que havia construído para seu amor, mas se recusa a aceitar que ela possa, que ela deva levantar vôo. Para voltar, talvez. Sem dúvida. Nesse eterno jogo de esconde-esconde e de conivências secretas em que o amor ressoa como a união das almas e a fusão dos espíritos, cada um reconhecerá, e até o último suspiro, reciprocamente, a dívida perante o outro, o Outro, operador de revelação e de abertura ao mundo. Dar-receber, receber-dar. É da vida e da morte que trata essa história entre Hannah e Martin. À vida, à morte. Não estar mais neste mundo se cada um não dá esse direito ao outro. Amor-pertencimento. O mesmo sopro, a mesma meta: tentar estar à altura do que lhes acontece. O horizonte deles: a superação de si mesmos, a eternidade. Inútil sorrir diante da ênfase e das exaltação desses sentimentos: mais vale lembrar a forte emoção que nos dominou quando lemos Rilke pela primeira vez, ou descobrimos as *Cartas a Milena* de Franz Kafka. Inútil também fingir que tudo vai bem. Hannah confia a Martin o peso de sua solidão, do isolamento em que se encontra depois da ruptura. Termina sua carta a Martin com essas palavras: "E se existe Deus, te amarei melhor depois da morte."[68]

Hannah levará mais de um ano para lhe escrever novamente. Ela tem inúmeros amigos. Além de Jonas e Löwith, entra no círculo de Karl

---

*Alphonse de Lamartine, *Méditations*. (*N. T.*)

Frankenstein, que logo se tornará professor de psicologia na universidade hebraica, liga-se a Erich Neumann, futuro psicanalista junguiano, e Erwin Loewenson, vinte anos mais velho do que ela, ensaísta, escritor expressionista, com quem começa uma breve ligação, pouco antes de decidir ficar noiva desse estudante que conheceu através de Hans Jonas, e com quem acompanhava os seminários de Heidegger: Günther Stern.

IV

ESTUDANTE ANTINAZISTA

Novembro de 2003. Verão indiano em Essen, no centro do Ruhr. Depois de atravessar florestas ruivas sob um sol acariciante, procuro no bairro pedestre da cidade a rua que leva à sinagoga. Meninas sentadas no terraço de um café onde já pisca uma árvore de natal me garantem: "Você não vai errar, é o único prédio verde da cidade."

Hoje, uma estrada passa bem na frente. Imaginó a sinagoga antes da guerra, inserida no tecido urbano. Portas pesadas esculpidas em madeira. Silêncio, recolhimento. Ela foi reconstruída de maneira idêntica graças à determinação de um grupo de sobreviventes. Fotografias atestam a violência das bombas. Tenho um encontro com Edna Brocke. Edna trabalha há alguns anos no serviço cultural da sinagoga. Seu pai, Ernst Fuerst, era o primo-irmão de Hannah e passou com ela a infância e a adolescência em Königsberg. Sua mãe encontrou o futuro marido aos quinze anos, graças a Hannah, que a conheceu num final de semana durante o semestre que passou em Berlim. Uma fotografia mostra os três num piquenique na floresta, cercados por um grupo de brincalhões alegres. Todas as duas morenas, os cabelos presos, belas, intensas. Rostos perfeitamente ovais, parecem irmãs. Ernst, de frente para a câmera, sorri. Hannah reconheceu: os laços familiares e intelectuais, costurados desde a infância, fizeram de Ernst um irmão. O nazismo se encarregará de os separar, e Ernst partirá em 1933 para a

Palestina com sua jovem esposa. Edna é, pois, uma cidadã israelense, uma *sabra*, nascida em Israel, que por razões pessoais veio morar no país de seus antepassados, dedicando-se à vida cultural judaica de Essen.

Edna ainda parece uma estudante. Ela me recebe em seu escritório, onde há fotos da tia penduradas com tachinhas. Na correspondência inédita que encontrei em Nova York, Hannah não esconde que considera Edna como uma filha. Edna confirma: em cada viagem a Israel, Hannah lhe dedicava um tempo enorme, dividia tudo com ela: encontros, visitas, viagens. Levava-a para todos os lugares, inclusive ao tribunal do processo Eichmann. Quando o oceano as separava, Hannah lhe escrevia. Mas fora de questão ler essas cartas. Tampouco as que Hannah escrevia para seu pai e sua mãe. Insisto, argumento. O tempo passou. Trata-se de entender Hannah, não de julgá-la. Nada a fazer. Íntimo demais. Maliciosa Edna que, depois de ter me oferecido um café e mostrado a pasta sem dúvida repleta de segredos, consente em me entregar alguns fragmentos de lembranças.

Sim, ela me confirma, Günther Stern, o primeiro marido de Hannah, amou-a. Até o último suspiro, Hannah foi a mulher de sua vida. Sim, Günther a influenciou, ainda que ela não o reconhecesse. Sim, Günther sempre foi bom com ela, ao contrário de outros, que lhe fizeram mal. Mas Günther é o grande ausente da história da vida de Hannah. Ela mesma relegou ao esquecimento o seu primeiro marido. Nunca reconheceu publicamente a sua estatura intelectual, e deixou de mencionar na sua bibliografia os artigos que escreveram juntos. Não evocou a importância desse laço privilegiado, que eles conseguiram preservar até o fim de seus dias. Eles continuaram a se escrever pela vida toda. Ele era orgulhoso dela, e fazia questão de dizer e escrever isso. Ela ficou distante, fria, antes de construir com ele, ao envelhecer, uma relação que se parece mais com compaixão do que com reconhecimento.

Estranho esquecimento voluntário. Porque Günther não vai apenas colocar ordem na sua vida de estudante atormentada, mas vai também infundir-lhe confiança, permitindo que ela desabroche e aproveite a vida. Ontem angustiada, Hannah se torna gulosa: de saber filosófico, é claro, mas também de emoções, de sensações, de prazeres. A antiga estudante de Marburg, que só falava como um ratinho escondido no forro do seu quarto,[1] tornou-se uma jovem mulher cortejada nos círculos estudantis e em alguns salões de Königsberg pela sua beleza, sua resposta rápida, sua alegria.

Algumas personalidades femininas criam nessa época um clima de efervescência intelectual em torno delas.[2] Nesse contexto, não se deve pensar em Hannah como um meteorito vindo do céu, mas como alguém particularmente dotado no meio de um cenáculo, de uma elite intelectual, com formação precoce e enciclopédica, onde as moças são tidas como iguais. Disso atestam a criatividade e a incandescência, a profundidade filosófica de Elisabeth Blochmann, amiga de Martin Heidegger, filósofa, primeira alemã titular de uma cadeira de pedagogia, especialista em Schiller, ou a de Edith Stein, aluna de Edmund Husserl, enfermeira na Cruz-Vermelha durante a Primeira Guerra Mundial, judia convertida ao catolicismo e autora de um livro transtornante, *Vie d'une famille juive*[3] [Vida de uma família judia], presa pela Gestapo e morta em deportação a Birkenau em 9 de agosto de 1942, ou ainda a de Jeanne Hersch, amiga e principal tradutora para o francês de Karl Jaspers, autora de inúmeras obras sobre filosofia,[4] para citar apenas algumas dentre elas, todas contemporâneas de Hannah Arendt.

O outro

Günther tem quatro anos a mais do que Hannah. Eles se conheceram em Marburg em 1925, por intermédio de Hans Jonas, e fizeram juntos os cursos de Martin Heidegger. Quando começa a história deles? Como explicar essa agressividade desmesurada que, vimos, Heidegger demonstra no encontro com Stern que, afinal de contas, é apenas mais um aluno entre outros? Será que há aqui o sinal de um ciúme sexual ou já uma irritação perante seu talento de pensador crítico de esquerda, misturado a um ranço de antissemitismo?

Günther, como todo esse grupo de amigos, fez primeiro o seminário de Husserl, antes de se tornar aluno de Heidegger. Jovem e brilhante intelectual, é filho de um casal de pedagogos revolucionários, muito conhecidos na Alemanha. Seu pai, William Stern, publicou em 1906 o primeiro tomo da obra *Personne et Chose*[5] [Pessoa e coisa], em que, fazendo uso do personalismo, combate o caráter impessoal da psicologia, insurgindo-se contra os "métodos científicos" que fazem da pessoa uma coisa. Ele transmitirá ao filho a convicção indestrutível de que se deve sempre lutar pela dignidade humana, assim como o gosto por uma filosofia do engajamento. Edna se lembra da personalidade forte, calorosa e luminosa que Günther era aos olhos dos pais, e da influência benéfica que ele teve sobre Hannah.

Nos testemunhos e livros de memórias da época, encontramos essa mesma força desempenhada por esse rapaz brilhante, profundo, sedutor, engraçado. Assim, no livro *Souvenirs*, Hans Jonas evoca com muita paixão a sua admiração por Günther Stern e não hesita em qualificá-lo como jovem gênio.[6] Ele leu sua tese, orientada por Husserl, e acredita, com razão, que se tornará um grande pensador. Bonito, elegante, generoso, Günther soube chamar a atenção da mulher de Heidegger, Elfride, que o convidou várias vezes, desde 1925, a passar os finais de semana com outros estudantes no chalé de Todtnauberg. A partir do dia em que Elfride o convidar a participar dos movimentos de juventude partidários de Adolf Hitler, ele nunca mais botará os pés em sua casa.[7] O pai de Günther, judeu sionista liberal, havia militado pela absolvição de Dreyfus e renunciado a uma cadeira de pedagogia, recusando converter-se ao cristianismo, bilhete de entrada para aceder à universidade.

Em 1926, Günther se torna assistente de Max Scheler, outro discípulo de Husserl. Toma então uma certa distância filosófica, intelectual, em relação a Heidegger, de quem será, no pós-guerra, o "desconstrutor" e o crítico mais pertinente e rigoroso. Em 1928, conclui sua primeira obra de filosofia, *De l'avoir* [Do ter], constituída de sete capítulos sobre a antropologia do conhecimento, enquanto Hannah começa a escrever uma tese sobre *Le Concept d'amour chez saint Augustin* [O conceito de amor em Santo Agostinho], sob a orientação de Karl Jaspers.

Por que essa escolha? Diferentes elementos permitem uma explicação. Em primeiro lugar, Hans Jonas havia defendido com Rudolf Bultmann uma tese sobre Agostinho e o problema da liberdade em São Paulo[8] e apresentado, no quadro do seminário de Heidegger, um trabalho sobre o livre-arbítrio em Santo Agostinho. Heidegger também havia trabalhado com freqüência sobre Santo Agostinho em seus cursos. Por fim, o interesse por teologia de Hannah, assim como seu interesse, desde a adolescência, pelas questões sobre a existência de Deus, certamente a incitam a escolher Santo Agostinho. Ela vai se apaixonar por esse período de consolidação do cristianismo e se entusiasmar com o texto *Confissões*, de uma pureza e uma sinceridade tão impressionantes, que continua ainda hoje a ser um dos mais belos livros de introspecção sobre a revelação. Mas quem muito quer pouco tem.

De fato, Hannah escreve uma tese que aborda a totalidade do continente agostiniano, sem outra ordem aparente senão a das descobertas instintivas de uma estudante persuadida de que seu enfoque — o conceito de amor — é pertinente. A tese é tudo, menos um trabalho universitário: nos textos de Agostinho que escolhe para interpretar, Hannah opera por capturas sucessivas, à mercê de suas intuições. Não que ela deturpe Agostinho — ela mostra o maior respeito pelo seu léxico teológico e seu fomentador pensamento —, mas o torna seu. Tenta tirar Agostinho do pathos cristão, e prefere se interessar pelo Agostinho íntimo. Revela nele noções que remetem às suas preocupações: amor, desejo, desejo do amor. Nesse texto em que coabitam passagens impregnadas da influência de Goethe ou de Kierkegaard com capítulos de reflexões filosóficas, o mais marcante é a impaciência de Hannah. Porque Hannah, desde então, não quer se restringir a comentar a história da filosofia, mas inventar conceitos: o Outro e o viver junto já estão presentes no trabalho inacabado, porém ardente dessa estudante apaixonada. Ela não pretenderia, na introdução, explicitar o que Santo Agostinho diz implicitamente? Ela quer lutar com ele para melhor compreender seus próprios tormentos. Com Agostinho, vai tentar entender a sua própria verdade.

Hannah Arendt escolheu o "seu" Santo Agostinho, que ela interpreta da sua própria maneira. Jaspers a repreende diversas vezes ao longo do trabalho de elaboração da tese. Ele lhe pede para aprofundar, argumentar, e para personalizar menos, mas ela tem pressa em conseguir o diploma. Três semanas antes da defesa, reconhece seus erros e se mostra de repente mais branda: quer ter a sua habilitação e, promete, aperfeiçoará o texto logo em seguida: "Senhor professor, como temo não tê-lo convencido ontem à tarde de estar perfeitamente consciente de ter pecado contra a perfeição e a honestidade científicas, permita-me lhe garantir ainda que controlarei naturalmente esse trabalho com todos os escrúpulos de que sou capaz, sem me importar com o tempo que será necessário."

A defesa acontece em Heidelberg no dia 26 de novembro de 1928. Em seu relatório, Jaspers se mostra severo. Julga a sua interpretação de Agostinho laboriosa. Certamente, Hannah possui "as aptidões necessárias", mas "não soube reunir tudo o que Agostinho disse sobre o amor; renunciou a certas idéias essenciais, sobretudo sobre o tema do conhecimento". Ele critica a falta de perspectiva histórica de seu trabalho e observa que Hannah se recusa a levar em conta a evolução do pensamento de Agostinho. Mostra-se ainda mais crítico em relação a seu método, que comete, segundo ele, "uma certa violência ao texto". Para Jaspers, Hannah não conseguiu escapar do perigo de fazer Agostinho dizer coisas que nunca disse. Ele conclui que, entretanto, os defeitos da tese são compensados por qualidades pessoais de ambição e por um ponto de vista original. Karl Jaspers continuará a se mostrar crítico após a defesa. Ela quer publicar a tese. Ele a incita a mostrar mais rigor e objetividade em seu trabalho filosófico. Jaspers teve de insistir, pois Hannah já não gostava nem um pouco de ser criticada.

Janeiro de 2004: As festas de fim de ano já terminaram e, no entanto, Thérèse Jerphagnon preparou um verdadeiro jantar de natal para o marido Lucien, "Jerf" para os íntimos, o maior agostiniano de seu tempo, editor de *Confissões* na editora francesa La Pléiade e divulgador apaixonado tanto no plano filosófico quanto no histórico desse pensador que ele lê cotidianamente há décadas. Eu havia tomado o cuidado de lhe enviar anteriormente a obra de Hannah Arendt,[9] sobre a qual ele me fala sorrindo. Depois do *foie gras* e antes da codorna recheada, ele reconhece que Hannah trabalhou bastante. Levantou nada menos do que trezentas e cinqüenta e cinco referências. Hannah cita quarenta e oito textos de Agostinho, dos sessenta e oito que a obra comporta. No entanto, ele não entende por que Hannah não faz menção a *De Magistro*, texto essencial da filosofia do conhecimento agostiniano. Jerphagnon lê esse texto como uma tentativa de auto-retrato. Hannah deve ter sido seduzida pela errância espiritual de Agostinho, que só podia cativá-la nesse momento em que ela própria estava em busca de sua identidade. Mas, na realidade, ela se mostra mais heideggeriana do que agostiniana. De fato, ela aplica ao percurso de Agostinho esquemas de pensamento emprestados de Martin Heidegger. Jaspers foi severo com sua aluna. Jerphagnon não é menos. Ele a recrimina por dizer de forma abstrata o que Agostinho diz de forma concreta, de intelectualizar de maneira desviante: assim, o amor vivido concretamente se transforma em conceito. Ela sistematiza nem bem nem mal um percurso que é, na verdade, vivido no dia-a-dia. Hannah se mostra até mesmo caricatural. Vê Agostinho de fora, percebe apenas o teórico, e procura nele uma matéria filosófica, um pouco como alguém que vasculha roupas num brechó. Para Agostinho, desde os trinta e três anos de idade, a filosofia é a vida com Deus, a vida em Deus.

Hannah imita Heidegger e aplica suas teorias sobre a morte e o amor de maneira abrupta. Pergunto a Jerphagnon se a tese de Hans Jonas sobre Santo Agostinho era mais rigorosa. Ele não a conhece, e isso não parece lhe fazer falta alguma: "A senhora sabe", acrescenta ele sorrindo, "a bibliografia sobre Agostinho não caberia num trem de mercadorias." Fico sossegada. Paro as minhas leituras de e sobre Santo Agostinho, compartilhando seu ponto de vista: no fundo, o que Hannah recriminava em Agostinho era não ser suficientemente heideggeriano.

Surgida há setenta e cinco anos, essa tese, apesar de sábia, nunca é citada por especialistas em Agostinho. Na época, três periódicos importantes criticaram-na severamente: a autora não se entregou a um verdadeiro trabalho filosófico e não levou suficientemente em conta os trabalhos de teólogos contemporâneos que reivindicam a herança paulina na obra de Santo Agostinho.

Será que é nesse grande baile mascarado organizado em Berlim para salvar o caixa de uma pequena revista marxista que Günther declara seu amor a

Hannah? Nessa noite, Hannah estava fantasiada de favorita do harém...[10] Um mês depois, eles largam seus respectivos quartos para morar juntos. Compartilham o mesmo amor pela filosofia, os mesmos amigos e a mesma origem. São, como define tão bem Pierre Birnbaum, judeus desassimilados.[11] Hannah disse com freqüência que, embora tenha passado por raras experiências de anti-semitismo, sempre soubera — no olhar dos outros — que não era como os outros. A perda antecipada do pai, depois a do avô, rompera, *de facto*, o fio da tradição. Günther recusa desde jovem a assimilação, recusa a atitude de seu avô, historiador da Alemanha, que acredita sinceramente que, para poder continuar a ser judeu alemão, é preciso primeiro ser alemão. Judeu quer dizer alemão, alemão pela graça de Goethe. Ele tem respeito pelo pai, que se recusou a se converter ao cristianismo, mas o acha passivo demais perante os governantes que toleram, aceitam e estimulam o anti-semitismo.

Günther descobriu muito cedo, aos quinze anos, os horrores da guerra e do anti-semitismo. Alistado numa associação escolar paramilitar, é enviado à França, perto de Charleville, onde participa de treinamentos. Vê os soldados estropiados nas trincheiras e a maneira humilhante com a qual as tropas alemãs tratam as populações civis. Rapidamente, seus camaradas o consideram ilegítimo, pelo único motivo de ele ser "não-ariano". Colocam-no em isolamento, torturam-no todas as noites. Como ele próprio dirá num livro autobiográfico, intitulado *Et si je suis désespéré, que voulez-vous que j'y fasse?*[12] [E se eu estiver desesperado, o que você quer que eu faça?], torna-se vanguardista do sofrimento. A experiência é tão terrível que ele fica doente. Levado a um hospital militar, conhece um francês da mesma idade, filho de um franco-atirador que os alemães acabaram de executar. Eles estão proibidos de se falar. Os dois adolescentes se encontram escondido à noite e se comunicam em latim. Numa tenda no jardim do hospital, estendem um mapa da Europa e o pintam de branco para apagar as fronteiras, prefigurando assim, nesse cantinho do pátio, a Europa das nações. Do périplo de retorno, Günther se lembrará por toda a vida de ter cruzado numa estação francesa uma fila de homens que "começam nos quadris": soldados alemães amputados até o alto da coxa que tinham sido largados na estação, sobre seus cotos, à espera de um trem hipotético que os levaria a um país pisoteado e humilhado.

Em Berlim, na época uma grande metrópole mundial tomada pelos tumultos, os conflitos e a miséria, Günther, assim como Hannah, se politiza. Ele não se alia a um partido, mas freqüenta um movimento de esquerda impregnado tanto pelo marxismo quanto pelo sionismo, sem querer, no entanto, aderir a uma dessas ideologias. Como a maioria dos estudantes engajados na luta por uma Alemanha democrática, Günther desconfia do partido comunista recente, participando, ainda assim, de todas as suas reuniões. Da mesma maneira, embora militasse pela reivindicação de uma cultura judaica européia, não abraça as teses de Theodor Herzl. Recrimina o pai por não reivindicar seu pertencimento judaico perante o crescimento do anti-semitismo. Certamente, como reconhecerá mais tarde, "ele manteve a sua posição minimamente, mas apenas minimamente, pois ter uma idéia exata da situação, isso ele não podia se autorizar, não podia ousar".[13]

Realmente, o pai de Günther não quis enxergar o crescimento do nazismo. Não foi o único. Essa geração havia comungado no mesmo desejo de esquecer a sua origem. A ascensão social e a imensidão de sua cultura alemã haviam enraizado nele uma certeza: saber que, enfim, depois da luta de seus antepassados pela emancipação jurídica e política dos judeus, concluída nos anos 1867-1876, eles tinham se tornado alemães — alemães sem mácula e sem recriminação, sem distinção particular, alemães como todos os outros. Esse apagamento da origem chegava a constituir para alguns um passaporte para a eternidade. A geração dos filhos não aceitou o que às vezes parecia uma automistificação ou um curioso desdobramento de identidade. Assim, na casa de Gershom Scholem, festejava-se o natal com pato assado, a lareira e a árvore decoradas. Pretendia-se que era uma festa popular alemã, e que era preciso comemorá-la, pois eram todos alemães. Uma tia tocava no piano *Stille Nacht, Douce nuit.*[14] E se na adolescência o pai de Gershom aceitou que ele estudasse hebraico foi apenas porque acreditava se tratar de erudição, como o estudo do grego, e porque os cursos eram de graça.[15]

Mas era tarde demais, e os pais certamente tiveram dificuldade em compreender a revolta dos filhos, que haviam partido para a guerra, desde o início dos anos 1920, contra esse desfile do judaísmo espiritual, essa abdicação de si, essa falta de fidelidade a si mesmo. Em 1933, um tio cristão de Gershom, que havia se casado com uma das irmãs de sua mãe, descobriu depois de mais de vinte anos de casamento que era ariano. Pediu o divórcio para que pudesse se casar com uma alemã. Ele sabia das conseqüências de seu gesto: ela acabou sendo transportada para o campo de Theresienstadt, onde morreu.[16]

Günther Stern é primo de Walter Benjamin e amigo de Gershom Scholem, dois leitores fervorosos de filosofia e política. Todos os três freqüentam círculos sionistas, como o Judéia Jovem, e vão assistir às conferências de Martin Buber. Gershom Scholem mergulha na Bíblia e freqüenta a sinagoga. Benjamin estuda a Cabala. Nenhum dos três se interessa pelo sionismo político. Pouco a pouco, sob a influência de Hermann Cohen e de Franz Rosenzweig, eles evoluem rumo à possibilidade de um renascimento judeu no plano espiritual na Alemanha. Como tantos outros amigos apaixonados pela filosofia e pela metafísica, vivem mergulhados nos dilemas espirituais, e não nas lutas políticas dos círculos sionistas.

Hans Jonas que, paralelamente aos estudos de filosofia, havia feito cursos na escola superior de ciências do judaísmo em Berlim, onde estudou o Talmud,[17] considera, como Gershom Scholem, a possibilidade de imigrar para a Palestina e ensinar na universidade de lá. Para ele, não se trata tanto de um desejo político de aderir ao sionismo, mas de uma vontade de honrar, da sua maneira, sua própria judeidade. Porque a judeidade engaja. Um judeu não deve lhe virar as costas, não deve renegá-la. Um judeu deve ser orgulhoso de ser judeu.

Um dia, Günther contou, rindo, a Hans Jonas que seu mestre em filosofia, Edmund Husserl, havia lhe dito para desconfiar dele. Ele tinha acabado de saber que Jonas era membro da IVRIA, uma corporação estudante sionista. Jonas era então, a seu ver, um judeu ancorado na fé, um ortodoxo, o que era incompatível com a filosofia, e Stern não devia se deixar contaminar.[18] Tal anedota dá uma idéia do clima intelectual da época. Husserl, que era batizado protestante, não apenas não queria saber de seu judaísmo, como tampouco admitia que alguém que estudasse a fé judaica pudesse ser filósofo.[19]

Hannah é então uma judia consciente, mas que ignora tudo do judaísmo, diz Hans Jonas que, por sua vez, desde a época em que a conheceu em Marburg, se mostrava bem mais preocupado com o destino dos judeus.[20] Ela considerava com diversão a sua tendência ao sionismo. Para Hannah, conceder um interesse ao judaísmo político era tão estranho quanto ter um interesse pelo destino da classe operária ou pela nação alemã, explica Jonas.[21] No entanto, apesar de conhecido pela sua timidez doentia, uma noite ele convida Hannah para assistir à conferência do grupo sionista ao qual pertence. Ele logo se anima. Descobrindo que ela conheceu, quando criança, Kurt Blumenfeld, pergunta-lhe se pode ajudar a convidá-lo para falar perante o grupo. Ele não ousa telefonar-lhe. Entusiasmada com a idéia de reencontrar o jovem amigo de seu avô com quem ela rolava no chão em Königsberg, agora reconhecido como o líder do novo movimento sionista, Hannah aceita intermediar o encontro.

A conferência é um sucesso. Hannah participa ao lado de Jonas. Na saída, Kurt e Hannah caem nos braços um do outro e perambulam a noite toda pelas ruas de Marburg, recitando poemas, evocando o passado, dando gargalhadas.[22] O encontro se revela decisivo. Blumenfeld se torna o mentor em política de Hannah, e seus inúmeros escritos sobre a questão judaica podem ser interpretados e explicados por essa amizade admiradora. Hannah, por temperamento, não é nada propícia a admirar. No entanto, Blumenfeld se torna não apenas um amigo, mas seu mestre.

Não um segundo mestre depois de Heidegger, mas um mestre em lealdade, em dignidade, em respeito. Ele a fará aderir ao movimento sionista e a incitará a se tornar militante. Também lhe dará o impulso, depois da tese, para escrever uma obra sobre uma mulher do século XIX, que experimentou ao mesmo tempo a vergonha e o orgulho de ser judia, Rahel Varnhagen.[23]

Rahel Varnhagen

Hannah se instala com Günther em Berlim. Enquanto todos os seus amigos acreditam que esteja apaixonada, ela decide escrever para Heidegger às escondidas: "Não se esqueça de mim e não esqueça o quão profundamente sei que o nosso amor foi a bênção de minha vida. Nada é capaz de abalar este saber — e isso mesmo agora, no momento em que encontrei uma pátria e um porto seguro para o meu desespero junto a uma pessoa, em relação à qual é possível que você tenha a maior dificuldade para compreender."[24]

Heidegger recebe a carta na volta de um retumbante seminário em Davos, sobre o qual a imprensa falou longamente. Num diálogo com Ernst Cassirer, herdeiro da escola de Marburg, ele acaba de confirmar a ruptura filosófica com a fenomenologia de Husserl, perante um público de grandes burgueses que se inflamam por ele e idolatram a sua maneira abrupta e zombeteira de se expressar, seu radicalismo, sua recusa pelo mundanismo e seu vocabulário. Eles espalham a novidade para os amigos: depois de Nietzsche e Kierkegaard, nasceu um novo filósofo. Sob o pretexto de questionar a razão pura em Kant, Martin Heidegger afirma publicamente, pela primeira vez, seu desejo de ser não apenas um professor de filosofia, mas um mestre do pensamento, um líder de seita, um verdadeiro guru — imagem que ele já passava na universidade de Marburg.[25] Os jornais não se enganam ao cobrir essa disputa oratória entre dois professores de gerações diferentes como um grande acontecimento. Heidegger, sempre aparentemente modesto, responde aos jornalistas que não veio a Davos para um torneio de filosofia, mas apenas para praticar esqui.

Heidegger ainda não sabe com quem Hannah vive. Ela não ousa lhe confessar. A Jaspers, que por sua vez desconhece a relação de Hannah com seu colega Heidegger, ela pede em junho de 1929, três meses antes de seu casamento com Günther, um atestado para uma bolsa de pesquisa sobre Rahel Varnhagen.[26] Ela afirma ainda precisar também de uma carta de Heidegger. Jaspers ajuda-a imediatamente. Evoca perante Heidegger a lembrança dessa antiga estudante cujo trabalho de tese "não ficou, uma vez concluído, tão brilhante quanto poderíamos esperar", mas ele se permite insistir, pois essa jovem possui "uma verdadeira inquietação pelo que aprendeu de método com o senhor, e não há dúvidas da autenticidade de seu interesse pelos problemas, ao qual ela está predestinada pela sua formação e seus gostos".[27] Heidegger não se faz de rogado e lhe envia um testemunho elogioso pelo correio seguinte. Ele vive na euforia pelas reincidências de Davos que amplificam a sua notoriedade. Confia a Jaspers: "Tive em Davos a experiência direta e intensa de perceber que ainda há um sentido em estar aqui... Cada um deve tomar o seu partido para que falem de si."[28]

Günther e Hannah se instalam em Foganeustrasse, 57, em Berlim, no bairro estudantil, puxando o diabo pelo rabo. Günther escreve as primeiras páginas de um texto intitulado *Die molussische Katakombe* [As catacumbas de Malússia], descrição de um país imaginário onde os homens são todos prisioneiros, de geração em geração, enquanto Hannah pena para reescrever a tese, com o objetivo de publicá-la. Nenhum dos dois tem dificuldade em se integrar à juventude estudantil. Tornar-se berlinense não é difícil. Basta respirar o ar de Berlim, dizia Hannah que, até o fim da vida, se lembrará desse período como de um momento exaltante. Ela participa, nos fundos dos cafés, de reuniões onde se refazia o mundo. Como seus camaradas, subscreve à esperança de uma nova sociedade em que cada um, guiado por sua própria responsabilidade, seria igual a Deus.

Hannah não se sente uma alemã no sentido de pertencimento ao povo alemão, mas uma judia alemã. Tem longas discussões a esse respeito com Jaspers, que não quer ceder: "Ele me dizia: 'é claro que você é alemã', e eu retrucava: 'Não sou. E isso se vê!'"[29] Ela não sente a judeidade nem como uma inferioridade, nem como uma diferença. Ela mesma dirá, após o processo Eichmann, quando será acusada por Scholem de falta de "amor pelo povo judeu": "A verdade é que nunca pretendi ser outra coisa, nem diferente do que sou. Jamais tive essa tentação. É como se dissessem que sou um homem, não uma mulher, ou seja, uma proposição insensata. [...] Sempre considerei a minha judeidade como um dos dados reais e indiscutíveis da minha vida."[30] A partir de quando ela se deu conta da natureza do perigo que representava o crescimento do nazismo? Ela explicará que, ao contrário de alguns dos seus amigos, ela foi, com Günther, uma das poucas pessoas a levar a sério a publicação de *Mein Kampf* em 1926. Lembrará após a guerra as discussões violentas com alguns comunistas, que pregavam a revolução mundial, colocando como prioridade a luta de classe, negando a ascensão do anti-semitismo. Durante muito tempo, irá maldizer seus camaradas que fecharam os olhos voluntariamente ao que vinha acontecendo. Para ela, as coisas são claras: se somos atacados como judeus, é como judeus que devemos nos defender. E não como alemão, cidadão do mundo, nem mesmo em nome dos direitos humanos.[31] Desde os meados dos anos 1920, seu compromisso com Günther é claro e simples. Para eles, nas circunstâncias presentes, a única questão válida é: o que posso fazer de maneira muito concreta em minha qualidade de judeu? E talvez a redação de *Rahel Varnhagen*,[32] auto-retrato mascarado, odisséia de sua própria judeidade atormentada, seja para ela uma forma de resposta.

Basta mergulhar nas inúmeras narrativas e nos testemunhos da época para se dar conta de que, rapidamente, alguns escritores e intelectuais compreenderam a natureza e a essência da política de Hitler, e as conseqüências da ascensão do nazismo. Desde 1924, Joseph Roth, em artigo publicado pela *Frankfurter Zeitung*, observa que a maioria das árvores de Berlim está adornada com suásticas. Todos os domingos, os jovens nazistas treinam nas ruas com cassetetes e facas. Nas estações, moças distribuem folhetos anti-semitas aos gritos estridentes de "*Heil Hitler*". Em seus *Diários*, o conde Kessler[33] se alarma, desde 1925, com a ascensão dos nazistas e com a sua influência no crescimento nacionalista circundante. Nicolaus Sombart constata que cada vez mais jovens adotam os uniformes marrons na sua escola de bairro de Grünewald, sob o pretexto de se tornarem porta-bandeiras nas associações esportivas.[34] Seus camaradinhas multiplicam os trotes contra os meninos judeus. Na escola primária, as crianças judias também são vítimas de troças.

Em *Mein Kampf*, Hitler coloca a educação física como prioridade de seus valores, e prega o endurecimento como meio de constituir o exército como "corpo do povo". As bandeiras nas ruas, as vitrines do comércio com a fotografia do *Führer*, o braço estendido fazendo a saudação nazista, os homens que moldam o bigode como Hitler, as vociferações na rádio, tudo isso já invadiu e contaminou o espaço público, preparando o povo a achar normal o que já não é mais. A própria língua alemã é envenenada do interior. Torna-se a língua suposta de um grupo social, uma pretendida etnia alemã, como tão bem experimenta e explica Victor Klemperer, que sente dentro do corpo, no corpo dos outros e no espaço entre os corpos essa nova língua nazista se insinuar de tal forma nas consciências que chega a modificar comportamentos.[35] Alguns intelectuais se refugiam nas bibliotecas como em torres de marfim e se enclausuram em seus trabalhos para não ver nem ouvir: não-judeus, mas também judeus que haviam pertencido à *Grunderzeit*, a geração de intelectuais que acreditavam que a assimilação encarnava a esperança de sair dessa marginalidade sem apego. Tal foi a atitude de Edmund Husserl, Karl Mannheim, Theodor Adorno e muitos outros... No entanto, a maioria toma consciência pouco a pouco, a partir de 1929, da ameaça representada pelos nazistas, restringindo-se a manifestar apenas um desprezo pela vulgaridade do movimento nacional-socialista, por esses comícios de Goebbels, essas tropas de ataque e essas bandeiras. Eles observam o vôo das teses hitleristas e acreditam que um governo conservador, e até reacionário, acederá ao poder, mas não esses joões-ninguém.[36]

Hannah se encontra entre dois fogos: de um lado, os que, como ela — e eles são raros — pensam que são primeiro judeus antes de ser alemães, e do outro, todos aqueles para quem a germanidade é tão íntima e conquistada a um preço tão alto que a idéia do duplo pertencimento é ultrapassada, para sempre estranha. Lembremo-nos da posição de Emmanuel Levinas: "Questionar-se sobre a identidade judaica é já tê-la. Mas é também fazer questão dela, sem o quê, não questionaríamos nada."

Hannah, alemã demais e não suficientemente judia a seu gosto, se lança de corpo inteiro à pesquisa de Rahel — sua própria busca do tempo perdido — para saber como continuar a existir intelectualmente nesse intermédio. Mas como viver? Hannah procura a Academia judia de Berlim e contata novamente Jaspers para obter as cartas de recomendação. Em abril de 1929, ela ainda trabalha na reescrita da tese quando começa a escrever ao mesmo tempo sobre Rahel. Dessa vez segura de si e da qualidade de seu projeto, não hesita em escrever a Jaspers: "[...] Preciso de uma carta atestando a utilidade de tal trabalho para a ciência. A partir do que pude descobrir na literatura existente, que percorri com esse fim, acredito que se possa afirmá-lo com a consciência tranqüila."[37] Entretanto, a convicção de se comprometer com um trabalho importante não será suficiente.

A Academia rejeita o pedido. Começa então uma corrida desenfreada por financiamento. Hannah saberá provar, no decorrer dos anos, ter enorme paciência e determinação na prática desse esporte tão particular que consiste em procurar financiamento para as próprias pesquisas. Citada aos quatro cantos, reconhecida no mundo inteiro, ela goza hoje em dia de uma notoriedade que jamais teve enquanto viva e de um reconhecimento que obteve tão tardiamente que, à exceção de seus últimos doze anos de vida, ela passou grande parte da vida atrás de dinheiro... para viver!

Portanto, fracasso na Academia. Hannah tenta a sorte solicitando uma subvenção da Sociedade de Ajuda à Ciência Alemã para financiar suas pesquisas sobre o romantismo alemão, e depois à Fundação Abraham Lincoln. Perde muito tempo. Dossiês, papeladas, cartas de recomendação de Jaspers, de Heidegger. Nada a fazer. Seu pedido é finalmente aceito, assim que ela termina de revisar a tese.

Hannah se casa em Berlim em junho de 1929 numa cerimônia civil bem simples, com a presença de sua mãe e dos pais de Günther. As testemunhas são amigos estudantes, Yela e Henry Lowenfeld. O jovem casal se muda para Neubabelsberg. Hannah conclui enfim as correções da tese, e a envia a Jaspers para que ele mande imprimi-la na universidade. Promete ao orientador, que chama a sua atenção para uma série de erros que ainda subsistem no texto, reler com atenção as suas observações e pedir ajuda ao marido, mais rigoroso do que ela no manuseio de conceitos filosóficos. Faz então uma curta viagem a Heidelberg com Günther, que efetua alguns processos administrativos para obter uma habilitação na universidade. Não consegue se encontrar com Jaspers, que acaba de partir em férias.

A partir de agosto de 1929, Hannah assina todas as cartas com o nome duplo Stern-Arendt. O casal não pára de mudar de casa. Em Berlim, os aluguéis são caros, e eles não têm um centavo. Instalam-se num vilarejo na saída da grande cidade na direção de Potsdam, para finalmente voltar a morar numa quitinete em Berlim-Holensee, onde só podem entrar e ficar à noite, pois o proprietário aluga o espaço durante o dia para uma escola de dança! Numa bela manhã, Jaspers chega. É então num café perto de seu apartamento que ela lhe submete as primeiras páginas sobre Rahel Varnhagen.

No início de 1930, Hannah faz uma conferência sobre Rahel. Ela envia o texto a Jaspers, acompanhado de um extrato da correspondência de Rahel com duas de suas amigas, Henriette Herz e Dorothea Schlegel. Essas mulheres conseguiram, com os salões literários que criaram, construir um espaço de extraterritorialidade onde se encontram judeus e cristãos. Suas vidas refletem as esperanças de certo judaísmo alemão do século XIX, preso na armadilha de uma tensão entre assimilação e emancipação. Entende-se por que Hannah se emociona com a personalidade de Rahel Varnhagen. Como ela suportou esse grande afastamento? Rahel é alemã ou judia? Onde ela se situa? Apenas no olhar dos outros ou em sua alma e consciência? Apesar da distância temporal, as cartas de Rahel, fervorosas, angustiadas, sinceras, contraditórias, podem ser lidas ainda hoje como um folhetim palpitante de uma bela mulher, inteligente, a quem o destino impôs nascer judia, e que acreditou que o processo de assimilação lhe permitiria tornar-se uma heroína da vida espiritual alemã e uma grande figura mundana.[38] Essa encarnação do romantismo, essa personalidade fora do comum, musa de Goethe e de Beethoven, se tornou bastante conhecida pelos alemães depois da publicação póstuma, em 1834, de sua correspondência publicada pelo marido, que achou melhor expurgar as passagens mais significativas — as que mostram que ela escolheu, ainda que reafirmando a sua fé cristã, voltar ao judaísmo de sua infância.

Hannah conhece a personagem de Rahel por esse livro que a amiga Annie Mendelssohn lhe deu em 1921. Desde a primeira leitura, teve uma verdadeira paixão por essa mulher ao mesmo tempo forte, pretensiosa, inquietante e sedutora. Uma "parteira moral", segundo as palavras de seu amigo, o príncipe Louis-Ferdinand. Além da vontade de Hannah de empreender uma pesquisa histórica sobre a perda da identidade judaica, na mesma época em que sofria as conseqüências da ascensão do nazismo, pode-se ler também, acredito, na paixão que ela coloca nesse trabalho, a tentativa mais pessoal de entender suas próprias angústias, suas próprias vertigens, suas próprias dificuldades existenciais. Diversos traços de personalidade são comuns à autora e à sua personagem de estudo: o fato de considerar a vida como uma obrigação e não como um dom e uma constante rigidez em relação a si mesmas. Rahel se oferece em sacrifício na fogueira das vaidades perdidas. Quando lhe perguntam o que está fazendo da vida, ela responde: "Nada. Estou deixando a vida chover sobre mim."[39] A vida como uma tempestade sem guarda-chuva é um programa comum a Rahel e a Hannah. Existem, assim, várias afinidades secretas entre as duas mulheres. Todas as duas compartilham a mesma capacidade de sofrer, a mesma teimosia em se dizer judias sem querer aceitar o fato verdadeiramente, todas as duas comungam no mesmo idealismo do amor-paixão que acaba se transformando, infelizmente, em perda de referências e falta de confiança em si.

Hannah, a estudante séria, abraça seu trabalho histórico e vai elaborar pela primeira vez a sua teoria do espaço público, fazendo do salão de Rahel um lugar de proteção da personalidade e de dissolução da identidade. Ela não se contenta com as fontes publicadas, e passa os dias na biblioteca para encontrar fontes inéditas e tirar do lodo anti-semita a verdadeira, a pura Rahel. Assim descobre uma correspondência datada do verão de 1800. Rahel, de Paris, escreve a uma amiga: "Eu lhe garanto, digo a todos aqui que sou uma [judia], e a diligência continua a mesma. Mas só um judeu berlinense pode ter o desprezo e a atitude que lhe convêm. Eu lhe garanto que isso dá uma capacidade de ser de Berlim e judia, ao menos para mim." Hannah não esconderá, na época da publicação tardia da obra, trinta anos mais tarde e depois de muitas dificuldades, que reivindica conscientemente sua identificação a Rahel. "O que me interessou foi narrar a história da vida de Rahel como ela própria poderia ter feito."[40]

Onde e como se situa Hannah nesse trabalho de escrita, a meio caminho da introspecção literária e da análise histórica? Onde se encontra a abordagem filosófica? Será que Hannah não embarca na elucidação de seus próprios tormentos, tomando Rahel como pretexto? Desde o início do trabalho de escrita, Jaspers aponta para essa confusão: "Apesar da sua vontade de ser objetiva, alguma coisa acontece."[41] Hannah quer, de fato, objetivar a existência judaica recorrendo à fenomenologia da existência. Ainda Heidegger como a chave de compreensão do mundo. O vocabulário heideggeriano é, de fato, onipresente no texto de Hannah para explicar os tormentos de Rahel. Heidegger prega a autenticidade do *Dasein*. Como se pode depender apenas de si quando acontece a alguém o que Hannah chama de "fatalidade do destino judeu"? Aliás, depende-se apenas de si quando se nasce judeu? Como viver ao mesmo tempo sem apego e enraizado? E de onde vem esse enraizamento? Da cultura? Da origem? Da raça? Da história? Hannah ataca frontalmente todas essas questões fundamentais. A tarefa parece árdua. Mas ela já tem a certeza de que está à sua altura, de que é suficientemente dotada para conduzir com sucesso esse trabalho tão complexo. Envia um texto a Jaspers, que a alerta: algumas "fórmulas [...] têm algo de amaneirado. Você filosofa de maneira tética e dogmática".[42] Ele também a critica pela definição que ela dá de judeidade: para Hannah não é nem uma forma de falar nem uma maneira de ser negativa, mas o que ela chama de "um destino que não foi liberado do castelo encantado".[43] Nessa época, Karl Jaspers trabalha na redação de seu livro *La Situation spirituelle de notre époque*[44] [A situação espiritual de nossa época], que publicará em 1931. Professor e aluna, no mesmo pano de fundo de ascensão do nazismo, se afrontam sobre o tema da conquista da liberdade. Como se ver nitidamente e realizar seu ser profundo? *La Situation spirituelle de notre époque* será concluído em setembro de 1930, pouco antes do primeiro grande sucesso do nacional-socialismo nas eleições do Reichstag. Escrevendo esse livro, Jaspers documentou-se um pouco sobre o fascismo e muito pouco sobre o nacional-socialismo, que ele então qualifica de delírio, além de julgar impossível a sua implantação na Alemanha.[45] Tampouco encontramos vestígio algum de reflexão política no texto de Hannah sobre Rahel Varnhagen, mas, como em Jaspers, a mesma meditação dolorosa sobre a aceitação voluntária da judeidade para toda essa geração do século anterior, para quem Rahel foi o astro morto. Humana entre as humanas, não verdadeiramente humana para os não-judeus, Rahel concluirá o que ela mesma chamava de caminho da cruz de um percurso solitário iniciado na vergonha extrema, no sofrimento e na infelicidade, porque nasceu judia, e terminará seus dias no leito de morte repetindo: "A coisa que por toda minha vida pareceu-me a maior vergonha, a miséria e o infortúnio mais amargos — ter nascido judia —, desta eu não devo agora por nenhum motivo desejar ter sido privada."[46]

Em seu texto, Hannah descreve minuciosamente os estados de alma de Rahel e disseca suas ilusões perdidas. Intitula o segundo capítulo "Fim. Mas como continuar a viver?". Rahel, depois de ter se enamorado do barão Finckenstein e de ter se humilhado suplicando-lhe para continuar amando-a, consegue se desvincular dele, implorando-lhe então para deixá-la viver, para não seduzi-la.

Lendo o texto de Hannah sobre Rahel, parece difícil não ver nele o desfecho — temporário — de sua própria história de amor com Heidegger. Rahel, aos olhos de Hannah, conseguiu não se deixar destruir por uma história de amor. Ela conservou o que esse amor lhe deu de bom e de ruim. O leitor tem a impressão de que ela busca forças no comportamento de Rahel, admira-a, e que também ecoa a sua própria separação com Heidegger. Rahel vai beber do cálice da desesperança até a última gota. Ela se impõe a separação definitiva com o seu barão e recusa as recaídas, os mal-entendidos, as ofensas, últimos acordes de um concerto atroz. Mas como continuar vivendo depois de uma desilusão como essa? Rahel, desde a separação do homem que amava, fala de si como de uma morta. Hannah se compadece: graças a Rahel, aproxima-se da verdade: como aceitar a vida tal como ela é, e não como a sonhamos?

Essa a quem ela chama de "minha amiga mais próxima",[47] embora falecida há mais de cem anos, será para Hannah uma irmã gêmea que lhe permitirá começar sua exploração da judeidade, das suas ambivalências e das suas ambigüidades psicológicas. Hannah admira e critica ao mesmo tempo Rahel, que fracassa na sua tentativa de criar uma vida social fora dos quadros oficiais. Hannah se enfurece contra essa judeidade sociológica, essa maneira de tentar construir para si uma originalidade mítica em termos de eleição, que viria se substituir ao pertencimento ao judaísmo. Sua análise é repleta de verdade, ao mesmo tempo sarcástica e zombeteira, mas urdida de contradições.[48] Constata-se fortemente que Hannah já assumia e assumirá essa judeidade desprovida de todo judaísmo, criticando de uma só vez os sionistas e os assimiladores. Estranha *no man's land.** Como se faz quando se é judeu para viver no mundo? Onde é possível existir sem se negar? Escapar-se, escapar. A única coisa a fazer é escapar. Mas para onde?

O caso Heidegger

Karl Löwith é aprovado na defesa de sua tese, com orientação de Heidegger em Freiburg. E no entanto ele é judeu. É verdade que lutou na I Guerra, e segue a religião protestante. Isso deve tê-lo ajudado a conseguir a habilitação. Se houvesse objeções, elas teriam sido varridas por Heidegger, que teria impedido que se impusessem. Löwith pensa e escreve sobre isso. Ele, que foi um dos mais virulentos no combate à atitude de Heidegger durante seu engajamento nazista de 1933, e que deu um golpe fatal à sua reputação ao descrever, em 1936, Heidegger em Roma passeando nas ruas com o símbolo nazista,[49] afirma claramente: se, por um lado, o mestre já caiu na armadilha nacionalista e anti-semita, como a maioria de seus colegas, por outro lado, ele luta para impor à universidade alguns de seus alunos de origem judaica. Heidegger publica seu seminário sobre *Kant e o problema da metafísica*.[50] Não fica longe de se contradizer: depois de ter testemunhado uma profunda falta de respeito por Edmund Husserl, ele faz, entretanto, um discurso elogioso a ele, por ocasião de seu septuagésimo aniversário. Apaixonado pela vida universitária, onde é considerado ao mesmo tempo um marginal, um revolucionário não reconhecido pela instituição e uma autoridade temida pela sua força teórica e sua intransigência moral, ele preen-

*Terra de ninguém. (*N. T.*)

che páginas e páginas sobre o tema da renovação necessária na universidade, e as envia ao amigo Karl Jaspers, que participa do mesmo combate.

Não se trata de julgar, mas de esclarecer. O caso Heidegger suscitou diversas polêmicas depois das revelações de Victor Farias.[51] Culpado e responsável? Não se trata de abrir um processo *post mortem*, nem de fazer o papel dos procuradores de um tempo em que não éramos nascidos. Minha intenção tampouco é a de desculpar um dos maiores filósofos da história que nunca reconheceu, nem quis abordar frontalmente a sua cegueira ideológica, política e mesmo filosófica. Os dias de hoje, notadamente com a publicação imprescindível de Hugo Ott,[52] nos permitem situar os desafios da época, contextualizar, comparar as atitudes de uns e de outros.

É difícil evocar a adesão de Heidegger ao nazismo em 1933 sem restituí-lo à sua vontade de salvar a universidade, projeto intelectual ao qual aderiu uma minoria de professores, levados pelo desejo de transmitir o saber. Karl Jaspers acreditava que a universidade alemã, no alvorecer dos anos 1930, deveria constituir a encarnação da liberdade ocidental, o parapeito a todas as derivas antidemocráticas, o espaço de aquisição de uma liberdade interior, a garantia do desabrochar de uma nação. Todos os dois, Jaspers e Heidegger, mas também muitos outros professores, queriam renovar a instituição sem cair na obsessão nacionalista. Heidegger vai soçobrar. Ele acredita que o nacional-socialismo poderá realizar esse "poder ser" próprio a cada um, que nós possuímos e que ele reivindica como um direito e um destino. É preciso uma decisão histórica para assumir um destino "autêntico".

Uma inquietação, quase uma rebelião, havia tomado conta de alguns professores e estudantes que estimavam que a universidade se tornara uma escola profissional, e o estudo o saguão de estudantes futuros desempregados, onde se dava cada vez mais preferência aos ensinos técnicos em detrimento das disciplinas clássicas, como a literatura e a filosofia. Em todo o país, a universidade se torna uma empreitada não apenas ideológica, mas também política. Desde os anos 1920, a extrema direita corrompe o corpo docente, e o anti-semitismo reina oficialmente. Uma minoria de judeus é apenas tolerada no seio da instituição, os pacifistas são excluídos,[53] os movimentos da juventude pró-nazista fazem a lei na universidade e os professores não ficam nada indignados.

Heidegger oscila: sua fome de poder e reconhecimento já lhe vira a cabeça. Chamado à capital para discutir a sua nomeação à universidade de Berlim, vangloria-se perante Jaspers[54] por ter tido uma longa entrevista com o ministro da Educação, ainda que ele tenha recusado a proposta. A brecha está aberta, mas ninguém a vê, a começar pelo próprio interessado, que mais tarde fingirá ter sido forçado a se deixar nomear reitor da universidade de Freiburg em 1933! Será necessária a intuição de Günther Stern e de Karl Löwith, seus antigos alunos, para entender que a recusa de Heidegger pelo posto em Berlim, para continuar ensinando em Freiburg, se interpreta também como uma vontade de enraizamento, um desejo de terra natal, de autoafirmação. Nesses discursos políticos da época do reitorado, ele relata de maneira bastante *völkisch*[55] a "verdade" no solo da *Heimat*, a pátria. Encontramos em suas formulações da existência histórica o que vai conduzi-lo à sua decisão política: o *Dasein* próprio a cada um vai se tornar especificamente alemão.[56] Victor Kleperer tem razão: a língua pensa no nosso lugar, dirige nossos sentimentos, rege todo o nosso ser moral de forma tão natural que nos entregamos a ela inconscientemente, e as palavras podem ser como minúsculas doses de arsênico. "Absorvemo-las sem cuidado. Elas parecem não fazer nenhum efeito, e eis que depois de algum tempo o efeito tóxico se faz sentir."[57]

Ainda que tenha desejado não abrir os olhos tão cedo e herdar a vontade de cegueira de seu pai perante o anti-semitismo, o marido de Hannah, Günther Stern, será um dos primeiros a articular um discurso e uma teoria da resistência. Desde 1925, ele leva realmente a sério as ameaças de Hitler, ao contrário de seus camaradas, que se contentam em apelidá-lo de palhaço vociferante. Em 1927, ele responde a Elfride Heidegger, que lhe sugere, como vimos, no final de uma viagem ao campo, aderir ao nacional-socialismo: "Olhe então para mim e a senhora verá que faço parte do que vocês querem excluir."

Em 1929, Günther termina de construir a arquitetura geral de sua própria filosofia e rejeita definitivamente o pensamento de Heidegger, que ele julga perigoso e deletério. Recrimina a sua falta de humanismo e a sua violenta adoração pela natureza, que ele estima funesta no plano político. Desde 1930, afirma a necessidade vital da ação numa conferência realizada em Frankfurt com o título de "O homem sem mundo".[58] Afirma-se como o filósofo que luta pelo respeito aos direitos humanos e que defenderá custe o que custar as conquistas da democracia. A filosofia de Heidegger não é apenas grandiloqüente e oca, também é perigosa e elimina as dimensões social e histórica. O *Dasein* significa o desaparecimento do homem que constrói politicamente seu mundo.[59]

Vários dos conceitos que ele desenvolve serão integrados trinta anos mais tarde por Hannah, revistos e argumentados com amadurecimento, em seu livro mais importante, intitulado *A condição humana*.[60] Na França, graças à iniciativa de certas editoras corajosas,[61] acabamos de começar a reconhecer a obra literária e filosófica de um dos mestres do pensamento do humanismo europeu. Por que ela não reconheceu a sua dívida com ele? Provavelmente porque a sombra de Heidegger obscurecia a possibilidade de reconhecer Günther intelectualmente. Ela viverá em primeiro lugar e antes de mais nada como uma aluna de Heidegger, e perceberá então o marido como um de seus condiscípulos, e não como um filósofo capaz de se opor ao mestre e de forjar a sua própria autonomia.

Em março de 1930, o casal se instala em Frankfurt, Günther espera um cargo universitário. Hannah obtém em maio um financiamento para Rahel. O fato de ser judeu constitui um destino? Sim, responde Hannah, que não se engana com as aparências: "Esse destino resulta precisamente de uma ausência fundamental de pertencimento e se conclui apenas se houver separação do judaísmo."[62] Não nos esqueçamos dessa frase, escrita aos vinte e quatro anos de idade, que ressoará ao longo de toda a sua vida. Para Hannah Arendt, só há pensamento do/sobre o judaísmo se houver saída/luto do próprio.

Hannah e Günther se mudam para um presbitério às margens do Main. Hannah volta a ser estudante e faz cursos de filosofia na universidade, como os seminários de Karl Mannheim e as conferências de um teólogo protestante, grande conhecedor de Agostinho, Paul Tillich. As perguntas, numerosas e complexas, que ela não pode deixar de fazer tornam-na alvo de ciúme. Algumas pessoas a consideram pretensiosa e incompreensível, outras, brilhante e original. Os estudantes lhe dão a honra de caricaturá-la por ocasião do carnaval anual e zombam da sua maneira apaixonada de falar e argumentar.[63]

A partir de uma proposta conjunta de Max Horkheimer, membro eminente da Escola de Frankfurt, Paul Tillich e Theodor Adorno, todos já professores na universidade, Günther tenta ter a sua habilitação aprovada. Por intermédio de seu primo Walter Benjamin, já havia conhecido Adorno, que se interessava, como ele, pelos laços entre filosofia e música. Adorno, que acabava de ser reprovado em sua própria habilitação consagrada ao conceito do inconsciente, era então professor não-titular e não-remunerado na universidade de Frankfurt, o posto acadêmico mais elevado ao qual um intelectual judeu trabalhando nas ciências humanas poderia aspirar, salvo raras exceções.[64]

Benjamin já escreveu *Rua de mão única*,[65] *Origem do drama barroco alemão*,[66] e trabalha em seu livro sobre as passagens de Paris. Adorno se concentra enormemente em seu trabalho de composição — é ao mesmo tempo compositor, músico, filósofo e sociólogo de inspiração marxista —, publica aforismos sobre música e conclui o segundo trabalho de habilitação, dessa vez sobre Kierkegaard.[67] Protegido por Horkheimer no plano intelectual, recebe ajuda financeira da família que, ao contrário de Benjamin, o sustentará até 1938. Sua juventude — ele tem então vinte e cinco anos — não impede Adorno de se comportar com Benjamin como se fosse seu superior hierárquico, intelectual, moral. Ele o rouba sem o citar, critica-o sem argumentar. Adorno fará dele, de alguma maneira, seu serviçal, quando Benjamin, forçado a se exilar em Paris, se tornará refém financeiro do Instituto para a Pesquisa Social, que mais tarde passará a se chamar Escola de Frankfurt, dirigida por Max Horkheimer, o mestre de Adorno. De fato, em Paris, Benjamin tem apenas as magras remunerações do Instituto para subsistir. Ele envia então seus artigos para Adorno, para ser pago. Ao ler a correspondência hoje publicada entre esses dois homens,[68] percebemos que Adorno parece se aproveitar da situação. O tom que Adorno adota perante Benjamin, desde 1928, assusta e revolta. Sua falta de oposição ao nacional-socialismo não melhorará a qualidade da relação dos dois, mas também não lhe dará um fim. Adorno, no entanto, pagará o preço das medidas de depuração nazistas, perdendo, em 8 de setembro de 1933, seu posto na universidade de Frankfurt, como um bom número de seus colegas do Instituto: Horkheimer, Mannheim, Löwe, Wertheimer... Mas ele quis se inscrever assim mesmo, dois meses mais tarde, no salão de escritores criado pelos nazistas. Sua cegueira é tal que, em 1934, escreve por duas vezes a Benjamin em Paris, aconselhando-o a solicitar a sua admissão no mesmo salão.

Adorno se comporta tão mal com Günther Stern quanto com Walter Benjamin? Pode-se pensar isso, lendo a correspondência de Hannah com Jaspers. Günther não conseguirá a sua habilitação: culpa de Adorno. Será o ciúme por um concorrente que, ainda por cima, se revela um verdadeiro músico? De fato, Günter toca violino e piano admiravelmente. O mesmo acontecerá com o seu trabalho sobre a filosofia da música que, embora brilhante, será rejeitado por Adorno, que não o achará suficientemente marxista! Günther está decepcionado e Hannah consternada com tanta mediocridade. Ela guardará por toda a vida um ódio tenaz do encontro com Adorno — "Ele que não venha pôr os pés na nossa casa", declara ela a Günther, no dia em que o conheceu[69] — que só aumentará ao longo dos anos. Esse último, entretanto, propõe a Günther que fique em Frankfurt e aguarde. Mas Hannah acha a situação aviltante, e encoraja Günther a partir para Berlim. Eles decidem procurar trabalho fora da universidade.

O casal está de volta a Berlim. Hannah trabalha como *freelance* para sobreviver. Em 12 de abril de 1930, publica no *Frankfurter Zeitung* "Agostinho e o protestantismo", seu primeiro artigo, por ocasião do aniversário de mil e quinhentos anos da morte de Agostinho. Reconhecendo os trabalhos contemporâneos dos teólogos alemães, critica os protestantes, culpados, segundo ela, de esquecer voluntariamente a obra de um dos maiores pensadores da espiritualidade no Ocidente. Ainda que se possa sentir no seu artigo a influência mal digerida do pensamento e do vocabulário heideggerianos, Hannah possui um belo talento de jornalista, uma pena afiada, e já se pode perceber em seus textos a audácia de um pensamento vigoroso e pessoal, que não hesita em misturar Agostinho, Goethe e Lutero.

O artigo faz sucesso. A revista *Die Gesellschaft*, dirigida por um amigo de sua mãe, Rudolf Hilferding, lhe encomenda uma crítica do novo livro de Karl Mannheim, *Ideologia e utopia*. A prestigiosa revista *Archiv für Sozialwissenschaft und Sozialpolitik*, fundada por Max Weber, lhe pede por sua vez a resenha de um livro de Hans Weil, *As origens do princípio educativo alemão*. Hannah aproveita para afirmar a importância da filosofia como disciplina cardeal para se pensar o mundo. Seu pensamento afina. Suas pistas de reflexão, no cruzamento entre os caminhos históricos, filosóficos e políticos, já aparecem originais e profundas.

Hannah e Günther vão para Heidelberg num dia de verão de 1930. Hannah quer rever Jaspers, que já partiu em férias, mas encontra Heidegger na plataforma da estação por acaso. Seu corpo treme todo. Ela decide então fingir não tê-lo visto, depois resolve afrontá-lo. Ao chegar perto dele, ela se dá conta com horror de que ele não a reconhece. À noite, Hannah entra no quarto do hotel onde Günther a espera, e não comenta nada. Tem a sensação de reviver, como num pesadelo, um episódio de sua infância e de recair num estado de terror provocado pela história do anão, cujo nariz crescia tanto que ninguém mais o reconhecia. Hannah, quando pequena, gritava até perder o fôlego e suplicava à mãe, que brincava até deixá-la assustada: "Eu sou uma criança, eu sou a Hannah!"[70]

De retorno a Berlim, Hannah rompe o pacto de silêncio que havia se imposto e decide escrever novamente a Heidegger. Confia-lhe seus pensamentos e a sensação de pavor em que se encontra. Não é preciso convocar o espírito de Sigmund Freud. Compreende-se melhor, lendo as confissões ao antigo amante, por que Hannah não sentirá senão desprezo e agressividade pela psicanálise, que ela considerará a vida toda uma charlatanice. Hannah não tem vontade de tirar a máscara, ela não pode, não quer recair nos terrores infantis. De fato, é impossível fazer com Heidegger o que ela pedia à mãe, e assim interpelá-lo, dizendo: "Eu sou a sua aluna, a sua amante, eu sou a Hannah." Então, estranhamente, ela o perdoa por ter fingido não tê-la visto. Agradece por lhe ter doado o que ela chama de saber "acerca da continuidade do nosso... amor. *Deixe-me por favor dizer!*".[71]

Sobre essa correspondência, Günther ignora tudo. De quando datam as primeiras brigas do casal? Ninguém sabe. Mais tarde, Hannah confessará não ter podido mais suportar a sua presença física. Ela escolhe abandonar o lar conjugal para ir militar nos círculos sionistas. Por que esse engajamento? Para se embriagar de discussões públicas e esquecer o face a face com Günther? Não apenas. Nesse período, o judaísmo alemão assimilado, financeiramente poderoso e culturalmente dominante, era e será sempre majoritariamente anti-sionista. Para toda essa geração de judeus assimilados de esquerda, o sionismo aparece como uma curiosidade excêntrica, até mesmo exótica, e a colonização da Palestina como eventual construção de uma comunidade judaica, como a hipótese destinada, não aos alemães ocidentais, mas às massas judaicas da Europa Oriental. Os judeus exilados que fugiam dos pogroms não representavam um aspecto positivo para o judaísmo alemão, que qualificava o iídiche como um jargão, e que temia que a diferença deles fosse um obstáculo à assimilação.[72]

Hannah nunca havia manifestado o menor entusiasmo pelo sionismo antes, e ninguém tentara convencê-la. Mas sob o peso da ascensão do nazismo, a partir de 1930, ela começa a pensá-lo como engajamento político, arma de sobrevivência, meio de ação e forma de resistência. A amizade com Hans Jonas e a proximidade intelectual com Gershom Scholem a predispõem a aderir ao sionismo, mas sua transformação ideológica, psíquica e moral se explica em grande parte pela amizade e a confiança em Kurt Blumenfeld, verdadeiro iniciador dessa revolução mental.

Kurt é um homem doce, simples, caloroso. Ele será, até o fim da vida, o grande amigo de Hannah. Embora os acontecimentos e as idéias pudessem os separar, eles jamais entrarão em desavença. Kurt é como o tio querido de Hannah, um tipo de substituto paterno com quem ela pode falar e fazer as maiores besteiras, porque ele perdoa tudo, e com quem ela sabe que pode contar em qualquer circunstância. Hannah adora Kurt desde a infância.

Gosta de suas mãos, de sua voz, de sua presença tranqüilizante. Desde os três anos de idade, ela passava horas com ele, na casa dos avós, brincando com o cachorro; quando tinha vinte anos, eles declamavam juntos poemas de Schiller nas ruas de Heidelberg a noite toda. Aos vinte e cinco, ela decide segui-lo na ação clandestina e arriscar a vida por suas idéias. O sionismo lhe aparece como o único movimento capaz de ajudar os judeus em dificuldade e, ao mesmo tempo, alertar a opinião pública.

Para Hannah, a questão não é: como ou por que nos tornamos uma pessoa engajada. Mas: como pode acontecer de não o sermos? Desde o início dos anos 1930, o engajamento político se torna para Hannah e Günther um imperativo. Cada um o pratica da sua maneira: Hannah milita numa organização judaica, Günther cria um grupo intelectual na casa em que mora com a mulher. De fato, ele abandona a escrita de seu livro para organizar um seminário clandestino sobre *Mein Kampf*. Escrever textos para seus colegas universitários começa a lhe parecer grotesco, indecente, imoral, tão sem sentido quanto se um padeiro só fizesse pães para outros padeiros.[73] Na Berlim do início dos anos 1930, a luta contra Hitler se torna para os dois a preocupação principal, a sua moral, a sua conduta de vida. Eles militam dia e noite. Impossível fazer de outra maneira. Hitler surgiu não apenas no horizonte, mas no seio do "nosso próprio horizonte", diz Günther Stern. Ele faz resistência a título individual entre os intelectuais. Mas as suas exortações em lutar contra Hitler não são seguidas. A seu seminário, só vêm alguns poucos amigos.

Por sua vez, Hannah escolherá resistir entrando na organização sionista presidida por Kurt Blumenfeld, que se dizia, ele mesmo, sionista pela graça de Goethe.[74]

Esse homem, notável sob muitos aspectos, realizara, desde 1910, uma revolução política no sionismo alemão. Em ruptura com a geração anterior, que insistia no anti-semitismo, no sofrimento em ser judeu, Blumenfeld reivindica o sionismo como ideal pessoal, auto-afirmação de sua identidade, completude de si. O exílio na Palestina não representa para ele uma solução para os judeus que sofreram nos *pogroms* continuarem vivendo, mas um ideal para se construir com todos os que pensam o pertencimento judeu no mundo como uma cultura específica. Gershom Scholem, Franz Kafka, Manès Sperber, como tantos outros jovens amantes da língua hebraica, dos escritos de Maimonide e dos textos da Cabala, se situam nesse mesmo movimento. Essa redescoberta, intelectual e não religiosa, da cultura judaica vem junto com um sentimento de orgulho que se opõe à vontade de apagamento que seus pais haviam manifestado. Retomando a frase de Theodor Herzl, "O sionismo é o retorno ao judaísmo, antes de ser o retorno ao país dos judeus", Blumenfeld reivindica nessa época um pensamento fundado na felicidade, na autenticidade moral, no respeito ao outro. A emigração para a Palestina constitui para ele um projeto pessoal, acompanhado do desejo de criar as bases de uma civilização árabe-judaica.

O sionismo alemão, desde o início dos anos 1920, reagrupa uma nova minoria ativa, constituída de miríades de tendências que Blumenfeld escolhe, depois de ter conseguido calar as querelas internas, para dar uma única faceta ao movimento. Tendo se tornado presidente da organização, a ZVfD (*Zionistische Vereinigung für Deutschland*, a União Sionista da Alemanha), ele luta desde 1929 pelo caráter existencial do sionismo e milita por um palestino-centrismo no quadro do mandato britânico.[75] Personagem influente, é também amigo de Robert Weltsch, redator-chefe da *Jüdische Rundschau*, reserva ativo do movimento Brit Shalom fundado por Martin Buber, que milita por um acordo árabe-judaico.

Hannah e Kurt vão divergir ideologicamente ao longo do tempo. Kurt emigrará para a Palestina, onde se instalará definitivamente. Hannah não se sente atraída por essa idéia, nem mesmo depois de sua primeira viagem para lá, em 1935. Scholem também escolherá morar na Palestina. Ele ensinará na universidade hebraica de Jerusalém e suplicará a Benjamin para se juntar a ele. Durante mais de dez anos, esse último pensará na idéia. Fará cursos de hebraico, prometerá diversas vezes, quando ainda podia, ir ensinar na Palestina. Mas Benjamin nunca irá a Jerusalém. Tarde demais. É sempre tarde demais para Walter Benjamin, figura heróica desses tempos tão sombrios. Gershom Scholem será israelense com orgulho. Blumenfeld também. Para eles, Israel se tornará a terra que escolheram, sua pátria, o único território onde, desde o amanhecer, eles podem respirar sem serem perturbados, e continuarem vivendo sem que os recriminem por simplesmente existir.

Veremos que Hannah se mostrará severa com os sionistas antes mesmo da criação do Estado de Israel. Ela não fará parte propriamente do movimento sionista alemão, mas se engajará por amizade a seu lado, permanecendo, contudo, independente. Jamais conduzirá suas críticas políticas aos governantes. Ela os repreenderá por terem esquecido voluntariamente que, no momento em que chegaram, já morava nessa terra um povo palestino. A partir de 1940, militará por um Estado binacional e se posicionará violentamente, ao lado de Judah Magnes, contra o princípio de um Estado-nação judeu.

Ela não é a única a levar esse combate adiante. A falta de reconhecimento dos árabes pelos políticos sionistas é verdadeiramente combatida desde 1929, data das primeiras manifestações árabes em Jerusalém, por esse grupo de jovens intelectuais, do qual faz parte Gershom Scholem. Eles pretendem levar em conta a cultura árabe e compartilhar com o povo palestino suas esperanças, suas utopias. Eles não vêm para desalojar um povo de sua terra, mas como inventores de uma nova forma de comunidade. Esses jovens emigraram da Alemanha para a Palestina não por motivações políticas, mas por razões étnicas. Eles têm orgulho de suas raízes e querem assumir a sua cultura. Seu movimento, o Brit Shalom, que se chamará mais tarde "*The League for Jewish-Arab Rapprochement*", junta os maiores espíritos dessa geração, detentores de uma grande autoridade moral. Mas o desejo deles se chocará com a falta de vontade de diálogo, tanto do lado árabe quanto do lado judeu, e seu idealismo os forçará a continuar sendo uma minoria. Essa forma de viver a judeidade se encarna então em Berlim com a existência da Universidade Judaica, freqüentada por um grande público.

Maré negra

Hannah escreve artigos para a imprensa judaica e milita. Günther faz pequenos bicos. O sociólogo Karl Mannheim o deixa esperando por um cargo na universidade um pouco mais para adiante e lhe pede para ser paciente: no momento, diz ele, é a vez dos nazistas. Será assim por mais um ano no máximo. Quando eles caírem, nós lhe daremos a sua habilitação. Günther não compartilha a cegueira culpada de Mannheim e, além disso, precisa ganhar a vida. Consegue fazer uns trabalhos freelance na rádio. Um dia, pede para entrevistar Bertolt Brecht. Brecht tem apenas trinta anos, mas já criou a *Ópera dos quatro vinténs*, gravada na rádio do Hesse. É conhecido somente por um círculo de iniciados. Günther se apresenta então na casa de Brecht, que ele conhece e admira como poeta, e no dia seguinte dá à sua crônica o título de "Bertolt Brecht, o pensador". Brecht lhe telefona para agradecer. Günther aproveita para lhe pedir ajuda, e explica que não tem do que viver: "A partir de amanhã preciso ganhar dinheiro. O senhor pode me ajudar?" Brecht telefona para um de seus amigos, Herbert Jhering, jornalista e crítico influente, tido como o papa da cultura no *Börsen Courier*, para recomendá-lo.[76]

Será simpatia à primeira vista entre os dois. Günther cai como uma luva. Jhering precisa de um jovem culto, sem medo de trabalhar. De um dia para o outro, Günther se torna seu braço direito, buscando acontecimentos diários, acompanhando a atualidade literária, cobrindo os colóquios de todos os gêneros. Pago por página, ele inunda o jornal. "Calma", diz Jhering, "você não pode assinar a metade do jornal." Günther lhe respondera na hora: "Se o problema é esse, então você só precisa me chamar de outra maneira." "Como?", retruca Jhering. "Como eu acabei de dizer, de outra maneira",[77] responde Günther. *Anders*, em alemão, significa de outra maneira. A partir desse dia, Günther assinará todos os textos jornalísticos com o nome de Anders, e conservará o nome Stern para os textos filosóficos. Escolher um outro nome é também se distanciar do seu, seu único bem próprio.

Hannah escreve resenhas de livros para uma revista socialista de ponta, *Die Gesellschaft*, e começa a elaborar uma reflexão sobre a autonomia do pensamento. Paralelamente, trabalha sobre os salões berlinenses do século XIX e publica na imprensa popular artigos sobre os adoradores de Goethe e de Rahel. Seu pensamento se torna cada vez mais político, sob o peso dos acontecimentos, das visitas a Kurt Blumenfeld e seus amigos sionistas, e de amigos universitários, como Sigmund Neumann, que lutam ativamente contra a ascensão do nazismo. Começa a ler Marx e Trotski e publica um artigo sobre o lugar das mulheres na política. Para ela, o front político é dos homens. "A ingênua tentativa de edificação de um partido de mulheres mostra como o movimento é discutível."[78] Hannah nunca será feminista. Nesse momento, a situação dos judeus a preocupa, inquieta, obceca. Ela luta com um punhado de amigos contra a idéia daqueles que vêem em Hitler apenas um palhaço, ou um salvador. Confessa à amiga Anne Mendelssohn, num dia de 1932, que diante da ascensão do nazismo pensara em emigrar. Anne diz que não havia notado nada. Ao que Hannah afirma: "Mas você é louca", e dá meia-volta.[79] Anne não é a única a não entender. Hannah, por sua vez, desde 1931, está intimamente convencida de que os nazistas vão tomar o poder.[80] Mas não chega a se engajar num partido para tentar impedi-los. Ela estima "não haver esperança". O dia 27 de fevereiro de 1933, data do incêndio do Reichstag e das prisões que se seguiram, será determinante para ela. "Aquilo foi para mim um choque imediato, e a partir daquele momento me senti responsável."[81] Hannah não quer viver como uma cidadã marginal. Ela logo pensa que os judeus não podem continuar na Alemanha e começa a pensar em sua partida. Segundo ela, as coisas só podem piorar.

Por sua vez, Günther começa um romance e escreve uma sátira intitulada "A escola nazista da mentira" a partir de artigos da imprensa nazista. Freqüenta um círculo de intelectuais e artistas que se opõem a Hitler, aderentes ou ligados ao partido comunista, enquanto Hannah passa cada vez mais tempo com seus amigos sionistas. Os dois grupos têm lutas diferentes, e não se estimam nem um pouco. Assim, insensivelmente, por razões ao menos em parte ideológicas, Hannah e Günther se distanciam, separando-se de manhã para se reencontrar apenas bem tarde da noite.

1933 também será o ano em que Hannah romperá definitivamente com Heidegger. Tentemos precisar o que está em jogo, recorrendo para isso ao método que ela reivindicou a vida toda: compreender, e não julgar a partir de hoje. Com que direito poderia eu, que nasci depois da guerra e que faço parte de uma geração criada em meio à admiração pela Resistência e ao tormento incessante da lembrança da Shoah? Não adianta nada astuciar, lançar anátemas, contornar. Sim, Heidegger se torna nazista e aceita ser reitor da universidade de Freiburg em abril de 1933. Pronuncia discursos nazistas. Ele suja seu vocabulário e seu pensamento. Desmorona. Sua língua despenca. Seu pensamento também.

Ele nunca se arrependeu. Se pronunciou alguns arrependimentos em conversas pessoais, sempre se recusou a pedir desculpas publicamente. Continuou, após a sua demissão no ano seguinte, a dar seus seminários e a carregar a insígnia nazista. Isso não pode nos impedir de considerar a sua obra como uma das mais inovadoras do século XX. A cada ano, redescobrimos a amplitude dela, graças a novas publicações — ainda restam mais de trinta manuscritos inéditos, sem contar os seminários conhecidos por um punhado de pesquisadores e que só descobrimos progressivamente, sobretudo graças aos recentes trabalhos de Emmanuel Faye.[82] Apesar de seu engajamento nazista, Martin Heidegger continuará sendo, aos olhos de Hannah, o filósofo mais importante da modernidade ocidental.

Hannah lhe é grata por ele ter despertado a disciplina e ter rompido com a tradição da tagarelice acadêmica sobre a filosofia. Ela conhece os laços que unem Heidegger e Jaspers e defende o ideal rebelde desses dois grandes espíritos indiferentes à erudição que querem alcançar a própria experiência do pensamento. Os dois homens elaboram na mesma época novos sistemas conceituais. Mostram-se exaltados com a necessidade de fazer da filosofia uma ciência cardinal e encontram-se igualmente marginalizados por um sistema universitário que está afundando. Todos os dois criticam a faculdade, transformada numa permuta de vaidades exacerbadas, em que professores estão dispostos a tudo por qualquer promoção. Todos os dois têm uma alta estima pela instituição e pretendem reabilitá-la. São muito ligados, vêem-se regularmente e refazem o mundo filosofando. Escrevem-se com freqüência e se dizem tudo: suas esperanças, suas lutas. Compartilham uma mesma visão do futuro. Em simbiose, formam uma comunidade de pensamento que se pretende combativa e determinada.

O período precedente à posse de poder de Hitler é fecundo para os dois: Jaspers acaba de publicar sua *Filosofia* em três volumes,[83] e Heidegger seu texto sobre Kant.[84] Eles trocam conselhos para suportar a mediocridade dos jogos dos colegas que procuram favorecer a nomeação desse ou daquele. Desde 1930, Jaspers, que compartilha as idéias de Heidegger sobre a renovação da instituição, mas se sente fraco fisicamente, já doente, o estimula a trabalhar no projeto de uma universidade nova, mesmo sabendo se tratar de uma luta difícil: "Essa *poderia* ser uma sorte se a Alemanha realmente quisesse, um dia, uma 'universidade alemã', lhe seria então indispensável."[85]

Ainda que Heidegger continue a brigar intelectualmente contra as duvidosas lutas de clãs dos colegas, ele prefere, num primeiro momento, não se engajar. A universidade lhe propõe um posto em Berlim. Ele recusa. Pede uma licença sabática à universidade de Freiburg, a fim de poder se isolar na sua "cabana" e trabalhar. Está cansado de ensinar e de representar "o papel de inspetor que, entre outras coisas, tem de chamar a atenção para que as cortinas sejam abertas e fechadas corretamente".[86] Explica a Jaspers que se sente velho demais para encarar esses combates: "[...] estou na idade da discrição, em que nos tornamos sábios o suficiente para saber o que nos é possível e o que nos é permitido, e vice-versa."[87]

O que aconteceu então? Hannah nunca entenderá. De início, não quer acreditar nos rumores maldosos. Heidegger consegue a sua licença sabática. Refugia-se na montanha, no chalé, tendo como únicos companheiros o bramir do vento, os uivos das raposas e as conversas com os amigos camponeses sobre a beleza do mundo. Sente-se enfim acalmado, longe do burburinho da notoriedade. Trabalha sem parar, questiona-se, tenta revolucionar a sua própria filosofia sem se fechar no que ele mesmo chama de "heideggerianias".

A idéia de salvar a universidade subsiste assim mesmo em seu espírito, como testemunha essa carta de 8 de dezembro de 1932, em que ele pergunta a Jaspers: "Será que conseguiremos fazer, para as próximas décadas, um solo e um espaço para a filosofia, e que homens virão trazendo em si uma injunção distante?"[88] Heidegger se inscreve na linha de Nietzsche. Não é nem a primeira nem a última vez que faz profecias. Os acontecimentos vão precipitar o seu desejo de ação.

Quanto mais os anos passam, mais as pesquisas avançam, mais os arquivos se abrem. E mais evidentes se tornam as provas do anti-semitismo de Heidegger. Assim como vemos nessa carta datada de 2 de outubro de 1929, endereçada ao conselheiro privado do governo, um suábio* como ele, Viktor Schwoerer, diretor das universidades do ministério da Instrução pública do país de Bade, em que Heidegger tira a máscara: "[...] ou dotamos novamente a vida espiritual alemã de forças e educadores autênticos, vindos do nosso solo, ou vamos entregá-la definitivamente à judaização crescente, no sentido amplo e estrito do termo."[89] Com o pretexto de se opor à extensão do neokantismo, a ovelha negra, ele reclama cada vez mais abertamente perante as autoridades universitárias da perversão intelectual que reina no seio da instituição: "Sob a aparência de uma fundação mais rigorosamente filosófica e científica, desviamo-nos da visão do homem no seu enraizamento histórico e na tradição do povo, do sangue e do solo."[90] Numa carta nunca encontrada, mas cujo conteúdo podemos presumir a partir da resposta de Heidegger, Hannah Arendt o acusa de anti-semitismo. Sem dúvida informada, por amigos que circulam de universidade em universidade, de fatos e gestos que a chocam e a indignam, ela desconfia de que ele tenha excluído de seus seminários alguns alunos judeus. Em vez de se mostrar embargado e penalizado pelas insinuações, Heidegger se mostra agressivo, vingativo, ofensivo, e se justifica desastradamente: como ela ousa acusá-lo de anti-semitismo, logo ele, que tanto fez pelos judeus? Ele descreve a Hannah seus últimos gestos feito um especialista em filo-semitismo: mesmo estando ainda de licença da universidade, aceitou orientar os trabalhos de três estudantes, todos eles judeus, conseguiu três bolsas, duas em Freiburg, uma em Roma... Além disso, afirma que teve, na universidade de Marburg, o apoio de dois professores judeus, Jacobsthal e Friedländer, há dez anos. Termina a carta se vangloriando a Hannah por ter amigos judeus como Husserl, Cassirer e muitos outros. "Quem quiser chamar isso de 'anti-

*Natural da Suábia, antigo ducado da Alemanha que atualmente faz parte da Baviera. (*N. E.*)

semitismo furioso' pode fazê-lo!", exclama ele. Como ela pode chegar a imaginar tal obscenidade? Ele acrescenta essa frase de uma ambigüidade e de uma perversidade embaraçosas: "E não pode ainda por cima afetar meu relacionamento."[91] Estranha essa maneira de lhe assegurar, designando a sua origem judaica! Todos os anti-semitas têm os seus judeus, e principalmente os seus "bons judeus".

Hannah corta toda relação com Heidegger e o coloca no campo dos inimigos irredutíveis.

Magistrados, funcionários, industriais, padres, intelectuais — à exceção de uma ínfima minoria constituída de opositores políticos e judeus alemães como Hannah Arendt e Günther Stern —, todos colaboram para a aniquilação da esquerda e se tornam os instrumentos passivos da ascensão de um anti-semitismo cada vez mais assassino. Sob o pretexto de erradicar o comunismo, o socialismo, o sindicalismo, os conservadores aceitam o desmantelamento do Estado de direito. O incêndio do Reichstag, em 27 de fevereiro de 1933, acelera a aceitação dos procedimentos de exceção e legitima o anti-semitismo como breviário da nova Alemanha. Nessa noite, Günther e Hannah vão participar de manifestações nas ruas de Berlim. Eles vêem os SA proibirem *Salomé* de Richard Strauss no Stadttheater e exigir que dali para a frente não haja mais judeus num palco alemão. Escutam o diretor recusar que Strauss seja substituído por Wagner, pelo fato de "A Valquíria" estar interditada. *Salomé* será representada. Mas os SA ganharam: em vez de cinco, apenas um judeu entra em cena.

Hannah e Günther ficam chocados de ver um diretor de teatro negociar tão tranqüilamente com os nazistas. Há meses, eles não param de alarmar os amigos contra a ascensão da violência anti-semita, e têm a impressão de gritar no deserto. Hannah sofrerá arduamente a indiferença de alguns companheiros. Recriminará com violência a cegueira voluntária de alguns: "O pior é que alguns acreditaram de verdade nisso! Por pouco tempo, a maioria por pouquíssimo tempo. O que também significa: os intelectuais alemães também tiveram suas teorias sobre Hitler. E teorias prodigiosamente interessantes! Teorias fantásticas, apaixonantes, sofisticadas, que planavam nas alturas, por cima do nível das divagações habituais! Achei isso grotesco. Os intelectuais se deixaram cair na própria armadilha..."[92]

Após o incêndio do Reichstag, o terror nazista se instala. Não é apenas o parlamento que pega fogo, mas toda a cultura. Nas praças públicas, armam-se fogueiras. Nos primeiros meses, grupos de nazistas perseguem os transeuntes judeus, batem neles com selvageria, deixando-os às vezes sem vida.[93] Günther decide se exilar em Paris. Hannah prefere agir sobre o terreno e acredita que "não era mais possível contentar-se em ser espectador".[94] Ela coloca seu pequeno apartamento a serviço dos inimigos do regime hitlerista, a maioria comunista, que se servem dele como um abrigo em sua fuga. Ela se arrisca cada vez mais, enquanto as prisões se multiplicam. Mais tarde, ela dirá: "O que começou ali foi monstruoso e muitas vezes ainda é ocultado em nossos dias por coisas que aconteceram mais tarde."[95] Hannah se engaja, então, no trabalho clandestino, correndo risco de vida, coletando, a pedido de Kurt Blumenfeld, documentos anti-semitas em todos os bairros de Berlim. Trata-se de elaborar uma compilação de todos esses testemunhos repletos de ódio contra os judeus para difundir no exterior. Fazer esse trabalho é ficar sob o jugo da lei sobre a contrapropaganda, que o considera passível de pena de morte. Hannah sabe disso, e o aceita imediatamente: "Eu estava muito contente: aquilo me parecera, desde logo, uma idéia excelente, e até cheguei mesmo a ter a sensação de que essa era uma maneira de entrar em ação."[96]

No dia 29 de março de 1933, Hitler anuncia que a judiaria deveria entender que uma guerra contra a Alemanha a afetaria em primeiro lugar e justifica o boicote contra todas as lojas judias. Os judeus são ao mesmo tempo reféns e objetos de represálias. O governo prepara uma lei destinada a excluir os judeus da administração, ou melhor, os não-arianos, o que para os nazistas significa qualquer pessoa que tenha ao menos um dos avós judeus.

Como ignorar o que acontece? Em Heidelberg, Jaspers e Heidegger se ocupam de Kant e Hegel sem comentar a situação política. Jaspers, na sua autobiografia, confirma: "Apesar da vitória recente do nacional-socialismo nas eleições de março, nossas discussões continuaram as mesmas. Ele me presenteou com um disco de música wagneriana, que escutamos juntos."[97]

Heidegger, antes de voltar a Freiburg, fazendo alusão à rápida evolução da situação, lhe diz: "Temos de nos unir." Jaspers se assusta, mas não lhe pergunta nada.

O reitorado

Em 20 de abril, von Möllendorf, reitor socialdemocrata de Freiburg, se recusa a aplicar uma nova lei — ele é um dos raros universitários a reagir dessa maneira —, imposta pelo *Land* de Bade, visando à substituição dos professores reputados como "não-arianos". Ele se demite sob a pressão de estudantes nacional-socialistas. Em 21 de abril, Heidegger é eleito reitor da universidade de Freiburg no quadro do dispositivo geral da "sincronização" (*Gleichschaltung*). Trata-se de distanciar os "não-arianos" da função pública, sobretudo da universidade, para assegurar "a homogeneidade racial". Heidegger é, então, eleito por um corpo docente que acaba de sofrer a exclusão de todos os membros judeus. Em realidade, as universidades do Reich aplicaram no dia 7 de abril a lei "para a reconstituição da função pública". Em 14 de abril, Edmund Husserl, professor emérito da universidade de Freiburg, é demitido menos de dez dias antes da eleição de Heidegger para o reitorado. O assistente desse último, Werner Brock, foi igualmente destituído por ser meio-judeu.[98]

Heidegger sempre disse — e seu filho Hermann, que se lembra muito bem das hesitações paternas, o confirma hoje — que imploraram para que ele aceitasse o posto. Pouco importa. Seus estados de alma parecem derrisórios quando se sabe das decisões infames que tinham acabado de ser postas em vigor. Heidegger aceita então esse cargo com total conhecimento de causa, numa universidade onde treze dos seus noventa e três colegas acabam de ser cassados por serem judeus. É eleito por unanimidade menos um, e sua nomeação é anunciada oficialmente em 22 de abril de 1933.

No dia seguinte, os estudantes enviam ao novo reitor uma mensagem exprimindo sua fidelidade e sua dedicação. Jaspers o felicita. Seu aluno Karl Löwith também se alegra. Para esse brilhante intelectual judeu, no instante decisivo da revolução nacional, a ascensão ao posto supremo de reitor de um professor no auge de seu reconhecimento, que recebe o cargo apenas por suas qualidades intelectuais e não pela insígnia do partido nazista, é um acontecimento promissor...

Em toda a Alemanha, a decisão de Martin Heidegger de tomar a liderança da universidade encontra um eco extraordinário, e os estudantes de Berlim exigem que todas as faculdades sigam o exemplo da sincronização realizada em Freiburg.[99] As outras universidades não tinham líderes carismáticos que tivessem aderido ao partido nazista, como ele, e que quisessem se tornar um personagem decisivo na concretização do princípio do *Führer*, notadamente nas universidades da região de Bade. Heidegger luta para rejeitar explicitamente a liberdade acadêmica e afirmar que a universidade deve ser reintegrada à comunidade do povo e ligada ao Estado.[100]

Em 1º de maio, pega a sua carteira do partido. Se não a pegou mais cedo foi para ter as mãos mais livres, pois já estava decidido a aderir assim que achasse conveniente![101] Em 27 de maio de 1933, pronuncia seu discurso de posse, intitulado "A universidade alemã contra tudo e por ela mesma", uma obra de arte de ambigüidade política.[102] Ele o enviará a seus alunos de origem judaica com suas "saudações amicais" e a seus colegas arianos com sua "saudação alemã". Define seu papel como o de um diretor espiritual e lança as bases da essência da nova universidade alemã. O colega Horder lhe agradecerá pela qualidade do apelo intelectual na sua revista de filologia clássica. Karl Jaspers o congratula: "Seu discurso tem [...] uma base digna de fé. Não falo de estilo nem de densidade, os quais [...] fazem desse discurso o documento, único nesses dias e que continuará como tal, de uma vontade singular na universidade atual." Certamente, Jaspers critica algumas passagens "artificiais e algumas frases que me parecem ter uma ressonância oca", mas lhe reafirma sua confiança e conclui: "Em suma, estou realmente feliz que alguém possa falar assim, alcançando as origens e os limites autênticos."[103]

No início do verão de 1933, retiram de Jaspers, por ser casado com uma judia, o direito de colaborar na administração de sua universidade. Em 1937, ele perderá sua cadeira de filosofia. E a partir de 1936, Heidegger interromperá toda a correspondência com ele. Prateleiras inteiras de bibliotecas comentam, dissertam, dissecam o discurso de reitorado de Heidegger. Relendo-o na edição da época, com os caracteres góticos e a tipografia do que foi usado também como um documento de propaganda, ficamos estupefatos com a violência do tom e a impureza da argumentação, inteiramente inspirada na língua nazista: "essência da universidade", "destino do povo alemão", "missões espirituais", os termos utilizados de maneira encantatória chamam para uma nova era. Sem dúvida alguma, Heidegger acredita na revolução nacional. Seu apoio ao *Führer* é explícito. Ele deseja se apoiar no partido nazista para desenvolver essa reforma da universidade que tanto estima. Chega a explicar que há extrema urgência em salvar a instituição criando um corpo comum de alunos e professores, redefinindo o status da ciência, operando um retorno meditativo sobre si mesmo.

Heidegger coloca a serviço dos nazistas seus próprios conceitos e dá a impressão de que suas intenções filosóficas podem e devem se conciliar com a nova situação política. Ele a chama de "começo do nosso *Dasein* histórico pelo espírito".[104] Deturpa seu próprio pensamento, tentando justificar a adesão ao *Führer* por uma admiração pela filosofia grega. Se não, como compreender essa virtuosidade verbal perversa e esse jargão biológico-filosófico quando, à guisa de elogio do pensamento grego, ele escreve: "Aqui se ergue o ser humano do Ocidente: a partir da unidade de um povo, em virtude de sua língua, pela primeira vez na direção do *ser inteiro*, ele o questiona e o apreende *enquanto* o ser que ele é."[105] Ele fica feliz que a liberdade universitária seja, a partir de agora, cassada da universidade alemã, "pois essa liberdade era ruim, sendo unicamente negativa. Ela significava antes de tudo: descuido, arbitrariedade de intenções e tendências, falta de ligação com os fatos e gestos".[106] Daqui para a frente, a liberdade deve ser dirigida e os estudantes levados a fazer parte da comunidade do povo. Heidegger os chama de "estudantes *Dasein*" pelo serviço do trabalho, e evoca um futuro radiante quando a "seleção" — é o termo que ele emprega — dos melhores lhes permitirá retomar a coragem. "O corpo discente alemão está se desenvolvendo. O que ele procura? Ele procura dirigentes para elevar seu próprio destino rumo à verdade fundada no saber e instalada no seio da clareza de palavra e de obra que a interpretem e a tornem ativas."[107]

Karl Löwith se pergunta se, ao escutar os discursos de reitorado, é preciso reler os pré-socráticos ou ir às manifestações com SA.[108] Heidegger utiliza a ciência grega, a palavra grega, como modelos para justificar sua crença num novo começo, e Nietzsche como referência para fazer apelo a um mundo novo. Numa algaravia pouco digna do que ele pretende ser — um filósofo rigoroso —, mistura vivamente alguns ingredientes de sua própria filosofia a uma visão de mundo claramente baseada na ideologia nazista. Lendo-o, só se pode constatar uma exaltação deletéria, uma instrumentalização de seus próprios conceitos, que ele aplica à nova ideologia nazista. Heidegger não parece ter nenhum arrependimento, nenhum tormento. Ao contrário, sente-se tão orgulhoso de ter escrito esse texto corajoso e revolucionário que o imprime e o envia a alguns colegas. Elogia a juventude estudantil — aquela que, justamente, se agita, inspira o medo, verifica a interdição de acesso dos judeus à universidade. Quer se tornar o mestre espiritual dessa juventude "que se arrisca no auge de sua idade viril, e vira o arco de seu querer sobre o destino futuro da nação..."[109] Ele a convida a participar de uma "comunidade de luta" para barrar o declínio do "Ocidente que se racha em todas as juntas".[110] E conclui citando Platão: "Tudo o que é grande se expõe à tempestade."[111]

Se podemos distinguir no vocabulário que ele emprega e na ideologia que desdobra a influência da corrente intelectual desenvolvida desde os anos 1920 por autores como Stefan George, Oswald Spengler e Ernst Jünger, ele assina com esse texto, apropriando-se da filosofia de Nietzsche e de Platão, um chamado ao povo alemão para conquistar o mundo.

A figura platônica do filósofo-rei como único legislador válido obceca Heidegger? Em todo caso, ele não se contenta em aderir ao nacional-socialismo. Quer aconselhá-lo e influenciá-lo. Tem idéias e deseja propô-las. Ainda hoje, subestima-se seu desejo ardente de entrar na ação, de se fazer útil, ou melhor: de se tornar um dos mestres do pensamento do nacional-socialismo no domínio da educação. No mesmo discurso, ele faz algumas proposições práticas aos nazistas: além de uma co-gestão real e ativa dos estudantes e professores para dirigir a universidade, sugere às autoridades a idéia de uma trilogia — trabalho, defesa, saber — que poderia permitir a essa juventude estudantil construir "uma única força", "uma comunidade de lutas" para o "serviço supremo do povo em seu Estado".[112]

Heidegger se entusiasma, Heidegger proclama para a multidão. Heidegger, em Freiburg, é transmitido no rádio. Ele fala perante o arcebispo, o prefeito, o general de artilharia, as associações estudantis — com seus estudantes SA e seus pavilhões com suásticas —, o ministro da Justiça e da Cultura da região de Bade. Todo mundo aplaude.

Durante as primeiras semanas de seu reitorado, os estudantes nazistas limpam as livrarias de obras judaicas e exigem um auto-de-fé público a partir do mês de maio. Heidegger dirá tê-lo impedido. Na verdade, nessa noite, é a chuva que interdita a cerimônia. No dia 3 de maio, Heidegger explica ao irmão que acaba de aderir ao partido nazista "na convicção de que é por esse caminho que será possível levar o movimento a seu inteiro saneamento e clarificação".[113]

Em 17 de maio, estudantes e professores escutam o discurso de Hitler sobre a paz no estádio universitário. Logo depois, Heidegger toma a palavra e faz seu segundo discurso político. Depois de felicitar e encorajar o novo chanceler, "nosso grande dirigente", ele fala de sua determinação em segui-lo, até "o limite do possível", e conclui com as seguintes palavras: "Para nosso grande governante, Adolf Hitler, um *Sieg Heil* alemão."[114]

"*Sieg Heil*" continuará até 1945 uma das fórmulas rituais mais repetidas nos encontros de massa. Heidegger prossegue, imperturbável, nesse caminho de vergonha pessoal e de violação intelectual. Em 26 de maio, 20 de junho e 24 de junho, continua a se dirigir aos estudantes. Seu papel ganha uma amplitude nacional.

Em 4 de setembro de 1933, recebe uma proposição de Berlim, ligada a uma missão política. Hesita em aceitá-la, e finalmente a recusa, pois seu trabalho se restringiria à Prússia, "o que constituiria um limite para suscitar as forças vivas apropriadas do ensino". Muito pouco para ele. Preferiria Munique, onde ele sabe que há uma cadeira livre. Em 19 de setembro, escreve à amiga Elisabeth Blochmann: "Isso apresentaria a vantagem de uma glória maior, e não tão à margem, como está Freiburg hoje; sobretudo a possibilidade de me aproximar de Hitler."[115] Em 1º de outubro, nomeia decano da faculdade de direito o jovem Erik Wolf, propagandista da doutrina racista e eugênica do nazismo.[116]

Na sexta-feira, 3 de novembro, lança um chamado: "Estudantes alemães! A revolução no socialismo nacional leva à mudança completa da nossa existência de alemães... Vocês não podem continuar como simples auditores... O *Führer* é, ele mesmo e apenas ele, a realidade alemã de hoje e do futuro, assim como a sua lei."[117] Na sexta-feira seguinte, ele sobe o tom e aumenta consideravelmente a sua ambição, escrevendo um apelo a todos os alemães. Depois de ter exposto as razões para confiar em Hitler, ordena seus co-cidadãos a votarem nele. "Não se trata de ambição, nem de paixão pela glória, nem de vontade cega de se singularizar, nem de fome de poder, mas unicamente da lúcida vontade de ser si mesmo sem restrição responsável pela obrigação e pelo controle do destino de nosso povo que incitou o *Führer* a sair da Sociedade das Nações."[118]

Não há futuro sem Hitler. Hitler é o nosso futuro. É o que Heidegger diz, escreve e publica. Heidegger se repete. Ele deixa Freiburg para fazer propaganda, pronunciando um discurso em Leipzig dois dias antes da votação. Em 25 de novembro, de volta à universidade, afirma perante os estudantes: "Os alemães estão se tornando um povo histórico."[119] A luta está engajada, a revolução já acontece, e o Estado está sendo bem cuidado! Ser estudante, a partir de agora, não é mais apenas cansar a mente: o corpo é igualmente solicitado; trata-se de se tornar um trabalhador, um ser do trabalho e do saber, que permitirá que seu povo se inscreva na história: "[...] o estudante alemão passa no momento pelo serviço do trabalho, ele se mantém ao lado da SA; é dedicado às ações. Eis o que é certamente novo. E o que precisa ser largamente aprovado, sobretudo se pudermos ter certeza de que, apesar de tudo, o estudante não esquecerá seus 'estudos', que a partir de agora se chamam 'serviço do saber'. Num futuro próximo, ele será vigiado para que todos os seus serviços estejam em harmonia."[120]

Nesse ano, Karl Jaspers ainda vive na sua bolha. O mundo mudou de forma tão rápida que algumas pessoas ainda não podem entender o que se passa realmente. Outros nem querem saber, como Hans-Georg Gadamer, ex-aluno de Heidegger em Marburg, de cuja reprovação moral do anti-semitismo não se duvida, e que continuou a ocupar seu posto universitário durante todo o período nazista, e defendeu seu antigo mestre.[121] O autor de *Verdade e método* admitirá ter atravessado esse período sem coragem excessiva, mas nunca retornará aos textos sobre a própria passividade, nem tentará elucidar "por quais desvios tortuosos, a gloriosa herança do idealismo alemão pôde ser utilizada ao serviço da barbárie genocida".[122] Não foi o único.

Em junho de 1934, Theodor Adorno publica, em *Die Musik*, uma crítica elogiosa ao compositor Herbert Müntzel, inspirando-se em poemas do dirigente nazista, líder das Juventudes hitlerianas, Baldur von Schirach, e elogia "essa música coral que retoma a tradição antiga e se refere explicitamente ao que Goebbels chamou de realismo romântico". Também tomou o partido de Wagner ao fingir ignorar a utilização que os nazistas faziam dele, e aplaudiu a censura ao "jazz negro" nas rádios alemãs, música que ele julga "em plena degenerescência".[123] Para poder continuar trabalhando no seio da universidade, Adorno, cujo nome de família é Wiesengrund, um nome tipicamente judeu, empreendeu desde 1933 formalidades administrativas perante as autoridades do Reich, fazendo prevalecer a origem genovesa da mãe, tendo adotado seu sobrenome e calado a origem judaica do pai.[124] Horkheimer e ele acusam de anti-semitismo quem quer que se intrometa na promoção universitária deles ou que ameace fazê-lo. Um meio verdadeiramente repugnante, dirá Hannah.

Benno von Wiese, um amigo estudante de Freiburg, visita Hannah em Berlim e tenta convencê-la de que Hitler não apenas não é perigoso, mas também que ele pode salvar os alemães. "Vivemos um grande momento da história", repete ele a Hannah, aterrorizada. Entendemos por que ela falará de um meio inconsciente e repugnante. O problema, como ela o dirá, não é tanto o que podiam fazer seus inimigos, mas o que faziam seus amigos. Como imaginar hoje em dia essa cegueira dos intelectuais? Durante longo tempo, eles viram em Hitler só um obstáculo entre outros à democracia, mas não a aurora de uma ditadura sangrenta, como diz Ludwig Marcuse em sua autobiografia: "Mesmo o mais pessimista só pode ver o futuro com as representações do que é conhecido."[125]

Se Hitler ainda não anunciou o extermínio dos judeus, o boicote às lojas judias, as manifestações de rua, as agressões, as intimidações e a exclusão de estudantes e professores já haviam começado. É preciso cobrir o rosto para não ver. A *intelligentsia*, por sua indecisão e seu desejo de acreditar no bufão, não se opôs à caça aos judeus. Não se sabe de movimentos de protesto de professores contra o afastamento de colegas judeus em lugar nenhum.

Raros foram aqueles que, individualmente, não fizeram juramento a Hitler. Eles são apenas mais respeitáveis hoje em dia. Chamam-se Bultmann, Koehler, Spranger, Kohesraucsh. Com um punhado de outros, ousaram afirmar publicamente sua desaprovação e se recusaram a assinar o apelo lançado pela associação geral dos estudantes alemães, "*Wider den Undeutschen Geist*" (Contra o espírito não-alemão). Esse texto estipula, no artigo 4: "Nosso inimigo mais poderoso é o judeu e aquele que lhe obedece"; e no artigo 5: "O judeu só pode pensar de maneira judaica. Se ele escreve em alemão, ele mente."[126]

Quantos dos escritores que continuaram na Alemanha durante o tormento permaneceram avessos a qualquer comprometimento? E quantos podemos qualificar como não-nazistas, ou como antinazistas? Os "emigrantes do interior" se refugiaram na oposição silenciosa e solitária. Hannah pertence a essa Alemanha subterrânea, que acreditou como Heinrich Mann e Bertolt Brecht na possibilidade de uma conscientização coletiva.[127]

Ela falou do nojo e do desprezo por aqueles que, antes e depois de 1933, não tomaram partido. Para ela, a questão nem se coloca. Seu problema pessoal se torna um problema político. Nascida judia alemã, designam-na judia, ela se reivindica judia, e alemã, não por muito tempo. Numa carta a Jaspers, explica: "Para mim, a Alemanha é a língua materna, a filosofia e a criação literária."[128] Contestando o patriotismo exacerbado de Max Weber, que afirma que liberdade rima com germanidade, ela se opõe a ele quando ele afirma que, para a reconstituição da Alemanha, faria até um pacto com o diabo. Jaspers responde: "Fico surpreso que como judia você queira se distinguir do que é alemão."[129] Jaspers reafirma a Hannah seu orgulho em ser alemão nesse momento e diz entender essa juventude nacionalista alemã que, é claro, se exprime num discurso confuso, mas manifesta boa vontade e um impulso autêntico para renovar o país.[130] Jaspers pretende dar um conceito ético ao conteúdo da palavra "alemão". Prefacia, então, os escritos de Weber e não hesita em confiar essa tarefa a um editor nacionalista, o único capaz, segundo ele, "de alcançar os leitores que precisam desse impulso pedagógico".[131]

Jaspers recrimina Hannah por se mostrar tão virulenta com seu próprio país. A língua, a filosofia e a literatura não são suficientes para definir sua identidade: para querer ser alemã hoje é necessário acrescentar o destino histórico e político. Hannah recusa. Revolta-se. Responde a Jaspers que é em primeiro lugar judia, e alemã apesar de tudo. Jaspers, excedido, continuará recriminando-a e zombará de seu idealismo: "Gostaria de lhe perguntar como tudo isso pode funcionar sem o diabo na sociedade humana tomada globalmente, ou com qual outro diabo você prefere pactuar." Hannah sempre soube que não era preciso pactuar. Jaspers saberá tarde demais. Sua mulher Gertrud é de origem judaica e por isso eles são perturbados. Depois da proibição de ensinar na universidade, os nazistas o proibirão também de publicar. Karl e Gertrud viveram escondidos todo o período da guerra. Seus amigos os socorreram. Apenas um não será fiel: Martin Heidegger.

Hannah continua a coletar textos anti-semitas para editar um documento, chamado pelos sionistas de a "propaganda do horror", que seria distribuído no próximo congresso sionista, em Praga, durante o verão de 1933. Desde a partida de Günther para Paris, ela vive com a mãe. Num dia de primavera, em que tem um encontro com Martha para almoçar, é presa em pleno centro de Berlim com documentos comprometedores e levada à direção da polícia. Martha também é presa. Interrogada, dirá aos policias que não sabe o que faz a filha, mas que certamente tem razão de fazê-lo e que ela própria o teria feito! É liberada. O apartamento é revistado. Os policiais precisaram de muitos dias para decifrar um caderno de Hannah repleto de citações em grego.

Ela fica oito dias na prisão, em isolamento, e passa por interrogatórios severos. Conta ao policial histórias insensatas e o enfrenta durante toda a semana. Em seguida, é interrogada por um funcionário da polícia judiciária, membro da polícia criminal recentemente promovido à seção política, para quem mantém o mesmo discurso. Ela tenta conquistar sua confiança e se faz passar por uma costureirinha, que se deixou levar por descuido pela oposição política ao nazismo. O funcionário acredita em seu discurso ou será que simplesmente decidiu soltar essa jovem por quem, talvez, tenha se apaixonado? Ninguém sabe. Hannah escapa por um milagre e depois se arrependerá de ter mentido a esse homem que a salvara. "Ele não suspeitava de nada. E por que deveria suspeitar? [...] Contei-lhe uma conversa fiada sem sentido e ele me repetia: 'Fui eu que a fiz entrar aqui. Vou fazê-la sair. Não chame um advogado! Os judeus já não têm mais dinheiro, economize o seu."[132]

Hannah foi solta, mas sabia que sua ação seria novamente julgada. Então, preferirá antecipar a partida, atormentada pela idéia de deixar seu país, mas em paz com sua consciência. Até o fim da vida, ela se mostrará orgulhosa e contente por ter se oposto, na medida do possível, ao nazismo, ao contrário de tantos outros camaradas que nunca fizeram nada. Em 1963, por ocasião de uma viagem à Alemanha, ela declarou ao jornalista Günther Gaus, que lhe perguntara sobre esse período: "Pelo menos fiz alguma coisa! Pelo menos não sou completamente inocente."[133]

Em 14 de julho de 1933, o governo examina um projeto de lei excluindo os judeus da profissão de advogado. No debate sobre uma eventual exceção para os antigos combatentes, Hitler intervém. O povo judeu é inteiramente recusado. Hitler negligencia temporariamente a lei a respeito dos casamentos mistos, mas estuda a possibilidade de comprar o comércio dos judeus para os membros do partido a partir do mês de outubro. O regime mostra que daí em diante ele faz da questão judaica seu negócio pessoal e, como diz Philippe Burrin, dosa sua política em função da situação.[134] Desaparecem do espaço público ruas e praças com o nome de personalidades judias. Quando alguém transmite telegramas por telefone, é proibido soletrar nomes judeus... A Europa espiritual já capitula. A invasão sangrenta dos bárbaros com técnica aperfeiçoada já ocupa os corpos e os espíritos. A fumaça dos autos-de-fé dos livros de escritores alemães de sangue judeu sobe ao céu. Rilke é um quarto judeu, Klaus Mann metade judeu, e são judeus Stefan Zweig, Ernst Weiss, Anna Seghers, Siegfried Kracauer, Lion Feuchtwanger e Joseph Roth que, de Paris, declara em setembro de 1933 nos *Cahiers juifs*: "Escrevemos pela Alemanha, morremos pela Alemanha e demos duplamente nosso sangue pela Alemanha: o sangue que faz a nossa vida física e aquele com o qual escrevemos. Cantamos a Alemanha, a verdadeira! É por isso que hoje somos queimados pela Alemanha."

V

EXILADA

No dia seguinte à sua liberação, Hannah convida todos os amigos para uma grande festa na sua casa. Anne Mendelssohn se lembrará do evento como a maior bebedeira de sua vida. Kurt Blumenfeld, que também bebeu alguns copos a mais, confessará num ímpeto a Martha: "Você é a pessoa com quem eu gostaria de ter tido Hannah Arendt."[1]

Hannah quase nunca evocou as circunstâncias de seu exílio forçado. Aos amigos, apenas contou que o périplo foi cansativo e angustiante. Nesse verão de 1933, mãe e filha deixam a Alemanha a pé, à noite, pela floresta do Erzgebirge, uma zona fronteiriça conhecida pelo nome de "Front verde", por onde já escapavam centenas de judeus e militantes de esquerda. Elas evitam as patrulhas e enfim alcançam seu destino: uma casa situada na fronteira, habitada por uma família alemã antinazista, cuja porta da frente dá para a Alemanha, e a de trás para a Tchecoslováquia. O casal lhes oferece jantar. Elas partem novamente no meio da noite. Em seguida, são direcionadas, sem dúvida pela organização sionista, a Praga, lugar de agrupamento dos exilados alemães, e depois a Karlsbad, que na época era o ponto de passagem mais utilizado. Vão novamente a Praga, depois para Genebra, onde uma amiga de Martha Arendt, Martha Mundt, uma militante socialista berlinense que conseguiu ser contratada pela Organização Internacional do Trabalho, as abriga. Ela emprega Hannah como secretária temporária encarregada das relações oficiais. Hannah faz maravilhas, a tal ponto que a Agência judaica a nota e a recruta para redigir discursos em iídiche, língua que ela começou a aprender em Berlim desde a ascensão do nazismo.[2] A direção da Agência a felicita por seu trabalho. Na precariedade, Hannah, a articulada, conseguiu rapidamente um trabalho, mas se apressa em deixar a mãe para encontrar Günther em Paris.

Instala-se com ele na rua Saint-Jacques, 269 — telefone Odéon 116 — e tenta ajudar Anne, que acaba de chegar de Berlim, a encontrar trabalho. Hannah prefere socorrer os amigos a reclamar do destino. Sem emprego e sem dinheiro, o casal faz milagres. Eles se arrastam pelos bistrôs, vivem miseravelmente. Rejeitados pelo grupo marxista-comunista da *intelligentsia*, designados como indesejáveis pelos franceses que temem por seus empregos, acuados em pequenos empregos sem futuro, continuam sem documentos, sem outra possibilidade de subsistência que não os magros subsídios vindos dos organismos de ajuda. Hoje, temos dificuldade em imaginar o estado de miséria material e isolamento moral em que viveram esses exilados antinazistas que na França nós chamávamos de boches sujos e que, na verdade, não queríamos acolher.

Felizmente, Hannah é contratada pelos membros do grupo sionista alemão em exílio e se liga a Felix Rosenblath, co-fundador da Aliyah Hadasha, movimento sionista que milita contra a assimilação, e depois, por seu intermédio, freqüenta o movimento sionista engajado na emigração de jovens judeus para a Palestina. Ela mora com Günther, porém não estão mais juntos. Ele prepara uma obra enorme, intitulada *Pathologie de la liberté* [Patologia da liberdade]. Eles se alimentam de discussões filosóficas e de cheiro de presunto. De fato, Hannah havia transportado em sua bagagem o manuscrito de Günther, *Les Catacombes de Malussie* [As catacumbas de Malussie], que ele confiara ao editor de Brecht, Kiepenheuer. Este o escondera num velho mapa da Indonésia, ao qual tinha acrescentado o desenho de uma ilha chamada Malussie. Mas a Gestapo o prendeu e levou os manuscritos. No entanto, o artifício funcionou. O mapa da Indonésia foi reenviado à editora, onde Günther recuperou o manuscrito antes de sua partida para Paris, e o confiou em seguida a amigos que o guardaram num envelope de pergaminho e o esconderam na chaminé, ao lado de presuntos defumados. Hannah o recuperou e o levou consigo até Paris. Na sua chegada, devolveu ao marido um texto particularmente saboroso, que perfumava o quarto todo.[3]

Günther termina seu livro e começa a escrever uma novela intitulada "Leorsi, reflexão sobre a situação marginal do judeu". Leorsi vem de uma terra distante e tenta ser aceito num país onde todos o consideram estrangeiro. Não consegue nenhum quarto, pois os hotéis estão lotados. Instala-se clandestinamente, dorme em depósitos, presta serviços, e se faz amável para que esqueçam seu status. Os outros têm apenas seus quartos, enquanto Leorsi dá a ilusão de morar no hotel inteiro. Günther e Hannah lêem Franz Kafka antes de dormir. Para Hannah, Kafka é e continuará sendo o único modelo de reflexão intelectual sobre o significado da origem. As páginas de seus três romances e de seu diário ficaram inscritas como brasas em sua memória. Elas influenciarão para sempre a sua reflexão.

Hannah compartilha com Günther a mesma admiração.[4] Eles reconhecem, ao ler *O castelo*, as tentativas desse K que faz "um esforço, tão familiar a nós, judeus, em fazer parte do todo e ser aceito". Como K, Günther e Hannah não fazem parte da comunidade. São destituídos de sua nacionalidade alemã, e não são considerados cidadãos pelas autoridades francesas. Como tantos exilados, enfrentam todos os dias uma enorme fila na Chefatura de Polícia — um autêntico castelo — na esperança de conseguir seus documentos. Mas para isso é preciso apresentá-los. Sem documentos — e muitos não têm passaporte válido ou o tiveram cassado pela república de Weimar —, não se pode recebê-los! Situação, no mínimo, kafkiana.

Numa França tomada pelo desemprego, os exilados não têm o direito de trabalhar, tampouco de se hospedar sem dinheiro. É dessa impossibilidade física, material e moral de viver, até mesmo de ser tolerados, que sofrem Hannah e Günther, como tantos outros. E desse desespero testemunham suas correspondências. Como respirar? De que esperança se alimentar? Como pagar o quarto do hotel? Como não ser preso e reenviado à Alemanha? Miséria, apatia. Nem mesmo a força de pensar. Esconder-se num quarto.

Tentar sobreviver. É o que todos fazem. Benjamin: "Fiquei deitado durante dias, simplesmente para não precisar de nada e para não ver ninguém... e trabalho o melhor que posso."[5]

Jean-Michel Palmier, em sua obra magistral *Weimar en exil* [Weimar no exílio], soube cartografar com paixão os dilaceramentos mais íntimos desses exilados sem saída, em meio à indiferença, na pior das misérias.[6] São muitas as pessoas a quem ninguém escuta, que se esgotaram de tanto gritar no deserto. Alguns se entregaram à morte nos quartos de hotel, suas almas vazias e exaustas. Suas lembranças hoje em dia não são nada honradas. Os exilados alemães, que Goebbels qualificava de cadáveres em espera, foram maltratados pelas autoridades francesas, e suas histórias ainda são pouco conhecidas. É justo prestar-lhes homenagem. Ainda que essa justiça venha um pouco tarde.

É preciso citar a coragem de alguns intelectuais franceses que lhes estenderam a mão, tais como Gabriel Marcel ou Raymond Aron, que participou desde 1931 em Berlim, onde ensinava, do salvamento de judeus alemães e de intelectuais de esquerda. Em Paris, tendo se tornado secretário do Centro de Estudos Sociais na Escola Normal Superior, Aron continuará acolhendo-os, ajudando-os e encontrando trabalho para eles. Assim, tenta achar um emprego para Hannah, que conheceu em Berlim, e de quem aprecia as grandes qualidades intelectuais. Em vão. São muitos os escritores, atores, diretores, cineastas e artistas plásticos, comediantes que procuram, desde 1933, algo para sobreviver.

Os exilados alemães em Paris não formam uma comunidade. Cada um vive por si, com medo do futuro. Suas diferenças sociais, políticas e ideológicas são exacerbadas pela concorrência em ser os únicos a poder se beneficiar legitimamente da mendicância mascarada que os comitês de ajuda representam. Benjamin se verá, assim, devedor do Instituto de Estudos Sociais de Frankfurt, Günther do Instituto de Estudos Germânicos de Paris, onde tem de ministrar cursos de alemão e completar o salário dando conferências. Günther dará sua primeira conferência no início de 1934 sobre Franz Kafka. O diretor da época tenta fazê-lo mudar de tema, pois nunca ouviu falar nesse escritor... Na sala, um punhado de intelectuais alemães se locomoveu para ouvir um desconhecido falar de um desconhecido. Entre eles, Hannah Arendt e Walter Benjamin.

Alemães judeus mais do que judeus alemães? A maioria — eles foram trinta e sete mil refugiados na França em 1933 — guarda seus hábitos de judeus assimilados e acha que se fala demais de atos anti-semitas nas reuniões. Alguns, como Manès Sperber, não caem nesse tipo de armadilha e denunciam rapidamente a ambigüidade da situação: "Eu amava uma cidade cujos habitantes se vangloriavam em suas canções e seus bramidos de terem um coração de ouro, e se mostravam, ao mesmo tempo, espantosamente orgulhosos de seu anti-semitismo descontrolado."[7]

Hannah e Günther se consolam do desprezo que encontram lendo muita literatura e poesia francesas. Dividem suas emoções com os raros amigos, como Hans Jonas, que emigrou para a Inglaterra em 1934 e visitará o casal antes de partir para a Palestina.

Em 1934, Hannah e Günther publicam, juntos, um artigo consagrado a Rilke — o único texto assinado pelos dois. Como epígrafe, essa citação: "Quem, se eu gritasse, entre as legiões dos Anjos, me ouviria?"[8] Esse artigo analisa as *Elegias de Duino* como um canto da impossibilidade de viver, da renúncia a se fazer entender, a transcrição de um desespero assumido.[9] Günther e Hannah admiram em Rilke seu estilo obscuro, abrupto e exaltado, e recusam qualquer interpretação religiosa de sua poesia. Nesse texto, profundo e emocionante, entrelaçam-se as meditações de Hannah sobre a religião e as reflexões de Günther sobre a experiência da transcendência. Percebe-se principalmente essa impregnação da dor e do desespero, essa empatia que lhes é comum, a dividir o que Rilke descreve admiravelmente, a estranheza do mundo: "Vozes, vozes. Ouve, meu coração, como outrora apenas os santos ouviam; eles, porém, permaneciam ajoelhados, e nada percebiam, tão absortos."[10]

Solidão do homem nesse mundo passageiro, cumprimento de seu destino próprio como ser limitado pela morte, imploração da angústia da perda: Hannah e Günther decifram Rilke à luz de sua própria situação de exilados. Pode-se ler também nesse texto comum suas dificuldades em interpretar o amor cantado na poesia de Rilke. O amor é renúncia, experiência de uma perda definitiva da individualidade de cada um? Tantas questões que se colocam também para si mesmos...

Günther escreve muito. Hannah também. Qualquer outra atividade lhes é recusada. Acreditam no depois de amanhã, palavras mágicas. Não escrevem para as gavetas, mas para a mala que logo vão abrir na Alemanha. Freqüentam os romancistas Arnold Zweig e Alfred Döblin, e Walter Benjamin, é claro. Hannah revê Raymond Aron, assiste aos seminários de Alexandre Kojève sobre Hegel, onde cruza com Sartre, tem longas conversas com Jean Wahl, que introduziu o pensamento de Karl Jaspers na França, e com Alexandre Koyré, que colabora para a revista *Recherches philosophiques.*[11] Relê Kant, anota Hegel, freqüenta a Sorbonne. Passeia com a amiga Anne Mendelssohn, que se apaixona ao mesmo tempo que a irmã pelo filósofo Éric Weil. Lê as páginas que Benjamin lhe dá, fragmentos do futuro *Passagens*, que escreve no quarto de hotel, à noite, sentado na beira da cama.

Os exilados intelectuais alemães vivem de forma diferente segundo a categoria social a que pertencem. Thomas Mann, que tem mais de sessenta anos, perdeu a maior parte de sua fortuna quando deixou definitivamente a Alemanha. Mas as condições de seu exílio não são comparáveis às de Joseph Roth, Alfred Döblin, Gustav Regler, e tantos outros exilados refugiados num pequeno hotel da rua Tournon. Eles vivem como emigrantes, e não como imigrantes, a mala sempre aberta, pronta a ser feita a qualquer instante. Para voltar para casa? Mas que casa? Eles não têm mais pátria nem pensam em voltar à Alemanha, porém se sentem apenas de passagem pela França. A nostalgia os aprisiona num passado, numa cultura, numa língua, dos quais não podem se desfazer nem psicológica nem intelectualmente. No mais íntimo de si mesmos, continuam ainda e em primeiro lugar alemães. Hannah é uma das poucas que decidem aprender francês logo: Günther se recusa e tenta se persuadir de que poderá um dia voltar à Alemanha para continuar as atividades antifascistas.

Terá Günther participado do encontro parisiense de 21 de março de 1933 contra Hitler e as atrocidades cometidas na Alemanha, em que Malraux apostrofa a multidão? Terá ele contado a Hannah, que chegaria três meses depois, sobre o discurso de abertura de André Gide, que alerta a Europa inteira contra a ameaça nazista? Terão eles participado do congresso mundial contra a guerra e o fascismo em 22 de setembro de 1933? Não há nenhum vestígio em seus cadernos nem em suas cartas.

No entanto, é possível imaginar que façam parte dessa minoria de exilados que não se sentem imigrantes, mas emigrantes antifascistas interessados nessas manifestações, e que se mostrem sensíveis aos testemunhos de ajuda e de simpatia desse grupo de intelectuais franceses. Hannah, corajosamente, retoma na Sorbonne, em francês, os estudos de filosofia, na companhia de Leon Werth. Benjamin trabalha com o vienense Franz Werfel numa tradução de Proust e obtém uma ajuda mensal de cem francos suíços do escritório de Genebra do Instituto de Estudos Sociais, o que lhe permite enfim ter aquecimento no quarto à noite, quando volta da Biblioteca Nacional. Alfred Döblin consegue que seu grande romance *Berlin Alexanderplatz* seja traduzido. Günther começa um novo tratado filosófico. Mas eles constatam a cada dia que, se os emigrantes alemães se mostrarem desunidos, são também os mais indesejáveis dos refugiados.[12] Arthur Koestler evoca de maneira pungente esses franceses que o "apertavam nos braços" para deixá-lo ainda mais sozinho, "tremendo na rua, condenado a ser um eterno turista ou eterno exilado, dependendo do caso".[13] Koestler, para sobreviver, traduz uma obra de seiscentas páginas sobre a Paris das anomalias e perversões sexuais. Heinrich Mann será contratado para escrever uma vez por mês um artigo político na imprensa regional. Werth colabora para as *Nouvelles littéraires*.

Hannah não acha trabalho. Günther tampouco. Excepcionalmente, ele faz conferências e tenta publicar artigos filosóficos, traduzidos pelo amigo Emmanuel Levinas. Seu texto intitulado "Une interprétation de l'*a posteriori*" [Uma interpretação do *a posteriori*] será publicado em 1934 na *Recherches philosophiques*.[14]

Levinas publica na mesma época, na revista *Esprit*, um ensaio cujo título é "Quelques réflexions sur la philosophie de l'hitlérisme"[15] [Algumas reflexões sobre a filosofia do hitlerismo], um texto notável tanto pela profundidade moral quanto pela acuidade de sua análise política. É tido hoje como uma grande contribuição para a compreensão do hitlerismo. Desde 1934,

Lévinas entende e explica o que é por essência o nazismo e designa o que esse movimento tem de único na sua vontade radical de atentar contra a dignidade humana. Ele foi escrito em 1934 e, junto com o texto de Bataille, "La structure psychologique du fascisme" [A estrutura psicológica do fascismo], publicado em novembro de 1933 em *Critique sociale*, é o único a analisar tão cedo esse mal radical, enfatizando o esclarecimento dos mecanismos psíquicos do hitlerismo e colocando em cena o movimento nazista em todas as suas dimensões. Levinas pressente a servidão de todo um povo, o primado do corpo, a necessidade do anti-semitismo como corpus do catecismo da nova criminalidade erigida em doutrina oficial. Hoje em dia, lemos o artigo na paixão do terror, pois os motores mais íntimos do ser no mundo nazista e as aspirações mais elementares à destruição do povo judeu já estão aí repertoriados, analisados, representados, dissecados.

Hannah ficou muito impressionada com esse trabalho que pensava o hitlerismo pela primeira vez e já afirmava que a fonte da barbárie não era para ser procurada numa anomalia singular da razão humana, mas na criação de uma ideologia assassina. Graças a Lévinas, Hannah compreendeu muito cedo que era para se levar a sério a doutrina de Hitler: por que os homens combatem pela sua servidão como se combatessem por sua salvação? Lévinas retoma o tema da servidão voluntária de La Boétie e desenvolve sua visão do hitlerismo como modo de ser do encadeamento, da aceitação profunda. Os que se entregam a essa ideologia acreditam encontrar a paz com os outros e a verdade consigo próprios. Sem jamais o nomear, Levinas ataca também seu mestre Heidegger que, na universidade de Freiburg, continuava desde 1934 a proferir discursos pró-nazistas.

Em 6 de janeiro de 1934, Heidegger declara que a universidade se tornou a mais elevada escola política do povo. No dia 22, convoca no maior anfiteatro os trabalhadores do programa de urgência da cidade de Freiburg — seiscentos homens — e os convida, em nome do destino do povo, a vir aprender na universidade. Inaugura o projeto de ligação entre o trabalhador manual e o trabalhador intelectual e faz um chamado à criação dessa nova comunidade que constitui o povo alemão. "[...] Tornar-se pessoas que sabem" e não praticar "a esmola de uma vaga cultura geral. [...] Graças ao nacional-socialismo, pode-se enfim acreditar no saber e na possessão do saber." Ele conclui: "Para o homem desse querer inaudito, para nosso *Führer* Adolf Hitler, um triplo '*Sieg Heil*'."[16] Em 23 de janeiro, convoca os estudantes a se unir para trabalhar num novo espírito: "*A ordem do trabalho*, cuja cunhagem está prefigurada no movimento do *partido dos trabalhadores*, o do socialismo nacional alemão, está enraizada no solo condutor que é o povo e livremente unida na vontade histórica do Estado."[17]

No dia 23 de abril de 1934, Heidegger se demite. Não porque queira se opor, com esse gesto, a Hitler, como nos ensina Hugo Ott.[18] Demite-se porque é forçado pelo fracasso na gestão administrativa da universidade de Freiburg. Retirar-se da reitoria não significa para ele renunciar ao engajamento político e, assim, vai continuar a pagar sua cotização ao partido nazista até 1945.

São apenas bagatelas e pequenos descarrilamentos, justificará ele após a guerra. Entretanto, quanto mais os anos passam, mais os testemunhos e as pesquisas apontam para a mesma direção: Heidegger é culpado e responsável. Colaborou ativamente com a Gestapo. No dossiê do professor Baumgarten, pode-se encontrar com a sua letra a denúncia de um professor à direção de polícia de Freiburg. Os argumentos anti-semitas aparecem igualmente nos relatórios que ele redige para a associação de professores nazistas, com as expressões: "o judeu Fraenkel",[19] "o círculo intelectual gravitando em torno de Max Weber".[20] Como vimos, Heidegger se mostrará ainda mais decepcionante no plano da amizade. Já não visita Husserl desde 1933 e não se opõe a que ele se torne uma "não-pessoa" a partir de 1935. Husserl ressaltará que Heidegger já manifestava abertamente seu anti-semitismo há alguns anos, mesmo perante o grupo entusiasta de seus alunos judeus, e no seio da família universitária. Como ele próprio afirmará: "Foi difícil passar por cima disso."[21] Heidegger foi então obrigado a se retirar, não por antinazismo, mas por ser mais nazista do que alguns nazistas. Nazista à sua maneira. Ele queria lutar, mas sua exaltação se chocou contra a inércia de seus colegas pró-nazistas mais serenos. Deve ter ficado desencantado. Sua saída foi pouco gloriosa. Por ocasião do almoço que se seguiu à sua demissão, seus colegas notaram que ele não pronunciou uma palavra sequer. Um deles anota no diário: "Heidegger parece assistir ao enterro de um suicida."[22]

Günther publica em *Recherches philosophiques* seu estudo ao mesmo tempo filosófico e antropológico, "L'étrangeté de l'homme au monde" [A estranheza do homem no mundo], sobre o qual Sartre dirá, trinta anos mais tarde, ter se inspirado para elaborar a concepção do existencialismo.[23] Podemos imaginar que foi Hannah quem traduziu as meditações filosóficas do marido, que se recusava, ao contrário dela, a falar outra língua que não a materna. Ainda influenciado por Heidegger, Günther desenvolve nesse texto a teoria do ser que se experimenta enquanto "não estabelecido por si" e que vive num sentimento perpétuo de vergonha. Ele reivindica seu destino intelectual sem pátria e, na tradição de Kafka e Brecht, desdobra uma visão do homem sem mundo.

Günther continua a retocar suas *Catacombes de Malussie*, com a ajuda de Hannah, que datilografa o manuscrito e o corrige. Uma vez terminado, apresenta seu texto à única editora parisiense de língua alemã, que é dirigida por comunistas. O livro tem como subtítulo *Pédagogie du mensonge* [Pedagogia da mentira]. Günther está convencido de ter escrito um texto antifascista e, ao menos é o que ele pensa, muito próximo do marxismo. E no entanto... o romance, considerado político demais, é recusado de maneira lapidar por Manès Sperber, que o descarta dando como justificativa o fato de ele não estar na linha do partido. Günther, louco de raiva, exige explicações: "O senhor acredita que a idéia de estar na linha do Partido é digna de um filósofo?" A querela com Sperber será agitada e violenta, e Hannah, solidária ao marido, irá lhe pedir explicações. Cerca de trinta anos mais tarde, por ocasião da publicação de *Eichmann em Jerusalém*, Sperber se revelará um de seus mais inquestionáveis adversários e a acusará de ser, há muito tempo, uma anti-sionista violenta e intratável.

Günther não será o único exilado a ver recusada por razões políticas a publicação de seus escritos. Arthur Koestler passou pela mesma experiência. Ele também havia transportado seus manuscritos sob os maiores perigos. Acreditava igualmente ter escrito uma obra antifascista e se proclamava comunista.[24] Seu romance não será publicado, sendo acusado de refletir tendências individualistas burguesas. A Associação dos Escritores Alemães no exílio (o SOS, organismo criado em Paris no verão de 1933), uma espécie de centro cultural que Hannah e Günther freqüentavam assiduamente, era oficialmente independente de partidos políticos, mas nele existia um grande número de escritores comunistas que não aceitavam o menor questionamento sobre a natureza do regime soviético. Hannah e Günther compareciam às reuniões, de início mensais, e a partir de 1934 semanais, que aconteciam no subsolo do Café Méphisto, no boulevard Saint Germain. Henri Barbusse e Paul Nizan também freqüentavam os encontros regularmente, onde se combatia Hitler, mas também onde havia muitas controvérsias sobre a maneira de se definir o comunismo.

Será que foram esse ambiente, cheio de dissensões jamais enunciadas, e esse clima de acusação perpétua perante os intelectuais não inseridos que encorajaram Günther a deixar o solo francês? Ou terão sido as brigas cada vez mais freqüentes entre ele e Hannah que acabaram por deixar a convivência impraticável? O mistério persiste. O fato é que Günther decide precipitar as formalidades para tentar deixar o território. Seus pais, por sua vez, haviam conseguido ir para os Estados Unidos, e seu pai retomara uma cátedra na Duke University, na Carolina do Norte. Günther pede um visto, consegue-o por milagre e parte para os Estados Unidos, deixando Hannah sozinha em Paris. De início, viverá na casa dos pais, ganhará a vida, durante pouco tempo, como professor particular, e em seguida irá para a Califórnia, onde Herbert Marcuse o acolhe em Los Angeles, no mesmo bairro onde moram Bertolt Brecht, o compositor Kurt Eisler, Thomas e Heinrich Mann. Escreve um roteiro para Charlie Chaplin, que jamais chegará a ele, e para sobreviver trabalha como operário numa fábrica de Los Angeles.

Nem um nem outro falou muito sobre a separação: "Em 1936, fui sozinho para os Estados Unidos. Hannah Arendt e eu nos separamos", observa Günther em sua autobiografia.[25] "Meu marido foi para a América há poucas semanas. Já eu, continuo na Europa por enquanto", escreve Hannah a Jaspers em agosto de 1936.[26] Ela vive sozinha num quarto de hotel na rua Saint-Jacques.

Ajudar os judeus

Hannah acha um trabalho de secretária no seio da organização Agricultura e Artesanato, nos Champs-Élysées, uma organização presidida pelo senador Justin Godard, que também dirige a associação sionista França-Palestina. Consegue o emprego depois de provar que sabe datilografar e que conhece francês e um pouco de hebraico. Sua amiga Anne não tem o mesmo aprumo nem a mesma energia. Passará os primeiros meses de seu exílio em Paris vendendo fósforos na rua antes de dar cursos de alemão na casa de uma duquesa idosa, que pretende concluir sua tese sobre Ernst Cassirer e defendê-la antes que a Sorbonne se torne "inteiramente comunista".[27] Hannah tentará ajudá-la e pedirá a Kurt Blumenfeld que escreva uma carta de recomendação para ela. Hannah se desculpa por seu procedimento nos seguintes termos: "Não lhe solicitaria por uma história tão extravagante se não fosse de fato tão difícil encontrar alguma coisa aqui, e se não fosse absolutamente necessário tentar o que quer que seja."[28] Logo, Anne se casa com o filósofo Eric Weil. Hannah é testemunha. A irmã de Anne também. De resto, a partir da cerimônia, Eric Weil viverá com as duas irmãs, Anne sendo a esposa, e a outra a amante...[29]

Hannah continua militando nos círculos sionistas em que, para a maioria, diante da ascensão do nazismo, a Palestina não constitui necessariamente um ideal, mas uma necessidade. Hannah defende claramente as posições de Chaïm Weizmann, presidente da Agência judaica desde 1929 e futuro primeiro presidente do Estado de Israel, que luta pelo estabelecimento dos judeus alemães na Palestina.[30] Mas a Grã-Bretanha estende sua política de restrições. E, ainda que Weizmann se pronuncie oficialmente contra a imigração clandestina, a organização está transbordada por esse fluxo de refugiados alemães que querem, apesar dos perigos, ir à Palestina... para continuar vivos. Weizmann consegue, então, desbloquear documentos e fornece à Agricultura e Artesanato, onde Hannah trabalha, certificados de imigração para os refugiados alemães em exílio na França.

Confrontada com as confusões e os tormentos desses exilados que querem fugir a qualquer preço, ela guardará por longo tempo a lembrança das tensões desses homens e dessas mulheres: para obter seus certificados, eles estão dispostos a tudo, inclusive a esquecer que são judeus. Alguns judeus franceses desprezam os judeus poloneses e querem ajudar em primeiro lugar os judeus alemães. Hannah se deu como meta ajudar todos os judeus, quaisquer que fossem sua origem geográfica e sua classe social. Ela se impregna cada vez mais da cultura judaica tradicional, fala um pouco de iídiche com aqueles a quem socorre e para quem consegue os documentos. Decide aprender não apenas as noções básicas, mas aprofundar realmente o estudo de hebraico com Chanan Klenbort, um judeu polonês, sapateiro e escritor, que ela conheceu em seu escritório nos Champs-Élysées. Confessa aos colegas de trabalho que quer conhecer melhor seu povo, sua alma, sua língua.

Ela participa da vida da comunidade judaica em Paris? E das reuniões da redação do *Journal Juif des jeunes* que acolhem, desde 1935, os intelectuais alemães de esquerda?[31] Parece que foi ativa e escreveu, em nome da redação, inúmeros artigos em que se opõe à assimilação e reivindica o sionismo como cultura e identidade. "Todos os judeus deveriam se conscientizar de si mesmos enquanto judeus... Conseguiremos dar a esse novo gueto, imposto de fora, um conteúdo espiritual?"[32] Esse jornal, que comunga com as teses de Hannah na época, tem Martin Buber como mestre espiritual e luta contra um sionismo puramente político e uma ortodoxia religiosa que considera dessecante. Com uma tiragem de quinze mil exemplares, o jornal acredita na força de uma juventude à procura do conteúdo espiritual de um judaísmo reinterpretado segundo os sonhos de uma nova sociedade.

Hannah, como Walter Benjamin e Gershom Scholem, pertence a esse movimento que acredita poder criar uma nova civilização mediterrânea a partir da história e dos textos espiritualistas judeus. Se ela aprende hebraico com uma paixão e uma seriedade cada vez maiores, aumentando também seu conhecimento do iídiche, é para procurar no passado judaico suas próprias raízes. Lê Buber e Kafka ao mesmo tempo. Tem discussões intermináveis com Benjamin, que acaba de concluir seu artigo sobre *O castelo*. Kafka coloca questões, mas não as responde. É melhor se armar contra a lei ou interiorizá-la? Quais são as conseqüências do Julgamento final no curso do mundo? À noite, Hannah e Walter lêem em voz alta e dissecam os textos de Kafka. Ele encarna para ela o escritor que sabe aflorar o nada e tornar definitivamente absurda qualquer idéia de redenção. Ele é a saída a todos os seus tormentos, a encarnação de sua resistência à teologia, sua fonte de esperança. A cada dia, ele lhe dá a coragem de viver. A cada noite, ele a ajuda a ultrapassar seu desespero.

Cada vez mais engajada no movimento sionista, Hannah começa a freqüentar assiduamente a redação do *Journal Juif des jeunes*, que se opõe à linha dos dirigentes do Consistório francês. Lê *O camponês de Paris* e, embalada pela leitura, pede para conhecer Aragon, sem sucesso. Assiste a uma leitura de *Serpent* de Paul Valéry e todo fim de tarde vem buscar Benjamin na Biblioteca Nacional.

Como Hannah foi contratada pela *Aliyah* dos jovens, uma organização ligada ao comitê nacional de ajuda, para fornecer socorro aos refugiados alemães vítimas do anti-semitismo? Provavelmente por cooptação. Os sionistas tinham notado Hannah na Agência judaica e testado sua determinação. Conheciam sua energia, sua disposição e a obstinação com que ajudara os refugiados. Dessa vez, o trabalho que lhe confiam é novo: não se trata mais de resolver problemas de papeladas, certamente bastante complicados, mas de preparar psicologicamente os jovens para emigrar para a Palestina. Hannah aceita imediatamente essa nova tarefa.

A organização encaminha crianças judias, assim como adolescentes de treze a dezessete anos, da Alemanha para a Palestina e os aloja em kibutzim. Levando seu papel a sério, Hannah se engaja totalmente no trabalho, cuja regra é de se mostrar "social e educativa". Ocupa-se de jovens judeus alemães refugiados transitando na França e ajuda a organização a prepará-los para ir para a Palestina. Envia-os para acampamentos instalados pelo país, onde recebem aulas, aprendem a trabalhar a terra. Lembrando-se com emoção desse período, dirá que as crianças "tinham sobretudo que crescer. Era preciso vesti-las dos pés à cabeça, cozinhar para elas, conseguir-lhes papéis, negociar com seus pais — e principalmente conseguir dinheiro. Essa tarefa em grande parte cabia a mim".[33]

Além de dar conta desse trabalho desgastante, ela continua escrevendo artigos sobre o problema judaico. Graças a um de seus amigos, que colabora para o *Journal Juif des jeunes*, Isaac Pougotch, dois de seus textos são publicados com assinatura. Como se tornar um verdadeiro judeu? Como ser um verdadeiro judeu sem para isso ser religioso? Essa é uma das principais problemáticas da época. Hannah pensa, como Martin Buber, que o desabrochar da judeidade pode se conciliar com a modernidade. "Quero continuar a viver, quero meu futuro, quero uma vida nova integral: uma vida para mim, para o povo em mim, para mim no povo."[34] Desse período doloroso, ela aprenderá essa lição que continuará sendo um leitmotiv: "Quero entender." Entender não apenas intelectualmente, mas também através da ação. Na época da escrita de *Rahel Varnhagen*, Hannah declara: "não eram os meus próprios problemas judaicos que eu debatia." Depois de sua saída da Alemanha, acrescenta ela, "o pertencimento ao judaísmo se tornou claramente meu próprio problema e meu próprio problema era político. Puramente político".[35]

Trinta e quatro mil novos imigrantes chegam à Palestina ao longo dos anos 1930, sendo quase a metade imigrantes que desembarcam com vistos de imigração para operários. Para as autoridades britânicas mandatárias, ter o visto de operário era mais eficaz do que ter o de estudante, mas menos do que o de "capitalista". Em 1935, os britânicos decidem limitar a imigração na Palestina. Hannah não diminui o combate. Ao longo das peregrinações e das coletas de fundos, conhece a baronesa Germaine de Rothschild. A simpatia é imediata e manifestamente recíproca. Germaine se torna amiga dela e a emprega como secretária para supervisionar a gestão de suas contribuições às obras de caridade judaicas.

Apesar de tudo o que podia distanciar uma da outra, Hannah gostou muito de Germaine, como sua correspondência o comprova,[36] e Germaine também. O ardor e o entusiasmo de Hannah devem ter agradado Germaine que era, segundo a lembrança de seu neto David,[37] uma mulher generosa, culta, devotada e, como Hannah, gostava muito de criança. Mulher do barão Édouard, melômano, autor de um livro sobre o compositor italiano Luigi Boccherini, era uma intelectual dona de um salão literário que amava receber escritores como Marcel Proust e Paul Valéry, mas também uma mulher generosa, engajada nas obras de caridade judaicas. Interessava-se por filosofia e era ligada a Jean Wahl e Eric Weil, que sem dúvida lhe apresentaram a Hannah. Responsável por um orfanato na região parisiense, leva Hannah para passar o dia lá uma vez por semana. A cada vez, elas chegam carregadas de doces e ursos de pelúcia,[38] e são recebidas como rainhas pelas crianças. Com generosidade e dinamismo, Germaine de Rothschild não deixou de ajudar por intermédio da fundação todos os que passaram por dificuldades durante a guerra. Sionista de alma e de coração, não media esforços para ajudar os que queriam partir para a Palestina e, em seguida, não deixará de apoiar Israel.[39]

Hannah ainda encontra tempo para se misturar ao pequeno meio do jornalismo judaico em Paris. Além do *Journal Juif des jeunes*, freqüenta a redação do *La Terre retrouvée* e se torna amiga de Nina Gourfinkel, na época assistente social e colaboradora da revista. Nina contará com ironia, em seu livro carregado de nostalgia zombeteira, *L'Autre Patrie*[40] [A outra pátria], suas longas conversas com Victor Jacobson, na época grande figura do sionismo, que explicava às duas que a nova Sion seria universalista ou então não existiria.

Hannah decide passar para a ação e ir, por sua vez, à Palestina. A imprensa militante da época, em particular *La Terre retrouvée*, fala imensamente desses jovens judeus vigorosos, bronzeados, de ombros largos, musculosos "cujos olhos não pestanejam e de quem nenhum estremecimento nervoso deforma os traços", que transformaram com as próprias mãos o deserto da Palestina em jardim do Éden. Essas reportagens, por menos edificantes que sejam, evocam a transformação física desses jovens que, há não muito tempo, freqüentavam as bibliotecas do Ocidente e que agora se revelam conhecedores do manejo de pás ou das relhas do arado. Para preparar sua viagem, Hannah encontra Juliette Stern, grande burguesa vinda de um meio assimilado, esposa de um rico produtor de açúcar, que acaba de voltar de uma temporada na Palestina.

Num dia da primavera de 1935, Hannah toma na estação de Lyon um trem para Marselha com um grupo de jovens. Um barco os aguarda para levá-los a Haifa. Dessa viagem, ela nunca falará. Nem nos escritos, nem nas entrevistas. Só conhecemos as suas impressões pelas conversas com amigos, que testemunharam. Por que esse branco na continuidade de sua existência? Suas futuras posições anti-sionistas, que ela tornará públicas em artigos a partir de 1941, talvez expliquem esse pesado silêncio. Ou será que ela quis, ao contrário, calar suas desilusões para não incomodar os amigos?

Na Palestina, vive seu primo Ernst, que fugiu da Alemanha há dois anos com a sua esposa e amiga de Hannah, Kaethe. Eles sobrevivem graças a pequenos trabalhos, como todos esses exilados alemães que, chegados à Palestina, se tornam *de facto* desclassificados sociais. Moram em alojamentos exíguos, têm como única pátria alguns livros de literatura, mas são levados pela certeza de ter fugido ao irreparável e estimam que lá, enfim, nessa terra que lhes é hostil e estrangeira, nesse Oriente Médio que eles consideram sujo e infestado de micróbios, apesar das divisões crescentes do movimento sionista, as manifestações árabes e a violência britânica, têm enfim o direito de respirar, de existir e talvez até de vislumbrar o futuro. Colados no rádio que lhes dá notícias de uma Europa presa do anti-semitismo, rezam dia e noite para que suas famílias, que continuaram lá, à mercê dos *pogroms*, possam um dia se juntar a eles. Na Palestina, eles são chamados, com desprezo, de *Yekkes*. Com os primeiros colonos, não compartilham nada, nem ideal, nem valores, nem modos de vida. Pelos árabes, que eles ignoram e de quem tudo os separa, não sentem vontade alguma de reconhecimento. Como estabelecer uma vida sem, com ou contra os árabes? Amoz Oz descreveu admiravelmente em *De amor e trevas*[41] o estado de espírito desses exilados que não se sentem mais refugiados, mas que ainda não são, nos anos de 1930, verdadeiramente tolerados na Palestina e tentam desesperadamente construir um pequeno lugar nesse território já despedaçado politicamente, cindido em diferentes pertencimentos étnicos, ideológicos, políticos.

Hannah é acolhida no porto de Haifa por Ernst e Kaethe e fica hospedada alguns dias na casa deles em Jerusalém. Ela se vê num clima de hospitalidade, de encontros familiares, de fervor ideológico compartilhado.

Naquela época, ninguém tranca a porta em Jerusalém. De volta à casa, ninguém tem medo de roubo, mas todo mundo corre o risco de encontrar na cama o amigo de um amigo a quem se deu o endereço para poder passar a noite.[42] Hannah adora esses dias passados na euforia da amizade.

Ela se une aos jovens da expedição e vai com eles visitar as colônias agrícolas do vale do Jordão. Em seguida, vai à Judéia e à Galiléia, onde trabalham mais particularmente judeus de origem alemã. A última colônia agrícola, a de Warbourg, acaba de ser construída, não muito longe de Kfar Saba. Hannah passa alguns dias lá, onde acompanha os jovens aos pomares; à noite, assiste a concertos e conferências. Constata que os judeus alemães não se comportam nesse kibutz como os outros imigrantes. Eles pretendem viver como na Alemanha, conservar os hábitos ocidentais na nostalgia de um mundo devorado. Como diz um repórter do *La Terre retrouvée* depois de uma estadia num kibutz alemão: "Ficamos maravilhados de ver essas pessoas, que passam o dia no esterco, se sentarem à mesa à noite, diante de uma refeição muito modesta, mas servida numa toalha impecável, com prataria, talheres finos, numa sala elegante! Existem no mundo outros camponeses desse tipo?"[43]

Hannah experimenta sua primeira desilusão de militante sionista: constata que em vez de construir uma nova sociedade, algumas pessoas se refugiam num individualismo que ela considera mortífero. Sobre um pano de fundo de desespero e mal-estar, eles manifestam uma intolerância crescente face ao mundo árabe. Como desenraizados que não escolheram partir, mantêm a esperança de poder, um dia, voltar à Alemanha, que continua sendo para eles a única e verdadeira pátria.

De retorno a Jerusalém, ela fala desses problemas a Gershom Scholem, que não lhe esconde que o sonho de uma nova civilização, fundada na mistura da cultura árabe-islâmica e da teologia judaica, parece já destruído perante a ascensão da violência no país. A intolerância, tanto do lado judeu quanto do árabe, não pára de aumentar. De nada adianta se refugiar na nostalgia do mundo de ontem. Como ser ao mesmo tempo da cultura alemã, sionista de esquerda, viver entre os árabes, reconhecer a sua civilização e se implantar no território? Como fazer da Palestina a cabeça de uma nova civilização árabe-mediterrânea modelada pelo humanismo europeu? Algumas pessoas, como Gershom Scholem e Kurt Blumenfeld, vão tentar imaginar soluções democráticas para aproximar o povo árabe e o povo judeu por seus princípios e valores. Infelizmente, porém, elas serão fadadas ao fracasso...

Hannah nem se questiona se quer morar na Palestina. No entanto, é uma mulher sozinha, sem amarras, e tem uma família que lhe oferece abrigo. Na época, ela é uma sionista ardente, com amigos que trabalham na nova universidade de Jerusalém e outros nos kibutzim. Será que ela pressente o mal-estar de seus próximos? A Palestina não é a sua casa. No mesmo período, Arnold Zweig, judeu alemão e sionista como ela, confia a Sigmund Freud sua desventura diante da realidade que ele enfrenta todos os dias nessa terra da Palestina: "Constato sem afeto que não pertenço a este país... o que é evidentemente difícil depois de vinte anos de sionismo. Mas para onde ir? Onde viver? É quase tudo igual, onde quer que seja, se não estamos em casa. Era tudo mentira o que nos trouxe aqui."[44]

Hannah volta a Paris. Nos círculos sionistas, declara sua admiração pela resistência e a coragem dos novos colonos. Em particular, confiará aos amigos suas reservas sobre a possibilidade de que o país possa se tornar um dia, sem violência, uma democracia. Mais tarde, confessará: "Lembro-me muito bem da minha primeira reação diante dos kibutzim. Pensei: uma nova aristocracia. Já sabia então [...] que não se podia morar lá. *Rule by your neighbors*, o reinado do vizinho, eis em definitivo ao que isso remete."[45]

Ela tem trinta anos, os longos cabelos amarrados, o rosto perfeitamente oval, os olhos grandes. Na fotografia, veste uma redingote justa. Parece vaidosa. É bela, sedutora, atraente. Não tenho certeza de que tenha rompido com Günther, mas o deixou partir. Quer se tornar jornalista, preocupa-se com o futuro dos próximos, mas não com o dela. Vive o dia-a-dia rodeada de amigos, de encontros em cafés. Trabalha demais, bebe um pouco, ri muito. Boêmia intelectual e orgulhosa de sê-lo. Nessa Paris vibrante de torneios intelectuais, levada pela amizade com Walter Benjamin, acredita que ainda seja possível refazer o mundo e perambula com ele pelas ruas durante noites intermináveis. Recita Baudelaire para melhorar o francês e Goethe para fazer vibrar no mais profundo de si sua língua natal, de agora em diante sua única pátria.

Vive sozinha e se acostuma com isso. Hannah é uma solitária de alma, e a vida a dois não é seu ideal. Ela tem Günther, à distância, com quem sabe que jamais voltará a viver, mas de quem ainda não é separada. Ele é seu companheiro de aulas, seu camarada, seu protetor. Ela sabe que pode contar com ele em qualquer circunstância. Que ele estará sempre presente. Mas vejam só! Na primavera de 1936, aparece um homem que vai balançar tudo. A vida é assim, cheia de astúcias e malícias.

Heinrich Blücher

Não foi paixão à primeira vista. Ela não esperava nada, e teria vivido bem sozinha. Mas que fazer quando um homem declara seu amor? Em compensação, para ele, foi imediato, como uma revelação. Ele se chama Heinrich Blücher. É casado e acredita sem pestanejar nas teorias de Marx sobre a ditadura do proletariado. Não é judeu, declara-se anti-sionista, mas pensa que os judeus são chamados para se tornar os líderes de uma revolução mundial. Não procura trair a esposa, aliás nem mesmo tem tempo para isso, já que está tomado dia e noite pela lutas fratricidas de seu próprio partido, o partido comunista, que se atormenta no exílio em nome da pureza das teorias do evangelho marxista em vez de lutar contra o nazismo.

Heinrich fica perdidamente apaixonado por Hannah. Isso não combina com ele. Espera então alguns dias para saber se está apaixonado de verdade para, em seguida, declarar sua paixão. Ela diz que ele não é correspondido. Ele afirma não ter pressa, diz ser muito paciente... Três meses mais tarde, ele lhe diz novamente que a ama e que não pode fazer nada contra esse sentimento. Será que ela é sensível apenas ao romantismo de seu procedimento, ao lado inflamado de sua personalidade, ao ardor de sua declaração? A verdade é que Hannah não lhe fecha as portas de seu coração. Receosa no início, depois ela acaba aceitando a relação cada vez com mais intensidade. Hannah está apaixonada? Não exatamente. No início da história deles, está mais apaixonada pelo amor. Romântica, porém prudente. A um Heinrich loucamente tomado pela paixão, ela propõe uma tentativa: "Vamos tentar então — por amor ao nosso amor."[46] Pouco a pouco, é ela quem cairá nas armadilhas da paixão, na rede do amor conjugal, e ele se distanciará. Ela sempre precisará dele. Ele sempre saberá como ajudá-la, mas não necessariamente como proteger a relação, nem como ajudá-la a superar essa violência que ela sente em relação a si mesma.

Lenta história de metamorfose do amor-paixão em consideração recíproca. Inversão dos papéis também. Ele é o mentor — ela fará o papel de aluna —, tornando-se o verdadeiro mestre. Algumas pessoas, dentre as quais Jaspers, o comparam a Sócrates, e todos os amigos dirão que ele fez bem mais do que simplesmente estimular Hannah. O pensamento de Platão não existiria sem Sócrates. Hannah, desde o início da relação, percebe que seu pensamento será nutrido, influenciado, de forma subterrânea, nos planos político e filosófico, por Heinrich Blücher, que alguns de seus amigos não hesitavam em apelidar de "Sócrates dos tempos modernos", de tão viva que era a sua inteligência, cativante a sua presença, intensa e misteriosa sua influência sobre as pessoas ao seu redor. Dela, ficou a obra, dele, as fitas cassetes dos cursos, editadas aos cuidados de Hannah depois de sua morte.

Curioso personagem esse Blücher. Maciço, intelectualmente imponente, espertalhão até, sempre às voltas com uma relação complicada, conturbada, com a verdade. Na sua carteira de identidade, havia indicado "marionetista" como profissão. Nunca conheceu o pai, morto num acidente de trabalho, na fábrica, alguns meses antes de seu nascimento. Émilie cria sozinha o filho, que trabalha desde a adolescência como entregador para ajudar a mãe lavadeira, sem por isso largar os estudos. Ele decide se tornar professor, mas a guerra interrompe sua formação. Ferido em 1917, é hospitalizado. Tem dezoito anos quando o armistício é assinado. Vai para Berlim e participa das manifestações com os sindicatos de operários.

Espartaquista de coração e convicção, ele se alia, com a morte na alma, ao partido comunista, depois do assassinato de Liebknecht e de Rosa Luxemburgo. Quando Heinrich Brandler é nomeado líder do partido, ele se torna um de seus colaboradores próximos. Brandler foi enviado a Moscou para preparar as condições de uma nova revolução de Outubro. Conselheiros russos vão a Berlim enquanto militantes alemães partem para Moscou para seguir uma instrução militar. Misterioso Blücher, que se disfarça o tempo todo, no sentido próprio ou figurado, e que desaparece durante esse ano. Ninguém sabe nem saberá o que fez nesse período. Estaria em Moscou? Algumas pessoas acham que ele era agente secreto dos soviéticos. Ninguém pode verificá-lo hoje em dia. O que se sabe é que em Berlim, desde 1923, ele escreve uma série de pequenas brochuras sobre as estratégias de insurreição e as armas da guerrilha, difundindo-as em toda a Alemanha através de redes clandestinas.[47]

Quando Hannah o conhece — é seu professor de hebraico, Chanan Klenbort, quem os apresenta —, ele tem trinta e sete anos, é pobre, muda de moradia em moradia nos apartamentinhos mobiliados do Quartier Latin, diz se chamar Heinrich Lorser e se fantasia como grande burguês para enganar as locadoras que o seguem para cobrar suas dívidas de aluguel. Sem diploma, orgulhoso de ser autodidata, é um homem extremamente culto e prodigiosamente inteligente, que seguiu, como ouvinte em Berlim, os cursos de teoria política da prestigiosa *Hoheschule für Politik* e, na universidade, os cursos de história militar do grande teórico Delbrück. Foi assistente de Fritz Fränkel, um dos primeiros psicanalistas freudianos de tendência adleriana. Em Paris, vive num clã de amigos poetas, compositores de canções e operetas, freqüenta pintores, passa os dias no museu do Louvre, as noites nas reuniões do KPO, o partido comunista alemão de oposição, que Brandler, estremecido com Moscou, fundara em 1928. Seus amigos políticos recriminam suas amizades literárias e seu gosto pronunciado pelo cinema de vanguarda, que ele prefere ao catecismo dos leninistas de carteirinha. Esse intelectual boêmio devota, como Hannah, um verdadeiro culto a Goethe: "Você deslocou, desarrumou todos os meus instrumentos."[48]

Conversar com Heinrich, passar noites filosofando e refazendo o mundo. Por que não? Mas daí a querer outra coisa... Hannah, prudente, o convida para seu quarto, mas na companhia de Klenbort, que faz o papel de acompanhante. Jantar, sobremesa, café. Cada vez que ele tenta deixá-los a sós, ela o impede. Às duas da manhã, ele se levanta. Hannah acompanha os dois à porta.

Klenbort vai passar uns dias na Espanha fazendo uma reportagem para a imprensa iídiche como correspondente de guerra. Quando volta, Hannah o chama para jantar. Ele terá a surpresa de ver Blücher instalado de armas e bagagens no quarto de Hannah! Mas eles tinham acabado de decidir morar juntos quando têm de se separar. Hannah precisa ir a Genebra para o Congresso Judaico Mundial. Ficará hospedada na casa de Martha Mundt, a melhor amiga da mãe. Todo mundo sabe, a separação aumenta a saudade. Logo, sente a falta dele. Longe de Heinrich, sente-se "literalmente como se tivessem arrancado a pele do corpo".[49] Teme não estar à sua altura. Sente-se velha, já velha, velha demais para ele: "Se eu o tivesse encontrado dez anos antes."[50] Ela não merece esse amor, e chega a encorajá-lo a procurar outra mulher, mais bonita, mais jovem do que ela. Ela o confessa: "De certa maneira, fui, infelizmente, obrigada a deixar de ser uma mulher. E isso me inquieta por você."[51] Hannah não tem mais ilusões sobre seu poder de sedução. Acredita ter virado a página de sua feminilidade e se vê daí em diante levando uma vida de solteira. Do amor, conheceu os transes, os excessos, com Heidegger, e também a decepção e o sofrimento. Não se sente "amável" e, no fundo, não deseja ser amada ainda. Aspira à tranqüilidade e não está disposta a viver uma história que possa machucá-la. Mas ele está louco de amor.

Ele lhe responde com uma carta exaltada. Sem ela, o céu não é o céu, Paris não é Paris. Ele a chama de minha rainha e não imagina mais a vida sem ela.[52] Consola-se de sua ausência lendo Schiller e Goethe — ainda Goethe, sempre Goethe. A separação dura três semanas. Eles se escrevem todos os dias. Hannah, muito ocupada com a primeira reunião do Congresso Judaico Mundial que ela acompanha em iídiche e hebraico e com os documentos que redige para a imprensa alemã no exílio, confessa que leva seu papel de delegada a sério: "Os participantes do congresso podem ser classificados em duas categorias: os que esperam o Messias e os que querem explicar as coisas. Eu pertenço à segunda... ou para chamar as coisas pelos nomes, a dos que não se tomam por qualquer coisa e que acreditam saber tudo."[53]

A ignorância afetada da ascensão do anti-semitismo pelas autoridades do Congresso Judaico Mundial a atormenta e a deixa indignada. Heinrich fica sabendo que os nazistas assassinaram amigos próximos em Berlim. O golpe é duro, e a onda de choque o faz cair na escuridão. Ele se consola contando um antigo pesadelo que teve depois de saber da execução de seu camarada X: num cadafalso sangrento que alcança o céu, o carrasco se apronta para executar seu amigo. Uma tropa de camaradas sobe a escada para o salvar. Eles têm, todos, uma perna de pau: "Subiram em vão debaixo de uma tempestade, a cadência enérgica de seus passos ressoava sobre toda a terra sem conseguir, no entanto, acordá-la." Então, Heinrich corre na direção do amigo: "Eu corria com todas as minhas forças. Quando chegava ao alto, eu me jogava sobre X no mesmo instante em que o carrasco lhe atravessava a faca..."[54] X está morto. Nem ele nem os outros puderam salvá-lo, acrescenta Heinrich, que confia a Hannah que a partir de agora é preciso estar preparado para poder correr com todas as forças ao socorro de todos os que já foram pegos ou que o serão. Hans, o marinheiro, é morto com o crânio quebrado, pois era cabeça-dura. Karl está num banho de óleo, pois não tem mais nenhum pedaço de pele intacto. O moço de Charlottenburg é morto pisoteado, o de Moabit tem o peito esmagado por barras de ferro, Paul gritou a noite toda na prisão. É preciso saber, diz ele a Hannah, que Paul é um homem tranqüilo e forte. "Se ele gritou, não vejo como poderíamos agüentar o golpe."[55] Não basta ter duas pernas, nem mesmo saber correr. Como dormir em Paris quando todas as noites, em Berlim, seus camaradas são pegos?

O nazismo priva todo homem de sua individualidade, de seu próprio ser. Os dirigentes do Reich adorariam prender aqueles que têm pesadelos. Hannah escreverá em *Origens do totalitarismo*: "A única pessoa na Alemanha que ainda tem uma vida privada é aquela que dorme." Charlotte Beradt, amiga de Heinrich desde o início dos anos 1920 em Berlim, não pôde sair da Alemanha, detida em Berlim por causa da madrasta cega. Charlotte, militante comunista, trabalha clandestinamente para a organização, coletando sonhos de médicos, advogados, empregadas domésticas e mulheres do lar para a imprensa no exílio. Da mesma maneira que Hannah tinha coletado a literatura anti-semita em Berlim para a organização sionista divulgá-la no exterior, Charlotte inventaria os sonhos para testemunhar e resistir.[56] O sonho de Heinrich no exílio em Paris se parece com os pesadelos dos berlinenses interrogados por Charlotte que, com sua fantástica coleção de sonhos, reuniu, entre 1933 e 1939, inúmeras provas de que o terror nazista também fazia mal às almas.

Hannah e Heinrich vivem esse início de amor na angústia permanente diante da ascensão do terror nazista e na culpa melancólica de se sentir distantes dos camaradas que arriscam a vida na Alemanha. Sua relação amorosa nasce nesse medo. Heinrich promete lhe contar todos os seus tormentos. Pensa o tempo todo nos amigos que são torturados para confessar seus nomes, mas que não abrem a boca. Heinrich pensa nos sonhos febris dos prisioneiros, nos corações das velhas mães dos torturados. Hannah se sente inquieta, perdida, "muito nebulosa", como ela diz, um pouco enlouquecida; precisa de alguém que a proteja dos outros, mas também de si mesma. Confessa: "Meu querido, eu acho que te amo. Não ria."[57] No entanto, ela acha que tudo se opõe à história deles: a diferença de origem social e suas histórias pessoais. Como diz tão bem, "não podemos ter um mundo em comum".[58] E cita Rahel Varnhagen, sua "melhor amiga",[59] morta há um século, que dizia: "Eis por que é tão terrível ser judia: é preciso se justificar o tempo todo."[60] Hannah acredita que não podemos nunca nos justificar por sermos judeus, e que não temos o direito. Ela é judia. É assim. A Heinrich, ela declara com orgulho: "Que eu saiba, sou a única judia alemã que aprendeu iídiche apesar de Hitler."[61] De Genebra, ela lhe pede conselhos e se espanta consigo mesma. Nunca havia pedido conselho a ninguém. Descobre, contente, que Heinrich consegue ler sua letra: "Nenhuma outra pessoa consegue — com a exceção da minha mãe."[62]

*

Hannah deixa Heinrich entrar no seu universo. Ele ainda não sabe que ela tem mãe. Ele não se importa. Está pronto a tudo, inclusive a aceitar a sua judeidade. Hannah parece incomodada em lhe confessar seu amor pelo povo judeu, sua paixão pelo sionismo. Entende rapidamente que a questão judaica não é, aos olhos de Blücher, uma questão decisiva. Cegado pela doutrina marxista, Blücher só aceita a judeidade se ela for sinônimo de engajamento revolucionário. A luta de classes não passa pelo reconhecimento da raça. Os proletários não têm histórias individuais. Hannah não ousa afrontá-lo e ironiza: "Pense nos judeus, meu rapaz. Roubar-lhes a melhor de suas mulheres e não pensar neles é típico de sua alma de pedra."[63] Heinrich fica com raiva, e não esconde seu desprezo pelos membros do congresso judaico que ele chama de "congresso mundial dos imbecis",[64] e os acusa de tomar emprestado de Hitler seu método delirante de perseguições nacionais e racistas, com seus enormes gritos em Genebra: "Judas, levante-se", alusão à exclamação pré-nazista, "Alemanha, levante-se". Para ele, o povo judeu ainda não se "realizou".

Ele exala nas cartas a Hannah uma desconfiança pelas organizações judaicas e uma rejeição radical ao sionismo, sem parecer se dar conta de que se endereça a alguém que, por mais que seja crítica, milita nesse mesmo movimento. Claramente cegado pela sua fé ideológica, esquece o engajamento político dessa que ele diz idolatrar. Para ele, os sionistas, em sua luta pela liberação nacional, calam voluntariamente a dimensão internacional. Escreve a Hannah: "Seria preciso impedir que esse maravilhoso explosivo internacional não se transforme no penico de uma internacional judaica de Schnorrer, em merda."[65] *Schnorrer* em iídiche significa "mendigante"...

Hannah não responde a essas críticas violentas, não defende suas posições. Sob a influência de Heinrich, transforma-se política e ideologicamente: distancia-se das posições de Blumenfeld para abraçar as teorias internacionalistas marxistas e anti-sionistas de Blücher, para quem a Palestina não passa de uma ilusão. O projeto está predestinado ao desastre desde a sua essência, e aqueles que, como alguns judeus alemães, são forçados pelo nazismo a se instalar nessa terra para poder continuar vivos, são apenas os burgueses corrompidos que querem ganhar um país inteiro. Mas um país é como uma mulher, não se ganha, se conquista.

Ele compra a briga. Em vez de escrever cartas de amor, escreve cartas de doutrinamento anti-sionista. "Querer de presente um país inteiro, pode-se dizer por caridade, não seria o mesmo que querer que uma mulher que não pode amá-lo durma com você por caridade cristã — ou judaica? [...] é claro que em tempos bárbaros pode-se conseguir facilmente uma mulher dessa maneira, mas se ganha em troca seu desprezo e seu ódio inextinguíveis."[66]

O comunismo de Heinrich serve de armadura ideológica a seu anti-sionismo virulento. Como justificar a violência de seus julgamentos e o radicalismo de seus comentários? Hannah, em vez de se ofuscar, diverte-se e responde com uma longa carta de seis páginas, em que o chama de seu "bem-amado rabino miraculoso".[67] Dessa vez, defende suas posições: os judeus são um povo sem território tanto no Ocidente quanto no Oriente. A Palestina não é uma ilusão, mas uma necessidade. "Qualquer território que a revolução mundial nos dê um dia não nos servirá de nada se quisermos nos tornar um povo. Pois isso está ligado inelutavelmente ao nosso passado. E a Palestina não está no centro de nossas preocupações porque há dois mil anos lá viviam nossos supostos antepassados, mas porque o mais insensato dos povos se divertiu durante dois mil anos conservando o passado no presente..."[68]

As cartas perdem a batalha. Hannah lhe pede que respeite suas convicções. Amor também é respeito recíproco. Mas a luta de Heinrich contra o sionismo apenas começou. O veneno da desconfiança que ele instila penetra pouco a pouco no espírito de Hannah. Seus argumentos e hipóteses serão retomados quase que palavra por palavra por ela três anos mais tarde, com o apelo que fará para a constituição de uma brigada judaica internacional.[69]

Em agosto de 1936, eles se instalam num quarto de hotel na rua Servandoni, em Paris. Freqüentam Anne e Eric Weil, Robert Gilbert, Peter Huber e, como sempre, Walter Benjamin. Passam a vida nos cafés dedicando-se a seu esporte predileto: a conversa política. Blücher confessa a seus amigos políticos, que conhecem sua propensão ao donjuanismo, ter encontrado enfim uma companheira digna dele e um modo de vida ideal: "Trabalhamos cada um do seu lado, depois nos encontramos para discutir." Hannah ainda não sabe que Heinrich é casado com Natasha Jefroikyn, a cunhada de Peter Huber. Ela o chama de "meu pateta querido"[70] e, apesar das suas opiniões fortemente anti-sionistas, continua seu trabalho de delegada no Comitê Judaico Mundial. É obrigada a viajar com freqüência: Zurique no mês de novembro de 1936, Genebra todo o mês de fevereiro de 1937. Ele se irrita de não tê-la por perto, apalpa a cama de manhã, surpreso de não encontrá-la, procura por ela no quarto várias vezes por dia.[71]

Em sua ausência, ele perde um pouco a cabeça. Ela já é sua bengala, sua consciência moral, sua coluna vertebral. Para passar o tédio, relê Hegel e passa as noites em reuniões de grupos em que se discute a guerra na Espanha. Por ocasião de uma dessas algazarras, onde muitas vezes há brigas inúteis, um de seus camaradas o chama de espírito talmúdico e de típico intelectual judeu. Ele replica afirmando não ser judeu: "Tive direito à resposta clássica, o que dava no mesmo, de que eu estava totalmente judaizado. Nada mal, hein?",[72] escreve ele a Hannah. Ela aconselha que ele a espere ouvindo seus discos preferidos, e fazendo aulas de francês.[73] Em Genebra, ela se deixa mimar por Martha Mundt, que a abriga de novo, depois pela mãe, que vem ao seu encontro. Três refeições por dia, um Vermouth de aperitivo, vinho à vontade tanto no almoço quanto no jantar. Ela mesma se apelida de "pássaro alcoolizado".[74] Duas mães para cuidar dela! Demora a voltar. Trabalha, em condições materiais ideais, nos últimos capítulos de *Rahel*. Sente-se como num casulo, de volta à infância. Então, lhe pede paciência: "Seja um bom gatinho e espere pacientemente — sem desejo de lua cheia..."[75] Sua mãe vai à sinagoga. Hannah se recusa a acompanhá-la, mas celebra a festa de *Rosh Ha-Shanah*, a festa do ano-novo judaico.

Heinrich, que vive a sua ausência de maneira cada vez mais difícil, assiste em Paris, impotente e triste, às cisões de seu próprio partido, o KPO. Ele quer teorizar o presente em vez de aplicar os preceitos leninistas, mas tem dificuldades. Para as próximas discussões, "serão necessários enfermeiros psiquiátricos", diz ele a Hannah, ressaltando: "Temos muitas preocupações quando não fazemos parte do KPD ou da SPD, pois eles fazem a festa e são muito contentes."[76] As lutas fratricidas tornam-se uma catástrofe política e psíquica. Para levantar a moral, ele passa dias inteiros no Louvre diante de telas de Rembrandt e de Rafael. À noite, escreve: "Diga-me, Hannah, você pensa tanto em mim quanto eu penso no meu mar, no meu porto, nas minhas fontes, na minha própria terra? Beijo-a mais e mais, trago-a para perto de mim com meus beijos, entro em você, quero estar nos braços, entre as coxas, na boca, sobre os seios, no ventre da minha mulher."[77]

Na chegada de Hannah, eles se amam loucamente. Nadam na corrente morna e soltam as amarras. Heinrich a ama, a deseja e a encoraja a abandonar qualquer pudor. Ela aceita logo. Ele a descobre impudica, atrevida, e se torna seu iniciador e o primeiro que adora amá-la. "Oh, você que é minha, lembra-se de mim? Eu sou o homem cujo destino é explorar seus abismos — aquele que tem o quadril para encaixar no seu, e a broca que fará brotar de você todas as fontes vivas do prazer —, que tem o arado para laborá-la e despertar em você todas as seivas nutritivas."[78] Ela o chama de "meu Heinrich querido", "meu alfa e meu ômega".[79] Ele se torna seu mestre em erotismo e a estimula a confessar seus desejos sexuais, zombando de seus antigos amores: "Pobrezinha, você apanhou à toa... e até que mereceu um pouco." Ele descobre nela uma potência sexual que a transborda e o fascina. Suplica para que ela não tenha vergonha e experimente o prazer: "Quero que você se entregue a mim sem barreira alguma, que você abra todas as comportas; deixe escorrer essa maravilhosa corrente de amor; eu nado, ela me leva adiante. Abandone tudo, não tenha esses medos de mulher, pois você é a minha mulher..."[80]

Nessa Paris de seu amor, eles vivem no eterno provisório do exílio, à mercê do primeiro funcionário que apareça num desdobramento de si mesmos, indesejáveis, emigrantes unidos pelo amor e pela recusa em se tornar imigrantes. Sofrem a indiferença dos franceses que se mostram cada vez menos dispostos a protegê-los. Certamente, o impulso de alegria estimulado pela Frente Popular, que eles vivem como uma esperança sombreada pelos horrores da guerra na Espanha, melhorou ao menos um pouco a sorte deles: os exilados alemães que chegaram à França não precisam mais temer o procedimento de expulsão e recebem uma carteira de identidade provisória para que possam circular nos estados que participam da Convenção de Genebra.

No entanto, a partir de agosto de 1936, uma circular distribuída aos chefes de polícia proíbe a entrada de emigrantes alemães na França e chega a lhes pedir que procedam à expulsão de qualquer estrangeiro, cidadão alemão ou pessoas vindas da Alemanha. A direita se incita contra a presença de espiões alemães no território e contra a política frouxa do governo de ainda deixar entrar muitos "elementos indesejáveis".

Hannah e Heinrich têm como método nunca reclamar. Alimentam-se da solidariedade de amigos franceses, como Jean Wahl e Gabriel Marcel, comparecem aos convites para jantar na casa de Raymond Aron e freqüentam um círculo de personalidades formadas em diferentes escolas marxistas. As reuniões acontecem na casa de Walter Benjamin, no número 20 da rua Dombasle, onde comparecem regularmente o jurista Erich Cohn-Bendit, o psicanalista Fritz Fränkel e o professor de hebraico de Hannah, Chanan Klenbort.

Em 9 de setembro de 1937, ela fica sabendo pela mãe que sua meia-irmã Eva, protética dentária, não pode mais trabalhar. Observa: "Os nazistas colocaram minha irmã na penúria de uma maneira verdadeiramente infame. Ela vai emigrar no início de 1938 e precisará de dinheiro."[81] Tenta ajudá-la graças às redes sionistas e consegue fazer com que vá para Londres. Por continuar trabalhando para a Agência judaica, é obrigada a ir a Genebra com freqüência, onde encontra a mãe que, por sua vez, faz os procedimentos para obter o novo passaporte de que precisa para ir a Paris. Martha está inquieta. Precisa de Hannah. Heinrich também, e Hannah se sente dividida entre esses dois amores. A Heinrich, ela escreve como que para se desculpar: "Mas o que posso fazer? Desde que estou no mundo, foi ela quem me possibilitou tudo. O que devo fazer?"[82] Ele só pode ficar aflito com esse tempo de separação, longo e repetitivo, que marca o início de sua vida de casal. Ela tenta ser perdoada pelas ausências, escrevendo cartas com freqüência.

Entre duas reuniões políticas, Heinrich passa as noites jogando xadrez com Walter Benjamin. Eles assistem, desesperados, ao congresso de filosofia, em que a delegação alemã, representada por Alfred Baeumler, filósofo que se tornou, à imagem de Ernst Krieck e Martin Heidegger, louvador oficial de Hitler, respira a podridão nazista. "Sua atitude copia a de Hitler até nos detalhes e sua nuca de toucinho é o complemento ideal do cano de um revólver",[83] escreve Benjamin a Scholem.

Hannah toma conhecimento, de Genebra, no dia 18 de setembro de 1937, de que os procedimentos que fizera para se divorciar de Günther acabam de chegar a termo.[84] Ela está contente de ficar, enfim, livre, e de reencontrar seu nome. A partir de então, Heinrich a chama de "minha mulher": "Você é o todo do meu amor, um todo que compreende todo esse amor." Ele próprio acaba de empreender o mesmo procedimento. Sonha em se casar com ela e ter filhos. "Você é minha e eu sou seu num eterno vaivém da mistura das almas até que, quando nascer nosso filho, não possamos mais dizer quem deu o quê."[85] No fim de outubro, quando volta de Genebra, Hannah assiste em Paris às representações de *Os fuzis da senhora Carrar*, de Bertolt Brecht. Em novembro, o casal ajuda Benjamin, obrigado a deixar seu quarto no Quartier Latin por não ter mais nem um centavo, a se mudar. "Benji", apelido carinhoso inventado por Hannah, conseguiu encontrar um alojamento gratuito no subúrbio, um tipo de corredor, no térreo de um imóvel construído numa das principais saídas de Paris. No meio da algazarra de caminhões, ele escreve seu *Baudelaire*[86] à noite e, de dia, se refugia na Biblioteca Nacional onde o espera Georges Bataille, que o protege, o ajuda e o acompanha com sua amizade calorosa.[87]

No início de março de 1938, Hannah, Heinrich e Benji reencontram Gershom Scholem, que passa alguns dias em Paris antes de partir para um ciclo de conferências em Nova York. O estado de espírito de todos é sombrio, e a situação política dos quinze mil refugiados alemães em Paris cada vez mais difícil: o fim do governo da Frente Popular, o fracasso do projeto de unir os judeus parisienses para socorrer os judeus exilados, tudo os incita a pensar que a ação política, além de ilegal, é inútil. Depois que Hitler anexou a Áustria, em 13 de março, uma massa considerável de refugiados chegou a Paris. Com medo de represálias, a comunidade judaica não denuncia o *Anschluss*. Hannah apóia a federação das sociedades judaicas da França, que apela à Sociedade das Nações e se junta ao grupo que no *Samedi*, novo periódico judaico que substitui o *Vendredi*, denuncia a covardia do governo francês. A partir de agora, os estrangeiros que entraram ilegalmente no território não podem mais abrir empresas nem trabalhar no comércio, e os que não têm permissão de trabalho poderão ser expulsos a qualquer momento.

Pela primeira vez, Benjamin evoca a hipótese do suicídio e se sente cada vez mais isolado dos escritores franceses que não se importam. Céline publica *Bagatelas por um massacre*, nas edições Denoël. Na *NRF* de abril, Gide estima que Céline, apesar de seu gênio, trata das paixões banais com um cinismo e uma desenvoltura imperdoáveis. A imprensa ataca todos os dias os judeus, e o diabo faz a festa.

Centenas de refugiados alemães são presos, outros, forçados pelas autoridades francesas à repatriação, preferem se suicidar. Qualquer ajuda a eles é agora passível de condenação. Eles são proibidos de se deslocar. Refugiados "suspeitos" são designados a residências na província por ocasião da vinda do ministro das Relações Exteriores do Reich, Joachim von Ribbentrop, a Paris. Depois dos acordos de Munique, em 29 de setembro de 1938, recebido pelos refugiados como uma verdadeira capitulação das democracias perante Hitler, a prática do direito de asilo alcança na França suas limitações mais extremas. O tom da imprensa de direita está cada vez mais antisemita. Os emigrados "conspiram contra a Alemanha" e formam a famosa "quinta coluna".

Em 7 de setembro de 1938, Ernst vom Rath, terceiro secretário da embaixada da Alemanha em Paris, é assassinado por Herschel Grynszpan. Algumas horas mais tarde, na Alemanha, é a noite de Cristal: os nazistas queimam as sinagogas, atacam e pilham as casas dos judeus alemães e prendem milhares deles. Silêncio do governo francês. Estupor, mas silêncio também na comunidade judaica francesa. No entanto, a Alemanha nazista declarou guerra aos judeus, a todos os judeus.

A noite de Cristal faz com que a mãe de Hannah decida deixar Königsberg para encontrar a filha. O tio paterno de Hannah, Martin Beerwald, acaba de ser morto pelos nazistas. Por sua vez, Eva acaba de emigrar para a Grã-Bretanha graças a Hannah. Martha se separa do marido, que não quer sair de sua cidade. Ela também não consegue convencer a irmã Margarethe a se juntar ao filho, Ernst, na Palestina. Margarethe morrerá num campo de concentração. Martha desembarca em Paris na casa de Hannah e Heinrich, que agora moram na rua da Convention. Ela acaba de ultrapassar a fronteira com moedas de ouro disfarçadas de botão, que serão bem aproveitadas pelo casal para ajudar no orçamento mensal...

Em janeiro de 1939, a Agência judaica se muda para a Grã-Bretanha. Hannah fica sem trabalho. Ela vê, com freqüência, Benjamin, que se mostra cada vez mais desesperado, e só encontra apaziguamento na leitura de Franz Kafka. Na obra de Kafka, existe um caminho para aqueles que resolveram não fechar os olhos para o essencial. Kafka como esperança infinita? Sim, mas como continuar a sobreviver? Como encontrar uma fonte de luz, um pequeno sopro de serenidade, apenas um pouco de ar para continuar a respirar? Como não cair no desespero sem perder a dignidade? Como fazer para se recusar a ser como "um senhor distinto entrando num bistrô qualquer que renuncia pudicamente a enxugar seu copo"?[88]

Benjamin vive como um mendigo. Como confessa a Scholem, está esgotado física e intelectualmente, em plena depressão. Não tem mais abrigo, nem mesmo sua biblioteca, sua única toca, sua única jangada. Já não agüenta mais. A única coisa que lhe resta é a amizade como remédio à solidão. Hannah é sua amiga. Ela lhe envia seu manuscrito sobre Rahel Varnhagen. Ele lê o texto numa noite e, entusiasmado, o envia a Gershom Scholem no dia 20 de fevereiro de 1939, acompanhado das seguintes palavras: "Esse livro me causou forte impressão. Ele nada, com fortes braçadas, contra a corrente do judaísmo edificante e apologético. Você, melhor do que ninguém, sabe que tudo o que havia para ler *bis dato* sobre 'os judeus na literatura alemã' deixou-se levar por essa corrente."[89]

Walter Benjamin vai mal, cada vez pior. Hannah continua ao seu lado, fiel, carinhosa, próxima, querendo salvar o amigo. O vento da esperança é tão disperso quanto o dessa fria primavera de 1939 nas ruas de Paris. Benjamin escreve a Scholem: "Aqui em Paris me deparei com o interesse de Hannah Arendt em ajudar-me. No entanto, não saberia dizer se os esforços terão algum resultado."[90] Hannah faz tudo o que pode, mas não consegue ajudá-lo. Brecht procura partir para a Suécia, Benjamin preferiria os Estados Unidos. A espera cria nele a sensação de viver um verdadeiro afogamento.

Quatro meses após a chegada de Martha a Paris, a guerra é declarada. O governo francês decide internar todos os cidadãos alemães, assim como todos os refugiados que vieram da Alemanha. Blücher é preso. Benjamin também. À sua amiga de coração, Margaret Steffin, ele escreve: "Escute isso: a sociedade vienense de gás interrompeu toda entrega de gás aos judeus. A utilização de gás pela população judaica provocava perdas para a sociedade, justamente porque os maiores consumidores não pagavam as contas. Os judeus recorriam de preferência ao gás para se matar."[91]

VI

PÁRIA

Os campos da vergonha

Eles tinham a França como o país da justiça, da igualdade, da fraternidade. Viveram o exílio como uma obrigação de sobrevivência, uma possibilidade de luta e de resistência contra o nazismo, e também como uma discórdia. Brecht exprimiu esse sentimento, em nome de todos, num de seus poemas:

> *Fomos expulsos, somos proscritos*
> *E o país que nos recebeu não será um lar, mas o exílio.*[1]

O tratamento infligido aos refugiados alemães na França figura há pouco tempo nos livros de história. Ele constitui uma espécie de buraco negro, uma zona de apagamento da memória coletiva. Uma vez a guerra declarada, no dia 3 de setembro, esses emigrantes se tornam, de um dia para o outro, pessoas vindas de uma potência inimiga. Eles têm vinte dias para se apresentar ao comissariado de seus bairros. Nas colunas Morris, grandes cartazes os convidam a fazê-lo o mais rápido possível. Os que demorarem serão presos.

Dois policiais chegam assim à casa de um refugiado antinazista. "Sigam-nos, é para uma verificação. [...] Pegue um casaco. As noites são frias. Traga também um cobertor, um garfo e uma colher." O homem já ouviu esse tipo de conselho antes, os mesmos que foram dados a seu pai quando os nazistas vieram buscá-lo em Berlim.[2] Ele se chama Claude Vernier. Sem notícias do pai, perante a ascensão do perigo nazista, escolheu a França como terra de asilo e porto de paz. Ele será embarcado *manu militari* para o estádio de Colombes, onde Heinrich Blücher já se encontra na companhia de Walter Benjamin e de mais de vinte mil refugiados. Eles têm direito a um garfo e uma faca. A maioria pensa que não vai ficar mais do que algumas horas.

Heinrich escreve para Hannah: "Encontrei aqui todos os nossos amigos, inclusive o infeliz Benji." É verdade, as noites são frescas, mas ele pensa nela ao olhar para as estrelas. Mostra-se confiante: "Todos os militares e agentes são cheios de gentileza. Não falta nada a não ser a minha faca, meu isqueiro e todos os meus fósforos." Ele não sabe de nada: Terá permissão de visitas, possibilidade de envio de pacotes? "[...] uma multidão enorme, condições precárias, minha pequena, faça o seu melhor, que eu também farei."[3]

A solidariedade se instala. Os mais valentes se ocupam dos mais fracos, cedem-lhes seus cobertores, se encarregam da busca de água, falam sem parar para levantar o moral de todos. Se Heinrich está entusiasmado pela força de seu amor e seu desejo de se casar — eles acabam de fazer o pedido às autoridades francesas —, Benjamin, cansado, deprimido, reage mal psicológica e fisicamente.

A Adrienne Monnier, amiga que sempre o apoiou e o abrigou em sua livraria, ele escreve: "Todos nós fomos atingidos pela mesma catástrofe. Esperemos que as testemunhas e os testemunhos da civilização européia e do espírito francês sobrevivam ao furor sangrento de Hitler."[4]

No estádio de Colombes, mais de vinte mil pessoas vivem em condições difíceis. Algumas estão amontoadas de pé, nas curvas, outras acampam nas tribunas. Os sortudos, como Heinrich e Benji, conseguem um lugar no gramado. De manhã, à tarde e à noite, eles ganham pão e patê. As instalações sanitárias do estádio ficam trancadas a chave, e eles precisam ajudar os mais idosos a subir as pipas de bordas cortantes para satisfazer suas necessidades. É proibido se lavar. E é impossível trocar de roupa, pois as encomendas não são entregues.

Só os homens, entre os refugiados, foram presos. Hannah descobre, com os camaradas de exílio, para onde Heinrich foi levado. Leva roupas de lã, latas de sardinha, e passa horas com os amigos. Milhares de conservas e tabletes de chocolate, centenas de echarpes de lã serão depositadas nas portas do estádio e nunca distribuídas. À tarde, para se aquecer, Heinrich canta *A Marselhesa* com amigos nos caminhos cinzentos. Os médicos refugiados são proibidos de cuidar dos companheiros de detenção. À noite, eles tentam dormir, vigiados com tochas por guardas que circulam entre eles e espancam ao menor protesto.

Em 18 de setembro, Heinrich é enviado ao Loir-et-Cher no campo de internação de Villemalard com os amigos Peter Huber e Erich Cohn-Bendit, entre outros. Consegue escrever a Hannah. "Ao menos uma vez as coisas vão bem." Ele tem o direito de receber um pacote. Ela envia uma mala com suéteres, livros e dois cachimbos. Preocupa-se com o estado de saúde de Heinrich, que tenta, com seu francês precário, acalmá-la: "Não falo muito porque em tempos de guerra não há tempo para a tagarelice. Principalmente, não se deve fazer tanto barulho sobre si mesmo."[5] Ele não conta nem de sua estadia em Blois e sua instalação precária nos caminhões do circo Amar, nem das noites de chuva no meio do feno. Não fala de sua raiva por estar preso nesse campo onde eles vivem num estado de completa passividade. Não evoca os insultos dos guardas, que consideram os refugiados alemães como inimigos vencidos. Esconde o desespero que se apodera dele e de todos no campo, emigrantes políticos, judeus, antifascistas sem partido, combatentes da guerra da Espanha, evadidos de Dachau, diante da atitude da França. Não se estende sobre o frio que começa a habitar seu corpo, sobre o cansaço por ter de ir, todas as manhãs, aos campos gelados, enquadrado por militares, para arrancar da terra beterrabas. Prefere evocar a beleza da paisagem, dizer que estuda Descartes, Kant. Apesar de todos os seus esforços, Hannah não consegue o direito de visita, ao contrário de Anne Weil, sua melhor amiga, que acaba de obter a nacionalidade francesa. Mas ela luta com tanta obstinação que acaba conseguindo autorização para vê-lo. No domingo 15 de outubro, pega o trem para Blois, depois chega a Villemalard. Enfim. Hannah e Heinrich caem nos braços um do outro.

Essa visita dá forças a Heinrich, cada vez mais doente, por causa das crises de cólicas nefríticas. Suas cartas, repletas de coragem e fatalidade, impressionam pela modéstia e a profundidade. Em vez de gemer, ele vai ao socorro dos mais despreparados, toma conta do amigo Alfred Cohn, mergulha nas obras de Kant sobre a moral e conforta seus camaradas.

Arthur Koestler é internado no campo de Vernet, em Ariège, Walter Benjamin no campo de Saint-Joseph, perto de Nevers, os escritores Alfred Kantorowicz e Lion Feuchtwanger no campo de Milles, outros exilados alemães antifascistas em Saint-Cyprien, Anglès, Gurs, Rieucrois, Villerbon, Montargis, Montbard, Saint-Julien... Em novembro de 1939, entre dezoito e vinte mil homens estão presos em campos franceses sob o único pretexto de serem alemães. Os inimigos mais severos de Hitler e do nazismo são internados porque a guerra foi declarada... ao ditador. No entanto, todos querem combatê-lo, mas a França não os autoriza a se juntar às fileiras do seu exército. Requisitados com urgência, os campos são construídos pelo ministério da Guerra. Nenhum é destinado a acolher por tanto tempo tantas pessoas que chegaram num estado de privação extrema.

Em Villemalard, não há nem eletricidade nem aquecimento. Heinrich, sempre digno, não evoca a degradação de suas condições de vida. A única coisa que diz é que faz frio. Com um pouco de sorte, escreve a Hannah, o bom tempo voltará com a lua crescente. Ele encontra força no amor dos dois: "Ainda vejo na luz dos seus olhos o reflexo desse tempo, e sei que os meus também o carregam."[6] O inverno chega. As doenças se multiplicam: tuberculose, febres, problemas cardíacos. Ainda hoje, não se sabe quantos refugiados, homens, mulheres, crianças, morreram nesses campos. As pesquisas, iniciadas por Gilbert Badia e Denis Peschanski, apenas começaram.[7] Elas já revelam as condições dramáticas desses campos da vergonha que haviam sido construídos, ao menos os mais importantes como os de Vernet, de Gurs e o de Saint-Cyprien, para receber os combatentes e os refugiados da Espanha republicana derrotada. Duzentas pessoas dormem em cada barraca insalubre, sem cobertores, sobre a palha úmida infestada de vermes. Os "intelectuais" são mais particularmente destinados aos trabalhos de latrinas. Em suas memórias, alguns afirmarão que esses campos poderiam ser comparados a Dachau e Buchenwald.[8]

Heinrich aguarda a chegada de uma comissão de crivação, que deve dividir os estrangeiros em várias categorias, e espera poder sair. Em Paris, Jules Romains, Paul Valéry, Adrienne Monnier, entre outros, se agitam para tentar fazer com que eles saiam. O mesmo faz o Pen Club, que consegue liberar Alfred Cohn por motivo de doença. Por decisão ministerial, e graças à obstinação de Adrienne Monnier, Benji deixa o campo de "trabalhadores voluntários" de Nevers no fim de novembro. Escondido em Lourdes, ele se refugia em seus sonhos e aspira a ser enterrado num sarcófago de espuma.[9] Como tantos outros, irrita-se por não ser mais útil aos adversários de Hitler. Por sua vez, o Congresso Judaico Mundial se organiza para levar socorro aos prisioneiros, enquanto Hannah não tem mais o direito de ver Heinrich. No início de novembro, ela consegue, no entanto, que uma de suas amigas, Juliette Stern, faça uma visita a ele. Esta leva um saco de dormir e uma mala cheia de comida. Heinrich divide tudo com seus camaradas. Ele pede a Juliette que diga a Hannah que tudo vai bem, quando na verdade sofre dos rins e atravessa um período de grave perturbação.

Hannah continua se esforçando para liberá-lo. Chega a Villemalard na segunda semana de novembro e tenta interceder perante as autoridades. Decepção. Só os alemães casados com francesas podem sair. Hannah tenta, então, inscrever Heinrich na lista de doentes, mas ele se opõe. Ele quer combater. Assinou cinco vezes documentos atestando a vontade de cumprir seus deveres militares pela França. Ele tem esse direito, já que se beneficia do direito de asilo. "Espero que a nossa sorte seja decidida pelo governo." Ele acalma a impaciência e a angústia de Hannah. "Eu te amo, meu amor, eu te amo, já não sei mais dizer o quanto."[10] Hannah passa de esperanças falsas a decepções. O comandante do campo libera os mutilados, mas não os doentes. Cada vez mais fraco, Heinrich é hospitalizado na enfermaria enquanto os rumores mais loucos circulam nos acampamentos. Um deles é de que os homens de mais de quarenta anos poderiam ser liberados para fazer trabalhos de utilidade pública para o ministério da Defesa nacional. Heinrich cruza os dedos. Ele tem quarenta anos há dez meses, e isso o salvará.

Em 15 de janeiro de 1940, uma minoria de refugiados alemães e austríacos é liberada por causa da "inaptidão médica aos campos". Mas a liberação de um refugiado não significa necessariamente a sua liberdade. Alguns, que nem são considerados civis pelo governo francês em guerra, são enviados a outros campos enquanto "estrangeiros perigosos e indesejáveis".

Graças a um estudo sobre os campos de internação[11] de setembro de 1939 a maio de 1940, sabe-se que, entre os duzentos e cinqüenta e quatro alemães internados em Villemalard em dezembro de 1939, apenas quatorze foram liberados no início de 1940. Heinrich é um deles. A princípio, esses "liberados" podiam voltar às suas residências anteriores. Apenas a princípio, pois os militantes comunistas, os suspeitos do ponto de vista nacional e os "estrangeiros perigosos e indesejáveis" são transferidos para outro campo. Heinrich, embora passível dessas três acusações, escapa de um novo aprisionamento e chega são e salvo a Paris, onde Hannah e Martha o esperam.

A primeira vez que Heinrich sai de casa é para ir à prefeitura. Acompanhado de Hannah, apresenta os papéis atestando seu divórcio e pede autorização para se casar. A cerimônia acontece em 16 de janeiro de 1940 na sede do XV distrito. Sem frufrus, e com uma certa gravidade, Hannah e Heinrich se casam bem a tempo de se beneficiar do certificado de casamento dos refugiados. Dois meses mais tarde, a administração parisiense se recusará a enviar-lhes o certificado. Um drama, já que esse documento era indispensável para se conseguir o precioso *emergency visa*, o "visto de urgência" americano.

Hannah e Heinrich retomam juntos a vida cheia de incertezas e precariedades, e correm a cada instante o risco de serem presos novamente. Para tentar evitá-lo, decidem se colocar sob a proteção do *Joint Committee*, que financia a maior parte das organizações de ajuda judaicas na França, e que tem como objetivo socorrer as populações judaicas na Europa. Eles esperam, graças à intervenção de Adrienne Monnier, que conhece um funcionário importante no Quai d'Orsay, deixar o território francês rumo aos Estados Unidos.

Desde o fim de janeiro, em vista da partida, Hannah tem aulas particulares de inglês junto com Heinrich e Benji. Eles se inscrevem igualmente na lista do *Emergency Rescue Committee*, que se esforça por ajudar os intelectuais antifascistas, tentando obter um visto de urgência. A partir de agora não basta preencher as papeladas administrativas para consegui-lo; é preciso ainda se beneficiar de cartas de recomendação, de um atestado de renda e da sorte de ser inscrito na lista dos vistos fora de cota ou de pertencer à categoria de "não-imigrantes"! Heinrich e Hannah lêem *Luz de agosto*, de Faulkner, e o *Diário* de Gide. Esperam poder partir e deixar a França, onde são cada vez mais indesejáveis, e onde a sua situação não pára de se agravar.

A fuga

Em 5 de maio de 1940, cinco dias antes da ofensiva da Alemanha contra a França, eles ficam sabendo pelos jornais que o governo de Paris ordena que todos os refugiados alemães de dezessete a cinqüenta e cinco anos, homens e mulheres, originárias da Alemanha ou de Dantzig, se apresentem. Os homens são conduzidos à caserna dos Invalides para serem levados, em 14 de maio, ao estádio Buffalo. E as mulheres devem ir no dia seguinte ao Velódromo de Inverno. Hannah deixa a mãe, que ultrapassou a idade limite, no apartamento da rua da Convention e pega o metrô para se apresentar no Velódromo, onde ficará uma semana, dormindo sobre palha na arquibancada, junto com a amante de Fritz Fränkel, Franze Neumann, e duas outras mulheres: as detidas são isoladas em grupos de quatro para evitar os movimentos da multidão. Às vezes, um avião militar sobrevoa a vidraçaria da construção. Algumas mulheres ficam histéricas. Entre as duzentas e cinqüenta internas, Hannah escolhe Lotte Eisner como delegada para falar com os oficiais franceses sobre os problemas de comida e higiene. Hannah socorre todas essas mulheres que choram, sem notícias de seus namorados, de seus maridos. Kaethe Hirsch, uma de suas amigas, confirmará o nervosismo coletivo e a falta de informações do exterior. Em 23 de maio, os soldados franceses transportam-nas em ônibus até a estação de Lyon. Elas são insultadas: "Ah! A quinta-coluna. Hitler paga bem?"[12]

No estádio parisiense de Buffalo, Heinrich se encontra preso com três mil refugiados. Alguns folhetos introduzidos clandestinamente informam que o governo francês quer transferi-los para campos no sul da França. Alguns dias mais tarde, por grupos de cem, eles são levados em caminhões para fora da capital, sob uma severa vigilância policial. Blücher se encontra num campo de internação que será evacuado quando os alemães entrarem em Paris.

Por sua vez, Hannah é embarcada num trem em direção a Gurs. Faz um calor terrível. As mulheres têm sede. Na chegada, um escoteiro quer lhes dar água. Uma irmã da Cruz-Vermelha intervém: "Não dê água a essas pessoas. Elas fazem parte da quinta-coluna."[13]

Hannah chega a Gurs em 23 de junho de 1940, o dia seguinte ao armistício. O campo conta então com nove mil, duzentas e oitenta e três detidas. As condições de alojamento são precárias, e as barracas já estão degradadas. O campo se transforma em atoleiro com a primeira chuva. Condenadas a viver nesse ambiente, as detidas se organizam e criam cooperativas de ajuda mútua para trocar alimentos, roupas e *savoir-faire*. Hannah participa dessa iniciativa de coragem e solidariedade e se engaja com toda a força nesse combate coletivo das prisioneiras. Luta, como pode, contra a sujeira, a miséria, a humilhação. As detidas são divididas em grupos de sessenta e instaladas em ilhotas. Sua amiga Lotte Eisner se encontra na ilhota 3, aonde todas as noites o oficial responsável vem, com um chicote, procurar a mulher mais bonita. Em troca de seus favores, ele lhe dá de comer.

As responsáveis da cantina logo conseguem uma autorização diária de saída por ilhota para comprar leite na casa dos camponeses nos arredores. Hannah faz parte das que se batem por melhores condições materiais e brigam com os guardas para obter um mínimo de higiene. Ela se junta a um coletivo de mulheres que organiza cursos de história e língua. Nas barracas, cada uma arruma seu cantinho da melhor maneira que pode: elas não têm o direito de se trocar, e a palha que serve de cama, logo suja e úmida, não é renovada. A sujeira que reina no campo obriga as mulheres a usar à noite as mesmas roupas do dia. De qualquer maneira, elas chegaram sem nada e não podem obter nada no interior do campo. Têm direito a um banho de chuveiro a cada quinze dias. Nesse inferno de Gurs, que fará parte de sua vida para sempre, Hannah estimará mais tarde, em 1941, numa correspondência inédita,[14] ter ladeado a morte todos os dias e ter pensado seriamente em se suicidar. Vinte e cinco pessoas morriam ali cotidianamente, quatro mil crianças tentavam subsistir ao lado de nove mil mulheres e de mil e quinhentos homens de mais de setenta anos, também submetidas a condições deploráveis.

Confrontada com esse inferno cotidiano, Hannah não cederá ao desespero. Ao contrário, ela se engaja cada vez mais na ação coletiva e protesta com suas companheiras de infortúnio junto aos soldados franceses, posicionados na frente da dupla barreira de arame farpado que as dissuade de qualquer tentativa de fuga, contra essa detenção abusiva. Continua lutando, apesar da certeza que a domina: a França as prendeu para deixá-las morrer. Eis o que escreve uma de suas companheiras de detenção, Hanna Schramm: "Havíamos perdido nosso passado, não tínhamos mais pátria, sobre nosso futuro havia uma nuvem negra: a sombra ameaçadora da vitória de Hitler."[15] A luta coletiva se transformará numa violenta coragem de viver, e dará a Hannah um otimismo insensato que reforçará o desejo de tentar sair do lodo.[16]

A Gestapo entra no campo no início de 1940 em busca das raras internas nazistas. Uma alemã de origem judaica chama em particular um oficial para lhe pedir notícias de sua cara Alemanha, e reclama da má qualidade da comida francesa. A Gestapo só levou nesse dia as que pediam para voltar à Alemanha, mas voltou todos os dias em busca de emigrantes para prender.

Hannah convence as camaradas a continuar mobilizadas. A pior armadilha é sentar no chão e não fazer mais nada, sentir pena da própria sorte e não manter a esperança de fugir. Realmente, a ocasião vai se apresentar, depois de 20 de julho, como ela contará em 1962 à revista americana *Midstream*: "Algumas semanas após a nossa chegada ao campo, a França foi derrotada, e todas as comunicações se interromperam. No caos que se seguiu, conseguimos pegar documentos de liberação, graças aos quais tivemos condições de sair do campo."[17] Esse momento de desordem só durará alguns dias. Em seguida, tudo voltou a ser como antes, e as possibilidades de evasão quase impossíveis.

Hannah, que havia previsto esse retorno ao normal, suplicou às camaradas para agarrar a chance de fugir com ela. "Era uma oportunidade única, mas que significava ser preciso fugir tendo como bagagem apenas uma escova de dentes." Na companhia de duzentas mulheres, Hannah Arendt escolheu a liberdade.

Alguns meses mais tarde, sob a administração de Pétain, os campos se tornaram infinitamente mais perigosos do que na época de Daladier. Os que se opunham à Alemanha hitlerista são entregues à Gestapo e depois assassinados. A partir de 27 de setembro de 1940, as autoridades alemãs editam a primeira ordem sobre o recenseamento de judeus em zona ocupada alguns dias antes da lei de 3 de outubro de 1940 do governo de Vichy sobre o status dos judeus, em que se definia "a raça judaica", o que a ordem alemã não fazia. Os chefes de polícia ganham plenos poderes para internar os judeus estrangeiros. Em 22 de outubro, seis mil, quinhentos e quatro judeus são mandados para Gurs com a colaboração das autoridades francesas. O campo de internação, transformado em campo de concentração, verá a maioria de seus internos ser enviada para campos de extermínio, onde morrerão entre 1942 e 1943.

Hannah foge de Gurs a pé com a escova de dentes e a intenção de reencontrar a amiga Lotte Klenbort, que tinha conseguido escapar da Paris ocupada e vivia numa casinha perto de Montauban. Eis Hannah na estrada, nessa atmosfera de destruição, sozinha, sem notícias do marido. Centenas de mulheres estão na mesma situação. Elas são chamadas, na região sudeste, de "gursianas". Hannah envia telegramas a todos os campos da França não ocupada para tentar encontrar Heinrich. Caminha durante horas, dorme em fazendas, onde, em troca de uma cama — ela não tem um centavo —, trabalha durante o dia no campo. Está exausta, desorientada. Toda a região vive num estado de grande confusão: um decreto das chefaturas exige que todos os antigos internos de Gurs deixem o departamento dos Baixos-Pireneus em vinte e quatro horas, sob pena de serem presos novamente, enquanto um decreto de Vichy proíbe todos os estrangeiros de viajar e deixar seu domicílio. Hannah é uma sem-alojamento, sem-documentos, sem-dinheiro.

Finalmente, ela consegue chegar a Montauban, onde reencontra Lotte, que cuida dela e lhe dá de comer em sua pequena casa de quarto e sala, a uma dezena de quilômetros da cidade, onde já se escondem Renée Barth e sua filha, assim como o pequeno Gaby Cohn-Bendit.[18] Durante alguns dias, Hannah sofre de um forte reumatismo nas pernas, conseqüência da longa caminhada, que a deixa acamada. Assim que recobra suas forças, Hannah vai de bicicleta a Montauban para tentar conseguir notícias de Heinrich. A cidade se tornou ponto de convergência de todos os que se evadiram dos campos. O prefeito, socialista, oponente ao governo de Vichy, decidiu fazer de Montauban uma cidade aberta a todos os refugiados, ocupando todos os alojamentos que ficaram vazios após a debandada.

Em alguns meses, Montauban se torna o refúgio de todos os adversários políticos do nazismo. A cidade inteira se organiza para uma ajuda mútua. Sobre o chão da praça da prefeitura, a municipalidade coloca palha para acolher os refugiados que não encontram quarto na casa dos moradores, e abre um escritório de acolhimento. Os exilados se agrupam nos cafés. Um ônibus lhes permite circular entre todos os locais por eles requisitados.

Onde está Heinrich? Como encontrá-lo? Hannah volta à casa de Lotte trêmula e desesperada. Não há nenhuma razão para acreditar que possa descobrir onde está o marido. No entanto, alguns dias depois, é inacreditável, porém verídico: na rua principal de Montauban eles se encontram como por encantamento. O que o destino reserva... Eles se cruzam, se abraçam e se enlaçam no meio da multidão. A história de Hannah e Heinrich é um romance verdadeiro, em que o amor força o destino a se realizar.

Heinrich sofre de uma infecção no ouvido interno. Ela cuida dele e o abriga na minúscula casa, onde já moram Lotte, Renée e as duas crianças. Depois, eles se instalam num modesto estúdio no centro de Montauban, em cima da loja de um fotógrafo. Hannah e Heinrich tentam todos os procedimentos possíveis para partir para os Estados Unidos e entram novamente em contato com o *Emergency Rescue Committee*. Como tantos outros, eles se inscrevem na lista para tentar fugir da Europa via Lisboa. Mas como obter um visto de entrada nos Estados Unidos? E como ultrapassar a fronteira? A lista de pedintes, com ou sem visto, não pára de crescer. Eles tentarão o impossível.

De Lourdes, onde está refugiado, Benjamin pede a Adorno, já exilado nos Estados Unidos, que lhe arranje um documento para que ele vá a Nova York como professor. "A total incerteza do que me aguarda no próximo dia, na próxima hora, domina minha existência há várias semanas. "[19] Hannah procede da mesma maneira com seu primeiro marido, Günther Stern, que acaba de se instalar na Carolina do Norte. Adorno, como Stern, envia os papéis solicitados. De nada adianta. Os documentos não estão certos. Os pedidos não são aceitos. Heinrich e Hannah aguardam com paciência em Montauban. Ela lê Simenon, ele, Kant. Um rascunho de comunidade se esboça com o reencontro de antigos amigos: Peter Huber, internado com Heinrich, Erich Cohn-Bendit, antigo companheiro de Heinrich nas reuniões comunistas de Berlim, Anne Weil, que havia conseguido tirar a irmã de Gurs e alugado uma casinha perto de Souillac.

Montauban, cidade refúgio, é também uma cidade armadilha, aonde a polícia de Vichy vem para prender os ilegais. Os rumores nas casas dos refugiados são insistentes: as chances de fugir da Europa são maiores para quem está em Marselha. Mas como alcançar essa cidade? De Montauban, um veio comunista promete uma passagem para a Espanha. Algumas pessoas tentam a África do Norte. Outras compram, de intermediários duvidosos, vistos para a América Latina. Hannah e Heinrich não sabem mais em quem acreditar e tentam separar as informações confiáveis dos rumores sem fundamento. Eles freqüentam a biblioteca municipal, onde ela descobre e devora o *Leviatã*, de Hobbes. À noite, vão a círculos de antigos comunistas alemães. A matriz de *Origens do totalitarismo*, grande livro por vir, nascerá ao longo dessas reuniões.

Todas as noites, os refugiados se reúnem diante do correio de Montauban. Notícias animadoras dão esperança: no consulado americano de Marselha, estão distribuindo vistos para alguns refugiados. Eles hesitam em partir, decidem esperar. Hannah descobre Tocqueville e estuda a noção de autonomia do aparelho de Estado. À noite, Heinrich desenvolve a teoria de Marx sobre o bonapartismo. Hannah trabalha, elabora um início de reflexão filosófica sobre a noção de história.

Haverá sempre neles, que são unidos pelo amor à ação e à reflexão, o mesmo desejo de pensar o acontecimento e, portanto, não sofrê-lo. Apesar de suas condições precárias, apesar do cotidiano repleto de medo e espera, Hannah e Heinrich tentam, juntos, entender pelo viés da filosofia política o que lhes acontece. Como essa combinação de fé coletiva e terror individual, sobre o pano de fundo da ausência total de liberdade, pode criar um novo regime de essência totalitária, estruturalmente oposto à própria idéia de democracia? Nos grupos de discussão de que eles participam toda noite, os mesmos temas são abordados: por que as democracias ocidentais abandonaram a revolução espanhola? Por que esse movimento, de essência revolucionária, foi apunhalado pelos agentes da União Soviética? Por que Stalin fechou um pacto com Hitler? Hannah devora Clausewitz e começa a tomar notas para um livro sobre o imperialismo e o nazismo, uma pesquisa que se pretendia histórica sobre o que ela chama de "imperialismo racial".[20]

Eles sobrevivem embora vivam numa grande miséria. Grão-de-bico e repolho em todas as refeições, sem gordura, não parece muito apetitoso. Com dinheiro, consegue-se tudo: carne, laticínios, vinho, tabaco. Mas Hannah e Heinrich não têm nenhum. Por isso têm de aguardar. Esperar. Pacientar. Unidos. Solidários entre refugiados. Levados pela ilusão de que vão sair dessa: "Todos juntos como se fôssemos destroços encalhados por forças incontroláveis nessa cidadezinha da província francesa, não conseguíamos nos persuadir de que estávamos engajados num caminho sem saída."[21]

A colaboração entre a Gestapo e a polícia francesa fica cada vez mais estreita. Fanny Ridner, amiga de Hannah, refugiada que freqüenta os mesmos cafés que ela e que, no entanto, não faz política, mas é casada com um resistente, é presa em pleno centro de Montauban pela guarda republicana francesa. É levada para casa, onde se encontram a mãe e a irmã. Todas as três devem seguir os policiais, que as entregarão para a Gestapo. Elas serão, por fim, enviadas a um campo de concentração. O pânico toma conta da comunidade antifascista alemã de Montauban.

Em outubro, é dada a ordem aos judeus de se recensear nas chefaturas. Hannah e Heinrich querem partir, mas precisam esperar a chegada de Martha. Hannah toma novas medidas. Como antigo membro da *Aliyah* dos jovens, ela diz querer continuar seu trabalho no quadro da organização sionista nos Estados Unidos. Pede para ser acompanhada pelo marido. Precisa de seu "affidavit": palavra fetiche, talismã de significação quase mítica, esse documento significa que dois cidadãos americanos se responsabilizam por você e se comprometem em prover suas necessidades. Benjamin o pede a Horkheimer, Hannah suplica a seu primeiro marido para procurar um fiador. Mas no momento em que recebe o papel tão esperado de Günther, descobre que esse abre-te-sésamo não é suficiente.

A partir de agora, é necessário possuir também o certificado de liberação do campo, documentos de identidade, mas também o visto de saída do governo de Vichy. É preciso, pois, ir a Marselha, ao escritório da chefatura. Mas para chegar a Marselha, é necessária uma permissão da guarda republicana de Montauban, entregue àqueles que estão em dia... Como conseguir a liberdade quando se é, *de facto*, prisioneiro?

Mais uma vez, Hannah assume todos os riscos. Viaja várias vezes para Marselha. E consegue o visto americano. Embora miraculoso — entre mil cento e trinta e sete pedidos submetidos ao departamento de Estado dos Estados Unidos, apenas duzentos e trinta e oito foram assinados entre agosto e dezembro de 1940 —, esse documento, emitido pelo *Emergency Rescue Committee* para ela, enquanto personalidade do movimento sionista, e para Blücher a título de cônjuge, já não é suficiente para sair da Europa. Além disso, o governo de Vichy também exige uma autorização de trânsito, que os governos espanhol e português só liberam a conta-gotas. Como obter esses novos documentos? Hannah volta a Marselha para enfrentar a fila dos consulados.

Marselha, cidade de todas as esperanças e de todas as solidões. Marselha, beco sem saída dos sobreviventes. Marselha, cidade da espera dos antifascistas de uma Europa aniquilada. Marselha, lugar onde era preciso se esconder dos policiais franceses que poderiam enviar qualquer refugiado para um desses campos da região que se enchiam novamente.

Depois de muitas viagens infrutíferas, Hannah decide partir para se instalar com Heinrich e deixar a mãe que, por sua vez, ainda não conseguiu o "affidavit" nem o visto, em Montauban, na casa da amiga Nina Gourfinkel.

Em Marselha, eles reencontram Walter Benjamin, Alma Mahler, Franz Werfel e muitos outros. Marselha se torna uma rede gigantesca onde os exilados tentam se organizar na esperança de partir para os Estados Unidos. Hannah passa dias inteiros no consulado, na esperança de conseguir um simples número de dossiê. Esforça-se para obter um visto espanhol, raramente concedido aos emigrantes alemães, suspeitos de ser antifranquistas. Fica sabendo que o consulado mexicano oferece visto aos antigos participantes das brigadas internacionais e aos antifascistas alemães. Hesita. Finalmente, decide enfrentar a fila do consulado português. No romance *Transit* [Trânsito], Anna Seghers descreve a situação desses refugiados alemães exaustos, obrigados a se esconder de dia da polícia francesa em hotéis degradados, nos quais não se olha com muita atenção os documentos de identidade, e a esperar em cafés no velho porto, de madrugada, os homens que vendem no mercado negro, a preços exorbitantes, passagens de navio para os Estados Unidos. Com a esperança da partida, eles estão dispostos a ficar para conseguir todos os documentos. Hannah Arendt não conheceu nada de Marselha, nem as mulheres que remendavam as redes de pesca, nem os operários solidários aos refugiados que organizavam socorro, nem os patrões de cafés que colocavam baguetes à sua disposição. Anna Seghers tem razão: "Todas as cidades se velam, sem que se perceba, diante daqueles que as tomam como um lugar de passagem."[22]

Você tem o visto? Você tem permissão de estadia? Você quer partir? Essas três frases, repetidas à exaustão, constituem o vocabulário de sobrevivência. Aqueles que, como Hannah e Heinrich, têm um visto podem ir ao banco buscar dinheiro... que eles não têm. Um banqueiro duvidoso lhes vende dólares no mercado negro. Quando se consegue os diferentes documentos, o navio em que se quer embarcar já se foi. Cada refugiado é ameaçado de ser pego numa razia assim que sai para a rua. São muitas as capturas nos hotéis onde eles acampam, como testemunham as correspondências e os textos de memórias desses clandestinos, que viveram no desespero essa espera angustiante da partida.

Alarme de incêndio

Com muita emoção na voz e os olhos cheios d'água, Stefan Hessel se lembra hoje dessa atmosfera de aflição. Com vinte e três anos na época, esse futuro embaixador da França se lembra precisamente do ambiente ao mesmo tempo deletério e elétrico da Marselha dos antifascistas alemães. Levado pelo impulso da juventude e a certeza de que iria escapar, justifica a sombria melancolia do que diz Walter Benjamin — que ele reencontrou no pequeno hotel onde o filósofo se escondia — pelo esgotamento psíquico. Para Stefan Hessel, Marselha é um lugar estratégico, onde a hipótese da liberdade pode se encarnar concretamente. Seus pais, refugiados em Sanary, vêm encontrá-lo em Marselha graças à boa estrela de Varian Fry, encarregado pelo governo americano de vir em socorro dos intelectuais ameaçados pela Gestapo e que, corajoso e inteligente, salvará centenas de antifascistas alemães da morte, com o apoio de uma rede que passa por Portugal. Fry lhe dá o endereço de Benjamin, que ele conhece desde a infância e por quem tem uma enorme admiração. Ele tenta explicar as razões de sua confiança, restituir-lhe a esperança e assegurá-lo da credibilidade da rede de Fry; mas Walter Benjamin já decidiu que vai tentar ultrapassar a fronteira franco-espanhola pelos Pireneus Orientais.

Ele se preparou fisicamente — um historiador espanhol revelou recentemente que na véspera Benjamin havia marcado os lugares de sua última viagem através dos campos até o ponto de passagem da fronteira —, mas vive há anos num estado de desespero profundo, habitado pela certeza de que está sobrando neste planeta. Aos encorajamentos do jovem Stefan Hessel, que acredita na vitória da liberdade, Walter Benjamin responde: "Está certo, mas o problema não é esse. A Alemanha venceu em todos os fronts. A Grã-Bretanha não será capaz de se opor sozinha. Que esperança ainda posso ter de mostrar as minhas idéias? Mesmo meus amigos, como Horkheimer e Adorno, que me ajudam a fugir, não parecem precisar de minhas reflexões."[23]

Hannah, que desde Paris, depois em Lourdes e agora em Marselha não parou de reconfortá-lo, de forma bastante maternal, mas também com longas conversas, confiou a Scholem: "Estou muito preocupada com Benjamin.

Tentei arranjar algo para ele aqui, mas, lamentavelmente, fracassei. No entanto, estou mais convencida do que nunca da necessidade de ajudá-lo, para que possa continuar com sucesso os seus trabalhos."[24] Em Marselha, Walter Benjamin confia a Hannah Arendt suas angústias sobre as conseqüências do pacto germano-soviético. Magro, ele fala inúmeras vezes de seu desejo de morrer. Hannah fala novamente de sua admiração, e pede que ele leia em voz alta suas teses sobre o "conceito de história", resposta poética e política aos tempos sombrios, tratado filosófico de postulados novos, formulados, como dirá Scholem, com o objetivo de colocar o materialismo histórico sob a proteção da teologia.

A continuação, nós conhecemos pelo testemunho da Sra. Gurland, de seu filho e de Lisa Fittko,[25] que fizeram com ele o trajeto de Marselha até a fronteira espanhola. Na véspera, eles partem em preparação. Na terça parte do caminho, Benjamin decide dormir ao ar livre e esperar que seus companheiros de infortúnio venham buscá-lo. Na manhã do dia seguinte, ele os espera, com olheiras e com uma bolsa pesada na mão. Eles retomam o caminho de montanhas, a estrada Lister, o caminho dos contrabandistas. Vinhas escarpadas. Encostas verticais. Benjamin pára a cada dez minutos para retomar o fôlego. A viagem se constitui de dez horas de caminhada ininterrupta, dez horas de esforço atroz em terreno desconhecido, dez horas de inferno para Benjamin, que sofre de problemas cardíacos. Às vezes é preciso se agachar para prosseguir. À noite, quando Benjamin chega a Port-Bou na companhia da Sra. Gurland e de seu filho, ele se apresenta à polícia espanhola para obter o lacre com valor de visto de entrada. Então, é avisado de que um decreto acaba de ser promulgado para impedir as pessoas sem nacionalidade de passar a fronteira. As mulheres choram, suplicam. Eles conseguem a permissão para passar a noite no hotel, sob vigilância. No dia seguinte, serão acompanhados até a fronteira francesa. Para Benjamin, o retorno à França significa a internação imediata num campo. "Recebemos os quartos completamente desesperados", conta a Sra. Gurland. De madrugada, Benjamin pede para falar com ela. Ele diz que na véspera, às dez da noite, havia tomado uma grande quantidade de morfina, e que eles precisam dizer que ele teve uma crise de doença. Em seguida, perde a consciência. O médico conclui se tratar de uma apoplexia repentina.[26]

Isso aconteceu no dia 26 de setembro de 1940. Como escreverá Hannah no texto de homenagem a Benjamin, publicado em 1971 na Alemanha: "Um dia antes, Benjamin teria passado sem nenhum problema; um dia depois, as pessoas em Marselha saberiam que, de momento, era impossível passar pela Espanha. Apenas naquele dia particular foi possível a catástrofe."[27]

Na véspera, em Marselha, Benjamin havia confiado a Hannah Arendt seus últimos manuscritos, dentre os quais, as teses sobre o conceito de história, em vista de uma publicação em Nova York pelo Instituto para a Pesquisa Social. Desde a partida forçada de Paris, e apesar do êxodo, da derrocada, das mudanças de endereço, eles nunca cortaram os laços dessa amizade fecunda, vital, sem concessões, e nunca pararam de se corresponder. A ela, ele podia dizer tudo: seus períodos de abatimento, mas também as esperanças de se fortalecer de novo graças a Kafka e Baudelaire, essa sensação de possuir o mundo porque, com os livros, pode-se compreendê-lo. Uma das últimas cartas de Walter Benjamin é endereçada a Hannah Arendt: "Eu estaria mergulhado num buraco ainda mais negro do que esse se, desprovido de livros como estou, não tivesse encontrado na minha memória a única máxima que se aplica magnificamente à minha condição atual: 'Sua preguiça o sustentou com glória, durante muitos anos, na obscuridade de uma vida errante e escondida' (La Rochefoucauld falando de Retz."[28])

Por que o médico de Port-Bou não tentou salvá-lo? Por que a permissão de sepultamento não foi liberada? Por que seu nome não figura no registro de defuntos? Por que ele foi enterrado na vala comum?

Para o amigo desaparecido, Hannah compôs esse poema intitulado "W. B.":

O crepúsculo voltará algum dia.
A noite descerá das estrelas.
Repousaremos nossos braços estendidos
Nas proximidades, nas distâncias.

Da escuridão soam suavemente
Pequenas melodias arcaicas. Ouvindo,
Vamos desapegar-nos,
Vamos finalmente romper as fileiras.

Vozes distantes, tristezas próximas.
Essas são as vozes e esses os mortos
A quem enviamos como mensageiros
Na frente, para levar-nos à sonolência.[29]

Em Marselha, cada exilado espera ser preso de um dia para o outro. Hannah escapará por pouco. Como aconteceu em sua primeira prisão na Alemanha, ela saberá, com essa acuidade de comportamento que a caracteriza, afrontar o adversário mentindo para ele. Blücher recebe uma mensagem no quarto de hotel de Marselha. Pedem para que ele desça ao hall porque alguém quer vê-lo. Hannah pensa imediatamente numa armadilha e tem a intuição de que é a polícia.

Heinrich parte primeiro, discretamente, pela porta dos fundos, para o café ao lado. Hannah desce à recepção para pagar a conta. Quando o recepcionista pergunta a Hannah se o marido está no quarto, ela começa a gritar que ele já está na chefatura e que ela o considera cúmplice da polícia. À noite, o casal foge de Marselha. Por onde? Perdemos suas pegadas. Sabemos que eles se aproveitam de um breve relaxamento da política de Vichy em relação à autorização de saída dos estrangeiros e pegam um trem para Lisboa. Em suas malas, os manuscritos de Walter Benjamin.

"Conhecemos a história de um autômato construído de tal modo, que podia responder a cada lance de um jogador de xadrez com um contralance que lhe assegurava a vitória. Um fantoche vestido à turca, com um narguilé na boca, sentava-se diante do tabuleiro, colocado numa grande mesa. Um sistema de espelhos criava a ilusão de que a mesa era totalmente visível, em todos os seus pormenores. Na realidade, um anão corcunda se escondia nela, um mestre no xadrez, que dirigia com cordéis a mão do fantoche. Podemos imaginar uma contrapartida filosófica desse mecanismo."[30]

Assim começa a primeira tese de *Sobre o conceito de história*, que Hannah Arendt e Heinrich Blücher lêem em voz alta em Lisboa. Graças a uma correspondência inédita com Salomon Adler, reencontrada em Jerusalém, sabemos que o casal conseguiu no início de fevereiro vistos inesperados para Portugal. Eles acabam de perder, por falta de lugar, um navio americano que saiu de Marselha. O navio veio trazer alimentos para a França e buscar refugiados. Eles ficam sabendo que em Lisboa há mais barcos e que as formalidades são menos rigorosas. Em contato com Varian Fry, Hannah se mostra confiante na credibilidade de suas redes e retoma a esperança. Hannah e Heinrich pegam, então, o trem para Lisboa.

Eles ficarão seis meses nessa cidade, esperando um barco para fugir da Europa devastada. Graças a essa correspondência inédita, podemos tomar conhecimento do estado de espírito no qual Hannah viveu esse período. Em 2 de abril de 1941, refugiada com Heinrich no quarto de um pequeno hotel da capital portuguesa, ela relata a Salomon Adler a evolução dramática da situação política dos refugiados: "Novas internações de massa em vista. Nós, por exemplo, fomos forçados a fazer toda a nossa imigração de forma ilegal... Os alemães podem exigir qualquer pessoa sem nenhuma lista e em vinte e quatro horas. Isso impede a possibilidade de ser advertido pelas autoridades benevolentes, o que já aconteceu diversas vezes. Não há mais a possibilidade de se livrar com um pouco de sorte, o que é ainda pior. O anti-semitismo do governo Pétain não vem apenas da pressão das forças de ocupação, mas, sem dúvida, de uma iniciativa autônoma, e ganha um caráter francês."[31]

Hannah dá a impressão de viver num estado de angústia profunda e de violenta revolta contra a França. Como Heinrich, ela se considera uma miraculada e evoca as condições de sua viagem: "Tudo correu relativamente bem, e praticamente não fomos mais interceptados."[32] Percebe-se o "praticamente". O mesmo sentimento de culpabilidade constrange a pequena comunidade alemã antifascista de Lisboa. A capital portuguesa se tornou a passagem estreita da Europa, a última porta de um imenso campo de concentração que se estende sobre todo o Velho Continente. Os emigrantes alemães representam os papéis mais ativos dessa tragédia, tentando ajudar seus irmãos internados nos campos franceses, organizando comitês de ajuda. Alguns alemães são presos na França pela terceira vez e aguardam para serem enviados de volta à Alemanha. O número de suicídios aumenta. Hannah sabe que deve sua inscrição numa *short list* para os Estados Unidos ao fato de fazer parte de uma elite intelectual: entre dez mil detidos, apenas duzentos são escritores e jornalistas. Ela sabe que o visto que conseguiu para si e o marido, a partir de uma lista "de intelectuais de valor" (*sic*), foi estabelecida pelos comitês do *Emergency Rescue Committee* de Nova York. Sabe, portanto, que poderá sem dúvida partir para o continente americano, mas os navios não chegam, e a espera se prolonga. O suicídio de Benjamin não a deixa em paz. Como ainda acreditar no progresso? Como não se desesperar com a ascensão inelutável do nazismo? É preciso aderir às velhas crenças das antigas democracias para conservar a esperança e resistir?

Hannah lê e relê a meditação de Benjamin sobre o quadro de Paul Klee, o *Angelus Novus*. "Nele, vemos um anjo que parece se distanciar de alguma coisa para a qual seu olhar continua atento. Seus olhos estão arregalados, sua boca está aberta e suas asas estendidas. Esse deve ser o aspecto que apresenta o anjo da História. [...] O anjo bem que gostaria de se debruçar nessa desordem, curar as feridas e ressuscitar os mortos. Mas uma tempestade chega do Paraíso: ela inchou as asas estendidas do anjo, e ele não consegue mais dobrá-las."[33]

Hannah confia suas angústias ao amigo Solomon Adler: "Você ainda existe? Como pensar o desastre? Como continuar lutando?"[34] Ela mergulha novamente nos textos de Benjamin. Decora as *Teses*, que fazem um chamado para uma nova maneira de ser intelectual. "O ato de pensar não se funda apenas no movimento dos pensamentos, mas também no seu bloqueio."[35] Hannah meditará sobre a lição. Uma bola de fogo transpõe o horizonte do passado. Preparar o futuro significa organizar o pessimismo. A espera se torna interminável. A procissão do desespero dos refugiados vai se espalhando pelas ruas de Lisboa, onde a Europa vomita o conteúdo de seu estômago envenenado. Hannah e Heinrich ladeiam Alfred Koestler. Só o pensamento do milagre os mantém de pé. "E o dilúvio durou quarenta dias, e as águas recobriram a terra; mas ainda não havia arco-íris nas nuvens."[36] Em Lisboa, policiais disfarçados de civis agora prendem os exilados. Rumores evocando o rapto de refugiados políticos pela Gestapo aumentam a ansiedade. O pacifista alemão Berthold Jacob será reconhecido e preso numa rua de Lisboa. Hannah consegue um *rescue visa* para a mãe. Compra uma máquina de escrever, e escreve para Solomon Adler em 2 de abril de 1941: "Para conseguir um lugar para partir, é preciso enfrentar uma verdadeira batalha da qual não tomamos partido. Toda essa emigração me lembra o velho jogo... no qual jogamos os dados e dependendo do resultado, ao acaso, avançávamos ou recuávamos de tantas em tantas casas e, às vezes, tínhamos de recomeçar do zero."[37]

Anna Seghers conta em *Transit* a história de um velho, empregado em Caracas como chefe de orquestra, que espera seu barco durante meses. Ele consegue, enfim, sua passagem, mas no momento de embarcar é avisado de que falta uma fotografia de identidade em seu dossiê. Morre de uma crise cardíaca no cais. Talvez essa história não seja inventada, e Hannah e Heinrich certamente vivem angústias comparáveis. Até o último momento, eles não sabem se o barco aguardado vai chegar, nem se poderão embarcar.

Em 2 de maio de 1941, Salomon Adler escreve a Hannah: "Se a guerra durar muito tempo, uma boa parte do problema judaico se resolverá sozinho pela morte."[38] Hannah não recebeu a missiva. Tinha acabado de embarcar para a América, nova Terra Prometida.

VII

JORNALISTA

Três semanas na ponte. Hannah com as mulheres no salão, à noite, e Heinrich na sala das máquinas com os homens. Apenas alguns casais privilegiados se beneficiam de cabines. O velho cargueiro parece um campo, e a travessia é penosa. Mas há coisas bem piores: alguns refugiados que conseguem se evadir da Europa acabam morrendo em ataques de torpedos das tropas alemãs, outros sucumbem à epidemia de tifo. Outros são internados por ocasião de uma escala e devem esperar meses para chegar aos Estados Unidos.

Levando em conta tudo isso, Hannah e Heinrich têm sorte. A viagem deles dura apenas três semanas. "Se não me sentisse incomodada com o olhar dos outros, eu teria beijado o solo americano", conta Alma Mahler em *Minha vida*.[1] Hannah chega exausta, mas contente em estar sã e salva. Deixou nas lágrimas essa Europa que a forçou ao exílio em um país do qual ela desconfia e tem medo. Como muitos outros alemães, ela teme o gigantismo, o poder e o gosto pelo dinheiro dos americanos. Conhece de cor *Os tempos modernos* de Charlie Chaplin, *Metrópolis* de Fritz Lang, *América*, o romance de Franz Kafka: "Quando Karl Rossmann, de dezessete anos, a quem os pobres pais tinham mandado para a América, [...] entrou no porto de Nova York a bordo do navio cuja marcha já era vagarosa, a Estátua da Liberdade, que ele vinha observando fazia algum tempo, pareceu-lhe iluminada pela luz de um sol que de repente se tornava mais forte. O braço com a tocha sobressaía como se tivesse acabado de se levantar e em torno de sua figura sopravam os ares livres."[2]

Mas nesse fim de maio de 1941, se ela desconfia dos Estados Unidos, eles também desconfiam desse tipo de refugiados que desembarcam, como ela e Heinrich, com vinte e cinco dólares no bolso. Ninguém os conhece. Ninguém os aguarda. Como diz Brecht: "É difícil aqui para os emigrantes não cair numa onda de imprecações tumultuosas contra 'os americanos' que se exprimem com um cheque semanal na garganta, como Kortner recrimina os que ganham bem e falam mal."[3] Seu primeiro gesto é telegrafar ao ex-marido, instalado na Carolina do Norte: "Günther, estamos salvos. Moramos na 317 West 95. Hannah. 1941 May 23."[4] Graças à organização sionista dos Estados Unidos, ela consegue rapidamente uma ajuda mensal de setenta dólares.

Os Estados Unidos, ao fornecer os vistos, salvam a vida de todos esses emigrantes, que encarnam o ápice da cultura européia. No entanto, eles não os reconhecem mais do que os acolhem. Será preciso esperar mais de trinta anos para que os americanos se dêem conta de que Bertolt Brecht, Thomas Mann, Ernst Toller e tantos outros viveram entre eles. O que seria esse país sem eles? Eles aprenderão a amá-lo, mas continuarão a se sentir antes de tudo europeus. O que teriam se tornado as ciências sociais além-mar sem a contribuição fundadora desses exilados — personalidades tão diversificadas como as de Leo Strauss, Herbert Marcuse, Theodor Adorno e Max Horkheimer — que trouxeram nas bagagens uma nova maneira de pensar e dissecar a sociedade?

Tábula rasa

Hannah Arendt se acostuma rapidamente aos hábitos americanos, ao modo de vida e à língua. Desse choque tão ardente com uma cultura que lhe é profundamente estranha, nasce nela uma nova maneira de pensar, de refletir, de agir. Hannah, como tantos outros exilados antifascistas, terá dificuldades em arranjar um emprego. Felizmente, a maior parte das associações universitárias americanas se uniu para ajudar os intelectuais alemães. Columbia acolhe os membros da Escola de Frankfurt, Chicago convida o filósofo Leo Strauss e o teólogo Paul Tillich, e Princeton os escritores Thomas Mann e Hermann Broch. Algumas universidades privadas abrigarão em seus campi outros antifascistas. Mas a grande crise econômica não está distante, o desemprego ainda é grande, e a maioria dos universitários considera a chegada desses novos colegas uma ameaça e uma concorrência.

Nem Hannah nem Heinrich falam inglês. Além disso, Heinrich é autodidata e não pode, portanto, pretender ensinar. Hannah, é verdade, defendeu sua tese e poderia eventualmente preencher um dossiê de candidatura, mas perdeu, nas errâncias do exílio, seus certificados universitários. Ela não tem nenhum meio de provar sua habilitação. Aliás, levará vinte anos para recuperar seu dossiê alemão e se beneficiar de reparações. Hannah e Heinrich recorrem, então, às organizações de ajuda, criadas principalmente pelas organizações judaicas, como o *German Jewish Club* de Nova York e a *American Federation of German Jews*. Também podem tentar uma pequena ajuda monetária do *Emergency Committee in Aid of Displaced Persons*, especializada no socorro aos artistas e aos intelectuais, e conseguem do *Emergency Rescue Committee*, que lhes forneceu os vistos, uma quantia irrisória.

Mas rapidamente, desde as primeiras semanas, Heinrich recusa os Estados Unidos, seu capitalismo, sua fé na sociedade de consumo, sua arrogância, sua barulhenta afirmação de si. Ele freqüenta amigos que, embora agradeçam aos Estados Unidos por lhes ter salvado, rejeitam de corpo e alma o sistema político-econômico do país. Brecht, seu mentor, estigmatiza o poder do dinheiro que cimenta as relações humanas: "Somos continuamente vendedor ou comprador. Praticamente se vende a urina aos banheiros públicos. O oportunismo passa por virtude suprema, e a gentileza se torna imediatamente covardia."[5] Alfred Döblin vê essa cultura como um inferno sem saída, e não se declara nem emigrante nem imigrante, mas exilado temporário, num país onde não deseja criar raízes. Ludwig Marcuse declara que não há diferença alguma entre o nível cultural dos Estados Unidos e o da África. Se está lá, diz ele, é por pura necessidade. Nenhum outro país, infelizmente, o convidou: "Nem o Alaska, nem a Terra do Fogo, nem o Panamá me disseram: venha."[6] De certa forma, eles se sentem ao mesmo tempo gratos e infelizes.

Martha, por sua vez, chega no dia 21 de junho a Nova York, vinda de Lisboa. Irritada, magra, mas aliviada. Julie Volgelstein, antiga vizinha de Königsberg, vai ajudá-la a suportar a nova vida nova-iorquina com a sua presença constante. Hannah conseguiu encontrar para ela um quarto mobiliado ao lado do estúdio deles. Paul Tillich a coloca em contato com a *Self Help for Refugees*. Hannah diz à organização que está pronta a aceitar qualquer coisa para ganhar um pouco de dinheiro — é preciso alimentar Martha e Heinrich. Em 18 de julho, é empregada em Winchester, no Massachusetts, como "hóspede com casa e comida, mas sem salário", espécie de acompanhante de pessoas idosas.[7] Deixa o marido e a mãe em Nova York. Em 21 de julho, escreve para os dois: "Meus queridos, [...] essa experiência aqui é tão excitante pela novidade, e tão insensata, que vale a pena contá-la em detalhes."[8]

Hannah repara em tudo, se diverte com tudo e, como uma menina gulosa, se maravilha: com a gentileza da família que a recebe, um casal de idosos, com a cidade, com a casa onde moram, "um tipo de máquina de viver com livros".[9] Eles têm um piano, que ela toca, e perto da casa há uma floresta onde gosta de caminhar. Ela faz amizade rapidamente com o senhor do casal, um americano de origem polonesa que fala alemão e sofre com o regime alimentar extremamente severo que a esposa lhe impõe. Assim que a mulher vira as costas — ela é apaixonada por ornitologia e passa dias inteiros entre as árvores catalogando as espécies de aves —, Hannah se instala na cozinha e lhe prepara um frango assado... porém ele não chega a aceitar as batatas fritas! Não é surpreendente, portanto, que ela faça dele, como diz, "um bom amigo".[10] "Ele tem muitas dificuldades comigo e o pressentimento sombrio de que sou superior. Por isso, sente esse medo, tipicamente americano, de parecer ridículo."[11]

Traço característico de sua personalidade, Hannah vive plenamente a situação. Entra em contato sem preconceitos com as pessoas que conhece, abre-se a elas, fica disponível. No final das contas, ela, que viera para lhes ajudar, acaba sendo servida! É o cúmulo. Única obrigação: tem de conversar com eles.

Em Nova York, Heinrich sente a sua falta. Escreve cartas inflamadas, chama-a de sua adorada, sua estrela cadente, mas suporta mal a sua ausência. Ele detesta os amigos de Hannah como Albert Solomon, com quem não tem a menor afinidade, mas ainda assim se sente na obrigação de vê-lo. Também cuida da sogra, que ele considera rabugenta, e sua para escrever algumas páginas radiofônicas sobre a história da Alemanha. Heinrich vive em Nova York, mas cercado de intelectuais alemães. Fala alemão, lê a imprensa alemã, pensa em alemão e só aceita fazer poucas aulas de inglês.

Hannah não tem saída: em Winchester, só se pode falar inglês e, por isso, ela se dedica diariamente aos estudos da língua, embora não sem dificuldade: "Meu inglês vai mais ou menos. Começo a entender um pouco do que não é falado diretamente para mim, mas quando sou eu que tenho que falar, é lamentável."[12]

Hannah Arendt tem trinta e seis anos e não sabe o que vai fazer da vida. Gostaria de poder ajudar as pessoas. Então, por que não ser assistente social? Ela fica sabendo pelo marido que o exemplar de seu texto sobre Rahel Varnhagen, que ela tinha levado a Paris, e que pensava ter posto na mala para os Estados Unidos, se perdeu.[13] Fica furiosa e deprimida. Difícil imaginar hoje em dia a vontade que era preciso ter para reconstruir toda uma identidade na falta de marcas do passado, de tudo o que nos constitui: livros, objetos, textos pessoais. Hannah não tem documentos. Sem seus trabalhos, sem seu certificado universitário, não é nada nem ninguém. *Tábula rasa.* São mais de mil e novecentos escritores e universitários desembarcando nos Estados Unidos sem muita vontade de morar lá. Na falta de uma pátria verdadeira, à qual sentimos pertencer de corpo e alma, é preciso passar pelo aprendizado da perda, com a esperança de que ela não seja irremediável.

Heinrich se tranca nos museus e se entrega aos quadros de Picasso e Matisse. Passa por muitas dificuldades para escrever as crônicas para a rádio. Ainda rejeita esse país, freqüenta o círculo de exilados alemães e zomba do ardor de Hannah em querer aprender inglês. Ele acha que na sua idade é tarde demais, e acredita que só temos uma única língua, a própria. A outra, ele considera apenas "um saber inútil que os alunos indígenas detêm ao nascer e não lhes serve para nada".[14]

Heinrich está imóvel. Hannah em movimento. Ela quer recomeçar os estudos, fazer concursos, obter certificados, integrar o mundo do trabalho. Heinrich tenta dissuadi-la. Não quer que ela aceite falar e trabalhar numa língua que não é a deles. Não vale a pena, pois para ele "quando se tem seu stradivarius roubado e se é obrigado a pagar um preço inacreditável por uma rabeca qualquer, a língua estrangeira não poderá ser mais do que... a licença de usar essa rabeca".[15] Ele conseguiu convencê-la a abandonar os cursos de assistência social, mas ela não cede quando ele pede para que ela pare de trabalhar e volte a Nova York. Ela respeita o contrato e continua vivendo sob o teto desse casal de idosos, nessa cidadezinha de Massachusetts, onde aperfeiçoa o inglês. Faz o papel, como ela mesma diz, do soldadinho de chumbo, mantém uma correspondência com Günther, toca as *Lieder* de Schumann, pensa em Benjamin, não sabe o que quer, mas sabe perfeitamente o que não quer: "Tornar-me um macaco pseudo-sábio como os Estados Unidos exigem." Confessa a Heinrich: "Prefiro morrer de fome nesse país de farsas a me degenerar nesse tipo de personagem petrificado — aliás, eu seria incapaz de me tornar um —, mas isso me assusta assim mesmo. Brr..."[16]

Heinrich não consegue escrever, e essa incapacidade aumenta ainda mais sua agressividade em relação aos empenhados do saber, aos padres da educação, aos círculos universitários. Há nele um enorme rancor, repleto de desprezo, pelo que a guerra de 1914 o impediu de se tornar: um professor. Por mais que não tenha podido terminar seus estudos de licenciatura, ele se sente, no plano intelectual, superior a muitos universitários providos de diplomas. Ele fala muito, enuncia teorias, mas não consegue colocar preto no branco as suas próprias reflexões. E esse sofrimento o enlouquece. Em vez de tomar conta apenas de si mesmo, prefere vituperar contra os poderosos do saber e imaginá-los, de maneira bastante paranóica, como um tipo de internacional de falsários. Essas pessoas que acreditam saber tudo, que estão sempre dando lições, se tornam a sua obsessão. Ele diz a Hannah: "É de vomitar, essa mania de revirar as roupas velhas penduradas nos armários dos séculos para escolher um trapo histórico típico de uma época como a nossa e enganar as pessoas. Eles são todos incapazes de encontrar 'o uniforme deste século', ainda que ele esteja à venda em qualquer loja de confecção."[17]

Heinrich, que não carece nem de estilo nem de dinamismo, vive esses primeiros meses num estado de grande confusão. Ele mesmo diz que cambaleia. Ainda ontem, era um intelectual alemão de extrema esquerda, reconhecido como tal no exílio na França. Hoje, em Nova York, vive a perda de seus referenciais ideológicos — não acredita mais no comunismo tal como foi encarnado na URSS, mas ainda busca um ideal revolucionário — e não participa mais, como em Paris, dessas intermináveis reuniões que o irritavam, é verdade, mas que tinham a vantagem de ocupar seu tempo, seu corpo e seu espírito. Loucamente apaixonado por Hannah, sofre com a sua ausência e, sem ela, acha que o tempo não passa. Isso para não falar do fato de que ele vive com a sogra, num estúdio, com muito pouco dinheiro, numa megalópole devoradora onde o respeito pelo outro, de quem não se conhece a língua, se transforma freqüentemente em indiferença. Como não entendê-lo, quando escreve a Hannah: "Minha bonitinha, [...] meu amor, não seja rabugenta, a farsa vai terminar e vamos rir juntos desse baile de máscaras..."[18] Ele é acometido por cólicas, vive numa confusão de línguas, não sabe mais quem é, mas tem certeza de que Hannah pode socorrê-lo. Desculpa-se com ela pela sua fraqueza: "Meu amor, não fique zangada, tenha um pouco mais de paciência. Vou conseguir me livrar de todas essas histórias."[19]

Klaus Mann criou em janeiro uma nova revista literária em Nova York, intitulada *Decision*, para a qual escrevem refugiados alemães. Heinrich marca um encontro com ele para uma proposta de colaboração. Em torno da revista, se reúnem Franz Werfel, Stefan Zweig, mas também escritores americanos como Wistan Hugh Auden e Julien Green. Para os intelectuais alemães, é uma maneira de receber a solidariedade deles, de trocar idéias com os americanos e de não se deixar levar pelo desespero. O primeiro número de *Decision* apareceu em janeiro de 1941. Thomas Mann deu uma importante contribuição financeira.[20]

Heinrich está desesperado. Longe de Hannah, tenta matar o tempo indo à abertura do teatro austríaco, onde representam *Os pais terríveis*, de Jean Cocteau. Ele é esse intelectual alemão em exílio que, à noite, se farta de espetáculos, mas que, de dia, não consegue fazer o trabalho do qual está encarregado: uma dissertação geopolítica sobre a importância da guerra na história da Alemanha. Seu trabalho vai terminar, numa noite de desespero, na lixeira, inacabado. Hannah compartilha seu sofrimento, e o encoraja a retomar o texto de uma forma mais filosófica: "Fico tão curiosa de ver as 'suas obras' que gostaria de tirá-las do seu bolso... em segredo."[21]

Heinrich não é o único a se angustiar por não conseguir criar. A ruptura que vive essa geração de autores, artistas e intelectuais, que tiveram de deixar a Europa para sobreviver, não tem nenhum equivalente histórico. Na história do pensamento, o exílio foi criativo com freqüência, porque os exilados eram exceções e eram considerados como tais. O exilado era único e, por isso, representativo. Mas com o nazismo o exílio se tornou coletivo. Como preservar o próprio nome, a própria individualidade, a capacidade de dizer "eu"? Como lutar contra essa tristeza universal do nazismo num país que continua surdo à ameaça? Como evitar a estética do desenraizamento? Existem plantas sem raízes? Pergunta Klaus Mann.

Em torno da palavra "desenraizamento", aloja-se toda a questão do exílio. Hannah, no seu *Journal de Pensée*, sublinhará mais tarde a precisão das imagens às quais essa palavra nos remete. Ela distingue os que, caçados, deixaram mais facilmente suas raízes, desenraizados no sentido próprio da palavra, e os outros que acreditaram poder levar suas raízes, que, de agora em diante, privadas do solo no qual foram plantadas, não podiam mais cumprir seu papel. Heinrich pertence à primeira categoria. Hannah à segunda. Mas para os dois, o sentimento de pertencimento mais íntimo, mais secreto, foi destruído.[22]

Ela transportou os manuscritos de Walter Benjamin de Marselha a Lisboa e de Lisboa a Nova York. Ele próprio havia tomado o cuidado, antes do suicídio, de enviar uma cópia, nunca recebida, a Adorno, nos Estados Unidos, tendo em vista uma publicação na revista *Social Research*. Assim que chega ao continente, Hannah quita sua dívida moral e envia — por intermédio de Günther — os textos de Walter Benjamin a Theodor Adorno. Em 3 de agosto de 1941, ela recebe o que chama de carta de desgosto. Através de Günther, fica sabendo que, por razões financeiras, o último manuscrito de Benjamin não será publicado naquele momento. Sente raiva de Adorno, mas também de Max Horkheimer, e os trata de "bando de porcos". Para ela, isso é um escândalo. A morte do amigo impõe-lhe o dever de publicar seu texto sem atraso. Ela confia sua indignação a Heinrich: "Estou sozinha e completamente desesperada e angustiada com a idéia de que eles não queiram imprimi-lo."[23] Como arrancar a verdade àqueles a quem ela chama de imbecis? Como confiar neles? "Primeiro, eu tinha que saber se esses imbecis não vão aceitar o manuscrito. E do jeito que são maldosos, não o dirão nunca. Eles vão me enrolar."[24] Hannah fica com tanto ódio que chega a ter desejos violentos. Sente-se indignada com essa recusa, humilhada por ele, pela sua memória, por sua obra. Estima-se testamenteira e quer que eles saibam dessa sua função. Mas como proceder? Ela pede conselho a Heinrich: "Não podemos nem mesmo fazer um discurso sobre a lealdade perante os amigos mortos. Eles vão se vingar, assim como Benji, no fundo, se vingou ao escrever esse texto."[25]

Hannah conhece de cor as dezoito teses de Benjamin, escritas no mesmo modelo das *Teses sobre Feuerbach* de Marx. Ela sabe que esse texto anunciador da catástrofe nazista será acusado, pela seita neomarxista da Escola de Frankfurt no exílio, de ser modelado segundo a teologia e o messianismo judaizantes, e considerado politicamente incorreto.

Ela também conhece, antes de todo mundo, o caráter radical, desesperadamente lúcido, positivamente destruidor, que contêm essas páginas de Benjamin, tomadas ainda hoje pelo desejo de compreender esse mundo do terror e redigidas na dolorosa certeza da impossibilidade de qualquer esperança. Benjamin escreveu, na urgência, um tratado filosófico que é também um diagnóstico da grave doença da socialdemocracia, e uma sentença de morte da concepção da história como progresso contínuo.

A relação entre Adorno e Benjamin, que se conheceram na Alemanha em 1923, de início repleta de amizade e admiração recíproca, se degrada depois de 1933. Adorno, o mais jovem dos dois, se colocou pouco a pouco numa posição de superioridade material, institucional e intelectual. Hannah estava bem situada para saber que, nos anos de exílio, Benjamin sofreu por ter de esperar os subsídios de Adorno, que não se privava de criticar algumas de suas teorias. Aos poucos, o amigo intelectual havia se transformado em camarada mecenas, antes de se tornar censor ideológico.[26]

Hannah tem razão de dizer que, em seu último texto, Benjamin se vingou: ele se vingou dos falsos pensadores, dos donos da verdade, dos pseudovirtuosos, dos profissionais da revolução social programada. Levado pela crise aguda que o fascismo europeu provoca, tenta encontrar uma saída, por menor que seja, para pensar o mundo longe dos paraísos que esses profetas sociais imaginam. Benjamin é censurado por "esses porcos" por ser um incômodo. Eles cospem nele como cospem em seus ídolos de ontem e de hoje. Prometem o paraíso enquanto o inferno já se realiza nos campos.

Heinrich tenta acalmar a cólera de Hannah. Diz que são apenas querelas de capelas, filhos que se vingam dos pais, debates teológicos sem fim sobre a morte do progresso. Ele a aconselha a não se meter nessa discussão. "É preciso se preservar das balas perdidas nesse combate",[27] diz ele. Mas Hannah não desiste. Sua cólera tem fundamentos filosóficos — impossível para ela aceitar a idéia de que esse texto fundamental seja censurado — mas também morais — os mortos não podem se defender...

Ela previne Gershom Scholem, sabendo que ele possui textos de Benjamin em Jerusalém e que deseja tanto quanto ela torná-los públicos. Scholem responde sua carta e também se espanta com o silêncio inquietante de Adorno sobre a publicação da obra póstuma de Benjamin: "Nunca recebi resposta nenhuma... Se você puder, tente descobrir o que se esconde por trás desse silêncio bizarro. Também lhe serei grato se puder me dizer se há escritos, e quais, que você tenha salvado no percurso de Paris a Nova York. Eu mesmo tenho muitas coisas comigo..."[28]

Hannah colocou, desde o exílio em Paris, a relação de Benjamin com Adorno sob o signo do medo, tanto pela timidez e fragilidade de Benjamin quanto pela sua dependência material submissa e humilhante. Desse medo, ela pretende se vingar. Em seu nome. E, dessa maneira, liquidá-lo.[29]

A reabilitação de Walter Benjamin por Hannah Arendt e Gershom Scholem dá frutos. Hannah consegue, por intermédio do ex-marido, Günther Stern, que entrega o texto de Benjamin a Bertolt Brecht, fazer que o Instituto mude de idéia. Brecht considera as teses sobre o conceito de história, apesar de curtas, fragmentadas e repletas de metáforas e referências ao judaísmo, claras e dignas de serem publicadas. Como a revista estava suspensa por razões financeiras, o texto foi impresso em 1942 em tiragem à parte fotocopiada, editada por Horkheimer e Adorno, e intitulada *Em memória de Walter Benjamin*. Será preciso esperar até 1947 para que uma primeira tradução francesa apareça no *Les Temps modernes*, graças a Pierre Missac.

Quando seu contrato termina, Hannah volta, enfim, de Massachusetts e reencontra Heinrich e a mãe. De retorno a Nova York, entra em contato com os círculos sionistas na esperança de encontrar um trabalho. Em 14 de novembro de 1941, assina seu primeiro artigo para o *Aufbau*, um jornal da emigração judaica alemã publicado em Nova York. Com o título "O exército judeu, o início de uma política judaica?",[30] ela sustenta ardentemente a posição — minoritária — de seu amigo Kurt Blumenfeld, que na época estava bloqueado em Nova York por causa da guerra, mas que desejava morar na Palestina (ele só irá em maio de 1945). Hannah milita pela criação de uma brigada judaica no interior das forças antinazistas. Como Hans Jonas, acredita serem necessários soldados judeus, em unidades judaicas e com a bandeira judaica, para reunir os judeus de todo o país contra Hitler e sua guerra anti-semita. Independentemente da ameaça que pesa sobre a existência econômica dos judeus, forçada pelo boicote, e do perigo da formação de guetos para o qual tendem os acontecimentos na Alemanha, Hans Jonas está, desde 1940, profundamente tomado pelo sentimento de que sua honra está ferida e sua dignidade de ser humano afrontada pela negação dos direitos cívicos, e que isso só pode ser reparado com uma luta armada. Como Hannah, ele estima que o anti-semitismo é o centro da máquina de guerra hitlerista. Desde 1941, Hannah escreve que Hitler conduz, antes de tudo, uma guerra contra um povo, o povo judeu. Afirma que não se pode se enganar de adversário nem de combate. Não é enquanto judeu alemão, francês ou inglês que cada homem deve lutar, mas enquanto judeu. Judeus de todos os países, uni-vos. Parafraseando Clemenceau, ela escreve: "A existência de um povo é uma coisa séria demais para que fique nas mãos de homens ricos."[31]

Retomando o exemplo das brigadas internacionais, na Espanha, inspirada por Heinrich que, desde agosto de 1936, havia feito de um comandante do batalhão de judeus voluntários, morto no combate na Espanha, sua figura de herói, inspirada também pela atitude de Hans Jonas que acaba de se engajar como soldado numa unidade judaica do exército britânico, Hannah faz um chamado a uma verdadeira política judaica conduzida não por homens influentes no segredo das cabines e das negociações, mas por milhares de homens do povo, prontos a "lutar, com as armas na mão, pela liberdade e pelo direito do povo de viver".[32]

Já é o início da idéia que ela sustentará por ocasião do processo Eichmann: ser judeu é ser livre, e ser livre é morrer com as armas na mão. Ser judeu é não aceitar nenhum compromisso nem com as autoridades nazistas nem com os conselhos judeus, muito menos consigo mesmo, apagando sua própria identidade pela assimilação. Já é o início de sua revolta contra os poderosos, os ricos, os influentes, sejam eles judeus ou não, assim como a certeza de que o combate pela Palestina passa antes de tudo por um combate pela liberdade do povo judeu: "Só se o povo judeu estiver pronto a se entregar a esse combate poderemos também defender a Palestina."[33] Ela quer que os judeus europeus combatam, mas não indica como poderiam fazê-lo numa Europa dominada pelas leis nazistas. Os judeus da Palestina tentarão criar seu próprio exército: o que levará três anos para acontecer. Depois da derrota da França, a *Jewish Agency* e a *Haganah* fazem acordos com o alto comando britânico e assim constituem unidades palestinas de voluntários. Mas não há um comando único, e os voluntários estão disseminados. Será preciso esperar setembro de 1944 e a decisão de Churchill para que a *Jewish Brigade Group* seja reconhecida como uma única formação militar. Hans

Jonas fará parte desse exército judeu e carregará suas insígnias: azul e branca, com uma estrela de David bordada em ouro.

Hannah Arendt freqüenta os círculos sionistas, mas também o grupo de exilados socialistas alemães *Neu Beginnen*, em que, na companhia de Heinrich, luta por uma nova Europa. Com todas as suas forças, esses exilados antifascistas tentam alertar a opinião pública americana da ameaça que representa a nova ordem de Hitler. Hannah se torna uma européia convicta. Ainda acredita no sobressalto, na possibilidade da vitória, na força da dignidade humana. E não é a única: outros intelectuais, refugiados alemães como ela, ainda acreditam não ser tarde demais. Assim testemunham as alocuções radiofônicas de Thomas Mann que, dos Estados Unidos, se endereçam aos ouvintes europeus: "Queremos que a Alemanha se torne européia. Hitler que tornar a Europa alemã... Mantenham inabaláveis a firmeza e a paciência de vocês. São vocês mesmos que criarão a verdadeira Europa, que será uma federação européia no quadro mais vasto da colaboração econômica entre os povos civilizados do mundo."[34]

O entusiasmo de Hannah, sua verve e seu gosto pela polêmica agradam o redator-chefe do *Aufbau*, Manfred George. Ele a contrata para fazer uma crônica bimensal que ela intitula "É com você". *Aufbau*, no início um simples boletim de ligação da comunidade judaica alemã, se torna de fato um jornal semanal de opinião, lido por todos os emigrantes judeus alemães politizados de Nova York. Manfred George descobre nela "uma potência e uma firmeza de homem".[35] Isso diz tudo! Tendo se tornado colaboradora regular, Hannah intervém no domínio político e critica a atitude das instâncias oficiais do sionismo. Para ela, a urgência não é de se gabar das ações já passadas, mas de encontrar uma resposta política ao anti-semitismo. Desde 1941, a Palestina não constitui a seu ver a resposta certa. O fato de encontrar uma pequena parcela de terra onde nos sentimos em paz é apenas uma quimera perigosa. Para Hannah, a solução da questão judaica não passa pela Terra Prometida. Se o sionismo é o presente que a Europa deu aos judeus, é preciso, estima ela, que a política da Palestina seja feita por judeus europeus, e não que a política palestina determine a política geral judaica. A

Palestina não foi dada. Ela é merecida pela auto-emancipação. A Palestina é uma história de futuro para o povo judeu, a massa do povo judeu, e não para os privilegiados, judeus da corte, judeus do dinheiro.

Em Nova York, as condições de vida materiais e morais continuam difíceis. Com sessenta e um anos, Martha se sente inútil. Quando pode, faz pequenos trabalhos em casa: fabricação de galões, tapeçarias. Heinrich Blücher gira em círculos no seu quarto, preenchendo cadernos escolares com suas teorias filosóficas. Hannah, que já fala e escreve inglês fluentemente, tenta ensinar-lhe um pouco, ao menos o mínimo para que possa arranjar um emprego de operário. Finalmente, Heinrich consegue entrar numa fábrica de produtos químicos de Nova Jersey, de onde volta deprimido e exausto todas as noites. Martha não está melhor. Afetada por uma paralisia na metade do rosto, emagrece a olhos vistos e afunda na depressão. As notícias da Europa contribuem para aumentar o desespero e o sentimento de miséria que dominam os três.

As crônicas do *Aufbau* não são suficientes para pagar o aluguel. Como diz Brecht: "Primeiro, a comida, depois a moral." Hannah descola um trabalho de meio-período como professora no Brooklyn College. André Schiffrin,[36] o editor americano, se lembra de ter assistido a seus cursos noturnos quando era adolescente. Sua mãe o levava duas vezes por semana, no fim da tarde, para seguir esse ensino gratuito de filosofia, oferecido àqueles que queriam estudar sem obter diploma. Ele se lembra de uma sala pouco aquecida, de um público disperso, porém atento, cativado pelo estímulo e a generosidade dessa jovem, com forte sotaque alemão, que o fazia descobrir Platão, Kant, Kierkegaard, e transmitia com entusiasmo a idéia de que a filosofia era a única matéria que permitia a compreensão da vida, a sua vida.

Blücher larga a fábrica onde trabalha e consegue um emprego no *Committee for the National Morale*, cuja principal missão é convencer os americanos a entrar na guerra. Como persuadir os nacionalistas e os isolacionistas, que formam a maioria, dessa necessidade? Como passar a mensagem de que se trata da defesa do país e não da influência do lobby judaico, ou mesmo de um sentimento de solidariedade com uma comunidade? Se hoje, no plano histórico, é conhecido que o presidente Roosevelt não abandonou deliberadamente a possibilidade de um resgate dos judeus da Europa,[37] sua política de restrição da imigração se explica pelo contexto da crise econômica que se vivia na época. Heinrich é encarregado de reunir a documentação para redigir uma obra que deveria se chamar *As Grandes Manobras do Eixo*, um texto de grande público destinado a convencer a opinião americana a entrar na guerra. "O Senhor trabalha tanto, e com freqüência até tão tarde, que mal consegue manter os olhos abertos",[38] escreve Hannah a Lotte e Chanan Klenbort, refugiados no Uruguai. Ela confessa que eles vivem mal, trabalham demais, ela para o *Aufbau*, ele para o comitê, desesperados com as dificuldades materiais, obcecados pela situação política mundial. Antes de o livro ser concluído, Pearl Harbor é bombardeado. O editor precipita a publicação, mas a recepção fica abaixo das expectativas. Blücher se desespera. Não tem mais trabalho. Hannah agarra todas as possibilidades, multiplica os contatos. Ela confia a Lotte Klenbort: "Nos esforçamos para ganhar o mínimo; todo mundo trabalha pesado, sobretudo os emigrantes, porque a guerra não termina nunca; mas isso não é suficiente para que possamos nos sentir orgulhosos de nós mesmos."[39]

Lutar contra o silêncio

Em abril de 1942, num artigo intitulado "Papel e realidade", Hannah interpela a opinião pública sobre o silêncio que recobre a sorte reservada aos judeus da Europa, enviados à morte, aos judeus presos atrás do arame farpado nos campos franceses, aos judeus da Palestina ainda sem um exército autônomo. Fica indignada com o clima de derrota que tomou conta das instituições judaicas, tanto o *Institute of Jewish Affairs*, quanto o *Jewish Labor Committee*, o *American Jewish Committee* e o *Agoudath Israel*, que preferem preparar a paz, em vez de fazer a guerra. De maneira premonitória, apostrofa-os da seguinte maneira: "Queremos esperar que elas não consigam transformar o 'povo do Livro' no 'povo de papel'."[40]

Em 8 de maio de 1942, num texto cujo título é "A eloqüência do diabo", ela se inquieta de novo com a conspiração do silêncio relativo aos judeus, e designa o extermínio dos judeus como razão essencial, principal, da guerra de Hitler. Hannah afirma que apenas dois povos estão embarcados na guerra: os alemães e os judeus, "sendo que os alemães têm um governo reconhecido, enquanto o dos judeus é oculto. Todos os povos, salvo o povo alemão, seriam governados pelos judeus". Só "a igualdade original e incondicional de todos os humanos" pode servir de arma para calar a eloqüência do diabo.[41]

Em 22 de maio de 1942, no artigo "O pretendido exército judeu", ela suplica que a opinião pública abra os olhos e pare de se resguardar por trás das mentiras. Gritando seu desespero, chorando os mortos, clama sua angústia diante de uma exterminação completa. Apela a toda a comunidade judaica para que não acredite mais num milagre: "Se pudéssemos combater esse inimigo sem lutar, se os milhões de judeus dos campos de concentração e dos guetos pudessem morrer apenas nos documentos de estatística, se tivéssemos a milagrosa garantia de que a Palestina não se encontra na costa mediterrânea mas na lua e de que está fora do alvo de qualquer ataque, se os mortos do *Struma*[42] pudessem ressuscitar, resumindo, se minha avó tivesse rodas e fosse um ônibus, então nós, *loucos e homens*[43] do povo, começaríamos talvez a nos interessar pela questão de saber se esse ônibus vai virar à direita ou à esquerda."[44]

Em 19 de junho de 1942, seis meses após a conferência de Wannsee, onde quinze dignitários nazistas decidiram secretamente a "solução final para a questão judaica", Hannah Arendt explica que a partir de 1941 a política anti-semita do regime nazista mudou de natureza. Depois de tentar expulsar os judeus, ela agora consiste em matá-los, praticando o assassinato em massa. Hannah Arendt é uma das poucas a levar a sério, e ao pé da letra, o que diz Goebbels, o propagandista do Reich: "O extermínio dos judeus da Europa, e talvez dos que estão fora da Europa, começou."[45] Aliás, a passagem ao ato precedeu a declaração. O diabo tomou o poder. Ele domina o terror. Hannah escreve: "O destino dos judeus se tornou ainda mais claro, agora se sabe para onde vai a viagem."[46] No entanto, toda sua consciência dolorosa se nutre de uma esperança ativa de uma humanidade... mais humana. "'Não rezaremos a missa, não pronunciaremos o Kaddish.' Os mortos não deixam para trás nenhum testamento escrito. Deixam apenas um nome — não podemos lhes prestar as últimas homenagens, consolar suas viúvas ou seus órfãos. Eles são as vítimas de um sacrifício que não existia desde a época de Cartago e a destruição do Moloque. A única coisa que podemos fazer é sonhar seus sonhos até o final."[47]

Como levar ajuda? Como agir quando ainda há tempo? Hannah tenta convencer as instituições judaicas americanas da amplitude da catástrofe em curso e as incita a pressionar o governo americano para formar esse exército judeu que ela apela por seus votos e que ainda poderia salvar os judeus na Europa. Mas o *American Jewish Congress* e as outras coordenações judaicas se negam a afrontar a administração. Os judeus americanos, na época, são profundamente devotos de Roosevelt, que empregou na equipe colaboradores de origem judaica. Os anti-semitas chamam seu governo de "*Jew deal*".

Mas a verdade é que Hannah Arendt está muito isolada. Seu combate incessante, obstinado, pelo salvamento dos judeus europeus não constitui uma prioridade absoluta para as organizações judaicas americanas. É surpreendente a ignorância, ou mesmo a cegueira, sobre a amplitude dos massacres, quando na realidade estes eram reivindicados pelas próprias autoridades nazistas. Impossibilidade de compreender o que, por essência, é inconcebível? As organizações judaicas, informadas das atrocidades nazistas, sublinham que elas dizem respeito não só aos judeus, mas também aos protestantes, católicos, tchecos, poloneses, russos... Hannah Arendt é a única a acentuar primeira e unicamente os judeus. Aliás, na mesma época, o redator-chefe de seu jornal escreve: "O sofrimento dos judeus, por mais fora do comum e agravante que seja, é apenas um aspecto do sofrimento de todas as vítimas da selvageria atual." No mesmo número, um rabino russo acrescenta: "Os judeus se tornaram vítimas porque são os protagonistas inflexíveis da liberdade, da fé e da democracia." Hannah diz o contrário: "Os judeus se tornaram vítimas porque são judeus."

Hannah e Heinrich não têm nenhuma notícia de Anne e Éric Weil, nem da amiga Juliette Stern, nem do casal Cohn-Bendit, que não vêem desde Montauban. Eles se inquietam. Angústias e esmorecimentos.[48] Ainda tentam diversos procedimentos para ajudar exilados alemães encurralados na França, mas agora os vistos são liberados a conta-gotas e os americanos só admitem em seu solo quem já tem família no país.

Hannah Arendt fica sabendo então que o combate que ela evoca por um exército judeu também é pregado em Nova York por emissários do Irgoun, partido revisionista da Palestina, que luta pela independência de Israel e que ela considera extremista e aventureiro. Ela não quer confusão nem ideológica nem política com esses militantes. Decide, então, com um novo amigo, colaborador do *Aufbau*, Joseph Maier, constituir um novo grupo, o Grupo da Juventude Judaica. Organiza a primeira reunião no dia 11 de março de 1942 no clube do Novo Mundo na rua 44.[49] O anúncio é feito no *Aufbau*. Hannah se dirige a todos os que, convictos da derrocada das ideologias do passado, querem lutar pela sobrevivência de seu próprio povo. Hannah dirige essa primeira reunião e prepara um texto para fundar teoricamente o que entende por apelo a uma nova política judaica.

Ela trabalha simultaneamente sobre a história do anti-semitismo, a filosofia política e as condições de nascimento de uma nação. Se é uma militante obstinada pelo combate imediato pelo salvamento dos judeus, também deseja, no mesmo movimento, teorizar o que acontece: pensar o acontecimento, extrair-lhe suas conseqüências, inscrevê-lo em reflexões mais gerais, não se dobrar diante do real, mas tentar ordená-lo intelectualmente para permitir a ação. Essa orientação principal de sua filosofia já está plenamente afirmada, até mesmo reivindicada. Em meio a grandes questões teóricas que apresenta nesse clube nova-iorquino, diante de uma platéia repleta, ela lança eixos de reflexão que reencontraremos bem mais tarde em *Origens do totalitarismo* e *A condição do homem moderno*. Rejeitando Hegel e Marx, denuncia a crença no amanhã paradisíaco. Inspirada pelas teses filosóficas de Benjamin, conclama a um pensamento novo desligado de qualquer hipótese sobre o futuro. Para ela, construir um projeto inscrevendo-o no tempo é uma contradição, até mesmo um erro: só a liberdade e a justiça, que devem ser reconquistadas o tempo todo, num presente em suspenso, podem constituir os princípios da política. Evocando o sofrimento do judaísmo, recusa o conceito de "povo eleito" que para ela é sinônimo de derrotismo, de aceitação do sofrimento eterno, de sobrevivência a todo custo, de religiosidade absurda da vida.[50]

Seu grupo passa por tensões internas cada vez mais vivas e as discussões tempestuosas sobre o futuro da Palestina se multiplicam. Hannah, que se diz sionista, ataca o sionismo oficial que considera que a Palestina é "o ponto de cristalização da política judaica".[51] Hannah, entre os sionistas de redenção e os sionistas de salvação, escolhe seu campo. Para ela, *Eretz Israel* não é a Terra Prometida, e a visão nacionalista que se desenvolve no movimento sionista e encara a terra de Israel como a "solução" contra o anti-semitismo não lhe parece a resposta adequada. Internacionalista, Hannah Arendt recusa a idéia de fazer a guerra com todos os meios, inclusive o terrorismo, para conquistar um território e obter a independência. Fustiga violentamente o comportamento de certos grupos extremistas judeus, dentre os quais os militantes de Irgoun, que ela acusa no artigo de 6 de março de 1942 de "judeus fascistas".[52]

Para ela, ser judeu não é um suplemento da alma, uma singularidade, nem mesmo um fardo, mas um dever moral, uma afirmação da dignidade, uma consciência de vigilância superior, uma obrigação de viver como cidadão do mundo. Ela recusa a própria idéia de representatividade do ser judeu e ataca, cada vez mais frontalmente, a política dos sionistas oficiais: "[...] os plutocratas e os filantropos por quem nos deixamos persuadir há dois séculos de que a sobrevivência consistia em se passar por morto."[53] Hannah lhes pergunta: "Nós, judeus, ainda estamos vivos ou já estamos mortos?" Ela experimenta essa sensação física e psíquica de não saber mais se é ela ou seu fantasma quem fala, pensa e age no seu lugar. O mundo no qual estamos obrigados a viver é um mundo de mentiras e aparências. Escrever sua verdade a condena à vingança de seus camaradas e a isola. O Grupo da Juventude Judaica se dissolverá no final de junho de 1942.

Hannah conserva sua crônica no *Aufbau*, o que lhe permite continuar a tomar posição publicamente na crise que o sionismo atravessa. Para ela, a própria idéia de que o sionismo possa se inserir no grande jogo da *Realpolitik* morreu com os acordos de Munique. Hannah se desespera com a política em geral, que não pode mais organizar um mundo democrático, já que o diabo em pessoa domina a Europa, e se levanta contra os políticos judeus que fizeram de tudo para que seu povo se desinteressasse pela política judaica. Fica indignada ao ver as organizações judaicas enterrarem a idéia do exército judeu e caírem na apatia. Alguns dirigentes, como Nahum Goldmann, emitem a hipótese da criação de um Estado conduzido por uma justiça mais elevada que a dos homens. Hannah não acredita nessa idéia. Por que esse Estado seria uma exceção? Em que condições o povo judeu pode formular direitos sobre a Palestina? Como ter a força e a possibilidade, quando a comunidade judaica européia desaparece fisicamente, cotidianamente, sem que os judeus americanos se dêem conta da amplitude do extermínio? Hannah está atormentada com o silêncio e a inatividade de seus irmãos sionistas americanos.

Pode-se verificar: nesse período, se os arquivos do *American Jewish Committee* e do *American Jewish Congress* evocam a questão do extermínio, é só por alto. Hannah Arendt tem razão de sublinhar a passividade da comunidade. A questão do salvamento nem figura na ordem do dia da maior reunião organizada pela *American Jewish Conference* em 1942. No entanto, por ocasião da sessão, ela foi levantada por minoritários, e finalmente inscrita para ser debatida. Infelizmente, foi abordada rapidamente e logo expedida. Na realidade, raros são os que mantêm informalmente encontros de mobilização contra o massacre dos judeus na Europa. O compositor Kurt Weill é um deles. Ele constata com amargura que tudo isso não levará a nada... "Só conseguimos comover uma pequena quantidade de judeus, o que não é verdadeiramente uma proeza."[54]

Por que esse silêncio ensurdecedor? Um judeu não faz *rishis*, não faz histórias. Enquanto os guetos da Europa se incendeiam, a grande sinagoga de Nova York organiza um banquete em homenagem a um ator conhecido. Discursos intermináveis, brindes, homenagens. A vida continua. Não se quer saber. Elie Wiesel pergunta: "Se nossos irmãos tivessem mostrado mais compaixão, mais iniciativa, mais audácia... Se um milhão de judeus tivesse se manifestado na frente da Casa Branca... se judeus notáveis tivessem começado uma greve de fome... quem sabe?"[55] Certamente estaríamos errados de ver nisso apenas a indiferença. Os judeus americanos, temendo exacerbar o anti-semitismo ao militar pela salvação dos judeus europeus, não querem levar à praça pública o que os organismos representativos pensam ser um problema especificamente judaico.

Para Hannah, o problema não é tanto o salvamento dos judeus europeus, mas o de toda a espécie humana. Na Palestina, o salvamento dos judeus europeus também não constitui uma prioridade. Outra página negra da nossa história, a atitude das autoridades mandatárias britânicas e dos responsáveis sionistas face ao extermínio continua sendo um verdadeiro tabu.[56]

Ben Gurion delega a questão do salvamento a Itzhak Gruenbaum, antigo responsável pela comunidade judaica polonesa do entre-guerras, membro influente da Agência judaica, instalada na Palestina desde 1933. Questionado sobre a possibilidade de custear o salvamento dos judeus europeus acrescentando esse custo no orçamento do financiamento das terras árabes, Gruenbaum não se embaraçará nas explicações: "Vão dizer que sou anti-semita, que não quero salvar os exilados, que não tenho um verdadeiro *yiddish hortz*, um bravo coração iídiche... que digam o que quiserem. Está fora de questão para mim, pedir à *Jewish Agency* para creditar uma soma de trezentos mil ou de cem mil libras esterlinas para ajudar os judeus europeus."[57]

Ele não poderia ser mais claro: ser sionista e ser judeu não era a mesma coisa. Hannah Arendt entendeu isso antes de todo mundo. O combate sionista para obter um território é legítimo, mas com a condição de que a Palestina não se torne a única alternativa ao anti-semitismo.

Ela ataca um ponto fundamental: aceitar a Palestina como solução é aceitar, interiorizando-o como um mal inelutável e eterno, o anti-semitismo. É fazer do anti-semitismo um destino desde o início dos tempos, em vez de torná-lo objeto de um combate político incessante. Não é a urgência da situação que deve legitimar a Palestina como futuro Estado dos judeus. A Palestina sim, mas com algumas condições: É preciso "abandonar as condições ultrapassadas, de que o passado enquanto tal confere direitos, ou de que se pode comprar um país com dinheiro"[58] ou de que o trabalho permite se apropriar dele, esquecendo o povo que aí vive. Hannah pleiteia pela obtenção de um status internacional judaico e propõe refletir não em termos de Estado-nação, mas de federação. "Quando a política judaica tomar esse rumo, então não apenas viver será um prazer, mas será uma alegria contemplar como judeu a luz do mundo."[59]

Não estamos aqui. Na Palestina, os sionistas trabalhistas consideram que é preciso criar uma maioria judaica nesse território, uma sociedade nova, graças a uma imigração seletiva, e não a uma integração massiva de judeus europeus. O sionismo havia trabalhado, desde o início, com a hipótese de um Estado forte, ainda que concedesse ser preciso respeitar os árabes, a quem tratam por minoria. Hannah Arendt recusa a idéia do Estado nacional judeu auto-suficiente e pleiteia por uma Palestina inscrita numa constelação de federações nacionais. À rejeição profunda por um movimento judaico de essência nacional, ela associa reflexões de pensadores revolucionários, como Heinrich Heine, Karl Marx e Rosa Luxemburgo, que quiseram refletir sobre a judeidade recusando a idéia de uma comunidade judaica constrangedora demais, ou arcaica demais. Cada um à sua maneira, eles tentaram propor um modelo teórico, cosmopolita, que faz de cada ser humano um cidadão do mundo, e não o súdito de uma nação. Hannah também se mostra próxima das teses de seus amigos judeus alemães que foram morar na Palestina, com uma visão de mundo humanista, multiétnica, que integra o respeito e a igualdade dos direitos dos árabes para imaginar as bases de uma nova civilização. Ela se opõe com todas as forças à concepção elitista de um sionismo majoritário, seguro de seus direitos e méritos.

Uma correspondência inédita[60] com um de seus amigos, Ernst Simon, permite entender que ela já trabalha intelectualmente na recusa sistemática dos conceitos de elite e gênio, que a seu ver são apenas crenças históricas, e não realidades políticas. Para ela, o elemento fundamental da nossa humanidade é a igualdade, e a política é uma questão de vontade. Pode-se notar aqui a influência do modelo da Constituição dos Estados Unidos da América, que ela começa a estudar. Utópica, a Hannah? Teórica em todo caso. E profeta. Isolada, portanto.

Sem afastá-la, o *Aufbau* julga mais prudente que, antes de publicar seus artigos, a redação intitule "Opiniões livres" o texto do seguinte aviso: "Ainda que não compartilhemos em todos os detalhes o ponto de vista da Sra. Arendt, a situação trágica e difícil do povo judeu exige que um espaço seja oferecido a todas as opiniões a partir do momento em que sejam honestas e repousem sobre um raciocínio são."[61] Isso não vai durar muito tempo. *Aufbau* termina com a sua colaboração no final de 1944. A crônica de Hannah foi substituída por uma tribuna consagrada ao elogio do sionismo.

Pensar o impensável

Esperando, o mundo desmoronou. Nunca mais Hannah Arendt pôde respirar como antes. Ela toma total consciência da realidade da Shoah em março de 1943. "O decisivo, para nós", dirá ela a Günther Gaus em 28 de outubro de 1964, "foi o dia em que ouvimos falar de Auschwitz. [...] E de início nós não acreditamos, se bem que, para dizer a verdade, meu marido e eu julgássemos esses assassinos capazes de tudo. Mas nisso, não tínhamos acreditado, em parte porque ia contra toda necessidade, não tinha qualquer objetivo militar."[62] Claro que desde 1940 ela não parou de catar em todos os jornais disponíveis informações sobre as execuções, os assassinatos em série e outros *pogroms* da Europa. Interpelou a opinião pública americana e a comunidade judaica alemã em exílio sobre o caráter sistemático e a amplitude dos massacres. Foi uma das primeiras a escrever sem rodeios que o nazismo tinha por fundamento o anti-semitismo e que a máquina totalitária funcionava antes de mais nada para a eliminação mais eficaz, mais rápida, dos judeus, e dos judeus por eles serem judeus. Falava sobre isso, explicava aos outros, escrevia, mas no fundo não queria acreditar nisto.

Como acreditar no impensável? O extermínio não se justificava nem militar nem economicamente. Já que isso ia de encontro a qualquer lógica, como se poderia até mesmo imaginá-lo? Hannah fica atormentada. Heinrich a consola: "Não preste atenção a esse falatório, eles não podem chegar a esse ponto."[63] A imprensa americana não dá destaque aos massacres há muito tempo, e a imprensa judaica em exílio informa pouco. O que alguns historiadores, como Peter Novick, chamam hoje em dia de marginalização do "Holocausto" também diz respeito à imprensa da Palestina. Dessa forma, o *Jerusalem Post* datado de 30 de março de 1943 dá mais espaço ao retorno do Primeiro-ministro do Bengale do que a um artigo publicado com o título de "Meio milhão de judeus mortos em Varsóvia".

Entretanto, Hannah teve de aceitar a realidade do que mal parecia imaginável. Ela explicará a Günther Gaus: "E no entanto tivemos que acreditar seis meses mais tarde, quando comprovamos o que tinha ocorrido."[64] Foi uma revelação. A partir de agora existe uma Hannah de antes e uma Hannah que sabe: "Isso é que foi perturbador. Anteriormente, dizíamos: 'Bom, nós temos inimigos. É a ordem natural das coisas. Por que um povo não teria inimigos?' Mas foi completamente diferente. Foi na verdade como se um abismo se abrisse diante de nós, porque tínhamos imaginado que todo o resto iria de alguma maneira se ajeitar, como sempre pode acontecer na política. Mas dessa vez não. Isso jamais poderia ter acontecido."[65]

O repentino conhecimento do extermínio se chocou com a impossibilidade de pensá-lo, com o insuportável de sua existência. Hannah Arendt dirá: "Auschwitz não poderia ter acontecido. Lá se produziu alguma coisa que nunca chegamos a assimilar."[66] Hans Jonas explicará: "Na realidade, Auschwitz foi obra da liberdade humana, essa liberdade de fazer o Bem ou o Mal. Até então o que acontecia era o que ordenava a lei da natureza. Mas desde esse momento se tornou impossível responsabilizar tal potência superior ou a necessidade cega pelo que acontecia."[67]

A tia materna de Hannah, presa em Königsberg depois de ter se recusado a se esconder, não voltará do campo de concentração para onde foi deportada. A mãe de Hans Jonas, que estava pronta a emigrar para a Palestina, não conseguiu sair da Alemanha. Enviada ao gueto de Lódz, foi deportada a Auschwitz em 1942. Hans só tomará conhecimento de sua morte após a liberação. Hannah vive dia e noite os tormentos da morte.

[...]
Mortos, o que quereis? Não tendes lar ou família em Orcus?
Finalmente a paz das profundezas?
Água e terra, fogo e ar, são vossos servidores como se um deus,
Poderosamente, vos possuísse. E vos convocaram

Das águas estagnadas, pântanos, charnecas e açudes,
Reuniram-vos, unificados, juntos.
Brilhando no crepúsculo cobris o reino dos vivos com neblina,
Zombando do "não mais" que escurece.[68]

Esse poema, sem título, escrito em 1943, testemunha seu estado de espírito: Hannah ainda está viva, embora pense que deveria ter morrido. Em Nova York, continua comendo o pão que o diabo amassou, dando cursos noturnos no Brooklyn College e publicando artigos no *Menorah Journal*. Aqui, novamente, ela não faz rodeios para dizer o que pensa. Exaltando a coragem do combatente judeu, estigmatiza a inação da "vítima", tema que retomará mais tarde em *Eichmann em Jerusalém*, mas que já se encontra onipresente antes mesmo do fim da guerra.

A sorte sorri, enfim, para o casal em 1943: Heinrich consegue um emprego como consultor civil no programa educativo do exército americano e dá seminários sobre a história da Alemanha a prisioneiros de guerra alemães, antes de se tornar jornalista de língua alemã na estação de rádio NBC;[69] Hannah consegue sua permissão de trabalho em horário integral como diretora de pesquisa na *Conference on Jewish Relations*. Essa sociedade, criada em 1936, presidida por Albert Einstein e dirigida pelo historiador Salo Baron, publicava desde 1939 uma revista, *The Jewish Social Studies*, que tinha inicialmente o objetivo de se opor à propaganda nazista, e depois, no fim da guerra, de recuperar os tesouros espirituais da comunidade judaica européia. Hannah fica encarregada de estabelecer o catálogo desses bens e, para isso, entrar em contato com os refugiados judeus europeus que poderiam lhe dar informações. A organização trabalha com bibliotecas, escolas e museus judaicos da Europa. Ela se torna, portanto, a coordenadora do inventário dos tesouros da cultura judaica nos países ocupados pelo Eixo. Entregando-se a esse trabalho de coleta e classificação, continua a escrever artigos para o *Aufbau*, que repreende seus textos de vez em quando, mas também para *Partisan Review*, *Jewish Social Studies*, *Menorah Journal*. Ao longo do ano de 1944, abordará diversas vezes o tema da resistência judaica, da vergonha e da vitimização. Num artigo famoso, intitulado "Pela honra e a glória do povo judeu",[70] elogia a revolta do gueto de Varsóvia. No mês de agosto, num texto cujo título é "Uma lição em seis tiros de fuzil",[71] presta uma homenagem vibrante às jovens combatentes judias do gueto russo de Vilnius, que resistiram aos alemães. Em setembro, faz o recenseamento de partidários judeus nas forças combatentes européias e fala de toda a sua admiração pelos chefes da clandestinidade judaica: "É claro que quando não aceitamos o que parece ser 'destino', não mudamos apenas o seu curso, mas modificamos também as leis do inimigo que faz o papel do destino."[72]

Nesse mês de setembro de 1944, Hannah ainda acredita na possibilidade de um exército judeu internacional que combata no seio dos movimentos europeus clandestinos e que sublevará todo o continente. Ela acha que essa força revolucionária será contagiante e rica em futuro para uma nova visão da história judaica. Essa idéia, carregada de insurreição, além de se chocar com a realidade dos fatos — Hannah sabe que a *Jewish Brigade* está disseminada em pequenas unidades através da Europa e sem possibilidade concreta de um comando operacional único —, parece também contradizer suas teorias políticas: Hannah não quer um Estado, mas faz um apelo à formação de um exército. Como um exército pode existir flutuando livremente na atmosfera, observará ironicamente o historiador Walter Laqueur,[73] sem o suporte de um Estado? Tal falta de sentido da realidade pode parecer uma aberração. Mas é o lado oculto da história o que lhe interessa, e a figura dos heróis o que lhe importa. Assim, ela interpreta a insurreição do gueto de Varsóvia como a vitória de um movimento subterrâneo, porém profundo, do que deve ser, segundo ela, a moral judaica: a do combate, não a da vitimização.

Nessa vontade muito insistente, sem dúvida, de fazer um chamado a uma reação dos judeus europeus face ao nazismo, coloca-se na posição de julgar a atitude de seus irmãos quando ela mesma não pode agir. O que pode fazer ela, que se tornou uma exilada americana? Quem é ela para se permitir dar lições aos milhões de judeus europeus que são presas do terror? Nesse artigo "Pela honra e a glória do povo judeu", que marcará época, ela se deixa levar: desconhece deliberadamente as condições em que se encontram as comunidades judaicas, e manifesta uma assustadora falta de compaixão pelas vítimas. Ainda que responsabilize o nazismo pela erradicação da idéia de rebelião na comunidade, ela fala da "docilidade dos cadáveres", "dos mártires que só conhecem a glória de Deus", "dos desesperados que só têm a triste coragem do suicídio".[74] Apenas aqueles que combateram têm perdão para ela: assim, ela presta uma vibrante homenagem a Betty, que matou com sua metralhadora seis alemães na ruas de Vilnius; elogia os combatentes do gueto de Varsóvia, que mostraram que tinham o direito de querer mais do que a própria sobrevivência. Os judeus valorosos são apenas aqueles que pegaram em armas. "Honra e glória são palavras novas no vocabulário político de nosso povo."[75] Ela apela a um status idêntico da nacionalidade judaica na comunidade futura dos povos europeus.

Para ela, os judeus que morreram nos campos são vítimas que poderiam, ou melhor, que deveriam ter combatido pela sua sorte, em vez de aceitar o destino da infelicidade imemorial que constitui o fato de ser judeu. Ser judeu, segundo ela, mais uma vez, é ser combatente e, portanto, opor-se a tudo o que foi ensinado e interiorizado ao longo dos séculos, o apagamento da identidade, a vergonha de ainda estar aqui. A história do judaísmo se resume a um lamento de obediências à Lei e de interiorização da diferença. O novo judeu ao qual ela aspira é um judeu valoroso, orgulhoso disso, um indivíduo que considera que ser judeu é combater nas frentes da clandestinidade por uma nova Europa.

Contra a inação dos judeus europeus, Hannah escreve em 21 de abril de 1944: "Não apenas é melhor — mas é igualmente mais seguro — pertencer a uma trupe de guerrilha do que ficar enclausurado num campo de concentração ou ser enviado aos trabalhos forçados."[76] Hannah Arendt acredita, em 1944, mas acreditará ainda em 1963, e até o fim da vida, que havia a escolha de não se ficar, depois de preso, num campo de concentração e que, uma vez atrás do arame farpado, ainda era possível ter força para combater, que ainda existia a escolha da revolta, a escolha de não morrer!

Ela não é a única, nem nos Estados Unidos nem na Palestina, a considerar a Shoah uma derrota de todo o povo judeu. Não esqueçamos que se hoje em dia o status de vítima existe plena e inteiramente, naquela época, ele inspirava no melhor dos casos uma piedade misturada com desprezo.[77] Ben Gurion declara a partir de dezembro de 1942: "O extermínio do judaísmo europeu é uma catástrofe para o sionismo."[78] Desde os anos de 1920, circulava uma piada nos círculos sionistas que mostrava bem a atmosfera da recusa da maioria dos judeus europeus em se estabelecer na Palestina: "Um sionista é alguém que pede a alguém que pede a alguém para morar na Palestina." As vítimas do genocídio não quiseram ouvir os sionistas. Ben Gurion não hesita em afirmar: "Com seus mortos, eles sabotaram o sonho sionista." Para a quase totalidade dos membros do executivo da Agência judaica, assim como para os jornais da Palestina, esses mortos eram... bastante impertinentes, e os sobreviventes bastante embaraçosos. No início de 1943, o comitê de salvamento publicou um memorando em que se precisa: "Podíamos agir em favor dos judeus alemães quando eles representavam uma vantagem, quando vinham com seus bens. Os refugiados atuais não representam mais essa vantagem já que chegam de mãos vazias e de maneira geral para a maioria dos sobreviventes europeus é tarde demais e pouco útil acolhê-los, pois se tivéssemos os meios de salvar todos, não há dúvidas de que teríamos aceito essa tarefa. Mas, infelizmente, como só dispomos de meios suficientes para salvar os bons elementos, só nos resta renunciar a salvar os maus elementos."[79] Na Palestina, a jovem geração sionista parecia persuadida de que os judeus da diáspora se deixaram exterminar porque eram fracos. Lembremos, como o faz tão bem Ilan Greilsammer, que se trata de uma época em que se despreza muito, na Palestina, os judeus que se deixaram massacrar, e é também a época em que nasce a terrível fórmula: Eles foram levados "como gado para o abatedouro".[80]

*

Hannah Arendt é informada com freqüência, pelo primo Ernst e a esposa e pelo amigo Gershom Scholem, sobre o que acontece na Palestina. Seu amigo Kurt Blumenfeld, que não pode sair de Nova York por causa da guerra, aguarda com impaciência o momento de voltar para lá. Quer "chegar ao porto", como ele mesmo diz, instalar-se no que considera a sua terra, com a esperança de que se torne sua nova pátria. Gershom Scholem, um dos primeiros a chegar — ele ocupa um posto de bibliotecário em Jerusalém desde 1923 —, que partiu para renovar social e espiritualmente o judaísmo, escreve a Hannah: "Às vezes a guerra se aproxima de nós, para em seguida se distanciar, de forma que poderíamos falar em sorte, caso as coisas continuem assim. A atmosfera do país é triste, fazendo surgir as reflexões mais sombrias em relação ao destino de nosso trabalho aqui... e posso muito bem dizer que a prova foi feita de maneira drástica pelos acontecimentos e as experiências no interior de Sião, que Sião não existe num isolamento orgulhoso e aristocrata de uma diáspora falida. Certamente não somos mais perversos do que em outros lugares, mas tampouco podemos dizer que somos melhores. O melhor que se pode dizer sobre nós é que estamos aqui."[81]

No início de junho de 1945, Kurt Blumenfeld consegue, enfim, emigrar à Palestina e, assim que se instala, escreve a Hannah: "O ar de Jerusalém nos deixa inteligentes? Não sei. Em todo caso, bem saudáveis. Às vezes me sinto tão bem que grito a mim mesmo, assustado: [...] euforia."[82] No fim da guerra, Hans Jonas também decide morar na Palestina. Aceita o convite de Gershom Scholem, que na época tenta encorajar os amigos universitários a ensinar na recém-inaugurada universidade hebraica de Jerusalém. Hannah também é solicitada. Ela lhe pergunta como evolui a situação política no território. Scholem responde, enfatizando que não pode falar tudo por causa da censura: "Você me pergunta o que acho da situação na Palestina. Penso que não existe mais uma política judaica, nada além de boatos [...] por outro lado, não podemos excluir que haja situações em que os líderes judeus conduzirão, por sorte, uma política judaica. Sem dúvida, para isso será preciso muita independência no julgamento e falta de paixão, dois aspectos que não costumam estar presentes na política sionista. Os judeus não levam muito a sério o apocalipse e, depois de terem sido alimentados durante três anos com um apocalipse oficial, conformam-se na maior calma e sem qualquer mudança com o que se anuncia como a abolição de qualquer apocalipse."[83]

Hannah Arendt se junta, então, à posição de Scholem sobre a falta de imaginação dos partidos políticos na Palestina. Como ele, critica Ben Gurion e se horroriza com o abismo da situação política e com a espiral de violência. Se o sionismo é apenas um movimento de ricos, preocupados em mandar os pobres embora do território para garantir a tranqüilidade do povo judeu, como ainda acreditar que possa ser um movimento de liberação? Influenciada por Bernard Lazare, Hannah retoma ponto por ponto sua análise crítica do sionismo, elaborada meio século antes, que teria fracassado na época por ter se desviado das classes populares. Compartilha com Scholem o fim das ilusões e o desencantamento do ideal sionista, em que tanto acreditaram como força espiritual, política, intelectual e cultural. Consolam-se relendo Kafka: ele, decifrando em suas obras uma visão teológica do mundo, ela, reconhecendo-o como o escritor de uma culpabilidade que se transforma inexoravelmente em fatalidade. Aos olhos de Hannah, Kafka é, desde a descoberta da Shoah, o único escritor que pressentiu que o mundo *a priori* imaginário do pesadelo se tornaria realidade. Kafka continua sendo, para ela, uma fonte, uma chave de compreensão do mundo contemporâneo, o único europeu capaz de despertar a consciência dos outros. Kafka, o iniciador: "A grandeza de sua arte reside no fato de que ainda hoje ela continua a nos atormentar, que o terror da colônia penal não perdeu nada da sua atualidade com a realidade das câmaras de gás",[84] escreve ela na *Partisan Review* no outono de 1944. Kafka nos ajuda a nos livrarmos do mundo sanguinário em que a Europa se sujou para imaginar um mundo não necessariamente novo, mas possível, em que a ação dos homens prevaleça sobre as potências secretas, em que todos sejam cidadãos, um mundo a construir, um mundo que Arendt mais tarde teorizará com o nome de mundo comum.

VIII

ANTI-SIONISTA

Em 1945, no Oriente Médio, a situação política fica tensa, e o terror é praticado dos dois lados. Os atentados perpetrados pelos extremistas judeus contra estabelecimentos britânicos complicam as negociações com a Grã-Bretanha para a fundação de um Estado judeu. Blumenfeld escreve a Hannah que tem a impressão de viver num barril de pólvora com o temor de que joguem um fósforo a qualquer momento. Como Scholem, ele não tem medo enquanto permanece essa impressão física e psíquica de ter alcançado, depois do horror do nazismo e as dificuldades do exílio, não a Terra Santa, mas o porto seguro, onde só há irmãos e onde a luz límpida desvela tudo o que, do interior, outrora habitava na bruma. Em Nova York, continuando a intervir no debate político,[1] Hannah luta para publicar os manuscritos de Benjamin e os textos de Scholem sobre a mística judaica.

Será que ela realmente pensou em se estabelecer na Palestina? Scholem a convida novamente, e Blumenfeld espera vê-la desembarcar em Jerusalém com Heinrich. Ela recomeça: "Onde estão os projetos palestinos?"[2] Para ele, é evidente: um judeu só pode apoiar o povo judeu indo morar na Palestina. Para Scholem e Jonas, é a mesma coisa, apesar das dificuldades de encontrar um emprego e das desilusões políticas. O lugar dos dois é lá, no meio de intelectuais notáveis, que transbordam vida e esperança. Precisamos de você para refletir, discutir, meditar, explica Blumenfeld a Hannah.

Ele não se dirige apenas à amiga, mas também à teórica política: "Imagino que esse período de turbulências e a situação mundial a persuadem de que você não tem nada a esperar vindo se estabelecer aqui. A minha opinião é diferente."[3]

De Nova York, Hannah Arendt pleiteia para que seja acordado um status jurídico aos sobreviventes da Shoah, todos esses judeus que, desde 1940, não têm mais documentos, identidade, nem nacionalidade, que são apátridas, portanto, refugiados; refugiados, portanto, tratados como estrangeiros hostis.[4] Ela fica indignada com essa situação de não-direito que os rejeita e humilha, "como se uma *no man's land* pudesse lhes declarar a guerra". Hannah não acha, como seu amigo Scholem, que só a Palestina poderá absorvê-los. Ela acredita que o povo judeu sobreviverá à guerra e afirma que a queda de Hitler não significa automaticamente o fim do anti-semitismo na Europa.

O "sionismo reconsiderado"

A partir de agosto de 1944, ela se opõe cada vez mais violentamente à política sionista conduzida na Palestina. Propõe à revista *Commentary* um artigo histórico e político sobre a própria essência do sionismo, em que recapitula os cinqüenta anos de política sionista. A *Commentary* o recusa, alegando que um leitor mal-intencionado poderia detectar muitas implicações anti-semitas.[5] Hannah Arendt, anti-semita? Por que uma revista da qualidade e da seriedade da *Commentary* prefere não publicá-la? Anti-semita ou anti-sionista? Levada a questionar o significado de sua judeidade ou a dividir as dificuldades do judaísmo e as contradições com as quais o movimento sionista tem de lidar na Palestina? Hannah, correndo o risco de cair no idealismo, prefere levantar os problemas, antes que seja tarde demais, em vez de fugir deles. O *Menorah Journal* decide publicar esse texto, que parece mais um ensaio do que um artigo de jornal, com o título "*Zionism reconsidered*", em outubro de 1944.[6] Esse texto foi para Hannah Arendt o início das novas pesquisas que a conduzirão na direção de *Origens do totalitarismo*. Ao longo de sua vida, ele inspirará suas reflexões sobre a nação, o Estado e a própria possibilidade de sobrevivência da democracia.

Ela constata o fracasso do sionismo, movimento libertário que foi extraviado e depois afundado na *Realpolitik*. Critica a última resolução da maior seção da organização sionista mundial, que adotou, por unanimidade, a reivindicação de um território judeu, livre e democrático, abarcando toda a extensão da Palestina, sem divisão nem diminuição desta. Teme que essa resolução seja um golpe fatal para os partidos judeus de esquerda e extrema esquerda, que lutaram por um acordo entre árabes e judeus, e que reforce consideravelmente a maioria de Ben Gurion, "que, sob a pressão de numerosas injustiças na Palestina e terríveis catástrofes na Europa, se tornou mais nacionalista do que nunca".[7]

Ela julga a política praticada na Palestina oportunista, contraditória, inconseqüente em relação aos árabes. Para ela, as coisas são simples: o projeto sionista só pode existir se os árabes forem aceitos. Para Hannah, os governos passam, mas o povo fica. Ora, basta olhar o mapa. A Palestina é delimitada pelos países árabes, e um Estado judeu na Palestina com uma maioria judaica dominante, até mesmo uma Palestina puramente judaica, constituiria, na falta de um acordo prévio com os povos árabes que vivem em suas fronteiras, uma solução demasiadamente precária.

Hannah sustenta a idéia de uma cooperação que louve uma harmonia permanente entre os dois povos, com uma administração binacional e a possibilidade para esse novo Estado de se integrar numa federação com os países vizinhos. De maneira profética, fica indignada com o desprezo que os sionistas demonstram pelos árabes e se revolta contra a idéia, pregada pelos próprios sionistas, de que a terra da Palestina pertenceria aos judeus em nome de "uma justiça superior".

Ela critica o fato de os sionistas esquecerem que os árabes viviam e ainda vivem nessa terra e observa que, na última resolução da reunião do Congresso judaico de Atlantic City, a palavra "árabe" não é mais mencionada. Para Hannah, "isso não lhes deixa outra escolha senão a emigração voluntária ou o status de cidadão de segunda classe".[8] O nacionalismo, "já bastante nefasto por confiar exclusivamente na força bruta da nação",[9] nessa situação geográfica difícil, com territórios tão pequenos, só pode desembocar num conflito trágico.

Premonitória Arendt, que já estigmatiza o esquecimento voluntário do povo palestino, o apagamento do contexto mediterrâneo, a falta de vontade política dos sionistas em aceitar a existência do povo palestino na Palestina e dos povos árabes que a cercam.

A força nunca foi o caminho da liberdade. O sonho de Hannah se despedaça. Ela também se decepciona com a esquerda do sionismo e recrimina aqueles que inventaram o ideal pioneiro dos kibutzim por não terem tido nenhuma influência política na natureza do movimento, inconscientes que eram do destino geral de seu povo. Julga-os sectários, auto-satisfeitos, mais preocupados em divulgar suas propagandas do que em inculcar uma moral à política, que acabou se tornando a esfera dos políticos da pior espécie, que fazem reinar a relação de forças em vez de aplicar as regras mais elementares da democracia.

Em nome do tribunal da memória e da dignidade humana, Hannah Arendt persegue os sionistas, os responsabiliza e os culpa por terem feito negócios com Hitler desde 1933. O acordo entre sionistas e nazistas ainda é uma parte maldita da nossa história. Hannah Arendt tem a coragem de lembrar essa negociação, que começou apenas alguns meses após a ascensão de Hitler ao poder.[10] Se hoje parece indecente aproximar o nazismo do sionismo, é preciso, entretanto, lembrar que Ben Gurion desejava que o nazismo provocasse uma imigração maciça na Palestina. E que um dirigente sionista, chamado Ruppin, foi procurar responsáveis nazistas para propor uma negociação. O contrato da Haavara-transfert foi fechado em abril de 1933. Ele se fundava nos interesses complementares dos dois partidos: os nazistas queriam os judeus fora da Alemanha, e os sionistas queriam os judeus na Palestina. Cada judeu alemão que emigrava para a Palestina era autorizado a levar mil libras esterlinas — o preço exigido pela Grã-Bretanha para se instalar "como capitalista" — em divisas estrangeiras, e poderia mandar buscar por navio mercadorias no valor de vinte mil marcos ou mais. As companhias de seguro, judaicas e alemãs, controlavam as transferências financeiras. Uma parte dos lucros foi para a aquisição de terras e a implantação das colônias. O sistema funcionou até meados da guerra e permitiu a emigração de cerca de vinte mil judeus alemães. Mas os esforços de salvamento foram insuficientes, e os sobreviventes dos campos foram recebidos com rudeza.[11]

Esse acordo dilacerou os sionistas. Os revisionistas o estigmatizaram — a nação judaica se vende a Hitler pelo salário de uma prostituta, diziam eles. Os dirigentes se justificaram afirmando se tratar de razões de ordem prática. Para ela, o sionismo muda então de natureza e de essência. Ele tem como único objetivo a realização da independência do povo judeu na Palestina. "Se eu soubesse que era possível salvar todas as crianças da Alemanha, instalando-as na Inglaterra, ou apenas a metade, instalando-as em *Eretz Israel*, escolheria essa segunda opção, pois devemos levar em conta não apenas a vida dessas crianças, mas também toda a história do povo judeu", declarara perante o comitê central do Mapai o líder Ben Gurion, no dia 7 de dezembro de 1938.[12]

A maior parte dos judeus alemães que irá se refugiar na Palestina graças a esse acordo o fará para salvar a própria pele. Eles terão dificuldade em integrar os valores fundamentais do sionismo e se refugiarão em seus códigos ocidentais. Serão chamados, até logo após a guerra, de "os sionistas de Hitler".

É lembrando isso que Hannah coloca em questão a própria natureza do movimento sionista. Para ela, o fato de que a vanguarda revolucionária judaica na Palestina não tenha se oposto ao acordo nazi-sionista confirma o fracasso do sionismo enquanto movimento de liberação. A partir de então, a seu ver, o movimento perde seu ideal e pode até se tornar perigoso, pois deixa o terreno livre para todo tipo de fanatismo. Hannah se pergunta: o sionismo ainda existe? Morto antes de poder nascer, perambula "feito um fantasma vivo entre as ruínas de nossa época",[13] escreve ela.

Hannah Arendt é anti-semita porque diz a verdade? Para a comunidade de sionistas americanos a quem se dirige, essas coisas não são para serem ditas, muito menos discutidas. O importante para eles é prosseguir, construir o futuro Estado sem se preocupar com a base dos valores nos quais ele deve se fundar. Hannah só precisa agir. Para ela, a política é o viver junto, e não a relação de forças. Estimando que não seja tarde demais, interpela os judeus refugiados nos Estados Unidos e os dirigentes sionistas. Acredita no governo do povo pelo povo e faz um apelo para que isso aconteça. Para ela, a Palestina não pode e não deve ser a resposta ao anti-semitismo. Os judeus da Palestina estão errados de se dobrarem sobre si mesmos, pensando que, nessa nova terra, estarão protegidos do anti-semitismo, recusando-se a constatar a estreiteza do território e os inimigos que os cercam. O nacionalismo extremista e o filo-semitismo como resposta ao anti-semitismo são as piores soluções. Ela prega uma revisão radical do sionismo e os incita a abandonar uma ideologia que julga sectária, irrealista e de visão pequena.

Hannah Arendt diz defender a pureza do ideal sionista. Certa de que uma nação só pode e deve se construir pela e com a soberania do povo, reflete, com uma intuição notável e uma análise histórica e política rigorosa, os vícios de processo, os esquecimentos voluntários, sobre as mentiras conscientes e inconscientes em que os dirigentes sionistas se afundam. "Não será fácil salvar os judeus nem a Palestina no século XX, e é completamente improvável que isso se possa fazer com a ajuda das categorias e dos métodos do século XIX."[14]

Rupturas e reencontros

A partir desse problema concreto que são as condições de existência de um novo Estado no mundo, Hannah coloca o contador no zero e nos obriga a pensar fora dos painéis do nacionalismo e do socialismo. Potente, independente, audacioso, seu pensamento nos parece, hoje em dia, profético, ainda que se alimente das ilusões de uma utopia revolucionária e verse nos excessos de um internacionalismo teórico irrealista, esquecendo voluntariamente a atitude de recusa dos países árabes e a violência que eles manifestam em face das autoridades sionistas. Antes mesmo da existência do Estado-nação de Israel, Hannah tinha emitido a hipótese de que só um Estado binacional seria viável. Nas bases de sua argumentação, pode-se também distinguir um tipo de autojustificação por não ter escolhido morar na Palestina e uma crença muito forte na possibilidade de se tornar... uma americana judia, é certo, e orgulhosa disso, mas antes de tudo uma cidadã americana.

Hannah não irá, portanto, à Palestina, embora fosse calorosamente aguardada, esperada. Por isso, a ruptura com seus amigos que vivem lá será ainda mais grave e violenta. Na realidade, a desavença com a comunidade judaica, que ressoará publicamente por ocasião de sua reportagem sobre o processo Eichmann em 1963, ganha suas raízes em 1945 com a publicação de "Zionism reconsidered".[15] Esse artigo provoca uma ferida profunda em sua amizade com Kurt Blumenfeld, habituado a perdoar-lhe, desde a infância, a agressividade e a arrogância, e estabelece uma ruptura com Gershom Scholem. Este não pretende deixá-la continuar exprimindo seus contra-argumentos. Ele responde a Hannah, depois de ler seu texto, em 28 de janeiro de 1946: "Você se entrega a um ataque cheio de argumentos comunistas e trotskistas, misturados com um certo nacionalismo... como você se permite escrever que os judeus da Palestina vivem na lua, logo você, que está convencida da maldade originária do ser humano?"[16]

Louco de raiva, Scholem sublinha o absurdo de seu catálogo de recriminações anti-sionistas, que considera falsas em sua maioria e expressas de maneira veemente e pretensiosa. Mas por quem ela se toma, essa intelectual desdenhosa que nos dá lições do pedestal de seu exílio em Nova York, onde vive bem protegida, enquanto aqui nos expomos cotidianamente, com o risco de sermos pegos num atentado terrorista, conservando, assim mesmo, a esperança de um futuro a se construir? A carta soa como uma condenação moral e intelectual sem apelo. No entanto, Scholem concede a Arendt que a questão da maioria árabe tratada como uma minoria também lhe coloca um problema. Será que um governo federal, nacional ou binacional, seria a solução? O problema, sublinha Scholem, é que os árabes recusam qualquer hipótese que admita a imigração judaica.

Percebe-se que as disputas teóricas e as hipóteses políticas não evoluíram em nada, e que a situação permanece igualmente dramática. As propostas formuladas por Hannah Arendt, antes da criação do Estado de Israel, são as mesmas que foram levantadas pelos intelectuais árabes e judeus do movimento "A Paz agora", que ainda hoje deseja encontrar uma solução de paz que passe pelo reconhecimento mútuo dos dois povos.

Scholem critica a posição de Hannah e se expressa em nome dos judeus palestinos, em nome também da honra de poder viver sua judeidade nessa terra da Palestina, e sobretudo em nome dos sobreviventes: "Deveríamos ter abandonado os judeus alemães nas mãos de Hitler?", pergunta ele a Hannah. Sua cólera é tão grande que ele, contrário a Ben Gurion, escreve que é mais fácil se entender com ele do que com ela. A única possibilidade que oferece para reparar sua amizade é que ela não apenas se desculpe pessoalmente, mas também preste publicamente um gesto de arrependimento. Hannah se recusa. A briga durará seis meses.

Hannah sabe muito bem que seu texto incandescente coloca problemas, que foi longe demais por espírito de contradição e provocação. No entanto, e isso é um traço de sua personalidade, assume e não volta atrás. O arrependimento não lhe agrada. Hesita durante alguns meses antes de fazer o texto chegar a Kurt Blumenfeld. Várias vezes, adia o gesto, por achar que a leitura do artigo poderá provocar uma ruptura. Temendo que alguém o informe, decide enviá-lo, acompanhado de uma carta em que se mostra manhosa, meiga e, como que para se desculpar com antecedência, o previne: "[...] gostaria, se possível, de não irritá-lo. Não esqueça que sou um pouco persistente."[17] Acrescenta ainda, para ser perdoada, que seu texto foi inspirado não por uma desenvoltura qualquer, mas por uma profunda angústia. Kurt, muito decepcionado com suas posições, não quer nem mesmo lhe responder. Seu silêncio significa seu desprezo. Hannah se dá conta disso e lhe escreve novamente, suplicando para fazer as pazes. Diz que sua amizade tão preciosa, profunda e antiga constitui a prova e a garantia de que ainda está viva, no mesmo mundo que ele.

Como resistir a uma amiga que diz que você consegue, pela própria existência, criar nela essa certeza da existência? Como não perdoar uma amiga que você viu nascer e nunca perdeu de vista desde a infância? Hannah sabe fazê-lo: "Meu querido, meu bom amigo, não lhe escrevi mais cedo, porque tinha receio de que uma palavra minha pudesse te zangar, te assustar, te inquietar, te chatear. Agora, espero que tudo já esteja suficientemente resolvido para que eu possa avançar meus peões de novo."[18] Diante de seu silêncio persistente, Hannah se atormenta. Não pode suportar a idéia da ruptura e o cobre de declarações de amor.

Levará tempo, mas Kurt acabará cedendo. O Eros da amizade sobreviverá à querela ideológica. Hannah não pode viver sem o laço de proteção, a coberta quente, a capa nutritiva e matricial que representa para ela a amizade.

Hannah retoma as forças. Pacifica-se. Tem um grande projeto: escrever um texto longo, que imagina em dois volumes, inteiramente consagrado ao totalitarismo. O laço restabelecido com Karl Jaspers lhe dá um novo impulso. Ela experimenta a sensação, no mais íntimo de si mesma, de viver uma ressurreição. A história de seus reencontros poderia fornecer a trama para um romance. Melvin Lasky, amigo de Heinrich Blücher que ensinava em Nova York, como ele, a história da guerra, vai no outono de 1945 à Alemanha para acompanhar as forças armadas americanas como correspondente da *Partisan Review*. De passagem em Heidelberg, pede o endereço do filósofo, o reencontra e lhe anuncia que Hannah Arendt está viva.[19] Jaspers, muito emocionado — não tem nenhuma notícia dela desde 1938 —, escreve imediatamente à sua antiga aluna: "Ter notícias suas... que alegria. Com freqüência, durante todos esses anos, pensamos com inquietude no seu destino e há muito tempo havíamos perdido a esperança de encontrá-la viva. E de repente eis não apenas essa reaparição, mas também uma atividade intelectual enérgica vinda do vasto mundo! Você guardou intacto o que há de mais importante em você, esteja em Königsberg, Heidelberg, Paris ou nos Estados Unidos. Quem é um ser humano deve saber fazê-lo."[20] A partir de então, Hannah confiará a Karl Jaspers seus momentos de força, mas também os de fraqueza. Confessará suas impaciências, essa falta de jeito que a envergonha e que algumas pessoas pensam se tratar de arrogância e, até o fim da vida, ele se tornará seu interlocutor principal, seu mentor, seu amigo, seu protetor.

Com as mulheres, Hannah também saberá, numa relação de reciprocidade, igualdade e transparência, estabelecer alianças de vida e morte. Pouco importa a idade, o meio social, o nível de cultura. O que conta é a disponibilidade, a qualidade da presença, a força do laço. Com suas amigas — Lotte Köhler, Mary McCarthy, Hilde Fränkel, Julie Vogelstein, Rose Feteilson e, claro, a amiga de infância Anne Weil, apelidada de Anouchka —, mas também com algumas de suas alunas, como Elisabeth Young-Bruehl, ela construiu um mundo em comum, forjado pela solidariedade e a fidelidade. Com elas, Hannah gostava de caminhar, cozinhar, bancar a costureirinha, tagarelar, ver besteiras no cinema, falar mal dos outros — uma de suas especialidades —, fazer confidências, desabafar suas mágoas, seus medos obsessivos e recorrentes de ser abandonada, esse sentimento que a habitava com freqüência de estar à beira do precipício e de poder mergulhar em episódios repentinos de melancolia, apunhalada por uma tristeza existencial que a deixa imóvel, ofegante. Para entender Hannah, é preciso sempre voltar à infância, à tristeza do pai louco que a deixou sozinha, sem defesa, e a quem ela não pôde dizer adeus.[21]

Hannah toma conhecimento do sofrimento de Gertrud e Karl Jaspers por oito anos na Alemanha. O casal viveu em Heidelberg durante toda a guerra, isolado do resto do mundo. Alguns amigos os visitam raramente. Eles têm de sobreviver em condições materiais difíceis. Reduzido ao silêncio — foi proibido de trabalhar na universidade, de publicar e de ensinar desde 1938 —, Jaspers se refugia no exílio interior. Ele toma essa atitude solitária e silenciosa de resistência ao nazismo, essa atitude intelectual, espiritual de alerta, uma verdadeira meditação contínua sobre os acontecimentos, a própria moral da recusa. Em 14 de abril de 1945, fica sabendo que deve ser deportado com a esposa. Nesse dia, as tropas americanas entram em Heidelberg e lhes salvam a vida.[22]

No fim da guerra, ele tem sessenta e dois anos. Nunca cessará de questionar seus compatriotas sobre a responsabilidade deles. Como vislumbrar uma vida nova após doze anos de nazismo? A Hannah, ele confia seus tormentos mais íntimos: se a grande história não se contenta em passar por nós para nos destruir definitivamente, como e a que preço é possível se reconstruir nesse caos? A história universal foi mais inteligente do que Hitler, mas como pensar a responsabilidade do povo alemão, que o aceitou? Por que essa submissão ao *Führer*? Ela é individual e/ou coletiva? O nacional-socialismo respondeu a uma lógica na história desse povo? A partir de agora, em que consiste a essência da Alemanha? Ela ainda existe? Como pensar a Alemanha de hoje sem cair no simplismo? Jaspers abre o coração a Hannah: como retomar a linha do tempo, discernir a continuidade ou assumir a ruptura que constitui a irrupção do Reich na história da Alemanha? Não se trata de fazer sua *mea culpa*, mas de compreender para poder, juntos, construir o amanhã. Jaspers tem esperança, "ainda restam jovens ardentes de zelo",[23] e é com eles que é preciso trabalhar, escreve ele a Hannah.

Hannah fica sabendo que Hans Jonas está vivo e que acaba de visitar Jaspers com o uniforme da *Jewish Brigade* do exército britânico. Ela é o tipo de mulher que espera com impaciência o que chama de *Gute Nachrichten*, as boas novas. Nessa época, ela só tem boas novas. Jaspers e Jonas estão vivos. Ela descobre que Anne sobreviveu. Seu marido, Éric Weil, acaba de ganhar a liberdade, e os dois vivem novamente em Paris. Temos que imaginar Hannah em Nova York, com a mãe e o marido, recebendo cartas anunciadoras de esperança, carregadas de uma nova vida: a vida após o exílio. É como se ela se reconstituísse, física e psiquicamente, como se todas as partes disseminadas no tempo e no espaço, essa explosão interior que constitui o exílio, fossem reunidas, de maneira frágil, é verdade, mas criando uma coerência, uma relação mais sensível com a existência. Sim, Hannah experimenta a sensação de fazer parte do mundo, de estar no mundo, viva, ainda viva. Ela mesma duvidou tantas vezes da própria existência! Questionou com tanta freqüência o próprio fato de viver, de saber que parte dela continuava viva. Reencontrando os amigos espalhados através do mundo, percebe-se enfim inteira, um bloco único, em ordem.

A Gertrud e Karl Jaspers, escreve: "Desde que soube que vocês atravessaram sãos e salvos todo esse inferno, sinto-me novamente um pouco em casa no mundo."[24] Como ela, Löwith, que agora ensina no Japão, Jaspers e Jonas, de quem não tinha notícias há oito anos, ainda existem e são deste mundo, estão no mundo. Estão todos bem, no mesmo mundo, apesar das distâncias geográficas, e, no mais profundo de si mesmos, o que os habita, os une e os constrói é ainda e sempre o amor pela filosofia.

Justamente, como se faz quando se é filósofo para pensar o que aconteceu? Como, sem ser absorvido pelas trevas da história, é possível vislumbrar virar uma página nova? Para Karl Löwith, é apenas pela falta de segurança que os alemães, após o advento de Hitler, se deram essa consciência política e racista de si. Eles jamais estiveram seguros de si e não sabem quem são. Sempre precisaram de um inimigo ou de um bode expiatório para poder se afirmar. Hannah inscreverá sua reflexão política sobre a Alemanha a partir do anti-semitismo, que considera a matriz da construção do III Reich.

Judia de exceção

Judia e não mais alemã, já que rejeitada pela Alemanha como judia; portanto, judia de língua alemã, ainda que, na época, redija a maior parte de seus artigos em inglês; judia ainda não americana, judia exilada, judia de lugar nenhum, Hannah é tomada por uma grande intuição: o mundo do pós-guerra será parecido com a Europa do início dos anos 1930. Trata-se de ser claro e escolher, de novo, o único campo válido: o do antifascismo.

Hannah, a generosa, Hannah, a atenciosa, não se esquece nunca, nessa imensa correspondência que começa com Gertrud e Karl Jaspers, em meio a longas cartas de análise da política mundial, de lhes perguntar como vão, como vivem o cotidiano, como vai a saúde, a família, o que lêem... mas também o que comem. Enfatiza que conhece muitos médicos em Nova York, e que para ela é fácil conseguir enviar-lhes penicilina, um medicamento precioso na época. E acrescenta: "Coloquei na última encomenda uma salsicha *kosher*, pois aqui temos de ser prudentes com a carne de porco, por causa dos vermes." Em perfeito *yiddish mama*, precisa: "Se lhes enviar bacon (esqueci o nome alemão, que o diabo o carregue), cozinhem-no da seguinte maneira: coloquem as fatias numa panela em fogo baixo e mexam-nas em fogo brando, retirando a gordura até que as fatias fiquem bem crocantes."[25] Com freqüência, Hannah também enviará cigarros, frutas secas, chá, café e leite condensado.

Ela se vê como escritora independente, algo que nem ela sabe definir, uma intelectual ligada ao mesmo tempo à história e ao jornalismo político. Na verdade, essa não foi a sua escolha, mas escapar dessa ou daquela categoria lhe convém. Ela gosta de se situar *entre* e não *em*: entre a identidade judaica e a identidade americana, entre a alemã e a inglesa, entre a filosofia e a política, entre o sionismo real e o ideal sonhado. Livre, sem amarras, orgulhosa de sua independência, sem filiação a partidos políticos, não se submete a ideologia alguma, e é uma boêmia que tem como única pátria o encontro com a verdade. Seus únicos companheiros de armas são os poucos amigos e, como confidente, amante e interlocutor privilegiado, apenas o marido.

Curiosamente, Hannah se sente obrigada a confessar a Jaspers que se casou com um não-judeu. "[...] estou casada há nove anos com um alemão: sem dúvida para me 'punir' pelas minhas besteiras logo após 1933, quando, depois dos gestos de quase todos meus amigos não-judeus [...], comecei a desconfiar automaticamente de todos os não-judeus."[26] Maneira de se desculpar por não viver mais com Günther Stern, que Jaspers conhecia bem? Culpa por ter se casado com um *goy*? Confissão indireta da confusão de Heinrich sobre a questão judaica? Ela não diz a Jaspers seu nome nem sua profissão. Sua forma de defini-lo: um não-judeu. Karl Jaspers não é judeu, Gertrud, sim. Jaspers foi perseguido pelos nazistas como marido de uma judia. Assim, ele construiu para si uma nova identidade, que não é o pertencimento à comunidade de raça, mas à comunidade espiritual do judaísmo. Hannah se casou com um *goy* orgulhoso disso, que a perturba por causa de suas origens, e que considera, como bom marxista, que a luta de classes é prioritária em relação ao combate pela reivindicação da existência particular de cada um. Se Heinrich perdeu as ilusões com o stalinismo, continua sendo um revolucionário internacionalista, que ainda espera uma revolução mundial conduzida pelos esquecidos da história. Não mostra nenhuma curiosidade particular pelos combates em prol da construção de um Estado judeu na Palestina e tampouco se interessa pela cultura judaica ou a história do sionismo. Contrariamente a Karl Jaspers, que fez um caminho em direção à sua esposa, Gertrud, vivendo na própria carne e tentando compreender espiritualmente o que quer dizer ser judeu, Heinrich Blücher se mostra indiferente, sarcástico e agressivo no que diz respeito a essa questão. É verdade que Hannah também não lhe pergunta muito sobre o assunto. Ela, que jamais negará a influência de Blücher, não ficará abalada com sua recusa em considerar o judaísmo um modo singular de pertencimento ao mundo? O que se constata é que ela vai operar progressivamente um distanciamento racional de sua própria identidade judaica e se tornará, tanto por suas posições intelectuais quanto pelas políticas, cada vez mais polêmica sobre a natureza, a identidade e a singularidade da questão judaica.

Recusando-se a levar em conta a dimensão espiritual da *yishouv* — literalmente, a instalação na Palestina —, recusando a idéia da Palestina como Terra Prometida, fazendo do exílio a própria condição do ser judeu, Hannah se junta a essa enorme tropa de intelectuais europeus de origem judaica, atormentados pela preocupação em ser considerados antes de tudo indivíduos como os outros. Pensadores judeus, por que não? Mas pensadores em primeiro lugar.

Desde o início do nazismo, Hannah Arendt entendeu, viveu e escreveu que o anti-semitismo era a principal arma do diabo. Ela se expressa em nome da honra de ser judeu. Nesse sentido, permite-se estigmatizar o comportamento, no passado distante, mas também no mais recente, de todos os que acreditaram na assimilação como solução à aceitação de suas diferenças. Autoriza-se, logo depois de tomar consciência do genocídio, não a analisar a incomensurável ruptura que constitui a própria existência deste, mas a elaborar uma teoria histórica da derrota do povo judeu. Tenta explicar as razões pelas quais ele não pôde e não quis se opor à sua própria destruição. Há sempre um mal-estar quando se lê, escritos por ela, julgamentos sobre seu povo, culpado a seu ver de ter interiorizado seu apagamento, em vez de enfrentar a realidade do anti-semitismo. Segundo Hannah Arendt, essa derrota diz respeito a todo o povo judeu, e se explica pela aceitação, por parte do povo judeu, do anti-semitismo como um dado natural e eterno. A derrota começou quando os judeus alemães assimilados não intervieram na prisão dos judeus da Europa do leste, por estimarem que os habitantes dos guetos não fossem como eles. Diante dos nazistas, os judeus alemães preferiram lutar como alemães, e não como judeus. Cada um acreditava que seus direitos poderiam ser protegidos por privilégios especiais: ser ex-combatente da I Guerra Mundial, ou filho de um ex-combatente, ou filho de um ex-combatente ferido, ou até mesmo filho de um ex-combatente morto no front. A própria idéia de comunidade teria *de facto* desaparecido, sobrando apenas indivíduos. "Já que parecia que os judeus em 'massa' tinham desaparecido da terra, era mais cômodo se livrar dos judeus 'em detalhe'. A terrível e sangrenta anulação dos judeus individuais foi precedida pela destruição sem derramamento de sangue da comunidade judaica."[27]

Os judeus são responsáveis por seu extermínio? Hannah Arendt nos força a colocar essa questão obscena. Para ela, o mecanismo de apagamento voluntário do ser judeu precedeu e talvez tenha autorizado a Shoah. A derrocada espiritual da comunidade judaica começou bem antes da ascensão de Hitler. No artigo intitulado "*Privilized Jews*", Hannah Arendt desenvolve a teoria dos judeus de exceção, judeus de coração, judeus privilegiados que, no decorrer do tempo, quiseram e conseguiram se distinguir dos outros. O cada um por si introduziu uma ruptura de solidariedade na própria idéia de comunidade, permitindo que o anti-semitismo prosperasse. Para ela, o anti-semitismo não é nem um problema de classe, nem um problema de raça. A questão judaica é, por natureza, por essência, uma questão política. A definição do judaísmo é, essencialmente, externa. Os judeus são homens como os outros. Mas, para Hannah Arendt, a partir do momento em que alguns se distinguem ou são distinguidos pelos *goyim*, a idéia de que são diferentes acaba sendo aceita. Estejam embaixo da escala social, como os párias, ou no alto, como os que fizeram fortuna, eles são igualmente difamados, banidos da sociedade.

O escritor Aharon Appelfeld diz de outra maneira, e com mais compaixão, a mesma coisa: nascido numa família em que a assimilação era um modo de vida, uma herança que ninguém procurava justificar nem condenar, a catástrofe se abateu sobre os seus como sobre dezenas de milhares de judeus que haviam fugido da comunidade e que, pelas mãos de Satã, haviam se reencontrado no mesmo barco. Tanto os judeus do Oriente quanto os do Ocidente estavam juntos sob um céu de chumbo. "Se no exterior os judeus estavam sobrecarregados de acusações, no interior, um suplício inquietava o espírito. Quem era, o que era um judeu?"[28]

Hannah pretende destruir, a partir de meios políticos, e não ideológicos ou psicológicos, as regras implícitas e nunca enunciadas do anti-semitismo. Para ela, a política não é uma experiência individual, e a realidade dos negócios públicos não deve vir da esfera privada. A judeidade não é o judaísmo, e a questão judaica não é um problema pessoal. O anti-semitismo não é a discriminação de uma minoria, mas o movimento de fundo que varreu a Europa inteira, a própria expressão, escancarada, dos mecanismos do fascismo. Não é porque a guerra terminou que vamos nos livrar deles, profetiza Hannah desde outubro de 1945.[29] Lutar contra essa internacional que constitui o anti-semitismo é um dever vital da democracia.

Por que os judeus foram a faísca que permitiu o incêndio provocado pelo nazismo? Eis a questão principal para Hannah Arendt. Ela coloca a decomposição do Estado-nação em toda a Europa, desde a aurora dos anos de 1920, em relação com o ressurgimento, no plano internacional, do anti-semitismo. Hoje, depois da guerra, explica ela, as potências se tornaram mundiais, e a política, global. O anti-semitismo terá um belo futuro...

Como pensar esse pós-guerra? Hannah está persuadida de que o nacional-socialismo, apesar da derrota, não foi erradicado e continuará a agir sob forma de uma internacional fascista pela Europa, que já encontra apoio nos governos de Franco e de Salazar, mas também nas ditaduras militares da América do Sul. Hitler morto, o fascismo continua. A seu ver, o nacional-socialismo não é um movimento nacional alemão em sua essência, mas uma internacional criminosa, fundada no racismo, no anti-semitismo e no imperialismo, que pode se apoderar do político e escravizar, para além das fronteiras, os povos de toda a Europa. Nutre-se do enfraquecimento econômico e da ascensão das minorias.

Para Hannah, no outono de 1945, os nazistas ainda existem, escondidos e poderosos, ligados por essa internacional do crime. Sua derrota é apenas temporária. Eles se preparam para tomar o poder numa Europa empobrecida, devastada, ensangüentada pelos conflitos nacionalistas. Hitler havia predito que a Alemanha governaria a Europa; esse slogan de uma Europa alemã ainda poderia ser a ferramenta de uma propaganda ativa. Os nazistas ofereceram a Alemanha em sacrifício ao fascismo por vir. Para ela, se os nazistas permitiram que seu país se transformasse em Estado exterminador, e com uma frieza inigualável, sem se deixar levar pela menor sentimentalidade nacional nem pelo menor escrúpulo humanitário, foi para o bem-estar de seu povo. Após doze anos de nacional-socialismo, é a própria noção de nação alemã que se encontra, *de facto*, arruinada.

A análise de Hannah se inscreve numa interpretação da política internacional e não faz do extermínio dos judeus seu objeto de reflexão principal. Isso pode nos parecer estranho hoje, mas é preciso lembrar que na época a liberação dos campos de extermínio não resultou, para os americanos, num reconhecimento e numa revelação da Shoah tal como a entendemos hoje. Tanto nos artigos da imprensa quanto nos relatos dos soldados, os sobreviventes dos campos de concentração são pessoas que se opuseram ao regime nazista, pertenceram à resistência ou tiveram a infelicidade de ter nascido judeus. Os judeus são considerados vítimas dos nazistas como os outros. E os campos fazem parte da barbárie nazista em geral.

Vontade de não saber ou cegueira diante desse real impensável? Sem dúvida um pouco dos dois. Afinal, como compreender o incompreensível, conceber o inconcebível, imaginar o inimaginável? É evidente que a solução final não foi compreendida imediatamente. O que as testemunhas contaram era, talvez, impossível de ouvir, de admitir. A maior parte das vítimas liberadas pelos soldados americanos não era de judeus. Estes constituíam um pouco menos de um quinto dos detidos em Dachau, um pouco mais em Buchenwald. Mas hoje em dia, as fotografias desse último campo, que temos todos em mente e que farão para sempre parte da nossa memória, são, a princípio, fotografias de sobreviventes judeus. Como explica Peter

Novick: "O que vemos são judeus. Em 1945, essas imagens eram vistas de outra maneira, e essa visão não era falsa."[30]

Ao longo das mesmas semanas, Theodor Adorno e Max Horkheimer publicam um livro intitulado *A dialética da razão*,[31] em que tentam, como Hannah, imaginar um mundo depois de Hitler. Esboçando uma história filosófica do anti-semitismo, eles explicam seu funcionamento pelo processo de uma razão que se tornou, por essência, autodestrutiva. Os judeus são estigmatizados como mal absoluto pelos que são o mal absoluto. A sociedade se transformou num vasto mercado onde a política se tornou um negócio, mas onde o negócio é toda a política. O judeu, para o anti-semita, é um entrave aos negócios. Portanto, é preciso eliminá-lo. Horkheimer e Adorno, ao contrário de Arendt, acreditam que o anti-semitismo está fadado a desaparecer. Melhor, que já não existe mais. O anti-semitismo é apenas o clichê de um pensamento estereotipado. O anti-semitismo foi substituído pelo fascismo.

Karl Jaspers, que recebe na Alemanha todas as publicações dos filósofos alemães exilados nos Estados Unidos, tanto as de Arendt quanto as de Horkheimer e Adorno, exclama: "É possível imprimir esses textos nos Estados Unidos, apesar de tudo? Feliz América."[32] Ele vê, em suas análises e controvérsias, uma liberdade de espírito, uma ausência de prevenção e um espírito de justiça que faltam nessa Alemanha que ele julga sufocante. Jaspers, como todos os alemães, sofre o racionamento e constata que o retorno à democracia se opera muito lentamente, de forma demasiadamente caótica e sem transparência. Ele experimenta a necessidade de consignar por escrito a Hannah as etapas desse longo e doloroso aprendizado da volta a uma vida normal. Alimento psíquico, fonte espiritual, suas cartas são esperadas impacientemente. Elas informam sobre a situação política da Europa e lhe dão confiança. Como ela dirá de forma tão bonita a Jaspers, "durante todos esses longos anos, eu estava mais segura de você do que de mim".[33] Essa relação de confiança é recíproca. Jaspers também quer conhecer e dar a conhecer a opinião de Hannah sobre a Europa do pós-guerra e logo propõe a ela que colabore para a revista *Wandlung*, que acaba de ser lançada em

Heidelberg. Ela responde que escreverá para ele: "Com prazer, com a condição de que possa assinar como judia",[34] e não como alemã.

A tentação do retorno

Americana, ela ainda não é. Alemã, ela não é mais. Judia, ela continua sendo. É, pois, enquanto judia escrevendo sobre o problema judaico que seu artigo aparecerá em alemão. Escrever na língua natal não é uma maneira de voltar ao país de origem? Arendt, no início de 1946, não exclui a hipótese. Mas coloca uma condição: ser acolhida por seu país como judia. Para ela, não é suficiente que a Alemanha comece a reconhecer os judeus como verdadeiros cidadãos alemães. O governo tem de mostrar que eles são bem-vindos *enquanto judeus*. O tema do retorno obceca a maioria dos emigrantes alemães. Algumas personalidades são contatadas pelos partidos democráticos, que lhes pedem que voltem e trabalhem na reconstrução do país. Esse pedido de retorno significa para eles uma injunção, uma obrigação moral. A Alemanha os quer de novo. A Alemanha precisa deles. Mas o que fazer desse desejo? Eles ainda são alemães? Como ainda ser alemão? A que preço?

Num artigo intitulado "Por que não volto à Alemanha",[35] Thomas Mann, que considera que seu corpo e seu coração foram postos à prova durante esses anos de exílio, recusa-se a ignorar esses doze anos, como se nada tivesse acontecido, e não vê por que iria ajudar a reerguer um povo que se rebaixou tanto. Ele não inveja aqueles que ficaram, aqueles que não se revoltaram, que não se solidarizaram com os exilados. Ele os julga: "Vocês submeteram a cultura a Goebbels." Ainda que não queira atirar pedras em ninguém, constata: "Nós outros, do exterior, podíamos honrar a virtude e dizer a Hitler o que pensávamos dele." A Alemanha se tornou profundamente estranha para ele. "Ela é, e vocês concordarão com isso, um país que dá medo." Thomas Mann confessa, portanto, não querer voltar para lá, reencontrar ruínas humanas, afrontar esse país destruído, rebaixado, à mercê de outras nações, sob tutela. Ele não quer esquecer, nem mesmo imagina um dia querer esquecer. O desejo de virar a página, apagar a vergonha e passar a outra coisa lhe parece suspeito. Os inimigos subsistem, e não há inimigos mais perigosos do que os inimigos derrotados. A Alemanha não é mais a Alemanha. Seu espírito e seu povo estão contaminados pelo horror absoluto. Seria fácil demais acreditar que existiu uma Alemanha má e que a nova será boa. A boa, com seus comprometimentos, soçobra já na culpa, na infelicidade, na perdição. O pacto com o diabo vai continuar? Thomas Mann, como Hannah Arendt, e como Karl Jaspers, sofre por causa da Alemanha. Essa dor não os deixa em paz. Como ainda ser alemão hoje em dia? Thomas Mann gostaria de acreditar no fim do ódio graças a um humanismo mundial que permitiria à Alemanha se inscrever novamente no concerto das nações.

Karl Jaspers e Hannah Arendt vão tentar se opor às afirmações de Thomas Mann, que eles consideram perigosas para o futuro do país e duras demais para o povo alemão. Para Jaspers, que teve de sofrer a guerra como refugiado interior, a Alemanha não é a única responsável pelos atos de que é acusada. É vital reencontrar um *modus vivendi* capaz de permitir novamente a vida em conjunto. Isso não é possível nem pelo desespero, nem pela indignação, nem pelos insultos, mas pelo respeito do outro e o desejo de elucidação da verdade. Durante o inverno de 1945-1946, Jaspers dá um curso na universidade sobre a situação espiritual da Alemanha e os problemas de culpa. Envia esse curso a Hannah Arendt, enfatizando que seu objetivo não é fazer obra de político, muito menos de estrategista, mas simplesmente tentar, em nome de seus concidadãos, enxergar com clareza e viver com amor no coração.

Para ele, o simples fato de ter sobrevivido e sofrido não vale como justificativa. Como salvar sua alma? Como conservar sua independência de espírito enquanto o país é colocado sob tutela pelos Aliados? Hoje, os alemães só têm em comum elementos negativos. Como reencontrar uma escala de valores, de desejos, um acordo espiritual? Jaspers divide com Hannah suas dúvidas, esperanças e incertezas. "Agora que podemos falar com liberdade novamente, nos vemos como se viéssemos de mundos diferentes. E no entanto falamos todos alemão, nascemos todos neste país e temos aqui a nossa pátria." Jaspers confessa a Hannah que teria preferido se tornar americano, mas que deve continuar trabalhando para que a Alemanha reencontre sua liberdade política, moral e interior. Ele dá seus primeiros cursos na reabertura da universidade sobre o tema da situação espiritual na Alemanha. Esses cursos serão a origem de seu texto *A culpabilidade alemã*, que impressiona ainda hoje pela radicalidade.[36] Jaspers, ao contrário de Thomas Mann, recusa a punição e as represálias. Se, por um lado, é preciso que a Alemanha encare com clareza a sua culpa, por outro lado, ela ainda pertence à humanidade, pois "somos homens, em primeiro lugar e, depois, alemães". É claro que os vencedores nos proclamam culpados, mas o somos em face de nós mesmos? Jaspers faz as perguntas fundamentais da justiça e da responsabilidade em termos éticos. Seu raciocínio sobre a justiça do fora e do dentro, sobre a culpa coletiva e/ou individual, influenciará profundamente Hannah Arendt, que retomará por conta própria algumas de suas teses por ocasião do processo Eichmann, em Jerusalém. Impossível para Jaspers minimizar a responsabilidade política a ser assumida. A vergonha, portanto, mas não a entrega. A justiça se mostra útil, até mesmo necessária, para definir o campo e a amplitude das responsabilidades. Mas a justiça não dá conta de tudo. No processo de Nuremberg, realizado na época, em que são julgados líderes nazistas, é decidido o futuro de uma humanidade nova em que os criminosos são perseguidos; mas isso não exonera em nenhum caso o povo alemão da responsabilidade coletiva que deve continuar assumindo.

A realidade é que a verdadeira responsabilidade não é julgada nem nos processos nem nas negociações políticas. Ela aparece em nosso foro interior, a portas fechadas. Cada alemão que não arriscou a vida durante o nazismo é um homem a quem faltou a solidariedade absoluta, aquela que nos liga a todo ser humano: "Nós, os sobreviventes, não procuramos a morte. Quando levaram nossos amigos judeus, não descemos às ruas, não gritamos até que nos destruíssem. Preferimos continuar vivos por um motivo bem fraco, embora justo: nossa morte não teria servido para nada. Que estejamos vivos nos torna culpados. Sabemos disso perante Deus, o que nos humilha profundamente. Durante esses doze anos, algo aconteceu conosco, como uma reforma de todo nosso ser."

Jaspers, em nome da alma alemã, pretende-se mais próximo daqueles que, como ele, assumem coletivamente a responsabilidade dos atos passados em nome de sua identidade, do que daqueles que, a exemplo de Thomas Mann, querem renegar esse laço individualmente. Hannah vai tomar partido no conflito que os opõe, aconselhando Jaspers a não perseguir Mann por sua vingança através da imprensa, e o lembrará que se trata de um grande romancista — não esqueçamos que foi ela quem fez Heidegger descobrir *A montanha mágica* —, embora o julgue um ideólogo pífio e fraco como teórico político. Além disso, vai ressaltar que Thomas Mann tem problemas de saúde e que essa polêmica pode exauri-lo. Em 8 de maio de 1946, Jaspers lhe escreve: "Eu já não tinha a intenção de responder a Thomas Mann. Não é mais o momento. O homem é muito importante enquanto escritor para que lhe infligamos uma ofensa inútil. É preciso respeitar o que sofreu enquanto emigrante, e além do mais ele não nos fez mal nenhum."[37]

Hannah está atormentada pelo desejo de voltar à Alemanha. Tenta de várias maneiras algum procedimento possível, agarra todas as oportunidades, revela-se tão ansiosa e impaciente que não pode se ater a texto algum. Seu projeto não poderá se concretizar, e essa situação traz à tona a lembrança do suicídio de Walter Benjamin, a atmosfera atroz do salve-se-quem-puder da época. Ela é novamente invadida pelas pulsões de destruição. "Em nossa época, é preciso detestar a morte com todas as forças para não ceder à tentação do suicídio",[38] confia a Gertrud Jaspers. Deixar os Estados Unidos poderia ser uma hipótese para afastar a depressão. A idéia de um recomeço toma conta de seus pensamentos. Ela tem a impressão de ser possível viver de novo na Alemanha, com a condição de que o extermínio, que ela chama pudicamente de "nosso problema", seja evocado publicamente. De fato, para ela é impossível continuar vivendo nesse silêncio: "São nossos mortos."[39] Mas é igualmente impossível se autoflagelar, assumir-se culpado individualmente quando na verdade não se é. Ao contrário de Jaspers, ela acha que a culpa por ter colaborado com o regime nazista só pode ser imputada a indivíduos, e não ao povo todo. O "Eu sou alemão" de Jaspers se choca com as idéias de Hannah. A Gertrud, ela escreve: "Ele não é a Alemanha, parece-me, talvez porque ser um homem seja bem mais do que isso. A Alemanha não é um homem, um indivíduo."[40]

Essas problemáticas obcecam alguns meios intelectuais alemães, mas também povoam as reuniões de numerosos exilados judeus alemães nos Estados Unidos. Hannah participa dos debates tumultuosos que agitam a redação da *Jewish Frontier*, em Nova York. O nacional-socialismo é um acidente da história alemã ou está consubstancialmente ligado a ela? O conjunto dos alemães aceitou a política de Hitler? A sujeição de todo um povo ao poder nazista não pode ser explicada apenas pelo terror. O nacional-socialismo mergulha suas raízes na história mais secreta do país, na mais profunda. Trata-se de uma questão relacionada à própria idéia de Alemanha. Mas de que Alemanha? Thomas Mann, nas conferências que pronuncia no continente americano, reafirma o laço entre a má Alemanha, nazista, e a boa, de Schopenhauer, Nietzsche e Wagner. Ao contrário de Hannah Arendt, ele estima que a Alemanha não está pronta para a democracia e que será necessária uma longa quarentena de prudência e vigilância para que ela possa aceder ao governo de si mesma, já que ainda é perigosa, capaz de fabricar elementos de uma nova guerra.

Hannah Arendt, assim como Bertolt Brecht, recusa essa atitude de demonizar a Alemanha. Ambos pensam ser falsa e absurda a ligação do nacional-socialismo a uma pretendida natureza alemã. Os dois acreditam na Alemanha futura e na sua capacidade de reconstrução democrática. Um amigo próximo de Blücher e de Hannah, Paul Tillich, teólogo conhecido pelo engajamento antinazista de primeira hora, e companheiro da grande amiga de Hannah dessa época, Hilde Fränkel,[41] funda em Nova York o *Concil for a Democratic Germany*, uma espécie de clube privado de personalidades exiladas que tem como objetivo trabalhar pela restauração da democracia na Alemanha. Hannah e seu marido vão participar ativamente do clube. Na companhia de Brecht, ela vai elaborar projetos na área da saúde e da economia. Thomas Mann, por sua vez, vai se recusar a aderir ao grupo, mas ainda assim vai tomar conhecimento de todas as proposições, que julgará prematuras. O grupo se dissolverá rapidamente, sem resultados concretos.

Heinrich Blücher tem, como Hannah, o desejo de trabalhar na reconstrução da Alemanha, mas, ao mesmo tempo, teme se decepcionar e ter de encarar a impossibilidade de encontrar novamente seu lugar no país. Ninguém os espera, ninguém pede para que voltem. Ele toma conhecimento da morte da mãe pelo correio: "destinatário falecido". Ninguém havia lhe avisado. Blücher, filho único de uma viúva, não pôde assistir a seu funeral. Fica atormentado com essa morte, obcecado pela culpa de nunca ter sabido ser um bom filho. Confessa esse sentimento numa carta a Hannah, que passa alguns dias de férias com Julie Vogelstein em New Hampshire.[42] Hannah responde agressivamente: "Meu querido, não fique tão triste, e pare com esse teatro. Antes de mais nada, trata-se de uma liberação, e não pode ser mais do que isso para você." Liberação anunciada pela morte da mãe? Hannah não faz rodeios. Assume sua brutalidade: "Eu sei, sou como um machado."[43] Melhor, ela o reivindica como método para tentar tirar Heinrich da depressão submissa em que se refugia. Ela o lembra da verdade nua e crua: ele nunca foi um filho, nunca quis sê-lo, nunca cuidou da mãe, nem financeira nem psicologicamente. Não é porque ela está morta que ele agora precisa se sufocar pela culpa. Ela o encoraja a assumir essa falta de ligação e se mostra orgulhosa por seu marido não ter caído nas ciladas de uma falsa relação mãe/filho. "Isso seria não apenas condenável, mas também inumano, como acontece com todo esse teatro pais-filho quando as crianças se tornam adultos."[44]

Entorpecente Hannah, que se permite criticar a tristeza bastante legítima do marido, enquanto ela própria não consegue se livrar da mãe, que impõe sua presença há pelo menos uma década. Mas sua violência é salvadora. Blücher lhe dá razão, suplicando apenas que respeite seu tempo de luto: "Tentei entender quanto amor ela me deu mais do que eu a ela, e quanto amor terei de dar a outras pessoas se não quiser ficar nesse estado lamentável de culpa."[45] Desse desespero que vai dominá-lo por longo tempo, ele fará um uso filosófico e político, tentando esboçar um sistema da vontade, uma teoria da salvação da alma.

Como tantos outros emigrantes alemães de Nova York, Heinrich Blücher tergiversa, hesita em encarar concretamente a questão do retorno ao país natal. Hannah insiste. No início de julho de 1946, ele consente em refletir seriamente sobre a hipótese, mas ressalta a Hannah: "Só gostaria de voltar, com a condição de fazer muitas coisas por lá." Mas que coisas? Heinrich só tem sentimentos agressivos pelos alemães e se coloca na posição do retificador de erros. Realmente, considera o povo alemão culpado e responsável. Só vê sermões no discurso de Jaspers. Os alemães não têm de procurar uma via de redenção, mas enfrentar a vergonha em primeiro lugar. "Pouco me importo em saber que um dia eles vão arder no fogo do inferno, se ao menos fizessem algo para secar as lágrimas daqueles que foram humilhados, aviltados, e se morressem pela liberdade."[46] Se a outra Alemanha existe, onde ela está?

Heinrich, como Hannah e tantos outros exilados socialistas, tentará inscrever o futuro da Alemanha numa problemática mais geral de reconstrução européia, que poderia ser dotada de estruturas federais supranacionais. Como reconstruir um mundo democrático depois da constatação da falência do Estado-nação? Os dois sonham com um mundo melhor. Heinrich rascunha cadernos de filosofia política, Hannah, como ela mesma diz, "altera enormemente os direitos do homem",[47] em busca de uma grade de leitura do novo mundo. Como pensar as relações Ocidente-Oriente? Como visualizar uma ação política quando se está exilado e sem documentos? Hannah e Heinrich continuam unidos. O amor é a sua única prova. É o que lhes permite lutar contra a lassidão do ser, a angústia do nada. Quando um mergulha na espiral do desespero, o outro lhe tira a cabeça da água. E vice-versa. Tempos sombrios, sombrios tempos.

O reencontro com Hermann Broch vai tirá-los desse torpor deletério. Para Hannah, a leitura de seu romance *A morte de Virgílio* será uma verdadeira revelação. Antes de ser sua amiga, ela será uma leitora entusiasmada que não hesitará em escrever: "Eu lhe escrevo [...] para falar ao senhor, com uma sinceridade transparente, do meu agradecimento. Seu livro *A morte de Virgílio* é uma obra maravilhosa e uma maravilha de obra." Confessa que, com o exílio, construiu uma espécie de biblioteca invisível dos livros essenciais que decorou. É isso o que pretende fazer com *A morte de Virgílio*, que ela coloca na categoria dos grandes romances: "É um grande consolo saber que Brecht não é mais o melhor poeta alemão vivo e que William Faulkner e Thomas Mann não são mais os melhores escritores épicos vivos."[48]

Hannah confessa dividir os escritores de quem gosta em dois campos: os dionisíacos, Joyce, Döblin, Brecht, e os apolíneos, Kafka, Proust... e Broch. A admiração literária se transformará rapidamente em amizade. Hannah termina a carta propondo... que ele venha tomar um uísque em sua casa e, logo, Heinrich, Hermann e Hannah passarão as noites refazendo o mundo. Escritor, grande escritor, Hermann vai lhes mostrar sua fé na escrita, seus sonhos de poeta, sua energia no combate político, e será rapidamente seduzido pelo charme de Hannah, a quem fará, sem sucesso, ardorosas declarações de amor.[49]

Como jornalista, Hannah Arendt foi ainda colaboradora das revistas de esquerda, judias e não judias, *Partisan Review*, *Jewish Frontier*, *Contemporary Jewish Record*, *Chicago Jewish Review*, *Review of Politics*, *Commentary*, *The Nation* e *Menorah Journal*. Marginal, e orgulhosa disso, independente, às vezes rude, mas preocupada em dizer a verdade, a sua verdade, freqüentemente perturbadora e contraditória. Ainda apátrida, vive em apartamentos mobiliados. Tem quarenta anos. Dizem que é a força da idade. Ela não se percebe como uma mulher direita, mas como uma mulher engajada, eterna minoritária. Gaba-se: "Se quisesse ter me tornado respeitável, deveria ter me desinteressado pelas coisas ou não ter me casado com um não-judeu. Duas coisas igualmente inumanas e quase insensatas."[50] Heinrich, que ela chama de "Senhor", esse enorme urso mal alimentado, que passa o tempo escrevendo, mas sem jamais concluir nem publicar nada, esse autodidata charmoso e irascível, esse homem à mercê de caprichos violentos e de certas obsessões, é ao mesmo tempo seu mestre espiritual e seu iniciador na política. É estranho constatar, ao longo da correspondência, o quanto essa mulher, que constrói sua obra com dificuldades materiais, dando conta de uma quantidade de trabalho impressionante, se menospreza para melhor iluminar aquele que ela considera seu inspirador. Sem ele, ela não poderia enfrentar as dificuldades da vida. A Kurt Blumenfeld, confessa: "Há sempre o Senhor, sua sabedoria, sua bondade e sua absoluta independência em relação a tudo e a todos, meu único ponto de apoio."[51] Quase chega a ter vergonha de ser tão dependente. Também se desculpa: "Na verdade, não se deveria escrever assim sobre o próprio marido, e eu só o faço *once in a life time*."[52] A Karl Jaspers também, ela precisa: "Veja só: aqui, eu vivo no plano intelectual exclusivamente com o Senhor, o que significa que somos os únicos a poder nos dizer alguma coisa."[53] E quando, muito raramente, ela o deixa por alguns dias para ir descansar no campo, fica doente. Então, retomando os velhos hábitos de apaixonada manhosa, escreve, da mesma maneira que fazia com Heidegger, poemas para o seu Heinrich, o senhor de suas noites:

[...]
Repleta de impaciência
Espero seu sonho, espero a noite.
Os dias se alinham numa rede
Que cada noite vem romper.

Senhor das noites
Lance a passarela sobre o rio
De uma margem à outra.
Assim quando, sedenta, eu correr
Para dormir em seu frescor
Poderei me retratar no último salto
Na passarela entre as margens, entre os dias
Sobre o brilho do seu ouro.[54]

Hannah está casada há seis anos. Não vê Martin Heidegger há dezesseis. Leu seu discurso de reitorado, soube de sua demissão e conhece o conteúdo de seu seminário até 1945. Também sabe que ele continuou fazendo parte do partido nazista até a derrota em 1945. Para ela, as cartas estão na mesa, não há nem mesmo uma sombra de dúvida a se dissipar. Heidegger foi um nazista, o que traz um grande prejuízo à sua filosofia. Em setembro de 1946, em *Commentary*, ela escreve: "[...] se é absolutamente verdadeiro que alguns professores alemães respeitáveis tenham oferecido voluntariamente seus serviços aos nazistas, não é menos verdadeiro — o que em realidade chocou esses senhores — que os nazistas não tenham se servido de suas idéias. Os nazistas tinham suas próprias idéias, precisavam de técnicas e técnicos sem idéias formadas ou educados, desde o início, exclusivamente na ideologia nazista. Os sábios que os nazistas abandonaram em primeiro lugar, por lhes serem relativamente inúteis, foram os nacionalistas fora de moda, como Heidegger, cujo entusiasmo pelo III Reich só foi igual à ignorância assustadora pelo que falava. Uma vez que Heidegger tornou o nazismo respeitável no seio da universidade, Alfred Baeumler, bastante conhecido antes de Hitler por ser um charlatão, tomou seu lugar e recebeu todas as honras."[55]

Seu artigo intitulado "A imagem do inferno"[56] tem como ponto de partida a crítica a uma obra sobre o nazismo intitulada *Livro negro*, antologia organizada pelo Yiddish Scientific Institute. Hannah Arendt disseca a problemática histórica do livro e analisa o processo mental pelo qual os nazistas não apenas mentiram, fazendo as pessoas acreditarem que os judeus eram sub-humanos, mas também fabricaram a realidade de maneira a fazer com que os judeus parecessem de fato sub-humanos. Ter recorrido a esse tipo de procedimento, em que se fabrica o real desejado, fugindo da sua própria natureza, que é a de se oferecer e não a de se construir, foi a maior perversidade. O nazismo elaborou nos campos da morte a inocência mais monstruosa que se pode conceber: aqueles que foram mortos não eram considerados seres humanos, mas futuros cadáveres.[57]

Hannah Arendt enfatiza o caráter insondável do mal cometido. "A perversidade monstruosa dos que estabeleceram tal nivelamento ultrapassa a capacidade de compreensão humana. Mas a inocência dos que foram mortos nesse nivelamento também é monstruosa e ultrapassa a justiça humana. As câmaras de gás eram piores do que o que qualquer pessoa poderia merecer e, em relação a isso, o criminoso mais abominável era tão inocente quanto um recém-nascido."[58]

Vítimas e culpados?

Como explicar essa vontade, que se transforma em obsessão, de repreender com veemência o povo judeu por não ter se revoltado? Enquanto Thomas Mann se pergunta a respeito da falta de reação de todo o povo alemão durante os doze anos de nacional-socialismo, e interpela a opinião pública para que os carrascos sejam perseguidos, Hannah Arendt, em setembro de 1946, na época do processo de Nuremberg, prefere questionar as razões pelas quais as vítimas dos campos morreram não como indivíduos, mas "feito gado; como coisas sem corpo nem alma, nem mesmo um rosto sobre o qual a morte pudesse pôr seu selo".[59] Para ela, os judeus têm o direito de acusar os alemães com uma condição: que não se esqueçam de que nessa ocasião falam em nome dos povos da Terra.

Hannah se opõe à visão de uma história propagandista e não se satisfaz com a oposição, que considera simplista e ultrajante, de um povo judeu completamente inocente contra um povo alemão absolutamente culpado. Recusa que a história seja apresentada do lado judeu como a história dos eternos perseguidos, e do lado anti-semita como uma história diabólica. Os nazistas não construíram as usinas da morte exclusivamente para os judeus. Os ciganos também foram exterminados. Hannah pleiteia para que o desejo de verdade seja mais forte do que a dor e a cólera: "Precisamos desesperadamente, para o futuro, da verdadeira história desse inferno construído pelos nazistas."[60] Hannah apela por um novo conhecimento do homem: "Aqueles que um dia talvez tenham a força de contar toda a história terão de ter a consciência de que essa história *em si mesma* não deve oferecer nada além de pena e desespero, mas sobretudo de que não deve prover nenhum argumento suscetível de servir a qualquer objetivo político."[61]

A verdadeira história desse inferno já tinha sido contada. David Rousset conclui sua narrativa sobre Buchenwald, *L'Univers concentrationnaire* [O universo dos campos de concentração], em agosto de 1945. Recém-chegado do inferno, seu testemunho também é uma reflexão filosófica e política sobre os campos que continuam a habitar o mundo contemporâneo como um astro morto carregado de cadáveres. Esse mal, que gangrenou todo um sistema econômico e social, ainda contaminará a Europa durante longo tempo, profetiza Rousset, que presta uma homenagem vibrante a todos os que resistiram atrás das cercas. Apesar da humilhação dos golpes, a fraqueza dos corpos sob os chicotes, os estragos da fome, a vontade dos nazistas de arruinar a sua dignidade, esses homens permaneceram seres humanos.

Os homens normais não sabem que tudo é possível, escreve David Rousset nessa obra em que fornece, desde 1945, ensinamentos políticos para o futuro: "A existência dos campos é um aviso, a experiência pode recomeçar em outro lugar, em outra época. É só uma questão de circunstância. Ela é universalizável e reproduzível em todas as latitudes. [...] Seria uma trapaça, e criminosa, pretender ser impossível aos outros povos fazer uma experiência análoga por razões de oposição de natureza."[62]

Rousset foi sem dúvida o primeiro a tirar as conseqüências filosóficas, éticas e políticas da existência dos campos. Robert Antelme, seu companheiro de detenção em Buchenwald, estendeu e aprofundou em *L'Espèce humaine* [A espécie humana],[63] escrito em 1946-1947, sua reflexão. Ele explora a possibilidade que cada deportado tinha de ainda pertencer à espécie humana. Nessa análise ao mesmo tempo essencial e filosófica, que continua incandescente pela profundidade e o universalismo, ele não apenas descreve sua experiência de deportado, mas também lhe dá um sentido. Como continuar pertencendo à espécie humana depois da desumanização dos campos? Seu pensamento, que rompe com o humanismo positivo, revela alguns parentescos com o de Hannah Arendt, sobretudo na tendência em conservar um resíduo de humanidade ao carrasco nazista, mas também na vontade de pensar as condições do mundo após os campos, e com o desejo de imaginar novas categorias para conceituá-lo.

Mas os dois pensadores divergem profundamente sobre a natureza da resistência, não apenas do povo judeu, mas de cada ser humano. Para Hannah Arendt, a resistência passa pela luta armada. Para Robert Antelme, viver já é resistir, resistir é viver, recusar a destruição do ser humano desejada pelos nazistas. Hannah Arendt nunca reconheceu essa dimensão: resistência de base, resistência primeira, anterior às formas políticas ou ideológicas, resistência existencial, resistência humana, demasiadamente humana.

Quarenta anos depois de Auschwitz, Primo Levi voltará, em *Os afogados e os sobreviventes*,[64] a esse sentimento de vergonha e culpa que invadiu o coração dos sobreviventes. Ele critica aqueles e aquelas que, como Hannah Arendt, falaram demais, e rasteiramente demais, da falta de resistência nos campos. Os que tentaram sabem a que ponto, na maioria das vezes, ela se revelava impossível. Primo Levi lembra que, no interior do campo, as vítimas estavam reduzidas a tentar sobreviver. E no entanto houve evasões, atos de revolta, rebeliões organizadas, movimentos de indignação, que manifestavam uma coragem inaudita e cujos testemunhos estão reunidos no grande filme de Claude Lanzmann, *Shoah*, assim como em sua narrativa intitulada *Sobibor, 14 Octobre 1943, 16 heures* [Sobibor, 14 de outubro de 1943, 16 horas]. Diante desses documentos, compreendemos o quanto era *impossível* pedir prestação de contas às vítimas. O mesmo acontece ao lermos Primo Levi, quando, diante dessa pergunta que nunca deixa de ser colocada, na medida em que os anos passam, com uma insistência crescente e um tom de acusação cada vez menos dissimulado — por que vocês não se revoltaram? —, ele responde, então, para os judeus: "Mesmo supondo que conseguissem ultrapassar as cercas de arame farpado e as cercas elétricas, escapar das patrulhas, da vigilância das sentinelas armadas com metralhadoras, dos cães treinados para caçar homens, para onde teriam ido? A quem pedir hospitalidade? Eles estavam fora do mundo, homens e mulheres feitos de nada. Não tinham mais pátria... nem casa... Salvo exceções, não tinham mais família. E se alguns de seus parentes ainda estivessem vivos, não saberiam onde encontrá-los, nem para onde escrever-lhes sem colocar a polícia nos seus rastros." Primo Levi pede compaixão e piedade. Diz e repete: "Acredito que ninguém esteja autorizado a julgá-los, nem os que passaram pela experiência, nem — e muito menos — os outros."

Por que Hannah Arendt se permite julgar as vítimas, e com que direito? Ela leu Rousset e se inspira em seu livro para escrever *Origens do totalitarismo*. Não foi a única a não reconhecer a dignidade das vítimas e a se mostrar tão surda, tão resistente em aceitar a realidade dos escritos e dos testemunhos dos sobreviventes. Indizível ou inaudível? "Por que a dor de cada dia se traduz em nossos sonhos de maneira tão constante pela cena sempre repetida da narração feita e nunca escutada?", pergunta Primo Levi. Como lembra Annette Wieviorka, contrariamente a uma idéia já estabelecida, os deportados falaram e escreveram bastante; seus relatos abrangem o conjunto do sistema dos campos de concentração da época nazista. Mas não quisemos — não pudemos — escutá-los.[65] Ao menos na França, o extermínio dos judeus não chegou à consciência das pessoas nos anos imediatos ao pós-guerra, apesar de todos os testemunhos dos deportados.

Nos Estados Unidos, como em Israel, os sobreviventes se encontraram face a face com ouvintes que se recusavam a escutar suas lembranças. Um sobrevivente conta que sua tia lhe repreendia quando ele contava sobre sua vida no campo de concentração: "Se quiser fazer amigos nos Estados Unidos, não relate suas experiências o tempo todo. Elas não interessam a ninguém, e se você as conta, eles vão escutar uma vez, depois, na vez seguinte, terão medo de se aproximar de você; portanto, não fale nunca."[66]

Além do mais, não se pode negligenciar o fato de que Hannah Arendt se situa na corrente de uma juventude judaica vinda da imigração de inspiração comunista, para a qual o nazismo era apenas uma das modalidades do capitalismo, o que negava a especificidade do anti-semitismo. Diluir a infelicidade judaica na infelicidade universal, fazer dos judeus vítimas do fascismo entre outras, não clamar seu martírio: essas eram as injunções comunistas.

Ainda que se mostre crítica em relação ao stalinismo, que ela coloca no mesmo nível do nazismo, ressaltando que esse último é mais terrível porque designa à natureza o papel que o marxismo designa à História, Hannah Arendt reflete e reage como se a identidade comunista — não no sentido do partido, mas no sentido de uma comunidade de luta — recobrisse e ultrapassasse sua identidade judaica, por sua vez cambaleante. Sua preocupação é fazer justiça: não se trata de lembrar o que foi o sofrimento das vítimas, mas de punir os culpados.

Aliás, é preciso lembrar que as obras de Robert Antelme, David Rousset e Primo Levi não tiveram nenhuma repercussão na época em que foram publicadas. Raros foram os jornalistas que mostraram algum interesse. Com algumas exceções, elas suscitaram apenas uma compaixão levemente condescendente. Era preciso virar a página. A voz dos deportados permanecerá inaudível por mais uns vinte anos.

Assassino em potencial

Na fotografia, Martin Heidegger sorri. O dia está bonito, é verão e ele está em mangas de camisa na porta de casa. Aperta a mão do jovem oficial que tem um belo gorro na cabeça. Mostro a foto a um dos maiores cineastas vivos para saber se ele se reconhece no uniforme militar. O homem — Alain Resnais — aquiesce, sorri. Sim, ele se lembra muito bem desse momento. Foi em julho de 1945. Frédéric de Towarnicki, filósofo, é o autor da fotografia. Os dois tinham decidido visitar o filósofo em sua casa de Zähringen, no subúrbio de Freiburg, nos flancos de uma colina coberta, naquele verão, por plantações de repolho e batata. Não era muito fácil alcançar essa zona militar ocupada, e era preciso passar por muitos obstáculos para chegar à casa do pensador alemão de quem eles haviam ouvido falar na França graças a Jean-Paul Sartre e Jean Beaufret. Eles serão os primeiros a rever Heidegger depois da guerra. Na Alemanha ajoelhada, em cinzas, encurralada por todos os lados, o filósofo confessará ter sido alistado em 1944 como manobra por ocasião do recrutamento em massa de reservistas mas que, tendo ficado doente, não pôde se juntar ao exército. Depois de ter sido hospedado numa casa florestal, havia reencontrado a esposa em Freiburg no final dos combates. Heidegger vive sob a ameaça de ver sua casa requerida pelas autoridades francesas. Um comitê de seleção, composto de professores alemães encarregados pelos franceses de proceder à depuração política nas universidades, acaba de ser constituído. Num primeiro momento, uma comissão inquire sobre Heidegger, a personalidade mais controversa da região. Ela deve entregar o veredicto em setembro. Na época em que recebe Frédéric de Towarnicki e Alain Resnais, Heidegger sabe que está na mira de vários de seus colegas, que exigem ao menos a sua aposentadoria imediata e a interdição de ensinar. Também sabe que os que falam a seu favor desejam manter o anonimato. Frédéric de Towarnicki, enquanto capitão do exército francês, vai se informar com o funcionário encarregado do dossiê. Este lhe confessa que não há provas muito precisas: seu discurso de reitorado em 1933, é claro, mas o próprio funcionário se diz incapaz de entender seu sentido real, e algumas testemunhas de acusação. Hoje, ao me mostrar suas fotografias, Frédéric de Towarnicki ainda ri dessa história: o embaraço dos militares era ainda maior porque ninguém, das forças de ocupação, entendia nada dos escritos de Heidegger. E no entanto... seu destino era de interesse para além das fronteiras. As universidades no exterior pediam uma sanção, e a Igreja também se intrometia no assunto. Naquela bela manhã de verão, portanto, os vizinhos acreditaram que Alain Resnais e Frédéric de Towarnicki tivessem vindo prender o filósofo. Uma vez tranqüilizado, exprimindo-se ora em francês, ora em alemão, Heidegger os faz entrar e lhes diz que sofre muito com o que aconteceu em seu país.[67]

Frédéric de Towarnicki se lembra com precisão da cena, gravada para sempre em sua memória. Heidegger os convida a sentar e fala sem parar. Heidegger é pequeno, muito pequeno, insiste Towarnicki. Naquele dia, estava vestido de uma maneira estranha, como um camponês num domingo, com um casaco folclórico bordado nas abas. Ele tem cabelos brancos, está cansado, parece angustiado e, com a mulher Elfride ao lado, não cessa de se justificar e se lamentar. É preciso ir até as raízes, procurar as causas verdadeiras, repete ele. Por trás dos acontecimentos políticos e militares, prepara-se uma outra guerra, não menos perigosa, que visa diretamente à dignidade do homem. Ainda que esteja inquieto com seu destino, que saiba ser objeto de ajustes de contas, Heidegger não pede perdão, não fala uma palavra sequer sobre o nazismo, nem se arrepende de nada.

Ele dirá a mesma coisa até o fim da vida. Sim, ele foi nazista. Sim, acreditou no levante nacional, com o qual esperava tirar o povo alemão da miséria e do caos. Sim, aceitou ser reitor sob o comando nazista porque queria renovar a Universidade. Sim, era uma missão, um fardo. Não deu certo. Ele se enganou, não sobre as crenças ideológicas, mas sobre a possibilidade de transformar a instituição. Foi por isso que se demitiu. Nenhum remorso nessa evocação. Apenas uma segurança tranqüila.

Frédéric de Towarnicki se lembra de que ele falava com um tom monótono, como se se tratasse de uma evidência. Aliás, para ele era evidente: ele tinha sido nazista, acreditado em Hitler, e então? Não era o único. Aqueles que, como Karl Jaspers, Karl Löwith, Paul Celan, e tantos outros, foram lhe pedir acerto de contas, exigir explicações e esperar uma *mea culpa*, não vão querer escutar o que Heidegger dizia tranqüilamente apenas alguns meses depois do suicídio de Hitler e da capitulação da Alemanha. Não, ele não se arrependia de nada. Não, ele não sentia nem remorsos nem culpa. Não, ele nunca pensará sobre a Shoah e jamais se interessará pelas implicações filosóficas e éticas do genocídio. Havia coisas mais importantes sobre as quais refletir: a pilhagem da natureza e o crescimento da industrialização que colocavam em risco o futuro da humanidade, bem mais do que o nazismo com o extermínio dos judeus. Podemos repreender tudo em Martin Heidegger, menos que ele tenha mudado de opinião e linha de conduta. O resto pode parecer acessório. O fato de ele não ter procedido, enquanto reitor, ao auto-de-fé, ou de não ter interditado na biblioteca os livros de seu venerado mestre Edmund Husserl, a proibição, durante seu mandato, de cartazes anti-semitas no espaço universitário, seus cursos sobre Nietzsche destinados, desde 1934, a resgatá-lo da gangue nazista em que sua irmã Elisabeth o havia lançado, os insultos dos professores histéricos, mais nazistas do que ele e que o amaldiçoavam por querer ser nazista à sua maneira e não como exigia Hitler, todos esses fatos foram verificados, mas parecem bem irrisórios se comparados ao seu desejo de ter razão sempre e ainda, à sua recusa em se responsabilizar pelo real e à sua incapacidade de se recolocar em questão.

Heidegger tenta alguns procedimentos perante as autoridades francesas para salvar seu status de professor. Ele deve ter se mostrado convincente, já que a comissão militar francesa decide em 28 de setembro de 1945 que ele não será suspenso, mas colocado à disposição pelo governo militar francês.

Em outubro, ele figura em segundo lugar numa lista de nomeação de professores para a universidade de Tübingen. Esse anúncio provoca indignação nos universitários de Freiburg, que exigem que a comissão se mostre mais severa com ele. Novos procedimentos de consulta são relançados. Como julgar Heidegger? Hoje em dia é sabido, graças aos trabalhos de Hugo Ott e Victor Farias, que Heidegger pertenceu ao partido nazista até o fim da guerra e descartou por escrito, enquanto reitor, a possibilidade de nomeação de estudantes judeus.[68] No entanto, embora se pressentisse isso em 1945, ainda não havia provas suficientes.

Heidegger se defende afirmando ter salvado alguns estudantes judeus ao nomeá-los no exterior, ter censurado o poder nacionalista ao acusá-lo de deformar para uso próprio filósofos como Platão e Nietzsche, ter sido perseguido por professores nazistas que o insultavam na imprensa e o proibiam de publicar. Tudo isso também é verdadeiro. Mas a questão não é essa.

Na liderança dessa comissão, Friedrich Oehlkers não quer julgar seu comportamento, mas entender o que realmente aconteceu com ele. Heidegger diz que Jaspers pode ajudá-lo. Então, Oehlkers pede a Jaspers, numa carta datada de 15 de dezembro de 1945, que lhe ajude a julgar Heidegger o mais equilibradamente possível, pois, diz Oehlkers de maneira esclarecedora: "Ele certamente não é um nazista no sentido habitual do termo... ele era justamente apolítico do início ao fim, e o nacional-socialismo que fabricou para si não tinha nada a ver com a realidade."[69]

Heidegger, nazista apolítico?[70] A questão é realmente complicada. Jaspers não vai se esquivar de suas responsabilidades e, quinze dias mais tarde, responderá a Oehlkers: Sim, Heidegger se tornou anti-semita em 1933. A atestação por escrito de palavras como "o judeu Fraenkel" comprova. Ele não o era antes. Teve um comportamento de anti-semita já que cometeu atos de anti-semitismo. Isso não significava necessariamente que o anti-semitismo não fosse contra sua consciência e seu gosto. Sim, Heidegger é culpado e responsável por anti-semitismo, mas culpado e responsável também por ter feito parte do grupo de professores que contribuíram para assentar o nacional-socialismo. Jaspers continua explicando que por esses dois motivos ele não deve voltar a ensinar logo, pois poderia ser perigoso para os estudantes.

Já que ele não fez um caminho intelectual para compreender e julgar seus próprios engajamentos, não convém lhe confiar responsabilidade alguma.[71]

Jaspers não perdoa Heidegger por nada. Ele acha que seu discurso, mistura de niilismo ativo, mística irracional e magia verborrágica, é perigoso, e que o homem ainda possui uma maneira "essencialmente não livre, ditatorial de pensar". Não se pode desculpá-lo por não ter nenhum sentido político e por ter fabricado, a seu próprio uso, uma maneira bastante pessoal de encarar o nacional-socialismo. A verdade é que ele aderiu ao nazismo. "As crianças que colocam a mão na roda da História são esmagadas", dizia Max Weber. Para Jaspers, Heidegger colocou a mão na roda da história no nazismo.[72] Ninguém o obrigou. Heidegger deve pagar por isso.

Hannah não é mais carinhosa. Para ela, Heidegger é um "assassino em potencial",[73] culpado por ter assinado uma carta interditando a Husserl o acesso à universidade. Jaspers responderá que não se tratava de uma carta pessoal, mas de uma circular. Pouco importa, afirma ela. Carta pessoal ou administrativa, ele não deveria tê-la assinado. Muitas pessoas o perdoam. Ela, não. "Sempre pensei que no momento em que fora forçado a assinar esse texto, Heidegger deveria ter se demitido. Qualquer que fosse o grau de loucura que lhe atribuíam, a verdade é que ele era perfeitamente capaz de compreender essa história toda. Esperava-se que ele tivesse consciência suficiente de suas responsabilidades [...] naturalmente, você poderia me dizer que seus atos seguiam o curso dos acontecimentos. E eu responderia, sem dúvida, que o que é verdadeiramente irreparável quase sempre surgiu — de maneira equivocada — como um acidente e que às vezes, nessa linha insignificante atravessada pela certeza de que não tem muita importância, ergue-se a muralha que separa realmente os homens",[74] escreve ela a Jaspers.

Hannah julga o homem, afasta-se dele, não lhe dá mais crédito nem consideração. Edifica um muro entre eles, um filtro de segurança. Mas, contrariamente a Jaspers, não coloca em questão a própria filosofia de Heidegger. No final de dezembro de 1945, Jaspers afirma que "a maneira de pensar de Heidegger e suas ações têm um parentesco certo com os fenômenos nacionais-socialistas".[75] Com Carl Schmitt e Alfred Baeumler, ele realmente tentou alcançar intelectualmente a liderança do movimento nacional-socialista.

Para Jaspers, ainda que Heidegger conseguisse fazer a comissão acreditar que ele afetuou certos gestos e atos de oposição ao nazismo durante a guerra, isso não teria importância alguma. Então, ele propõe à comissão que suspenda Heidegger por alguns anos de seu posto de professor e lhe dê uma pensão pessoal, permitindo que ele continue a trabalhar.

Jaspers hesitou longamente antes de enviar essa carta, por causa de sua antiga amizade com Heidegger. O fato de que o pedido tenha sido inicialmente proposto pelo próprio Heidegger motivou o envio. Jaspers, na realidade, ainda acredita na possível restauração da amizade e imagina que seu antigo camarada vá se entregar às confissões a fim de que eles possam trabalhar logo pelo objetivo principal: a reconstrução espiritual da Alemanha. Essa carta foi, ao que parece, determinante. Em 19 de janeiro de 1946, o comissariado da universidade de Freiburg aposentou Heidegger, proibindo-o de ensinar.[76]

Duas semanas antes, foi publicado o número 4 de *Temps modernes*, com dois artigos consagrados ao autor de *Ser e Tempo*: o primeiro, intitulado "Visite à Martin Heidegger" [Visita a Martin Heidegger], era assinado por Frédéric de Towarnicki e mostrava o filósofo alemão num dia muito favorável; o segundo era de Maurice de Gandillac,[77] que também voltava de uma peregrinação na Floresta Negra, na residência do mestre. Durante a entrevista, ele ficou impressionado com a ambigüidade das afirmações e a falta de reação de Heidegger em relação a seu engajamento nazista. À questão da responsabilidade do povo alemão, ele respondeu que a desintoxicação seria longa e difícil, que o hitlerismo havia sido apenas, num único sentido, a explosão histórica de uma doença estrutural do homem. Mas se recusou a incriminar nomeadamente o homem alemão... e a confessar uma espécie de responsabilidade coletiva da comunidade germânica. Maurice de Gandillac se lembra ainda hoje do bigode dele, que o fazia inevitavelmente pensar em Hitler, e de sua garantia em manter os discursos sobre a liberdade sem a menor intenção de se justificar.

Hannah confirmará: ela acaba de encontrar Jean-Paul Sartre que lhe contou que, quatro semanas após a derrota alemã, Heidegger havia falado de um "mal-entendido" entre a Alemanha e a França e proposto um "acordo franco-alemão". Ela confia a Jaspers: "Você deveria tomar conhecimento das diferentes entrevistas que Heidegger deu em seguida. Apenas mentiras insensatas com um tom, me parece, nitidamente patológico."[78] E acrescenta: "Triste e inquietante história." É verdade. "Mas uma história antiga." Que seja. Não uma história passada. Não uma história enterrada, como pensa Hannah na época. Apenas uma esperança...

IX

MILITANTE POLÍTICA

Em 1946, Hannah Arendt inicia um trabalho gigantesco que vai demorar cinco anos para ser concluído, período durante o qual publicará numerosos artigos em que tentará desmembrar os mecanismos do terror contemporâneo. Na origem desse enorme canteiro de obras, uma intuição que se torna pouco a pouco uma certeza: o terror do século XX, qualquer que seja sua origem geográfica, seus motivos e objetivos últimos, apresenta-se sempre como o meio de fazer reinar a ideologia no real. Esse terror é coletivo. "As ideologias são notórias por seu caráter científico: combinam a atitude científica com resultados de importância filosófica, e pretendem ser uma filosofia científica. [...] Uma ideologia é bem literalmente o que o seu nome indica: é a lógica de uma idéia. O seu objeto de estudo é a história, à qual a 'idéia' é aplicada. [...] A ideologia trata o curso dos acontecimentos como se seguisse a mesma 'lei' adotada na exposição lógica da sua 'idéia'. As ideologias pretendem conhecer os mistérios de todo o processo histórico — os segredos do passado, as complexidades do presente, as incertezas do futuro — em virtude da lógica inerente de suas respectivas idéias."[1] Por sua essência, o terror destrói o indivíduo e transforma o poder em decreto superior e sobre-humano de onde deriva sua força absoluta. Se os mecanismos do stalinismo são idênticos aos do nazismo, a versão nazista do totalitarismo nega ainda mais radicalmente a humanidade e sua liberdade, pois é baseada numa pseudonatureza; ora, "o fundamento da natureza não é nada, em todo caso nada mais do que suas próprias leis e seus próprios modos de funcionamento".[2] Mas Hannah Arendt desvela um parentesco mais profundo entre as duas ideologias totalitárias na medida em que o nazismo, que toma emprestada da teoria de Darwin a idéia de seleção natural, faz do processo natural um processo histórico, enquanto o marxismo naturaliza o movimento histórico da luta de classes. "A luta de classes enquanto motor da História é, segundo Marx, apenas o reflexo da evolução das forças produtivas, que, por sua vez, têm como origem a 'força de trabalho' dos homens. Para Marx, o trabalho não é uma força histórica, mas uma força natural-biológica..."[3] A partir desse fato, sob a influência do darwinismo — Engels havia notado a afinidade do pensamento de Marx com o de Darwin, ao nomeá-lo de "Darwin da história" —, o marxismo operava uma naturalização da história interpretada como movimento de ascensão de uma nova classe social que eliminava a antiga, enquanto o nazismo se mostrava como um naturalismo da luta de raças erigida em lei da história. "A lei 'natural' segundo a qual só os aptos sobrevivem é tão histórica — e, como tal, o racismo poderia utilizá-la — quanto a lei de Marx segundo a qual sobrevive a classe mais progressista."[4]

No estudo comparado do nazismo e do stalinismo, em cada momento de sua reflexão, Hannah Arendt não cessará, até 1951, data da publicação de *Origens do totalitarismo*, de tentar integrar em seu trabalho as informações transmitidas o tempo todo dos campos soviéticos. Sua pesquisa é um movimento permanente, devido à própria natureza de seu objeto. Empreendimento difícil, que tenta circunscrever e isolar os "elementos que encontramos em todas as situações e todos os problemas políticos de nosso tempo". Cada um desses elementos esconde para Hannah "um verdadeiro problema não resolvido". "Por trás do anti-semitismo, a questão judaica; por trás do declínio do Estado-nação, o problema não resolvido da nova organização dos povos; por trás do racismo, o problema não resolvido de um novo conceito de humanidade..."[5] Hannah quer repensar a organização do mundo, um mundo transtornado pela guerra e suas conseqüências.

Ela integra em suas reflexões o destino das "*displaced persons*", essa fatia da humanidade que constitui a horda de sobreviventes da guerra que se esforçam para viver em campos disseminados pela Europa, esquecidas pelas potências tutelares, incômodas, um verdadeiro obstáculo à reconstrução do mundo. Hannah faz um apelo ao fechamento de todos os campos. Para ela, trata-se da reivindicação política mais importante, uma questão de vida ou morte. Ela espera da Alemanha, ainda que vencida e humilhada, uma declaração oficial que permita aos judeus ter a escolha de viver nessa futura nação alemã, essa nova república, onde o fim do anti-semitismo seria constitucionalmente decidido, e onde viveriam cidadãos iguais em direito que manteriam sua identidade judaica européia.[6] Hannah sonha. Imagina um mundo novo, regido pelos direitos do homem, de onde todo racismo seria eliminado. Hannah quer que o judeu viva enquanto homem entre os homens no seio do povo judeu, mas também em comunidade com outros povos. Tarefa pesada que parece contraditória. Como afirma Pierre Birnbaum, a existência judaica suscita nela um desafio particularmente difícil...[7]

Hannah acompanha com paixão o processo de Nuremberg. Considera os acusados alegres demais. Se eles se mostram tão contentes, pensa ela, é porque sabem que sua culpa ultrapassa e transgride todas as ordens jurídicas.[8] Sua culpa, afirma Hannah, se situa acima do crime. Mas o que fazer quando a justiça se esquiva? Ela não propõe nenhuma solução. Está atormentada com a completa falta de remorso dos carrascos e suas afirmações repetidas de que não eram responsáveis por seus crimes: refletindo sobre as conseqüências da culpa nazista, mostra o status paradoxal das vítimas e, sobretudo, o perigoso uso político que se pode fazer delas. "De uma culpa que se situa para além do crime e de uma inocência que se situa para além da bondade ou da virtude, não se pode fazer nada humana nem politicamente. [...] Nós, judeus, somos encarregados por milhões de inocentes em nome dos quais cada judeu hoje se considera a inocência personificada."[9]

Apesar da falta de compaixão pelas vítimas e da falta de solidariedade com seu povo, que lhe será tão reprovada, é enquanto judia que ela diz refletir. Como os alemães vão punir de maneira adequada as centenas e centenas de culpados com um sistema jurídico doravante inadequado?

*

Hannah Arendt não é a única a se perguntar sobre o status das vítimas. Na imprensa americana, os jornalistas interrogam sobre as razões que tornaram possível aos sobreviventes escapar do inferno. Morris Waldman, membro do *Jewish Committee*, escreve da Europa a um colega de Nova York: "Os que sobreviveram não são os mais aptos, [...] mas em sua maioria os elementos judeus mais baixos que, pela astúcia ou pelos instintos animais, conseguiram escapar da sorte terrível dos elementos mais finos e melhores, que sucumbiram."[10] As teses de Hannah têm afinidade com as do jornalista do *Saturday Evening Post* que se pergunta a respeito da sobrevivência tenaz de algumas pessoas, "sobrevivência não dos mais aptos, nem das almas mais nobres ou mais razoáveis, tampouco dos mais fracos, mas dos mais rudes".[11]

Essa visão do genocídio como derrota judaica impregnava também uma parte dos sionistas da Palestina, que pretendiam construir um novo homem orgulhoso, corajoso, confiante. Essa noção de vítima os atrapalhava na tentativa de criação de uma nova ideologia. Por isso, eles recriminam as vítimas por terem se deixado morrer sem lutar pela honra. Lembremos que Gruenbaum, conselheiro de Ben Gurion, ousou declarar que "os judeus da Polônia não tinham encontrado em suas almas a coragem de se defender" e que isso o enchia de "uma mortificação ferina". Ele estigmatizava a atitude passiva de seus irmãos com desprezo: "Milhares de judeus esperaram calmamente serem levados nos vagões que os transportariam para a morte."[12] Eles preferiram "uma vida de cão a uma morte honrável". Seis meses depois, ele afirmava: "Essas pessoas se tornaram dejetos."[13] O desprezo pela atitude dos judeus europeus continuou mesmo quando já se sabia do ocorrido. O jornal *Davar*, publicado na Palestina, tem o seguinte título em 1944: "Por que os judeus da Hungria não se defendem?" Um outro jornal anuncia em letras grandes: "Estamos cansados do choro dos oprimidos, eles são incapazes de se defender." O poeta sionista Haïm Nahman Biolik descreve da seguinte maneira as reações decorrentes dos primeiros *pogroms*: "Eles fugiram feito camundongos, esconderam-se feito percevejos e morreram feito cachorros em todos os lugares por onde os encontravam. Lá na Europa. Aqui, na Palestina, se tivessem aceitado se unir a nós, isso não teria acontecido. Aqui, a terra de Israel produz um homem novo."[14] Com o tempo, explica

Tom Segev, esse desprezo misturado com a raiva e a falta de compaixão pelas vítimas se torna em Israel um peso psicológico e político que sobrecarrega as consciências, assombradas pela lembrança de tantas vítimas.

Questão dolorosa, questão atormentadora, questão indizível. Foram necessários muitos anos aos heróis da resistência para contar o inferno e para serem compreendidos. Será que os dirigentes sionistas na Palestina conheciam a amplitude do extermínio e consideravam a catástrofe dos judeus da Europa um problema em si? Israel, de um lado, e a Shoah, do outro, foram concebidos pela consciência judaica, desde 1945, como pólos radicalmente antitéticos, explica Ilan Greilsammer.

Os amigos de Hannah que vivem na Palestina, Kurt Blumenfeld e Gershom Scholem, não compartilham essa visão das vítimas conscientes, enquanto ela própria estigmatiza essa visão de um sionismo ideal, fabricação artificial de um povo eleito. Hannah quer se singularizar sempre, mesmo que precise endossar argumentos discutíveis e atrair sobre ela a ira dos conformistas. Ela gosta de chocar, sobretudo quando aborda problemas judaicos, e de reivindicar em alto e bom tom. Para isso, está disposta a se servir de argumentações complicadas, como prova seu artigo "Les germes d'une internationale fasciste" [Os germes de uma internacional fascista], publicado em Nova York no *Jewish Frontier*[15] e que Jaspers, antes de publicá-lo na Alemanha, irá criticar vivamente.

Nesse texto, que será a matriz da primeira parte de *Origens do totalitarismo*, Hannah disseca a força, a potência, a vitalidade do anti-semitismo, apesar da recente revelação da existência dos campos da morte. Para ela, foi o anti-semitismo que deu ao movimento fascista uma audiência internacional. Trata-se, portanto, de um dos movimentos políticos mais importantes de nossa época, e "lutar contra ele constitui um dos deveres mais vitais das democracias, e sua persistência constitui umas das indicações mais significativas do perigo por vir".[16]

O fascismo não morreu, porque o anti-semitismo ainda está vivo, diz Hannah. É verdade, responde Jaspers, é preciso levar sempre o anti-semitismo a sério, e "é com uma profunda satisfação que leio essa atitude fundamental no que você escreve". Mas esse artigo é para ele um "quebra-cabeça". "Eis o que me preocupa, confessa Jaspers: você 'exagera'."[17]

Sim, Hannah exagera em tudo. Ela é brilhante demais, arrebatada demais, apaixonada demais. Mas não chegará a convencer, pois não exprime as coisas muito claramente e é rude demais. Jaspers lhe pede, portanto, para retomar o artigo: "Seria possível expressar as correlações de forma mais prudente e ao mesmo tempo mais eficaz? — ou seja, mais justa também, de um ponto de vista histórico e menos visionária?"[18]

O antigo professor fala com a ex-aluna em nome de sua amizade e lhe aconselha fortemente a não mais se deixar levar pelo entusiasmo e a paixão. Ele teme que ela se desvie, assim, de seu verdadeiro objetivo: a convicção fundada na compreensão. Mas Hannah não faz caso. É verdade, ela vai tentar controlar seu entusiasmo, mas no fundo tem muito orgulho de sua capacidade em exagerar. "Vejamos a sua carta sobre o exagero", responde ela. "Trata-se da carta mais bonita que já recebi de você, e me deixou muito contente."[19] Ela acredita que seus textos provocadores possam ser compreendidos nos Estados Unidos, mas ainda não na Alemanha. Jaspers a repreende por querer ter sempre razão e lhe diz para tomar cuidado: "Uma astúcia da razão — ou melhor, do diabo — constitui seu princípio de interpretação."[20] Hannah não escuta seus conselhos. Hannah é levada por sua inteligência exaltada, que a ultrapassa. E quem defende essa atitude provocadora é seu marido, que inspira, guia, aconselha e estimula todos os seus excessos. Nessa época, ela confia a Jaspers que não pensa sozinha, mas junto com ele, e que talvez eles publiquem seus trabalhos com a assinatura dos dois. "Veja só: aqui, vivo no plano intelectual exclusivamente com o Senhor, o que significa que somos os únicos a poder nos dizer alguma coisa."[21] Reconhecendo a influência do marido, ela se desculpa até mesmo por ser tão apaixonada, mostra-se admiradora, cedendo a seus pontos de vista, suas visões de mundo. Heinrich Blücher, em revanche, jamais reconhecerá nem a título pessoal nem publicamente a influência de Hannah sobre ele.

Vai preferir dizer, rindo, a seus amigos em comum que, sem ele, Hannah jamais teria escrito. Também dizia, quando os convidados agradeciam a Hannah pela qualidade do jantar, que era ele quem tinha preparado tudo.

Hannah sorria... Heinrich nunca soube fazer nem ovo frito. Nunca escreverá um livro. Será preciso esperar a sua morte para que Hannah, depois de muitas dificuldades, consiga publicar com seus alunos uma parte dos seminários que ele deu no Bard College.

Blücher nem sempre tem trabalho, e fica financeiramente dependente da esposa até 1949. Nessa época, estimula Hannah para o politicamente incorreto e a convence a usar seu espírito de transgressão. Orgulhoso, excessivamente dotado, mas pouco apto ao espírito de síntese e vítima da angústia da página em branco, percorre como um cavaleiro do apocalipse as terras devastadas da falta de esperança ocidental, rascunhando páginas e mais páginas que não tem nem a coragem de reler. Nessa fuga desesperada e desesperadora, ele tem um único guia, sua mulher: Hannah, "continuo a claudicar pelo labirinto do homem ocidental, e percebo os rastros de meu Minotauro, quer dizer, o mito. Quero muito firmar minhas idéias principais como um fio de Ariadne, sabendo que você segura o outro lado e que posso chegar até você".[22] Esse estado de dependência recíproca perdurará por longos anos e será carregado, por ele, de perversidade.

Hannah aceita com prazer a proposta de Salman Schocken,[23] em 1946, de trabalhar para a sua editora. Hannah já é editora há muito tempo, mesmo que não o saiba. Tendo introduzido na França, com seu primeiro marido Günther Stern, a obra de Rilke, contribuiu igualmente para a descoberta de Kafka nesse mesmo país, ao incentivar Walter Benjamin a traduzi-lo. Também nos lembramos de sua determinação para publicar a obra póstuma de Walter Benjamin. Mais tarde, ela se esforçará para que reconheçam a obra de Hermann Broch e tentará, sem sucesso, que os livros de Karl Jaspers sejam traduzidos nos Estados Unidos.

É natural, portanto, que Schocken, conhecendo sua energia, sua qualidade de leitora e seu talento de organizadora, lhe proponha fazer parte de sua minúscula equipe editorial, no lugar de Max Strauss, acometido por uma doença cardíaca. Ela conhece Schocken desde 1931, data em que fundou sua editora em Berlim. Autodidata, filho de um alfaiate judeu de Zwickau, ele se interessa tanto pela arte e pela arquitetura quanto pela literatura. Emprega Agnon,[24] futuro vencedor do prêmio Nobel de literatura em 1966, cujos poemas admira, antes mesmo de fundar sua própria editora, na qual, nos primeiros anos do governo de Hitler, acolhe as obras de Buber, Rosenzweig, Kafka. Tem cinqüenta e sete anos quando, em 1934, fugindo do nazismo, vai para a Palestina, onde se torna amigo de Scholem, de quem publica em 1938 *Les Grands Courants de la mystique juive* [As grandes correntes da mística judaica], mas também de Kurt Blumenfeld, com quem tem conversas apaixonadas sobre a leitura de Broch e Kafka. Schocken é um mecenas de esquerda que aprende árabe e pleiteia por um Estado binacional. Instala-se em Nova York em 1945, onde continua seu trabalho de descobridor. Hannah conhece bem seus defeitos: acha-o autoritário — uma espécie de Bismarck,[25] diz ela — e pouco culto.

Esse trabalho que executa com paixão vai possibilitar que ela publique, num acordo com Max Brod, o *Diário* de Kafka, o que vai lhe tomar muito tempo. Trabalho árduo, de boa operária, do qual se orgulhava, ainda que reclamasse com Blumenfeld da sobrecarga que essa tarefa exigia e da vida de escritório cansativa que era obrigada a levar. Apesar de todos os seus esforços, jamais conseguirá convencer Schocken a publicar Walter Benjamin. Tampouco terá sucesso com a tentativa de publicar uma tradução dos poemas de Heine. Schocken não quer correr riscos imprudentes no nível financeiro, e Hannah se irrita com isso. Ano bom, ano ruim, ela encontrará com ele um *modus vivendi*. Confessa a Jaspers: "No momento, as edições Schocken me divertem de verdade. Até hoje, tenho me dado muito bem com o velho senhor. Ele tem um senso de humor aguçado e nunca tentou me tiranizar. É inteligente, e tem um respeito apaixonado e nostálgico pelas realizações eruditas e os intelectuais."[26] Além disso, esse trabalho lhe permite estabelecer uma amizade com o poeta americano Randall Jarrell, encontrar T. S. Eliot e se reconciliar com Gershom Scholem.

Rapidamente, ela transforma seu escritório de editora em lugar de encontro, onde se cruzam exilados alemães e jovens escritores americanos. Como acontece normalmente quando a edição nos devora, ela não tem mais tempo nem vontade de escrever. Servir os outros já é suficiente. Ela diz a

Scholem que não vai mais escrever durante alguns meses, o que a alegra, pois se sente esgotada. Essa decisão de suspender todo o trabalho de escrita vem acompanhada de uma intensa tranqüilidade. Porque, para ela, escrever, seja uma resenha jornalística, um texto filosófico, uma argumentação sociológica ou o rascunho de *Origens do totalitarismo*, é sempre um momento de tensão pavorosa, um verdadeiro tormento. Talvez também se sinta culpada por poder publicar, enquanto Blücher continua vivendo na agonia de sua impotência criativa. Viaja em férias com a amiga Julie Vogelstein, que conhece desde a infância em Königsberg, para uma casa em New Hampshire com a intenção de ler, relaxar e refletir.

Hannah precisa de tempo, muito tempo, para refletir. E o tempo é justamente o que lhe falta. Em janeiro de 1947, decide, então, renunciar ao ensino no Brooklyn College. Na editora Schocken, já conseguiu recrutar pessoal e organizar as coisas. Karl Jaspers lhe pergunta se ainda se sente judia e alemã. Ela responde: "Para ser honesta, devo dizer que, de um ponto de vista individual e pessoal, isso me é completamente indiferente." Mas precisa: "No plano político, sempre falarei unicamente em nome dos judeus, na medida em que as circunstâncias me obrigarem a indicar minha nacionalidade."[27]

Ela se engaja cada vez mais no dossiê do conflito árabe-judaico. Em seus artigos, era possível perceber a que ponto Hannah Arendt se entregava nesse combate, mas não o grau e a profundidade desse engajamento, que uma correspondência inédita com Gershom Scholem desvela. Graças a Blumenfeld e Scholem, Hannah estava regularmente informada sobre a evolução da situação palestina. E graças à sua colaboração, que se tornou regular, para diversas revistas sionistas de esquerda, entrava em contato com os líderes do movimento operário sionista americano. Continua participando da redação da nova revista judaica de esquerda *Commentary*, que serve de fórum de discussão, além de escrever para o *Jewish Frontier*. Perante a ascensão da violência na Palestina, critica cada vez mais abertamente a política de Ben Gurion e se aproxima das posições do grupo Brit-Shalom, uma organização sem laço com nenhum partido, que defende a idéia de um Estado binacional e de um acordo com os árabes. Ela luta ativamente contra a reivindicação de um Estado judeu na Palestina.

Em 19 de julho de 1947, escreve a Kurt Blumenfeld em Israel: "Sem mesmo pensar sobre isso, tornou-se um hábito abrir todas as manhãs, com angústia, o *New York Times*, começando pela página sobre a Palestina. Eu sei, você vai dizer que a vida aí segue seu curso normalmente desequilibrado. [...] De tanto desespero, gostaríamos de nos tornar supersticiosos."[28] Durante o verão de 1947, Hannah acompanha com atenção os trabalhos da comissão especial dos Estados Unidos para a Palestina. Em 19 de novembro de 1947, a Assembléia geral da ONU vota pela partição. Hannah se inquieta com o caos que aumenta a cada dia na Palestina, na medida em que os ingleses saem da região. Em 14 de maio de 1948, é proclamado o Estado de Israel. No mesmo mês, ela publica na *Commentary* um artigo intitulado "Para salvar o lar judaico, ainda há tempo".[29] Opõe-se às atitudes racistas que envenenam os debates por ocasião do nascimento do Estado de Israel, não compartilha o entusiasmo guerreiro de suas primeiras vitórias militares e estigmatiza as pretensões nacionalistas e até mesmo fanáticas. Pouco importa o sucesso contra os soldados mal armados e mal treinados. O que conta, explica ela num artigo publicado em 23 de outubro de 1948 no *New Leader*, é a pequenez, a estreiteza, a localização geográfica desse novo país, circundado, diz Hannah Arendt em outubro de 1948, pela "oposição dura e ameaçadora que representam milhões de homens do Marrocos ao oceano Índico".

Hannah fundamenta sua análise da posição judaica no Oriente Médio a longo termo. O que a estimula é examinar, longe dos encantamentos e das justificativas ideológicas, as condições de viabilidade e existência do Estado de Israel. A filósofa se mostra uma vez mais pragmática. Só a realidade conta. Graças à sua capacidade de análise e ao seu sentido de perspectiva política, consegue sair da gangue dos discursos clânicos e nacionalistas para pegar o real nos braços e, a partir dos fatos, desdobrar as perspectivas. "Se eu fosse insuficientemente insensata e resignada para representar o papel de um profeta, também deveria ficar satisfeita em compartir seu eterno destino: nunca ter razão, a não ser no momento crucial, quando já é tarde demais."

Lutando contra a histeria geral dos políticos do tudo ou nada, seus artigos são apreciados pelos dirigentes sionistas de esquerda, que não perderam a esperança de que um Estado viável, reconhecedor dos árabes, seja um dia construído na Palestina. Entre eles, Judah Magnes, figura importante da oposição à Agência judaica. Impressionado com a profundidade das análises de Hannah e com sua coragem política, pede para conhecê-la. A entrevista é decisiva: Hannah está mergulhada na política.

Estranho personagem esse Judah Magnes, de quem Hannah logo se torna amiga, confidente e fiel colaboradora. Nasceu em San Francisco em 1877 e emigrou para a Palestina em 1922. Presidente da universidade hebraica, amigo de Scholem e Blumenfeld, luta desde o início dos anos 1920 por esse ideal de reconciliação árabe-judaica no contexto do renascimento de uma civilização mediterrânea. Acredita que os judeus da diáspora e os que vivem no Estado de Israel sejam de igual importância para a nação judaica. A renovação da comunidade judaica de Israel só pode ser feita pela e com a contribuição intelectual e cultural constante da diáspora. Hannah Arendt entra em seu círculo de trabalho na metade de maio de 1948. Dedica-se a definir as condições desse acordo árabe-judaico e prepara as propostas de paz que Judah Magnes pretende submeter às Nações Unidas. No início, "sem grande convicção, levada por um sentimento de dever, uma certa agitação, com discursos em público e memorandos secretos", confia ela a Jaspers.[30] Mas em poucas semanas, Hannah entra no jogo. Hannah Arendt, mulher política? Em todo caso, preciosa conselheira, colaboradora emérita de Magnes, que a contrata como *political adviser* em junho. Trabalha dia e noite com ele. É um homem extraordinário, escreve ela a Jaspers. Para ele, ela estuda em detalhe os planos de paz, mergulha nas propostas diplomáticas, observa os mapas, disseca os discursos, redige comunicados de imprensa, relê os telegramas e os anota. Ganha cada vez mais responsabilidades. Prepara para Magnes notas de síntese, convoca o comitê de direção do grupo e faz o papel de protagonista, como atesta essa correspondência endereçada a Magnes em 9 de julho de 1948, ainda inédita: "O senhor poderia fazer a gentileza de me dizer sobre que pontos específicos gostaria de se exprimir? Continuo acreditando que o ponto crucial de seu plano de confederação resida no conceito de Jerusalém como capital da Confederação. E também penso que a questão de uma neutralização possível de todo o território (talvez no modelo da garantia da neutralidade da Suíça pelas grandes potências em 1815) deva ser mencionada. Hoje, há um sentimento geral de que o plano Bernadotte[31] já pertença à história, embora eu não tenha certeza de que isso seja verdadeiro. Outras negociações e propostas vão surgir, e poderia ser útil participar de suas elaborações através de uma análise pública do plano."[32]

Hannah participa das discussões entre o mediador da ONU e Magnes. Redige moções explicando que nacionalismo e confederação não são necessariamente contraditórios. Mostra-se contra a política de Ben Gurion, que ela considera terrorista, e opõe-se à possibilidade que ele deixa em aberto de ganhar mais territórios em favor de uma iniciativa armada. Seu principal inimigo se chama chauvinismo: "Ele tende a dividir o mundo em duas metades, sendo uma a sua própria nação, que o destino, a malevolência ou a história opôs ao mundo inteiro, composto de inimigos." Nem os árabes, nem os ingleses são inimigos para ela. O novo Estado não precisa de soldados partidários, mas de cidadãos responsáveis. "Será preciso viver em paz uns com os outros. A luta na Palestina se inscreve num vasto contexto internacional comum, e a distinção entre os amigos e os inimigos se tornará uma questão de vida ou morte para o Estado de Israel."[33]

Hannah proclama que a idéia "da 'raça dos mestres' judaica não engaja seus partidários à conquista, mas ao suicídio... os dirigentes judeus são capazes de lançar a ameaça de um suicídio coletivo, de submetê-la aos aplausos dos mais variados auditórios, e o terrível ou irresponsável 'se não, desapareceremos' se esconde no fundo de toda declaração oficial judaica, qualquer que seja sua origem, moderada ou extremista".[34]

Hannah acredita na possibilidade de instauração de conselhos em Israel, num governo local, em conselhos municipais e rurais mistos, árabe-judaicos, muito numerosos e em escalas pequenas. Hannah gostaria que Israel fosse o modelo de seus sonhos de um mundo político melhor. Projeta suas utopias, suas esperanças, seus modelos de reflexão, desprezando a realidade que se desenrola. Sugere uma plataforma de reivindicações com propostas tão concretas que vão até a construção de uma estrada Tel-Aviv-Jerusalém sob mandato internacional. Encontra inúmeras vezes o delegado das Nações Unidas responsável pelas negociações palestinas. Magnes propõe a mediação de seu movimento caso seja aceita uma tutela da ONU a Israel, e pede a Hannah para que se torne a presidente de seu comitê no seio do Ikhud.

Ela recusa a oferta. Em 3 de agosto de 1948, explica-se a Magnes: "não tenho muitas das qualidades de que precisa um presidente",[35] mas continua a militar. Ela, que tanto sonhou com um Estado modelo, se dá conta de que o ideal sionista está desmoronando e que, com o Estado de Israel que se edifica, não é a hipótese de uma sociedade igualitária que se encarna, mas um país como os outros, com seus clãs, sua política pequena, suas relações de força. Dessa maneira, no seu pessimismo lúcido, ela se une a Gershom Scholem, que logo entende que a própria noção de Estado não pode senão despedaçar a dimensão do mito sionista: "Recriminamos com freqüência Ben Gurion pelo seguinte: o que vai acontecer se as expectativas não forem realizadas depois de ter excitado tanto a juventude? A resposta é bem simples: nada... acredito que muitas coisas vão terminar sem mais nem menos, ou seja, que nada será tão excitante quanto o que havíamos imaginado."[36]

Além disso, Hannah convence Judah Magnes a integrar em suas propostas uma cláusula suplementar sobre a imigração. Numa correspondência inédita com ele, insiste: "A restrição da imigração em termos de tempo e número é *o* problema crucial da compreensão entre árabes e judeus [...] Do ponto de vista árabe, não pode haver outra garantia contra a utilização da imigração como instrumento de uma política expansionista."[37] É impressionante a profundidade de seus pontos de vista e a análise realista que faz da situação, assim como sua insistência em sublinhar a importância da questão dos refugiados árabes, que ainda hoje é um dos pontos centrais do conflito: "Certamente não poderia me impedir de ignorar o aspecto moral dessa questão. Mas mesmo fora disso, estou completamente convencida de que tais métodos só podem conduzir a um fim desastroso."[38]

Hannah luta para que os árabes reconheçam Israel e propõe a Audrey Eban, representante de Israel nas Nações Unidas, o modelo do Benelux como matriz do diálogo árabe-judaico. Em setembro de 1948, a Assembléia geral da ONU se reúne em Paris. Em 19 de setembro, Bernadotte apresenta um relatório refeito, mas que retoma o mesmo mapa de divisão. Alguns dias depois, é assassinado pelo grupo Stern. O anúncio do assassinato do conde Bernadotte faz Hannah mergulhar num profundo desespero. Num artigo do *New Leader*,[39] Hannah presta uma vibrante homenagem a ele e faz um apelo para que as idéias do conde, e particularmente a tutela da ONU nessa parte do mundo para interromper a guerra de independência, ainda sejam levadas em conta. Magnes lhe responde: "Seu artigo me tocou profundamente; eu me pergunto se não há mesmo nenhuma solução." Ela o assegura e o encoraja. Luta ao seu lado e confessa sua dívida com ele: "A política no nosso século é quase sempre uma obra de desespero e é grande a tentação de fugir correndo. Eu queria que o senhor soubesse que seu exemplo me protegeu desse desespero e ainda me protegerá por muitos anos."[40]

Ela anima seu círculo nova-iorquino e centra os debates na questão dos refugiados árabes. Em sua opinião, seria pouco inteligente e bastante embaraçoso proibi-los de retornar. A Assembléia geral da ONU acaba não adotando o plano Bernadotte, por causa da oposição conjugada da União Soviética, dos países árabes e de Israel. Magnes se desespera, mas não Hannah, que prega a partir de então a existência em Israel de uma parte árabe que deveria dispor de uma igualdade completa. Judah Magnes não poderá lhe responder. Ele morre em 27 de outubro de 1948, e sua morte significa o fim de um sonho. A paz entre árabes e judeus ainda é possível? Quem ainda tem força para pregá-la e acreditar nela? Hannah Arendt vive sua morte como um luto pessoal e uma perda moral. Escreve ao velho amigo e companheiro de armas de Magnes, Hans Kohn: "A morte de Magnes nesse momento é uma tragédia. Ninguém possui a mesma autoridade moral que ele. Aliás, não vejo ninguém no mundo judaico e com uma posição importante nas instituições judaicas que tenha a coragem de levantar a voz contra o que se passa hoje em dia."[41] A Karl Jaspers, comunica sua morte e confia: "Não sei o que vai acontecer agora. Esse homem é insubstituível: uma estranha mistura de bom senso e integridade e um autêntico e comovente sentimento judaico de justiça, quase religioso."[42] No entanto, ela continua o combate, associa-se com amigos para criar a fundação Magnes, e se junta ao grupo de intelectuais do qual Albert Einstein faz parte, para combater Menahem Begin. Eles escrevem uma carta de protesto e a enviam para o *New York Times*, quando este último vem buscar apoio entre os americanos. Intitulada "A visita de Begin e seus objetivos políticos", é publicada no dia 4 de dezembro de 1948: o partido de Begin "está intimamente ligado aos partidos fascista e nacional-socialista, tanto pela estrutura de sua organização quanto por seus métodos, sua filosofia política e seu poder de atração social".[43] A carta pretende informar a opinião americana sobre o passado de Begin e lembra o massacre de Deir Yassin, um vilarejo árabe pacífico, onde suas tropas assassinaram duzentos e quarenta homens, mulheres e crianças. "Longe de mostrar vergonha, os terroristas se dizem orgulhosos do massacre."[44] O que aconteceu em Deir Yassin ilustra bem o caráter e a prática do partido de Begin. Os signatários do artigo fazem um apelo para que a verdade sobre Begin seja revelada e encorajam os que estão envolvidos com seu partido "a não apoiar essa nova expressão do fascismo".[45]

Hannah vai, no mesmo mês, falar numa reunião pública em Massachusetts perante um auditório hostil. Volta muito triste, pois as reações de ódio direcionadas a ela — que é acusada de má judia e de colaboradora — abalam-na e atormentam-na. Decide reagir. Ela, que flertou um tempo com o engajamento na ação política, se distancia definitivamente dessa proposta. A partir de então, considera que não foi feita para isso, pois é emotiva demais, à flor da pele demais, e que não tem tática suficiente, além de ser exageradamente apegada à verdade. A Elliot Cohen, um dos membros de seu grupo, relata o seguinte, depois dessa manifestação: "Não tenho o menor prazer em brigar com uma multidão, decepciono-me facilmente, não tenho paciência para saber manobrar nem inteligência suficiente para guardar a reserva necessária."[46] Numa carta a Karl Jaspers, reconhece ter virado uma página, com o sentimento de dever cumprido. Agora, Hannah precisa ficar sozinha. Refletir. Hannah está cercada pela morte.

Ela finge não ter sido afetada pela morte do ser que lhe é mais próximo: sua mãe. Menciona o acontecimento apenas *en passant*, num parágrafo de uma longa carta a Jaspers, dois meses depois: "Tive dois meses de férias, ao longo dos quais minha mãe morreu. Ela havia viajado à Inglaterra para visitar minha meia-irmã e outros parentes que não encontrava havia dez anos; teve uma crise cardiorrespiratória no navio."[47]

Na realidade, a história da morte da mãe a afeta muito, deixa-a perturbada e culpada durante anos, fazendo-a mergulhar numa profunda melancolia. Havia algum tempo que as tensões entre seu marido e Martha apenas aumentavam. Heinrich anda para lá e para cá no apartamento e foge da sogra indo escrever seu livro sobre história da arte na biblioteca. Martha recrimina o genro por aceitar ser sustentado por sua filha, e se mostra preocupada com a saúde de Hannah que, para dar conta das necessidades materiais do casal, está *de facto* permanentemente sobrecarregada. Hannah não se queixa, mas também não esconde seu cansaço. Considera seu modo de vida normal e acredita que seu marido, mais dia menos dia, vai dar à luz uma obra genial. Martha não compartilha seu otimismo. Ela trabalhava até poucos meses numa fábrica de tricô e crochê, o que ocupava seu tempo e permitia que encontrasse as amigas. Depois de ter sido despedida, é obrigada a passar dias inteiros face a face com Blücher. Está melancólica, e reclama de não ver bastante a filha, que só chega à noite para jantar e depois sai novamente para as reuniões. Será que Martha percebe que Heinrich começa a trair Hannah? Será que é ele quem convence Hannah a precipitar a viagem de Martha para a Europa para ter um pouco de tranqüilidade?

É com alegria que Hannah deixa partir sua querida mãe, que ela jamais abandonou e que afirmava ser o centro de seu universo? "Eu lhe devo muito, em particular uma educação aberta e sem preconceitos",[48] diz ela a Karl Jaspers. Para todos os efeitos, a mãe, que não lida bem com o desemprego, se apressa para ir à Inglaterra encontrar a enteada, Eva Beerwald. Parece que essa viagem foi decidida sob a insistência de Blücher. Hannah sabe que a mãe jamais aceitou o exílio americano e que ela mesma só fez essa proposta por se tratar de uma questão de vida ou morte. Hannah fica dividida entre a mãe e o marido. Com a mãe, ela se sente permanentemente culpada, pois Martha acha nefasta a influência de Heinrich sobre a filha. Com o marido, ela se sente igualmente devedora, pois acredita lhe dever muito no plano intelectual.

Hannah acompanha a mãe a pé, carregando sua bagagem, de casa, na rua 95, ao porto de Nova York. Martha embarca no *Queen Mary*. Hannah parte em férias sozinha para New Hampshire para trabalhar. Heinrich fica em Nova York, para compulsar a documentação da futura obra de Hannah. Ela lhe pede apenas para reler Goethe, Tocqueville, Chateaubriand, Voltaire, e não brincar com a qualidade de seu trabalho nem com o prazo acordado.[49] A verdade é que ela está bastante atrasada e é atormentada pelo editor, que espera seu texto com impaciência. Hannah não se preocupa nem um pouco com a saúde da mãe. Aliás, não tem motivo para se preocupar. A mãe partiu com boa saúde. Em 12 de julho, fica sabendo, pela carta de uma amiga, que sua mãe chega à Inglaterra em boas condições. Ela encontrou pessoas conhecidas no navio e a mudança de ar lhe faz bem. Hannah envia um telegrama a Eva e à mãe em Londres para lhes desejar boas férias de verão.

Mas Martha não lerá o telegrama da filha. Depois de uma crise de asma no navio na véspera de sua chegada, é hospitalizada com urgência em Southampton, no Royal Hospital. Em 18 de julho, Eva envia um telegrama a Hannah para anunciar a má notícia. No dia seguinte, nova mensagem alarmista: "Ontem, *Mutti* não teve um bom dia... desde que acordou, está muito agitada e triste, reclama de dores no corpo todo, e se encontra num estado terrível. Nesse momento em que dorme com tanta tranqüilidade, acredito que vá se restabelecer novamente, mas assim que acorda, não desejo senão um fim rápido, sem sofrimento."[50] A cada dia que passa, ela vê a degradação inelutável do estado de saúde de Martha. Eva informa Hannah com freqüência: "Mãe estacionária — mantida acordada com os medicamentos — sofre de asma."[51] O último telegrama é datado de 27 de julho: "*Mother died sleeping last night.*"[52]

Hannah não tenta ir à Inglaterra para ver a mãe uma última vez. Por quê? Deixará o enterro aos cuidados de Eva. Não estará presente na cerimônia. Essa filha que nunca deixou a mãe está longe dela quando chegam os últimos instantes. Essa mãe que seguiu a filha da Alemanha para a França, e da França para os Estados Unidos, morrerá longe da única filha. Em Nova York, Martha havia formado um pequeno grupo de amigas de origem alemã, com quem compartilhava segredos e endereços de trabalhos de costura. Além disso, algumas das amigas de Hannah, como Lotte Klenbort, que ela tinha conhecido em Paris, e Julie Vogelstein, de Königsberg, haviam se tornado suas confidentes, ainda que, ao longo dos anos, a depressão de Martha tenha deixado as relações cada vez mais difíceis. Nos últimos tempos, a mãe reclamava muito do autoritarismo e da rigidez da filha.

No mesmo dia do anúncio da morte da mãe, ela escreve ao marido, em Nova York: "Estou ao mesmo tempo triste e aliviada. Talvez esse combate tenha sido o que mais perdi na vida. Não podia simplesmente recusar essa exigência porque era feita por amor e de uma maneira incondicional que sempre me marcou. Mas é claro que eu nunca poderia estar à sua altura, porque esse radicalismo me levava a me destruir e a destruir todos os meus instintos. Mas durante toda a minha infância e a metade da minha juventude, agi como se dar conta de todas as suas demandas fosse o que havia de mais fácil e evidente no mundo, como se fosse, em suma, natural. Talvez por fraqueza, por compaixão também, mas certamente porque não conseguia fazer de outra maneira."[53]

Hannah se desculpa com o marido por ter sido tão próxima de Martha... Recrimina-se por ter perdido a única história que vale: a história com a mãe. Hannah fica chateada consigo mesma por não se sentir à altura da mãe. Mas que filha pode ter o sentimento de estar à altura da mãe, à altura do amor de uma mãe — essa mãe — pela filha? No mesmo dia do anúncio da morte da mãe, Hannah faz sua *mea culpa* a Heinrich. É nele que ela pensa: "Quando penso em você, tenho vertigem."[54] Irrita-se consigo própria por lhe ter mentido, e prometido se instalar nos Estados Unidos sem a mãe. "Eu realmente não podia fazer nada, e não o enganei conscientemente, pois sempre estive muito decidida a morar com você e sem a minha mãe." Hannah justifica a decisão de trazer a mãe da França para os Estados Unidos com as seguintes palavras: "Além do mais, houve as câmaras de gás... a história do mundo."[55]

Hannah se dá conta de que não tem os endereços das amigas da mãe. Então, pede ao marido que escreva uma carta ao *Aufbau*, anunciando a triste notícia: "Não faça um aviso muito grande, mas também não muito pequeno, não precisa economizar."[56] Eis o que ela redigiu:

Em 27 de julho faleceu na Inglaterra aos 74 anos
Martha Beerwald, viúva Arendt, Cohn de nascimento.
Hannah Blücher-Arendt — Nova York
Eva Beerwald — Londres

Hannah quer fazer bem as coisas, mas também quer manter a medida. Agir como se essa morte estivesse na ordem natural da vida. De qualquer maneira, não é ao marido que ela pode confiar sua tristeza. Tristeza para ela, liberdade para ele? Num período de sete anos, Blücher nunca viveu apenas com Hannah. Tampouco conseguiu estabelecer o menor laço de cumplicidade com a sogra. Ele sempre se interpôs na relação mãe-filha, sem querer entendê-la, preferindo julgá-la. Lembremo-nos de que Hannah e Heinrich são órfãos de pai, e que portanto a mãe desempenhou, para os dois, o papel de educadora, guia e autoridade. Blücher percebeu que amava a mãe quando descobriu que ela tinha acabado de morrer. Hannah não pode, não quer pensar na morte da mãe. Não tem força para isso. Por isso, recorre à negação. Sua mãe, como ela afirma, não é um negócio — um dossiê a se classificar — mas uma história de amor entre uma mãe que, desde seu primeiro sopro de vida, a amou mais do que tudo, e uma filha que se sentia protegida por esse amor. Difícil aceitar esse amor, pois sua incondicionalidade e sua exigência o tornam inatingível. Uma mãe ama sua filha. Isso parece natural, evidente. Não para Hannah, que nunca se sentiu amável, nem mesmo pela mãe. Sempre essa necessidade de se desculpar por estar no mundo, esse sentimento de não merecer a existência, dor obsessiva, obscuro avesso dessa postura rígida e arrogante que ela assume por toda a vida como uma couraça.

Blücher toma seus desejos como realidades. Não se faz um luto de forma tão rápida. Ele a encoraja a esquecer, a passar a outra coisa. Chega até a suplicar: "É tudo, e já basta. *And just forget about it.*" Diz que ela não tem nada para se repreender, que sempre fez o melhor que pôde e que, de qualquer maneira, sua mãe nunca ficaria satisfeita, "pois quando se ama como uma esponja, nunca se sente a seco".[57] Ele se felicita por não ter caído, como ela, nas armadilhas do amor maternal que, no fundo, é só uma loucura. Não a recrimina por ter amado a mãe, mas é só isso. Dois dias após o anúncio do falecimento, escreve a Hannah: "Hitler e Stalin fizeram pior do que nos obrigar a suportar a sua mãe em nossas costas. Eu não tinha mais o direito de deixar os problemas de lado, relaxar, e começava a ter má consciência, e o casamento só reforçou tudo isso. A velha só acabou tornando as coisas insuportáveis."[58]

Jaspers é quem encontra as palavras certas para tranqüilizá-la: "Sua mãe morreu, não sei praticamente nada sobre ela, a não ser que você a salvou, fazendo-a sair da Alemanha, e que a trouxe mais tarde para os Estados Unidos, onde morava com ela. Faz parte da ordem da natureza que os velhos morram. Mas nos tornamos diferentes quando perdemos a mãe, e a dor é profunda... Com a mãe, perdemos o que sempre foi uma segurança, um sim incondicional."[59]

Em vez de se compadecer e ajudar a mulher, Blücher, o mestre em ironia, só piora as coisas. As palavras ofensivas que ele utiliza dão a estranha impressão de que a morte de Martha significa para ele a possibilidade de uma libertação. Em todo caso, essa morte coincide com uma metamorfose psíquica, intelectual e sem dúvida sexual de Heinrich. Ele confessa a Hannah estar vivendo uma verdadeira revolução mental e ser acometido por acessos súbitos de produtividade que lhe permitem acreditar que vai enfim poder redigir sua *opus magnum*.[60] De fato, Heinrich se apaixonou por Rose, uma jovem de origem judaica e ascendência russa, viva, inteligente e culta.[61] Desse adultério, Heinrich não fala nada. Hannah só ficará sabendo no final do verão. Mas ele se recusa a encontrá-la em New Hampshire: "Eu realmente gostaria, pois a cada dia descubro novas coisas, de não ter a obrigação de ver pessoas, mas tampouco tenho vontade de encontrar árvores."[62] Mas não diz por quê...

Hoje, as línguas estão soltas. Edna, a sobrinha querida de Hannah, jamais gostou de Blücher, que ela achava pretensioso, arrogante e rude com a tia. Ela até se pergunta se suas recusas repetidas em não ir a Israel não poderiam ser interpretadas como uma atitude anti-semita. Quando interrogo Lotte Köhler e Lore Jonas, amigas de Hannah, elas não fazem mistério: esse urso gordo, atarracado e charmoso também era um sedutor, e Hannah sofreu muito com isso. Não foi só Heidegger que considerava que uma das virtudes mais excitantes e grandiosas do professorado consistia em saber pescar nos auditórios femininos as mais belas presas! Desde que Blücher, autodidata sem diplomas, se torna professor no Bard College, desde que consegue um emprego numa das universidades mais vanguardistas dos Estados Unidos, faz de algumas de suas alunas companhias eróticas.

Mas nesse verão Rose vem romper com o que Hannah ainda acreditava essencial para o casal: a fidelidade. Ela tem dificuldades em aceitar essa relação, que Heinrich confessa quando ela chega de New Hampshire. Ela própria havia recusado diversas vezes a possibilidade de uma aventura com Hermann Broch, de quem gostava como amigo, mas de quem conhecia o donjuanismo. Com ironia e delicadeza, ela fala o seguinte, quando ele insiste: "Hermann, deixe-me ser a exceção."[63] O poeta Randall Jarrell, que ela conheceu na casa de Schocken, também se interessava por essa mulher tão ardente, tão entusiasta, que conhecia tantas coisas. Não faltavam admiradores a Hannah. Aos quarenta anos, ela tem uma aparência inacreditável, esportiva, sorridente, mordaz. Seus cabelos, que agora estão curtos, realçam o rosto oval, seus olhos são profundos e sombrios, e ela tem sempre a mesma intensidade no olhar. Diríamos um cavalo selvagem sempre pronto a empinar. Hannah mexe com os corações, vive num meio de intelectuais de costumes livres, ainda impregnados da atmosfera berlinense, onde o desejo e o prazer irrigam a vida, onde a moral burguesa causa asco. Resumindo, ela só teria a confusão da escolha para fazer o mesmo que seu querido marido filósofo, que se toma por Kant e Nietzsche juntos. Mas vejam só, ela é apaixonada por ele.

Hannah se encontra sem saída. Seu marido não lhe pede opinião e não se desculpa pela relação extraconjugal. Ela fica triste ao saber que Blücher divulga essa história para os amigos desde o início do verão. Ele repete que é fiel à sua maneira; ela não acredita em nada e decide se distrair no trabalho — terminar enfim sua obra. Também se expande numa nova amizade feminina, particularmente carinhosa. De fato, sua relação com Hilde Fränkel, sensual, alegre, meiga, engraçada, é uma revelação. Ela alimenta sua paixão pela conquista e lhe permite continuar a se sentir desejada, fazendo com que sua relação com Blücher se torne uma amizade amorosa. A Hilde, Hannah confessará suas emoções, suscitadas por esse novo tipo de relação: "Não é apenas pela descontração de uma intimidade como a nossa, que jamais tive com outra mulher, mas também pela inesquecível sorte de nossa aproximação, uma sorte que é ainda mais detestável por você não ser uma intelectual (que palavra essa, detestável) e que você me confirma em meu próprio eu e em meus verdadeiros sentimentos."[64]

Na lembrança de Lotte Köhler, Hilde era uma mulher linda, muito engraçada, amante do escritor e filósofo Paul Tillich. Hannah havia cruzado com ela quando eram jovens, em Frankfurt, e a reencontra em Nova York por intermédio do *Self Help for Refugees*, onde Hilde trabalha como secretária, antes de se tornar, no *Union Theological Seminary* de Nova York, colaboradora, e depois amante, de Paul Tillich. A correspondência testemunha: houve uma paixão entre as duas mulheres. Com Hilde, Hannah pode falar de tudo, e com toda a liberdade. Ela a considera uma feiticeira, dotada para os contos e as confidências, "não realmente perversa por natureza", mas "apenas — o que é tão raro — dotada de um gênio erótico."[65] Entre si, podiam trocar seus pequenos segredos, seus amores, seus julgamentos sobre a fragilidade e a covardia dos homens. Mas nenhuma das duas, embora critiquem seu egoísmo e covardia, sabe viver sem eles. Para Hilde: "Todos os homens, os maridos ou os assimilados como o meu, são pacotes

— não incômodos — mas que nos incomodam." Sim, responde Hannah, "os homens são pacotes pesados, mas não conseguimos ficar sem eles".

Como ela afirma em seu *Journal de pensée*, "o amor é um acontecimento a partir do qual pode advir uma história ou um destino. O casamento enquanto instituição da sociedade tritura esse acontecimento, como todas as instituições consomem os acontecimentos sobre os quais foram fundadas".[66] Como viver com um marido inconstante e não sofrer? Hannah não tem tempo de mergulhar no desespero, pois a vida continua, passa a toda velocidade. Não tem tempo nem vontade de se afundar no papel de mulher traída. Corre sempre, trabalha sem parar, e decide consagrar todo o seu tempo e toda a sua energia em terminar o que começou há muitos anos de maneira dispersa: sua grande obra sobre as origens do totalitarismo.

X

PRIMEIRO RETORNO À EUROPA

Hannah trabalha com obstinação em seu manuscrito. Seu editor lhe arranca a promessa de entregar a totalidade do texto o mais tardar no dia 1º de junho de 1949. Ela mergulha em sua documentação. "Escrevi bastante, já tenho três quartos do livro prontos. A quarta parte me assusta agora, pois ainda tenho muito para ler...",[1] escreve a Jaspers. Ela decide passar as festas de fim de ano com tranqüilidade em casa. Sempre essa mistura de *yiddish mama* e intelectual severa. O frio da abstração, a solidão necessária para refletir, e o calor vital do seu círculo de admiradores. Em 22 de dezembro, convida os amigos para festejar o natal e prepara uma grande recepção. Sua preocupação maior é, então, a de saber como assar o pato. Jaspers, que não a vê desde 1930, lhe pergunta com o quê ela se parece. Ela lhe envia uma fotografia sua cortada de um jornal. Quando recebe a foto, ele escreve: "Você tem um ar tão austero, seco, nobre e superior. Se não a conhecesse, você e suas cartas, ficaria um pouco intimidado, mas desejaria ardorosamente conhecer essa criatura."[2]

Jaspers deixou Heidelberg para ir morar na Basiléia, na Suíça. Não quis continuar vivendo numa Alemanha que se recusa a se encarregar das conseqüências do nazismo. Ele flutua no mundo, sem pátria. As novidades da Alemanha não são boas, ainda que o afastamento aumente a piedade e modere a raiva. Ele está triste e atormentado. Os alemães não querem ver, não querem saber. Então, recuam, não querem compreender. Isso o faz tremer de pavor. É preciso acordar as pessoas. Só o saber impedirá que a catástrofe se repita. Ele pensa em Heidegger, de quem não tem notícias desde 1936. Ele tinha lhe enviado uma carta em 1942 para repreender seu silêncio e dizer que não entendia nada do sentido filosófico de seus últimos escritos sobre Platão, que considera problemáticos, historicamente pouco dignos de fé, obscuros.[3] Nunca recebeu resposta, e esse silêncio pesa para Jaspers. Em 1945, após o fim do perigo que representava a censura do nacional-socialismo, esperou uma carta do amigo Heidegger, esclarecendo o que ele não conseguia compreender.

No relatório que redige sobre Heidegger em 1945 para a comissão de depuração da Universidade, Karl Jaspers, depois de ter lembrado o engajamento de Heidegger com o regime e sua ideologia, não tinha pronunciado um requisitório sem apelo. Realmente, estimava que "casos excepcionais exigem uma regulamentação excepcional", e propõe que uma pensão seja atribuída a Heidegger "para lhe permitir continuar seu trabalho filosófico e elaborar suas obras, tendo como justificativa suas produções reconhecidas e a espera pelo que ainda surgirá de importante".[4] Também exige que o relatório seja enviado em parte para Heidegger, na esperança de que ele lhe dê uma explicação direta em nome de sua amizade.

Nenhuma resposta da parte de Heidegger. Em 1º de março de 1948, é Jaspers quem, novamente, faz um gesto. Ainda espera receber do amigo "uma explicação possível sem reticência".[5] Renova sua amizade e tem confiança em Heidegger por causa do passado em comum. "As boas lembranças que nos unem há muito tempo a um mundo passado não estão apagadas para mim."[6] Ele não quer uma ruptura. A idéia de se tornar estranho a alguém a quem é ligado é insuportável para ele. "No que me diz respeito, eu gostaria, ao contrário, de fazer de tudo para que ainda seja possível nos falarmos seriamente de novo."[7] Ele chega a propor ajuda a Heidegger para publicar. "Que você publique seus trabalhos tem um interesse não só para mim, que nunca consegui escondê-lo, mas também um interesse inquestionável para o pensamento europeu. Desde 1945, aproveito todas as ocasiões para falar explicitamente sobre isso."[8]

Na verdade, Jaspers quer se reconciliar com ele, retomar o diálogo, pronto a se explicar para, em seguida, fazer como antes. Heidegger não responde. Jaspers insiste. Em 6 de fevereiro de 1949, uma manhã de domingo, ele lhe confessa: "Outrora, havia algo que nos unia. Não posso acreditar que isso tenha desaparecido completamente. Hoje, o tempo parece maduro para que eu o procure, na esperança de poder encontrá-lo. [...]"[9] Há anos, Jaspers pede um esclarecimento sobre sua conduta anti-semita, mas não o consegue nunca. A partir de agora, não exige mais condições. Muito tempo se passou. "Da minha parte, devo dizer que não o acuso porque sua atitude nessa catástrofe mundial não se mantém elementar no plano dos debates morais."[10] Aceita seu silêncio e espera que "em nossa atividade filosófica e, talvez, em nossa vida privada, uma palavra passe entre nós".[11]

Em primeiro lugar e antes de tudo, a filosofia. Ainda e sempre a filosofia. Os dois, como antes, unidos por, com e graças à filosofia. Jaspers conclui, ao mesmo tempo confiante e desesperado: "Eu lhe dirijo minha amizade como num passado longínquo, para além do abismo dos tempos, e afirmo que continuo ligado a algo que foi e que não pode deixar de ser."[12]

Em Nova York, Hannah tenta concluir *Origens do totalitarismo*. O texto se alonga, e ela não tem tempo suficiente. Ela explica a Jaspers: "Escrevo com ardor, e a visita à sua casa me serve de 'desculpa'."[13] Dividida entre a esperança e o medo de voltar à Europa, Hannah Arendt promete visitar Jaspers. Ela gostaria de partir com o coração leve, depois de entregar a totalidade do manuscrito ao editor. De qualquer maneira, deve ficar algumas semanas em Paris para seu trabalho de coleta de manuscritos hebraicos que devem ser protegidos. Ela fala da Alemanha como da primeira nação que se aniquilou enquanto nação, e onde subsiste um silêncio culpado sobre a questão judaica. Hannah nunca se sentiu "espontaneamente alemã", e nunca se proclamou como tal. "O que resta é a língua."[14] E para ela é suficiente. Heidegger? Nem comenta. É Jaspers, no meio de uma carta sobre Spinoza, quem confessa que ele retomou contato com uma "alma impura" que desnaturou a filosofia da existência, "uma alma que não sente sua impureza e não tenta escapar dela, mas continua vivendo levianamente na sujeira".[15]

Estranho discurso duplo. Quando Jaspers escreve a Heidegger, ele se mostra respeitoso, com vontade de retomar o diálogo. Mas quando fala de Heidegger com Hannah, emprega termos irônicos, caústicos. Não acredita nele, mostra-se indignado com seu engajamento nazista e com a ausência de arrependimentos: "Podemos ver o que há de mais puro na falta de sinceridade? Ou será que ele conhecerá uma revolução?"[16] Jaspers está mais do que cético...

O que resta do trio da pesada, unido por Heidegger desde 1928, quando ele pediu ao amigo Jaspers o favor de aceitar Hannah em Heidelberg para fazer o doutorado?[17] O tempo mudou as relações. Hannah não viu Jaspers durante dezesseis anos, mas se correspondeu muito com ele nesse tempo, construindo assim uma amizade profunda e recíproca com seu antigo professor. De professor e aluna, eles passaram a uma relação que parece com a que une, e desune ao mesmo tempo, um pai e uma filha. Uma filha sempre revoltada. Um pai, por essência, que ama e tolera, ainda que possa se permitir não poupá-la, criticando todos os seus defeitos: exagero, falta de seriedade, de rigor e de metodologia, fórmulas incisivas. Pai e filha ligados profundamente pelo amor à filosofia e pela superação constante de si mesmos que esta pressupõe. Heidegger é o convidado permanente do banquete, aquele que faz falta aos dois, embora eles não ousem confessá-lo. Desejo de Heidegger. Desejo de vê-lo, de falar com ele, de ler seus textos, de discutir. O que fazer dele? Esquecer que foi nazista? Certamente não. Não acusá-lo, como Jaspers? Hannah não sabe muito bem. Hannah fica contente que Jaspers tenha feito as pazes com Heidegger: "Como é sabido que não somos lógicos, em todo caso não eu, fiquei contente [...] O que você qualifica de impureza, eu chamaria de fraqueza de caráter, mas no sentido em que ele realmente não tem caráter algum, nem mesmo seguramente um mau caráter. E, no entanto, vive numa profundidade e numa paixão que não esquecemos facilmente."[18]

Finalmente, Heidegger responde a Jaspers em 22 de junho de 1949. Ele se diz muito feliz por fazer as pazes com o amigo: "Apesar de tantos erros e confusões e de uma contrariedade temporária, nada colocou em questão a minha relação com você." Nenhuma desculpa, nenhum arrependimento, nenhum comentário sobre o passado. Ao contrário, a arrogância, a pretensão, o reconhecimento e a afirmação de que tem razão mais uma vez: "Os guardiões do pensamento ainda são pouco numerosos na miséria mundial que só cresce; entretanto, eles devem perseverar na oposição ao dogmatismo, da forma que for, sem esperar um resultado. O mundo como publicidade e sua organização não é o lugar onde se decide o destino da *essência* do homem. Não temos que falar de solidão. Mas ela continua sendo o único espaço no qual os homens que pensam e poetizam, na medida das possibilidades humanas, se mantêm próximos ao ser. E é desse espaço que lhe envio meus sentimentos mais sinceros."[19]

Heidegger, Arendt e Jaspers pensam igualmente que a verdade vem sempre acompanhada de duplicidade, que a ambigüidade conduz o mundo, que não há o bem de um lado, e o mal do outro. Para os três, essas noções são inoperantes para pensar o passado e imaginar o futuro. Os três concordam com a crítica ao comunismo e um nivelamento planetário que eles vêem progredir. A Europa precisa escapar da pressão de duas superpotências. Eles têm o mesmo amor pela língua alemã, crisol eterno da germanidade, essência da civilização. Se divergem, é na opinião sobre o destino do Ocidente. Heidegger ainda se toma por um pensador político. Mesmo se não utiliza mais, em seu discurso filosófico, o vocabulário nazista, continua fazendo a junção entre pensamento e história, e acreditando na superioridade da terra, do solo, da língua e do espírito alemães. Não adianta esperar uma autocrítica da parte dele, pois ele acha que ainda tem razão. Do seu ponto de vista, é bem menos importante pensar no nazismo e em suas conseqüências do que em nosso futuro, que corre o risco de ser macerado pela sociedade de consumo ou pela ideologia comunista. Se, a partir de 1945, Heidegger se mostra mais discreto e não pára de repetir às autoridades de ocupação que foi reitor apenas por dez meses durante o regime nazista, é com o único objetivo de se proteger materialmente e tentar continuar a ensinar e a escrever.

Ele continua acreditando que a Alemanha é a matriz e o modelo da civilização. Só fala com os que sabem e se mostram capazes de ouvi-lo, e sua única preocupação é cumprir a missão que lhe foi dada: pensar. Pensar depende de nós. O curso do mundo não depende de nós. O pensamento pode atuar no curso do mundo? Heidegger, depois da derrota, ainda alimenta essa pretensão, e continuará a pensar o futuro do mundo.

De fato, ele está pasmo com os aborrecimentos, os processos de intenção e as controvérsias administrativas que encontrou. Seu problema não é tanto confessar sua culpa, mas entender por que deveria fazê-lo. Uma vez que não se sente culpado nem responsável, tem a certeza de poder continuar contando com a amizade de Jaspers. Se Jaspers hesitou, meditou durante meses sobre o tom e a maneira com que escreveria a Heidegger para lhe pedir as contas do passado sem o ferir demais, esse último nem se coloca esse tipo de questão, pois sempre se sentiu reconfortado pela profundidade da relação: "Durante todos esses anos, tive a certeza de que a relação estabelecida entre os centros de gravidade de nossa existência de pensadores não tinha sido abalada."[20] Ele lhe confessa algumas dificuldades em encontrar um caminho que leve ao diálogo, mas reivindica sua boa-fé: tendo feito parte, como ele diz, da oposição desde 1934, a questão para ele não é pedir desculpas. Nem mesmo sabe para quem o faria. O tempo pressiona: "Não é à toa que quero passar a outra coisa. Não fazer nada senão explicar nos leva imediatamente a uma queda sem fim."[21] Sua tarefa é pensar o ser e preservar um caminho de salvação para o homem. Ele se sente mais embotado e mais precavido do que no início de sua amizade. "Comigo [...], e sem me queixar, tudo anda para trás."[22]

Ser claro consigo mesmo, pôr um fim nesse abalo que começou em 1911 com a rejeição à teologia, é isso o que preocupa Heidegger, o atormenta, o que toma todo o seu tempo. Ele não reclama. Na verdade, constata o que se passa com ele e se entrega. Como diz com veemência: "Tenho a sensação de só continuar crescendo nas raízes, e não nos galhos."[23] Ele pensa o mais perto possível de si mesmo, como o camponês que ceifa seu campo minuciosamente. É preciso ler seu texto, "Le Chemin de campagne" [O caminho do campo], escrito na primavera de 1948 para celebrar seu país natal[24] — em que ele faz o elogio a uma natureza abundante, eterna, que nos convida e nos guia, contrariamente ao homem contemporâneo que, pelo desejo de planificar e contabilizar, se esforça para impor uma ordem ao mundo na algazarra de suas máquinas — para entender que Heidegger não faz divisão entre a poesia dos campos e a filosofia de uma pátria, de uma terra, por essência e para sempre superiores. Nada falta, nem no tom nem no estilo, os pássaros no céu de uma manhã de verão, a carroça da ceifa balançando nos carris do caminho, o lenhador que coloca a lenha na lareira. Heidegger ainda se toma por um profeta, uma espécie de feiticeiro em busca do "Mesmo".

Seu charme funcionará com Jaspers, que confessa a alegria em sentir nele "algo de impalpável"[25] que lhe fazia tanta falta. Jaspers fica impressionado com a publicação, algumas semanas mais tarde, dos *Holzwege*, os *Caminhos que não levam a lugar nenhum*,[26] e lhe diz ter lido "Le Chemin de campagne" com emoção. Mas confessa não ter entendido tudo. Às vezes, ele tem a impressão de ler fragmentos iniciáticos de um pensamento ainda inacabado. Heidegger é um pensador-poeta, um moralista de gênero novo ou um irreligioso gnóstico? Ele o ignora, mas tenta compreendê-lo, assim como tenta ser novamente reconhecido por ele. Envia-lhe todos os seus discursos, pedindo desculpas por lhe mandar tantos papéis. Cobre-o de elogios, exprime sua vergonha por ter sido considerado em 1945 um herói nacional, diz que quase o inveja por ter sido rejeitado, banido da sociedade, ele, cuja existência pública é a de títere que nunca mostrou uma coragem particular.[27] Afirmação vertiginosa de um filósofo que dá a impressão de ter usurpado sua notoriedade e que pede socorro a Heidegger para tentar pensar com ele o possível renascimento moral da Alemanha! Não é isso o que interessa a Heidegger que, afastando-se do atoleiro do real, busca se tornar, como ele próprio se autoproclama, "o pensador historial do Ser".

Pierre Bourdieu entendeu tudo. A um pensador que se pretendia de alto nível, convém uma linguagem de vôos altos. É pela altura estilística que se distinguem a altura de um discurso e o respeito que lhe é devido. Heidegger escreve para um grupo de profissionais de leitura filosófica e consegue ser lido da maneira que ele mesmo impõe! Pierre Bourdieu, em sua análise esclarecedora, *L'Ontologie politique de Martin Heidegger* [A ontologia política de Martin Heidegger],[28] faz da *Carta sobre o humanismo*[29] a obra manipuladora estratégica de uma dita ruptura de Heidegger consigo mesmo: uma espécie de carta pastoral, matriz infinita de comentários, permitindo aos vigários do Ser, aos adoradores incondicionais de Heidegger, reproduzir, por conta própria, o distanciamento e a defesa formulados pelo mestre em relação à sua própria obra, e colocar-se assim do lado certo da fronteira entre os iniciados e os profanos. Não, não há, como ele mesmo tentará fazer crer, um novo Heidegger, como a cada outono há um *beaujolais nouveau*. Não há um Heidegger II que renega o Heidegger I. Há, sim, um único Heidegger, que não renega nada.

Numa carta a Jean Beaufret, Heidegger proclama que o Ser aborda o homem, o relança. Ele recusa o humanismo para pensar com mais originalidade o destino da essência do homem. Conversa fiada ou discurso genial? Hannah Arendt hesita e, de maneira muito significativa, escreve: "Li a *Carta contra o humanismo* [*sic*], que considero muito equívoca e, freqüentemente, com duplo significado",[30] confia ela a Jaspers, explicando que leu seus cursos sobre Hölderlin, os seminários sobre Nietzsche, "assombrosos e loquazes", e que ele desnatura seu próprio pensamento, o que ela acha insuportável. Jaspers também se mostra impressionado, ainda que reconheça não entender tudo. Bourdieu tem razão ao comparar Marcel Duchamp e Heidegger. Sua filosofia é, sem dúvida, o primeiro *ready-made* filosófico: fabricado para ser interpretado e fabricado pela interpretação. O intérprete procede necessariamente por excesso, e o autor sempre pode fazer retoques, correções, desmentidos, para proteger sua obra, por definição incompreensível, inesperada, intransponível, inacessível para um outro, talvez até mesmo para ele! Jaspers escreve a Heidegger: "Fui cativado. Sua maneira de se defender das falsas interpretações é admirável. Seus comentários sobre os Antigos são sempre surpreendentes. É indiferente que sejam verdadeiros ou falsos, se os considerarmos a partir do que você fala e do que você quer rematar..."[31]

Hannah Arendt não se coloca tantas perguntas. Onde Jaspers tropeça ao ler certas frases, onde ele opõe, à visão heideggeriana da palavra como razão do ser, sua visão de uma palavra de comunicação, ela só vê fingimento e diversão. Ela zomba dele, desse pseudopersonagem que se construiu, desse falso eremita que se enclausurou em sua cabana para se encolerizar contra a civilização, desse filósofo ruminante que tergiversa com a língua se fazendo passar por Hölderlin e que ainda acredita que escrevendo *Sein* com um *y* vai revolucionar a história da metafísica ocidental. Ela acha que se trata de um homem covarde que se refugia longe de todos, trancafiado em seu chalé de Todtnauberg, "ninho de ratos" onde ele se retirou por acreditar, com razão, que só vai encontrar pessoas que, repletas de admiração, virão como peregrinos.[32] Ela tem raiva desse homem por esquecer seu passado, por fazer como se, ainda como se, sempre como se... "Sem dúvida, ele acreditou que assim poderia se salvar do mundo, se livrar hipocritamente de todos os inconvenientes e só fazer filosofia. E em seguida, eis que, rapidamente, toda essa desonestidade complicada e infantil invadiu a sua filosofia."[33]

Na Europa

Hannah hesita. Partir ou não partir? Acaba partindo, já que terminou seu livro e precisa de um descanso. Tomar ar, se refrescar, viajar. Distanciar-se do marido por alguns meses. Seu novo trabalho a chama na Europa, onde deve encontrar os principais responsáveis culturais da comunidade judaica européia. Ela já demorou demais. Mas acaba adiando a viagem novamente. Seu coração está em pedaços. Sua amiga Hilde está doente, os médicos não podem fazer mais nada por ela. Ela sabe que vai morrer. Hilde domina corajosamente a situação, tenta ficar firme, aproveitar os dias que lhe restam para gozar da existência. Hannah pode, deve partir?

Hilde encoraja Hannah a fazer essa viagem. Ela vai acompanhá-la em pensamento, e pede a Hannah que aproveite a viagem por ela: "Sinta apenas alegria, pois só a beleza a espera."[34] Elas prometem se escrever. Hannah voa no dia 24 de novembro de 1949 para Paris. É a primeira vez que pega um avião e adora. "Voar foi simplesmente magnífico. Ficamos no meio do céu, nos mexemos tão naturalmente no ar quanto um bom nadador na água."[35] A viagem é cansativa. Escala interminável na Terra-Nova, frio polar.

Ela volta a Paris com entusiasmo. "Meu Deus, como essa cidade é linda", escreve a Heinrich. Chora de emoção ao reencontrar a pequena praça de Ternes, faz uma peregrinação pelos lugares onde viveu seu amor, reencontra os donos do hotel da rua Servandoni, que a abraçam com alegria. A gentileza das pessoas a comove, a doçura da cidade a seduz. Milagre: ela pode caminhar dias inteiros sem se cansar. Hannah redescobre uma cidade européia. Sente-se como um peixe dentro d'água. Hospedada na casa de Alexandre Koyré, revê Jean Wahl e sua grande amiga de adolescência, Anne. A cintilante, a brilhante, a rebelde Anne se transformou numa mulher cansada, gorda e triste, que aceita a dominação do marido Éric Weil, que a despreza. Hannah jamais gostou de Éric Weil, sempre apaixonado pela irmã de Anne, Kaethe, que lhe impõe até o fim de seus dias a vida a três. Sua irmã floresce, Anne resseca, não encontrando nunca seu lugar nessa estranha relação. Como uma maçã caída da macieira, observa Hannah, triste em ver a amiga estiolada, apegada a essa infelicidade sem fazer nada.

Depois do prazer dos reencontros — Paris continua sendo a cidade mais bonita do mundo —, Hannah acha a França bem decadente: como se tudo pudesse desmoronar a qualquer momento. Será que é seu olhar de mulher acostumada ao conforto americano que lhe faz dizer: "Ninguém investe em nada, todos os apartamentos estão em ruína porque nada tem sido feito nos últimos dez anos, o aquecimento não funciona, e é tudo igual"?[36] De Nova York, as notícias são ruins: Hilde resiste corajosamente à doença que piora apesar de todos os remédios que lhe são administrados. Hannah lhe envia grandes buquês de flores vermelhas todos os dias. Ela fica sabendo que seu colega e amigo da editora Schocken, Joshua Starr, acaba de se matar. Todos os amigos vão ao enterro. O historiador Salo Baron fez a oração, e todo mundo se sentia culpado. "Minha querida", escreve Heinrich à mulher, "sei que você gostava muito dele... mas não fique muito triste, eu lhe imploro, era inevitável, portanto, que assim seja! Ele carregava a morte há muito tempo consigo..."[37] Blücher não tem razão em se preocupar com a dor da esposa. Hannah reage friamente. "É triste, mas é a vida — embora eu gostasse bastante desse rapaz melancólico. Assim termina a aspiração a esferas mais elevadas, poderíamos dizer, sendo perversos."[38]

Hannah não expressa nem compaixão, nem arrependimento, desprezando tanto o suicídio, que lança a seus olhos o opróbrio do ser que a ele sucumbiu. Deixa a França para ir à Alemanha recensear, no quadro da *Jewish Cultural Reconstruction*, os catálogos das bibliotecas judaicas que não foram incendiadas pelos nazistas. Trabalho gigantesco, esse de reunir todas as informações em tão pouco tempo. Viagem exaustiva. Todos os dias, ela muda de cidade, Bonn, Wiesbaden, Frankfurt, Würzburg, Nuremberg, Erlangen, Heidelberg. Não tem endereço particular, passa o tempo nos trens com *military travel orders*, sente-se cansada, perdida. No dia 1º de dezembro, envia um primeiro relatório à organização. Superocupada com sua tarefa, não consegue tempo para reencontrar as pessoas, respirar a atmosfera, mas lê cotidianamente todos os jornais, tanto os de esquerda quanto os de direita, e forma um julgamento severo sobre seu povo. Arrepende-se de ter imaginado poder viver novamente na Alemanha. Blücher tinha razão em não querer voltar para o país. "Você continua extremamente sentimental. Os alemães vivem da mentira e da tolice. Sendo que essa última é realmente monumental."[39] Ela acusa o parlamento de ser um verdadeiro teatro de marionetes, e acha que a Alemanha não fez o luto de seu passado recente: "O que não é verdade é que existam muitos nazistas aqui. Mas eles sentem falta de Hitler, e não entendem nada de nada, nem os estudantes, nem os trabalhadores."[40] Ela acha que os melhores entre os jovens querem partir. Todos os judeus sobreviventes também. Pela Alemanha, Hannah sente amargura e ressentimento. E também uma tristeza imensa. Alemanha, mãe pálida. Alemanha, campo de ruínas.

Ela vê uma sucessão de cidades destruídas, de homens vencidos. "Pois se trata, ainda assim, da língua alemã, dessa paisagem familiar de uma beleza desconhecida, de uma familiaridade que não existiu nem existirá em outro lugar",[41] confessa ela a Hilde. Sua pátria não é mais a Alemanha, nem nunca mais será. Sua "casa", como ela diz, é agora e para sempre os Estados Unidos da América.

Em Nova York, Heinrich é testemunha do casamento de Hermann Broch. Champanhe e nostalgia. Ele tem saudades de Hannah. A separação o divide em dois. "Você não imagina, eu mesmo não imaginava, a que ponto você me faz falta."[42] Ele tenta se consolar lendo Nietzsche, mas de nada adianta. Por que o afastamento de quatro semanas no verão passado foi tranqüilo, ou melhor, prazeroso, enquanto essa estadia de Hannah na Europa lhe suscita um forte sentimento de abandono? Blücher fica melancólico, perde o sono, deprime. Por questões financeiras, é obrigado a sublocar seu pequeno apartamento. Não tem sorte: o locatário é um pintor que passa o dia inteiro em casa com a mulher e o filho. Tudo isso por apenas cinqüenta dólares por mês. O quarto de Hannah se torna a sala deles, e o quarto de Heinrich o deles. Ele dorme no escritório, não se sente mais em casa, não consegue trabalhar. Ocupa-se bastante de Hilde, cuja saúde piora a cada dia. Ela tem cada vez mais dificuldade em respirar, e seu estômago não se acostuma com a morfina. Ele come com ela, leva-a para passear, para ir ao cinema. Juntos, eles falam de Hannah, da intensidade de sua presença, de seus gestos carinhosos, de seus constantes gestos de atenção.

Hannah vive no turbilhão da viagem, do trabalho a ser realizado, da Alemanha do pós-guerra que ela descobre a cada dia, e também da espera em reencontrar seu antigo professor. Em 17 de dezembro de 1949, visita Gertrud e Karl Jaspers. Eles não se viam desde a primavera de 1933. Caem nos braços um do outro. É como se o tempo não tivesse existido, e a distância os aproximado. Não é mais uma aluna que vem à casa do professor, mas uma amiga que, em carne e osso, continua durante três dias de sonho essa conversa ininterrupta que começou com o fim da guerra. Hannah estava apreensiva com o encontro, temia ser desajeitada. Tudo será muito simples. Como ela queria. "Completamente natural e espontâneo. Sem nenhum mal-estar. Jaspers muito jovem, muito animado, cheio de energia. Ela [Gertrud] igualmente jovem e simpática",[43] escreve Hannah ao marido. Três dias conversando, refazendo o mundo e a história da filosofia. Hannah nunca falou com tanta liberdade. Ninguém nunca a ouviu dessa maneira. Jaspers lhe mostra sua última correspondência com Heidegger.

A confiança é tão grande que pela primeira vez Hannah lhe conta sua história de amor de estudante. E, toda contente de ter se livrado desse segredo que atrapalhava a relação deles, fica feliz com a reação de Jaspers: "Ah bom! Mas é apaixonante."[44] Hannah se alegra com a espontaneidade de sua reação e com o fato de ele não fazer nenhum julgamento moral. "Ufa!" escreve ela a Blücher. Ufa? Como se tivesse escapado por pouco? Hannah se sente realmente aliviada por ter dito a verdade. Essa confissão aumentará entre eles o desejo e a preocupação de se dizer tudo. Assim, no diálogo que Jaspers restabeleceu com Heidegger, ela sente uma abertura de espírito do lado do primeiro, mas fingimento e hipocrisia na atitude do segundo. Agora, ela pode falar com toda a liberdade. Jaspers também parece transtornado com essa confissão de Hannah, que aumenta a intensidade do respeito e da confiança que tem por ela. "Pobre Heidegger", ironiza Jaspers. "Eis que seus dois melhores amigos estão juntos e não são mais enganados."[45] Quando Hannah deixa a Basiléia, em 28 de dezembro de 1949, é a Heinrich Blücher que Jaspers escreve. Quer lhe falar de toda a admiração que sente pela energia que Hannah lhe deu e o impulso de sua atividade criadora, que o fez se sentir mais corajoso.[46]

Hannah precisa voltar à Alemanha para concluir o trabalho sobre o inventário dos bens judaicos europeus. Seu relatório é tão bem recebido que a organização propõe submeter ao governo alemão uma ordem para obrigar os *Länder* não apenas a restituir os fundos hebraicos existentes, mas também a indenizar as bibliotecas judaicas cujos livros foram queimados pelos nazistas. Ela não sabe o que pensar disso, pede conselho a Heinrich e se diverte com a amplitude de sua tarefa: "Que isso possa dar certo, já me parece estranho. De qualquer maneira, não fui à Alemanha para mudar a Constituição."[47] Depois de Berlim, Londres, pela primeira vez, no início de janeiro. Impressão de uma cidade monstruosa, feia e bonita ao mesmo tempo, cheia de vida. "Trabalha-se muito aqui, mas não, como na Alemanha, até se tornar estúpido. Não é uma intoxicação."[48] Ela reencontra sua meia-irmã Eva Beerwald. Era a primeira vez que se viam desde sua partida da Alemanha. Falam sobre Martha e a falta que ela faz. Vão ao teatro e, no dia seguinte, Eva a leva ao túmulo da mãe. Hannah se inclina por alguns minutos. Com pressa, sempre com pressa. Sempre de passagem. Hannah vive a toda velocidade os acontecimentos importantes, sem nunca querer se demorar.

Ela descobre Virginia Woolf no trem. Choque profundo. De volta a Paris, onde reencontra Anne, vai ao teatro ver *Os justos*, de Camus, discute com o casal Cohn-Bendit, preocupa-se com a saúde de Hilde, escreve-lhe todos os dias, irrita-se com seu editor, que considera sua obra grande demais e pede para que ela a reescreva, entedia-se com Blücher, que arrasta interminavelmente uma gripe imunda. Chateia-se com ele, por não lhe escrever o suficiente. No entanto, Heinrich havia prometido lhe escrever uma vez por semana. Já é muito, se ele escreve uma por mês. Ela não hesita em dizer o que pensa: "Não consigo entender essa total falta de senso das responsabilidades e das obrigações mais elementares."[49] Chega a ameaçar: "Não tenho mais nenhuma vontade de jogar esse jogo, de fingir não ver nada e continuar me ocupando das minhas coisinhas no meu canto. Se você acha que a nossa relação não vale nem o suficiente para que você gaste um pouco de tempo para me dar notícias regularmente, o que quer que eu diga? Ou faça?"[50] Heinrich se desculpa: "Se o seu coração está pesado, o meu também fica."[51] Ele continua se ocupando cotidianamente de Hilde, que chora em seus ombros, pois não pode fazer mais nada, nem caminhar, nem ler, apenas ouvir um pouco de música, no rádio, bem baixinho. Hilde se deixa morrer: "Persisto discretamente em tentar convencê-la a continuar viva. [...] Ela acredita piamente que não a verá mais, e eu a contradigo energicamente."[52]

Hannah volta a Wiesbaden, descobre em Heidelberg que Heidegger falou em público de Jaspers de maneira insultante, faz uma pausa na Basiléia, mas não fala com o interessado,[53] e logo retoma sua corrida insensata: Baden-Baden, Cassel, Marburg. Próxima etapa: Freiburg. Será que vai se encontrar com Heidegger? Ela se deixa levar pelo acaso. Como reconstituir a cena? O hotel de seus encontros ainda está lá, rococó e charmoso, nesse bairro tranqüilo de Freiburg. O clima dos lugares não desfaz o enigma. Hannah alugou um carro para ir mais rápido em suas peregrinações. Ela se diz obrigada a passar por Freiburg por razões profissionais. A Blücher, ela conta: "Segunda-feira, estarei em Freiburg, pois preciso ir, mas agora não tenho a menor vontade de encontrar esse senhor."[54]

Jaspers não está sabendo de sua passagem por Freiburg, nem do ataque que Heidegger lançara contra ele. Ela pergunta ao marido: "Eu deveria lhe contar? Não dizer nada? Não sei. Estou desamparada."[55] A vontade de rever Heidegger será mais forte. Finalmente, decide não falar nada a Jaspers e partir para Freiburg. Assim que chega ao hotel, escreve uma carta pedindo um encontro e manda entregarem à casa dos Heidegger. A carta chega em 7 de fevereiro ao meio-dia. À tarde, Heidegger vai ao hotel, não a encontra, e deixa a seguinte missiva: "Eu me alegro com a ocasião de ter agora nosso primeiro encontro numa idade mais avançada da vida, como algo que permanece."[56] Ele propõe que ela venha à sua casa às oito horas da noite, e ressalta: "Minha mulher, que tem conhecimento de tudo, gostaria de cumprimentá-la. Ela está, porém, impossibilitada hoje à noite."[57]

Finalmente, ele decide voltar ao hotel. O que aconteceu nessa noite, só eles sabem. Podemos imaginar qualquer coisa. Entendemos que houve um re-pertencimento físico, psíquico, intelectual. Prometidos um ao outro, eles descobrem de novo a necessidade da ligação. A verdade é que eles nunca se deixaram. Hannah confessa ao marido: "Pela primeira vez na nossa vida, eu acho, conversamos juntos..." E acrescenta, como que para se desculpar: "Mesmo nesse momento, não pude me impedir de pensar em meu maldito Stups,[58] que tem um julgamento tão seguro."[59]

Blücher sempre foi fascinado por Heidegger, e encorajou a esposa a restabelecer contato com ele. Hannah continua a busca pela lei interior que fundou, e talvez ainda funde, seu amor por Heidegger. O que eles se prometeram? Para Hermann Heidegger, filho do filósofo, seu pai teria então proposto a Hannah que fosse viver com ele, encontrando um acordo com Elfride. Hannah pensava na época na possibilidade de uma ruptura com o marido, e considerava ao mesmo tempo um eventual retorno à Europa, mais provavelmente à Basiléia, na Suíça, a cidade de exílio de Jaspers. Pela primeira vez em sua história de amor, Heidegger lhe faz, naquela noite, uma proposta. Ela deixa as coisas em aberto, permitindo que ele tenha esperança. Os encontros com ele retomam o brilho da promessa inicial e carregam a resposta: entre eles, nada terminou. Hannah diz a Heidegger: "Esta noite e esta manhã são a confirmação de toda uma vida."[60] A espera, suscitada pelo tempo e a distância, atiça os encontros. Surge em Heidegger algo de selvagem e puro ao mesmo tempo algo de tão profundo que ele tem então, de maneira esclarecedora, a certeza de que esse amor continua a se impor. É da ordem da revelação. Ele não quer deixar passar essa sorte que se oferece a ele.

Pede a Hannah que venha na manhã seguinte à sua casa, para que ela possa ouvir de sua boca a confissão de seu amor na frente de Elfride, sua esposa! Heidegger sempre deixa as coisas advirem, e confia no que lhe acontece. Acredita que essa história de amor que recomeça o completa e enriquece e, ao contrário do que fez quando era um jovem casado, acolhe-a como um presente do destino. Começa a se tornar um velho senhor, e se sente rejuvenescer por esse banho de vitalidade amorosa. Não pretende, portanto, deixar partir novamente para sempre aquela que, há tanto tempo, lhe inspira, acompanha e compreende.

Numa correspondência inédita, que encontrei nos arquivos da New School, Hannah conta numa carta a Hilde como viveu aquela noite: "Heidegger aparece quase de repente no hotel onde começou a se desenrolar uma espécie de tragédia, da qual eu provavelmente só vivi os dois primeiros atos. Ele não tem nenhuma noção do fato de que tudo isso se passou há vinte e cinco anos, que não me via há dezessete, e se comporta de um modo que poderíamos educadamente chamar de modo da culpabilidade, ou mais explicitamente: o do cachorro com o rabo entre as pernas. Por favor, não mostre essa carta a ninguém..." Hannah confessa, regozijando: "No fundo, estou contente, apenas pela confirmação — eu tinha razão de nunca esquecer."[61]

Retorno de chama

Na manhã do dia seguinte, Hannah vai à casa de Zähringen, ao lado de Freiburg. Por quê? Para confirmar a Elfride que ama o marido dela? Heidegger precisa de sua presença para dizer novamente à esposa que está envolvido para sempre com Hannah e que ela deve aceitá-lo. Mas por que motivos Hannah aceita participar desse jogo? Ela foi sem saber exatamente o que a mulher de Heidegger esperava dela. De qualquer maneira, não faz o gênero de Hannah se esquivar. Qual é a natureza do pacto? Heidegger quer se desculpar diante das duas. Ele quer as duas. Precisa da esposa que, há trinta anos, lhe serve de secretária particular, o protege dos intrusos se fazendo de guardiã, organiza sua vida cotidiana, prepara as refeições, organiza suas férias e sempre toma seu partido. O engajamento nazista de Heidegger em 1933 fortaleceu o casal. É de conhecimento público, em Freiburg, que Elfride continuou a exprimir sua simpatia pelo nacional-socialismo durante a guerra. O isolamento universitário no fim da guerra e suas chateações profissionais acentuaram a solidariedade sem restrições de sua esposa. A falta de notícias de seu filho Hermann, prisioneiro na Rússia, alimenta a angústia dos dois. Ele sabe que pode contar com ela. Não fará mais a economia da mentira — omissão do amor que sente por Hannah. Ele acha que ela vai entender. Mas está errado.

De fato, a conversa se desenrola de maneira tempestuosa. Aliás, não dá para imaginar como poderia ter sido diferente. Elfride se comporta como uma verdadeira bruxa. Como uma loba ferida que descobre as ruínas de um mundo para sempre incendiado, como uma mulher ciumenta que perde o chão, diz palavras agressivas a Hannah, depois grita insultos anti-semitas, grunhe, geme, persegue-a com sua vingança e seu ódio, em vez de focar no único responsável por essa situação grotesca: seu marido. Hannah se lembrará por muito tempo dessa manhã de pesadelo que começará a contar em detalhes à amiga Hilde: "Cena fantástica da sua mulher que, em sua cólera, me dizia o tempo todo 'seu marido' em vez de meu marido. Ela cuspia detalhes dos quais eu não podia saber nem desconfiar — ela sabia o que ele me devia, a relação com minha produção etc."[62] Heidegger reconheceu perante Elfride sua dívida intelectual com Hannah Arendt. O gesto a honra, mas faz crescer a agressividade da esposa de seu antigo professor. Hannah observa que Elfride se aproveita de sua presença para repetir repreensões que faz há muito tempo ao marido, como também sua falta de confiança: "Aparentemente, uma cena repetida com freqüência."[63] Hannah se torna o refém temporário, o catalisador da cena conjugal, o excitante erótico-maníaco desse duo. Ela descobriu o tipo de economia libidinal do casal: ela o insulta, ele se arrepende. Depois tudo recomeça. As coisas funcionam assim entre eles há vinte e cinco anos. O que Hannah ignora são as razões profundas da cólera da Sra. Heidegger. Para dizer a verdade, Hannah não é o único destinatário. Elfride sabe, ou imagina, que seu marido a trai há muito tempo, e que mantém múltiplas ligações, mas não sabe que, nessa constelação, Hannah é a única, a adorada, aquela de quem Heidegger ainda precisa, em todos os níveis, para poder continuar a viver e a escrever, na idéia exaltada de que a partir de agora nada nem ninguém poderá atrapalhar a necessidade de seu amor.

Hermann Heidegger, contente em poder falar do pai não apenas como um grande filósofo, mas também como um Don Juan, me confia sorrindo que sua mãe tinha motivos para vigiar sua agenda quando estudantes, sobretudo mulheres, se apresentavam à residência conjugal. Ela trancava o marido no escritório, intimando-o a escrever sua obra em vez de perder tempo. Com ela, Heidegger brincava de esconde-esconde, mas decidiu se submeter à sua lei. Elfride, fiadora e protetora do trabalho de pensador de Heidegger? Ainda hoje, são muitos os inéditos. E quando constatamos o número impressionante de publicações de Heidegger, só podemos ficar admirados diante de tal produção, mas é preciso se perguntar como ele ainda encontrava tempo para suas Dulcinéias... Ele fugia de casa como um adolescente, confessa, gargalhando, seu filho, que guarda da mãe a lembrança de uma mulher séria, digna, devotada, mas também severa e autoritária, tanto com o filho quanto com o marido, que ela tratava mais como um filho crescido do que como um esposo por quem ainda era apaixonada.

Nessa época, Heidegger se apressa para publicar *Da essência da verdade*,[64] relê Mestre Eckhart, estuda Aristóteles de novo, responde aos mal-entendidos que provoca a publicação da *Carta sobre o humanismo*. Engaja sua reflexão sobre o papel da técnica em nosso mundo moderno, meditando sobre a natureza intrinsecamente impura da palavra. Acumula notas, rascunha cadernos, preenche páginas sem classificá-las nesse pequeno quarto anexo a casa, que sua mulher desenhou e mandou construir, e que ele transformou em escritório. Essa superprodução que o assusta e o seduz ao mesmo tempo, ele não sabe como ordenar, como colocar em forma. Milagrosamente,

Hannah chega nesse momento. Ele sabe que pode confiar em seu rigor e em seu espírito de síntese. Conhece sua profundidade intelectual, seu conhecimento dos textos antigos. A ela, pode confiar seus trabalhos em andamento, manter um diálogo filosófico, encontrar o fio da meada, pedir conselho, classificar todos os seus documentos que se acumulam há anos. Novamente, a confraria filosófica renasce das cinzas.

De agora em diante, não será mais à sua brilhante aluna que Heidegger enviará seus manuscritos, mas à intelectual realizada, dotada de espírito crítico, que Hannah se tornou.

Hannah deixa Freiburg para ir a Wiesbaden no mesmo dia. Ela não consegue dormir. Começa a ler *Caminhos que não levam a lugar nenhum*. "É admirável",[65] escreve a Heinrich. Mergulha no manuscrito sobre Heráclito que ele acaba de lhe confiar, e cede à tentação de lhe escrever. Diz-se espantada com a violência de sua esposa — "Vim sem saber o que sua mulher esperava de mim" —, como mulher traída e como mulher que sustentou diante dela apreciações estranhamente insistentes e carregadas de conotação, evocando diversas vezes o termo "mulher alemã". Depois, tranqüiliza: "Não me importo pessoalmente com isso. Nunca me senti como uma mulher alemã e já deixei há muito de me sentir como uma mulher judia. Sinto-me como o que agora mesmo sou: a moça que veio de longe."[66] Como entender essa confissão? Por que Hannah diz ao marido de uma anti-semita que acaba de insultá-la que deixou de se sentir judia? De que outro lugar ela prevalece? Diz que se calou por discrição e também por amor a ele. A Heidegger, escreve que teve por Elfride "um repentino sentimento de solidariedade [...]; e uma simpatia profunda e crescente". Na mesma noite — a insônia é criadora —, escreve a seu marido: "Temo que, enquanto eu estiver viva, sua mulher queira afogar todos os judeus. Não se pode fazer nada, trata-se de uma idiota sombria."[67]

Entretanto, ao amanhecer, ela envia uma carta surpreendente a Elfride. "[...] Martin e eu pecamos em relação um ao outro tanto quanto em relação à senhora. Isso não é uma desculpa. A senhora não está certamente à espera de qualquer desculpa e eu tampouco poderia oferecer alguma." Ela lhe agradece por ter quebrado o encanto dessa relação. Confessa ter cometido mais tarde "coisas más" por causa dessa história de amor. Ela estava tão infeliz ao deixar Marburg que decidira nunca mais amar um homem na vida, o que não a impediu de se casar "sem dar importância alguma a quem era meu marido: sem amor".[68]

Por que ela conta sua vida a Elfride? Por que exprime gratidão por ter permitido que a história terminasse no momento em que está recomeçando? Por que dá armas a seu adversário desonrando seu primeiro casamento? Sem dúvida porque acredita enganar assim o adversário, adormecer Elfride e ajudar Heidegger a ter uma vida conjugal mais tranqüila. Pois o importante não é Elfride. O importante é seu amor. Ela quer revê-lo antes de sua partida. Propõe que venha encontrá-la, quando quiser, quando puder, no hotel do Parc em Berlim ou em Wiesbaden, na zona britânica.[69] Ela o esperará em vão. Na verdade, suas cartas se cruzaram.

No outro dia, antes de voltar a Berlim, ela recebe uma carta de desculpas de Martin Heidegger: "'A clareza é bela.' Esta frase de Jaspers, que você me disse ontem à noite, movimentou-me durante todo o tempo em que o diálogo entre você e minha mulher crescia da incompreensão e do tatear até a consonância dos corações amuados. O diálogo só deveria fazer com que *o encontro de nós* dois e seu caráter permanente ganhassem o interior do elemento puro de uma confiança consciente entre nós três: por sua e por minha causa. *Apenas por* isso clamavam as palavras de minha mulher, que não estavam imbuídas de uma requisição de sua confissão de culpa em relação a ela."[70] Ele assegura: sua esposa não quis, de maneira alguma, lesar a sorte reservada ao amor dos dois. Ele se sente culpado por seu silêncio em relação a ela. "Em virtude da confiança na minha mulher, era preciso que tivesse falado com ela e então conversado com você. Assim, não apenas a confiança teria sido preservada, mas também o modo de ser de minha mulher teria se tornado evidente para você e tudo isso nos teria ajudado."[71] A partir de então, tudo está esclarecido, e o erro reparado. O acordo ganhou vida, regozija-se ele.

Assim que Hannah se distancia, ele deseja reencontrá-la. Quer que ela mergulhe novamente em seu universo, e lhe envia... um monte de textos.

Em Berlim, ela reencontra os amigos da universidade e a atmosfera dos anos anteriores ao exílio. A cidade em ruínas, irreconhecível, a impressiona. Mas os berlinenses continuam iguais, sempre vivos, críticos, divertidos. Pela primeira vez, Hannah tem a impressão de voltar para casa. Todas as noites, quando volta ao hotel, encontra cartas e pacotes enviados por Heidegger. Está inundada de publicações e manuscritos. Ele não confirma se vai ao seu encontro. Então, em vez de vê-lo, ela o lê. E isso basta. Ela observa: "Se ao menos ele pudesse falar, ser compreendido. No entanto, é mais célebre do que nunca, embora não pareça saber, nem mesmo se dar conta disso."[72]

Será que Hannah hesitou em voltar a Nova York? Ela recebe a proposta de ensinar ciências políticas na universidade de Berlim. Fica lisonjeada. Em Wiesbaden, depois na Berlim em ruínas, tem uma vida interior bastante movimentada, uma verdadeira tempestade de pensamentos. O que acaba de acontecer a atormenta. Todo esse passado que volta a obceca, esse caso de Freiburg lhe parece fantasmagórico. Ela mergulha na leitura dos textos que Heidegger envia. Muitas coisas surpreendentes, escreve ela a Heinrich, coisas tão falsas, às vezes tão insensatas que preferiria não acreditar. Em pensamento, ela vive com Heidegger. Ainda o espera. Mas desconfia. Sente-se em suspenso.

Em 2 de março, ele marca enfim um encontro. Ela vai passar quatro dias com ele em Freiburg, sobre os quais não sabemos quase nada. A Hilde, Hannah dirá que Heidegger suplicou para que adiasse sua partida a Nova York. Ela recusa, mas aceita voltar a Freiburg. Sente-se obrigada. Acuada. Por quê? Nem ela sabe. Não tem vontade, mas ao mesmo tempo se sente presa. Finalmente, acaba indo. Ela precisa, como confessa a Hilde, de uma "coragem bestial". Ele reservou um quarto para ela no hotel de seus encontros. Ela cedeu às suas súplicas: "Você deve retornar exatamente como você se despediu à porta. [...] Nós temos, Hannah, um quarto de século de nossas vidas a recuperar."[73]

Durante esses quatro dias, Heidegger lhe falará de seus questionamentos filosóficos, seu estado de espírito em relação à Alemanha das cidades em ruína, e à Alemanha onde subsistem, intactos, os bosques, as florestas e as montanhas, a Alemanha da natureza onde ele encontra a força para se abastecer. A Heinrich, ela confia: "Heidegger está certamente normal, mas completamente à mercê de seu próprio pensamento (por falta de outro termo!) como aliás, diga-se de passagem, de todo o resto também. Ele faz poemas magníficos. E lhe manda saudações."[74] De fato, Heidegger lhe escreve todos os dias poemas de amor, em que suplica para que ela fique; mas nada feito. Hannah se recusará a mudar seu itinerário e seu calendário: Hamburgo, Colônia, Hanover. "Fiz o máximo possível e nem me sinto tão cansada quanto teria o direito de estar", escreve a Hilde. Em seguida, novamente Wiesbaden. No entanto, volta a Freiburg para passar algumas horas com Heidegger. Depois Basiléia, onde se despede de Jaspers sem evocar explicitamente o encontro com Heidegger. Enfim, Paris, onde já trabalha na documentação de sua próxima obra, e onde reencontra a amiga Anne. Do outro lado do Atlântico, seu marido se impacienta. Ela perdoou suas infidelidades. Ela acredita quando Heinrich diz: "Você acaba de passar por uma viagem exaustiva, uma corrida incessante. Descanse bastante no navio, na tranqüilidade do mar, dos bons ventos. Tenho a impressão de vê-la sem parar, meu Deus, ainda bem que você existe."[75] No navio, enfim a sós, Hannah terá cinco dias para refletir sobre o que acaba de lhe acontecer: esse amor ferido que renasce das cinzas, essa confiança reencontrada, essa amizade tão forte com Jaspers construída como possibilidade de sobrevivência, esse sentimento que enfim ela viu existir nos olhos de Heidegger, essa sensação de que se tornou necessária para ele, essa fusão que recomeça com Heinrich, que continua sendo o seu marido e volta a ser o seu amante.

XI

PENSAR O TOTALITARISMO

Três livros em um

Em Nova York, Heinrich acolhe Hannah com amor. Buquê de flores, champanhe, declarações. Eles viajam algumas semanas em férias a Manomet, na costa de Massachusetts. Na volta, ela encontra esse poema redigido por Heidegger, intitulado "A moça que veio de longe":

A estrangeiridade,
Que a ti mesma é estranha,
É:
Serrania do encanto,
Mar da dor,
Deserto da ânsia,
Luz primeira de uma chegada.
Estrangeiro: pátria daquele olhar único,
Que dá início a um mundo.
Começo é sacrifício. [...][1]

Esse passado que reaparece atormenta Heidegger. Ele escuta o *allegro* do segundo movimento do terceiro *Concerto de Brandemburgo*, contempla as reproduções de Braque que Hannah lhe envia. O cavalinho, como a própria Hannah se denomina, entrou na cocheira. Num estado patético, mas entrou. Heinrich não anda muito bem. Com pedra no rim, paralisado pelo reumatismo, incapaz de escrever uma linha, devorado por problemas financeiros, ele conseguiu, porém, uma substituição de última hora e deu, num evento no Greenwich Village, uma conferência tão brilhante sobre Malraux que espera ser chamado de novo.[2] Durante esse tempo, Hilde morre lentamente. Mesmo com a morfina, sofre muito. Hannah é sua confidente e enfermeira. Ela evoca a Heidegger o calvário da amiga. Heidegger escreve um poema para a enferma, ao qual ela responde em 4 de abril de 1950: "Seu poema me impressionou imensamente. Eu o carrego comigo dia e noite [...]. É maravilhoso que Hannah esteja de volta, mesmo que eu saiba o sacrifício que isso foi para ela. Hannah é um ser humano muito raro. E nesses últimos dias, sentimos falta do senhor. Ela é simplesmente tudo para mim."[3] Hilde assina: "a amiga da amiga". Ela sabe que seus dias estão contados. Continua plenamente lúcida, e Hannah fica ao seu lado até o suspiro final. Diante da morte, ela tem a coragem de Sócrates: "Quanto a você, cedo ou tarde, cada um partirá na sua hora. Mas o destino me chama agora, e deve ser o momento de eu tomar banho, para que as mulheres fiquem livres da pena de lavar meu cadáver."[4]

Hilde parte suavemente no dia 6 de junho de 1950. Hannah escreve a Jaspers: "Tudo aconteceu naturalmente. Ela ainda arrumou tudo, [...] sempre levando em conta a vida dos outros. Portanto, não houve nenhuma ruptura de comunicação, pois ela não se desligava do que vivia — pode-se dizer que não precisava se desligar, que os vivos não precisam se desligar da sua morte."[5] Blücher lê *Os caminhos que não levam a lugar nenhum*. Hannah tenta que os textos de Jaspers sejam traduzidos. Numa noite, ele tem o seguinte sonho, que confessa a Hannah: "Na noite passada, tive um sonho surpreendente. Estávamos juntos na casa de Max Weber. Você, Hannah, chegou atrasada e foi recebida com alegria. A escada nos conduzia por um barranco. [...] Max Weber tinha acabado de chegar de uma viagem ao redor do mundo e tinha trazido documentos políticos. Ele nos ofereceu uma parte, os melhores a você, porque você entendia de política melhor do que eu."[6] Atormentada com esse sonho, Hannah vai reler toda a obra de Max Weber.[7]

Depois da partida de Hilde, Hannah tem dificuldade em se acostumar novamente com o mundo. Sente-se exaurida e o diz. Precisa reler as provas de seu livro, *Origens do totalitarismo*. Seu editor, Harcourt & Brace, diz estar "*convinced of the greatness of the book*". Alfred Kazin é encarregado pelo editor de revisar o texto — sempre que Hannah entrega os textos aos editores, pede-lhes que mandem revisar e corrigir a forma e a língua, e confia neles — mas só pretende fazer modificações limitadas, sem mudar seu estilo. Por sua vez, Hannah deve retomar esse texto, com o qual trabalha há mais de cinco anos.[8]

Não é por acaso que Jean-Luc Godard lê extratos das *Origens do totalitarismo* no filme que Anne-Marie Miéville dirigiu em 1997, *Nous sommes tous encores ici* [Ainda estamos todos aqui], cujo próprio título soa como uma homenagem à idéia principal de Hannah Arendt dessa comunidade que nós, os vivos, formamos no mundo. Trata-se, realmente, de um texto de sobrevivência, um texto efervescente, um texto matricial, no qual se pode conseguir energia para encarar o amanhã. *Origens do totalitarismo* é um livro considerável, um enorme volume de mais de novecentas páginas. O texto se decompõe em três partes: "Anti-semitismo" e "Imperialismo" foram publicadas juntas. "Totalitarismo" apareceu depois, e foi modificada até o último momento, no alvorecer dos acontecimentos da atualidade contemporânea. O leitor se encontra, como numa festa popular com a brincadeira de labirintos, dos espelhos deformantes, levado para a casa de máquinas do navio Europa que, desde a Revolução Francesa, faz água de todos os lados, cedendo às ondas dos nacionalismos mais bárbaros e das ideologias mais deletérias que são o imperialismo e o racismo.

Ler repetidas vezes *Origens do totalitarismo* é uma aventura de sepultamento no tempo que nos permite conceber a potência intelectual de sua autora. É preciso saber acompanhar Hannah em sua impetuosidade, suas bruscas mudanças de direção, seus rodeios de argumento, suas passagens lentas e pesadas, mas também em sua clareza de pensamento e suas intuições de gênio. Cirurgiã do desastre do pós-guerra, Hannah Arendt, nesse projeto de rara ambição, tanto no plano intelectual quanto nos filosófico e político, disseca os elementos do totalitarismo, e não a globalidade que o constitui. Misturando as cartas de um mundo corrompido pelo atrativo do lucro, a exaltação da nação em detrimento da soberania do Estado, Hannah Arendt coloca em dia os grandes movimentos mortíferos que, desde muito tempo, desmembram inexoravelmente o corpo das nações que constituíam a Europa. O Velho Continente não é mais uma configuração de Estados, mas uma fábrica de destruição da própria idéia de democracia e, *de facto*, a ruína da esperança de uma humanidade em comum.

Mas esse livro também é a profissão de fé de uma mulher que sofreu, na própria carne, o exílio, a errância, os campos, o fato de não ser mais alemã, de não ser refugiada francesa e não ser ainda cidadã americana. Ela mergulha nas problemáticas da cisão interior e tenta compreender o que significa ainda estar vivo após o fim da Segunda Guerra Mundial.

Nenhuma solução, apenas análises. Nenhuma esperança, nenhum encantamento, mas o face-a-face com o real. Hannah Arendt nos ensina os amanhãs que desencantam, a ideologia como crença, a idéia de progresso definitivamente arruinada. Com tudo isso, ela se nivela aos pensadores modernos mais antenados com o político: Leo Strauss, Raymond Aron, Michel Foucault, Claude Lefort. É a única mulher do século XX que tentou dar conta dos tormentos do século e que soube descrever como essas cisões da humanidade haviam arruinado a crença numa razão capaz de explicar o que havia acontecido, atacando, no interior de cada um de nós, a própria idéia de universal. Simone Weil, como ela, tentou pensar a destruição do político como uma erradicação da própria possibilidade de futuro. Seu suicídio a impediu de continuar a trabalhar sobre esse impensado da história, incandescente e perigoso. Hannah Arendt e Simone Weil foram tomadas pelo desejo de saber e entender — entender, sem querer aceitar.

Irmãs de armas e alma, elas têm a coragem de abordar as zonas mais obscuras de nossa obstinação que colocam em falência os direitos do homem, e nossa pertinácia em aceitar a servidão voluntária.[9]

Verdadeira cartografia dos males do século XX, *Origens do totalitarismo* é uma obra-prima para se compreender como os povos puderam aderir à idéia do genocídio, como nosso pacto social foi definitivamente quebrado, como a hipótese de uma Sociedade das Nações caiu em ruína, como aceitamos o inaceitável: a inutilidade da existência, a sensação de estar sobrando, a recusa do Outro.

No livro, Hannah Arendt fala dela e de sua experiência apenas em alusões. Exprime-se como uma intelectual apaixonada pelos tempos modernos e cuja missão — pois ela tem a idéia de que cada um está na Terra para fazer alguma coisa (ela, é para pensar) — é dar elementos de compreensão para decifrar o que acontece conosco. Entrecruza, nessa travessia longa e perigosa, a história, a literatura, a sociologia, as filosofias de Aristóteles e Hobbes. O homem é um animal político, ou seja, alguém que, por definição, vive em comunidade; mas o homem também é um ser que deseja o poder, um ser desprovido de razão, sem livre-arbítrio, regido pelo medo, incapaz de verdade e responsabilidade.

Hannah acredita — e isso é original na época em que escreve *Origens do totalitarismo* — que as regras econômicas constituem uma grade de leitura dos mecanismos políticos. Reticente a qualquer sistema de crença, religiosa, ideológica ou política, demonstra ser um espírito livre, independente de toda catequese, num momento em que inúmeros intelectuais tendem a se engajar no comunismo ou no liberalismo. Crítica severa da ideologia, ela se mostra discípula de Leo Strauss e Eric Voegelin, que ela não cita, mas de quem está impregnada. Ela é assim: saqueadora, bisbilhoteira; fuça, pega emprestado o que lhe serve sem necessariamente o dizer, reivindicando, porém, as teses sobre o conceito de história de Walter Benjamin. Considera que escrever, refletir, também é integrar os pensamentos e os escritos dos outros em seu próprio ateliê intelectual, reunir e agenciar materiais heterogêneos vindos de diferentes disciplinas. Ao contrário de um pensador autoritário, ela integra, coloca em relação textos de escritores tão diferentes como Joseph Conrad, Marcel Proust, Céline, mas também Bernard Lazare, Charles Péguy, Bernanos e Stefan Zweig, e consegue nessa torre de Babel de citações construir seu próprio corpus, edificando assim um novo espaço para um pensamento crítico do século XX.

É verdade que não foi a única nem mesmo a primeira a se dedicar a esse tipo de problemática. Desde 1939, Raymond Aron disseca, nos textos sobre Maquiavel, os mecanismos dos regimes autoritários e analisa a política em termos de eficácia, e não de virtude. Em *Machiavel et les tyrannies modernes* [Maquiavel e as tiranias modernas], ele se inquieta com o futuro da democracia e se questiona sobre a ascensão dos totalitarismos: "A mesma inquietação, a mesma pergunta suscita todas as nossas pesquisas: imagem dos tempos futuros ou acidentes históricos, patológicos, os regimes totalitários prefiguram nosso destino ou têm a única função de enterrar os mortos e sondar nossa vontade?"[10] Em 1946, Raymond Aron se recusa a se contentar com a vitória e continua a enfatizar a persistência dos totalitarismos. Na introdução a *L'Homme contre les tyrans*[11] [O homem contra os tiranos], ele analisa as forças profundas que haviam favorecido o surgimento do III Reich e que, segundo ele de forma indubitável, agitam ainda e sempre as sociedades do século XX.

Hannah Arendt é, assim como Raymond Aron e David Rousset, uma das iniciadoras do pensamento do fenômeno totalitário. Ao lado de Alexandre Kojève, cujo seminário ela havia feito em Paris, Leo Strauss, Max Horkheimer, Theodor Adorno e Eric Voegelin, ela se inscreve na linhagem dos críticos que refletem sobre a natureza e a essência do político a partir de textos de Platão, Hegel, mas sobretudo de Hobbes. Carl Schmitt,[12] desde 1938, depois Franz Neumann[13] em 1942, com seu *Béhémoth*, já haviam eleito Thomas Hobbes um pensador moderno da ditadura. Hannah se sente dilacerada pelo conflito — por essência trágico — da possibilidade de ação que a reflexão filosófica desencadeia. A filosofia pode pensar o mundo? Em todo caso, ela permite que não nos tornemos cegos e que coloquemos questões, não em termos de moral, mas de acesso à verdade, que por definição não é única nem atingível.

Para além do enorme trabalho requerido por numerosas leituras, *Origens do totalitarismo*, mesmo que não seja um livro premonitório, é o primeiro texto a destrinçar profundamente o problema do totalitarismo. Diversos pensadores, na década precedente, já haviam analisado as características específicas do totalitarismo, como Ernst Fraenkel,[14] Waldemar Gurian,[15] Franz Borkenau,[16] Boris Souvarine[17] e Rudolf Hilferding.[18] Mas a novidade da obra se deve à incorporação de elementos heterogêneos a seu tema: suas análises sobre Lawrence da Arábia, suas descrições do imperialismo britânico, ou mesmo o caso Dreyfus, visto por Marcel Proust. Hannah Arendt adorava e admirava Proust pela *mise en abyme* da imagem do judeu e do homossexual, encarnações, para a burguesia e a aristocracia, ao mesmo tempo do desejo, do desprezo e da fascinação. Aliás, há em *Origens do totalitarismo* algo de uma "busca da judeidade perdida", assim como uma tentativa de explicar o inexplicável: por que o anti-semitismo, de uma doutrina radical localizável historicamente, dotada de um funcionamento econômico e social explicável em períodos de perda de autoridade, teve a possibilidade de se transformar numa nova religião transnacional? Como o anti-semitismo pôde fazer do judeu a figura do anti-homem, aquele que deve ser exterminado para que uma nova idéia de humanidade, que carrega em si a negação do humano, possa perdurar?[19]

Hannah Arendt abandona os caminhos do jornalismo, do comentário sobre a atualidade, para se aventurar nas terras da filosofia política e da sociologia histórica. Como não entregar o Estado aos tiranos? Como imaginar o futuro da democracia e suas condições de viabilidade?[20]

Hannah Arendt não inventou o conceito de totalitarismo. Tampouco é a fundadora desse movimento de pensamento, isolado mas fecundo, de intelectuais que, antes mesmo do início da Segunda Guerra Mundial, tentavam refletir sobre os efeitos destruidores do poder absoluto e o reino das tiranias. A própria palavra tenta designar uma nova realidade: uma sociedade mais ou menos submetida a um partido-Estado. O adjetivo se propaga, desde os anos 1920, na Itália. Desde 1925, Mussolini evoca perante as tropas sua feroz vontade totalitária. O adjetivo adquire direito de Estado em todos os lugares da Europa. Hitler não o utiliza, mas Goebbels sim. Ernst Jünger, desde 1930, faz desse conceito o argumento principal de sua obra *La Mobilisation totale*[21] [A mobilização total], justificando antecipadamente o Estado nazista. Esse termo se torna freqüente desde o fim dos anos 1930 entre os intelectuais antinazistas para denunciar e analisar o nazismo. A própria análise da palavra mostra, como explica de forma tão convincente François Furet em *Le Passé d'une illusion*[22] [O passado de uma ilusão], que o termo havia sido escolhido no meio intelectual para comparar a Alemanha hitlerista e a União Soviética. Hannah Arendt é quem dará amplitude ao conceito. Como verdadeira pesquisadora, conseguirá extrair os elementos comuns da prática totalitária, dissecando esse novo regime, monstro frio da pós-modernidade, desconstrução definitiva de uma ordem aparente do mundo.

O século XX deu à luz um novo monstro, o totalitarismo, e a face do mundo foi obscurecida para sempre. Sua vontade de absoluto é total. Nisso, Arendt é a mestra de uma nova escola espiritual e antitotalitária.[23] Ao contrário de Simone Weil que, em 1939, em suas "Reflexões sobre a origem do hitlerismo",[24] designava o Império romano como o primeiro regime totalitário, demonstrando assim que a "originalidade" de Hitler é limitada, e longe das teorias de Franz Neumann que, em 1942, analisa o sistema nazista a partir de uma síntese das perspectivas internacionalistas, Hannah Arendt pensa o nazismo como uma novidade intrínseca na história dos regimes políticos.

Não é por acaso que o primeiro título da obra era *Os elementos da vergonha* e que ela começa com uma análise sobre o anti-semitismo. Podemos ainda lembrar que as condições e as razões da elaboração do livro são a tentativa de pensar a *inutilidade* dos massacres dos judeus. De início, Hannah não acreditou na amplitude do extermínio. Isso não tinha mais nada a ver com a guerra. Era de outra ordem. Como pensar o impensável? Como fazer para pensar depois da descoberta dos campos?

"Da vergonha", assim poderia ter se chamado o primeiro tomo, consagrado ao anti-semitismo. Constituído ao mesmo tempo de artigos já redigidos e reflexões novas sobre o futuro do sionismo, ele é atravessado por uma dor, um sofrimento, mas também por uma incompreensão do que aconteceu nos campos de concentração. Por que as vítimas obedeceram? Por que foram ao abatedouro? Por que consentiram? Nesse primeiro tomo de *Origens do totalitarismo*, não encontramos um questionamento espiritual sobre a Shoah, nem uma análise de suas conseqüências em termos psíquicos, nem uma meditação sobre o futuro do povo judeu, mas um questionamento incessante e atormentador: por que as vítimas se tornaram vítimas?

Na época em que escrevia esse primeiro tomo, Arendt confiava a Jaspers querer continuar trabalhando por um projeto mais importante de pesquisa sobre as condições sociais, políticas e psicológicas dos campos de concentração nos regimes totalitários. "Em todas essas questões", acrescenta Hannah, "há uma parte de mistificação, de mistificação fantasiada de cientificismo."[25] De fato, não se pode destrinçar a natureza dos campos a partir de um procedimento científico que objetivaria descrever os fatos sem procurar entender seu sentido e sua falta de sentido humanos.

Para compreender o incompreensível, Hannah volta no tempo e analisa as causas estruturais do anti-semitismo. Nessa primeira parte das *Origens do totalitarismo*, há uma originalidade, uma riqueza, uma força na diversidade dos pontos de vista: Hannah reflete sobre os judeus "poderosos", chamados judeus de corte, rastreia as causas estruturais do anti-semitismo europeu e ressalta que a assimilação, em vez de aumentar a indistinção, apenas acusou a suspeita da diferença. Ela recorre à noção de judeus de exceção, restitui o que está em jogo no caso Dreyfus, acentua a oposição "judeu em casa, homem na rua", exprime luminosamente o conflito que opôs, ao longo do século XIX, ricos e intelectuais judeus e explica como os judeus se tornaram, no decorrer do tempo, um grupo social que não se define nem pela nacionalidade nem pela religião, mas por suas características psicológicas. Hannah não quer ceder a uma visão da história excessivamente maniqueísta e aponta certos judeus que não quiseram endossar suas origens, culpados por terem transformado o "crime" que é o judaísmo num "vício na moda" que é a judeidade. Ela tenta encontrar as explicações que poderiam ter escapado aos historiadores e que nos permitiriam compreender de que forma o anti-semitismo "puramente político" se encontrou "num caminho em que jamais teria controle sobre si".

Hannah Arendt sabe que vai chocar, mas não se preocupa com isso. Ela afirma que chegou a hora de evocar de outra maneira o que aconteceu durante a guerra, e não apenas com dor e aflição e, "conseqüentemente, com uma tendência à lamentação". Para ela, o tempo da indignação muda e do sentimento do horror paralisante já terminou. Ela tem a coragem de viver seus próprios questionamentos e não se refugiar no lamento nem nas queixas.

Seu primeiro marido, Günther Stern, escreverá em 1964, numa carta aberta endereçada ao filho de Eichmann, que o dever dos alemães é de ainda pensar nos judeus mortos, e pensar neles como pessoas individuais que o nazismo reduziu a cifras. "Quando o monstruoso se produz, a impotência dos que apanham se iguala à dos que batem [...] As vítimas não poderiam ter reagido de outra maneira, não poderiam ter feito o que não fizeram. Aquele que o contesta [...], que acha que esses milhões de pessoas poderiam ter reagido de maneira mais adequada à situação monstruosa, trai assim uma das cegueiras mais desesperadas perante a realidade."[26]

Hannah Arendt queria, pela força de seu pensamento, ver acelerar o tempo biológico da aprendizagem do luto, para poder pensar o passado recente. É a primeira vez, explicará ela em 1966 por ocasião da terceira edição das *Origens do totalitarismo*, que se pode, enfim, articular e elaborar essas questões "com as quais a minha geração havia sido obrigada a viver a maior parte da sua vida adulta".[27]

"*O que havia acontecido? Por que havia acontecido? Como pôde ter acontecido?*"[28] Nessa odisséia que constitui *Origens do totalitarismo*, arborescente, repleta de caminhos cruzados, monumento de erudição, também se pode ler um trabalho de autodesvelamento, uma dolorosa introspecção. Arendt vai ao fundo do poço. E nunca encontra a fonte, de tão atraída que é pela *mise en abyme*. Multiplica as possibilidades de reflexão sobre o anti-semitismo, a questão judaica, o declínio do Estado-nação, a questão dos povos, o racismo. Por trás da trama da história, ela gostaria, intrépida, de atualizar as questões centrais de um real dissimulado.

Lapidada?

Hannah se assusta com o sucesso de seu livro. Em 19 de novembro de 1948, confessa a Jaspers: "O triste é que na minha cabeça foi sempre um livro, mas que na realidade são três, ao menos no que concerne o material histórico explorado: o anti-semitismo, o imperialismo e o totalitarismo. Mas não teria sido bom fazer três livros; não apenas porque, depois do primeiro, os judeus teriam certamente me lapidado (o que prorroguei arrastando, mas também porque o argumento político não teria sobressaído)."[29]

Os judeus não a "lapidaram". As instituições da comunidade judaica americana, que a perseguirão após a publicação de *Eichmann em Jerusalém*, não devem ter tomado conhecimento da primeira parte das *Origens do totalitarismo* em que, desde o prefácio, Hannah Arendt responsabilizava os judeus por se distinguirem, não por uma divergência em termos de fé ou credo, mas por uma diferença de "natureza interior", além de acusar os teólogos do judaísmo de insuflar o ódio com uma "intenção polêmica e apologética". Para Hannah, em realidade, eles teriam construído um mito da superioridade de sua religião. "Essa teoria perniciosa, aliada à convicção de que os judeus sempre constituíam objeto passivo e sofredor das perseguições cristãs, na verdade prolongava e modernizava o velho mito de povo escolhido."[30]

Origens do totalitarismo é dedicado a Heinrich Blücher. O manuscrito original, confessa Hannah, "foi terminado no outono de 1949, mais de quatro anos depois da derrota da Alemanha de Hitler e menos de quatro anos antes da morte de Stalin. [...] Os anos em que foi redigido, de 1945 em diante, pareciam ser o primeiro período de relativa calma após décadas de tumulto, confusão e horror".[31] De fato, o ritmo das tragédias do século constitui a própria essência e a origem da obra. O segundo tomo, mais particularmente, carrega as marcas de Blücher. Intitulado "O imperialismo", foi concebido entre 1946 e 1947. Não é desprovido, em alguns de seus capítulos, como o consagrado ao declínio do Estado-nação, de um certo sopro profético, da visão ardente de um humanismo exacerbado, mas também desesperado. A partir do conceito de expansão, Hannah disseca com brio o funcionamento do imperialismo, fim em si, que funda sua autoridade no poder, e seu poder na violência. Escreve páginas magníficas sobre os estragos da colonização que engendra essa nova sociedade de brancos que, nos quatro cantos do mundo, fazem reinar a ordem do capitalismo em populações subjugadas. Esses funcionários da violência entendem o poder como único conteúdo da política.

Para Arendt, no imperialismo, primeira fase da dominação política da burguesia, encontra-se o germe da possibilidade do totalitarismo: a violência se torna o fundamento do político, e a destruição do corpo da comunidade o meio de alcançá-lo. O homem se transforma então num ser sem razão, sem liberdade, sem responsabilidade, um peão no tabuleiro da sociedade, um valor mercantil em alta ou em baixa, dependendo das circunstâncias.

Ela retoma as teses de Hobbes — a sociedade como pacto de paz contra o medo de cada um, a sociedade como igualdade de assassinos em potencial[32] —, e as aplica a essa nova ordem mundial que vê se formar diante dela. Faz do pensador inglês o teórico profético de uma sociedade sem fé nem lei, fundada na acumulação do poder e do dinheiro, regida pela relação de forças, ronda da morte e dos negócios que Joseph Conrad descreveu tão bem. Misturando Benjamin, Joyce, Marx e Heidegger (que ela não cita), ela brinca com o vocabulário marxista, utiliza termos de grandes teóricos econômicos, faz pequenas incursões históricas. No meio desse tecido de reflexões, aparecem às vezes verdadeiros relâmpagos de gênio, pensamentos fulgurantes sobre a natureza do contrato humano, a importância política das teorias da raça, assim como as análises de rara profundidade sobre a possibilidade de destruição da humanidade.

Essa singularidade de perspectiva desemboca na teoria dos direitos do homem. No último capítulo, intitulado "O declínio do Estado-nação e o fim dos direitos do homem", Hannah Arendt atualiza a partir dos fatos uma teoria sobre os sem-direitos, aqueles a quem ela chama de "a escória da terra" e que estão no centro de sua reflexão política. É impossível não ficar perturbado e admirado diante dessa força de pensamento que esclarece tão cedo na história do pensamento político um tema que acabou se tornando tão fundamental. Ao colocar em primeiro plano os esquecidos da história contemporânea, aqueles que não são mais nada nem ninguém, aqueles de quem as guerras tiraram tudo, pátria, nação, identidade, ela ilumina um impensado do político: por que os Estados modernos aceitaram que esses milhões de refugiados — *displaced persons* —, à margem da sociedade, vivessem nos campos, sem lugar algum à sua espera, sem ninguém a querê-los, como excesso inútil, fardo embaraçoso para os países que se livram deles enviando-os aos países vizinhos que, por sua vez, os aprisionam em campos de trânsito? Hannah explica esse jogo perverso de tráfico geográfico e humano ao qual se entregam os Estados para melhor ressaltar esses tempos sombrios da nova modernidade, em que o apagamento da identidade se torna a carta principal do político. Esses refugiados são homens que não são tratados enquanto tais. As lixeiras da história lhes são oferecidas como sala de espera, enquanto se decide a melhor maneira de se livrar deles.

Hannah Arendt consegue assim evidenciar a estrutura da civilização européia. Ao subtrair a alguns, apátridas, minorias, os direitos que, por definição, são invioláveis e universais, os Estados-nações começaram a deixar de ser Estados de direito. Os direitos do homem se tornam então "uma prova de idealismo fútil ou de tonta e leviana hipocrisia".[33] Portanto, é preciso julgar um regime a partir da sua capacidade de respeitar os direitos do homem, dando-lhe uma significação política. Ela coloca no centro do debate político, e é a única a fazê-lo de forma tão radical na época, o apátrida que representa, a seu ver, o fenômeno mais novo da história contemporânea, o sintoma mais grave de toda a política contemporânea. Apátridas dos tratados de paz de 1919, refugiados dos Estados-nações da grande Europa — que não lhes atribuíam mais o status de cidadãos —, sobreviventes dos campos, pessoas deslocadas, essa população sem direitos que, após a Segunda Guerra Mundial, representa mais de dez milhões de pessoas cujo destino não é preocupação de ninguém.

Ela aponta aqui o cinismo dos políticos, critica o fato de que os direitos do homem nunca tenham se tornado leis, mas revestem uma significação fluida que responde caso a caso aos problemas individuais. Engaja uma reflexão filosófica sobre a significação dessa tribo de mulheres e homens em excesso, que vivem feito contrabando, de quem mal toleramos a existência nas margens dessa Europa devastada, arruinada economicamente e que abdicou da moral. É evidente que há uma influência de Flora Tristan — esse ardor em defender os sem-direitos e essa visão humanista do político — no entusiasmo de Hannah Arendt em defender a figura do pária, assim como há marcas de Blücher em sua visão do ódio do homem pelo homem como elemento contaminador da peste que é o totalitarismo. Mas há sobretudo a emergência de um pensamento novo, um pressentimento do dano definitivo que sofreu o conceito de humanidade, uma vontade de pensar a política, evocando à época moderna a necessidade dos laços entre os homens.

O apátrida se torna o problema de qualquer Estado-nação, que carrega em si a ruína de seu futuro caso ceda em seu princípio de igualdade perante a lei. Arendt ressalta que, na negação da igualdade entre os cidadãos, o novo Estado de Israel não se distingue em nada dos outros. Ao contrário, "a solução da questão judaica meramente produziu uma nova categoria de refugiados, os árabes, acrescentando assim cerca de 700 mil a 800 mil pessoas ao número dos que não têm Estado nem direitos".[34]

Ela descreve em termos filosóficos essa longa travessia do aprendizado da perda do mundo: ser privado dos direitos do homem é antes de mais nada ser privado de um lugar no mundo. Desse mesmo lugar no mundo que sempre foi uma questão para ela, desde a tese sobre Santo Agostinho, o livro sobre Rahel Varnhagen e os artigos sobre a edificação do Estado de

Israel. Esse tormento, essa obsessão, essa dificuldade ao mesmo tempo existencial, psicológica e intelectual a perseguirão a vida toda.

A terceira e última parte de *Origens do totalitarismo* é a mais radical, a mais inovadora. Tem como epígrafe essa frase de David Rousset, extraída de *L'Univers concentrationnaire*: "Os homens normais não sabem que tudo é possível." Esse último tomo, intitulado "Totalitarismo", se aproxima das portas do inferno e tenta circunscrever o que Kant chama de o mal radical. Ele se distingue dos dois precedentes pelo rigor de sua demonstração, o ritmo da reflexão, sua potência de fogo, não apenas histórica mas também teórica, deixando no leitor a impressão de que Hannah Arendt se lança no projeto de elaborar ao mesmo tempo uma teoria política e uma filosofia moral.

"Totalitarismo" foi inteiramente reescrito sob o peso dos acontecimentos políticos. Arendt coloca no centro de sua reflexão os modos de funcionamento do totalitarismo, seja nazista ou soviético. Ao contrário de Raymond Aron, para quem o totalitarismo se apóia num partido que, por sua vez, se apóia numa ideologia, Hannah Arendt afirma o caráter novo desse monstro frio chamado totalitarismo, por essência um movimento dinâmico, perpétuo, nunca fixado nem fixável, alimentado pela propaganda, por sua vez, recarregada pelas massas. Para além do diagnóstico político desses anos de ferro que o mundo acaba de enfrentar, Hannah Arendt se preocupa em descrever a desfiguração do mundo, analisa um novo modelo político que dobra o real evacuando-o, para nos propor uma ficção do mundo que desnaturaliza nossa humanidade.

Tecido de questões existenciais, esse tratado do totalitarismo também é um mergulho na fábrica dos elementos do mal, uma tentativa, para além das categorias de verdadeiro e falso, de humano e inumano, de *compreender*: não condescender ou rejeitar, mas se eximir de qualquer preconceito para desenhar as linhas de força desse império do terror, em que a dignidade do homem foi manchada para sempre.

Segundo Arendt, com a emergência do totalitarismo, há ruptura, e não mal-estar na civilização. O que a interessa, e que nos interessa ainda hoje, o que faz desse texto um texto ardente por suas intuições e análises, é o deciframento desse mundo de ficção, criado com todas as peças pelo totalitarismo, esse mundo que não existe mas ao qual aderiram, sob o império da propaganda, milhões de pessoas.

Hannah detalha os mecanismos de adesão, de aceitação, de motivação das massas — ou seja, potencialmente de todos nós — em direção ao totalitarismo. Inverte, assim, a perspectiva de todos aqueles de quem se alimentou intelectual e historicamente, como Boris Souvarine, Isaac Deutscher[35] e David Rousset. Esses demonstram como o homem, mesmo que subjugado ao terror que deixa apenas um pouco de espaço — mas, ainda assim, um espaço —, pode continuar a ser homem, quer dizer, um ser de liberdade, de dignidade, de responsabilidade. Para ela, o totalitarismo é por essência atentatório à possibilidade de permanência da liberdade. Quando cita David Rousset, é para reter de *L'Univers concentrationnaire* apenas a evocação da servidão voluntária nos campos de concentração, embora o texto seja também, e sobretudo, um hino a todos aqueles que, nos campos, a cada segundo de suas vidas, lutaram para existir, conservar a dignidade, mostrar solidariedade, continuar vivendo nesse sistema em que a morte era a grande sacerdotisa.

Hannah Arendt esclarece não a capacidade de resistência do homem, mas sua vontade de adesão à opressão. Em sua análise do totalitarismo, apenas as massas existem, não as pessoas; e as massas, sem que as tenham obrigado, aceitaram de todo grado a submissão. É nesse ponto que ela se mostra corajosa. Corajosa ao defender que a reclamação não é um modo operatório do pensamento, ainda que sua frieza em relação às vítimas continue sendo um enigma. Corajosa também porque, paralelamente a Jaspers que a influencia bastante na época e de quem tenta em vão publicar nos Estados Unidos o texto intitulado *A culpabilidade alemã*,[36] tenta pensar a responsabilidade em termos coletivos de uma sociedade que, em sua totalidade, participou desse crime mundial chamado nazismo, em vez de se contentar em aceitar a designação dos carrascos como únicos responsáveis pelo genocídio. Corajosa, enfim, por empunhar a totalidade da filosofia política para pensar, sozinha, o impensável, sem uma balaustrada moral, nem uma aparelhagem teórica protetora.

Tal qual uma aventureira do espírito nas *terra incognita* da razão, tal qual uma mente ardente, ela força os ferrolhos do pensamento para melhor afirmar sua proposição. A importância que dá à propaganda e a insistência em definir o totalitarismo como sistema essencialmente inútil continuam sendo, ainda hoje, de uma potência rara. É impossível não ficar impressionado com sua abordagem do totalitarismo como desprezo dos fatos, recusa da realidade, surgimento permanente do casual e do incompreensível. Essa sede de ficção em que tudo o que é prometido deve ser realizado constitui uma resposta ao desespero dessas massas que querem uma ordem — qualquer que seja a natureza da ordem e qualquer o preço a se pagar. Como se o mundo ocidental estivesse exaurido por ter de administrar a imprevisibilidade do real.

Para Hannah Arendt, o totalitarismo só existe quando está em posse do poder. Não pode perdurar depois de uma derrota, pois as massas que aderiram a ele o abandonam, já que não encontram mais nenhum interesse nele. Hannah reflete sobre a reconstrução de uma Alemanha arruinada? Será que quer exonerar os alemães do sentimento de culpa em relação ao genocídio? Ela se mostra, assim, mais uma vez, mais alemã do que judia? Ou simplesmente tenta compreender o que está acontecendo: o esquecimento voluntário de todo um povo que acorda após o pesadelo? Ela escreve: "Os aliados tentaram em vão encontrar um único nazista confesso e convencido em meio ao povo alemão, do qual noventa por cento haviam sido simpatizantes sinceros de um movimento ou outro... o nazismo, enquanto ideologia, tinha se 'realizado' tão completamente que seu conteúdo deixava de existir como conjunto autônomo de doutrinas, e perdia, por assim dizer, sua existência intelectual; portanto, a destruição da realidade não deixou nada para trás, a começar pelo fanatismo daqueles que nela acreditavam."[37]

Ela já reflete sobre o mal radical: De onde ele vem? Qual é a sua origem? "*O mal radical* é aquele que não deveria ter se produzido, ou seja, aquele com o qual não se pode reconciliar, aquele que não se pode aceitar como um destino em circunstância alguma, e aquele perante o qual não se pode calar nem passar além",[38] observa ela em seu *Journal de pensée*, onde já aborda o tema do qual tratará dez anos mais tarde por ocasião do processo Eichmann: a falta de responsabilidade dos indivíduos num sistema em que todo mundo obedece a um líder supremo. Funcionando como uma sociedade secreta, o sistema totalitário apaga qualquer individualidade. Hannah Arendt disseca a multiplicação dos modos de funcionamento que o totalitarismo requer e o descreve como uma espécie de cebola, em que cada camada nova vem cobrir a seguinte: atrás do Estado-fantasma, o partido todo-poderoso, atrás do poder aparente, o poder nu, atrás do exército, a polícia secreta. A invisibilidade constitui a regra primordial do poder efetivo. Nisso, os dois regimes, nazista e soviético, são parecidos. "O poder real começa onde o segredo começa", repete Hannah Arendt. Hitler só declarou a guerra com a intenção de acelerar o processo de realização de sua visão de mundo. Segundo ela, a dominação totalitária só começou realmente em 1942.

Essas duas afirmações de Arendt são discutíveis e, hoje em dia, contestadas por alguns historiadores. O que é menos questionável é sua maneira penetrante de analisar a interiorização do processo psíquico implicado pelo totalitarismo: o que era proibido se torna, sob o regime totalitário, necessidade, já que real. Como afirma com tanta clareza e tanta crueza: "Uma vez adquirida a possibilidade de exterminar os judeus como insetos, com gases tóxicos, não é mais necessário propagar a idéia de que os judeus são insetos."[39]

A importância da denegação da morte no sistema totalitário constitui o ponto central do último capítulo e ressoa no conjunto da obra. Hannah Arendt sublinha que, nos sistemas totalitários, as vítimas não têm o direito a um túmulo. Em outros regimes, mesmo o assassino mais violento é obrigado a deixar um cadáver atrás de si. A vítima do sistema totalitário é literalmente apagada do mundo dos vivos.

Nas últimas páginas de *Origens do totalitarismo*, há uma vontade de não cair no elogio do sofrimento, uma falta de empatia pelas vítimas, uma maneira bastante estranha de falar dos sobreviventes... Segundo Hannah, a narrativa da testemunha sobrevivente do campo não pode nos esclarecer. Inútil, portanto, ler o que eles contam, pois a "experiência, em si, nada comunica senão banalidades niilistas".[40] Segundo ela, a experiência dos campos não provocou uma mudança de personalidade naqueles que a viveram. "Quando, como Lázaro, ele se ergue dentre os mortos, reencontra inalterados a personalidade e o caráter, exatamente como os havia deixado."[41] É preciso abandonar nossa bondade natural e ser realista. O próprio fato de que o sobrevivente volte ao mundo dos vivos o impede de acreditar em suas experiências passadas, afirma Hannah Arendt.

E se fosse justamente o contrário? Por ainda pertencer ao mundo dos vivos, o sobrevivente não deve, justamente, ser o único a poder falar para aqueles que não viveram o inferno? Por ainda ser um homem, não pode transmitir e provar, por sua própria existência, a realidade do horror passado no campo?

Ao mesmo tempo que redige as últimas páginas de *Origens do totalitarismo*, Hannah publica no *Jewish Social Studies* um artigo intitulado "As técnicas da ciência social e o estudo dos campos de concentração".[42] Laboratório de um tipo de dominação total, o campo é para ela "um asilo de alienados onde essa maldita dupla de vítima e carrasco sempre parece louca". Ela se mostra ainda mais crítica em relação às vítimas do que em sua grande obra, afirmando que as numerosas narrativas dos sobreviventes "se limitam sempre a relatar de forma monótona, sem comunicar verdadeiramente, os mesmos horrores e as mesmas reações".[43]

Vai ainda mais longe ao acusar os sobreviventes de ter considerado mais importante interpretar seu sofrimento como uma punição do que testemunhar com uma "consciência dita pura". Arendt evoca "a docilidade aterrorizante que conduzia todos os prisioneiros do campo à própria morte" e aponta como prova da fraqueza moral das vítimas a ínfima porcentagem de suicídios no campo. Onze anos antes do processo Eichmann, ela afirma: "É absurdo condenar à força um assassino que participou da fabricação de cadáveres (ainda que fosse difícil recorrer a outra solução). Nenhuma punição parece lhes convir pois a pena de morte é o limite de qualquer punição."[44]

Assombrosa Hannah, que ousa fazer um julgamento moral das vítimas forçadas a se tornar carrascos e afirma que a morte não é suficiente para punir os verdadeiros carrascos. "*Hutzpah Hannah*", Hannah, a audaciosa, como a chamava Hans Jonas, que lhe recriminava com freqüência por se apoderar de idéias sem ter realmente o desejo de argumentar. Contraditória Hannah que, ao mesmo tempo que afirma que os campos estão fora do domínio da compreensão humana, define uma nova visão da natureza: tudo o que o homem, desde a aurora da humanidade, havia imaginado nos piores pesadelos e não tinha ousado fazer, pode agora, com o nascimento do totalitarismo, realizar sem que o céu caia sobre sua cabeça e que a terra se abra diante dele. É o que constatamos ao ler seu diário da época. Hannah tenta pensar o impensável, obcecada com essa questão: como o mundo pode continuar a existir? Ainda podemos acreditar na espécie humana agora que o totalitarismo tornou o homem supérfluo? Hannah não se preocupa com as críticas. Afirma ter a coragem para pensar por si própria, pensar como se ninguém o tivesse feito antes. Hannah, a arrogante, como a apelidavam seus camaradas da *Partisan Review*, que zombavam de sua pretensão em tratar com intimidade os maiores, Kant no caso, mas também Aristóteles e Platão. Seu credo? "Nem diabo nem mestre, mas Deus como árbitro supremo para pensar tão longe da idéia de bondade, de solicitude, de consideração."[45]

Hannah Arendt ultrapassa as fronteiras e sabe disso. Persiste e assina sem mudar uma linha sequer de seu argumento as provas do livro. Aguarda o pior. Tem razão. As reações não são brandas. Certamente, Mary McCarthy — que ela conhece desde 1944, mas com quem estabelece então relações estreitas, romancista e jornalista, já conhecida na época pelo romance *The Oasis* [O oásis] e seus contos autobiográficos em *Memórias de uma menina católica*[46] — a felicita por esse extraordinário trabalho que faz o pensamento humano avançar em ao menos dez anos e que ela considera fascinante e envolvente como um romance. Mary, que devorou as novecentas páginas em quinze dias, confessa tê-las lido até mesmo no carro, na banheira e na fila do armazém![47] Seus elogios parecem um pouco excessivos. Aliás, Mary os modera ao criticar o estilo pesado, as numerosas barbaridades gramaticais e, bem mais grave, a insistência de Hannah em afirmar as teses sem as escorar, a pesada utilização de paradoxos, a afirmação de verdades não demonstradas... A lista é longa, mas Mary a ameniza desculpando-se pela "inocência" de sua leitura e pela dificuldade em lhe fazer entender suas críticas: "Acho que não me expressei muito bem, não tenho o livro para consultar, pois já o emprestei, mas talvez você entenda o que quis dizer." Não sabemos se Hannah entenderá. Sem dúvida, ela deve ter feito as contas, conhecendo o caráter, tão ardente quanto o seu, de Mary.[48]

XII

RADICAL

O livro sai em fevereiro de 1951 e se torna capa da revista literária *Saturday Review* no mês seguinte.[1] Ele suscita uma polêmica da parte de intelectuais nova-iorquinos como David Riesman, que ressalta seu defeito de construção, ou o filósofo Eric Voegelin[2] que, embora admire sua ambição teórica, critica sua parte obscura e não se sente satisfeito com a obra num debate difícil, tanto moral quanto intelectualmente. Apesar de reconhecer suas fórmulas brilhantes e intuições profundas, ele recrimina a falta de domínio filosófico, sobretudo "quando a autora estende suas intuições até as últimas conseqüências, fazendo com que a construção enfraqueça até uma lamentável insipidez".[3] Essas divagações, ainda que perturbadoras, conclui Voegelin, constituem sem dúvida um sintoma da confusão dos tempos em que vivemos.

Hannah Arendt não se sente nem um pouco afetada com essas ofensas. Foi ela quem pediu para que o livro fosse enviado a Eric Voegelin, com quem estabelecerá, a partir de então, uma correspondência sobre as conseqüências do totalitarismo. Boa jogadora, ela acusa o recebimento de suas críticas e reconhece uma dívida com ele: "Devo muito a seus trabalhos, eles sempre foram muito próximos de meu próprio pensamento, embora eu não concorde em tudo com o senhor [...] Sua crítica da perspectiva geral toca no cerne do que também me importa."[4] Em compensação, ela se mostra atormentada com essa frase do post-scriptum de uma longa carta que Jaspers lhe envia em 15 de fevereiro de 1951. A propósito do último capítulo sobre os campos, o filósofo observa: "Magnífico por sua exigência — completamente verdadeiro e incontornável. Mas como fazer para que cada um o reconheça? Para isso, sem dúvida é preciso mais do que a simples exigência. Yahvé não teria desaparecido demais?"[5] De *Origens do totalitarismo*, Jaspers só conhece a arquitetura geral sobre a qual Hannah lhe falou longamente durante a estadia na Basiléia. Para ele, ela confiou o conteúdo do último capítulo, intitulado "À guisa de conclusão", escrito pouco antes de o livro ser enviado à gráfica, no início de 1951.[6] Nele, a autora escreve que as possibilidades do totalitarismo diminuirão e que a dominação total do homem não se repetirá nunca mais!

Como explicar essa repentina sede de otimismo, em contradição flagrante com as asserções definitivas e pessimistas do capítulo precedente? Hannah afirma que o totalitarismo desaparecerá: "Pode ser que até mesmo nossa geração conheça uma época em que será permitido não guardar mais na memória as masmorras, a fabricação maciça de cadáveres e o fato de terem acontecido pecados mais graves do que o assassinato."[7] Esse pecados foram o atentado à própria essência da natureza humana e a vontade "não de mudar o homem, mas de destruí-lo". Como imaginar um mundo ainda possível e a que preço? Hannah faz um apelo a um novo fundamento da comunidade humana, apoiando-se na pluralidade dos homens regidos por novos direitos. Sem dúvida, a tarefa é esmagadora, mas este é o preço da restauração da dignidade do homem e também do futuro. "Apenas se compreendermos a felicidade extraordinária que representa o fato de o homem ter sido criado com o poder de procriar, e que não se trata do homem no singular, mas dos Homens que habitam a Terra, poderemos nos reconciliar com a diversidade da humanidade."[8]

Esse vasto programa não convence Jaspers. Vasto demais, impreciso, idealista. Hannah quer "destiranizar" o pensamento, romper as amarras da lógica, passar a outra coisa. Ela se debate ainda na problemática dolorosa da responsabilidade alemã perante o genocídio: os alemães, em sua grande maioria, não reagiram aos crimes nazistas. Certamente, aqueles que os cometeram constituem uma ínfima minoria. Os alemães são coletivamente responsáveis? Em face de seu silêncio depois da guerra — terrivelmente carregado de conseqüências morais e espirituais —, como continuar a encarar o futuro? Jaspers acredita ser preciso considerar os alemães, que agora são cinqüenta milhões, com humanidade. Hannah Arendt também não quer deixar a Alemanha responsável pela solução final. Não quer admitir que Auschwitz seja uma invenção alemã. Sua abordagem funcionalista e comparativa lhe permite analisar o nazismo num contexto que não é especificamente alemão. É isso o que ela faz, como outros intelectuais alemães — e como seu mestre Heidegger —, que preferem evidenciar as fontes do nazismo em relação à modernidade ocidental, em vez de pesquisar as causas nas tradições especificamente alemãs.

O estar junto

Heinrich Blücher começa seus cursos na New School, o que o deixa muito satisfeito. Hannah fica aliviada em ver, enfim, o marido encontrar uma universidade onde seu talento possa ser reconhecido. Ela lê Marx, Platão, escuta repetidamente *Rapto no serralho*, vê seus amigos, cozinha, alegra-se com as críticas sobre seu livro, mesmo as negativas, dá conferências no *Middle West*, em Chicago, e também na universidade católica Notre-Dame, onde é a primeira mulher a falar como professora. Inquieta-se com a situação mundial, teme que os Estados Unidos entrem em guerra contra a URSS, imagina uma nova ordem européia. Sonha com uma nova viagem à Europa, mas Heinrich resiste a esse projeto. Ele jamais botará os pés na Alemanha enquanto estiver vivo. Ela discute sem parar com ele e tenta convencê-lo.

Desejo de rever Jaspers? Sim, claro, para continuar a trabalhar com ele. Necessidade de Heidegger? Sim, sem dúvida, para continuar a refletir com ele.

Jaspers tinha acabado de extorquir, no ano precedente, uma espécie de confissão de culpa de Heidegger. Por ocasião da publicação de seu texto

Origine et sens de l'histoire [Origem e sentido da história],[9] *Die Zeit* publicou um artigo desfavorável, afirmando que Jaspers se enfraquecia ao atacar Heidegger nesse livro. Jaspers pediu direito de resposta: "Quando eu quiser procurar publicamente um debate crítico com Heidegger [...], o farei abertamente. A minha relação com esse pensador importante, relação totalmente privada até o momento presente e há muito tempo, não pode ser abalada por tais proposições. Mas um esclarecimento me parece necessário para impedir falsos rumores."[10] Jaspers tomará publicamente o partido de Heidegger, exigindo dele um esclarecimento claro e definitivo sobre seu engajamento nazista. Uma vez mais, Heidegger finge aceitar, para em seguida se esquivar. Num primeiro momento, agradece a Jaspers por ter ficado ao seu lado durante esses anos em que foi caluniado. Observa que é "comum hoje em dia colocar *nomes* para prestar contas um contra o outro, em vez de pensar sobre *o que está em causa*",[11] o que é uma maneira de representar a situação e de se justificar, mas não de se colocar em causa. Continua prometendo a Jaspers, que lhe pede explicações desde 1945: "Você certamente se lembra de nosso antigo projeto, sobre o qual penso às vezes, de um dia ter uma explicação pública entre nós. Hoje em dia, seria mais do que nunca um escândalo, e apenas um pequeno número de pessoas se ateria ao que está em causa. Mas talvez o importante seja esse pequeno número."[12]

Jaspers não se contenta com essas palavras imprecisas, suas vagas promessas, sua maneira de querer ganhar tempo escamoteando, e confessa a Hannah que se sente incomodado e inibido por sua resposta. Heidegger não tem mesmo "nada de autêntico, nenhuma vontade verdadeira de compreender",[13] confessa Jaspers. Ele não entende seu desejo de enterrar o passado e espera ter a alegria de conseguir, algum dia, uma explicação clara da parte dele. Heidegger lhe envia seus *Caminhos que não levam a lugar nenhum* e sua última conferência, intitulada "Da essência da verdade".[14] Jaspers responde que quer filosofar com ele, mas que suas questões continuam em suspenso. Heidegger, encurralado, responderá com uma frase: "Querido Jaspers, se nunca mais fui à sua casa desde 1933, não é porque nela habitava uma mulher judia, mas *simplesmente porque tinha vergonha*... no fim dos anos trinta, quando o mal absoluto começou com as perseguições selvagens, pensei muito em sua mulher."[15] Ele confessa a Jaspers que, pelo intermédio de um professor que na época tinha ligações estreitas com a administração, recebeu então a garantia segura de que nada aconteceria com sua esposa Gertrud. "Mas a angústia continuou, a impotência e a falência. Não menciono isso para me imputar a aparência de ter servido para alguma coisa. Ainda hoje, não poderia ir a Heidelberg antes de tê-lo revisto, não na benevolência, *mas na conservação do que é sempre doloroso*."[16]

Essa confissão do sentimento de vergonha é importante. Será o único momento em que Heidegger retomará seu período nazista e o único vestígio escrito que deixará sobre esse assunto. Num primeiro momento, ao receber a carta, Jaspers se sente apaziguado. Essa vergonha assumida reintegra a seu ver Heidegger na comunidade, ainda que ele mesmo nunca tenha pensado em seu foro íntimo que Heidegger tenha sido nazista. "Você me perdoará se eu disser o que cheguei a pensar: que você parecia ser conduzido, em relação aos fenômenos do nacional-socialismo, como uma criança que sonha, não sabe o que faz, embarca como um cego e sem pensar num empreendimento que lhe parece diferente do que realmente é, depois fica com sua bagunça diante de um aglomerado de escombros e se deixa levar ainda mais longe."[17] Heidegger lhe responde na mesma hora em que recebe a carta: sim, ele admite e se responsabiliza. É vergonha o que sente, não apenas ele, mas também sua esposa. Sim, a expressão criança sonhadora lhe convém. Impelido de todos os lados ao reitorado, acreditou fazer bem sem se dar conta da publicidade mundial que tal nomeação revestiria. Sim, ele aceitou esse posto de reitor naquilo que ele chama de uma "mecânica de funções" e se afundou, como sua mulher recriminou, na exaltação do poder. No natal de 1933, começou a enxergar com clareza; então, demitiu-se em fevereiro, em sinal de protesto. Falou-se muito de sua nomeação, mas foi feito um silêncio sobre sua saída. A máquina estava operando. "O indivíduo não podia fazer mais nada. Os fatos que relato aqui não podem justificar nada; podem apenas mostrar o quanto, de ano em ano, à medida que o malfeitor se revelava, também crescia em mim a vergonha de um dia ter contribuído direta ou indiretamente."[18]

Heidegger revida, ilude, mente por omissão. Ainda que use e abuse da palavra vergonha, faz Jaspers acreditar que não foi verdadeiramente um colaborador do nazismo e que foi tratado por eles como um adversário. Se ele endossa a responsabilidade e a culpa de ter sido nazista por nove meses, não é por isso que se retifica, pois para ele o pior... ainda não aconteceu: está por vir!

É nessa negação bem real dos crimes do nazismo que reside a culpa de Heidegger. O problema não é tanto saber se ele continuou a pagar sua cotização até o fim da guerra ou se carregou a insígnia nazista desde 1933. Hoje em dia, sabemos que ele agiu, pensou e escreveu como um nazista. A língua o traiu no mais profundo de si mesmo. Certamente, ele confessa a Jaspers que o pano de fundo das coisas o desesperava; que nos anos de 1937 e 1938 desceu ao que há de mais baixo; que via a guerra se aproximar e seus dois filhos ameaçados de partir em combate. Depois "foram as perseguições contra os judeus, e tudo caiu no abismo".[19] Vergonha, desespero, abismo. Depois da guerra, se ele se ressente pela vergonha de ter mantido silêncio, não retoma o nazismo como assunto, nem mesmo diz alguma coisa, à exceção de qualificá-lo de "malfeitor" e de ter sabido, desde 1937, que esse regime não poderia ter alcançado uma "vitória". "E se as coisas tivessem chegado a esse ponto, seríamos os primeiros a sucumbir",[20] acrescenta. Heidegger quer virar a página sem evocar o que foi esse regime. O que lhe interessa é o futuro. O que está em causa com o mal ainda não chegou a seu fim, afirma ele. Simplesmente entra em sua fase mundial. "Em 1933 e antes, os judeus e os homens políticos de esquerda, por estarem diretamente ameaçados, enxergaram com mais clareza, com mais rigor e mais longe."[21] Entretanto, hoje o verdadeiro mal é Stalin, que nem mesmo tem uma guerra a declarar mas que, a cada dia, ganha uma batalha ainda que "nós" não a vejamos. A política é apenas ilusão fora desse mal que vence, e o nazismo é apenas uma história antiga sobre a qual poderemos retornar um dia, mas será preciso prestar atenção à tentação de maniqueísmo, pois "quanto mais 'o que está em causa' se torna simples, mais difícil se torna pensá-lo e dizê-lo em sua medida".[22]

Há muito tempo, a política está fora de jogo para Heidegger, e chega mesmo a constituir uma esfera ilusória. Ele se põe a imaginar o que Hegel e Schelling teriam pensado e proposto se tivessem vivido esse período: nenhuma dúvida de que teriam conseguido encontrar um acerto, e não um compromisso. "Agora é conosco", confia ele a Jaspers. Conosco? Sim, cabe a eles pensar o mundo. É a vez deles. "Apesar de tudo, querido Jaspers, apesar das mortes e das lágrimas, do sofrimento e da atrocidade, do infortúnio e da pena, da falta de solo e do exílio, não foi pouca coisa o que aconteceu nessa *falta de território próprio*; nela *se dissimula um advento* do qual, talvez ainda, num leve sopro, possamos experimentar e do qual devamos recolher os sinais longínquos em vista de um futuro que nenhuma construção histórica, sobretudo não a atual com esse pensamento técnico, decifrará."[23]

Jaspers fica perturbado, incomodado com a sua atitude. Hannah Arendt nem um pouco. Em seu *Journal de pensée*, podemos ler sua mudança de atitude e de estado de espírito. Hannah pensa em Heidegger o tempo todo, lê Heidegger, anota Heidegger, pensa sobre Heidegger, comenta as fontes de pensamento de Heidegger, recebe cartas de Heidegger, reflete a partir de Heidegger, e começa a elaborar sua formulação do "pensar-agir" que constituirá o fio condutor de sua filosofia futura, alimentando-se da definição do pensamento de Heidegger. Hannah voltou da Alemanha trazendo em sua bagagem um manuscrito datilografado de Heidegger, inédito ainda hoje,[24] intitulado "Passeio através de *Ser e Tempo*".

Ela relê o texto, comenta-o, examina-o minuciosamente. Ao mesmo tempo filosófica e amorosamente. Dele, extrai teorias sobre o amor, o casamento, a fidelidade. E também sobre a reconciliação. Hannah reúne os fragmentos esparsos de sua dolorosa história, se apropria novamente deles, e nos mesmos movimentos incorpora-os inventando um sistema de valores. Reconcilia-se consigo mesma. Integra, enfim, em sua própria história, a aventura que viveu com Heidegger, tornando-a doce, sempre passional, mas apaziguada. Descobre-se princesa eternamente apaixonada de uma história que ela começa a compreender como destino. Torna-se, portanto, fiel a Martin Heidegger. Ser infiel seria negar a verdade do que existiu. Ser infiel é "uma verdadeira anulação, pois é na fidelidade e apenas nela que dominamos nosso passado: sua existência depende de nós".[25]

Hannah domina, enfim, seu passado e elabora uma definição do amor a partir de sua própria história. "O amor", escreve ela, "é um acontecimento a partir do qual pode advir uma história ou um destino."[26] O amor não pode perdurar na instituição do casamento. No casal, o amor se transforma em amizade. O amor não quer nem pode se acomodar ao cotidiano conjugal. O amor é: "o estar junto de dois seres" que "desenvolve com toda liberdade a história e o destino do acontecimento, sem qualquer garantia".[27] "A fidelidade consiste unicamente em não esquecer o que aconteceu e o que foi um destino."[28] Ela permanecerá fiel a essa fidelidade. Vai, então, se empenhar em proteger ao mesmo tempo Heidegger e sua própria reputação.

O incômodo de Jaspers em relação a Heidegger lhe causa ainda mais pena porque ela acredita que esse último provou uma compreensão autêntica. Ela se opõe a sua vontade de lhe pedir explicações, pois "ele não sabe verdadeiramente nem está numa situação em que possa descobrir qual é o diabo que o conduziu até lá".[29] Aceita seu silêncio. Melhor: acredita que ele não possa ir mais longe. Parece-lhe impossível perseguir com ele esse trabalho de memória. Presa à relação Jaspers-Heidegger, Hannah escolhe seu próprio caminho: Jaspers é um educador, o único e verdadeiro educador. Heidegger é um mestre, o único, o sucessor de Goethe, o mestre da vida. Como se conciliar aos dois? Ela precisa tanto de um quanto do outro, mas quer se desprender da má relação que há entre os dois. Em seu *Journal*, observa ironicamente: "Jaspers poderia dizer: como pode faltar tanta sabedoria a um filósofo? Heidegger poderia dizer: como um filósofo ainda pode se preocupar com a sabedoria [...] — Todos os dois têm razão."[30] Ela se torna desde então, *de facto*, o único e verdadeiro traço de união entre eles.[31]

Arendt escolheu seu campo. A partir de agora, pretende proteger Heidegger de seus inimigos. Vai confiar nele, mostrar seus escritos do outro lado do Atlântico, reconfortá-lo e acompanhá-lo em suas pesquisas filosóficas. Alegra-se com o fim de sua proibição de ensinar — Heidegger é colocado em aposentadoria proporcional desde setembro de 1950, mas passa a ter autorização para orientar trabalhos — e com o sucesso público que ele alcança num anfiteatro lotado, onde dá seu curso toda sexta-feira na universidade de Freiburg sobre o tema: "O que significa pensar". Os estudantes chegam quatro horas antes e ele mesmo tem dificuldade em abrir passagem para chegar à sua mesa.[32]

Heidegger também se reconcilia profundamente consigo mesmo, ele, que se sentiu excluído, sujo, humilhado durante cinco anos. Confia seus estados de alma a Hannah, felicita-se em encontrar de novo as palavras certas para sua própria filosofia. Não fala senão de si, nunca dela, e se mostra de uma indelicadeza insigne. Assim, o máximo que faz é avisar que recebeu *Origens do totalitarismo*, empregando na resposta lacônica o "nós" conjugal: "Nós lhe agradecemos por seu livro, que não posso ler em virtude de meus precários conhecimentos do inglês. Elfride se interessará muito por ele."[33] Ele a considera sua confidente, com quem pode dividir suas propensões mais narcíseas, sabendo que será seguramente compreendido e talvez perdoado. Vangloria-se, por exemplo, de saber falar para seus alunos de maneira mais simples e direta do que outrora e de erigir em arte a prática de não ter de se explicar. É verdade que se tornou um especialista nisso! Seria preciso começar por aprender a aprender, confia ele a Hannah em cartas às quais sempre anexa seus textos em andamento. Com ela, sente-se em confiança. Pode confessar seus momentos de dúvida, de incerteza — "neste inverno 'senti-me à deriva'"[34] —, e chega a lhe mandar suas impressões de viagem na Itália com sua querida e terna Elfride, evocando suas meditações sobre Heráclito e Parmênides.

Martin e Hannah têm consciência de ter, cada um, uma obra a escrever; ajudam-se mutuamente, na certeza recíproca de suas capacidades de pensar as coisas novas, ainda que elas devam escandalizar. Compartilham a necessidade de fazer apelo à poesia para irrigar a possibilidade de conceber um mundo novo. Continuam atraídos um pelo outro, e esperam se rever para trabalhar, trocar, se amar. Sentem falta um do outro. Hannah fará todos os esforços possíveis para voltar à Europa, mas acabará desistindo temporariamente por dificuldades de formalidades administrativas para conseguir a cidadania americana. Viajar sem passaporte lhe parece arriscado. Então, ela aceita essas dificuldades com paciência e aceita dar conferências em Yale sobre Karl Jaspers e em Columbia sobre a filosofia existencialista durante o verão de 1951.

O que é política?

Seu livro continua fazendo escorrer muita tinta. Ela mesma se diz espantada. Ainda que alguns de seus amigos, incluindo os mais próximos, não economizem suas críticas, ela não se atormenta com isso, pois foi levada pelo sucesso como uma *midinette*. Tornar-se a *covergirl* de uma revista literária semanal tão prestigiosa como a *Saturday Review* lhe dá ao menos tanto prazer quanto descobrir que os cursos que Heinrich dá na New School sobre a história da arte estão sendo gravados, tendo em vista uma futura publicação.

Ela começa a receber propostas de tradução para a Alemanha, e mesmo para Israel, onde — explica seu amigo Kurt Blumenfeld — seu texto tem as honras do *Palestine Post*.[35] Kurt explica a Hannah o que sente no mais íntimo de si desde que mora em Jerusalém. "Certamente você tem dificuldade em imaginar que nós amamos esse povo judeu. Não gostamos de ser, mas de renascer. Para você, o que conta é ser sem terra, mas para mim é ter um solo onde pôr os pés."[36]

Kurt Blumenfeld demora três meses para ler *Origens do totalitarismo* e, em virtude da amizade que os liga, depois de ter reconhecido seus méritos conceituais e seu alto nível de visão política, faz recriminações que atingirão Hannah no peito. Ele estigmatiza sua capacidade de considerar apenas os aspectos negativos dos problemas, sua vontade de oposição sistemática, assim como sua falta de complexidade. Mas o que o mais chocou foi a maneira com a qual Hannah, ao longo dos três volumes, analisa a questão judaica: "Os judeus se saem mal. Uma crítica mal intencionada poderia concluir daí um ódio de si. Em um dos pratos da balança, Bernard Lazare paira nas alturas e, no outro, bem embaixo, há o abjeto populacho judeu. No que concerne a crítica dos movimentos anexionistas, seu julgamento sobre a política colonial inglesa, suas aversões aparentam ser preto no branco.

Quanto ao amor pela vida [...], não encontrei nenhum vestígio."[37] Cansado por duas embolias pulmonares recentes, Blumenfeld prefere parar aqui, calar sua cólera para tentar dividir com ela o orgulho em ser judeu, a alegria de pertencer a esse povo, a honra de ter se tornado um cidadão de Israel.

Hannah Arendt se torna cidadã americana no dia 11 de dezembro de 1951. Para comemorar seu novo status, aprende a história constitucional americana.[38] É grata a esse país por tê-la acolhido, e depois adotado. A universidade de Harvard a convida para ensinar ciências políticas no outono seguinte. Enfim, ela possui seu passaporte. Sai de Nova York em 21 de março e chega a Paris em 27 de março de 1952. Trabalha no quadro de uma missão de sua organização, a *Jewish Cultural Reconstruction*. Hospedada no Hôtel d'Angleterre, passa muito tempo passeando e conversando com a amiga Anne Weil. Hannah tinha pensado em passar alguns dias na casa de Ernst e Edna Fuerst em Israel. Decide, finalmente, cancelar a viagem. Os amigos contam mais do que a família, escreve ela a Blücher. Quer aproveitar seu tempo, e já está cansada de correr o mundo como um coelho desatinado. Pergunta-lhe com humor se ele não a considera louca demais e se não tem vontade de se divorciar: "Ou você se divorcia, ou não."[39] Ela coloca a questão esperando ganhar declarações de amor e escreve: "Espero que não."[40]

No dia 1º de abril ela vai à Suíça para reencontrar Gertrud e Karl Jaspers. Com Jaspers, vive, durante dez dias, um extraordinário diálogo filosófico ininterrupto. A conversa fica mais tempestuosa nos últimos três dias, pois Jaspers tenta demolir o Heidegger que Hannah defende com unhas e dentes, tanto no plano político quanto no filosófico. A Heinrich, ela explica: "De qualquer maneira, tive de lhe fazer entender que seus últimos textos não são frivolidades [...] Quando cheguei, estava francamente desesperada [...] de tanto que ele raciocinava e pregava a moral, ainda mais do que antes. Mas depois consegui capturá-lo, porque é uma pessoa formidável, não se encontram dois como ele."[41] O que ela quer dizer com "consegui capturá-lo"? Consegui hipnotizá-lo sobre Heidegger?

Ela volta a Paris em 10 de abril, onde começa a escrever uma obra intitulada *Os elementos totalitários no marxismo*, texto que nunca publicará, mas do qual restam fragmentos descobertos após sua morte com o título *O que é política?*[42] A política repousa num fato: a pluralidade humana. Arendt, que retoma suas teses sobre a diversidade, desenvolvidas no final de *Origens do totalitarismo*, afirma que a política, para voltar a ser nobre e confiável, deve repousar sobre os homens e não sobre uma teoria do homem. Ela pretende reabilitar a política como forma de organização do mundo que se encarregaria da igualdade, portanto, da diversidade de cada homem, e não de todos os homens. Recusa o modelo da família como princípio de organização. Evoca a necessidade de refletir em termos de representação de uma história do mundo e define a humanidade essencialmente pela pluralidade. Pela primeira vez, Hannah coloca em forma e por escrito o que constituirá a partir de então o fio condutor de suas pesquisas posteriores, tanto em filosofia quanto em história: essa idéia, fundamental em sua obra, de que a política nasce no espaço *entre* os homens, portanto, em algo de fundamentalmente exterior a*o* homem. Impossível não ficar espantado com seu nível de perspectiva, sua atitude moral, sua recusa das modas e a originalidade de seu pensamento.

Ela luta duramente contra todos aqueles que, em Paris, Berlim, Nova York, continuam a ver nos recentes sobressaltos do mundo uma "necessidade histórica" e comungam num pós-hegelianismo deletério e um marxismo aproximativo. Leu a análise de Eric Voegelin sobre Marx na *Review of Politics* e sua nova e magistral interpretação das *Teses sobre Feuerbach*. Também quer abraçar o conjunto da história moderna num espírito a-religioso. Já esboça a questão do peso da tradição na história do pensamento, e quer questionar com novas ferramentas o pós-totalitarismo. Pergunta-se por que não somos capazes de responder e "resolver" as questões que nos são dirigidas em nossa própria época.

Hannah encontra Raymond Aron para conversar longamente sobre a tirania e o totalitarismo. Ele ensina no Institut d'études politiques de Paris as teorias de Tocqueville e Marx. Ela lhe dá um exemplar de *Origens do totalitarismo*. Em janeiro de 1954, ele fará uma crítica magistral sobre o livro num artigo intitulado "A essência do totalitarismo segundo Hannah Arendt".[43] Livro importante, julga Aron, apesar de alguns defeitos às vezes irritantes. Livro cativante pela força e a sutileza de algumas análises. Livro chocante também pelas inexatidões sobre o caso Dreyfus, a atitude de Jean Giraudoux durante a guerra, assim como sobre a pseudocolaboração de Maurras na mesma época. Livro irritante pela violência negativa, pelo tom de superioridade altiva. Aos olhos de Aron, Hannah Arendt, fascinada demais pelas figuras negativas numa mistura explosiva de metafísica alemã, sociologia sutil e vituperações morais, exagera os defeitos e as qualidades dos homens e dos regimes.

Esse mesmo defeito de exagero também é evocado por Voegelin, Mary McCarthy, Kurt Blumenfeld e Karl Jaspers. Mas ela não pretende se retificar. Ao contrário, fica orgulhosa com isso e se explicará de uma vez por todas a Karl Jaspers: "A realidade exagerou tanto em nosso século que podemos dizer sem medo que a realidade é 'exagerada'. Nosso pensamento, que gosta acima de tudo das vias habituais, mal consegue sobreviver. Os 'exageros' de meu pensamento — que se esforça sempre em exprimir algo de adequado num tom, se possível, adequado — parecerão de fato inacreditavelmente radicais se os medirmos não pela realidade, mas por aquilo que dizem sobre o mesmo assunto outros historiadores que supunham que tudo era exatamente assim."[44]

O debate entre Arendt e Aron apenas começou. Aron lhe recrimina por isentar Lênin da responsabilidade do totalitarismo soviético e por definir com imperfeição uma essência do totalitarismo.[45] Eles não designam o mesmo papel às ideologias nem definem da mesma maneira a realidade. Para Aron, existe uma polifonia dos totalitarismos, e não uma única matriz, como ele demonstrará magistralmente alguns anos mais tarde em *Democracia e totalitarismo*.[46] Para Aron, há continuidade da tirania no totalitarismo. Para Arendt, há ruptura de civilização e o nascimento de um novo monstro. Aron se mostra mais sutil, mais convincente, mais sensível à multiplicidade das causas, portanto, mais desejoso de multiplicar as interpretações do totalitarismo do que Arendt, que se dá como tarefa delinear suas origens.

Hannah volta ao trabalho e decide aceitar participar de um livro em homenagem a Jaspers. Sua contribuição, intitulada "Ideologia e terror", iniciada em março de 1952, será publicada em 1953 e integrada à segunda edição de *Origens do totalitarismo* em 1958. A obra avança então por fragmentos. Ela puxa um fio, desata o nó e em seguida o refaz, parte em diferentes direções, tricota, desfaz a trama, acumula, expulsa, precisa publicar de maneira disseminada para depois juntar, dar sentido, inscrever suas múltiplas abordagens numa continuidade de pensamento.

Entre as críticas de Aron, está a sua maneira de encarar o anti-semitismo. Ele não está errado quando opõe as teorias de Leon Poliakov sobre o anti-semitismo às interpretações às vezes estranhas e supérfluas de Hannah. Poliakov, pragmático, informa, conta e disseca a responsabilidade dos nazistas e descreve a amplitude da Shoah. Com ele, tudo se torna esclarecedor, e ao lê-lo nossa pena pelas vítimas é incomensurável. Com Arendt, tudo é complicado, sutil, sem afeto, e o leitor não termina o livro com uma verdadeira explicação. Para ela, a ideologia racista não é suficiente para dar conta desse fato monstruoso: a morte de seis milhões de judeus. O livro *Le Bréviaire de la haine* [O breviário do ódio][47] de Poliakov é rico em méritos que o de Arendt não tem. Ele ignora os paradoxos da história, não problematiza o que não aconteceu, descreve o que os nazistas fizeram e como fizeram. Por sua vez, Hannah Arendt não se contenta em descrever os fatos. Ela quer interpretá-los e, dessa maneira, imagina dar à luz uma nova filosofia da História. Talvez, é levada pelo desejo de prolongar as teses do amigo Walter Benjamin, desenvolvidas em "Sobre o conceito da História", pela certeza da ruína definitiva da idéia de progresso, por suas reflexões em comum com Heidegger sobre o laço entre industrialização e totalitarismo que, segundo eles, só pode se apertar, pelo estímulo e a confiança de Karl Jaspers, pelos encorajamentos de Blücher e pelo crédito concedido à autora com a publicação da trilogia sobre o totalitarismo.

Para ela, o totalitarismo constitui a negação da filosofia política tradicional. Ela pretende ser a cartógrafa dos novos tempos da barbárie. A Eric Voegelin, havia confiado: "A meu ver, o 'processo de destruição' não pode mais ser interrompido, pois já alcançou seu fim em alguns espaços decisivos de nosso mundo espiritual e geográfico. Eu só tiraria minha proposta de encontrar novas verdades morais se me convencessem de que os crimes cometidos em nossa época podem ser compreendidos e delimitados com nossas antigas categorias religiosas e morais."[48]

Em Paris, ela se assusta com o sectarismo e a cegueira ideológica de determinados intelectuais como Jean-Paul Sartre e Alexandre Kojève, que se escondem atrás de suas teorias e vivem nas nuvens.[49] Choca-se com essa pretensão tipicamente francesa de refazer o mundo sem se preocupar com a realidade. Por toda a vida, ela guardará uma espécie de desprezo por essa figura do "homem de letras" francês, brilhante e talentoso, é verdade, mas sem consideração com a verdade.[50] "Aqui, cada um define para si o que é a história. Não se pode nunca estar seguro dos fatos, quer dizer, dos fatos reconhecidos como históricos. Em compensação, sabe-se que o esquema provém de Hegel. O conjunto é fraco, apenas o espírito é um pouco afiado."[51]

Na mesma época, Hannah conhece uma antiga aluna de Jaspers, tão dotada e talentosa quanto ela, grande historiadora da filosofia, professora notável, autora de numerosos livros, pouco conhecida hoje em dia: Jeanne Hersch. Essa nova amizade ajuda Hannah a ganhar confiança em si mesma. Ela se considera então como uma *outsider*, uma intelectual crítica, ao mesmo tempo requisitada pelas universidades e para conferências ocasionais, mas nunca integrada; uma mulher que quer romper os hábitos do pensamento assumindo seus exageros; uma filósofa isolada que, é verdade, acaba de ser convidada a um congresso sobre o totalitarismo no outono seguinte, mas que não faz parte da *short list* dos exilados alemães convidados para os grandes círculos, como Max Horkheimer, Theodor Adorno, Carl Friedrich, Eric Voegelin e Waldemar Gurian. Com Jeanne Hersch, ela encontra uma companheira de armas intelectual, uma mulher jovem da mesma natureza que ela, uma leitora de filosofia política, uma confidente a quem detalha seus projetos teóricos e históricos. Visita regularmente o Louvre e freqüenta assiduamente a Biblioteca Nacional para suas pesquisas. Fica sabendo, por uma carta de seu marido, que a fundação Guggenheim acaba de lhe conceder uma bolsa anual.[52] Distinção honorífica importante — a primeira para ela — e nada desprezível do ponto de vista financeiro. Hannah respira enfim: tem dois anos pela frente para trabalhar tranqüilamente em seu projeto de "revisitação" de Marx, sem precisar fazer bicos ou conferências para assegurar o dinheiro do mês. Como uma boa notícia nunca chega sozinha, Heinrich lhe anuncia que o presidente do Bard College, instituição universitária prestigiada situada a uma hora e meia de Nova York, marcou entrevista com ele. Este lhe pedirá que desenvolva um projeto pedagógico, e no dia 2 de agosto Heinrich anunciará a Hannah ter sido contratado nas condições que exigira.[53]

Ela encontra Albert Camus, "sem dúvida alguma o homem mais interessante no momento na França. Todos os outros intelectuais são apenas suportáveis",[54] escreve ela a Blücher. Descobre Chartres, vai ao concerto, ao teatro, sai todas as noites com a amiga Anne. Hannah está no sétimo céu, Hannah se embriaga de Paris. Blücher, que continua explicitamente seu idílio com Rose em Nova York, estimula a mulher a prolongar a estadia na Europa e a visitar Jaspers novamente em seu chalé em Saint-Moritz.[55] Ela aceita imediatamente a proposta. Como escreve ao marido: "Desta vez, nossa correspondência funciona bem. Minhas cartas o agradam, tudo caminha da melhor forma possível."[56] No entanto, as que ela lhe envia são às vezes muito desagradáveis. Em uma delas, ela fala dos judeus em termos desprezíveis e de maneira obsessiva: "Só vejo judeus encoleirados, para dizer a verdade." "Os judeus franceses estão realmente além de tudo o que se pode imaginar"... "Entre outros judeus, Louis Finkelstein..."[57] Ódio de si? Desprezo por seu povo? Desejo de agradar a Blücher, que não se incomoda com as piadas anti-semitas e recrimina aquilo que ele chama de seu "yiddichismo"?[58] Em todo caso, é uma maneira estranha de descrever o que ela vive. Inquieta com sua maneira de falar e pensar, sua melhor amiga Anne Weil terá com ela uma discussão muito séria sobre o que ela mesma qualifica de atitude anti-semita. Essa conversa não a afeta em nada. Hannah está em outro lugar. Vive uma espécie de crise mística. No fim da primavera, vai ao concerto de *O messias*, de Haendel, interpretado pela orquestra filarmônica de Munique e em certo sentido é iluminada. Trata-se de uma revelação. Escreve a Blücher que pela primeira vez entende o enigma: "tivemos um filho". E acrescenta: "o cristianismo é de qualquer maneira alguma coisa."[59]

Em 18 de maio, Hannah se encontra em Munique, e no dia 19 chega finalmente a Freiburg, onde reencontra Heidegger. Relata a Heinrich a semana atroz que passou com ele e sua querida e terna Elfride! Várias vezes, pensa em fugir, tamanhas as cenas de ciúmes da esposa de Heidegger. "A esposa é louca, louca de um ciúme que só aumentou nos anos em que esperava simplesmente me esquecer."[60] Num dia em que se encontram face a face, Elfride faz "uma cena mais ou menos anti-semita".[61] Hannah julga a esposa "de uma imbecilidade tão limitada, tão perversa, tão cheia de ressentimento"[62] que sente pena do coitado do Heidegger por ter de suportá-la e decide ficar para protegê-lo! Hannah se isola então no escritório de Heidegger. Durante dias inteiros, ele lê para ela os manuscritos dos cursos magistrais que leciona na universidade de Freiburg.

Ela o acompanha em seu seminário, senta-se na primeira fileira.

Escuta-o pensar.

Ela e ele no meio desse imenso canteiro, únicos a se entender. Ela é a primeira leitora, a primeira ouvinte e a única interlocutora.

Heidegger vive como um eremita. Embora seja venerado por seus alunos, continua isolado em Freiburg e sem contato com a comunidade universitária. Além disso, na época, suas relações epistolares com Jaspers sofrem um eclipse. Hannah o estimula, nutre sua reflexão, faz com que ele avance simultaneamente em múltiplas direções. A Heinrich, ela explica: "É como se ele estivesse tão seguro de ter encontrado seu centro que pode começar a qualquer momento, em qualquer lugar. Tudo se liga a tudo, nada pressupõe outra coisa. Não se trata nem do arbitrário, nem da necessidade do começo, mas de uma verdadeira liberdade."[63] Ao longo dessa estadia na Europa, Hannah fica mais próxima de Heidegger do que de Jaspers. Embora tenha conseguido reconciliar os dois homens e forçar o destino ao pedir a Heidegger para confessar sua vergonha de ter sido nazista, ela se encontra, sem o querer realmente, defendendo Heidegger contra Jaspers. A esse jogo perverso que Heidegger instaura entre os três, ela se entrega com as mãos e os pés atados. A aluna se submete. Heidegger se vangloriará mesmo diante dela por ter falado demais sobre esse assunto e lhe pedirá que acalme a sede de elucidações políticas que Jaspers ainda lhe testemunha. "Você consegue apreender de modo mais abrangente as nossas relações e concordará comigo se me *resguardo*."[64] Na realidade, a preocupação de Heidegger na época é cuidar de sua própria reputação. Certamente, ele lhe fala de Jean Beaufret, que tenta tornar sua obra conhecida na França.

Blücher tenta, pela enésima vez, escrever um tratado de filosofia moral e política. Ele tem a tendência — e é ele quem escreve isso, rindo de si mesmo, mas em todo caso escreve — a se tomar por um profeta, ou mesmo um gênio. Hannah é seu "diabinho doméstico", ele, o gênio, estilo "velho espírito dos mortos".[65] Ele, o homem — portanto, aquele que teoriza —, ela, a moça dotada que sabe colocar no papel as intuições que pertencem apenas a ele. Ele, que acredita tanto nas virtudes eróticas, fica lisonjeado com a relação de sua mulher com aquele que ele considera o maior filósofo vivo e também muito excitado com o fato de a relação erótica entre sua esposa e o antigo professor dela continuar através dos anos.

Ficamos impressionados, lendo a correspondência deles, ao perceber com que força e avidez Blücher protege e legitima a relação de sua esposa com Heidegger. Como se desfrutasse disso. Em troca, Hannah lhe confia seus estados de alma, a maneira como a sua relação com Heidegger a faz florescer. "Stups, estou um pouco menos boba do que antes porque, se não, não teria chegado aonde cheguei; mas também tenho a impressão de poder me permiti-lo; mas também tenho a impressão de me permitir coisas estranhas. A única coisa que o justifica é a certeza de uma bondade fundamental, de uma confiança sempre assustadora que ele tem por mim (não sei como chamar isso de outra maneira), a falta total quando ele está comigo daquilo que, se não toma a frente da cena, faz com que ele fique verdadeiramente desamparado e sem defesa."[66]

Ela acredita que ele não corre nenhum risco enquanto continuar produtivo. Mas teme suas depressões, que podem tomar conta dele a qualquer momento. Apaixonada Hannah, que protege um homem que não sabe, ou não pode, organizar seu trabalho. Enfermeira e secretária: ela fica uma semana na casa dele arrumando seus papéis. Um encontro secreto está previsto perto do lago de Constança por volta do dia 5 de junho, mas Heidegger o cancela. Este, sob o pretexto de um cansaço generalizado e de uma gripe forte, lhe envia um bilhete cancelando o combinado. Elfride deve ter feito uma cena novamente. Martin escreve a Hannah: "Tudo bem se você *não escrever* por agora e também não *passar* por aqui. Tudo é *doloroso e difícil.* Mas precisamos suportá-lo."[67]

A armadilha

O curso de Blücher em Nova York se intitula "Miséria e grandeza do Eros metafísico". O subtítulo é "Sobre o conceito do amor filosófico". Não poderia ser melhor. O esposo se nutre também do que sua mulher está vivendo do outro lado do oceano. Hannah está mergulhada numa intensidade amorosa excepcional, que aumenta sua capacidade de trabalho. Depois da visita a Heidegger, ela escreve: "Qualquer que seja a maneira de considerar as coisas, é incontestável que em Freiburg não caí nessa armadilha, mas fui até ela. Também é incontestável que Martin, sabendo ou não, se instalou nessa armadilha, que está em sua casa, que construiu sua casa em torno da armadilha, de forma que só podemos visitá-lo na armadilha, indo à armadilha. Portanto, fui visitá-lo na armadilha. O resultado é que agora ele está sozinho na armadilha."[68] Hannah, nada boba... Viajando, dando conferências, vendo longamente os amigos, ela encontra a energia para escrever um texto sobre Montesquieu e para refletir em termos filosóficos sobre o que vive. É preciso que tudo isso se estabilize na minha cabeça, confia ela a Blücher.

Os dois experimentam sentimentos amorosos por um terceiro, continuando a se amar e a precisar um do outro. Quanto mais Hannah é desejada por Heidegger, mais Blücher a ama. De que natureza é esse amor que se livra de qualquer preconceito? Um amor absoluto, sem nenhuma dúvida, e recíproco.

Graças à sua proximidade com Heidegger e Jaspers, Hannah se sente mais forte, mais livre também, menos dependente desse amor que sente por

Blücher e que a fez sofrer tanto. Heidegger lhe permite colocar seu amor por Blücher em outro lugar e redefini-lo: "Sim, meu querido, tomamos cada um nosso lugar em nossos corações, e nossos passos vão no mesmo ritmo. E nada poderá atrapalhar esse ritmo, ainda que a vida continue. Os imbecis que acreditam que a fidelidade é a vida que pára, quando prendemos nossos ganchos um no outro, não apenas perdem a vida em comum, mas também perdem a vida em geral. Se não fosse tão perigoso, deveríamos contar um dia ao mundo em que consiste verdadeiramente um casamento."[69]

Hannah se desloca bastante: na Basiléia em 30 de maio, em seguida parte para Stuttgart, passa por Munique, depois vai para a Inglaterra no fim do mês de junho: Manchester, Newcastle, Londres, Cambridge, depois retorna à Alemanha no início do mês de julho, Schloss Georghausen, Heidelberg, Frankfurt. Assina os contratos para a tradução de *Origens do totalitarismo* em alemão e em francês, e conquista uma sólida reputação de conferencista política na Alemanha e na Inglaterra. Honra sua missão para a *Jewish Cultural Reconstruction* e coleta novos documentos. Além disso, consegue conceituar o laço entre ideologia e terror em suas notas de trabalho, traça as linhas gerais de um trabalho sobre Marx e Montesquieu, limpa o terreno filosófico da compreensão em política. Apesar dessa atividade intelectual incessante, continua a levar sem problemas suas diversas atividades. Em cada cidade que visita, tranca-se nas bibliotecas, consegue escrever um texto num quarto de hotel, preservando o tempo para ir à ópera e jantar com seus editores! Tem um julgamento severo sobre a Alemanha do pós-guerra, que ela compara a um baile de máscaras dos anos 1920, com seus pseudo-intelectuais e suas pseudoquerelas. Por ocasião de sua primeira viagem, já havia se mostrado decepcionada com a falta de reação dos alemães depois da guerra e, em artigo publicado em 1950 e intitulado "Após o nazismo, as conseqüências da dominação", estigmatiza o amor do povo alemão pela impotência, sua arte da esquiva, da pena de si mesmo, a complacência desse povo por um relativismo niilista: "As ruínas são verdadeiras, as honras passadas são verdadeiras, os mortos são verdadeiros. Mas os alemães são fantasmas vivos que não alcançam mais o discurso nem o argumento, o olhar dos homens nem o luto dos corações."[70] Ela não espera nada de um povo que viveu a dominação totalitária durante doze anos e não consegue integrar em seu foro íntimo a realidade da guerra. Injusta e agressiva em relação às esperanças reais e aos projetos de reconstrução do país, ela reduz a Alemanha a um punhado de bibliotecários, tais como os que ela encontra em Mainz e que, nos banheiros, não param de tagarelar sobre sua bela cidade enquanto resta apenas um abominável amontoado de ruínas. Ela deposita toda a sua esperança na nova geração, naqueles que têm vinte anos, nos jovens que ela julga notáveis, com quem se pode falar sem rodeios, mas que terão dificuldade em tomar a iniciativa, pois vivem numa atmosfera extremamente envenenada.[71]

Ela reencontra Gertrud e Karl Jaspers em Saint-Moritz no dia 1º de agosto para dez dias excepcionais de conversas amicais. Escreve a Kurt Blumenfeld, confessa pensar sempre nele. Quando retorna a Heidelberg, as lembranças a submergem e ela reconhece: "Indivíduos respirando uma verdadeira humanidade, ainda encontramos muitos lá."[72] Hannah não é mais alemã, a rigor um pouco berlinense. Critica o retorno dos intelectuais exilados e não acredita numa renovação espiritual.

Dessa maneira, compartilha com o marido Heinrich essa rejeição excessiva de uma terra que se tornou estrangeira para eles. Dessa vez, Hannah tem vontade de voltar aos Estados Unidos. Não controla mais nada, nem a fraqueza de Heidegger nem a fecundidade inútil de Jaspers, que — ela se dá conta — não é mais reconhecido no mundo universitário alemão onde, diz ela, reina o charlatanismo. Voa para Nova York com a certeza de ter mudado. Essa vadiagem lhe fez bem. Muito impaciente em reencontrar a sua casa, escreve ao marido: "A moça aprendeu todo tipo de coisa... terei muitas coisas a fazer nos próximos dois ou três anos."[73]

Durante esse tempo, em Nova York, um novo Blücher está nascendo: ele é enfim naturalizado americano — ainda que tenha sido obrigado a mentir sobre suas antigas atividades de militante comunista para consegui-lo, o que o atormentará por muito tempo —, e contratado pelo Bard College, perto de Nova York, como já vimos. É a primeira vez que ele ganha o suficiente para viver, e a primeira vez também que se sente verdadeiramente feliz. "Tenho a impressão de nadar",[74] diz ele a Hannah. Graças a Rose? Ele saboreia sua repentina autonomia, sua independência. Confessa a Hannah ter ficado contrariado com a aproximação de sua volta, pois ainda tinha tanto a fazer! Mas Hannah é obrigada a voltar. Ela já está viajando há cinco meses... Responde-lhe com ironia: "Estou muito orgulhosa do Stups, o malandro e o sábio, que consegue até convencer uma faculdade americana. As condições são boas, meu querido, e você se saiu muito bem. Basta que eu parta... para que o Senhor faça carreira."[75] No fundo, Hannah está muito orgulhosa que os talentos de seu Sócrates sejam enfim reconhecidos e que seu querido animal político, como ela o chama às vezes, entre — sem nenhum diploma — pela porta da frente da Universidade americana, que quer renovar os métodos de ensino e de transmissão do saber! De volta a Nova York, Hannah se mostra, entretanto, preocupada com a mudança que o novo trabalho de Heinrich vai provocar na vida conjugal. Ele vai precisar se ausentar de Nova York cinco dias por semana. "Não estou nem um pouco fascinada com o fato de que você tenha que ficar tanto tempo fora de casa. Quem vai me colocar na cama todas as noites? Falando seriamente, já me sinto abandonada."[76] Ela fica sempre assim, tão desamparada com a possível perda do ser amado.

O casal passa um curto, porém sublime verão num bangalô em Palenville, no campo, não muito longe de Nova York, jogando cartas, escutando música; ela relê Platão, em grego, é claro, e Maquiavel; ele, Nietzsche e Buda. Ela acha que ele está no auge de sua forma intelectual, porém fisicamente envelhecido, preocupado com suas novas obrigações, abatido pelas doenças banais, mas que o deixam menos esportivo, menos sorridente. Então, ela passeia sozinha durante dias inteiros, aproveita a natureza, nada nos rios gelados, se queima no sol. Fica contente em reencontrá-lo, pois tem cada vez mais consciência de que precisa dele. "Toda a minha existência depende da vida de um único ser. Isso é tão verdadeiro que, por alguns instantes, sou tomada de pavor. Sozinha, não teria a força necessária. Com Heinrich, que me apóia, nada pode me acontecer, e às vezes me permito as escapadas mais inacreditáveis. Presunção com uma base de segurança",[77] escreve Hannah a Kurt Blumenfeld.

As "escapadas" são uma alusão às estadias em Freiburg. Entre ela e Heidegger, as trocas intelectuais continuam pelo correio. Aliás, ele lhe envia sem querer um de seus cadernos manuscritos no qual está trabalhando.[78] Belo ato falho! Eles estão na mesma altura das ondas, todos os dois seguros de que o tempo das antigas representações do mundo terminou, e que é preciso encontrar novas forças teóricas para pensar esses novos e tão sombrios tempos. Todos os dois se estimam, cada um a sua maneira, capazes de tal tarefa. Entre poesia, obscuridade e profecia, caminha Heidegger, que se alimenta das palavras do poeta austríaco Georg Trakl, clama que a palavra "Europa" está a partir de então esvaziada de sentido, pressente que a história se torna cada vez mais enigmática, mas que não deve resignar-se, bem ao contrário, pois, diz ele a Hannah: "Apesar da forte ameaça externa, não posso deixar de ver o advento de algo novo em tudo, ou melhor, o advento dos mais antigos mistérios."[79] Hannah lhe envia fotografias dela, e lhe propõe que se torne sua interlocutora principal para a tradução de suas obras nos Estados Unidos. Ela supervisiona a tradução de *Ser e Tempo* em inglês e relê as provas, dá conselhos sobre a capa de seus livros. Ela lhe confessa sua dificuldade em existir nesse meio intelectual abestalhado, repleto de falsos eruditos, e se aflige com o estado desesperador das ciências políticas.

Jaspers decide, depois de dois anos de silêncio, dizer a Hannah o que pensa da atitude de Heidegger: como ele pode fazer de Stalin o responsável do mal no mundo e publicar ao mesmo tempo uma defesa do marxismo na *Carta sobre o humanismo*?[80] Como pode afirmar que não há mais nada a se esperar do político enquanto Jaspers espera dele justamente uma retratação e uma análise do que foi o nazismo? Ele o considera culpado e responsável por preparar, *de facto*, a vitória de Stalin ao jogar o véu do esquecimento no passado e por vangloriar um novo nacional-socialismo ao invocar o retorno às antigas tradições do pensamento. Com raiva, Jaspers enfim interpela Heidegger e lhe pergunta por que se dispôs, tanto no plano político quanto no intelectual, a aceitar Hitler. E se algo de parecido acontecesse hoje, o que ele faria? Ele o recrimina por ainda semear o medo, envolver seus interlocutores na bruma de seus pseudoconceitos, como fazem aqueles que escarnecem dos alemães há meio século. "Você chegou ao ponto de fazer o papel do profeta que mostra o suprassensível a partir de um conhecimento oculto, ou do filósofo que desvia o caminho para longe da realidade? Qual dos dois gera a ausência do possível a partir de histórias inventadas?"[81] Heidegger vai esperar sete meses não para responder suas perguntas, mas apenas para comunicar o recebimento de sua carta e lhe desejar feliz aniversário. Terminará sua curta missiva com os cumprimentos de um caminhante que continua, a cada dia, a fazer a experiência de um pensamento diferente...

Questões de marxismos

Hannah e Heinrich aceitam o convite de Mary McCarthy para passar uma semana em sua casa em Wellfleet, em Massachusetts. De dia, eles fazem longos passeios nessa região arborizada e selvagem, repleta de lagos azuis onde se refletem os pinheiros; à noite, discutem política. Acompanham no campo as eleições americanas, e sentem um desprezo feroz pelo candidato Eisenhower — que Hannah trata de "imbecil perigoso"[82] — e por seu coligado Richard Nixon. Para Mary McCarthy, se Nixon for eleito, "trata-se de algo mais aterrorizante do que qualquer um dos sucessos da propaganda nazista ou soviética, todos eles, afinal, baseados em *algo* — em ideologias deterioradas, interesses nacionais, misticismo primitivo e no *fato* de uma ditadura".[83] Hannah também compara os métodos de Nixon aos dos antigos nazistas...

A vitória do tandem Eisenhower-Nixon faz com que eles mergulhem num estado de depressão amarga e, para enfrentar a derrota, decidem criar com alguns amigos intelectuais ávidos por um novo debate — Arthur Schlesinger Jr., Dwight Macdonald, Alfred Kazin, Harold Rosenberg, Dick Rovere — uma nova revista política, intitulada *Critic*. Hannah fica encarregada de decifrar a nova direita americana, curioso amálgama de elementos de esquerda, niilistas, anarquistas e conservadores. O projeto irá por água abaixo, mas Hannah publicará os textos que Mary lhe encomendou em *Commentary*.

Nessa época, Hannah é ao mesmo tempo rejeitada e admirada, criticada e celebrada. Ela nem se importa com isso, pois é pouco mundana e não se preocupa em obter reconhecimento público. É a primeira mulher a dar aulas na universidade de Princeton, e tem diante dela dois anos de tranqüilidade graças a uma bolsa que ela conta utilizar para um estudo complementar às *Origens do totalitarismo*. Se, por um lado, precisa do marido e do círculo de amigos mais próximos, que vê regularmente, por outro lado, foge por temperamento de todas as reuniões públicas. Os intelectuais americanos, tanto os de esquerda quanto os de direita, têm dificuldade em classificá-la. Um deles, David Riesman, bate o martelo: "Uma coisa me assusta, a animosidade que você demonstra perante os burgueses e os liberais. Clemenceau não era um liberal? Você mesma não seria uma liberal?"[84]

Hannah Arendt não responderá. Na carta de Riesman, ela risca o adjetivo liberal ao lado do nome Clemenceau e coloca no lugar: "não, radical"... Radical, Hannah? Certamente, ainda que não queira diretamente se engajar no meio político. Recusando qualquer ideologia, qualquer pertencimento partidário, engaja-se então nas novas vias de reflexão e começa a elaborar a matriz do que mais tarde se tornará *A condição do homem moderno*. Apoiando-se na atualidade política, vai se aplicar a cartografar as condições do viver junto. Publica com o título "Entender o comunismo"[85] um resumo da obra de seu amigo Waldemar Gurian, *Bolchevism: An Introduction to the Soviet Communism*. Não se sente à vontade, encurralada entre o dever da amizade e o desejo de verdade. De fato, não adere às teses de Gurian, que faz do marxismo uma teologia. Ela nunca aderiu à escola intelectual que faz do totalitarismo uma religião secular. Também recusa a análise de Gurian, afirmando que há nela uma continuidade intelectual e política que liga Marx a Lênin, mas também a Stalin. Para Hannah, o autor do *Capital* — como para Heidegger na mesma época — continua sendo o verdadeiro herdeiro do pensamento ocidental. Ela afirma que o comunismo contém em seu seio, contrariamente ao nazismo, elementos da grande tradição do pensamento político. Ela quer salvar Marx como "rebelde e revolucionário", ao contrário de Jaspers, que havia apontado nele um tirano da razão e um teórico do totalitarismo. Hannah não quer ouvir o que Jaspers lhe repete: "A paixão de Marx me parece impura em sua origem, ela mesma injusta *a priori*, repleta de influências negativas, sem imagem do homem, o ódio encarnado de um pseudoprofeta do estilo de Ezequiel."[86]

Contra Jaspers, ela prefere ficar ao lado de Heidegger, e se junta a ele em sua visão de um Marx analista clarividente da noção de trabalho que distingue o *homo faber* do *homo laborans*. Afirma, como ele, sua estatura incontornável de pensadora do real. Eis os dois, novamente nas mesmas trilhas do pensamento. Heidegger afirma em sua *Carta sobre o humanismo*: "Porque ao fazer a experiência da alienação, Marx passa por uma dimensão essencial da história, a visão marxista da história é superior a qualquer interpretação histórica. Como quer que nos posicionemos em relação às doutrinas do comunismo e seus fundamentos, no plano da história do ser não há dúvida de que, nele, se exprime uma experiência elementar do que é histórico no sentido mundial."[87]

Arendt, marxista *e* heiddegeriana? Sim, enquanto trabalha nesse texto sobre Marx, do qual escreve quatro capítulos. Jaspers não se conforma, e fala de um homem nefasto, dono de uma visão de mundo destruidora, um homem que deve ser combatido, como Lutero: "Os demônios não existem, mas existe algo de análogo nesses indivíduos. É preciso reconhecê-los na medida do possível a fim de nos livrarmos deles. Mas é preciso, sobretudo, agir contra eles o quanto puder."[88]

Ela logo se sente incapaz de sua tarefa e abandona o projeto de um livro sobre o autor do *Capital*, e dá razão a Jaspers: "Quanto mais leio Marx, mais eu vejo que você tinha razão; ele não se interessa nem pela liberdade, nem pela justiça. (Além disso, é um personagem repugnante.")[89] No entanto, ela fará suas primeiras conferências em Princeton sobre ele. Hannah prefere se dedicar ao tema do terror, que ela julga não ter aprofundado o suficiente em *Origens do totalitarismo*. Trabalha assiduamente. Pela primeira vez, em total liberdade, sem ter que entregar artigos para sobreviver. Ela mesma se assusta em tomar tanto tempo para refletir e tanta distância para escrever. "Escrevo lentamente com tantas precauções que nem me reconheço. Um dia ou outro, todo mundo se entrega à razão. Basta apenas saber esperar."

Seu texto "Ideologia e terror",[90] publicado em julho de 1953, será um marco. Editado num livro coletivo de homenagens a Jaspers por ocasião de seus setenta anos, com o subtítulo "Uma nova forma de governo", ele faz um chamado para um pensamento do pós-totalitarismo. Para ela, a ameaça do totalitarismo não desaparecerá com a morte de Stalin, assim como não desapareceu com a queda do regime nazista. O totalitarismo, por essência, difere da tirania e da ditadura. Rompe a tradição, a justiça, a moral, o senso comum. O totalitarismo não morreu. As massas substituem as classes, a polícia o exército, a dominação do mundo a política estrangeira. O reino do terror se torna soberano quando ninguém mais se opõe. Essência da dominação totalitária, o terror dispõe de seu próprio tribunal, em que não são mais julgados os culpados ou inocentes, mas os executantes ou opositores à lei histórica ou natural.

O terror aniquila o espaço entre os homens, garantia da diversidade, e constrói uma jaula de ferro onde, literalmente, os homens são esmagados uns contra os outros. Todos os homens se tornam apenas Um, objeto do totalitarismo, podemos ser sucessivamente vítima e/ou carrasco. Hitler e Stalin utilizaram as ideologias do nazismo e do comunismo para justificar suas políticas, explicar o presente e esboçar o futuro, eximindo-se de qualquer idéia de realidade em proveito de uma "realidade mais verdadeira" que se dissimularia por trás de todas as coisas. Para Arendt, a lógica do totalitarismo tende a apagar a distinção entre o fato bruto e a ficção, o verdadeiro e o falso. É isso o que acontece quando as pessoas perdem o contato com seus semelhantes: elas perdem ao mesmo tempo suas faculdades de experimentar e de pensar.

Numa mistura de filosofia existencialista e meditação política, Hannah elabora uma reflexão sobre a natureza e a essência do homem e dá um novo significado às palavras isolamento e desolação. O isolamento é a condição que o sistema totalitário erige para destruir a força inicial que todo indivíduo possui, a desolação é a sua conseqüência: a experiência do absoluto não-pertencimento ao mundo, uma das experiências mais radicais e mais desesperadas que o homem pode viver. Hannah distingue, seguindo nisso Epicteto, a desolação da solidão: "Quem está desacompanhado está só, enquanto a solidão se manifesta mais nitidamente na companhia de outras pessoas."[91]

Profética como Heidegger no mesmo período, Arendt não exclui que o totalitarismo, esse novo instrumento de terror, possa "imprimir movimento ao próprio deserto, desencadear uma tempestade de areia que pode cobrir todas as partes do mundo habitado".[92] O mundo antigo está morrendo. Será que o novo, ao qual Hannah aspira, conseguirá se impor antes que o totalitarismo expanda sua lei por todos os lugares?

Apocalíptica como Heidegger, com quem compartilha as teses sobre o fim da História e o reino do mal, estende seu pensamento tentando otimizá-lo: se o homem é um ser rumo à morte para o filósofo alemão, para ela, ele é um ser pela vida, da vida, como a vida, na vida que é, por essência, eterno recomeço. O amor em Hannah triunfa sobre a morte, sempre. Pois o próprio amor cria um mundo novo. E sempre haverá pessoas que se amem. Cada fim da história contém necessariamente um novo começo. O começo é a promessa, a suprema capacidade do homem, a marca indelével e indestrutível de sua liberdade: "Cada novo nascimento garante esse começo; ele é, na verdade, cada um de nós."[93]

Jaspers lhe agradece por ter enviado seu estudo "Ideologia e terror", que ele considera ao mesmo tempo profundo e verdadeiro, mais compreensível a seu ver do que as novecentas páginas de *Origens do totalitarismo*. No entanto, reprova, uma vez mais, seu exagero e sua pretensão em querer recusar qualquer idéia de continuidade na história para melhor acolher o "novo". O que é esse novo? Jaspers não entende. Será que ela sugeriria que existe uma história misteriosa, no sentido de um acontecimento total, que viria de algo de absoluto? Ele afirma que, se ela descobriu uma nova orientação para a pesquisa, ainda não "adquiriu o saber sobre a realidade do totalitarismo em toda a sua amplitude, com toda a sua realidade humana. Pois isso é inacessível, ou mesmo absurdo. Se não procedemos constantemente a uma tal restrição na consciência, é como se nos tornássemos a presa de um novo demônio da filosofia da história".[94]

Professora

Arendt não seguirá em nada os conselhos de temperança intelectual de seu mestre Jaspers. Intelectual engajada, ela se coloca no centro da discussão para se opor ao sistema de delação generalizada, à decomposição do aparelho de Estado, à autocensura que se propaga então pelo país do qual é agora cidadã. Ela luta contra "a caça às bruxas" conduzida pelo senador Joseph McCarthy, acredita na força dos Estados Unidos, em seu sistema constitucional, em seu ancoradouro democrático. Vê o macarthismo como um atentado aos direitos mais elementares dos cidadãos. Em plena cruzada anticomunista, num clima de depuração e delação em que os americanos de origem estrangeira, em particular os intelectuais, são estretamente vigiados, Hannah Arendt publica em março de 1953 um artigo intitulado "*The Ex-Communists*",[95] verdadeiro ataque político contra o macarthismo, em que revela um fenômeno pré-totalitário, vindo de uma sociedade de massa e não de indivíduos capazes de resistir, já que estão cada vez mais submetidos à pressão de uma opinião pública contra a qual não se pode lutar.

Hannah e Heinrich viverão esse período negro da "caça às bruxas" num estado de angústia e grande ansiedade. Heinrich, que não reconheceu ter sido comunista no momento de sua naturalização, teme ser denunciado a qualquer momento. Todos os dois consideram a possibilidade de ir para a Suíça, se refugiar na casa de Jaspers.

Contudo, Blücher continua a levar sua dupla vida de professor na New School de Nova York e no Bard College. Hannah dá seus primeiros cursos em Princeton. Além disso, é a primeira mulher a ganhar tal honra... Seus cursos soam como advertências dirigidas a uma esquerda desorientada, que acredita encontrar apaziguamento ao praticar um anticomunismo virulento. Ela explica a seus alunos que a política é, por essência, um espaço comum entre os homens, inscrito numa história que começou antes e perdurará depois de nós. Essa inscrição temporária no fluxo da humanidade nos obriga a ter muita modéstia. Porque se é necessário respeitar o outro para garantir o bem comum, seria falso imaginar que o homem possa talhar a história. Ninguém nunca poderá saber com precisão o que está sendo feito, uma vez que estamos inseridos na história do mundo. Já que somos mortais, a única coisa que podemos fazer é agir no e pelo presente. Desde então, a idéia de mudar o mundo, de construir o futuro da humanidade, lhe parece ilusória. Marx está errado em imaginar que podemos fazer a história. Hannah, que o relê à luz de Platão e Aristóteles, tenta distinguir a confusão que existe entre agir politicamente e fazer a história.

No início, ela entra em pânico com a idéia de ensinar, mas seu curso vai muito bem. Hannah não ensina de forma estruturada, ossificada, poderíamos dizer. Confia aos alunos suas últimas pesquisas, aquilo sobre o que ela está trabalhando no momento, e que talvez se insira mais tarde numa obra. Esse risco faz dela uma professora excepcional e muito amada. Os estudantes que tiveram a chance de fazer seus seminários se lembram ainda de sua qualidade, de seu rigor, e dos textos filosóficos que ela lhes pedia que preparassem com todo cuidado. Hannah não faz senão recomeçar, à sua maneira, o modelo dos seminários de Heidegger. Ensinar não é costurar de forma bonita os pensamentos dos filósofos, mas transmitir e dar ao outro o vôo do pensamento. Hannah prefere os pequenos círculos aos grandes anfiteatros. Em Princeton, tem a sorte de ter um auditório de vinte e cinco estudantes[96] no máximo, num seminário em que de repente ela descobre ser proibido às mulheres! Hannah fica escandalizada. Diz aos organizadores que só continuará o curso se, a partir do ano seguinte, ao menos uma mulher fizer o seminário e que ele seja então aberto às alunas. Ela ganhará a batalha.

Lutará com freqüência para ensinar apenas a estudantes que ela possa acompanhar pessoalmente, em vez de ensinar a multidões que tomam notas para alimentar seus conhecimentos gerais.

Se o ensino a angustia — "insensato, demente, eu me fiz um sangue de tinta",[97] confia ela a Kurt Blumenfeld —, também lhe permite, paralelamente, avançar seu canteiro de escrita. Face pública, face escondida, uma equilibra a outra. Por nada no mundo ela reembarcará na odisséia das mil páginas do *Totalitarismo*. Mas não pode se impedir de escrever seus próprios tormentos filosóficos e políticos, sem saber realmente o que fará com isso. A Kurt, ela confia: "Para mim, escrever um livro é como um encarceramento voluntário. Voluntário, você me dirá! Neste momento, ainda me esforço em condensar como posso, ao menos no plano formal. Não quero, a preço nenhum, escrever outro tijolo. Isso simplesmente não me convém."[98]

Depois de Princeton, Hannah ensina em Harvard, e em seguida também é convidada a dar aulas na New School de Nova York. Publica o prolongamento de suas reflexões, enunciados em voz alta nos seminários, num artigo intitulado "Compreensão e política",[99] em que explica que os conceitos tradicionais não são mais suficientes para se entender o que acontece na esfera do político. É preciso para isso abandonar toda reflexão? Largar tudo? A política ainda tem um sentido? Para Hannah, a resposta é bastante simples: sim, a política tem um sentido, se o sentido da política for a liberdade. A experiência do nazismo e do stalinismo comprova, porém, a falta de compatibilidade entre política e liberdade. A liberdade começaria precisamente onde termina a política? Arendt, mais vitalista do que nunca, pensa em conjunto vida e liberdade. Em seu *Journal*, observa: "Tudo acontece como se, desde Platão, os homens não pudessem levar a sério o fato de terem nascido, mas unicamente o de que vão morrer."[100] O que lhe importa não é tanto projetar um enésimo sistema que dê conta do totalitarismo, mas pensar como e em que condições a vida e a liberdade, a vida em conjunto na terra, ainda são possíveis. Pois a política consiste, em primeiro lugar, em assegurar a simples possibilidade da vida, a vida da humanidade inteira. Em vez de rejeitá-la como mundo do caos, de colocá-la em acusação e de se fechar no desespero, ela prefere fazer um chamado para a compreensão da realidade. Ela busca, de alguma maneira, digerir biológica e historicamente o totalitarismo, para poder continuar a pensar, a viver, a respirar, ou mais simplesmente, a ter esperança.

Hannah cita Franz Kafka: "É difícil dizer a verdade, pois há somente uma, mas ela está viva e tem, por conseqüência, um rosto mutante." Hannah vai atrás de seus passos. Testemunha desse mesmo desejo de compreender os tormentos do mundo, de se encarregar da complexidade do real que se esquiva sem parar. Ninguém é detentor da verdade. Os livros não são armas, e as palavras empregadas para combater as idéias, se não forem abertas para o diálogo, se tornam clichês gastos, propagandas ruins. Contra qualquer idéia de doutrinamento, de fechamento numa ideologia, Hannah opta por um procedimento de compreensão de si mesma. Realista e severa, constata que os tempos são preocupantes e o modo de engajamento complexo: "Pois se apenas conhecemos, sem ainda entender, aquilo contra o que lutamos, conhecemos e entendemos menos ainda por que brigamos."[101] Ela aspira a uma nova inventividade do espírito e do coração, a um retorno às fontes do senso comum, a uma superação de seu próprio saber para encontrar, com toda humildade, os novos instrumentos de navegação para decifrar o caos do mundo.

Decidida a desembaraçar o discurso político teórico de qualquer rastro de espírito de sistema que deforme nossa percepção do mundo, Hannah aplica a máxima da fenomenologia de Husserl, o "retorno às coisas mesmas", afastando as teorias prontas, e apela por uma verdadeira busca pelo sentido, ainda que esta seja ao mesmo tempo estimulada e freada por nossa incapacidade de produzi-la. Certamente, nos artigos desse período, ela tem a tendência a revelar tudo o que estuda: Montesquieu, Lucrécio e Paul Valéry são citados em parágrafos inteiros e coabitam ainda mais do que se integram em uma teoria geral claramente afirmada. Nisso, há vestígios de bricolagem, do arcabouço da construção que prefigura uma de suas obras magistrais, *A condição humana*,[102] que será publicada em 1958. Isso não impede — somos tocados pela profundidade de sua inteligência aventureira — sua lealdade em relação a si mesma, nem tampouco sua radicalização ao colocar questões que atormentam a humanidade desde sempre, com um frescor impressionante e um forte desejo de compreender. Inocência do prazer do próprio fato de viver.

Hannah irrita e instiga. Uma vez mais, não se preocupa com isso. Em Harvard, no outono de 1953, uma de suas conferências é um verdadeiro fracasso. Ela é criticada violentamente pelos sociólogos presentes na sala, que a interrompem encolerizados. Ela se diverte. Enfim é atacada. É sinal de que a reconhecem. A Jaspers, escreve: "Foi muito engraçado. Pois adoro discutir."[103] Ela volta a Nova York, reencontra seu Heinrich um pouco exaurido com o trabalho, cuida dele e, como qualquer dona de casa judia que se respeite, prepara para os amigos jantares gargantuescos para as festas de fim de ano. Ela adora receber, cozinhar, acrescentar pratinhos aos grandes pratos. Preocupação com o outro, vontade de agradar. Durante os anos de pós-guerra, nunca parou de enviar caixotes de comida a Karl e Gertrud Jaspers, que gostariam de lhe retribuir, agora que se aposentaram, e lhe enviar um cheque de compensação.[104] Hannah nunca lhes fornecerá os dados de sua conta, que eles haviam pedido. Essa prodigalidade afetuosa lhe parece natural. A Gertrud e Karl, ela explica: "Na medida em que não somos inveterados pequeno-burgueses, [Heinrich e eu] adquirimos o hábito de praticar um pouco de solidariedade e, sem vocês, cada um de nós teria se perdido cedo ou tarde."[105] Seu gesto pode ser entendido como a expressão de uma hospitalidade à distância, uma hospitalidade que não podia existir materialmente senão com a comida, mas que se estendeu e alimentou de reciprocidade intelectual.

Hannah gosta de gastar o pouco de dinheiro que ganha em presentes de todos os tipos. Sua mãe lhe ensinou que ter muito dinheiro é desprezível. O dinheiro é feito para ser distribuído. Em 1954, ganha mil dólares com o prêmio do *National Institute for Arts and Letters*,[106] uma distinção que a espanta e diverte.[107]

Heinrich se beneficia de uma licença de dois meses. *Visiting professor*, Hannah não pode se permitir parar por tanto tempo e encadeia as conferências: na Notre-Dame University, sobre as relações entre filosofia e política, uma outra para uma sociedade de filosofia sobre o conceito moderno de história e uma alocução para a reunião anual da *American Political Science Association*, que ela faria mal de recusar, pois foi muito bem paga. Prepara seis conferências em Princeton para o outono seguinte sobre as relações entre o Velho e o Novo Mundos, destinadas a um grupo de estudantes já formados em ciências políticas.

Publica um artigo intitulado "A Europa e os Estados Unidos",[108] no qual, analisando historicamente os laços que unem o novo e o velho continentes, homenageia de forma vibrante Tocqueville. Esse último não duvidava de que a Europa, ou mesmo o mundo inteiro, pudesse um dia se americanizar. Desde que viraram uma república independente, os Estados Unidos sempre foram ao mesmo tempo o sonho e o pesadelo da Europa. Hannah Arendt pretende, na esteira de Tocqueville, e contra todos os clichês antiamericanos veiculados pelos ditos progressistas, reabilitar a imagem de uma América civilizada e democrata. Ela se insurge violentamente contra um antiamericanismo que corre o risco de federar um movimento nacionalista paneuropeu.

Certamente, Hiroshima e a vitória do macarthismo poderiam muito bem frear esses fervores. Mas a fabricação de bombas atômicas foi uma invenção dos exilados europeus, e o movimento antidemocrático de violação dos direitos do homem foi vivamente combatido por uma oposição que se exprimiu com toda liberdade. No entanto, nunca se fala desse assunto na Europa. A defesa *pro domo* dessa nova cidadã americana pode provocar risadas hoje em dia. Mas sua insistência em defender os Estados Unidos da América como terra constitucionalmente avessa a qualquer totalitarismo, onde a possibilidade do desacordo é garantida, continua hoje luminosa e pertinente, assim como a sua maneira de esperar uma Europa futura onde, como nos Estados Unidos, nacionalidade e Estado não coincidam. Sua profecia de um mundo futuro, matriz do que hoje em dia chamamos de globalização, ressoa nos tempos atuais com força, tanto pela originalidade quanto pela singularidade.

Estaria ela se tornando uma reacionária? Ela própria se coloca essa questão. Sabe bem que evolui psicológica, intelectual e politicamente. Não tem a impressão de se "direitar", mas apenas de se tornar mais calma, mais tranqüila, mais moderada. Vive isolada, escuta muita música, folheia autores gregos. Sente-se cada vez mais apaziguada. Um pouquinho mais maliciosa também, como diz a Kurt Blumenfeld, "mas só o necessário para que nos entendamos mais facilmente".[109]

Seu livro *Origens do totalitarismo* é publicado na Suíça e na Alemanha, em versão resumida e numa edição de grande público. Ela própria faz a tradução, o que a atrasa no resto de sua produção e a chateia de tanto que esse trabalho minucioso é obsessivo. "Gostaria de dedicar a parte sobre o anti-semitismo a você, escreve ela a Kurt Blumenfeld. De qualquer maneira, ela é um bem seu, porque sem você, jamais teria entendido tudo isso."[110] Como a Jaspers na Suíça, ela envia todos seus artigos para Israel. "Não dou o menor valor à aprovação de pessoas que me são estranhas... as pessoas só começam a me interessar quando as conheço depois de ao menos dez anos."[111] Ela tenta organizar de Nova York o primeiro encontro entre seus dois melhores amigos e propõe a Blumenfeld, obrigado a voltar à Alemanha para obter suas reparações, de fazer um desvio pela Basiléia para conhecer Jaspers. Mas a estadia na Alemanha não vai bem: angústias, fantasmas do passado, problemas cardíacos. Kurt não tem condições de passar pela Suíça e volta desesperado a Israel. Escreve a Hannah: "O estado do mundo desaba sobre nós, tenho a impressão disso. Por todos os lugares, esquecemos o significado dos Dez Mandamentos, na Europa e em Israel."[112] Ele sente que vai morrer, perde suas forças e declara: "Adoraria ter reencontrado você. Desde o meu retorno, preparo-me para o adeus habitual."[113] Hannah possui essa faculdade de empatia e de dom particular pela amizade, espécie de teto comum sob o qual seus amigos podem sempre se abrigar e dizer tudo. Suas cartas, muito numerosas, muito longas também em sua maioria, de uma ternura infinita, são como o diário de bordo de suas aventuras intelectuais. Aos dois, ela diz tudo: suas intuições, suas linhas de força, os ataques dos quais é alvo, suas maneiras de prosseguir, mas também suas fragilidades.

Hannah precisa de solidão para trabalhar mas, por razões financeiras, se sente encurralada a aceitar conferências. Eterna tensão entre a tentação da vida de eremita e a alegria de encontrar colegas para dialogar, amigos para trocar idéias. Ela sempre faz conferências políticas em universidades, em Harvard, na New York University, onde adora reencontrar os estudantes com quem estabelece relações duradouras. Há sempre na sala, acredita Hannah, alguém para quem falar é essencial, e para quem transmitir é dar prazer. Heinrich também vive o ensino como um sacerdócio, uma elevação moral e espiritual, uma transformação do ser. Cada um tem seu aluno preferido: a de Hannah é uma moça judia, tão dotada para a filosofia e tão irrepreensível de todo ponto de vista, que ela a admira do fundo do coração. O de Heinrich é um rapaz vindo de Bergen-Belsen, onde perdeu o pai e a mãe, que ainda não fala inglês, não tem um centavo e passeia pelo Bard College com os diálogos de Platão embaixo do braço. Ele é *perfectly happy*, e muito inteligente. Por esses jovens, o jogo vale a pena e nenhum esforço de ensino é desperdício.[114] Em Berkeley, Hannah estabelece suas relações duradouras com dois estudantes extraordinariamente dotados. Um é o filho do general do exército da Salvação do Texas, o outro vem dos cafundós do Quênia.

Hannah não gosta das manifestações oficiais, dos coquetéis universitários, dos fóruns retumbantes, numerosos nessa época, nos quais os intelectuais de esquerda e de direita refazem o mundo. Hannah, que reflete sobre um livro sobre a *vita activa*, a filosofia e a política, procura cada vez mais a solidão. Em agosto de 1954, escreve esse poema:

Uma moça e um rapaz
No arroio ou na floresta,
De início são jovens unidos
Depois, unidos, são velhos.
Do lado de fora há os anos
E o que de vida chamamos,
Do lado de dentro a união
Ignorando a vida e os anos.[115]

Por ocasião do setuagésimo aniversário de Kurt Blumenfeld, ela lhe envia esse outro poema:

[...]
Propagandista e líder
E mestre da palavra,
Arquiteto do espírito
Educador que ensina e exorta,
Profeta e chefe de orquestra,
Figura da época,
Revolucionário conservador

E sempre insatisfeito,
Desprezando os compromissos
Fogoso — caloroso —, charmoso
Olhar fulgurante
E grande amigo.[116]

A universidade de Berkeley lhe propõe para 1955, de fevereiro a junho, um cargo de professora convidada com condições interessantes. Ela aceita depois de ter hesitado bastante, pois a idéia de se separar de Heinrich por seis meses a angustia. Prepara um curso magistral sobre a história da teoria política, de Maquiavel a Marx, e dois seminários. A viagem será excitante e magnífica. Três dias e três noites de trem a descobrir paisagens tão impressionantes que ela tem a impressão de assistir, hipnotizada, ao início da criação. Na sua chegada, sente-se isolada, desamparada, longe de seu marido e seus hábitos. Mas se impõe rapidamente, e seus cursos ficam lotados. Depois de a terem achado despótica, os jovens — que ela chama de "seus filhos" — a consideram "*terrific*".[117] À companhia dos professores, que ela julga medíocres, prefere a de um doqueiro autodidata apaixonado por filosofia, Eric Hoffer, que a leva para visitar San Francisco *by night*,[118] assim como a de sua vizinha, uma jovem estudante astuciosa, Beverly Woodward, com quem pode passar noites inteiras falando de Kant e Hegel.[119]

O reconhecimento do qual ela goza rapidamente no campus não apazigua essa angústia que toma conta dela cada vez que fala em público. Ela tem a impressão de ser como um diretor de circo obrigado a subir no palco. Apesar dos vários meses de experiências positivas, confessa a Jaspers: "Uma coisa é bastante clara para mim: eu não poderia suportar o ensino a longo termo, simplesmente por me ser quase insuportável ter de me mexer constantemente num contexto público onde sou 'alguém', como num palco. Sou simplesmente incapaz."[120]

Hannah não gosta das luzes da ribalta, ainda que sejam as dos círculos universitários. Detesta a idéia de chamar a atenção sobre si mesma, de se encontrar no centro da história, como se tivesse necessidade de estar à procura de si mesma constantemente. Prefere os bastidores. Como conseqüência de não se sacrificar em prol das regras mundanas e de dizer sempre a verdade, é enormemente criticada. O fato de ter se tornado uma professora admirada pelos alunos aumenta a inveja que ela suscita. Uma vez mais, ela zomba de tudo isso. A Kurt, diz o seguinte: "Meu colegas não gostam de mim, mas eu também não gosto deles [...] Veja só, renunciei novamente à sociedade das pessoas respeitáveis. Não me restabeleço mais."[121]

Ela deixa Berkeley e volta exaurida a Nova York no final de junho de 1955. Seus cursos lhe deixaram o tempo necessário para concluir a tradução alemã das *Origens do totalitarismo*, assim como a edição dos ensaios do escritor Hermann Broch, cumprindo assim o dever moral ao qual havia se engajado antes de sua morte.

A Europa atrai Hannah de novo. Ela acha Nova York suja, barulhenta, calorenta. Agarra a oportunidade quando um desses "colóquios internacionais bestas" lhe propõe, com todas as despesas pagas, ir a Milão para falar sobre totalitarismo. Hannah e Heinrich se distanciariam um do outro? Esse último continua sem dúvida sua relação com Rose. O que quer que aconteça, ela não conseguirá, apesar de todos os seus esforços, persuadi-lo a viajar com ela para esse périplo europeu que lhe permitirá viajar à Itália, à Grécia, a Israel, à Alemanha, à Suíça. Ela deixa Nova York com a idéia de um novo livro na cabeça, que gostaria de intitular *Amor mundi*, por experimentar um sentimento profundo de reconhecimento por ainda estar viva. Antes de voar para a Europa, confessa: "Comecei tão tarde a amar verdadeiramente este mundo, para dizer a verdade apenas nesses últimos anos, e deveria ser capaz de fazê-lo agora."[122]

Ela chega a Paris em 31 de outubro de 1955, vai para o Hôtel de l'Angleterre e reencontra Anne Weil. Em 2 de setembro, parte para uma semana em Veneza. Hospeda-se na casa de Mary McCarthy, que alugou um apartamento na cidade por vários meses, visita Ravena, antes de ir a Milão em 11 de setembro, onde dá uma conferência sobre o tema "*Autority in the Twentieth Century*".[123] O colóquio se revela entediante até a morte, e Hannah, sempre terna com seus camaradas especialistas em totalitarismo, considera-os tão incompetentes e pretensiosos que assegura apenas um mínimo de presença, tentando parecer sociável. Tal como uma criança, confessa a Jaspers:

"Sempre tenho medo de que se possa ler no meu rosto o desprezo que me inspira a maioria das pessoas aqui. Por isso, sou mais do que gentil." Fica escandalizada com o luxo das condições. "Viaja-se, come-se, gasta-se muito dinheiro", escreve ao marido antes de acrescentar cinicamente: "Enfim, a mim isso não faz mal algum. Mas mesmo com a melhor vontade do mundo, não se pode levar a coisa tão a sério e, quando vejo meu documento, isso me faz rir de verdade. Ninguém sabe, mas isso me rasga os olhos. Aqui, eu realmente não me sinto no meu lugar."[124] De Nova York, Heinrich a aprova: "Eis o que fazem esses intelectuais imbecis com o concurso de governantes imbecis nas costas do povo no mundo inteiro..."[125] Ela vai embora de Milão para ir a Roma, sente-se "desarticulada" com tudo o que vê, embriagada de felicidade, vergonhosamente feliz, antes de encontrar Blumenfeld de passagem por Gênova.

Kurt e Hannah não se viam desde 1943. É um choque. "Blumenfeld está arruinado, mas é incrível ver como ele, digamos, não mudou tanto."[126] As horas que passaram juntos, apesar da exaustão de Kurt, deixam ambos muito felizes. Eles refazem o mundo, a história do sionismo e a do Estado de Israel. Dois não-conformistas não podem senão se entender, mesmo que briguem o tempo todo. Blumenfeld continua crítico em relação a Ben Gurion e à falta de amplitude da vida política em Israel. Mas, ao contrário de Hannah, fez dessa terra sua pátria, no mais íntimo de si mesmo. "Não somente é em Israel que vivo mais à vontade, mas também não gostaria de viver em nenhum outro universo. Ele é o único onde tenho o direito de me dedicar à vida de maneira produtiva. Além disso, tenho uma relação profunda com essa natureza: com a natureza, as árvores e alguns indivíduos."[127]

Após uma estadia idílica na Grécia na companhia da amiga de infância Julie Vogelstein, Hannah decide visitar a família em Israel. Kaethe, sua amiga de Königsberg que se casara com seu primo alemão, Ernst Fuerst, veio buscá-la na Grécia. Elas chegam juntas a Tel-Aviv em 14 de outubro. Kaethe e Ernst festejam, na companhia de suas duas filhas, o aniversário de Ernst. Hannah encontra nisso o gosto de sua infância, graças à gentileza de sua família. Visita amigos e faz um tour pelos kibutzim. Hannah reencontra personagens que havia conhecido em 1935, em sua primeira estadia na

Palestina. Ela se diz consternada pelo que vê e escreve a Heinrich: "A decadência e a decrepitude são visíveis em todos os lugares, até nos refeitórios imundos e nas relações humanas. Tudo o que se fala é de um nacionalismo exasperado. Deveríamos ter expulsado os árabes que ainda estão aqui e 'todo o resto'."[128] Ela chama Israel de "esse pequeno país do qual vemos todas as fronteiras".[129] Heinrich, de Nova York, a persuade a ficar o menor tempo possível: "Fique de olho aberto e saia daí assim que puder."[130] Ela parte de Tel-Aviv em 22 de outubro para Jerusalém, onde ficará uma semana. Se ela reconhece o trabalho realizado pelos judeus alemães nas cidades, "nessa pocilga que tem o nome de Oriente Médio",[131] também faz um diagnóstico severo sobre o estado desesperado da situação política: "só se pode tirar a carta do baralho. Todo mundo, com algumas raras exceções, é de uma imbecilidade obstinada e, com freqüência, prodigiosa." Todo mundo está contra a guerra, e todo mundo quer fazê-la. "A banda negra [da ortodoxia] ávida de poder se torna cada vez mais insolente. E isso apesar de a maioria das pessoas não ser piedosa."[132] A maneira como os árabes são tratados bastaria para mobilizar o mundo inteiro contra Israel. "E mesmo a oposição a Ben Gurion parece envelhecida e embrutecida."[133]

Nada tem graça nesse país aos olhos de Hannah, que sabe bem que a pressão sobre os habitantes é terrível, e que o medo reina em permanência. Nem uma única vez, ela citará o nome de Israel em sua correspondência, teimando em nomear essa terra de Palestina. Sua estadia a deixará ofegante, triste e com raiva. Como ela diz a Heinrich, guardou para si todo esse desgosto, esse ressentimento, essa amargura: "Não tenha medo de que eu me queime a boca. Falo pouco, na maior parte do tempo, nem falo nada."[134] Ela foge de Jerusalém em 28 de outubro, aliviada em deixar "esse caldeirão de bruxas sem ter sido picada", e chega a Istambul na mesma noite, contente por poder enfim respirar: "É como uma pedra que me cairia do coração, eu nunca tinha me dado conta do sentido místico da palavra alívio. E, no entanto, essas pessoas me dão pena, e também tenho medo por elas",[135] confessa ela a Heinrich. Na realidade, será que aceitou algum dia a existência do Estado de Israel? Sempre pronta a julgar negativamente, ela tira dessa segunda estadia um clima de grandes tensões sociais, uma violência à flor da pele, prestes a explodir, uma atmosfera obsessivamente vigiada por armas.

A estadia na Basiléia na casa de Jaspers a deixa mais serena. Ela se refaz do pavor. Eles falam noites inteiras de Schelling, da bomba atômica, da situação espiritual da Europa. Ela assina com o editor de Jaspers, Piper Verlag, um contrato para uma *Introduction à la politique* [Introdução à política].[136] Hannah emenda, pela terceira vez, uma série de conferências na Alemanha em decorrência da publicação da tradução das *Origens do totalitarismo*. Frankfurt, Colônia, Berlim, em todos os lugares ela é recebida como a grande teórica do político, como a consideram os universitários e intelectuais alemães. Descobre uma Alemanha em plena reconstrução, um país novo, cheio de esperança e energia, moderno, sólido. Em Frankfurt, no fim de novembro, reencontra seu primeiro marido, Günther Stern, *alias* Günther Anders, e passa com ele uma noite repleta de nostalgia e ternura. Como conta a Heinrich, hesita em fazer contato com Heidegger: "Ainda não sei o que vou fazer, mas não acredito que vá vê-lo. O fato de que meu livro saia agora justamente [...] não me parece favorável. Ele não sabe que estou aqui e, de qualquer maneira, tenho a impressão de que, nesse momento, não quer me rever. [...] Você sabe que com Heidegger estou pronta a agir como se nunca tivesse escrito uma linha sequer e como se nunca fosse escrever o que quer que seja. E essa é expressamente a condição *sine qua non* de qualquer negócio."[137]

Hannah não se engana a respeito da falta de generosidade de Heidegger com ela. Ele, que nunca se dignou a pronunciar uma única palavra pública sobre as obras de Hannah, não hesita, durante todos esses anos, em insistir que ela faça com que os próprios livros sejam traduzidos do outro lado do Atlântico. Hannah, pela segunda vez na vida, trinta anos após o primeiro encontro, prefere fugir a afrontá-lo. Ela se diz incapaz de ter a força necessária para revê-lo antes de ter "posto no papel e em lugar seguro coisas importantes". Dizendo de outra maneira, sua obra contra a dele. Sua vontade de escrever, sua certeza de também ser uma pensadora. Será a tranqüilidade dos cinqüenta anos? Hannah se protege enfim de sua potência venenosa, de sua vontade em negá-la, de sua força narcísica. Prefere deixar descansando toda a história e classificar suas próprias idéias. Não se sente disponível para ele, mas não se desespera... em revê-lo no ano seguinte. A seu marido, que se mostra decepcionado por ela não o ter reencontrado, explica: "Em relação a Heidegger, meu querido, as coisas não são tão simples quanto o que lhe disse brevemente. É como se tivéssemos entrado em acordo sem dizê-lo, Heidegger e eu."[138]

Hamburgo, Berlim novamente, Frankfurt, Londres, para negociar contratos. Última escala na Basiléia, na casa de Gertrud e Karl Jaspers. A viagem pela Europa dura quatro meses. Hannah se tornou uma verdadeira celebridade na Alemanha, onde sua turnê terminou de maneira triunfal. Ela volta aos Estados Unidos reconciliada com seu país natal, repleta de animação e energia, em plena forma física, bela, bronzeada, magra, cheia de idéias na cabeça.

Nos quatro anos que se seguem, publica três livros preciosos: *Entre o passado e o futuro*, *A condição humana* e *Da revolução*. É uma nova Hannah na força da idade, contente, satisfeita, equilibrada, amorosa, que escreve a Heinrich, pouco antes de voltar a Nova York: "Dorme bem, meu amor. A você, a você, a você, retornarei logo para perturbá-lo."[139]

XIII

DEVORADORA DE LIVROS

De volta para o natal de 1955, ela coloca sobre a escrivaninha as fotografias que tirou com Jaspers em sua estadia na Basiléia e agradece a Heinrich pelo gramofone que acaba de ganhar. Como em todos os anos, organiza uma festa para os amigos no réveillon. Ganso assado e *strudel* de maçã: Hannah não parou, nesse primeiro semestre de 1956, de testar para Heinrich todas as receitas gastronômicas que trouxe da Europa. Ela se embriaga de música — "realmente, é como uma outra vida, pois o poder dos sons é o que há de mais grandioso para mim",[1] escreve a Jaspers. Relê Goethe e anota Max Weber, de quem descobre a amplitude do pensamento, e o qualifica de verdadeiro gênio. Redescobre com sabor a vida conjugal, retoca seu último manuscrito, que pretende chamar de *Vita activa*, espanta-se com sua própria atividade intelectual — "preciso tomar cuidado para não virar a intelectual"[2] —, e vai a Chicago por duas semanas para dar seis conferências.

São justamente essas conferências que lhe dão a oportunidade de mergulhar de novo na obra de Platão e tentar entender, a partir do processo de Sócrates, o conflito que se instaurou desde então entre política e filosofia. De volta a Nova York, aonde chega cheia de energia, recebe uma carta de Jaspers, que a repreende pelo excesso de influência de Heidegger e, por conseqüência, por se enganar de método para poder abraçar a filosofia, e tentar assim elucidar o problema da verdade.[3] É difícil restituir em detalhes o diálogo filosófico que vai se dar então entre eles sobre a alegoria da caverna em Platão. Exigência intelectual, lealdade recíproca, vontade de explicar em profundidade, tal troca testemunha um forte sentido de amizade, concebida como abordagem permanente de um questionamento radical de si mesmo. Trata-se de Platão, mas também, e evidentemente, do porquê e da razão de ser da filosofia. Para Jaspers, filosofar é dar esperança e tentar reunir os fragmentos de um mundo pós-catástrofe. Para Arendt, é assumir uma lucidez desesperada, colocar em dúvida qualquer verdade, afrontar-se com o novo. Ela é convidada a dar uma conferência em Harvard no quadro de um seminário de jovens professores de ciência política que precisam de conselhos. "É assim que envelhecemos e embranquecemos com as honras, apesar do que fizemos para não chegar a esse estado."[4] Hannah sempre expressou a maior desconfiança em relação às honras públicas. Não pretende ser "recuperada" nem considerada como "politicamente correta". Ficará extasiada em saber, nesse verão, que seus alunos de Berkeley a apelidaram de Rosa-Hannah, numa referência a Rosa Luxemburgo. É um dos elogios mais bonitos que recebeu nos últimos tempos.[5]

Hannah passa um verão magnífico — mergulhos no mar, passeios, trabalho —, mas, de volta a Nova York, sente saudades da Alemanha de novo. Decididamente, não consegue parar no lugar. Como se sentisse uma necessidade quase física de se distanciar regularmente de Heinrich. Será que quer deixá-lo viver tranquilamente a sua vida? Continuar a se ocupar com toda liberdade de suas atividades amorosas e filosóficas? Kurt Blumenfeld observa o seguinte nesse verão: "Você me dizia que toda a sua vida repousa sobre Heinrich. É muito, me parece."[6] Ela agiliza, então, para tentar ser convidada à Europa e, depois de muitas dificuldades, consegue que a Fundação Rockefeller financie sua viagem.

Em 30 de setembro de 1956, viaja para Amsterdã, onde tem um encontro com Mary McCarthy para ver a exposição de Rembrandt. Chega cansada, por ter trabalhado muito nas semanas anteriores à sua partida, sem ter conseguido terminar seus trabalhos. A *Vita activa* ainda não está pronta, e sua *Introdução à política* continua de lado. Mas viajar à Europa é também poder refletir sobre o que escreve. Aliás, Hannah só parte de Nova York quando o que ela chama de "sua casa", quer dizer, seu ateliê de escrita, já está solidificado em sua mente para poder ser transportado no mundo inteiro. Hannah vai à Europa para se tranqüilizar, recobrar as forças e deixar descansar os estratos de seu *work in progress.*

Ela vive sua estadia como um entreato, experimenta a alegria nos encontros com Mary McCarthy, Anne Weil, Alexandre Koyré, e a possibilidade de trabalhar nas bibliotecas de Paris, Genebra, Colônia ou Haia, para completar e alimentar a *Vita activa*... Em Paris, na Biblioteca Nacional, aonde vai cotidianamente durante sua estadia, os funcionários a chamam de "a devoradora de livros" de tanto que ela lê.[7] Ela passa sozinha, em Genebra, seu aniversário de cinqüenta anos, tocada pela atenção de Jaspers, que lhe telegrafa a seguinte missiva: "Que vida você teve! Ela lhe deu tudo, e você a conquistou com uma perseverança que dominou a tristeza, esse horror que nos vem de fora e que nos usa com freqüência, e com a maravilhosa e nobre energia que modifica sua perigosa vulnerabilidade, suas precárias incertezas e chega até a transformar seu 'desejo de fuga' em momentos ricos de significado para seu ser."[8]

Hannah se tornou sensata com a idade? Nem um pouco. Ela guarda sua vitalidade excepcional, sua impetuosidade, seu entusiasmo, suas fantasias, suas violências. Não se sente envelhecer. O que ela teme com a idade são as transformações físicas por vir, mas "certamente também a 'dignidade' que não saberia parar de se impor e que, com a maior boa vontade do mundo, não sei como acomodar".[9] Tem medo de cometer equívocos e de se passar por ridícula. Heinrich esquece-se de comemorar seu aniversário. Ela ameaça ser áspera com ele até o fim da vida. Seu querido "Stups" vai se redimir enviando-lhe um buquê de flores e uma carta de amor: "Estou contente por ter passado boa parte dessa primeira metade de século com você, e por esse motivo já desejo que isso se prolongue por muito tempo. Pode-se estar a sós e ser alguém quando se está a dois, e verdadeiramente a dois, com você: não são apenas círculos sem vida, mas espirais realmente vivas. Como o ciclo de energia das forças da vida do qual falam os chineses antigos, o Yin e o Yang."[10] Hannah é ao mesmo tempo seu Yin e seu Yang? Por que não? Ela lhe responde: "É verdade, até agora temos nos saído bem, e devemos supor que continuaremos a fazer da mesma maneira."[11]

Sua estadia na Basiléia é tempestuosa. Jaspers lhe pede para parar de ver, traduzir e se corresponder com Heidegger, se não obtiver dele uma confissão clara e limpa de sua culpa durante o nazismo. Na realidade, Jaspers não perdeu a esperança de vê-lo falar e acredita que Heidegger não possa mais continuar a manter silêncio sobre o passado. Seu trabalho de pensador o obriga a se exprimir, e não a se refugiar em vagas e vazias fórmulas poético-proféticas. Em abril de 1953, ele já havia lhe suplicado por escrito: "Entre nós, há apenas tudo ou nada, pois as superficialidades convencionais são proibidas em razão do que tivemos outrora."[12] Além disso, também tinha proposto a seguinte alternativa: ou eles falam juntos, ou param de fingir pertencer à mesma comunidade. Três anos se passaram. Heidegger nunca confirmou ter recebido a carta. Jaspers espera, então, fazer com que ele rompa o silêncio enviando Hannah a Freiburg, o que ela recusa violentamente. "Entrei em cólera e disse a ele que não aceitava nenhum ultimato. Ele logo voltou atrás, e acredito que nada esteja definitivamente perdido, mas ainda não tenho certeza. *Veremos...*"[13]

Hannah não tem vontade de remexer no passado. Ao contrário de Jaspers, acomoda-se com o silêncio de Heidegger. Por quê? Sem dúvida, porque sabe que ele não falará e que todas essas tentativas são inúteis, mas também porque não se sente tão chocada com a sua atitude quanto Jaspers. Ela não precisa mais vê-lo, nem mesmo se coloca a questão. Mas deseja conservar com ele uma relação calma e pacífica, sem abalos nem dramas. Também quer poder continuar a refletir, a escrever, sem ser contaminada por seu pensamento. Experimenta a necessidade de se proteger intelectualmente. Para a rádio alemã, escreve duas conferências, "Natureza e história" e "História e política nos tempos modernos", em que retoma os grandes temas da tradição política desde Platão e Aristóteles até Karl Marx, e explica como o totalitarismo constituiu o ponto de ruptura da civilização ocidental. De Colônia, ela vai para Haia, onde revê o quadro de Rembrandt *Saul e David*, que mexeu com ela vinte anos antes, e trabalha na biblioteca. Nela, há sempre esse desejo de mergulhar nos livros, sinais de fogo para alimentar sua reflexão e seu imaginário. Depois, vai a Münster para uma nova conferência radiofônica. A história a surpreende. Se, por um lado, ela se alegra com a resistência do povo húngaro à invasão russa — "as coisas jamais serão como antes"[14] —, por outro lado, sente-se terrivelmente angustiada com os acontecimentos em Israel. Como interpretar a crise do canal de Suez? "Você entende alguma coisa?",[15] pergunta ela a Heinrich. Aterroriza-se, sente-se longe de seu querido marido, pendura-se no telefone para saber se é preciso que volte com urgência. Teme uma Terceira Guerra Mundial e quer voltar *at home*. Rever seu velho amigo Benno von Wiese e alguns universitários alemães quase não dissipa a sua angústia. Confia a Heinrich: "Ah, meu querido, como o mundo é sombrio e como me sinto perdida nele quando você não está por perto."[16] Finalmente, acaba não mudando seus planos. Kiel, Frankfurt, Colônia, Paris.

De volta a Nova York, retoma seus escritos sobre a *Vita activa* ao mesmo tempo que retoma seus cursos na New School. Conclui em maio os últimos capítulos de sua segunda obra-prima, que termina por se chamar *The Human Condition*.[17] Esse texto grandioso, tratado fundamental de resistência, levanta os recursos que todos os homens possuem para criar, perseverar, reconstruir uma esperança com os outros, uma esperança política. O que proponho, explica Hannah no prefácio, é "uma reconsideração da condição humana à luz de nossas mais novas experiências e nossos temores mais recentes".[18] Ela acrescenta que se trata de um livro de reflexão, e ressalta que a irreflexão é uma das principais características da época... Ensaio teórico portanto, mas também um livro que se dirige a todos, pois os desafios são essenciais e a problemática, bastante clara. "O que proponho, portanto, é muito simples: trata-se apenas de refletir sobre o que estamos fazendo."[19]

"O que estamos fazendo" será, na realidade, o tema central de uma pesquisa dividida em três partes: o trabalho, a obra e a ação, as três atividades humanas fundamentais que ela reúne sob o termo de *Vita activa*. O trabalho corresponde ao processo biológico do ser humano. A obra só é possível porque o homem pode e sabe ultrapassar sua própria natureza. A ação coloca os homens em relação direta com eles mesmos e testemunha a sua pluralidade. A condição humana do trabalho é a própria vida. A ação corresponde ao fato de que homens, e não o homem, vivem na terra e habitam o mundo. Tais são, em traços gerais, as linhas de força essenciais dessa obra que pretende tratar das articulações mais elementares da condição humana. Obra selvagem, luxuriante, incandescente, que se inscreve em continuidade total com *Origens do totalitarismo*. Mesma construção em tríptico, mesmo questionamento radical sobre a noção de origem, mesma conceitualização ao extremo daquilo que nos faz — ainda — pertencer à humanidade. Mesmo questionamento sobre a existência também: nós que ainda estamos vivos, por quanto tempo ainda o estaremos e como podemos nos inscrever nesse fluxo incessante que constitui a vida com esses recém-chegados que vêm, a cada segundo, povoar o mundo já existente? Como não ser o fantasma de si? Como se assegurar de que viver não é apenas aprender a saber morrer?

Desde as primeiras páginas, Arendt reforça o conceito de natalidade, oue já havia abordado, indiretamente, nas últimas páginas de *Origens do totalitarismo*. O nascimento é a vida, o começo, a capacidade de criar o novo, a possibilidade de agir. Hannah Arendt promove uma meditação que podemos qualificar, como diz tão bem Paul Ricœur no prefácio à edição francesa, de: "'Antropologia filosófica', que é então concebida no todo como uma introdução à filosofia política".[20] Colocando em primeiro lugar a vida como processo, criação *ex nihilo*, onda incessante, mais forte do que a morte, ela desloca, transforma o pensamento de Heidegger. Seu ser no mundo se torna "ser pela vida". A natalidade, por oposição à mortalidade, é sem dúvida a categoria central do pensamento político, afirma logo no início.[21]

Para Hannah, hoje, não há mais lugar para a crença no deus dos filósofos nem no Deus da teologia. O homem se atribuiu um poder sobre a natureza e fez um atentado contra a essência da espécie à qual pertence, exterminando seu próximo nos campos de concentração. Em que condições o homem deixa de ser supérfluo? Desde o fim da guerra, o próprio conceito de natureza humana se tornou suspeito. Os homens são mortais, mas em estado, graças à capacidade de agir, de se içar a uma espécie de imortalidade. Alguns estão aptos a deixar traços imperecíveis nesse universo que continuará a existir depois deles.

Arendt retoma nessa obra suas críticas de Marx, cuja posição sobre a noção de trabalho, central em sua obra, lhe parece contraditória. Ele define o homem como animal *laborans*, mas propõe um sonho de sociedade onde não teríamos mais necessidade de trabalhar! Para Hannah Arendt, o trabalho é nossa maior força, a mais humana, e a economia deve continuar ligada ao domínio privado. O único domínio comum é o político. Hannah define uma constituição da natureza humana e analisa as conseqüências de nossa "condição temporal de seres mortais".[22] O homem é o único animal que se sabe mortal, o único que pensa na eternidade. Como observa Paul Ricœur, Hannah nunca se distanciou dessa visão fundamental do mundo: "A eternidade é o que *pensamos*, mas é enquanto 'mortais' que [a] pensamos."[23] Nosso pertencimento à espécie humana, que consiste também em saber que somos mortais e que o mundo continuará após a nossa morte, é a garantia de nossa humanidade, que continua igual apesar da revolução industrial e das desordens introduzidas pela bomba atômica. O mundo muda, mas não a condição fundamental da vida humana na Terra. O que interessa a Hannah, agora e sempre, é a maneira pela qual nos inserimos no mundo, nós todos enquanto espécie humana, e cada um de nós enquanto seres singulares e únicos. Pelo verbo e o ato, transcendemos o fato bruto de existir, como um segundo nascimento. Cada um de nós é, pois, um criador que faz advir não apenas seu mundo, mas também o mundo. "Embora todos comecem a vida inserindo-se no mundo humano através do discurso e da ação, ninguém é autor ou criador da história de sua própria vida."[24] Como não ser espectador?

Percebemos: as questões que Hannah Arendt coloca nos fazem mergulhar no mais íntimo de nós mesmos. Visivelmente impregnada de um cristianismo primitivo, influenciada pelas *Confissões* de Santo Agostinho, fazendo do amor pelo bem uma qualidade política, será que Hannah se tornou crente? Lembramos que ela havia confiado a Jaspers que acreditava em Deus, sem definir qual, e que havia escrito, depois de ter escutado *O messias* que "o cristianismo é de qualquer maneira alguma coisa".[25] Podemos constatar na leitura de seu *Journal de pensée* o quanto ela é uma leitora atenta dos Evangelhos, particularmente o de São João. Ela considera o nascimento de Cristo uma cisão na história da humanidade. "[...] todo começo é salvação, é em nome do começo, em nome dessa salvação, que Deus criou os homens no mundo. Cada novo nascimento é como uma garantia de salvação no mundo, como uma promessa de redenção para aqueles que não são mais um começo."[26]

Evidentemente, não podemos dar conta aqui de toda a amplitude dessa obra, que se tornou um texto de referência da filosofia contemporânea, no qual Hannah elabora seus conceitos centrais de pluralidade e fragilidade dos negócios humanos. Nele, ela presta uma homenagem insistente e enigmática a Jesus, e afirma: "O milagre que salva o mundo, a esfera dos negócios humanos, de sua ruína normal e 'natural' é, em última análise, o fato do nascimento, no qual a faculdade de agir se radica ontologicamente."[27] Antes de concluir: "Esta fé e esta esperança no mundo talvez nunca tenham sido expressas de modo tão sucinto e glorioso como nas breves palavras com as quais os Evangelhos anunciaram a 'boa nova': 'Nasceu uma criança entre nós'..."[28]

Work in progress

Concluir esse texto difícil proporciona a Hannah muito prazer. Como Hannah faz para ter tanta energia? Como faz para produzir tanto? Ainda que transbordada de trabalho, tem o desejo de publicar muito. Tem quase vergonha disso. A Jaspers, confessa — como se fosse um pecado — ter reunido, durante o verão de 1957, ensaios teóricos dos últimos anos publicados em inglês e revisado completamente suas traduções. A coletânea se intitula *Fragwürdige Traditionsbestände in politischen Denken der Gegenwart*, traduzida em inglês com o título *Between Past and Future*, e, em português, como *Entre o passado e o futuro*.[29] Continua a publicar na Alemanha, nas grandes revistas, seus principais artigos filosóficos. Paralelamente, continua a se apaixonar pela política e acompanha com atenção o andamento da situação no Oriente Médio, como o atestam suas cartas inflamadas sobre o assunto a Karl Jaspers. Esse último admira a atitude desse pequeno Estado, ameaçado por todos os lados. Para ele, "a aniquilação de Israel significaria o fim da humanidade".[30] Hannah lhe responde: "Parece-me que, mesmo em termos de sentimento, isso não pode se justificar. Quanto a mim, tenho freqüentemente a impressão de que isso significaria o fim dos judeus, mas nem tenho certeza de que isso seja exato. Também não estamos de acordo sobre a importância dos judeus para a Europa, sobre seu significado político e cultural. Este se modificou de maneira significativa ao longo dos dois últimos séculos. Hoje em dia, os judeus não são mais um componente importante e integral das nações européias. Será que voltarão a sê-lo? Não sei e não acredito..."[31]

Aonde exatamente ela quer chegar? A própria idéia de que Israel enquanto Estado seja riscado do mapa é para ela inconcebível. Ela nunca preconizou essa alternativa, e teria preferido que as grandes potências garantissem ao mesmo tempo a existência de Israel e prometessem aos árabes que Israel não vislumbra uma expansão territorial. O que significa para ela o fim dos judeus? Trata-se do fim do povo judeu? Do judaísmo? Hannah Arendt continua fiel à mesma idéia desde 1943: um Estado que não seja binacional não é viável. Continua, portanto, a se opor à política militar de Israel e ao apoio dos americanos. Por ora, um renascimento do sionismo não é possível, o movimento sionista morreu. Ele se deteriorou por causa de sua vitória — a fundação do Estado de Israel —, mas também por causa das transformações profundas da questão judaica depois de Hitler. Como ela diz a Blumenfeld: "Não há mais uma judeidade européia, e talvez não haja nunca mais."[32]

Na mesma época, ela despende esforços consideráveis, que evoca em sua correspondência mas também em seu *Journal de pensée*, para tentar publicar a obra — concluída antes do exílio forçado — consagrada a Rahel Varnhagen. Ela quer que as pessoas conheçam esse texto, e se mostra persuadida de que ele terá um bom público, pois é um livro de mulher. Vários editores o recusam, dentre os quais Piper, que pensa não se tratar de uma biografia e haver muitas repetições, além de acreditar que o livro não atingirá um público muito grande. Jaspers a dissuade de teimar nisso: "Não conheço seu *Rahel* depois que você o modificou. Mas o que sei (e isso sem dúvida não mudará nada) é que esse livro não convirá a ninguém, nem aos judeus, nem aos anti-semitas, nem mesmo a mim (a não ser pelo fato de que gosto de tudo o que vem de você, mesmo quando não estou de acordo)."[33] Hannah mantém-se obstinada. Por fim, *Rahel* será publicada numa tiragem pequena, nos Estados Unidos e na Inglaterra, pelo Instituto Leo Baeck, uma fundação para a pesquisa sobre a história judaico-alemã da qual Hannah fazia parte. Para a ocasião, ela escreverá um prefácio e acrescentará cartas inéditas de Rahel. Apresentado como uma obra de história judaica, nunca bem distribuído, o livro trará à sua autora mais confusões do que reconhecimento e debate intelectual.

Supervisionando, a título de cortesia, a edição americana enfim realizada pelo editor Kurt Wolff da soma de mil páginas de Karl Jaspers consagrada à história da filosofia e intitulada *Les Grands Philosophes* [Os grandes filósofos], ela faz uma reflexão sobre a noção de autoridade no século XX.[34] Sua análise, publicada em *Der Monat*, depois na *Review of Politics*,[35] provoca um vasto debate na Alemanha e no além-mar. A crise da autoridade, sempre maior e mais profunda, acompanha o desenvolvimento do mundo moderno. Ela ataca em cheio a representatividade dos partidos, coloca em perigo a democracia e corrompe as esferas públicas essenciais, tais como a da educação. Essa desaparição da autoridade é sintoma de uma deliqüescência da civilização européia. Porque, desde os primórdios da humanidade, a autoridade — mais do que a tradição e a religião — foi o elemento mais estabilizador da sociedade. Essa é a abordagem de Hannah em sua conferência no colóquio sobre a autoridade que começa em Washington no início de setembro. A crise do mundo contemporâneo é a seu ver de natureza política. Só o modelo da revolução americana, que soube restabelecer os fios rompidos da tradição e garantir a todos os homens dignidade e grandeza, pode nos ajudar a refletir.

Ela começa uma reflexão sobre o racismo, a política e a educação, que aparecerá no artigo intitulado "Reflexões sobre Little Rock", publicado em 1959. Ela própria se desculpa por sua bulimia perante os amigos a quem envia todas as suas publicações. Hannah tem uma certa tendência a diminuir a importância de algumas delas, como *Entre o passado e o futuro*, que apresenta a Jaspers como um livro de encomenda, um texto de transição. Também teme que seus ensaios não o agradem, "pois são inteiramente negativos e destruidores e quase não se pode ver seu lado positivo".[36] Além disso, em seu ensaio sobre a autoridade,[37] cita Heidegger em abundância, o que, intelectualmente, não lhe agrada.

Aos poucos, em seus trabalhos filosóficos,[38] Hannah retoma toda a história do pensamento ocidental e desenvolve, de maneira mais ampla, as implicações de sua pesquisa sobre o totalitarismo: a dominação totalitária rompeu o fio da continuidade histórica e, estilhaçando a própria idéia de humanidade, nos obriga a imaginar novas categorias políticas. Essa catástrofe foi pressentida por filósofos como Marx, Nietzsche e Kierkegaard que, como crianças assobiando cada vez mais alto no escuro por terem cada vez mais medo, começaram a destruir a arquitetura geral de nosso mundo comum, unido pelos valores do trabalho, da moral e da religião. A partir de então, a filosofia não pode mais ser uma visão de mundo. Ela não detém mais o poder de revelação. As idéias se tornaram, no melhor dos casos, simples valores, sendo submetidas a uma reavaliação constante. Até mesmo o conceito de verdade se torna duvidoso. Mas a filosofia nem por isso está morta numa sociedade onde o céu das idéias, outrora claro e límpido, escurece a cada dia.

Hannah Arendt parte desse diagnóstico: o mundo mudou de essência e sentido depois da série de catástrofes mundiais que começaram no início da Primeira Guerra Mundial. É como se a ossatura desse mundo tivesse desmoronado sobre si mesma, esvaziando de toda substância categorias tão essenciais quanto as de tradição e autoridade. Tais categorias asseguravam a permanência do mundo e a própria possibilidade de seu futuro e permitiam ao recém-chegado inserir-se nele como numa espécie de matriz preexistente, de permanência atemporal. Hannah Arendt tem uma visão pessimista sobre o mundo moderno, em que tudo pode acontecer. Vivemos em nosso pequeno mundo pessoal ou ainda possuímos um mundo em comum? Ela ataca os teóricos políticos que se permitem analisar o real sem o estudo das fontes primárias, sem decifrar a ideologia que sustenta um sistema político. Dessa maneira, alguns sociólogos — cujos nomes ela não cita, embora possamos deduzir se tratar de autores como Eric Voegelin ou Waldemar Gurian — cegam a opinião ao analisar o mundo contemporâneo apenas do ponto de vista funcionalista, afirmando, por exemplo, que o comunismo é uma nova religião por preencher as mesmas funções psicológicas e sociais: "É como se eu tivesse o direito de chamar o salto de meu sapato de martelo porque, como a maioria das mulheres, o utilizo para enfiar pregos na parede",[39] afirma ela, zombeteira.

Hannah Arendt não procura saber como as coisas funcionam, mas o que acontece para não funcionarem. Retomando as noções de tirania, autoridade e totalitarismo, tenta elaborar uma filosofia política que se apóia ao mesmo tempo na manutenção da autoridade e na reabilitação da tradição. Todas as duas permitirão ao homem resolver os problemas elementares do viver junto. Hannah reconhece uma dívida dupla com Heidegger: por sua concepção de Jesus como acontecimento histórico que encarna a vida, a morte e a ressurreição e por sua interpretação da alegoria da caverna de Platão. Ela sublinha que Heidegger foi o primeiro a mostrar como Platão transformou o conceito de verdade no de proposições corretas. "Com efeito, a correção, e não a verdade, seria necessária caso o conhecimento do filósofo fosse a capacidade de medir",[40] escreve ela. Aparentemente filosófica, essa observação também traduz uma vontade de proteger Heidegger das críticas de engajamento nazista que ainda chovem sobre ele.

Hannah ainda encontra tempo de dar conferências em Chicago, ver Martin Buber diversas vezes — mais curioso e receptivo do que nunca aos oitenta anos — e receber várias vezes em sua casa Gershom Scholem, de passagem por Nova York, mas com quem a relação continua tensa por não compartilharem as mesmas posições sobre Israel. Ela o acha um "monarca absoluto": "É como se o coração não existisse. A gente se esforça, mas não adianta nada."[41] Apóia a amiga Mary McCarthy pela publicação de sua última obra, *Dis-moi qui tu hantes*,[42] descobre a obra de Karen Blixen, que continuará sendo até o fim da vida sua escritora predileta, e também lê com paixão *La Ville* [A cidade] de Faulkner. Organiza suas reflexões sobre a revolução húngara. Será que a Europa é apenas um porão frio e escuro? No entanto, ainda há motivos para se ter esperança. Na Hungria, por exemplo, a nítida vitória da liberdade se encarna com emergência espontânea numa nova forma de governo, o sistema de conselhos. Mais uma vez a partir da atualidade, Hannah Arendt vai pensar o acontecimento, conferindo-lhe julgamentos históricos e políticos e inaugurando nessa ocasião uma problemática importante de sua reflexão acerca do tema da revolução. Aproveitando a nova reedição de *Origens do totalitarismo*, que sairá em 1958, acrescenta ao livro o capítulo 14 da nova versão.

Celebrando a memória de todos esses mortos sacrificados em nome da liberdade, esse texto, intitulado "Reflexões sobre a revolução húngara", é escrito enquanto "faz mais de um ano que as chamas da revolução húngara clarearam durante doze longos dias a paisagem imensa do totalitarismo do pós-guerra".[43] Ele se atém a dissecar a esclerose do sistema soviético nos países do leste e celebra com ardor aquilo em que ninguém acreditava mais, o inesperado, a aparição, o imprevisível. Hannah Arendt retoma em sua leitura da origem da revolução húngara o conceito de começo, que a obceca há muito tempo, e alimenta sua interpretação dos fatos voltando à teoria de revolução espontânea inventada por Rosa Luxemburgo. Fato único na história: essa revolução húngara não tinha líderes, não era organizada, nem dirigida por um órgão central. O desejo de liberdade estaria na origem de cada ação? É a uma verdadeira análise crítica de nossa compreensão da forma totalitária da URSS que Hannah Arendt se entrega nesse texto encantador.

Cinco anos depois da morte de Stalin, será que Khrouchtchev, ao conceder à multidão os poderes outrora exercidos pela polícia secreta, estaria transformando, pervertendo ainda mais, o sistema totalitário? Será que os cidadãos soviéticos estão se tornando, sem saber, seus próprios policiais? Hannah não acredita nem no degelo nem na modificação da natureza do sistema totalitário soviético. Khrouchtchev, Stalin, o mesmo combate, os mesmos métodos, o mesmo terror. A resposta do povo húngaro é, portanto, a única alternativa: a revolução como cumprimento da liberdade. Hannah observa que, na história das revoluções, a do povo húngaro constitui uma exceção e não se degenera em guerra civil. Sem violência, sem pilhagem.

Para Hannah Arendt, a constituição dos conselhos é a prova de que o povo todo pode administrar o espaço político sem que nada, nem programa de partido nem governo, lhe seja imposto de cima.

Ela relata a história dos conselhos criados durante as revoluções que varreram a Europa, que ressurgem durante a Comuna de Paris antes de renascerem com força na Revolução de Outubro na Rússia e nas revoluções de novembro na Alemanha e na Áustria depois da Primeira Guerra Mundial. Esses conselhos sempre foram derrotados, mas não pela única "contrarevolução". Ao distinguir os conselhos revolucionários — resposta à tirania política — e os conselhos operários — reação contra os sindicatos —, Hannah vê nessa emergência livre e coletiva uma nova forma de democracia, bem mais convincente do que o sistema de partidos, geradores mecânicos de burocracia.

A irrupção das tropas soviéticas na Hungria acaba com esse sonho concretizado. À liquidação dos conselhos, sucede a perseguição dos intelectuais. A chama da revolução húngara treme e vacila, mas subsiste como esperança. O sistema do totalitarismo soviético vai perdurar ou será que vamos assistir a uma implosão repentina do regime? Hannah deixa a questão em aberto, sem entreter ilusões, pois "seria extremamente imprudente esperar que o povo russo mostrasse, após quarenta anos de tirania e trinta de totalitarismo, a mesma inventividade e o mesmo espírito políticos que o povo húngaro em suas horas de glória".[44]

Ela não economiza tempo nem energia para ajudar a amiga Mary McCarthy a se recuperar de uma história sentimental suja que a faz sofrer enormemente. Sua experiência de mulher decepcionada e traída lhe permite encontrar as palavras certas para reconfortar Mary: "Quando um notório mentiroso fala a verdade, não quer que acreditem nele. Mas, certamente, ele também não quer ser salvo por você."[45] De seu passado com Heidegger, ela tirou sua lição: de nada adianta querer salvar os seres que, como ele, têm um talento, ou mesmo um gênio, tão forte que arrebata tudo e devasta a própria idéia de uma possível vida compartilhada. Desde então, para ela, amar significa querer preservar esse tipo de amor contra si mesmo. Certamente, pode-se sempre aceitar a autodestruição, uma forma de passar o tempo de forma mais honrável e provavelmente menos entediante do que se salvar, "[...] mas não se pode esperar que alguém que a ama a trate com menos crueldade do que trata a si mesmo. A igualdade do amor é sempre bem terrível. Compaixão (não pena) pode ser uma coisa estupenda, mas o amor não sabe nada sobre o assunto."[46]

Hannah começa a fazer o luto de sua história de amor com Heidegger. Ganha terreno, começa a criticá-lo intelectualmente. A Kurt Blumenfeld, confia: "É fácil entender que os quase-gênios, que, entretanto, são apenas superdotados, saiam um pouco do trilho (o caso Scholem), mas os verdadeiros gênios, por que, por quê? Ontem, eu estava lendo o último texto de Heidegger sobre "Identidade e diferença" — extremamente interessante —, mas ele se cita e se interpreta como se fosse um texto tirado da Bíblia. Eis o que não posso mais suportar. Ora, ele é realmente genial, e não simplesmente superdotado. Então, por que precisa disso? E de maneira tão inacreditavelmente feia..."[47]

E como não compreender senão dessa forma o poema enigmático que ela escreve no mesmo período:

Vejo-te unicamente
Tal como ficavas à mesa.
Uma luz caía em teu rosto plenamente.
O laço de nossos olhares era tão apertado
Que parecia carregar teu peso e o meu.

O laço se rompeu
E sobreveio entre nós
Não conheço esse estranho destino
Que não se pode ver, e que no olhar
Não fala nem se cala. Um ouvido
Procurou e encontrou
Uma voz no poema.[48]

Hannah continua acompanhando a atualidade política e sabe que pode, a qualquer momento, publicar artigos em três ou quatro revistas. Consciente da singularidade de sua posição e das controvérsias que suas opiniões suscitam, engaja-se, contudo, numa longa e difícil batalha ao afrontar a questão da educação. De início, *Commentary* lhe encomenda, em outubro de 1957, uma reflexão sobre a vigência da lei sobre os direitos civis, que torna juridicamente obrigatória a "desagregação nas escolas públicas". As conseqüências concretas são desastrosas: em Little Rock, capital de Arkansas, os guardas nacionais e as tropas de pára-quedistas da 101ª divisão aérea são obrigados a ocupar o colégio. As crianças negras, que a partir de então têm o direito de estudar em escolas antes reservadas aos brancos, não podem entrar por causa de uma multidão que se opõe fisicamente à nova lei. Hannah constata que o racismo ganhou mais um ponto e que os cidadãos, inclusive aqueles que se mostram mais respeitosos das leis, deixam a rua para a multidão. Nenhum cidadão, branco ou negro, acreditou em seu dever de velar para que as crianças negras pudessem entrar normalmente na escola.

Hannah Arendt, em vez de entoar o refrão dos clichês politicamente corretos e exigir que as crianças negras continuem indo aos colégios dos brancos, desloca o problema apoiando-se não numa visão idealista da sociedade, mas na realidade concreta do que se passa na rua depois da vigência dessa lei: as crianças negras, humilhadas, maltratadas por seus colegas brancos, passam os dias em escolas onde não são desejadas. Para não serem linchados, os pais das crianças negras pedem a seus amigos brancos que acompanhem seus filhos até a porta da escola. Hannah pergunta se é necessário, em nome dos princípios, forçar o real e deixar essas crianças viverem um inferno e, em nome da luta contra a segregação, impor que elas se tornem os heróis da luta anti-racista.[49]

Para ela, por trás dessa batalha, em aparência jurídica, há também uma derrota da autoridade dos adultos, que abdicam de sua responsabilidade ao delegar ao Estado a preocupação em se ocupar de seus próprios filhos. "Será que chegamos ao ponto de pedir às crianças para mudar o mundo ou melhorá-lo? Será que procuramos conduzir nossas batalhas políticas no pátio de recreação das escolas?"[50]

Hannah Arendt vai ainda mais longe ao colocar em causa a validade do método, a prioridade desse combate e a falta de pertinência jurídica do Estado. Para ela, impor ao corpo da sociedade uma realidade que ela rejeita é inútil, vão, e até mesmo perigoso, pois suscetível de engendrar violências. O combate pela igualdade entre negros e brancos passa, em primeiro lugar, pela abolição da lei que proíbe os casamentos mistos nos estados do sul. O governo federal se enganou ao se apropriar do problema da educação, e deveria ter pedido aos estados que administram cotidianamente os problemas de ensino para controlar a situação nas ruas.

Commentary não quer publicar seu artigo, pois o considera chocante e polêmico demais. Hannah sofre reações hostis do comitê de redação, parecidas com as que teve de agüentar por ocasião da entrega de seu texto "Reexamen du sionisme" [Reexame do sionismo]. Ela decide retirar o artigo e prefere, num primeiro momento, renunciar a publicá-lo. Mas a redação volta atrás em sua decisão e propõe a Hannah publicar seu texto acompanhado, na mesma publicação, de uma resposta assinada por um de seus piores inimigos, Sydney Hook, um universitário que ela considera reacionário e desprezível. Ela recusa veementemente: "Só se pode abordar questões polêmicas numa atmosfera onde a boa-fé de todos os interessados seja garantida."[51] O debate se agrava quando Hannah acusa a *Commentary* de má-fé. Diante da degradação da situação em Little Rock, Hannah aceita a proposta de publicação da revista *Dissent*.[52] Sydney Hook criticará as posições de Hannah na *Commentary*: "Hannah Arendt, ou aquela que faz um sermão aos americanos sobre seus hábitos de pensamento."[53] Diversos universitários se juntarão ao concerto, fazendo uso de críticas violentas, agressivas, que a visam pessoalmente. É preciso dizer que ela afronta os tabus. Ela quer romper a perigosa rotina na qual a discussão dessas questões fundamentais para o funcionamento da democracia se afundou. Critica a opinião pública negra, que prefere antecipar a luta pela discriminação no domínio social a defender os direitos do homem e os direitos políticos fundamentais, e não mede as palavras sobre a atitude dos intelectuais que, em sua grande maioria, pregam um ideal educativo baseado nos princípios de Rousseau. Uma vez mais, opõe-se a diversos grupos de pensamento ancorados na esquerda. Contra o politicamente correto, que serve de catecismo a uma determinada esquerda, prefere romper o consenso, pronta a arriscar o escândalo.

Outsider convencida de que sua opinião pode nutrir o debate, ela adverte o leitor: "Como o que eu escrevo pode chocar pessoas de boa vontade e ser mal explorado por pessoas cheias de más intenções, gostaria de dizer claramente que, enquanto judia, considero que a simpatia que tenho pela causa dos negros, assim como por todas as populações oprimidas ou desfavorecidas, é uma opção minha, e eu gostaria que o leitor também fizesse a sua."[54] Ela vive muito mal essa onda de críticas, chega até a ficar fisicamente afetada. A obtenção da bolsa da Longview, concedida todos os anos ao artigo mais notável publicado numa pequena revista,[55] chegará como uma milagrosa surpresa e a confortará. As principais questões que ela levantou nunca foram abordadas por seus adversários, que preferiram insultá-la em vez de enfrentá-la.

A condição humana

A condição humana deve sair em junho de 1958 na editora universitária de Chicago com o título de *The Human Condition*, depois na Alemanha com o título que ela havia escolhido primeiramente, *Vita activa*.[56] As provas finais, o índice e a verificação das fontes lhe fazem muito mal. Ela se atrasa tanto que é obrigada a adiar a viagem à Europa. Convidada como *visiting professor* em Princeton, aceita um contrato que considera mirabolante. Jaspers lhe garante: é normal que seja tão solicitada e tão bem retribuída, pois aos olhos das instituições americanas ela se tornou uma grande pensadora!

Hannah não gosta de elogios. Sente-se frágil, muito frágil. Responde a Jaspers: "Para dizer a verdade, temo que você me superestime. De qualquer maneira, não podemos brigar por isso. Mas — eis o que há de mais 'pessoal': quando eu era jovem, você foi a única pessoa que me guiou. Quando, já adulta, o encontrei após a guerra e a amizade se restabeleceu entre nós, você foi a garantia da continuidade de minha vida."[57]

A casa da Basiléia se tornou sua verdadeira pátria, e Jaspers seu mestre e amigo. Ela lhe envia um buquê de jacintos azuis por ocasião de seu aniversário de setenta e cinco anos com um pequeno bilhete: "Como sempre e para sempre",[58] depois parte para fazer uma conferência em Toronto, escreve fragmentos de seu texto sobre a política e aceita o convite da cidade de Munique que organiza, para a comemoração dos oitocentos anos da cidade, um congresso internacional da cultura.

Hannah está exaurida. Está encantada por viajar para a Europa de navio. A bordo do *Isle de France*, descansa, alongada no convés, entregue ao vento e ao sol, com a impressão de não saber mais quem é. Doce sentimento dessa perda de identidade que a fascina.[59] Chega a Paris no dia 4 de maio. Reencontra Alexandre Koyré, Jean Wahl e o tradutor para o inglês de Jaspers e Heidegger, Ralph Manheim. Novamente, experimenta essa alegria de viver que a inunda todas as vezes que volta à capital francesa. "Depois dos Estados Unidos, isso me faz bem. Até mesmo os jornais são bastante inteligentes e abertos para o mundo. Quando chegamos aqui, sentimos o odor da estupidez e da limitação americanas duas, três vezes mais forte",[60] escreve ela a Heinrich. Feliz por estar livre e tranqüilo em Nova York, Heinrich se mostra, contudo, aborrecido com o reconhecimento e a notoriedade de que ela dispõe na França e na Alemanha. "Como é penoso ser conhecido, embaraçoso ser célebre, mas ser coroado de honra, para isso é preciso realmente ter nervos de aço. É preciso se submeter a tudo como um cão bravo que suporta o aguaceiro."[61]

Ele quase lamenta por ela. Com efeito, Hannah alcança um enorme sucesso em Zurique, onde pronuncia uma conferência, assim como em Munique, Hamburgo e Bremen. Hesita em pronunciar o discurso de elogio a Jaspers, que deve receber o prêmio da Paz das livrarias alemãs. A Heinrich, ela confia: "Sou uma mulher e uma judia, e uma não-alemã ou mais exatamente uma emigrante. Tudo isso causará uma grande má impressão. Jaspers não o nega, mas isso lhe dá prazer."[62] Mais uma vez, Hannah se sente uma refém entre Jaspers e Heidegger. Falar, para Hannah, é *de facto* aceitar a acusação do primeiro em relação ao silêncio culpado do segundo. É tomar partido contra Heidegger. E sobre isso, ela não pode falar de coração aberto com Jaspers. Então, confia seu embaraço ao marido: "Isso me obrigaria a tomar uma posição unívoca, o que evidentemente não me convém. E pode-se ver nisso um ato de solidariedade política que não corresponde ao que sou. Ao que poderiam me retorquir que tenho uma boca e que só preciso me servir dela para dizer o que tiver vontade de dizer."[63] Hannah tem quatro meses para dar uma resposta. Entre duas conferências, ela vai ao teatro, faz o curso de Jaspers sobre Pascal em Zurique, lê sua última obra sobre a bomba atômica,[64] reencontra amigos que não via há quarenta anos, troca uma correspondência com o ex-marido, Günther, que lhe pede para ir encontrá-la. Hannah fica angustiada com a idéia de revê-lo, e confia a Heinrich: "Ele escreve cartas adoráveis e tocantes, como sempre, nada mudou, — nem ele, nem eu, nem minhas reações."[65] Fica apreensiva com o reencontro, e tem a secreta esperança de que ele desmarque. Esperança realizada. Günther lhe escreve para dizer que, no final das contas, não poderá vir ao seu encontro, pois deve viajar a Tóquio.[66]

Hannah passa três semanas em Zurique, entrecortadas por visitas a Basiléia, à casa de Jaspers, onde assiste a seus cursos magistrais sobre Pascal, fascinada por sua juventude e inteligência. "Ele está no auge de sua forma",[67] escreve ela a Heinrich. Obtém grande sucesso com a intervenção no congresso de Munique em que, no momento da apresentação, o organizador a compara a Rosa Luxemburgo. "Nesse momento, na sala, os jovens começaram a aplaudir espontaneamente."[68] Os jovens e os menos jovens: Erich e Herta Cohn-Bendit estão na sala e também aplaudem com entusiasmo, felizes pelo reconhecimento da *star* intelectual que Hannah está se tornando. Saudade do tempo passado, alegria dos reencontros. Hannah revê a amiga Anne e espera Kurt Blumenfeld, que pega o avião em Jerusalém para passar alguns dias com ela em Zurique. Momentos inesquecíveis, sensação de proteção, continuidade da existência, calor da amizade. Ela agradecerá a Kurt: "Foi tão bonito, como se nunca tivéssemos nos perdido de vista. Entre nós, há uma proximidade que se torna cada vez mais próxima [...] Com Anne também, foi bonito como nunca."[69] Dessa vez, deixar a Europa será um verdadeiro sofrimento.

Cansada da viagem e da falta de noites bem dormidas, ela reencontra uma Nova York insuportavelmente quente. Heinrich se mostra desagradável, irritante e sarcástico. Eles vão descansar numa pequena casa que alugam em Palenville. Hannah recobra as forças. Lá, tudo é tranqüilo, calmo, organizado. "Na verdade, sinto-me muito à vontade aqui, conheço todas as pessoas e as pequenas histórias, ou quase todas. A paisagem é incrível, com uma torrente que desemboca em pequenas cascatas e forma *swimming pools* naturais."[70] Ela passeia pela floresta, nada, cozinha e corrige as provas da segunda edição do *Totalitarismo*. O descanso será breve. Tendo acabado de chegar, já precisa viajar novamente a Frankfurt para o elogio a Jaspers, que finalmente decidiu aceitar. Com um vestido preto, sem jóias — roubadas no hotel na sua chegada —, faz um discurso que impressiona o auditório pela profundidade, a potência retórica e a sinceridade de sua declaração de amor e admiração a um homem que ela compara a Emmanuel Kant. Jaspers soube, diz ela, pela força de sua iluminação, dar um sentido à filosofia política e moral. Ele sempre falou como se precisasse se explicar perante toda a humanidade. Sua paixão pela lucidez conduz aqueles que o lêem ao verdadeiro esplendor. Como Platão, Jaspers nos guiará a deixar a caverna para aceder à verdadeira luz. Jaspers lhe agradece por sua simplicidade, sua solidariedade, por essa intimidade, tão profunda e antiga, enunciada publicamente[71] e compara seu elogio ao de Péricles por Tucídides em *A guerra do Peloponeso*![72]

De volta a Nova York, Hannah tem dificuldade em reencontrar a calma necessária para retomar o trabalho. Seus cursos em Princeton interrompem *de facto* o fio da escrita. O sucesso de *A condição humana* a tranqüiliza. O livro vende tão bem que a primeira tiragem esgota em quatro meses. "Ninguém sabe realmente por quê", observa ela modestamente a Jaspers. "Mas o resultado são as conferências, e como são bem pagas, não posso recusá-las."[73] O livro não tem dedicatória. O motivo é simples: Hannah Arendt desejava dedicar essa obra a Martin Heidegger. Ela declara a esse último que a concepção do livro surgiu no início da relação deles, e que, na verdade, o livro deve sua existência a ele em todos os aspectos. Explica por que não teve a ousadia: "Você verá que o livro não contém nenhuma dedicatória. Se as coisas entre nós tivessem seguido algum dia os trilhos corretos — tenho em mente *entre*, portanto nem você nem eu —, então lhe teria perguntado se poderia dedicá-lo a você. [...] Tal como as coisas se encontram, a dedicatória me parecia impossível. De algum modo, porém, quis lhe dizer ao menos o fato nu e cru."[74] Heidegger não responde. Desprezo pela intelectual? Negligência? Podemos imaginar qualquer coisa. Acontece que, por causa de Heidegger, o silêncio durará seis anos. Ele aproveitará o aniversário de sessenta anos de Hannah para lhe enviar um poema de Hölderlin.[75] Mas é preciso ressaltar que nunca evocará a obra de Hannah Arendt, nem em público, nem em particular. Nunca falará sobre ela na correspondência. No máximo, se contentará em confirmar o recebimento da mesma.

Um estudante descobre que ela é a primeira mulher a ensinar em Princeton e informa o fato aos jornais. Os fotógrafos sitiam seu apartamento e os pedidos de entrevista se multiplicam. De uma hora para outra, Hannah se encontra sob a luz dos projetores. Ela não gosta muito da situação. Confia a Kurt Blumenfeld: "Não posso viver nessa bagunça, e toda essa pretendida notoriedade me dá enjôo."[76] Ela tenta se proteger e até mesmo se esconder, mas, querendo ou não, tornou-se um animal curioso, uma espécie de acontecimento, uma autoridade, ainda que ataquem o que ela diz. Jaspers tenta tranqüilizá-la. Esse tipo de circo corresponde à maneira com a qual se faz um nome nos Estados Unidos. Ela não precisa temer os estragos que a celebridade pode provocar: "Você atingiu o ápice, você escolhe apenas os temas que lhe convêm e certamente não deixará enfraquecer a energia de seu pensamento ou de suas formulações, você não será uma vítima do perigo gerado pelo sucesso."[77] Ela se consola dizendo a si mesma que, hoje em dia, esse tipo de reconhecimento é fugaz. Instala-se no campus de Princeton, onde ensina a história da revolução diante de um auditório grande demais para seu gosto: impossível instaurar a relação professor/aluno de que ela tanto gosta. Vai a Nova York para comemorar dignamente o aniversário de sessenta anos do marido com caviar e champanhe e passa o verão transformando seus cursos num livro sobre a revolução.

Em turnê

Hannah chega novamente à Europa em 16 de setembro de 1959. Dessa vez, para receber o prêmio Lessing, que a cidade de Hamburgo lhe concede. Como de costume, faz um desvio por Paris, onde se instala no Lutetia. Reencontra Anne Weil, sua querida Anouchka, trabalha com Ralph Manheim na tradução dos textos de Jaspers para o inglês e prepara seu discurso. Convidada oficialmente pela cidade de Hamburgo, fica hospedada no senado, onde, durante dez dias, relê seu texto, sem se esquecer de enviar, no dia 26, um telegrama a Heidegger por seu aniversário de setenta anos. Não se sente à altura, fica constrangida diante de tantos louvores e, por isso, trouxe na bagagem uma biblioteca filosófica. Dá a sua alocução o título de "Sobre a humanidade em tempos sombrios"[78] e o subtítulo "Reflexões sobre Lessing".[79] Pronuncia sua fala em 28 de setembro diante de uma platéia de oficiais. Faz um elogio desse intelectual revolucionário que nunca derrogou à sua vontade de pensar o mundo, tendo prazer em afrontar os preconceitos e dizer a verdade aos poderosos. Pensar por si mesmo, tal foi seu credo. Lessing, diferentemente de tantos outros intelectuais, não considerava que pensar significa se esconder do mundo, mas, ao contrário, relacionar pensamento e ação. Duzentos anos se passaram, e as bases de verdade que cambaleavam em seu tempo, hoje, desmoronaram completamente. Basta manter os olhos abertos, declara Hannah, para ver que nos encontramos num verdadeiro campo de escombros.

Hannah não preparou um discurso conveniente, mas uma reflexão profunda sobre o sentido de nosso pertencimento no mundo. Identificando-se com esse homem que nunca fez as pazes com o mundo, ela desenvolve, a partir de sua afirmação de que o melhor dos homens é aquele que experimenta o máximo de piedade, sua própria concepção da humanidade. Para

Lessing, a realização da humanidade é a fraternidade, e a amizade, o fenômeno central em que ela se atesta. Para Hannah Arendt, essa humanidade sob forma de fraternidade é privilégio dos povos párias, um privilégio pelo qual se paga caro e que vem acompanhado de um sentimento radical de perda do mundo. Os povos párias encontram acesso ao mundo comum, aproximam-se entre si para tecer novos laços e criam um calor particular nas relações humanas.

Mais uma vez, Hannah Arendt provoca admiração pela profundidade de sua inteligência e pela capacidade de conceituar sua própria experiência. Essa noção de povo pária, forçado a forjar sua própria identidade, transformando a extensão do mundo comum pela criação de uma comunidade, continua sendo uma maneira luminosa de decifrar os grandes movimentos da atualidade mundial. Sua descrição do pária, jogado no furor do mundo, que sobrevive ainda mais quando não lhe permitem viver, levado pela sua imensa vitalidade e sua grande bondade, toca cada um de nós. De fato, são esses homens que indicam o caminho em direção ao que há de mais humano em nós, que temos o privilégio de fazer parte do mundo comum. Com Hannah Arendt, os humilhados e ofendidos se tornam os portadores de novos valores. Só neles a vida existe em sua plenitude. Hannah também fala de si, dessa desarmonia do mundo que enfrentou desde o início do nazismo, de sua resistência intelectual e psíquica a qualquer forma de totalitarismo, dessa questão da origem judaica que a atormenta desde o despertar de sua adolescência.

Então, aquela que é tão discreta a respeito de sua vida privada, tão reticente para falar em primeira pessoa, tão infeliz e angustiada por aparecer em público, aproveita essa ocasião e essas circunstâncias solenes para dizer que à pergunta "quem é você?", a única resposta adequada é: "uma judia". Com essa palavra, ela não quer evocar uma espécie particular de ser humano, como se o destino judaico fosse representativo ou exemplar para o destino da humanidade. Não, ela quer revelar com sinceridade o pano de fundo pessoal de suas reflexões. Hannah é e se diz uma judia porque foi reconhecida como judia, caçada no mundo comum por ser judia. Não judia interiormente, mas exteriormente designada como judia pelos nazistas.

Destinada, portanto, há tão pouco tempo, a não pertencer mais à humanidade. Até que ponto continuamos responsáveis pelo mundo quando fomos expulsos dele?

À torre de marfim, Hannah Arendt prefere a ágora. Sua crença na vitalidade da ação e na abertura ao outro lhe dá a esperança de que seu combate intelectual, por mais solitário e precário que seja, permita, afrontando o passado e pensando o presente, imaginar as condições de possibilidade de um futuro com toda lucidez. Há um pessimismo gerador de esperança em Hannah Arendt, uma dor a empunhar o real, uma vontade de não se cegar, um desejo de não se contar e contar histórias que a tornem humana, calorosa, generosa. Sua sede de verdade a conduz a uma introspecção sem compromisso: ela nasceu judia e continuará judia até o fim da vida, pois a história assim decidiu. Alemã de nacionalidade, ela não é mais, já que os nazistas a cassaram de seu próprio país. Mas continua sendo alemã de coração e espírito. Alemã pela graça de Goethe, de Kant, de Rilke, que a construíram no mais profundo de si mesma. Nessa cidade livre de Hamburgo, onde recebe uma das mais altas distinções da cultura alemã, ela lança um apelo aos alemães que constroem uma nova Alemanha, cidadã e responsável. Incita-os a não se afundarem no pântano da culpa coletiva, armadilha inventada, segundo ela, pelos nazistas, que nesse período conseguiram se infiltrar no interior de cada alemão, mas, ao contrário, a assumirem com toda transparência o passado, sem querer dominá-lo inutilmente. "Talvez não se possa fazê-lo com nenhum passado, mas certamente com o passado da Alemanha hitlerista é impossível. O máximo que se pode alcançar é saber precisamente o que foi ele e suportar esse conhecimento, e então esperar para ver o que virá desse saber e desse suportar."[80]

Não se pode fugir dessa caverna que é o mundo. É preciso enfrentá-lo constantemente para continuar a viver. Viver é estar entre os outros. O poder surge somente aqui e com a condição de que os homens ajam juntos. Temos, em cada um de nós, uma força de resistência que nos permite, nesse mundo que se tornou inumano, lutar para que a humanidade não seja reduzida a uma palavra vã.

Dom da amizade, abertura ao mundo, verdadeiro amor pelos homens, tais são as lições que Hannah absorve de Lessing e torna suas, pois seu combate, para além dos séculos, também continua nosso: "Humanizar o mundo com o discurso incessante e contínuo sobre seus assuntos e as coisas que nele se encontravam."[81]

No dia seguinte à cerimônia, Hannah vai a Berlim. Seu entusiasmo pela nova Alemanha não pára de crescer. Ela descobre uma cidade irreconhecível, mais bonita do que outrora. Passeia nas ruas e tem a sensação de descobrir uma nação em plena cura, que se desfaz progressivamente dos pesadelos do passado. "Eu adoro estar aqui, sinto-me em casa, mesmo nos escritórios de serviços oficiais",[82] escreve ela a Jaspers. De fato, ela executa procedimentos administrativos a título de reparação, contrata um advogado, preenche dossiês. Acha todas as pessoas com quem se encontra charmosas e se hospeda num hotel no centro da cidade, onde a família de seu primo Ernst Fuerst vem, de Israel, visitá-la. Goza plenamente dessa reconciliação profunda com a cidade, com o país, no qual acredita de novo. Sente uma espécie de apaziguamento, doçura, tranqüilidade interior. Como se o mundo rachado começasse a se recompor. Felicidade por tudo estar indo bem novamente.

Ela parte para a Itália e passa uma deliciosa semana de férias em Florença, na companhia do primo, de sua mulher e suas duas filhas. Irrita-se por ter de se trancar no quarto para corrigir o discurso sobre Lessing que seu editor alemão Piper queria transformar logo em livro. Arezzo, Siena, depois Basiléia na casa de Karl e Gertrud Jaspers. Uma semana de conversas animadas e contraditórias sobre o futuro da Universidade alemã, a distinção entre religião e filosofia, política, arquitetura, arte. Jaspers dirá a Heinrich: "Dessa vez, insultamo-nos como estudantes. Ainda conseguimos fazê-lo, mas em todo caso o 'velho menino' que eu sou não chegou às alturas."[83] Blücher sente ciúmes. Blücher se impacienta. Suporta cada vez menos o reconhecimento da mulher, tanto na Alemanha quanto nos Estados Unidos. Sente saudade de seu pequeno passarinho célebre. Suplica a Hannah que volte ao ninho para dormir ao lado dele e fique quieta e, como um macho perfeito, escreve: "Minha querida pequena, já que você está com Jaspers agora, certamente deve estar contente. Eles a mimam, imagino. É essa a maldição que os senhores de uma certa idade podem jogar aos mais jovens. Espere voltar para ver. Estou roxo de raiva. É realmente impossível lhe enviar todas essas cartas de elogio, convites etc., e não fui feito para ser seu secretário. (Já é muito que você não tenha podido ser a minha.)"[84]

Blücher aguardará. Hannah faz uma turnê triunfal. Essa a quem ele chama de "sua querida e genial menininha"[85] é requisitada pelas universidades, as rádios e as emissoras de televisão. É arrancada de casa. Em Frankfurt e em Colônia, dá conferências em salas lotadas, mas com uma atmosfera malsã. Hannah percebe um abismo entre a Alemanha que ela ama e admira, a dos professores, intelectuais, jornalistas, e a da população que continua "profundamente insatisfeita, apesar dessa prosperidade inacreditável; as pessoas riem, esperando em segredo que tudo acabe mal, mesmo se devemos sofrer por isso, cheias de ressentimento contra todo mundo e, sobretudo, contra o que chamamos de Ocidente e democracia".[86]

Por que Heinrich não foi buscar a mulher no aeroporto nesse dia de novembro de 1959? No hall do prédio, dois meninos negros de treze anos arrancam a bolsa de Hannah, que estava carregada de malas. Nada de grave, pois nem seus documentos de identidade nem seu passaporte estavam na bolsa, mas ela interpreta o acontecimento como um sinal dos céus, e decide se mudar. O primeiro apartamento visitado será o escolhido: dois escritórios, vista para o rio, dois banheiros, armários grandes, porteiro dia e noite, no número 370 da Riverside Drive. Heinrich e Hannah se apaixonam. Como uma adolescente, ela desenha prateleiras para a futura biblioteca e prepara a mudança com animação.

O ano de 1960 começa sob os melhores auspícios. Heinrich é um professor reconhecido no Bard College, onde trabalha o ano inteiro; Hannah leva uma vida bem calma, vai ao teatro e ao concerto, vê apenas os amigos, recusando todo esse circo que são os colóquios e as recepções oficiais. Trabalha na tradução para o alemão de *A condição humana*, retoma o livro sobre política, relê Goethe, Faulkner e descobre Nathalie Sarraute. Mas é preciso ganhar a vida. "De vez em quando, circulo pelo país, normalmente em avião, para ganhar alguns dólares com alguma conferência. Mas hoje em dia só o faço se for realmente rentável."[87] Embora seja famosa na Alemanha — onde, na sessão consagrada aos atos anti-semitas em 18 de fevereiro de 1960 no Bundestag, a declaração governamental comportava uma longa citação de seu discurso feito em Hamburgo — e reconhecida nos Estados Unidos, nenhuma universidade, nenhum jornal e nenhuma revista lhe propõem um cargo estável e remunerado. Intermitente de universidades, colaboradora ocasional de revistas, continua sendo uma marginal que inspira medo, de tanto que seu desejo de verdade é exacerbado. É tão temida pelos donos da imprensa quanto pelo mandarinato local, que desconfiam dessa intelectual anticonformista, sem etiqueta política nem ideológica, que reivindica a própria autonomia.

Na primavera, ela publica na *Daedalus* um artigo que se tornará referência sobre a crise da cultura.[88] Profetizando uma sociedade, querendo ou não, de massa, "*Society and Culture*" se alarma quanto ao futuro da cultura num ambiente no qual reinam as leis econômicas. À sociedade de massa, uma cultura de massa. Hannah Arendt faz o histórico da própria noção de cultura. Por essência, cultura é o que perdura. Com o decorrer do tempo, essa idéia de permanência ligada à obra cultural se desintegra, e a cultura, de alcance da perfeição, acesso à beleza, se transforma num valor mercantil como os outros. Esse processo conheceu seu apogeu na Alemanha a partir dos anos 1920. Hannah, numa demonstração esclarecedora e ainda hoje provocadora, profetiza a evicção da cultura nessa nova sociedade que nos é anunciada. Pois a sociedade de massa não quer cultura, mas lazer. Pressentindo nosso futuro com uma fineza e uma sutileza excepcionais, Hannah teoriza sobre aquilo que apenas começa: a erradicação pura e simples da cultura, reduzida a um gueto porque considerada inútil no campo social da industrialização do lazer. Ressalta a ameaça que a necessidade de lazer gera para todo o mundo cultural e disseca admiravelmente o processo pelo qual a cultura se encontra destruída para engendrar o lazer.

"O resultado não é uma desintegração, mas uma degradação", escreve ela, e os promotores dessa pseudocultura são uma espécie particular de intelectuais "cuja função exclusiva é organizar, disseminar e modificar objetos culturais com o fim de persuadir as massas de que *Hamlet* poder ser tão bom entretenimento quanto *My Fair Lady* e, talvez, igualmente educativo".[89] A própria palavra cultura indica que arte e política estão ligadas. Os romanos o haviam compreendido bem e faziam da política uma arte e uma atividade do espírito desinteressada. Esquecer-se de si mesmo na entrega à beleza. Quadros, música, isso é cultura. Estar de acordo consigo mesmo, isso é cultura. A cultura é um negócio a se levar a sério para o bem comum e a ordem do mundo.

Na universidade de Baltimore, Hannah recebe um prêmio honorífico junto com a antropóloga Margaret Mead. Escreve cartas intermináveis a Mary McCarthy para tentar ajudá-la a cumprir com serenidade as formalidades do divórcio, tentando, ao mesmo tempo, fazê-la entender que o amor não pode, não deve, na sua idade, abalar uma vida. Pois Mary quer se casar com seu novo amante e mudar de vida. Hannah, prudente, lhe responde: "Mas, por favor, não se iluda: ninguém nunca foi curado de nada, traço de personalidade ou hábito, por uma mera mulher, embora isto seja precisamente o que todas as moças acham que podem fazer. Ou você está disposta a aceitá-lo 'como é', ou é bem melhor deixá-lo em paz."[90] Mary não seguirá os conselhos de Hannah. "Apesar de sua advertência de que ninguém nunca mudou por uma mulher, creio que ambos mudaremos um pouquinho. Para que se apaixonar se é para os dois permanecerem inertemente como eram?"[91] Por fim, Mary viverá com esse homem uma longa e bela história de amor.

Hannah se apressa em partir em férias com Heinrich, longe do calor e da umidade de Nova York, nas Castkill Mountains. Para ganhar a vida, acaba de aceitar dar aula por dois meses na primavera seguinte na Northwestern University e um semestre no outono na Wesleyan University.[92] Prepara sua próxima viagem para a Europa com Heinrich, que consente enfim, pela primeira vez, em acompanhá-la. Sente-se calma, tranqüila e orgulhosa disso: "Não estou mais amaldiçoando Deus, o mundo e o destino", escreve ela a Mary. Isso não vai durar.

Termina sua carta a Mary datada de 20 de junho de 1960 com as seguintes palavras: "Estou meio que brincando com a idéia de conseguir que alguma revista me mande cobrir o julgamento de Eichmann. Muito tentada. Ele era um dos mais inteligentes do bando. Poderia ser interessante — além de horrível."[93]

XIV

GRANDE REPÓRTER

Em 23 de maio de 1960, o primeiro-ministro Ben Gurion anuncia ao Knesset, o parlamento israelense, que Adolf Eichmann foi raptado pelo serviço de segurança israelense na Argentina. Eichmann já se encontra em Israel e será julgado num futuro próximo, de acordo com as disposições da lei sobre a punição dos nazistas e de seus colaboradores. Seu nome é então desconhecido do grande público. Ele não estava entre os grandes criminosos de guerra julgados pelo tribunal militar internacional de Nuremberg. Seu nome foi pronunciado apenas no depoimento da testemunha Dieter Wisliceny, que fora delegado de Eichmann na Eslováquia, na Grécia e na Hungria. Chamado para depor em três de janeiro de 1946, ele declarou: "Eichmann tinha recebido poderes especiais; era responsável pela solução da questão judaica na Europa..." Mas ninguém sabia onde se encontrava Eichmann. Alguns pensavam que estava morto, uma vez que ele próprio havia anunciado a intenção de se suicidar após a capitulação.

Sabe-se, hoje, qual foi sua odisséia: feito prisioneiro de guerra pelos americanos, assume uma nova identidade. Evade-se ao ser informado sobre o depoimento de Wisliceny. Esconde-se durante quatro dias no lado ocidental da Alemanha, sob nome falso, foge rumo à Áustria e à Itália. Em Gênova, um monge franciscano providencia para ele um falso passaporte para a Argentina, e dois anos mais tarde ele manda buscar sua família. Em 1957, os alemães comunicam a informação ao serviço secreto israelense. No mesmo ano, Eichmann aceita conceder uma entrevista a um jornalista, um ex-nazista holandês chamado Sassen. Dois anos mais tarde, um agente israelense localiza a casa, sem água corrente ou eletricidade, em que Eichmann mora com a família em um bairro pobre de Buenos Aires.

Em 11 de maio de 1960, Eichmann é preso e trancado em uma casa em Buenos Aires, onde aceita assinar um texto que lhe foi preparado. "Compreendo que é inútil tentar escapar da justiça. Declaro-me pronto para ir a Israel e comparecer diante de um tribunal competente." Em 20 de maio, maquiado e drogado, Eichmann embarca em um avião israelense com destino a Tel-Aviv.

A polêmica sobre a legitimidade da captura inflama as mentes. Erich Fromm, célebre psicanalista de origem judaica, em uma carta publicada no *New York Times* de 11 de junho de 1960, afirma: "A captura de Eichmann é um ato ilegal exatamente do mesmo tipo daqueles de que os nazistas se tornaram culpados. É verdade que não há provocação pior do que os crimes cometidos por Eichmann; mas é justamente no caso de provocações extremas que o respeito à lei e à integridade dos outros países deveria ser posto à prova."[1]

Hannah acompanha apaixonadamente as polêmicas. Ela decidiu — sem saber muito bem por quê — fazer tudo para acompanhar o processo. Em sua correspondência com Jaspers, compreendemos que ela se sente mal. Em sua casa e nela própria, reina uma grande desordem. Seus projetos parecem estar na mesma situação. "Devo a desordem apenas a mim mesma e não estou certa de lidar com ela da maneira que convém."[2] Acompanhar o processo para se sentir melhor? Acompanhar o processo para tentar elucidar problemas filosóficos sobre o tema do mal, que ela enfrenta ao mesmo tempo e sobre o qual não consegue escrever, como observa em seu *Journal de Pensée*? Acompanhar o processo para compreender o incompreensível?

O fato é que ela envia uma carta a W. Shawn, diretor do *New Yorker*, para lhe fazer a proposta. "Só três linhas, nada de elaborado."[3] Duas semanas mais tarde, anuncia para Mary McCarthy: "Shawn me telefonou e parecia concordar em me deixar ir para eles, ficando bem claro que ele não tem de publicar nada do que eu possa produzir, mas que pagariam minhas despesas, ou ao menos a maior parte delas. Ótimo."[4]

Hannah ainda escreve Eichmann com apenas um *n*. Ninguém sabe a data do processo ou sua duração. "Ainda não sei que posição tomar diante disso, mas certamente não permanecerei em Israel todo o tempo." Na realidade, o processo vai atrapalhar todos os seus planos. Para 1961, Hannah havia aceitado um convite como *visiting professor* na Northwestern University. Ela antecipa suas conferências para janeiro, dará aulas sobre a revolução e um seminário sobre a filosofia política de Platão.

Escreve este poema:

Correrei então como corria em outro tempo
Pelos prados, pelos bosques e pelos campos:
Ficarás então como em outro tempo,
A salvação mais íntima do mundo.
Depois se contarão os passos
Pelo distante e pelo próximo;
Depois se contará esta vida
Que foi o sonho de cada instante.[5]

Seus amigos a desencorajam e não compreendem sua obstinação em querer interromper todas as suas atividades para acompanhar o processo Eichmann. Jaspers insiste e até mesmo lhe propõe que volte atrás: "O processo Eichmann não lhe trará prazer. Acho que ele não poderá se desenrolar de maneira satisfatória. Temo sua crítica e acho que você deverá guardá-la para si mesma, na medida do possível."[6] Ela não se incomoda, e chega a confessar: "Para mim, a situação se apresenta de maneira tal que dependo inteiramente do processo."[7] Fica com vergonha — é a palavra que emprega — por se ter objetivamente deixado implicar no que chama de "essa confusão".[8] Mas irá até o fim. Até o fim de quê? Da elucidação de um fragmento de sua história pessoal? De sua relação com a Alemanha? Da significação do que quer dizer para ela ser judeu?

É nesse estado de perturbação e de ausência de referências em que então se encontra que escreve a Jaspers: "E no entanto, caro amigo, jamais me perdoarei por não ir ver esse desastre ao vivo e em toda a sua estranha inanidade. Não se esqueça de que deixei a Alemanha muito cedo e de que vivi tudo isso muito pouco diretamente."[9]

Antes de partir para Israel, Hannah trabalha o dossiê jurídico e evoca, em longas conversas com Heinrich, todas as possibilidades. Para ela, ao contrário do que pensa Karl Jaspers, Israel tem o direito de julgar Eichmann. É verdade que a Alemanha poderia tê-lo reivindicado mas não o fez. É verdade que ele foi seqüestrado mas o homem escapava de todas as jurisdições uma vez que a Argentina recusava a extradição dos nazistas refugiados em seu solo. É verdade que ele poderia ter sido abatido em plena rua e o autor da execução poderia ter se entregado logo à polícia como o fizera Samuel Scwarzbard. Este último, explica Hannah, tinha abatido em Paris, em 1926, o assassino de seus pais, um certo Simon Petlioura, que havia organizado *pogroms* na Ucrânia durante a guerra civil, e foi absolvido pelo tribunal.[10] "Nesse caso também teria havido um processo, tudo teria vindo à baila, como hoje — mas com um outro herói no papel principal."[11] É verdade que Israel não pode pretender juridicamente falar em nome de todos os judeus do mundo. Mas quem pode falar em nome de todos os judeus do mundo senão Israel? É preciso, portanto, se render à evidência: "Era a única instância política que possuíamos. Ela não me agrada particularmente mas não posso fazer nada."[12]

Para Hannah, antes de partir, as coisas estão claras. "Israel tem o direito de falar em nome das vítimas porque a maioria delas — trezentos mil — vive atualmente em Israel como cidadãos."[13] Israel ainda não existia na ocasião dos fatos? Hannah refuta o argumento e, ao contrário, afirma: "Poderíamos dizer que foi para essas vítimas que a Palestina se tornou Israel."[14] Mas Hannah não deixa de se sentir pouco à vontade. Ela acha que quererão provar certas coisas à juventude israelense e à opinião pública. Estima que esse processo também tem por meta fazer com que os judeus do mundo inteiro compreendam que só se pode viver em segurança em Israel. Além disso, Ben Gurion quer se servir do caso como pretexto para lembrar aos alemães sua culpa a fim de que continuem a pagar "reparações".[15] Pois Hannah, antes do início das audiências, teme duas coisas: por um lado, que Ben Gurion instrumentalize o acontecimento e o utilize com fins de propaganda sionista, o que ela considera um desastre, e, por outro lado, que se compreenda que durante a guerra os judeus ajudaram os nazistas a organizar seu próprio aniquilamento. Ela teme que Eichmann demonstre o que chama de "essa verdade nua e crua",[16] que esse processo seja conduzido, segundo suas palavras, de maneira tão perfeita que essa verdade seja subitamente revelada para o mundo inteiro. Pois essa verdade, "se não for realmente explicada, poderia suscitar mais anti-semitismo que dez capturas",[17] explica ela a Jaspers. Para Blücher, ela diz temer que o processo se desenrole com o objetivo único de mostrar que "o massacre dos judeus é uma atividade normal para os não-judeus",[18] o procurador já não está explicando, aliás, que "Hitler é o último de uma série que começa com Faraó e Hamã"?[19] Ela também acha que o acusado não é o certo e afirma: "Infelizmente já está mostrado que o senhor Eichmannn não tocou pessoalmente em nem um fio de cabelo de um judeu, e até mesmo que a seleção daqueles que eram enviados para a morte jamais foi realizada por ele e por seus cúmplices."[20]

De seu lado, Jaspers acha que esse processo foi deformado na base, pois não se resolverá assim, diante de uma tal instância, um problema que está ligado aos fundamentos da humanidade. Sugere, pois, a Hannah que reflita sobre a seguinte idéia, "louca e um pouco simplória",[21] mas na qual ele acredita com firmeza: que Israel deveria renunciar ao procedimento judiciário em favor de um procedimento de investigação e de esclarecimento, visando a uma melhor objetivação dos fatos históricos. Ele desejaria que Israel declarasse não poder pronunciar um julgamento pois esses "acontecimentos se situam além do que pode ser alcançado pela jurisdição legal de um Estado".[22] Propõe, então, a Hannah que sugira às autoridades israelenses suas próprias propostas. Hannah recusa expressamente. Responde-lhe que vai ao processo unicamente como repórter, uma modesta repórter — ela não trabalha para um grande jornal mas para uma revista, que, além de tudo, é uma revista não judaica —, o que aos seus olhos é muito importante, pois lhe dará a possibilidade e a liberdade de ser crítica — ela não tem, portanto, nenhuma responsabilidade sobre o que vai acontecer lá. "Se eu tentasse algo agora, como você me sugere, os israelenses provavelmente me excluiriam como repórter — e com razão."[23]

A data de abertura do processo é adiada, complicando ainda mais a agenda de Hannah, contrariando seus projetos de viagem na Europa mas dando-lhe também tempo para problematizar o acontecimento antes que ele se produza. Ela trabalha as relações entre o político e o jurídico, reflete sobre a natureza do mal e forma sua opinião sobre o governo israelense.

Jaspers acha que o Estado de Israel possui, talvez, o que ele chama de um "algo mais", e que esse "algo mais" poderia agir na ocasião do processo e fazer surgir do nada "uma séria noção de humanidade". Por quê? Porque são judeus: "[...] esse povo nascido de Adão, [os judeus] foram os primeiros a lançar a idéia da proteção do estrangeiro, do amor ao próximo e da solidariedade de todos os homens."[24] Hannah, ao contrário, tem uma lastimável opinião a respeito de Israel. Escreve de Evanston, em 5 de fevereiro de 1961, que "esse Estado está podre".[25] Apóia-se, para afirmar isso, no caso Lavon, que levou à queda de um político israelense, e acrescenta: "E que perigoso 'idealista' é este senhor Ben Gurion, que naturalmente manipulou todo o caso. Você vai me dizer: isso não tem nada a ver com o processo Eichmann. Não estou certa disso; pois o caso Lavon está na raiz da atmosfera atual desse país. E conduzir esse processo em uma tal atmosfera..."[26]

O processo é aberto em 11 de abril de 1961. Hannah toma um vôo para Paris no dia 8 e na manhã seguinte voa para Jerusalém, onde se instala no Hotel Moryia, na King George Street. Ela reencontra o casal Klenbort, sua família — os primos Fuerst e suas duas filhas — e apressa-se em abraçar seu mentor e amigo Kurt Blumenfeld.

Karl Jaspers está preocupado. Tem pressentimentos sombrios. Fez tudo para que Hannah não fosse para Israel mas fracassou. Então suplica-lhe: "Acho, em todo caso, que não se deve atacar Israel e o tribunal israelense, mas ressaltar para cada caso as razões humanas que são, infelizmente, tão naturais."[27] Hannah abre essa carta em Jerusalém. Jaspers envia anexada a transcrição de uma entrevista radiofônica sobre os desafios do processo, feita com ele por François Bondy.

As coisas começam mal. Está frio. Heinrich compadece-se dela: "Você está realmente no centro dos tempos obscuros."[28] Hannah lhe responde: "O hotel em que eu estava hospedada era horrível, e como você pode constatar, fui embora para longe da cidade, que é barulhenta e feia, cheia de uma multidão oriental como se pode ver no Oriente Médio, os elementos europeus foram realmente rechaçados, a balcanização progrediu em todos os aspectos."[29] Faz três dias que o processo começou e Hannah já está cheia.

Processo-espetáculo

São 8:55 h do dia 12 de abril de 1961, quando Eichmann entra na Casa do Povo de Jerusalém, cuja construção acaba de ser concluída e que se transformou na cidadela que os israelenses apelidaram de Eichmanngrad. Na sala, que se assemelha a uma sala de reuniões, foi instalada para o acusado uma meia-jaula de vidro que permanecerá como um dos símbolos do processo. O filme de Rony Brauman e Eyal Sivan, *Un spécialiste* [*Um especialista*], restitui com força a atmosfera ao mesmo tempo grave e excitada. Seiscentos jornalistas vieram de todo o mundo para acompanhar o acontecimento. Alto, magro e seco, com o rosto calmo, assim é Eichmann. Hannah, como todos os que estão na sala abarrotada, tem o olhar fixo sobre ele. Ela se levanta para vê-lo melhor. Tira seu caderno. Longo silêncio. Anúncio do oficial: o tribunal. Eichmann se põe em posição de sentido...

Ela tinha previsto: esse processo seria um desastre. Não espera nada da justiça israelense e não tem a intenção de desperdiçar mais de um mês no que considera desde já "uma brincadeira".[30] Hannah está em plena contradição: por que se ter deixado levar a abandonar todos os seus compromissos, a interromper seu trabalho em andamento no texto sobre a revolução, para ir acompanhar esse processo cujos dados ela acredita que já estejam previamente viciados? Jaspers não estava errado ao insistir, ao preveni-la, em várias ocasiões, de que ela estava se infligindo uma prova: "Temo que o que você venha a ouvir a deprima e a revolte. Seria maravilhoso se eu estivesse enganado."[31]

O juiz Moshe Landau — um homem que Hannah acha "extraordinário — cheio de ironia, sarcasmo e amável paciência"[32] — desfia os quinze principais artigos de acusação. Nas quinze vezes, à pergunta "O senhor se declara culpado?", o acusado responde com uma fórmula utilizada por alguns réus de Nuremberg: "Inocente, no sentido da acusação." Todos os olhares estão fixos sobre Eichmann. Ela não é a única a achá-lo... insignificante. O enviado especial do *Le Monde*, Jean-Marc Théoleyre, escreve: "O homem está ali, silencioso, imóvel, elegantemente vestido, praticamente sem um gesto. Sabe-se quem ele é. Sabe-se quem ele foi. Mas um esforço intenso é necessário para conseguir se convencer de que este dia é o da abertura de um processo motivado por seis milhões de mortes."[33]

Depois intervém o advogado de Eichmann, Robert Servatius, que Hannah qualifica como "personagem untuoso, hábil, e sem dúvida completamente corrupto, mas bem mais inteligente que o procurador-geral".[34] Pois o procurador-geral, Gideon Hausner, e isto é um eufemismo, não a agrada. Ela não será sensível como seus confrades jornalistas às suas respostas ao advogado de defesa de Eichmann, que ela julga contraditórias e repetitivas, nem ao seu ato de acusação: "Quando me ponho diante dos senhores, juízes de Israel, nesta corte, para acusar Adolf Eichmann, eu não estou sozinho. Aqui comigo neste momento estão seis milhões de promotores. Mas eles não podem levantar o dedo acusador na direção à cabine de vidro e gritar *j'accuse* contra o homem ali sentado [...]. Seu sangue clama ao Céu, mas sua voz não pode ser ouvida. Por isso cabe a mim ser seu porta-voz e pronunciar a infame acusação em seu nome."[35] Durante mais de dez horas, Hausner conta a tragédia dos judeus na Europa entre 1933 e 1945.

Hausner se revela, para a quase totalidade dos jornalistas que assistem à abertura do processo, como o autor de uma das mais perturbadoras lamentações de todos os tempos, um momento de misericórdia durante o qual o público, à beira das lágrimas, como ele, retém a respiração. Ele reconstitui o passado de todas as vítimas das quais se faz porta-voz e recorda o massacre de mais de um milhão de crianças judias cujo sangue inundou a

Europa. Na sala, jornalistas choram em silêncio. Foi um momento inesquecível para todas aquelas e aqueles que estavam presentes. Haïm Gouri, repórter para o jornal israelense *Lamerhav* e professor, conta que, no desfecho do discurso de Hausner, estava tão emocionado que não podia falar para dizer o que sentia, e que, quando voltasse à sua escola, leria poemas para seus alunos a fim de tentar reduzir a distância que o separava de si mesmo, tamanha era a força com que o choque afetivo o tinha dividido em dois.

Mas Hannah qualifica Hausner como um judeu da Galícia muito antipático, que comete constantemente erros de gramática, "sem dúvida um destes indivíduos que não sabem língua nenhuma",[36] acrescenta ela com condescendência. Ao contrário de todos aqueles que assistiram ao processo e ficaram perturbados com as palavras do procurador, considera o requisitório tedioso, "hiperlegalista",[37] artificial, urdido com erros grosseiros, e difícil de ser ouvido de tanto que fora interrompido pela emoção daquele que o pronunciava. Desde o início, começa a impacientar-se e acha que o tempo custa a passar: "O caso está organizado de tal maneira que, a não ser que ocorra algum milagre, pode durar até o Julgamento final. É pura loucura. Cada um aqui admite isso perfeitamente — à exceção dos procuradores e de Ben Gurion, suponho."[38]

Hausner retorna à definição dos crimes de guerra e dos crimes contra a humanidade tal como foram definidos pela Carta de Nuremberg, e explica por que, durante o processo, pretende dar um lugar particular ao crime contra o povo judeu: "É normal. Os outros povos passaram por catástrofes. Mas não por um holocausto... Só há um povo de fato que o regime nazista havia decidido exterminar: era o povo judeu."[39] Essa extenuante fase do processo[40] ocupa quatro sessões e se estende por três dias. Hannah já não agüenta mais. Ela critica o procurador, que, "com seu gosto pela encenação", tenta fazer desse processo um processo-espetáculo. Descreve um homem que exagera, lança freqüentes olhares ao público, capaz de uma cabotinagem que trai "uma vaidade maior do que o normal, que finalmente triunfa ao receber do presidente dos Estados Unidos os parabéns pelo 'trabalho bem-feito'".[41]

Hannah se impacienta com tudo: com a lentidão das sessões, com o sotaque do procurador, e até mesmo com a língua utilizada durante o processo: "Essa comédia com o hebraico enquanto todos sabem alemão e pensam em alemão."[42] Ela reduz Israel a uma residência de judeus alemães exilados e recusa a idéia de que esse Estado possa retirar sua riqueza e sua existência de sua diversidade de origens étnicas. Descreve nestes termos o que acontece em torno do tribunal: "Um bando de meninos judeus e de judeus de cachinhos se reúne como para qualquer ocasião sensacional."[43] Acha a polícia israelense pouco tranqüilizadora: "Ela só fala hebraico, tem o tipo árabe, às vezes tipos com a aparência particularmente brutal."[44] Hannah não gosta de Jerusalém: "O populacho oriental como se estivéssemos em Istambul ou em outros países semi-asiáticos. E no meio de toda essa gente os judeus peies[45] e de cafetã, tornando impossível a vida para qualquer pessoa de bom senso."[46] Deixa, aliás, o centro da cidade para se instalar em Bet Hakerem, no subúrbio, com François Bondy. Afirma que o interesse pelo processo Eichmann foi artificialmente suscitado, irrita-se com a presença de alemães que caem permanentemente, segundo ela, no excesso de zelo, e se extasiam com tudo: "Dá vontade de vomitar, com a licença da palavra',[47] diz ela a Jaspers, e põe em dúvida, desde o segundo dia, o próprio princípio do processo. "Não sei o que realmente se quer e duvido, aliás, que alguém o saiba."[48] Teme que os debates se estendam por meses sem que aspectos essenciais do que chama de "caso diabólico"[49] sejam claramente trazidos à luz.

Desde os primeiros dias, ela censura o procurador por construir sua acusação sobre os sofrimentos dos judeus, e não sobre os atos de Adolf Eichmann. Este último não é, porém, "uma águia, mas um fantasma",[50] vagamente patético, em má forma, resfriado, e perde a cada minuto um pouco mais de sua substância. Ela confirma essa impressão ao marido: "Parece a materialização de uma sessão de espiritismo. Não é sequer inquietante."[51] Persuade-se desde o início que "o país praticamente não se interessa de fato pelo caso"[52] e que o processo foi artificialmente posto em evidência pelo governo.

Os fatos mostrarão que ela estava errada. Ainda que, nos primeiros dias, tenha sido seriamente eclipsado pelo lançamento no espaço do soviético Iuri Gagarin, o processo cativou cotidianamente a opinião pública israelense, que acompanhou com paixão as diferentes fases dos procedimentos, e particularmente os depoimentos das testemunhas que se seguiram ao requisitório do procurador, e foram transmitidos ao vivo pelo rádio. O país inteiro estava conectado ao que se dizia em torno do tribunal. Na rua, os passantes tinham sempre um rádio na mão.[53]

Hannah está agora instalada em um quarto no meio das colinas, bastante próximo da universidade em que se hospedam a equipe de televisão americana, os jornalistas dinamarqueses e François Bondy. Este último, hoje falecido, se lembrava há quatro anos, quando teve a gentileza de me receber, das conversas intermináveis e passionais sobre o processo que tinha, todas as noites e todos as manhãs durante o café, com Hannah Arendt. François Bondy não compartilhava da raiva que ela sentia dos alemães que tinham vindo acompanhar o processo — ela os acusava de um "filosemitismo que dá vontade de vomitar".[54] Da mesma maneira, Bondy não tinha a mesma suspeita em relação a Ben-Gurion e constatava, regozijando-se com isso, que o processo tomava uma amplitude emocional quase metafísica, da ordem da revelação para o povo israelense, dimensão que Hannah não pôde, não quis, ver e compreender.

"Aqui tudo se passa como previsto, ups and downs",[55] escreve ela ao marido. Até mesmo Edna, sua sobrinha que virá de Tel-Aviv para encontrá-la, dá testemunho do estado de tensão e paixão em que estava Hannah. Os depoimentos das testemunhas acabam de começar. A título de primeira testemunha, a acusação cita no tribunal Eichmann, ou mais exatamente sua voz: longos trechos do depoimento prestado por ele ao capitão Avner Less, durante quatro meses, após sua chegada a Israel.[56] Estranha impressão a de ouvir a confissão, freqüentemente caótica de um homem, saindo de um gravador, em presença desse mesmo homem, que escuta sua própria voz, ao mesmo tempo que inclina a cabeça por trás de suas paredes de vidro, no meio desse tribunal abarrotado, na presença de centenas de jornalistas de todos os países.

Esse homem disse que gostaria de ser enforcado em público. Esse homem se ouve dizer isso diante da corte e da platéia. Hannah fica literalmente boquiaberta. Diz isso a Heinrich e acrescenta: "E o todo é absolutamente normal, indescritivelmente mesquinho e repulsivo. Ainda não estou entendendo nada, mas sinto que tudo vai se decantar de uma hora para outra, quando eu estiver em casa, naturalmente."[57] É preciso que nos detenhamos nesse "Ainda não estou entendendo nada". Hannah expressa assim, sem desvio, seu espírito de lealdade, seu desejo de abordar a verdade, e percebe também que esse estado de suspensão do julgamento no qual está mergulhada terá para ela conseqüências tanto psíquicas quanto intelectuais. Ela experimenta uma grande confusão. Não gosta que o processo se torne aos poucos uma questão entre judeus e alemães. Lembranças lhe retornam à mente. O que ela ouve a perturba em seu âmago e a leva a regiões de seu imaginário que não domina. Confessa, assim, ao marido: "Ontem pude ver a juventude judaica cantar em torno de uma fogueira canções sentimentais, exatamente como no tempo de nossa juventude, e nós já naquela época detestávamos isso. Os paralelos embaraçam muito; principalmente nos detalhes."[58]

Chega então o momento de ouvir os sobreviventes. Se Hannah manifesta então o que alguns considerarão frieza, impaciência ou até mesmo, em relação a certas testemunhas, irritação, é preciso lembrar que ela não é a única, e que mesmo em Israel, na época, a repugnância à idéia de considerar os judeus como vítimas era forte. A imagem do judeu corajoso, revoltado, que lutou por sua independência e pela criação de seu Estado, tinha suplantado a do homem que chora e se lamenta sem querer agir, aceitando, ao interiorizá-lo, seu destino. Para o processo, haviam sido escolhidas as testemunhas que sabiam expressar-se melhor e pediu-se a elas que dessem ênfase, em seus depoimentos, à resistência, à revolta, à vingança. O procurador, assim como o primeiro-ministro, queria sensibilizar aquela juventude sem avós que não compreendia o extermínio dos judeus ou não queria saber nada a respeito, e que havia até mesmo fabricado uma certa repulsa em relação ao passado. Era preciso apagar a imagem recorrente dos judeus europeus levados ao abatedouro. Reconstituição de um desastre humano, o processo captará a atenção do povo israelense, mas ressoará no mundo inteiro como uma lição de memória, de dignidade e de honra reconquistadas.

A audição de inúmeras testemunhas que não tinham necessariamente ligação direta com a história de Eichmann visava fazer com que o povo israelense ouvisse a dor enfim expressa dos sobreviventes. Ela começa em 24 de abril com uma dissertação filosófica e histórica sobre o anti-semitismo, proferida, a pedido do procurador, por um amigo de Hannah, o historiador Salo Baron. Desde então professor da Universidade de Columbia, titular da cátedra de história judaica, Baron vem dar testemunho da amplitude das destruições e das irreparáveis perdas sofridas pelo judaísmo europeu. Ele fala calmamente e traça, como se se dirigisse a uma platéia de estudantes, um amplo quadro da história dos judeus desde o início da humanidade até a ascensão do hitlerismo. Evoca com ardor a potência deste judaísmo europeu farto e diverso, rico em pensamentos e em ações, contribuição inestimável para a cultura dos povos. Conclui com estas palavras: "Sem o hitlerismo, doze milhões de judeus viveriam ainda hoje na Europa."

O advogado de defesa de Eichmann, Servatius, pergunta a ele: "*Herr Professor*, o senhor nos falou amplamente do anti-semitismo. Como o senhor explica o ódio que todos sentem pelos judeus?" Silêncio na sala. Qual é o sentido de uma questão como essa? Haveria uma fatalidade original que pesaria sobre os judeus? O advogado queria assim reduzir a carga de seu cliente?[59] Em inglês, Baron responde: "*Dislike the unlike.*" Não se gosta do que é diferente. Entre Servatius e Baron se trava então um estranho diálogo em que entram em pauta o determinismo, os problemas do espírito e do direito, o sentido da história, Hegel e Spengler. Baron expõe a significação do bem e do mal face à história, da responsabilidade do homem diante de seus atos. Servatius lhe responde que "a história é um processo cultural que tem continuidade sem nenhuma influência direta do homem". Baron soube deixar o céu das pseudodemonstrações filosóficas para retornar às terríveis realidades judiciárias. Lembrou que "nenhuma teologia da predestinação isentava os homens da responsabilidade individual por seus atos".[60]

Hannah espera impacientemente pela audiência da tarde, que permitirá escapar dos discursos generalistas para ouvir os sobreviventes; 72 sessões em um total de 121 foram dedicadas a ouvir as cem testemunhas de acusação que, país por país, fizeram suas narrativas de horror. O primeiro a depor é Zyndel Grynszpan, um judeu polonês cuja expulsão da Alemanha, no outono de 1938, ao mesmo tempo que a de 12 mil outros judeus, incitou o filho, Herschel, a atirar em Paris no diplomata alemão Ernst von Rath, fornecendo assim o pretexto para a "Noite de cristal". Hannah se emociona. Lembra-se de sua alegria, naquele dia, ao saber daquele gesto de resistência, e da manifestação de que participou em seguida à prisão de seu autor. Fica, enfim, abalada. Estão terminadas as recriminações contra os procedimentos do procurador, suspensos os julgamentos ferozes contra o governo israelense, suspeito de recuperar o processo para fins políticos, esquecidas as recriminações contra a epidemia de filosemitismo dos alemães que vieram assistir aos debates e que sofrem de "israelite" aguda.[61] Hannah é atingida em cheio. Ao marido, ela conta: "É muito duro escrever daqui, pois muitas coisas estão acontecendo. De toda maneira, o processo é bastante interessante. Hoje, por exemplo, havia o pai de Grynszpan contando simplesmente como os nazistas despacharam sem aviso prévio para a fronteira da Polônia todos os judeus poloneses (mas naturalizados alemães) com dez marcos no bolso. Um velho senhor, com o quipá das pessoas piedosas, muito simples e muito direto. Nenhuma grandiloqüência. Muito impressionante. Pensei comigo que, ainda que no fim das contas fiquemos apenas nisso, o fato de que um simples qüidam, que sem isso jamais teria tido a oportunidade, possa dizer alto e forte, em dez frases, sem nenhum pathos, o que aconteceu, só isso vale a pena."[62]

Como os outros seiscentos jornalistas presentes, Hannah tem acesso ao texto dos interrogatórios de Eichmann por Avner Less, editados em seis enormes volumes. Ela toma conhecimento deles imediatamente. Acha às vezes os depoimentos "cômicos", mas, no conjunto, ao mesmo tempo "espantosos e grotescos".[63] As confissões de Eichmann deixam nela a impressão de uma confusão caótica, um discurso narcísico no qual lembranças de juventude se misturam a considerações sobre si mesmo e seu destino, combinadas com comentários pessoais sobre as estruturas e as práticas do Terceiro Reich. Para Léon Poliakov, que também lê de imediato os interrogatórios, Eichmann aparece como um homem de inteligência muito acima da média, mas que carece singularmente de envergadura e de brilho. Poliakov acrescenta: "Querer fazer seu retrato moral é empreender a fisiologia do

Terceiro Reich, de sua covardia e de seus vícios, através de um de seus valetes insignes; cheio de solicitude para consigo mesmo, Eichmann se concede mais elogios do que culpas, e não parece duvidar, no fim das contas, de sua própria virtude. Em certos momentos, o homem parece atormentado de remorso, afirma estar pronto para expiar seus crimes, não pede piedade e se diz disposto a se fazer enforcar em público para que os anti-semitas do mundo inteiro possam vê-lo."[64] Ele também se apressa em reduzir a extensão de suas responsabilidades e proclama que sua consciência está em paz. Ao policial que o interroga, ele responde: "Minha culpa é grande, sei disso. Mas nada tenho a ver com o assassinato dos judeus. Nunca matei um judeu e nunca matei um não-judeu; nunca matei ninguém. Nunca dei ordem para que assassinassem um judeu, nunca dei ordem para que assassinassem alguém. Talvez seja isso que me proporciona uma paz interior. Sou culpado, sei disso, porque cooperei com as deportações. Sei disso e estou pronto para expiá-lo."[65] Essas frases de Eichmann obsedam Hannah, que tenta compreendê-las como filósofa e não como moralista, dissociando a culpa da responsabilidade.

Durante essa temporada em Israel, Hannah está sempre cercada. Em primeiro lugar por seu primo, Ernst Fuerst, a esposa Kaethe e as duas filhas. Sua sobrinha Edna se lembra de não tê-la deixado desde os primeiros dias do processo e de tê-la acompanhado ao tribunal. Hannah vê também a cada dois dias seu velho amigo Blumenfeld — seu queridíssimo Kurt —, que lhe preparou uma farta documentação sobre as condições do processo e a informa sobre a atmosfera da opinião pública israelense. Kurt também a põe em contato com seu amigo Pinhas Rosen, então ministro da Justiça. Recordemos que com o *New Yorker* foi combinado que se tratava de uma tentativa, isto é, que o jornal cobriria as despesas do deslocamento mesmo que ao final se revelasse que o que ela escrevera não lhe convinha. Essa liberdade é fundamental para compreender em que estado de espírito Hannah se encontra em Jerusalém. Ela não é obrigada a escrever "no calor da hora" e, aliás, não o faz. Toma apenas algumas notas. Decidiu que só poderia realmente escrever após a sentença, isto é, três meses após ter deixado Israel.

Hannah aproveita, portanto, sua rede de amizades para sair, viajar pelo interior do país, ir a Safed, a São João de Acre. Visita kibutzim, revê velhos conhecidos e faz novos encontros, em especial aquele, memorável, de Golda Meir, então à frente da diplomacia israelense. As duas mulheres têm muita coisa em comum: a acuidade da inteligência, a exigência em relação a si mesma, a autoridade natural e a crença na política como possibilidade de vida comum. Elas discutem uma noite inteira sobre a Constituição, sobre o peso da religião e da soberania do Estado, sobre a interdição de casamentos mistos. Brigam e não conseguem concordar, mas no fim da noite a conversa se torna quase amistosa, e é Hannah quem entrega as armas: "No fim, como eu estava muito cansada, meu problema se resumia à seguinte questão: como fazer com que um ministro das Relações Exteriores vá dormir quando ele ou, no caso, ela não tem a menor intenção de fazê-lo?"[66] Ela encontra também, uma noite, na casa de Blumenfeld, o presidente do tribunal Moshe Landau, que ela acha amistoso e notável, como repete a Jaspers. "Um homem extraordinário! Modesto, inteligente, muito aberto [...]. Do melhor judaísmo alemão."[67] Ela acompanha seminários de história e de filosofia na universidade. Diverte-se. Fania, a esposa de Gershom Scholem, organiza uma noite em sua homenagem e convida todos os seus antigos companheiros de Berlim que decidiram viver em Israel.

Hannah vai todos os dias ao tribunal. Ouve as testemunhas seguintes, ex-funcionários de diversas organizações judaicas alemãs e austríacas que tiveram contatos pessoais com Eichmann, como Benno Cohen, ex-presidente da Federação Sionista da Alemanha. Seguem-se as crônicas das humilhações infligidas por Eichmann às testemunhas, que, todas, dizem que ele se tornou, a partir de 1938, violento e autoritário, agressivo, injurioso, arrogante. Esses testemunhos são entrecortados por longas leituras de documentos provenientes seja de Eichmann, seja de Hitler, de Goebbels, de Himmler ou de Reinhardt Heydrich, o superior de Eichmann. Para iniciados como Hannah, esses documentos administrativos nada trazem de novo: quase todos se tornaram públicos quinze anos antes, na ocasião do processo de Nuremberg. Porém, como disse o procurador, era preciso "fazer com que as provas se imbricassem umas nas outras". De novo, Hannah se entedia, mesmo quando esse trabalho de demonstração um pouco fastidioso reserva surpresas e traz novidades em um domínio onde se acreditava que tudo já tivesse sido dito, especialmente sobre a Conferência de Wannsee.[68] Ela tem a impressão de estar perdendo seu tempo e nunca manifestou a intenção de acompanhar a totalidade do processo.

Günther, Heinrich, Karl...

Hannah tem que deixar Jerusalém em 6 de maio. Abandona, pois, o processo no início de sua segunda fase, justamente no momento em que este atinge seu ponto de intensidade culminante. Como dirá com força Léon Poliakov: "Desde então o que estaria em questão não seriam mais crueldades e humilhações mas mortes em série."[69] "O horror se instalou inevitavelmente."[70] Mas antes de partir, Hannah ainda ouve vários testemunhos.

Em primeiro lugar, o de Leon Weliczker-Wells. Único sobrevivente de uma família de 76 membros, que sobreviveu por ter trabalhado em um *Sonderkommando*, brigada de morte encarregada de suprimir todos os traços dos massacres cometidos pelos nazistas. Nessa brigada, ele era o "contador", que verificava se todos tinham sido queimados. "Um dia, participei da abertura de uma fossa da qual foram desenterrados 181 corpos, e tivemos que procurar o último corpo, o centésimo octogésimo segundo, que estava faltando nas contas. O corpo que faltava devia ser o meu corpo."

Esse depoimento, o mais longo dos que foram realizados durantes aqueles terríveis dias 1 e 2 de maio, se encerrou pela narrativa da tentativa de rebelião do *Sonderkommando* 1005, que permitiu que o jovem adolescente que era então a testemunha se evadisse. A essa testemunha, o procurador Hausner faz, como às outras, a mesma pergunta, a pergunta leitmotiv, a pergunta que Hannah Arendt considerará em seu livro "tola e cruel" mas cuja paternidade lhe será no entanto, escandalosamente, atribuída: "Por que você não se rebelou?"

Hannah certamente não se esquecerá do testemunho de Rivka Yosselewska, que foi abatida com seu filho nos braços e lançada numa fossa comum cheia de cadáveres, em uma aldeia perto de Pinsk, e que, à noite, compreendendo que estava viva, conseguiu arrancar-se da massa dos mortos. "Por que você não se rebelou?" perguntará novamente o procurador a uma outra testemunha, o doutor Moshe Bejsky, que respondeu que não podia descrever, dezoito anos depois, o sentimento de terror que o habitava. Arrasada, Hannah assiste a esses depoimentos. Fica impressionada com esses testemunhos mas acha que "o processo é realmente um processo-espetáculo" e que "são mostradas muitas coisas que nada têm a ver com Eichmann",[71] como, por exemplo, os acontecimentos na Polônia. Continua persuadida de que o processo é orquestrado por Ben Gurion, e confessa a Heinrich em 6 de maio de 1961: "Estou muito contente por ir embora daqui, ainda que eu não quisesse perder essa oportunidade [...] o show é realmente muito impressionante."[72] Ela assiste ainda ao início do novo ciclo de testemunhos desejados pelo procurador: o dos resistentes. Em Jerusalém, todos esperam por esse momento. O rádio retoma a transmissão dos debates, que havia sido interrompida.

Como diz luminosamente Haïm Gouri, "esperávamos que os resistentes aparecessem. Será que desejávamos tanto vê-los por termos vergonha de fazer parte dos vencidos?"[73]

Durante essas semanas, Hausner não esconde que desejava que se conhecesse a verdade a respeito dos fatos de resistência, dos inúmeros atos de heroísmo, das revoltas, e que o processo pudesse ter um impacto sobre a juventude israelense, que não parava de perguntar por que não tinha havido mais movimentos de revolta. A Hannah só resta ficar muito emocionada com o testemunho de uma sobrevivente do gueto de Varsóvia, Zivia Lubetkin Zuckerman,[74] que se insurgiu durante 40 dias: "Nós sabíamos que seríamos vencidos mas sabíamos também que iríamos vender caro nossas vidas... Tudo isso representava uma certa compensação por nossos sofrimentos, por nossa vida, e talvez por nossa morte."

Hannah passa a noite de 6 para 7 de maio num hotel do aeroporto de Tel-Aviv. Antes de voar para Zurique na manhã do dia seguinte, escreve a

Heinrich sobre suas impressões: "[...] os judeus querem contar seus sofrimentos para o mundo inteiro e se esquecem de que estão ali para representar atos. É evidente que sofreram mais do que Eichmann. Este é o centro do problema: querer fazer de um processo ao mesmo tempo uma espécie de inventário histórico. E além disso, por mais atrozes que esses crimes tenham sido, eles não são *unprecedented*; e não sou a única, muitos outros também têm o sentimento desagradável de que o essencial se encontra simplificado sob uma miscelânea de atrocidades e crueldades."[75]

De Zurique ela vai para Basiléia, em 8 de maio, e se instala num hotel charmoso com vista para o Reno, onde se recupera de suas emoções. Revê Jaspers com alegria, mas este a acha muito cansada e tensa. Para Heinrich, ela escreve: "Estou tão feliz por me ver novamente em condições normais, por ter saído daquela histeria generalizada, daquelas traições em todo canto, daquelas práticas orientais, em suma..."[76]

Ela diz que está tomando distância em relação ao processo. Podemos duvidar disso se considerarmos a maneira sistemática com que lê tudo o que se publica na imprensa sobre o tema. E depois de ter deixado Jerusalém, passa de fato boa parte de seu tempo tentando saber o que está acontecendo por lá... "Em suma, o procurador-geral não acusa Eichmann mas o mundo inteiro, a defesa defende Deus sabe que interesses, mas em todo caso não os de Eichmann. De toda maneira, todo mundo sabe perfeitamente qual vai ser o veredicto. E Eichmann está ali no meio daqueles pacotes de dossiês e conduz a dança."[77]

De Basiléia, ela vai para Munique, onde, durante uma semana, trabalha na história da revolução. Os livros da biblioteca são levados, graças à mediação de seu editor, ao seu quarto na pensão Biederstein. Depois ela vai ministrar um seminário nas colinas da serra do Eifel para estudantes da fundação de bolsistas alemães, que ela acha agradáveis e inteligentes.

De volta a Munique, revê Günther Anders, seu primeiro marido, com quem passará um dia inteiro reconstruindo o mundo. Não o vê há 12 anos e não fala de fato com ele há 25. Hans Jonas, que, dois anos antes, durante uma viagem à Europa, o achara cruel, insuportável, vaidoso, vulgar, tinha prevenido Hannah: "No plano físico, ele está novamente bem, exceto pelos dedos lastimavelmente curvados pela artrite; no plano moral, porém, reduziu-se a um anão feio e cruel, sua mente se tornou burra, orgulhosa e sem julgamento. Uma lembrança da humanidade que não vê mais o homem — não vê mais *nenhum* homem — sem mais nenhum amor, evidentemente; o profeta do Apocalipse, aquele que cobiça o Prêmio Nobel da Paz."[78] Por que Hans Jonas se mostra tão violento em relação ao velho amigo de adolescência que ele tanto admirou? O que o choca é justamente o que vai interessar Hannah: seu estilo de pensar, que hoje chamaríamos de politicamente incorreto, sua interpretação da história, sua definição de responsabilidade, sua abordagem nova e incandescente do mal. Hannah ouve as teorias de Günther e também aceita socorrê-lo materialmente. Ele já lhe tinha confessado por escrito sua imensa solidão, seu desespero, e lhe pedia que o ajudasse a salvaguardar seus escritos não publicados. Não tem mais dinheiro para viver e espera poder ter êxito em seus procedimentos junto às autoridades alemãs visando receber reparações. Precisa, portanto, de testemunhas de seu passado: "Mas hoje não há mais ninguém vivo que pudesse atestar todas as falsas promessas que me faziam em Frankfurt na expectativa de um tempo menos apodrecido pelo nazismo — Tillich e Manheim estão mortos —, a única testemunha é você."[79]

Hannah aceita, portanto, ser citada como sua principal testemunha e lhe dá sinal verde nesse encontro de Munique. É verdade que acha Günther cansado, mas sempre também brilhante e cáustico; restabelece com ele uma troca intelectual profunda e fecunda da qual ambos sairão felizes. À sua amiga Mary McCarthy, porém, ela confia: "Ele está completamente desestruturado, vive apenas para sua 'fama' [...], recusa-se a ver qualquer coisa de real ou aceitar sua própria situação tal como realmente é."[80]

Hannah não diz nem uma palavra sobre os trabalhos de Günther contra a bomba nuclear, não evoca suas pesquisas sobre a história da arte ou da música, ou seus escritos sobre Rembrandt e Schubert. Não diz nem a Karl Jaspers nem a Heinrich Blücher, nem mesmo a Mary McCarthy que leu os dois textos de Günther, "As raízes de nossa cegueira face ao Apocalipse" e "A distância entre o que somos capazes de produzir e o que somos capazes de imaginar".[81] E no entanto, Hannah ficará impressionada com essas reflexões. Este último texto, em especial, a nutriu e influenciou. Há uma distância, diz Anders, entre nossa capacidade de fabricar e de realizar e nossa incapacidade de representar para nós mesmos e imaginar as conseqüências do que fabricamos.[82] Ele retrata o que chama de nova condição humana a partir da experiência do nazismo. Para ele, desde então, a imoralidade reside em nossa falta de imaginação. Ele foi a Auschwitz para ver as vasilhas de Zyklon B com as quais foram suprimidos milhares de pessoas e que parecem inofensivas. O primeiro postulado para pensar esse mundo do apocalipse é ampliar os limites de nossa imaginação, pois nossa percepção não está mais à altura do que podemos produzir.

Só podemos ficar perturbados com a similitude de pensamento entre Günther e Hannah, que se aproximam especialmente a propósito de temas recorrentes como o da duplicidade da verdade e o da necessária mobilização da imaginação em vez de e no lugar da percepção. Quem influenciou quem? A respeito do caso Eichmann, que eles provavelmente abordaram, é perturbador constatar que Günther pensa o que Hannah logo escreverá. Para ele, nada prova de fato que os homens de agora, que cometem erros monstruosos, organizam genocídios, sejam "piores" do que os de gerações precedentes. Mas a época e as possibilidades técnicas que nos são oferecidas provocam danos que não poderíamos imaginar. É nossa falta de imaginação que está em causa, e não nossa responsabilidade moral.

Günther Anders, que acaba de começar a se corresponder com Claude Eatherly — freqüentemente apresentado como o piloto de Hiroshima, mas na verdade foi quem transmitiu à tripulação a ordem do presidente americano de soltar a bomba —, forja então o conceito de culpado sem culpa, e Hannah Arendt tomará como subtítulo de seu livro sobre o processo de Eichmann: *Relato sobre a banalidade do mal.*[83] Ambos pretendem que o homem não se tornou pior mas que suas ações se tornaram mais carregadas de conseqüências. O mal, monstruosamente banal, pode se desenvolver no terreno da vida comum.

Hannah acha a Alemanha penosa e repulsiva em muitos domínios e se impacienta contra todos, mas se diz, de toda maneira, menos irritada do que em Israel. Continua a acompanhar o processo através da imprensa e confia que não está impressionada com as declarações de algumas testemunhas que fornecem provas da brutalidade de Eichmann. Para ela, os testemunhos não constituem provas e devem ser interpretados com precaução. Por que "defender" Eichmann *a priori*?

Em 17 de junho de 1961, ela volta para Israel e se hospeda durante uma semana no Hotel Eden, em Jerusalém. Leva uma máquina fotográfica Minox. Dessa segunda estadia, nada sabemos e não encontrei o menor traço. Em 24 de junho, ela está de novo na Europa e recebe Heinrich em Zurique; é a primeira vez depois da guerra que ele retorna à Europa. Eles passam dias inteiros conversando com o grande amigo de Heinrich, o poeta e músico Robert Gilbert, depois vão para Basiléia, onde são esperados por Gerturd e Karl Jaspers. Uma estadia particularmente agradável para os quatro. Heinrich descobre em Jaspers um homem doce e sensível, que o considera e o escuta. O medo de não estar à altura do filósofo, essa angústia que aperta permanentemente os autodidatas, se dissipa rapidamente e dá lugar a uma amizade profunda. Os dois homens caem literalmente nos braços um do outro, se tratam por você e estabelecem um diálogo tão profundo, tão necessário, que Gertrud e Hannah ficam estupefatas.

Uma vez mais, o eros da amizade jogou a favor deles. Durante esses dias em Basiléia, Hannah permaneceu silenciosa, ao mesmo tempo feliz por ver que a confiança entre Karl e Heinrich se transformava em intimidade e nostálgica de todas essas possibilidades para sempre perdidas, de um passado que poderia ter sido feliz e comum. Heinrich é enfim considerado como um par. Hannah está feliz em ver Jaspers reconhecer as qualidades intelectuais de seu marido, que, embora tenha se tornado professor no Bard College, continua sendo um marginal e um anticonformista. Como ele, ela possui este traço de caráter que explica muitas coisas em seu comportamento por vezes contraditório: se está sempre disposta a admirar e aprender, recusa-se a gostar daqueles que solicitam isso, a reconhecer aqueles que reivindicam isso. Jaspers já aceitara esse traço em Hannah, e agora o aceita também em seu marido. "Orgia de amizade",[84] portanto. Heinrich partirá tranqüilo e confiante, livre de seus tormentos e angústias, ao fim de uma semana rica em discussões metafísicas. "Você, o menino rico, e eu, o menino pobre, você, o frísio profundamente enraizado, e eu, o berlinense que se desenraizou por si próprio, nunca fomos estranhos um ao outro, assim como tampouco você, o filósofo universitário, e eu, o filósofo antiuniversitário. E foi você sozinho quem lançou a ponte por cima dessa distância."[85]

De Basiléia, Heinrich e Hannah partem para Locarno, e depois para Paris, onde ficam uma semana em companhia de Anne Weil. Vão enfim para Heidelberg, onde Hannah dá seminários para jovens professores. "Simpático mas sem interesse",[86] anota ela. Lá encontra o procurador-geral Bauer, de Frankfurt, que queria mandar extraditar Eichmann para a Alemanha. A Jaspers, ela escreve: "Alguém com quem não se pode fazer nada. Em primeiro lugar, é judeu, logo nem tudo no caso importa, e além disso, não passa de um corajoso socialdemocrata."[87]

Em seguida vão para Freiburg, onde ela foi convidada pelo professor Joseph Kaiser, especialista em direito internacional, para dar aulas de filosofia. Hannah escreve a Heidegger para preveni-lo de sua visita e dizer-lhe que deseja revê-lo. Será que ela quer organizar com Heidegger e seu marido um encontro semelhante ao que ocorreu entre seu marido e Jaspers? De todo modo, o encontro não acontecerá. Heidegger não apenas não responde, mas parece ter proibido um de seus ex-alunos, Eugen Fink, que se tornara professor, de encontrar Hannah.[88] Ela fica profundamente afetada por isso, e volta para Nova York sem ter podido obter qualquer explicação.

Hannah acha que ele não suportou que ela lhe houvesse enviado seu último livro, *Vita activa*. "Durante toda a minha vida, por assim dizer, trapaceei com ele, sempre agi como se tudo isso não existisse e como se eu não soubesse contar até três, a menos que se tratasse da interpretação de suas próprias obras; nesse caso, ele sempre ficava feliz que eu soubesse contar até três, e por vezes até mesmo até quatro. Depois perdi o gosto pela trapaça e logo levei um tapa na cara."[89] Será preciso esperar quatro anos para que ele retome contato com ela. Ele certamente se sentirá obrigado a isso, pois se trata de uma carta de participação de agradecimentos que ele dirige a ela por ocasião do texto que Hannah escreverá em sua homenagem por seu septuagésimo quinto aniversário. O próprio Karl Jaspers se diz surpreso pelo ciúme de Heidegger em relação a Hannah.[90] A aluna superou o mestre. A aluna é mais reconhecida na Alemanha do que o mestre. O mestre nunca acusou recepção das obras que ela lhe enviou. Inútil, já escrevera Jaspers, especular sobre suas motivações, "acabaríamos em banalidades e isso não atenuaria minha raiva. A situação me parece odiosa para você e inteiramente incongruente".[91]

Alertas

Heinrich e Hannah voltam para Nova York no início de agosto, após uma viagem à Itália, esgotados mas felizes com sua estada na Europa. Hannah consegue contatar sua antiga secretária Bertha Gruner para que organize a montanha de correio encontrada na chegada e ponha em ordem seus papéis, textos e artigos dispersos sobre a revolução, permitindo-lhe terminar a obra destinada, desta vez, a ser publicada em pouco tempo. "Só desejo uma coisa: reencontrar minha casa e não fazer mais malas."[92]

Em 13 de agosto, começa a construção do muro de Berlim. No dia 18, Hannah escreve a Jaspers: "Escrevo hoje com o coração apertado por causa de Berlim. [...] Aqui os jornais quase não têm consciência da gravidade da situação uma vez que parece não haver risco de guerra."[93] Ela mergulha novamente no trabalho ao mesmo tempo que segue ativamente o processo Eichmann. Heinrich parte para a região de Castkills para descansar. Hannah logo vai encontrá-lo e aproveita esse momento de tranqüilidade para reunir suas notas sobre a Revolução Francesa, suas análises sobre a história em Hegel e seus estudos sobre Rousseau e Jefferson.

No início do outono, ela honra seu compromisso, adiado por causa do processo, e dá aulas na Wesleyan University, universidade privada situada em Middletown, em Connecticut. Reencontra ali um velho amigo de Berlim, como ela especialista no totalitarismo, Sigmund Neumann, e conhece uma historiadora, Rosalie Colie, uma das mulheres mais eruditas que conheceu, e que se tornará sua amiga, bem como um professor de filosofia,

Glenn Gray, que se tornará um de seus amigos próximos e assim permanecerá até o fim de sua vida. Ela gosta da atmosfera da universidade, trabalha em harmonia com seus estudantes e ensina Maquiavel com paixão. Volta todos os fins de semana para Nova York, onde encontra Heinrich, que leciona durante a semana no Bard College.

No fim de outubro, ele se queixa a Hannah de violentas enxaquecas. Uma noite, sua amiga Charlotte Beradt o encontra em casa num estado de profundo desvario, coberto de cinzas de cigarros e dizendo coisas incoerentes. Seu estado se agrava. Os médicos pensam em tumor, em seguida diagnosticam um aneurisma congênito que se manifestou bruscamente e o hospitalizam. Hannah volta precipitadamente de Middletown. No hospital presbiteriano onde o reencontra, o neurologista anuncia que ele tem cinqüenta por cento de chances de escapar. Diante de Hannah, decomposta pela angústia, Heinrich solta, com seu humor habitual: "Não fique assim tão nervosa, você está esquecendo os cinqüenta por cento restantes."[94] Hannah cuida dele durante três semanas, fazendo-se substituir na Wesleyan, de maneira improvisada, por Mary McCarthy. Ela retomará suas aulas no fim de novembro, quando Heinrich voltar para casa para uma longa convalescença.

Durante esses dias terríveis, Hannah não tem mais cabeça para escrever ou pensar. Termina, contudo, a edição em inglês do primeiro volume de *Os grandes filósofos*, de Karl Jaspers. Pouco a pouco, à medida que o risco de uma operação se afasta e que o restabelecimento de Heinrich se mostra espetacular, retoma seu texto sobre a Revolução, que agora consegue concluir para o fim do ano. Intitulado simplesmente *On Revolution*[95] e dedicado a Gertrud e Karl Jaspers, a obra, nova e audaciosa, apresenta uma tese de história e de filosofia políticas a partir da guerra e da Revolução, que constituem justamente, aos olhos de Hannah, os dois problemas políticos centrais de nossa civilização. Esse livro compara a Revolução Americana, autêntica fundação política, e a Revolução Francesa, que, de acordo com ela, se desnaturou quando pôs a questão da desigualdade econômica no centro de suas preocupações. Ao fazer os últimos retoques, antes de festejar o Ano-Novo, em 30 de dezembro de 1961, ela escreve a Jaspers: "Parece-me que esse livro sobre a Revolução [...] não é de todo ruim, ao menos em certas passagens. Talvez eu tenha até mesmo conseguido esclarecer alguns estados de fato americanos fundamentais que são muito pouco conhecidos na Europa."[96] Seu texto é de fato um vibrante manifesto a favor da Revolução Americana, pacífica e legalista, produtora da Constituição, e um questionamento da Revolução Francesa, violenta e destrutiva, desnaturada pelo robespierrismo e pelo desprezo ao povo. Mesmo que Hannah Arendt faça o elogio dessa revolução que deu origem aos Estados Unidos e celebre o espírito da Constituição desta República que, por um ato deliberado, assentou as fundações da Liberdade, seu livro permanece uma obra de filosofia política.

Ela só envia o manuscrito a seu editor em fevereiro de 1962, após ter pedido a Mary que o complementasse e corrigisse os erros de ortografia.[97] Acrescentará na última hora comentários históricos e reflexões filosóficas sobre o mal. Detectam-se nesses complementos fragmentos de seus cursos sobre Maquiavel e sobre Rousseau, o eco de discussões sobre a guerra fria que teve com Heinrich na ocasião da divisão de Berlim, e a intensidade de seus tormentos em sua preparação mental antes de mergulhar em seu trabalho de escrita sobre o processo.

"O que aconteceu com seu artigo sobre Eichmann para o *New Yorker*?" pergunta-lhe Mary.[98] Todos os seus amigos, de fato, lhe fazem essa pergunta. Hannah recomeça a trabalhar nele. Sem resultado. Com Heinrich, ela acompanhou apaixonadamente o fim do processo e fez com que lhe enviassem a documentação de Jerusalém. Mostrou-se decepcionada com o veredicto. O tribunal declarou Eichmann culpado de crimes contra o povo judeu, crimes contra a humanidade e crimes de guerra, e condenou-o à pena de morte. Ela achou que "as palavras de encerramento pronunciadas por Eichmann nada têm de antipático".[99] E acrescenta que ele "não faz nenhuma ostentação de sua própria pessoa".[100] Confessa não ter formado uma opinião definitiva e quer estudar o caso de mais perto antes de passar à redação. O primeiro trimestre de 1962 não se desenrola sob bons augúrios. Ela pega uma gripe forte, demora para ir ao médico, se sente cansada, febril. Tratada com antibióticos que provocam uma forte alergia, Hannah roda em seu apartamento como um urso na jaula. Deprimida, preocupada com a saúde de Heinrich Blücher, não consegue pôr em ordem as montanhas de documentos sobre Eichmann. A data de entrega dos artigos para o *New Yorker* se aproxima. Ela não consegue concluir o texto.

Acidente

Na manhã de 19 de março ela toma, como o faz com freqüência, um táxi para ir para a New School, do outro lado de Nova York. Um caminhão bate violentamente contra o táxi e um carro esporte. Hannah perde a consciência. Ela não viu nem compreendeu nada pois quando o choque ocorreu, estava lendo! Lê o tempo todo, em qualquer lugar, até mesmo quando está escuro e os táxis correm no túnel do Central Park! Os bombeiros a encontram ensangüentada, desacordada. Quando volta a si, antes de ser transportada de urgência para o hospital, não entra em pânico, ao contrário. Desfruta do sentimento de ainda estar viva e de ter a cabeça funcionando. Filósofa antes de tudo, quaisquer que sejam as circunstâncias, ela dirá: "Primeiro achei que ia morrer — eu estava bastante calma. Pois morrer me parece natural, de modo algum uma tragédia, ou, de modo algum algo que mereça que fiquemos nervosos. Mas eu pensava ao mesmo tempo que se fosse razoavelmente possível, eu ainda gostaria de ficar neste mundo."[101] Nos arquivos pessoais que consultei na New School de Nova York, é possível encontrar todos os documentos médicos, os relatórios de procedimentos, de temperatura, os diferentes diagnósticos. Hannah, de fato, passou perto. Concussão cerebral, nove costelas quebradas, pulso fraturado. Antes da chegada do socorro, em meio às buzinas dos motoristas furiosos com o imenso engarrafamento provocado pelo acidente, ela tenta primeiro mexer seus membros, constata que não está paralisada, se assegura de que a memória funciona recitando poemas, primeiro em grego e depois em alemão, e verifica que ainda sabe de cor os números de telefone de seus amigos mais próximos. Tranqüilizada, fecha os olhos e espera calmamente que as coisas sigam seu curso.[102]

Fatalismo diante da morte? Heroísmo natural? Hannah está num período de depressão tenaz, de melancolia profunda. Fisicamente, vive mal sua menopausa há dois anos, dando-se conta disso mas recusando-se a buscar ajuda. Psiquicamente, está tomada pela preocupação perpétua de que Heinrich não sofra, de um segundo para outro, uma ruptura de aneurisma. Existencialmente, projeta-se mais no futuro de sua própria morte do que desfruta do momento presente. Como se os dados estivessem lançados. Está com 55 anos e já integrou, em seu íntimo, a aceitação da própria morte. Embora deteste a psicanálise, fez sobre si mesma um trabalho considerável de introspecção e de autocrítica de seu próprio caráter. Sente-se que agora ela está em paz consigo mesma, menos ferida pelas torpezas do mundo, menos em cólera contra a Terra inteira. Um mês antes do acidente, ela confessava a Gertrud e Karl Jaspers: "Parece realmente que nossa própria morte, se nenhuma doença intervier na juventude, é preparada pela morte dos outros que fazem parte de nós, como se o mundo morresse progressivamente, mas apenas o fragmento do mundo que chamamos de nosso."[103]

Paradoxalmente, esse acidente lhe restitui o gosto de viver. Ela volta a isso várias vezes ao confiar a seus amigos que ficou espantada de constatar a obstinação da vida em si mesma, que valida, por si só, o próprio fato de existir. Nessa ocasião, sentiu isso profundamente. Três semanas mais tarde, confia a Mary McCarthy: "Mas por um instante fugaz tive o sentimento de que dependia de mim decidir se queria viver ou morrer. E acho que pensei que a morte não era terrível, também pensei que a vida era muito bonita e que [era] melhor escolhê-la."[104]

Ela permanece duas semanas no hospital Roosevelt. Além das costelas e do punho quebrados, ela sofre de uma hemorragia dos dois olhos, de seu ombro direito, cujos músculos estão distendidos, de hematomas e de escoriações por todo o corpo, particularmente na cabeça. Ela não dá especial atenção ao que se revelará mais grave: uma fraqueza do coração devida ao choque. Hannah não tem o hábito de apiedar-se em relação à própria sorte, e nenhuma intenção de obedecer aos médicos. Consegue fazer com que Lotte Köhler, às escondidas, lhe traga maços de cigarros, recebe seus amigos, e, para não assustá-los, pede ao marido que lhe compre um grande lenço para ocultar os trinta pontos de sutura no rosto e seu crânio raspado pela metade. Ficará com uma cicatriz acima de um dos olhos.

Ela volta para casa em 30 de março, contente por deixar esse hospital que ela qualifica de pocilga no que diz respeito à administração e às enfermeiras.[105] Não consegue ainda trabalhar. Passeia, vai ao cinema, e não pode evitar consultar sua enorme massa de documentos sobre Eichmann.

Seu rosto passa por todas as cores do arco-íris, ela acha que se parece com um Picasso fracassado. A Jaspers, conta com humor: "Quando saio, envolvo-me em um véu negro, o que me dá a aparência de uma árabe ou de uma mulher pesadamente encoberta — também perdi um dente, o que precisamente não embeleza."[106]

Heinrich e ela, a pouco tempo de distância um do outro, passam perto do abismo. Suas funções vitais estão intactas e suas forças intelectuais preservadas. É verdade que Heinrich está cansado e Hannah combalida. Ela se inquieta por não se reconhecer mais. Jaspers tenta tranqüilizá-la. Os cabelos voltarão a crescer, o dente pode ser substituído: "É evidente que você deve continuar bonita e que continuará. Sua beleza, aliás, se irradiará de qualquer maneira. Ela está principalmente nos movimentos, no olhar e na expressão."[107]

Hannah usou durante muito tempo uma venda no olho mais ferido. Alguns diziam que ela se parecia com Moshe Dayan, outros, mais gentis, com um pirata. Mas a desventura lhe dará o sentimento de que era indestrutível. Como dirá tão bem Jaspers: "O diabo se permite simplesmente arranhá-la um pouco mas não penetrar até o fundo do seu coração."[108]

XV

CONTROVERTIDA

Como se o mundo escurecesse... Hannah sente, de fato, desde seu acidente, um véu diante dos olhos. Escreve *Eichmann em Jerusalém* com apenas um olho íntegro, uma espécie de visão dupla que a atrapalha, uma fadiga imensa em todo o corpo e a angústia, presa ao coração, de não poder dominar seu tema.

No início de abril de 1962, ela se tranca em casa e mergulha em sua documentação. Seu escritório se parece com um campo de batalha, coberto de jornais e da transcrição do processo. Em 20 de maio, já redigiu a metade de seu texto mas sabe que será preciso recomeçá-lo. Ora, ela não tem o hábito de retomar seu trabalho e detesta a idéia. Mas não pode evitá-lo devido ao número demasiadamente grande de documentos. Além disso, não conseguindo trabalhar tão rapidamente quanto gostaria, fica à beira do desespero. O texto resiste. Ela não consegue. Gosta, porém, da dificuldade, e aprecia esse corpo-a-corpo.

Vive noite e dia imersa nesta história, que acompanhou apenas parcialmente. Não ouviu a totalidade dos relatos dos sobreviventes nem dos resistentes. Não ouviu a defesa de Eichmann e não estava presente nem no momento da sentença nem no do anúncio da execução. Na realidade, ao contrário de Léon Poliakov e Haïm Gouri, que o acompanharam do início ao fim e acabaram transtornados, ela mantém com o próprio desenrolar do processo uma relação essencialmente intelectual. Não trabalha com sua emoção e com a memória desse momento inesquecível, mas com textos. Desse processo, longo curso de histórias de sobreviventes que dão testemunho do indizível pela primeira vez desde o fim da guerra no recinto de um tribunal, ela não viveu tudo.

"Estou nadando numa enorme quantidade de material, sempre tentando encontrar a citação mais eloqüente [...]. Provavelmente levarei o verão inteiro para realmente terminar, mas *au fond* não me importa. Ao contrário, de certo modo gosto de manusear os fatos e coisas concretas."[1] Ela vai no fim de junho para o bangalô de Palenville, ávida de árvores, de verde, de água. Trabalha com ardor, num estado de estranha euforia. Como se enfrentasse a si mesma, face a face com sua inteligência, que a excede.

Hannah havia se regozijado com a sentença de Jerusalém. Na Alemanha, desde o anúncio da condenação à morte, a opinião pública reage: 35% das pessoas interrogadas aprovam a sentença, 31% são partidárias da prisão perpétua com trabalhos forçados, 15% são pela clemência. Em Israel, 90% das pessoas interrogadas aprovam o julgamento. É entre os intelectuais, na França como em Israel, que se encontram mais adversários da execução.[2] Devido a uma hostilidade de princípio contra a pena capital mas também por razões mais profundas, como aquelas que serão expressas em Israel por Martin Buber, que, à frente de uma delegação de que fazia parte Gershom Scholem, solicitou um encontro com Ben Gurion a fim de pedir misericórdia para Adolf Eichmann.

Eichmann foi enforcado na prisão de Ramleh em 31 de maio. A notícia foi recebida sem alegria em Israel. Em 7 de junho, Hannah escreve a Mary: "Estou satisfeita por terem enforcado Eichmann. Não que faça diferença. Mas acho que eles teriam feito um papel profundamente ridículo se não tivessem levado a coisa até seu único desfecho lógico. Sei que estou em minoria quanto a esse sentimento."[3] De fato, em Israel, após a execução, Gershom Scholem explica novamente sua posição: "Do ponto de vista jurídico, Eichmann merecia mil vezes a pena de morte." Ele duvida da virtude dissuasiva dessa execução e clama por "uma nova educação dos homens e das nações, uma nova tomada de consciência da humanidade".[4] Hannah não aprecia muito esse gênero de súplicas, que pedem a Israel para "atingir 'alturas divinas'" e estimam que a execução dá mostra de ser "sem imaginação".[5]

"A condenação é para Eichmann, sua execução é para nós", explica o escritor e jornalista holandês Harry Mulisch, que acompanhou todo o processo. "Ela nos dá o sentimento de ter feito algo, de que podemos fazer algo. Que a justiça pode ser feita. Mas o homem pode fazer justiça?"[6] Em Israel, alguns chegam a lamentar que o façam sofrer apenas uma morte, e não seis milhões...

Hannah Arendt logo se queixa da pequena quantidade de artigos na imprensa alemã e americana sobre o fim do processo Eichmann. Entretanto, os jornais, de uma maneira global, se dedicam a tirar do processo lições históricas. Nos Estados Unidos, quando o presidente Kennedy recebe o procurador Hausner e o felicita por este "excelente trabalho", Hannah fica indignada: "Mesmo se fosse verdade, [o que] Deus sabe que não é, seria uma forma escandalosa de dizer."[7] A expressão "inumanidade do homem" é a mais utilizada para descrever Eichmann e a própria palavra holocausto começa então a se generalizar. É de fato na ocasião do processo Eichmann que o que chamamos desde então de Holocausto ou Shoah foi apresentado à opinião como uma dimensão particular, à parte, distinta, da barbárie nazista. Nos Estados Unidos, depois do processo de Jerusalém, a palavra passa a ser solidamente associada ao extermínio dos judeus da Europa, e constitui o ponto de partida de controvérsias que duram até hoje...[8]

No início de seu trabalho de redação, Hannah se corresponde regularmente com Jaspers, mas também com Kurt Blumenfeld, que lhe diz que está enganada: ela erra ao criticar o procurador e imaginar que esse processo causou má impressão no mundo inteiro. Em sua penúltima carta, redigida em Tel-Aviv, onde acaba de ser hospitalizado, ele insiste nas más direções tomadas por Hannah.[9] Ela não o escutará. Blumenfeld jamais poderá ler *Eichmann em Jerusalém*. Ele falece em Jerusalém em 21 de maio de 1963, em plena polêmica contra o livro.

Hannah escreve durante o verão a série de artigos encomendados pelo *New Yorker* mas começa também a redigir um livro. Dos arquivos inéditos do acervo da New School constam dois documentos preparatórios que lançam luz sobre seu estado de espírito: desordenadamente, Hannah anota reflexões gerais sobre a justiça e seus limites, e ressalta que o criminoso é de um tipo novo: "veremos que estamos diante de um criminoso que ninguém tinha previsto."

Para um criminoso novo, uma justiça nova. É preciso, portanto, julgar Eichmann com armas jurídicas novas.

Hannah se faz a pergunta mais obsedante e mais essencial a seus olhos: existe o crime contra a humanidade? Constitui o genocídio uma singularidade na longa história da barbárie humana? Hannah se coloca em um plano jurídico: para ela, o crime contra a humanidade foi mal definido em Nuremberg e confundido com os crimes contra a paz. Hannah afirma que o genocídio empreendido contra os judeus deve ser considerado como um crime contra a humanidade. "Foi quando o regime nazista declarou que o povo alemão não só não estava disposto a ter judeus na Alemanha, mas desejava fazer todo o povo judeu desaparecer da face da Terra que passou a existir o novo crime, o crime contra a humanidade — no sentido de 'crime contra o status humano', ou contra a própria natureza da humanidade."[10] É por isso que ela acrescenta a propósito do processo: "Na medida em que as vítimas eram judeus, era certo e adequado que uma corte judaica pudesse conduzir o julgamento; mas na medida em que o crime era um crime contra a humanidade, era preciso um tribunal internacional para fazer justiça a ele."[11] Deixa bem claro que não se trata de evitar a acusação segundo a qual os judeus são os juízes de sua própria causa, censura a seus olhos absurda, mas de estabelecer a natureza própria do crime contra a humanidade, que, como dizia Jaspers, deveria ser julgado por um tribunal que representasse a humanidade.

Hannah volta para Nova York no fim do mês de agosto. Entrega seus textos ao *New Yorker*, que se mostra entusiasmado e quer publicar tudo: primeiramente a série de cinco artigos, em seguida o livro. Ela própria fica espantada: para surpresa geral, diz a Mary, o *New Yorker* aceitou seu trabalho "em sua quase totalidade".[12] Isso é bastante conveniente, pois ela está com grandes problemas financeiros. Como provas, as inúmeras cartas ao seu advogado sobre o pedido de indenização relativa às conseqüências do acidente, que encontramos em seus documentos pessoais.[13] Ela confia estas preocupações a Jaspers: "Pois meus projetos que consistem em querer ganhar dinheiro com minha cabeça certamente vão por água abaixo. As seguradoras só pagam somas elevadas para as incapacidades permanentes, que eu não tenho."[14]

Ela vai para a universidade de Chicago no início de outubro. Lê para os alunos trechos de seu livro sobre a revolução, depois segue para a Wesleyan University, em Connecticut, onde dá um seminário sobre a *Ética a Nicômano*.

As provas do livro sobre Eichmann que a esperam em Nova York chegam ao mesmo tempo que as provas definitivas do livro *On Revolution*. Ela arruma seu apartamento, que se encontra em total desordem devido à documentação acumulada sobre Eichmann durante os meses da redação, e submerge em suas correções enquanto prepara a viagem para rever Jaspers por ocasião da celebração de seu octogésimo aniversário.

Ela chega a Basiléia em 20 de fevereiro e se hospeda em um hotel chique e caro, gastando uma boa parte do dinheiro que acaba de receber. De Nova York, Heinrich a previne de que a publicação dos primeiros artigos no *New Yorker* já suscita debates acalorados. Ela já recebeu em seu endereço pessoal várias cartas de protesto de professores alemães exilados nos Estados Unidos, que a insultam porque ela lança suspeitas sobre a resistência. Heinrich se diverte e comenta: "Os israelitas parecem seriamente querer se unir em falange."[15] Mas Hannah não se dá conta de nada e não tenta interpretar esses primeiros sinais. Ela passa uma semana deliciosa com Gertrud e Karl. Em 6 de março, dá uma conferência na rádio de Colônia, depois vai para Locarno, instala-se em Zurique para continuar a traduzir para o alemão seu livro sobre a revolução, e em 5 de abril vai para Nápoles ao encontro de Heinrich, que chega de Nova York de navio. Em seguida eles passam uma semana de sonho em Patras e contornam de carro o golfo de Corinto. Visitam a Grécia e vão de uma maravilha para outra. "De vez em quando me belisco para ter certeza de que tudo isso é verdade... Em suma, estamos levando 'a vida fácil dos deuses'",[16] confia a Gertrud Jaspers. Depois Creta, a Sicília. Uma vertigem. Nunca Hannah se embriagou tanto de beleza, de luz, de paisagem. Ela mesma o diz: não acredita em seus olhos. Tanta beleza, tanta emoção lhe viram a cabeça. Dessa vez, Hannah vive o que estudou: a beleza de uma Grécia sensual enfim revelada. De Roma, escreve: "Aqui entrei em greve, só quero ver as coleções antigas, comprar roupas, beber Campari e vinho e comer muito bem e muito."[17]

Um pouco antes, no início de maio, faz uma visita de três dias a sua família em Israel, em companhia de Lotte Beradt, e revê sua sobrinha Edna Fuerst, que presta o serviço militar mas obteve uma licença. Heinrich não deseja acompanhá-la: recusa-se a pisar em solo israelense. Em seu retorno, esperam-na em Atenas uma boa crítica de *On Revolution* no *New York Times* de 1º de abril de 1963, assinada por Harrison Salisbury, e um artigo no *Washington Post* de 17 de março de William Douglas, um dos juízes da Suprema Corte. Ela se mostra tocada, pois se sofreu muito para tentar compreender o funcionamento das instituições americanas, jamais se sentiu segura de si, como confessa a Gertrud Jaspers, e "minhas interpretações freqüentemente careceram de ortodoxia..."[18] Esse livro deve muito à "experiência de Heinrich" e os leitores se mostram "um pouco estupefatos" por tanta audácia intelectual, "mas satisfeitos".[19]

Perturbação

Em 29 de maio, em Roma, ela fica sabendo, por meio de uma carta de seu editor, que sua reportagem, publicada entre fevereiro e março de 1963 sob a forma de cinco artigos no *New Yorker*, está provocando na América um verdadeiro clamor de protestos. Ela continua a se mostrar completamente indiferente, prossegue sua viagem na Suíça e na Alemanha, depois vai a Paris e ao sul da França. Em 30 de junho, embarca, enfim, para Nova York, no navio *Provence*, e encontra seu apartamento "literalmente inundado de correspondência".[20] A quase totalidade diz respeito ao caso Eichmann. Hannah acha muitas dessas cartas interessantes. Algumas a esclarecem quanto à agitação reinante nos meios judaicos, que ela julga totalmente incompreensível. Ela cai das nuvens e, de imediato, pensa que a explicação é simples: "Sem o pressentir, toquei em uma parte não superada do passado judaico: em toda parte, principalmente em Israel, encontramos ainda ex-membros dos conselhos judaicos nos postos mais elevados."[21] A Jaspers, ela confia que a campanha contra ela se desencadeia desde então no nível mais medíocre "e com base em puras calúnias que afirmam simplesmente o contrário do que escrevi".[22]

O que terá escrito Hannah Arendt, que provoca tanta violência? Raramente na história das idéias do século XX um livro deu margem a tantas polêmicas e fez correr tanta tinta. De fato, que outra obra, escrita na paixão e no tormento, desencadeou em menos de seis meses semelhante abalo histórico, moral, intelectual, e isso durante quase três anos?

Neste oceano de papéis — livros, artigos, números especiais — que preenchem sozinhos várias prateleiras, tentemos fazer uma seleção e distinguir, sem contudo subscrever a tese da campanha difamatória, entre a interpretação e a realidade do que ela escreveu. Pode-se em primeiro lugar constatar que com esse livro que, de acordo com ela, não passa de uma reportagem sobre um processo, Hannah provoca uma polêmica intelectual, põe em questão o pensamento e o papel do intelectual no século XX.

Em seu prefácio de 1964, intitulado "Nota ao leitor", Hannah reivindica a continuidade entre seus dois textos. Assegura que as correções introduzidas na segunda versão são de ordem técnica ou se devem a fatos recentemente levados ao conhecimento público, e que a natureza do livro em seu todo não foi em nada modificada. Ela acrescenta um "Post-scriptum" no qual se explica longamente sobre os termos da controvérsia. Retorna, por outro lado, ao atentado contra Hitler de 20 de julho de 1944, cuja importância reconhece ter subestimado, à corajosa atitude da Holanda em relação aos judeus, e ao número de vítimas. Embora modifique seu texto inicial sobre aspectos tão fundamentais da história contemporânea quanto o do número de judeus exterminados durante a guerra, Hannah assegura a seus leitores que não está voltando atrás em relação às suas teses primeiras.

Na realidade, para se convencer da profundidade de sua perturbação face às reações suscitadas à primeira publicação do livro, basta ver, na biblioteca de Hanover, as provas corrigidas da segunda versão, verdadeiro canteiro de obras hieroglífico em dezenas e dezenas de páginas, demonstrando, como se fosse preciso, que ela tentou integrar as críticas e responder a elas. É necessário consultar também, em Nova York, no acervo da New School, os documentos inéditos, cartas, notas, cadernos desse período, para perceber que todos eles atestam sua feroz vontade de se desatolar do que talvez tenha escrito mas não pensou e que foi mal interpretado — a ausência de responsabilidade de Eichmann, a banalidade do mal.

Seu orgulho a impedirá de fazer uma retratação pública em relação a pontos contestáveis, como o da responsabilidade dos conselhos judaicos. Sua soberba natural e o brio, uma vez mais, de sua inteligência a isolarão em uma torre de marfim. Como Platão, que ensinava que valia mais a pena estar de acordo consigo mesmo do que de acordo simulado com os outros, Hannah prefere manter suas posições, adotando uma vez mais a atitude orgulhosa de Martin Heidegger.

Assim ela prefere repetir, em sua introdução à segunda versão: "O registro factual desse período ainda não foi estabelecido em detalhes, e certas questões baseadas em suposições jamais poderão apoiar-se em informações inteiramente confiáveis. Por exemplo, o total de judeus vítimas da Solução Final é uma suposição — entre quatro milhões e meio e seis milhões — jamais comprovada, e o mesmo se aplica aos totais de cada um dos países envolvidos."[23] Os revisionistas, trinta anos mais tarde, se apoiarão nesse gênero de argumentação e, como recorda Pierre Vidal-Naquet, esses assassinos da memória sempre se arrastam nos bastidores da história.[24] Não se pode deduzir disso que Hannah Arendt tenha desejado minimizar a Shoah. Seria falso e obsceno dizê-lo. A realidade, uma vez mais, é mais complexa do que parece, pois Hannah Arendt põe em jogo nessa obra toda a sua vida de intelectual, com a intensidade que caracteriza sua identidade de judia alemã que tenta subsistir após a Shoah. Pois, finalmente, como pensar o mal depois de Auschwitz? Essa é a questão fundamental posta por Hannah Arendt em *Eichmann em Jerusalém*.

*

Martine Leibovici revisou em profundidade, em 2002, a tradução francesa de *Eichmann em Jerusalém.* Graças a seus esforços de compreensão interna, e à sua percepção tão fina do uso às vezes pouco "correto" que Hannah fazia da língua inglesa, já não é mais o mesmo texto. Assim, a palavra colaboração, pela qual Arendt foi tão censurada, e que era utilizada para designar a atitude dos conselhos judaicos em relação às autoridades nazistas, foi substituída pela palavra cooperação. Martine Leibovici permanece o mais fiel possível à música da língua arendtiana. Da mesma forma, cuidou para apreender de perto o que chama de "o riso amargo que às vezes toma Arendt"[25] quando evoca o caráter de Eichmann, suprimindo assim, definitivamente, a suspeita de desenvoltura de que ela será tão acusada. A controvérsia havia ocorrido na França a partir de um texto que talvez trouxesse consigo alguns mal-entendidos. Será preciso reabrir o debate sobre novas bases? Seguramente, uma vez que, em sua nova tradução, esse texto ganha na clareza de seus raciocínios e dissipa zonas de sombras, sem perder a fecundidade em questionamentos. Sua incandescência ainda está intacta e seu tema principal — a banalidade do mal — permanece de uma atualidade que, infelizmente, não pode ser negada.

A obra apresenta como epígrafe estas palavras de Bertolt Brecht, escritas em 1933:

> *Ó Alemanha...*
> *Ouvindo as falas que vêm da tua casa, rimos.*
> *Mas quem te vê corre a pegar a faca.**

O livro é dividido em quinze capítulos e segue a ordem cronológica do processo. Abre com a primeira aparição de Eichmann diante da corte e se encerra com a execução. É um texto relativamente breve. Sente-se o esforço de Hannah para condensar os fatos e sintetizar as problemáticas, extrair o que esse processo pôde trazer em termos de verdade histórica, de justiça, de

---

*Tradução de Paulo Cesar de Souza, retirada da edição brasileira. Hannah Arendt, *Eichmann em Jerusalém. Um relato sobre a banalidade do mal, op. cit.*, p. 7. (*N. T.*)

moral. Tanto por seu estilo quanto por sua construção, ele não se assemelha nem a um tratado de meditação sobre a atitude do povo judeu durante a guerra nem a uma obra polêmica que daria crédito à idéia da colaboração do povo judeu em seu próprio extermínio. Continuar a fazer com que se acredite nisso é da alçada da mentira, da vã propaganda da prevaricação moral. O fato de que esse texto tenha feito correr muita tinta, de que tenha sido violentamente criticado por alguns e interpretado por outros como escandaloso, violento e excessivo, não parece fora da ordem das coisas. Pois ele traz em si muitas tensões, questões, problemáticas profundas e perigosas. Há questões que não se ousa propor. Alguns preferem se calar, ou calar a própria idéia de propô-las. É honroso para Hannah Arendt o fato de ter tido a coragem de trazê-las à atenção da opinião pública, sob o risco de ter que enfrentá-la.

Vamos ouvi-la, em primeiro lugar, quanto a seu método: em seu "Post-scriptum", ela explica que sua obra é "*o relato de um processo*",[26] e que tem por fonte a transcrição dos debates e do interrogatório de Eichmann, os documentos fornecidos pela acusação, os depoimentos das testemunhas, assim como um manuscrito de Eichmann redigido na Argentina. Em seguida quanto ao assunto: ela diz que o próprio livro trata "de um assunto tristemente limitado"[27] e aborda apenas questões levantadas durante o processo. É preciso dizer que elas são amplas, essenciais e principiais... Entretanto, precisa Hannah, "este livro não trata da história do maior desastre que se abateu sobre o povo judeu, nem é um relato sobre o totalitarismo, nem uma história do povo alemão à época do Terceiro Reich, nem é, por fim e sobretudo, um tratado teórico sobre a natureza do mal".[28]

Isso ele realmente não é. O que ele é, essencialmente e pelo viés de uma vontade de relatar os fatos, é a tentativa de saber se o tribunal de Jerusalém conseguiu satisfazer as exigências de *justiça*.

Hannah confessará a Mary ter escrito *Eichmann em Jerusalém* em "curioso estado de euforia".[29] Ela própria se perguntará, ao longo da redação, se não está ultrapassando os limites, se tem o direito de autorizar a si mesma a formular problemáticas sobre a noção do mal: "Para trabalhar, quanto à consciência, é preciso ou uma fé religiosa muito sólida — muito rara — ou orgulho, até mesmo arrogância. Se começamos a nos perguntar, nesses domínios, Quem sou eu para julgar?, já estamos perdidos."[30]

Hannah, de fato, o reconhecerá; "*Curia posteriori*",[31] tratamento *a posteriori*, como tão bem explica Pierre Bouretz em sua introdução: "Certamente um trabalho sobre si mesma e uma história vivida de longe, uma maneira de fazer convergir um destino pessoal e a experiência coletiva, um esforço para compreender no âmbito mais baixo dos comportamentos humanos o que tinha sido abordado de cima por uma teoria do totalitarismo."[32]

Nos primeiros capítulos do livro, reencontramos o que Hannah sentiu em Israel: o show, o processo-espetáculo, a desigualdade de status entre a defesa e a acusação, a instrumentalização do processo por Ben Gurion, a atitude do procurador Hausner, que faz do tribunal de Jerusalém a câmara de eco mundial de uma história oficial do judaísmo. Ela critica também sua maneira de fazer aos sobreviventes, a cada vez, esta mesma pergunta "tola e cruel:[33] Por que você não se rebelou?" É, portanto, falso dizer, como o farão nos anos seguintes inúmeros detratores, tanto nos Estados Unidos quanto na Europa, que Hannah Arendt focalizou o processo na colaboração dos judeus para seu próprio extermínio e em sua pretensa passividade. Foi exatamente o contrário. Ela censura o procurador Hausner por tê-lo feito. Não são para ela questões a serem colocadas se se quiser verdadeiramente fazer justiça. Não é por isso que Hannah, examinando a evolução do processo e constatando que a audição das testemunhas dá lugar a confrontações e a testemunhos inéditos sobre essa "cooperação" entre judeus e nazistas, não insiste sobre essa pretensa responsabilidade dos judeus em terem aceitado o sacrifício sem expressar — salvo exceções — sua vontade de se revoltar. Pois para ela as coisas são claras, muito mais claras do que são na realidade. Hannah parte de um ponto de vista que pode se assemelhar a uma prevenção. Para ela: "Em juízo estão os seus feitos [de Eichmann], não o sofrimento dos judeus, nem o povo alemão, nem a humanidade, nem mesmo o anti-semitismo e o racismo."[34]

Mas como distinguir as coisas de maneira tão voluntarista? Esse processo constitui, justamente, um nó de elementos heterogêneos, subjetivos e objetivos: uma câmara de eco, pela primeira vez, para os relatos das vítimas, uma lição de história, um deslocamento na percepção do que quer dizer ser judeu, um reconhecimento, enfim, da dignidade de ter sido judeu, e portanto, a ser exterminado porque judeu segundo os nazistas. Hannah não se deu conta de nada disso. Ou, mais exatamente, não quis saber disso, preferindo adotar uma perspectiva estritamente judiciária e procedural da qual resultava que várias dessas testemunhas não tinham qualquer relação com o caso Eichmann. Ela não quis, literalmente, ouvir o que se dizia, e a maneira como o que se dizia no recinto do tribunal iria transformar a visão que se tinha do povo judeu, quer se fosse ou não judeu.

Quanto ao espetáculo e a instrumentalização política do processo por Ben Gurion, ela não foi a única a denunciar com veemência o que alguns, como Tom Segev, chamavam de uma vontade deliberada de abalar e não um verdadeiro desejo de julgar. Em suas memórias, o procurador Gideon Hausner não oculta, aliás, que quis ser o grande empresário de um espetáculo histórico-nacional e explica claramente suas intenções: "Mais do que tudo, eu queria que as pessoas dessem testemunho do que tinham visto e sentido em sua carne."[35]

Nada nos permite pensar que Ben Gurion tenha tramado um complô para assegurar sua própria estabilidade política e que a captura de Eichmann tenha sido longamente premeditada. A popularidade de Ben Gurion é tão grande, nessa época, que ele não precisa de um acontecimento como esse para continuar a governar o país. Hannah, em compensação, é uma das raras pessoas, talvez a única, a contestar o lado histórico do processo e a não querer confessar que tenha sido afetada por ele. Todas as testemunhas, os seiscentos jornalistas e os intelectuais que tinham acompanhado o processo, não hesitaram em transmitir e transcrever sua profunda comoção, de maneira política, literária ou filosófica. Hannah Arendt teria um coração de pedra? Parece, mais do que isso, que ela não teve tempo de ser levada pelas palavras liberatórias das vítimas que abriam o lacre de suas próprias memórias, criando assim, naqueles que as escutavam, uma identificação, e naqueles que falavam, um efeito de redenção.

No que concerne ao problema da "passividade das vítimas", ela faz as seguintes distinções: há a morte que ela chama de "relativamente fácil": a da câmara de gás ou do pelotão de execução; em seguida, a morte "difícil": a daqueles que tentaram escapar; e enfim as "coisas que são muito piores do que a morte": os gestos de revolta realizados, em sua maioria, pelos mais jovens, que se mostraram capazes de decidir que não queriam ir para o abatedouro. O que Hannah Arendt escreve nesse primeiro capítulo de *Eichmann em Jerusalém* será explicitado e desenvolvido em uma entrevista que se encontra nos arquivos de Nova York. Interrogada sobre a atitude dos judeus nos campos durante a guerra, Hannah responde: "Há vários fatores que podem contribuir para essa apatia. *Em primeiro lugar*, o fato simples e freqüentemente esquecido de que há uma grande diferença entre morrer de uma morte lenta e agonizante e morrer de uma morte relativamente fácil e rápida [*sic*] diante de um pelotão de execução ou em uma câmara de gás [...] A apatia deles era, em uma larga medida, a resposta quase física e automática ao desafio da *absoluta insignificância*."[36]

Assim como há várias mortes e coisas muito piores do que a morte, há várias verdades. E sobre esse tema essencial, o processo Eichmann é para ela um fracasso, pois "sob esse aspecto, talvez até mais significativamente do que sob outros, a tentativa deliberada de contar apenas o lado judeu da história no julgamento distorcia a verdade, até mesmo a verdade judaica".[37] Hannah maneja o paradoxo: ela censura Ben Gurion por governar o Estado de Israel como se não fosse um Estado como os outros, e por fazer de seus cidadãos judeus diferentes dos outros, ao mesmo tempo que tenta incluir o povo judeu no interior da humanidade ao referir-se a uma verdade judaica, a uma morte judaica...

Ela reconhece, é verdade, que o processo permitiu a prisão de ex-nazistas na Alemanha, especialmente no corpo da magistratura, do qual acabam de ser excluídos 140 juízes. Mas isso não é o bastante: ainda restam cinco mil. "Claro, se a administração Adenauer fosse exigente demais para empregar funcionários com passado nazista comprometedor, talvez não houvesse administradores de nenhuma espécie",[38] anota ironicamente.

Hannah Arendt censura a acusação por não ter escutado Eichmann o bastante e por ter se recusado a compreender o que ele dizia. Assim, quando ele declara ao tribunal: "Nunca dei ordem para matar fosse um judeu fosse um não-judeu; simplesmente não fiz isso",[39] ela acusa a corte de ter perdido demasiado tempo querendo provar que uma vez, pelo menos uma vez, Eichmann tinha matado com suas próprias mãos. Isso não quer dizer para Hannah que ele não poderia tê-lo feito; ele teria matado o próprio pai se lhe tivessem pedido. Para ela, a questão não está aí. Eichmann não é um louco no sentido psiquiátrico do termo. Ele se diz inocente, no sentido da acusação.[40] Não nega que agiu intencionalmente, mas se recusa a confessar ter sido guiado por motivos abjetos e, no fundo de si mesmo, não se julga como um criminoso habitado pelo ódio.

Hannah não contesta de modo algum a responsabilidade de Eichmann, mas explica sua falta de consciência de culpa pelo mecanismo do nazismo que havia posto o comando do *Führer* no centro absoluto de toda a ordem jurídica. Eichmann era, portanto, um cidadão obediente à lei durante Hitler, e o que ele fez só constitui um crime aos seus olhos retrospectivamente. Eichmann, relata ela, "não queria ser um daqueles que agora fingiam que 'tinham sempre sido contra', quando na verdade estavam muito dispostos a fazer o que lhes ordenavam [...] O que fez estava feito, não pretendia negar..."[41] Mas Eichmann "não queria dizer que se arrependia de alguma coisa: 'Arrependimento é para criancinhas' [*sic!*]".[42]

Hannah lamenta que ninguém tenha querido acreditar em Eichmann quando ele diz que nada tinha contra os judeus. Nem o procurador, nem os juízes, nem mesmo o advogado de defesa prestaram atenção a isso, pois, "ao contrário de Eichmann, eles não estavam, aparentemente, interessados em questões de consciência".[43] Pois para ela, o verdadeiro desafio do processo deveria ter sido este: como julgar um indivíduo normal, uma pessoa média, que cometeu todos esses crimes, mas que não tem consciência da natureza criminosa de seus atos? Todo mundo, nesse processo, ignorou esse assunto, talvez o único que realmente importava. Pois Eichmann era "normal" na medida em que era apenas um no meio de milhares de outros. Hannah não tenta banalizar o comportamento de Eichmann, mas recusa-se a ver nele uma exceção. Os atores jurídicos de Jerusalém, ao negarem essa dimensão, passaram ao largo do grande desafio jurídico que esse processo deveria ter lançado.

Aí se situa a grande questão do livro de Hannah. Eichmann talvez diga a verdade. É preciso saber ouvir. Eichmann tem vários defeitos — a fatuidade, a burrice, o servilismo —, mas não mente. Hannah toma seu depoimento ao pé da letra, ao contrário dos juízes, que interpretam incessantemente suas palavras. Sua leitura é talvez, audaciosa, mas de extrema pertinência jurídica e de grande coragem intelectual: devemos, ela nos diz ao ouvido, longe dos tormentos do sofrimento, poder e saber escutar os carrascos. Hannah se mostra brilhante quando analisa Eichmann em sua relação com a língua: ele não sabe falar, não aderiu a sua língua, e, portanto, não entra em acordo consigo próprio. A língua administrativa do nazismo lhe serve de habitáculo de sobrevivência. O nazismo, de certa maneira, o salvou. Edificou, entre ele e a realidade, uma muralha de palavras técnicas que lhe permitiram ficar cego. Para Hannah, Eichmann é uma vítima, dele mesmo e do nazismo. "Quanto mais se ouvia Eichmann, mais óbvio ficava que sua incapacidade de falar estava intimamente relacionada com sua incapacidade de pensar, ou seja, de pensar do ponto de vista de outra pessoa."[44] Hannah é essa outra pessoa que tenta penetrar o poço escuro deste homem triturado pelo nazismo, transformado na encarnação da inumanidade ao mesmo tempo que mantém a aparência de um ser humano.

Ela critica a estupefaciente complacência com que Eichmann reconhece seus crimes, e a relaciona com as palavras de um bom número de alemães que, nazistas, grandes dignitários ou não, depois da derrota tinham querido fazer a paz com aqueles que eles chamavam desde então "seus ex-inimigos", virar a página como se nada tivesse ocorrido, não enfrentar a realidade do nazismo, negar que o crime era parte integrante dele. Hannah despreza Eichmann. Ele não está à altura, de alguma maneira: "Apesar de todos os esforços da promotoria, todo mundo percebia que esse homem não era um 'monstro', mas era difícil não desconfiar que fosse um palhaço. E uma vez que essa suspeita teria sido fatal para toda a empresa, além de dificilmente sustentável diante dos sofrimentos que ele e seus semelhantes causaram a milhões de pessoas, suas piores palhaçadas mal foram notadas e quase nunca reveladas na imprensa."[45]

Ela recorda muito oportunamente que as bases jurídicas do processo Eichmann estavam postas em Israel desde 1950, graças às primeiras leis votadas no país. Estas tinham classificado uma série de atos cometidos durante a Segunda Guerra Mundial em diferentes categorias: crimes contra o povo judeu, crimes contra a humanidade, crimes de guerra. Ninguém então pensava, evidentemente, que um dia Eichmann seria julgado em Jerusalém. A votação dessas leis tinha ocasionado debates encrespados no Knesset sobre a singularidade do genocídio e sobre a possível confusão entre Auschwitz e Hiroshima. Golda Meir tinha repetido com firmeza que rejeitava o princípio da pena de morte, mas que, no caso do genocídio, era favorável. Ela foi acompanhada. A lei, seguindo quanto a esse aspecto as cláusulas da Convenção Internacional das Nações Unidas sobre o genocídio, recomendou a pena de morte. Evocando o problema da responsabilidade, um deputado de esquerda propôs conceder circunstâncias atenuantes a quem tivesse agido "por obediência a uma ordem ou a uma lei e que tivesse feito tudo o que estava a seu alcance para atenuar as conseqüências de seu crime". Golda Meir respondeu: "Obedecer a uma ordem não pode reduzir a responsabilidade do crime: todo homem tem o dever de se rebelar contra uma tal ordem."[46]

Hannah interpreta à sua maneira as disposições de lei decretadas pelo Estado de Israel e se infiltra efetivamente em uma anomalia jurídica, uma vez que a lei deixava subentender que os crimes contra o povo judeu eram muito mais graves que os crimes contra a humanidade. Ela se esquece, porém, de dizer que Pinhas Rosen, o ministro da Justiça, declarou oficialmente que esse projeto de lei comportava uma série de deformações de grandes princípios jurídicos e de regras de procedimentos processuais, deformações que se explicavam "pela amargura e pelos protestos do povo judeu contra os sofrimentos por que passou durante a Segunda Guerra Mundial". Hannah não aceita esse tipo de "pequenos arranjos". Ela invoca o espírito da lei e a inviolabilidade de seus princípios. Funda sua argumentação na consciência de Eichmann do que fez, ou do que finge ter esquecido. Sim, ele tinha consciência do que fazia, mas mesmo quando ela funcionava normalmente, operava aos olhos de Hannah, "dentro de limites bastante estranhos".[47] Depois, a partir do momento em que ele deu a ordem de enviar cinqüenta mil judeus do Reich para os centros de Riga e de Minsk, sua consciência passou, diz ela, "a funcionar às avessas".[48] Mas Eichmann não é uma exceção. "A consciência enquanto tal parecia ter se perdido na Alemanha, e isso a tal ponto que as pessoas dificilmente se lembravam dela."[49] Não é por isso que Hannah o exime de suas responsabilidades. Ao contrário, ela põe o dedo na ferida: há muito de Eichmann na Alemanha e, sem esse desaparecimento da consciência, talvez o nazismo não tivesse prosperado tanto e durante tanto tempo.

Hannah apresenta, em termos crus, a questão da resistência ao hitlerismo. Segundo ela, não houve nenhuma resistência socialista ou de esquerda a Hitler[50] e o complô de julho foi organizado por ex-nazistas.[51] "A esmagadora maioria do povo alemão acreditava em Hitler — mesmo depois do ataque à Rússia e da temida guerra em dois fronts."[52] Sem se dar conta disso, o povo aderiu a um novo sistema de valores. Apenas indivíduos, provenientes de todas as classes sociais, de todas as gerações, de todas as confissões — ela não sabe quantos eles foram —, se opuseram a Hitler sem vacilar. Para Hannah, foram resistentes os que mantiveram a faculdade de distinguir o bem do mal e conservaram sua consciência. Eles puderam se opor ao regime ou nada fazer, como os da chamada resistência interna, que, "nem santos, nem heróis, [...] mantiveram total silêncio".[53]

Hannah Areendt dedica um capítulo de seu livro à conferência de Wannsee, uma gentil reunião social de uma hora e meia para a qual Heydrich tinha convidado esses senhores e na qual foi dada a ordem de aplicar a Solução Final a toda a Europa e matar onze milhões de judeus. Eichmann dirá no processo que recorda que, nesta conferência, teve o direito de se sentar perto da lareira, beber, fumar charutos. Lembra-se muito bem que a atmosfera era muito alegre, muito relaxada. Na barra do tribunal, confessa: "Naquele momento, eu tive uma espécie de sensação de Pôncio Pilatos, pois me senti livre de toda culpa."[54]

Como diz Hannah: "Embora ele estivesse dando o melhor de si para ajudar na Solução Final, ele ainda tinha algumas dúvidas a respeito de 'uma solução sangrenta por meio da violência', e essas dúvidas agora haviam sido dissipadas."[55] Em país após país, os judeus passaram a ter que se registrar e usar a estrela amarela para se identificar. Foram reunidos para serem deportados, os comboios eram dirigidos para os centros de extermínio do Leste. Hannah conta com emoção como a ampla máquina de destruição foi posta para funcionar. "Eichmann e seus homens informavam aos Conselhos de Anciãos Judeus quantos judeus eram necessários para encher cada trem, e eles elaboravam a lista de deportados. Os judeus se registravam, preenchiam inúmeros formulários, preenchiam páginas e páginas de questionários referentes a suas propriedades [...] depois se reuniam nos pontos de coleta e embarcavam nos trens. Os poucos que tentavam se esconder ou escapar eram recapturados por uma força policial judaica especial. No entender de Eichmann, ninguém protestou, ninguém se recusou a cooperar..."[56]

Para Hannah, apenas a submissão não teria bastado para aplainar as enormes dificuldades de uma operação como aquela... nem para apaziguar a consciência dos executores. Eichmann declara no tribunal: o fator mais decisivo para sua consciência foi que não encontrou ninguém, absolutamente ninguém, que se opusesse à Solução Final. A única exceção foi o doutor Rudolf Kastner, que ele conheceu na Hungria e com quem negociou a oferta de Himmler de soltar um milhão de judeus em troca de dez mil caminhões. Kastner lhe havia pedido que detivesse "os moinhos da morte de Auschwitz".[57] E é a propósito do mesmo Kastner que Hannah escreve: "Eichmann respondeu que o faria 'com o maior prazer', mas que infelizmente isso estava fora de sua alçada e fora da alçada de seus superiores, como de fato estava. Evidentemente, ele não esperava que os judeus compartilhassem o entusiasmo geral por sua destruição, mas esperava mais que complacência. Esperava — e recebeu, a um ponto verdadeiramente extraordinário — a cooperação deles. Isso era 'evidentemente, a pedra angular' de tudo o que fazia, como havia sido a pedra angular de suas atividades em Viena. Não fosse a ajuda judaica no trabalho administrativo e policial — o agrupamento dos judeus de Berlim foi, como já mencionei, feito inteiramente pela polícia judaica —, teria ocorrido ou o caos absoluto ou uma drenagem extremamente significativa do potencial humano alemão."[58]

Citando os trabalhos de Robert Pendorf e sobretudo os de Raul Hilberg, ela afirma: "Para um judeu, o papel desempenhado pelos líderes judeus na destruição de seu próprio povo é, sem dúvida alguma, o capítulo mais sombrio de toda uma história de sombras."[59] E acrescenta: "Isso já era sabido antes, mas agora foi exposto pela primeira vez em todos os seus patéticos e sórdidos detalhes por Raul Hilberg, cuja obra *The Destruction of the European Jews*,[60] já mencionei."[61]

Hilberg, o titã

Hannah Arendt se mune, portanto, do trabalho histórico de titã que Raul Hilberg acaba, enfim, de publicar, depois de uma pesquisa que lhe tomou sete anos de trabalho ininterrupto. Fui ver Raul Hilberg no outono de 2003 em sua casa, em Vermont, estado em cuja universidade ele ensina ciência política. Ele mora em uma pequena casa de madeira, à beira da floresta. Sua adega, sua sala de jantar, seu quarto, tudo se encontra invadido por milhares de livros, artigos, fotocópias. É um homem surpreendentemente jovem, em plena atividade intelectual, que me recebe entre duas viagens ao Canadá, onde faz conferências. Oferece-me um café e, de saída — já me havia prevenido por fax —, ataca sem subterfúgios: "O que vou lhe dizer de Hannah não é agradável. Você quer realmente saber?"

Raul Hilberg nunca se encontrou com Hannah Arendt. Leu seus textos sobre o anti-semitismo em *Origens do totalitarismo*, que não achou particularmente originais. Hilberg é um ex-estudante de direito e de ciência política. Teve como professor Salo Baron, que considera seu mestre, e realizou, por interesse pessoal, pesquisas históricas sobre o nazismo. É sua busca do tempo perdido pois, diz ele, "vivi adolescente, em Viena, a ascensão do nazismo". Escolhe Franz Neumann como orientador e decide passar seus dias e noites na biblioteca do Congresso consultando a enorme massa de documentos militares alemães. Ele é também, na mesma época, documentalista do *War Documentation Project* e testemunha do Departamento de Justiça nos processos contra os ex-nazistas. Essas diferentes experiências lhe dão um gosto amargo de inacabado. "Alguma coisa não colava na história do nazismo, como se faltassem peças no imenso quebra-cabeça constituído pela história do desaparecimento dos judeus. Alguma coisa me incomodava e eu não sabia o que era. Só a leitura dos textos me apaziguava temporariamente. Eu lia, à noite, sem saber o que estava lendo, onde aquilo ia dar." A partir de 1948, ele se tranca na biblioteca e faz de suas pesquisas uma maneira obsessiva de viver. Passa os dias e as noites mergulhado nesses documentos, enterrando-se neles para tentar entender alguma coisa. O quê? Ele ainda não sabe.

Raul Hilberg guarda desses anos a lembrança de uma odisséia da memória, da qual nasce o desejo ardente de ressuscitar esses mortos anônimos mencionados sob forma de colunas, listas, nas papeladas nazistas que enchem prateleiras inteiras da biblioteca. Sente-se que seu coração bate forte, sua voz embarga, suas mãos se reviram em torno do rosto para descrever o horror que enfrentou tentando decifrar o sentido desses incontáveis documentos, redigidos em uma língua administrativa. "Era preciso encontrar uma saída. Nós precisávamos, os mortos e eu, encontrar uma saída para devolver a eles uma existência, uma legitimidade e, portanto, uma memória." Ele conta, tomando um café depois do outro, suas crises de desespero, sua extrema solidão durante todos aqueles anos, os pesadelos que o despertavam todas as noites com estes fantasmas, estes mortos que retornam no fundo de nossa memória comum, com seus olhares suplicantes. Hilberg se recusa, aliás, a empregar a palavra extermínio, fala de "operações móveis de matança", não diz campos de concentração mas "campos de assassinato". Ele trabalha, ainda hoje, tentando dissecar os mecanismos de destruição e acha que, por sua própria essência, esse tipo de pesquisa permanece sempre inacabado. Tenta saber como os judeus da Europa foram destruídos e se obstina em explorar as engrenagens do mecanismo de sua destruição. Quanto mais avançar em suas pesquisas, mais perceberá que lida com um processo organizado por burocratas em escala continental. Compreender do que se compunha esse aparelho e como funcionava permanece ainda a tarefa principal que ele atribui a sua vida.

A conversa dura horas: Gwendallyn, sua esposa, ouve-o falar de sua gratidão para com seu professor Franz Neumann, cuja obra maior, *Béhémoth*,[62] lhe indica o caminho a seguir. Desde 1934, de fato, Neuman já dissecava o advento da Alemanha nazista. Constatava que, sem teoria política ou vontade missionária, o nazismo organizava o país em quatro grupos autônomos: serviço público, exército, indústria e partido, que se coordenavam por meio de acordos que Neumann qualificava de "contratos sociais". Para Hilberg, esse texto foi uma revelação: descobriu uma Alemanha fundamentalmente anárquica, que se dotava progressivamente de estruturas administrativas encarregadas de organizar o caos com vistas ao terror. Hannah Arendt jamais evoca em seus textos a obra de Neumann. Hilberg pretenderá ser seu sucessor e explorará documentos que permaneceram secretos para o grande público e aos quais ele terá acesso, entre os quais, especialmente, a correspondência interna da administração central do Reich e dos funcionários diretamente encarregados do extermínio dos judeus. Para Hilberg, a destruição dos judeus da Europa não foi centralizada, pois os quatro grupos definidos por Neuman participaram dela. Ele chama esse conjunto burocrático de aparelho de destruição.

Tanto para Hilberg quanto para Arendt, o testemunho de Kastner é fundamental, mas eles não retiram dele as mesmas lições: para ela, Kastner cooperou com os nazistas; para ele, tentou salvar judeus. Outro ponto fundamental de discórdia: a caracterização do regime. Para Hannah, o que importa é sobretudo o ponto de origem: o nascimento do totalitarismo, que ela situa no início da guerra, em 1º de setembro de 1939, data a partir da qual o regime se torna, para ela, criminoso. Para Hilberg, é o objetivo último de aniquilamento formulado em 1942 na Conferência de Wannsee, a Solução Final, que caracteriza o início do totalitarismo nazista, ainda que a Solução Final tenha sido precedida por medidas anteriores, uma vez que a vontade de destruir os judeus europeus sempre foi profunda, latente, incessante.

Raul Hilberg se lembra da emoção que sentiu quando pôde ter acesso aos documentos de Nuremberg, nos quais mergulhou noite e dia. Depois submeteu suas primeiras duzentas páginas a Neumann, com o coração batendo forte. A única objeção de Neumann incidiu sobre parte da conclusão. Hilberg afirmava que, no plano administrativo, os alemães tinham contado com os judeus em função de seu senso de ordem, e que os judeus tinham cooperado com sua própria destruição. Neumann não lhe disse que isso era um erro, mas aconselhou: "É duro demais para engolir, corte." Hilberg aceitou mas, em troca, mais do que nunca determinado a mostrá-lo, pediu a Neumann autorização para se lançar, sob sua orientação, em uma tese intitulada *A destruição dos judeus da Europa*. Neumann aceitou prevenindo-o: "Você terá problemas, e será porque assim o quer."

Neumann já tinha compreendido que seu aluno deixava as águas da pesquisa universitária para mergulhar em um território proibido. Hilberg, em 2003, se lembra com um sorriso a que ponto era marginalizado e como o que dizia parecia inaudível em um momento em que os sobreviventes ainda não tinham direito à palavra e em que se tentava esquecer este passado que não passa. Recordemos que Léon Poliakov era o único, nessa época, a ter publicado seu notável *Bréviaire de la Haine* [*Breviário do ódio*], obra ainda hoje insuperável, estabelecida a partir de documentos de Nuremberg sobre a fase final do processo de extermínio.[63] Em 1952, Hilberg reúne uma equipe de oito pessoas que verificam minuciosamente esses documentos secretos alemães jamais consultados, classificados como confidenciais ou secretos. Suas mãos tremem de tanta emoção ao evocar tudo o que leu relativamente ao processo de destruição, todos esses documentos assinados pelos nazistas. Um oceano de papéis em que ele perdia pé, que era preciso triar, classificar. Hilberg se interrompe. Tem lágrimas nos olhos e sofre para continuar.

É o fim do outono. Esquilos brincam sobre um tapete avermelhado de folhas mortas bem na frente da casa. Hilberg sorri ao vê-los brigando e retoma seu relato: seu contrato se limita aos arquivos federais. Com problemas financeiros, suplica a seus pais que o abriguem em seu minúsculo apartamento para continuar suas pesquisas. Todas as manhãs, durante três anos, ele arma em seu quarto uma mesa de jogo na qual trabalha sem trégua, permitindo-se apenas ouvir à noite, antes de dormir, um pouco de música de câmara.

No outono de 1954, Neumann morre. Hilberg se sente órfão. Sua tese passa a ser orientada pelo professor Fox em janeiro de 1955. Fica sabendo naquele ano que a universidade de Vermont tem duas vagas. Hesita em candidatar-se, persuadido de que a discriminação contra os judeus ainda impera. Tem desempenho brilhante na entrevista e chega com duas malas e duas caixas de livros. Hoje, quarenta anos depois, ainda dá aulas lá, por fidelidade. Vive ainda como estudante, tem um porte de estudante, um procedimento intelectual de eterno questionamento, um desejo insaciável de verdade.

Em 30 de dezembro de 1955, Raul conclui sua monumental tese. O diretor da Columbia University Press, Henry Wiggins, lhe escreve pedindo autorização para publicar um fragmento do trabalho. Apenas um fragmento. É preciso dizer que o trabalho integral tem 1.600 páginas datilografadas! Depois de muitas vicissitudes e hipóteses de co-edição, o texto será recusado, em especial em Israel, pelo Instituto Yad Vashem, então dirigido pelo doutor Joseph Melkman, que emite reservas sobre as conclusões históricas e sobre sua avaliação da resistência judaica durante o período nazista, e, nos Estados Unidos, pela Princeton University Press. Hilberg confia então seu trabalho integral à editora universitária de Oklahoma, que o reterá durante seis meses sem resposta, antes de lhe propor publicá-lo numa edição de 2.500 exemplares mediante 17.500 dólares de adiantamento dados por um mecenas chamado Petschek, e sob a condição de que fossem feitas diversas modificações. É então que Eichmann é capturado na Argentina.

Hilberg tenta apressar o processo de publicação e pressiona seu editor. Os acontecimentos da atualidade favorecem seu trabalho que ele gostaria de ver publicado antes do processo. É, finalmente, a Quadrangle Books que publica a obra, sem qualquer anúncio, em meio à indiferença geral, exatamente no momento em que o processo se inicia. Raul Hilberg já sabe na ocasião que seu tema vinha cedo demais, que seu livro era grosso demais, que seu editor não tinha condições de fazer propaganda, que ele não conhecia ninguém no meio jornalístico nem entre os formadores de opinião, que sua tese iria incomodar politicamente, intelectualmente, moralmente. Ele se prepara, portanto, para permanecer um desconhecido e para sofrer os ataques dos raros leitores que só verão em seu trabalho polêmica e escândalo.

O que ele ainda ignora é a natureza das reações. Como Hannah Arendt, e antes dela, será perseguido por ter posto em causa a comunidade judaica alemã ao considerar um fato bastante real: o que ele chamava, antes de Arendt, de "cooperação dos judeus". "Eu deveria ter examinado a tradição que levava os judeus a confiar em Deus, nos príncipes, nas leis e nos contratos. Teria sido necessário tomar ciência do cálculo dos judeus segundo o qual o perseguidor não destruía o que ele podia explorar no plano econômico. Era precisamente essa estratégia dos judeus que ditava os compromissos e domava a resistência."[64]

Hilberg distingue nitidamente o que o separa fundamentalmente de Hannah Arendt em dois pontos capitais: a visão de Eichmann e os conselhos judaicos. Ele está feliz em falar, em 2003, com a tranqüilidade oferecida pela distância e pela idade, e dá a impressão de querer se libertar do que o atormentou durante muito tempo: a confusão entre suas posições e as de Hannah Arendt. Esta, diz ele, o utilizou e instrumentalizou ao moldar seus próprios raciocínios para adaptá-los à sua própria teoria. Mais grave do que isso, ela o traiu. Ele descobriu, de fato, por acaso, há apenas 12 anos, a propósito de uma pesquisa, que foi ela que, a pedido da Princeton University Press, recusou a publicação da obra. Um ano antes da captura de Eichmann na Argentina, ela explicou ao editor que tudo já havia sido dito a respeito daquele período da história e que a edição da obra era inútil.

A noite cai e Hilberg encontra, enfim, numa caixa a carta do editor Gordon Hutel, datada de 5 de abril de 1959, endereçada a Hannah Arendt para agradecer-lhe por seu parecer negativo sobre a tese. Ele anexa, como combinado, um cheque pelo trabalho realizado. De acordo com arquivos inéditos e com a correspondência privada, Hannah Arendt jamais soube manifestamente que ele sabia... Ou melhor, parece até mesmo ter esquecido de que tinha redigido essa nota negativa. Não poupa, aliás, esforços, no ano seguinte, para uma reedição da obra de Hilberg e não compreende por que ele, de quem fala tão bem em seu livro, não vem em seu socorro na ocasião da polêmica. Ela ficará decepcionada com seu silêncio e confiará a Jaspers: "Não sei nada sobre a tomada de posição de Hilberg a meu favor. Ele é meio tolo, meio louco. Fabula agora a respeito do 'desejo de morte' dos judeus. Seu livro é realmente notável, precisamente porque ele se contenta em relatar fatos. Um capítulo mais geral, uma introdução histórica, não tem valor algum. (Desculpe-me — esqueci o que escrevo. Mas já que está feito, deixo assim.)"[65] Isso ainda hoje faz Hilberg sorrir. É verdade que ele foi ferido em sua dignidade, mas ficou muito mais irritado por ter sido confundido com ela a ponto de ser tomado como seu duplo.

Quando lhe pergunto como explica a violência dela em relação a ele, cita indiscriminadamente a defesa incondicional da Alemanha que ela faz, seu amor por Martin Heidegger, sua arrogância natural e aquela necessidade, traço de caráter profundamente enraizado nela, de ter sempre a última palavra. Com a idade, ele também criou certo distanciamento. É um homem equilibrado, feliz, vivendo como solitário e assumindo alegremente sua marginalidade, em consonância consigo mesmo, que faz um balanço em termos irônicos e conclui: "Quem eu achava que era, afinal? Ela, a filósofa, eu, o trabalhador braçal, que fiz apenas um simples relato, ainda que ela o tenha julgado indispensável uma vez o tendo explorado: essa era a ordem natural de seu universo."

A lei do mal

Martine Leibovici tem razão ao ressaltar que a sintaxe do livro dedicado a Eichmann, com suas frases tão longas e suas digressões, nos dá a impressão de estarmos diante de uma partitura para duas vozes. No que diz respeito aos conselhos judaicos, Hannah Arendt utiliza apenas uma dessas vozes: a da acusação. De maneira irônica, ela insiste energicamente na responsabilidade desses conselhos: "Os funcionários judeus mereciam toda confiança ao compilar as listas de pessoas e de suas propriedades [...]", e os caracteriza psicologicamente: Eles "gostavam de seus novos poderes."[66] Ela, que detesta normalmente apelar para a psicanálise, fustiga as almas desses homens e afirma: "Sabemos o que sentiam os funcionários judeus quando se transformaram em instrumentos de assassinatos."[67] Ela os censura por terem guardado segredo e por terem mentido ao fazê-lo, como Leo Baeck, ex-rabino-chefe de Berlim, que estava perfeitamente a par de que os judeus eram mortos por gás mas preferiu se calar. Resultado: ia-se voluntariamente para Auschwitz e aqueles que tentavam dizer a verdade eram considerados loucos. Ela nota, porém, a exceção do presidente do conselho de Varsóvia, Adam Czerniakow, que preferiu se suicidar. Acusa-os de terem redigido as listas de transporte daqueles que partiam para os campos, especialmente para Theresienstadt: Ela escreve: "A acusação teria enfraquecido seu argumento se fosse forçada a admitir que a escolha dos indivíduos mandados para o fim era, com poucas exceções, tarefa da administração judaica."[68] Ela se mune de uma obra de Hans Günther Adler, *Theresienstadt 1941*, em que todos esses fatos estão consignados, e se enfurece contra o tribunal de Jerusalém, que não a citou.

Creio que essa insistência em designar é central para compreender por que Hannah se obstina em relação ao papel dos conselhos. Designar um indivíduo é distingui-lo. Distingui-lo é escolhê-lo. Ora, os conselhos judaicos escolheram poupar os mais ricos, os que tinham poder, judeus eminentes. É em nome da igualdade entre os indivíduos que Hannah se coloca; é em nome da busca da verdade — uma hipotética verdade que, por essência, estaria ainda oculta e seria de natureza escandalosa — que ela pretende, ela, a filósofa, a especialista em anti-semitismo, acusar o procurador. Chega a ponto de censurar o advogado de Eichmann por não ter utilizado a arma da atenuação de sua responsabilidade. Eichmann foi ajudado, em suas sinistras tarefas, pelo trabalho da administração judaica: "Isso teria feito mais para demonstrar a atmosfera em que Eichmann trabalhava do que toda a conversa desagradável e muitas vezes diretamente ofensiva sobre juramentos, lealdade, e as virtudes da obediência inquestionada."[69]

Hannah chega a afirmar que, com a responsabilidade dos conselhos judaicos, a distinção entre carrascos e vítimas não é mais tão clara! Ela afirma que o processo quer ocultar a cooperação entre dirigentes nazistas e autoridades judaicas, o que é falso: 37 depoimentos giram em torno dessa questão. Em qualquer lugar onde vivessem judeus havia dirigentes judeus, diz ela, o que é historicamente falso. Os dirigentes — quase todos, sem exceção —, acrescenta, cooperarão por uma razão ou outra com os nazistas — o que também é falso. Por que ela raciocina assim e por que não colhe também elementos históricos nesta documentação da qual ela só utiliza o que serve a sua tese? Ela acredita dar prova de coragem intelectual ao sustentar esses propósitos, fingindo esquecer que, desde os anos 1950, o tema da colaboração judaica e da denúncia dos conselhos judaicos já era objeto de inúmeras publicações, diários, memórias... "A condenação implacável dos conselhos judaicos foi um tema maior do Partido Herut, de Menahem Begin. De fato, a própria lei que permitiu julgar Eichmann havia sido adotada em Israel para punir os colaboradores judeus."[70] Ela sempre foi uma intelectual instintiva, mais do que uma filósofa de cabeça fria que se abastece de bibliografia e reflete cinqüenta vezes antes de escrever uma frase.

Sabe-se que o texto foi escrito na febre e no arrebatamento. Como uma nadadora que avança na contracorrente em meio às ondas, ela ataca as certezas e enfrenta o oculto, o obsceno, o indizível. Assim ela afirma, e esta frase será usada contra ela durante muitos anos: "A verdade integral era que, se o povo judeu estivesse desorganizado e sem líderes, teria havido caos e muita miséria, mas o número total de vítimas dificilmente teria ficado entre quatro milhões e meio e seis milhões de pessoas."[71]

Sobre as responsabilidades dos conselhos judaicos, as pesquisas realizadas depois não lhe dão razão. Como resume o historiador Saul Friedländer: "*Objetivamente*, o *Judenrat* foi provavelmente um instrumento de destruição dos judeus da Europa, entretanto, *subjetivamente*, os atores não tiveram consciência dessa função, e mesmo que tivessem tido consciência, alguns dentre eles — talvez a maior parte — tentaram fazer o melhor de si no âmbito de suas possibilidades estratégicas extremamente limitadas a fim de retardar a destruição."[72]

O desejo de Hannah, não de eximir, mas de compreender Eichmann, encontra seu acabamento no capítulo VIII, intitulado "Deveres de um cidadão respeitador da lei". Cidadão, Eichmann? Um cidadão da lei do *Führer* que deu prova, como ele mesmo disse, de uma "obediência cega",[73] *Kadavergehorsam*. Arendt fica perturbada ao ver Eichmann citar Kant, seu filósofo preferido. É bem verdade que ele o deforma, mas não deixa de dar uma definição aproximativamente correta do imperativo categórico. Isso o deixa quite?

Um carrasco que cita Kant não é um carrasco como os outros. Eichmann é responsável. Hannah Arendt repete que ele sempre fez o máximo que pôde para tornar definitiva a Solução Final.[74] Mas seu caso não é único. Como tantos alemães, ele obedeceu à lei que os transformou todos em criminosos.

Nos dois capítulos sobre as deportações, Hannah Arendt retoma as teses desenvolvidas em *Origens do totalitarismo*: a assimilação do judeu europeu permitiu que se acreditasse que o problema judaico não mais existia e que a Europa podia prescindir dos judeus. "Durante centenas de anos eles se haviam acostumado a entender a própria história, correta ou incorretamente, como uma longa história de sofrimento... Mas por trás dessa atitude houve, durante muito tempo, uma convicção triunfante de que "*Am Yisrael Chai*", o povo de Israel viverá; indivíduos judeus, famílias judaicas inteiras podiam morrer em *pogroms*, comunidades inteiras podiam ser eliminadas, mas o povo viveria. Eles nunca haviam se confrontado com o genocídio."[75] A assimilação havia feito deles, para o melhor ou para o pior, cidadãos que pertenciam à comunidade européia das nações. Cidadãos em primeiro lugar, os judeus? Isso não tinha praticamente nenhuma importância. Os judeus europeus pensavam que faziam parte, de maneira consubstancial e vital, da civilização européia. O que Hannah Arendt chamou de "consolo secular" não funcionava mais.

O fim do mundo para os judeus foi imaginado na Europa, pela Europa. O fim do mundo será desenvolvido com notável monotonia. Hannah retraça a gênese da Solução Final em diferentes países. Ela elogia longamente a Dinamarca, o comportamento de seu povo e de seu governo, única exceção européia a ter resistido ao nazismo. "É forte a tentação de recomendar a leitura obrigatória desse episódio da ciência política para todos os estudantes que queiram aprender alguma coisa sobre o enorme potencial de poder inerente à ação não violenta e à resistência a um oponente detentor de meios de violência vastamente superiores."[76] Mas sua maneira de interpretar política e psicologicamente o comportamento das autoridades alemãs na Dinamarca — elas teriam, diz Hannah, mudado de opinião diante dessa resistência declarada, e os próprios nazistas "haviam deixado de ver com naturalidade o extermínio de todo um povo" — parece bastante ingênua. Ela acrescenta: "Quando encontraram resistência baseada em princípios, sua 'dureza' se derreteu como manteiga ao sol." Ela precisa que alguns "foram capazes até mesmo de demonstrar um tímido começo de coragem genuína".[77]

Da mesma forma, parece surpreendente sua defesa dos nazistas que compareceram ao tribunal de Nuremberg. Para ela, esse tribunal revelou que, "exceto talvez para uns poucos brutos semiloucos", "o ideal de 'dureza' não passava de um mito de auto-engano, escondendo um desejo feroz de conformidade a qualquer preço".[78] Por que ela corre em socorro de Eichmann, declarando que, na Romênia, por meio da emigração forçada, ele teria salvado centenas de milhares de judeus dos *pogroms* espontâneos? Por que ela escreve: "muitas vezes [os SS] intervieram para salvar judeus da mais pura barbárie, para que o assassinato pudesse ser feito de maneira que, segundo eles, era civilizada"?[79]

Na mesma ordem de idéias, ela critica, em nome do formalismo jurídico, a audição de 56 testemunhas do sofrimento do povo judeu em vez das 15 ou 20 inicialmente previstas. Falta-lhe empatia para com essas testemunhas que serão por vezes demasiado longas em seu depoimento, e que, não tendo com freqüência nada a ver com os fatos, se mostravam pouco preocupadas em restituir a verdade mas ávidas por falar, "impacientes em não perder essa ocasião única, todos convencidos de que tinham direito a seu dia no tribunal".

De Eichmann, ela pensa que "teria sido realmente muito reconfortante acreditar que [ele] era um monstro". É a normalidade de Eichmann que é monstruosa, nos diz Hannah. E essa normalidade se torna mais problemática por ter sido compartilhada por inúmeros outros, da mesma maneira monstruosamente banal: "O problema com Eichmann era exatamente que muitos eram como ele, e muitos não eram nem pervertidos, nem sádicos, mas eram e ainda são terrível e assustadoramente normais."[80]

A desigualdade de status entre a defesa e o acusado a choca moral e juridicamente. Ela acha que o processo foi mal preparado e que, cruelmente, faltou uma equipe especializada de conselheiros históricos para proceder à escolha dos documentos. Lamenta, assim, que a voz dos alemães resistentes não tenha sido mais ouvida, subentendendo com isso que a das testemunhas sobreviventes havia estado demasiado presente.

Isso está ligado a seu otimismo inato, matizado por uma sombra de exasperação em relação ao status das vítimas. Para ela, de fato, o passado está escrito com letras de fogo e de sangue na memória coletiva. "Os buracos do esquecimento não existem. Nada humano é tão perfeito, e simplesmente existem no mundo pessoas demais para que seja possível o esquecimento. Sempre sobra um homem para contar a história."[81]

Para Hannah, a lição a ser tirada dessa história é simples e está ao alcance de todos: face ao terror, a maioria das pessoas se inclina, mas não é assim em toda parte. Por isso, ela conclui: "Humanamente falando, não é preciso nada mais, e nada mais pode ser pedido dentro dos limites do razoável, para que este planeta continue sendo um lugar próprio para a vida humana."[82]

XVI

ACUADA

"O objetivo de um processo é fazer justiça, e nada mais",[1] escreve Hannah em seu Epílogo. Ora, esse processo, desejado por Ben Gurion, tinha vários outros objetivos — que, por outro lado, ela considera nobres — que vão além do direito. O julgamento de Jerusalém permite notar que, pela primeira vez desde o fim da guerra, "a catástrofe dos judeus ocupava o lugar central nos trabalhos de uma corte".[2] É o que o distingue de todos os outros processos. Para Hannah, "isso é, na melhor das hipóteses, uma meia-verdade".[3] Pois, para ela, sem nenhuma dúvida, se Eichmann foi capturado, é porque deve ser acusado de crimes contra o povo judeu: " sua captura [...] certamente não se devia ao fato de ele ter também cometido crimes contra a humanidade, mas exclusivamente a seu papel na Solução Final do problema judeu."[4]

Atingimos aqui o cerne daquilo que assombra Hannah desde 1943, data em que ela vem a saber da existência dos campos de concentração. Para ela, tanto Israel quanto o povo judeu em geral estavam mal preparados para reconhecer, nos crimes cometidos por Eichmann, um fato sem precedente. Os judeus, de fato, pensam sua história unicamente a partir de seu próprio ponto de vista, e a catástrofe que se abateu sobre eles desde Hitler se inscreve não como "o crime sem precedentes do genocídio, mas, ao contrário, [como] o crime mais antigo que conheciam e recordavam".[5] Aí reside o verdadeiro fracasso do processo de Jerusalém, que não permitiu compreender o verdadeiro horror, a singularidade, a própria natureza da existência de Auschwitz.

Eichmann não deve ser o único a carregar o fardo da responsabilidade pelo genocídio. Ele não é um monstro, nem um perverso, nem um sádico, mas um indivíduo terrível e assustadoramente normal. Milhares e milhares de Eichmanns andam pelas ruas das cidades da Alemanha, dormem bem, exercem tranqüilamente seu ofício desfrutando da consideração geral. Não é Eichmann que é, por natureza, monstruoso, é o sistema que o tornou assim ao apagar nele a percepção da fronteira entre o bem e o mal.

O objetivo principal do processo — processar, defender, julgar e punir Eichmann — foi atingido, ela reconhece. Mas não é isso que é importante. O importante é que subsiste "a possibilidade bastante incômoda, mas inegável, de que crimes similares possam ser cometidos no futuro". Como não se inclinar diante da cruel clarividência de Hannah Arendt, que, em 1963, prevê um novo genocídio? "A assustadora coincidência da explosão populacional moderna com a descoberta de aparelhos técnicos que, graças à automação, tornarão 'supérfluos' vastos setores da população até mesmo em termos de trabalho, e que, graças à energia nuclear, possibilitam lidar com essa dupla ameaça com o uso de instrumentos ao lado dos quais as instalações de gás de Hitler pareceriam brinquedos de uma criança maldosa."[6]

Hannah nos convida para uma viagem ao coração das trevas. Ela nos faz tremer de pavor e de vergonha pelo fato de alguns, homens como nós, terem cometido um crime contra o outro, todos os outros: homens desarmados, sem defesa, e não inimigos de guerra. Eles desonraram para sempre a espécie humana e mesmo assim continuam a habitar esta terra. Desde então, impõe-se uma pergunta que Hannah Arendt é a primeira a ousar formular: o genocídio pode recomeçar? Quarenta anos depois, a história, infelizmente, lhe dá razão.

Cartas de insultos

Ao voltar para Nova York, no oceano de cartas de injúrias que começa a receber, Hannah não encontra nenhuma correspondência de seu advogado, o Sr. Moloshok, a quem ela pede há meses que processe a empresa de táxis responsável pelo acidente de que fora vítima para obter uma indenização. Ela insiste com ele, sugerindo-lhe que reivindique 45 mil dólares. Depois marca uma consulta com o dentista para Heinrich. Ele sofre muito, o que não o impede de esbravejar o dia inteiro contra os autores de cartas de insultos,[7] em sua maioria sobreviventes ou parentes de sobreviventes, que atacam sua mulher, isto é, para ele, os judeus, a imprensa judaica, as organizações judaicas, as associações judaicas, os rabinos.

De seu lado, Hannah também não escapa e fica estupefata diante de tanta violência. Sente-se cercada, enfraquecida, amedrontada. Ela não imaginava desencadear tais reações. Mostra-se, como seu marido, indignada com certos procedimentos, certas acusações, que ela vê como processos de intenção. Durante esse período difícil, ela quase não é ajudada por sua amiga Mary McCarthy, que, em vez de lhe explicar as razões da violência e acalmá-la, atiça suas tendências paranóicas ao comparar o que se passa com ela com o caso Dreyfus. Heinrich também não usa de sutileza. Para dar razão a ela, insulta maldosamente aqueles que ousam atacá-la e exagera. Até mesmo Hannah fica incomodada com isso e confessa a Jaspers: "[...] e o que ele pensa do povo judeu nem sempre é o que desejaríamos (isso é apenas para rir)."[8] É apenas para rir que, se queixando amargamente junto a ele da atitude de alguns de seus críticos, que passam semanas vasculhando sua vida para tentar arruinar sua reputação, ela acrescenta: "Se eu tivesse imaginado, certamente teria tomado cuidado para fazer a mesma coisa. E *à la longue*,[9] talvez seja mesmo útil limpar um pouco essa corja judaica."[10]

Solicitada por todos os lados a explicar-se, Hannah se refugia no silêncio e se fecha em si mesma, recusando todos os convites para se justificar. Em 20 de julho de 1963, cansada de guerra, muda de tática. Em 23 de julho, fala diante de estudantes judeus. Pensa que vai intervir, como normalmente ocorre, diante de um círculo restrito de 50 pessoas. Entretanto, a despeito das férias, Hannah atrai público. O rabino organiza o encontro em um anfiteatro de trezentas pessoas. Quinhentas pessoas estão na sala. De pé, nas pilastras, empoleiradas nas galerias, sentadas no chão. Outras quinhentas tentam entrar. O rabino é obrigado a chamar a polícia. Pequeno tumulto. Como uma celebridade, Hannah é recebida com uma *standing ovation*. Sem provocação, ela responde longamente às perguntas dos estudantes, e obtém grande sucesso. Para impedi-la de partir, invadem o estrado.[11] Hannah fica bastante tocada com tudo, é um pouco de bálsamo em suas feridas. Ela tenta se tranqüilizar e encontrar explicações para o que está lhe acontecendo. Acha que apenas a geração mais velha — a dos sobreviventes — realmente lhe quer mal, e que a campanha contra ela, visando a transformá-la em apoio de Eichmann e em má judia, é orquestrada pelos dirigentes de organizações sionistas. Jaspers a defende e escreve que "a verdade foi assassinada",[12] reconfortando-a: "agora você conquista judeus e é a melhor das judias."[13] A polêmica lhe permite retomar contato com uma amiga de adolescência, como ela refugiada nos Estados Unidos, e que lhe escreve: "*Come back to us* [ela quer dizer: à vida judaica], *we need you*."[14] Ela não foi a única, naquele verão, a provocar escândalo. Sua amiga Mary McCarthy publica no mês de agosto o texto em que trabalha há 11 anos, *O grupo*,[15] uma autobiografia crua, a história de oito moças da universidade Vassar, turma de 1933, obrigadas a se adaptar ao mundo violento que a América do New Deal representava. O livro, com tiragem inicial de 70 mil exemplares, ultrapassa os cinco milhões vendidos e faz de Mary uma escritora reconhecida. Ambas obtêm, portanto, ao mesmo tempo glória e reconhecimento, mas atraem também inveja e críticas virulentas. Mary deve enfrentar a cortina de fogo dos intelectuais nova-iorquinos, com o escritor Norman Mailer à frente. Hannah vai em seu auxílio e não se poupa para ajudá-la nos momentos difíceis. Gosta infinitamente do romance, admirável relato deste período de crise profunda que a América freqüentemente tendeu a enfeitar, e até mesmo a esquecer completamente. Admira a escrita de Mary e o humor da narrativa, se regozija com seu sucesso e com o fato de que, enfim, a amiga ganha dinheiro graças a seu próprio talento.

Heinrich, em estado lamentável, a encontra em Nova York no fim do mês de agosto. A idade de 64 anos, certamente, mas também graves problemas de arteriosclerose o transformaram e ele tem agora muita dificuldade para se deslocar. Ela cuida dele sem fraquejar mas decide, por razões misteriosas, ocultar dos amigos a gravidade da doença. Lutará sozinha, portanto, na polêmica que, em sua volta, recomeça com mais força. Sozinha e terrivelmente angustiada pela piora do estado de saúde de seu marido.

A ovação em Columbia não passou de uma vitória de Pirro, e a violência dos ataques redobra em vários fronts. A imprensa se enfurece. A revista *Aufbau*, na qual ela colabora desde sua chegada a Nova York, se recusa a publicar um direito de resposta.[16] A outra revista em que ela também escreve desde seus primeiros anos de exílio, a *Partisan Review*, se opõe a ela violentamente e dissemina calúnias ao publicar um artigo intitulado "A estética do mal: Hannah Arendt sobre Eichmann e os judeus".[17] O autor, Lionel Abel, censura Hannah por ter feito de Eichmann, em um plano estético, um personagem agradável e dos judeus seres repugnantes. Na *New York Times Books Review*, o juiz Michael Musmanno acusa Arendt, em um artigo intitulado "Um homem de consciência imaculada", de tomar a defesa da Gestapo e de caluniar as vítimas judias.[18]

Em sua casa, as cartas continuam a chegar. Pode-se constatar, consultando esses documentos, que Hannah as leu e muitas vezes anotou.[19] Em algumas, redigiu suas reações instantâneas. Percebe-se ao mesmo tempo sua emoção e sua vontade de responder sinceramente, lealmente. Essas cartas, provocadas muito mais pelos artigos dos jornais do que pelo próprio livro, são na maioria das vezes fragmentos de autobiografias, de confissões por vezes abaladoras, mas tratam também de questões que ao mesmo tempo revelam um desejo de compreender por que Hannah se permitiu julgar e uma vontade de testemunhar. Assim lhe escreve uma certa Sra. Desenberg: "Meu melhor amigo morreu em Mauthausen e ele não era conhecido por sua covardia. Nunca tive explicações sobre sua morte, mas prefiro-as a seus ataques." Ou o professor Erik Werner, sobrevivente, que escreve a respeito dela: "Ela não estava lá. De que direito dispõe para escrever assim?"[20]

Vários rabinos intervêm em defesa de Leo Baeck. Em seu livro, Hannah o censura por ter, como responsável judeu, cooperado com os nazistas. Ela diz que ele escondeu das vítimas o destino delas por razões que ele pretendia humanitárias, argumentando que sobreviver seria ainda mais difícil se soubessem que seriam num futuro próximo mortas na câmara de gás.[21] Comovente uma atenção como essa, considera Hannah, que estigmatiza a atitude de Leo Baeck e a dos outros responsáveis pelos conselhos judaicos que agiram de maneira semelhante. Leo Baeck, recordavam seus defensores, havia recusado inúmeras ofertas de emigração para os Estados Unidos de maneira a ficar com seu povo. Ele não foi o único. Entretanto, escapou da morte.[22]

Inúmeras são as cartas que apontam sua violência contra o povo judeu, e especialmente sua maneira de julgar a incapacidade deste de se rebelar diante da barbárie nazista. "Será que ela já foi forçada a se submeter à lenta degradação moral e física de uma minoria abandonada à própria sorte em condições tão inconcebíveis? Que ela responda à minha pergunta! mas que não me responda com os clichês que li nos escritos de seus amigos: que cabem ao historiador o direito e o dever de julgar. Pois a Sra. Arendt está envolvida demais para ser 'imparcial', se é que essa palavra ainda significa alguma coisa nessa crônica da profanação."[23] Alguns de seus alunos lhe escrevem para lhe falar de sua profunda tristeza e de sua decepção; eles se recusam desde então a aceitá-la como professora ao mesmo tempo que reconhecem que, devido às lembranças do passado, não conseguem apagar a estima que sentem pela mulher e pela escritora.

Logo sobrevém um verdadeiro maremoto. Todo mundo lhe escreve — até mesmo sua professora de Königsberg que, graças à polêmica, restabelece o contato com ela depois de cinqüenta anos![24] —, freqüentemente para contar a própria vida. E também para insultá-la. Hannah ordena sua correspondência, decide responder apenas a muito poucas pessoas. Absorve mal os golpes e, à medida que a polêmica aumenta, vai se sentindo cada vez pior. Confessa a Mary: "Mas, preocupada como estou, não posso mais confiar em que vou manter a cabeça no lugar e não explodir."[25] Se é perseguida e atormentada assim, é porque disse a verdade, a verdade nua e crua, sem enfeitá-la com observações eruditas. Parece persuadida de que há uma verdadeira campanha política organizada, que diz respeito, não a um livro que jamais foi escrito, mas à sua própria pessoa. Ela se diz acuada pelo que chama de uma campanha de difamação midiática na qual seus adversários tentam criar uma "imagem" que vem recobrir a de seu livro. Sente-se desarmada em relação a essas pessoas que têm: poder, dinheiro, relações, tempo...[26] Confessa, pois, sua impotência e continua a repetir que escreveu uma reportagem, apenas uma reportagem, e não um livro político. A despeito de suas denegações, a campanha cresce.

O Conselho dos Judeus da Alemanha, organização dos judeus alemães emigrados, se reúne e decide se opor à concepção histórica de Hannah Arendt preparando uma série de publicações destinadas a mostrar "como os judeus alemães se desdobraram em um máximo de esforços tanto no plano moral quanto material para se ajudarem mutuamente e para manter nas circunstâncias mais difíceis a estima e o respeito que deviam a si mesmos".[27]

Uma circular da *Anti-Defamation League*, organização criada em 1913 para lutar contra o anti-semitismo, mas também pela igualdade de direitos de todos os cidadãos, ordena que os rabinos preguem contra Hannah "no Dia de Ano-Novo",[28] e a acusa de ser destituída de compaixão, de julgar acontecimentos que não conheceu e de responsabilizar os conselhos judaicos, que tinham buscado o mal menor. Ernst Simon, professor de educação na universidade hebraica de Jerusalém, faz uma série de conferências nas maiores universidades americanas contra seu livro, desmontando seus argumentos, e conclui um artigo com as seguintes palavras: "Esperemos que ela não soubesse o que estava fazendo."[29] Artigos aparecem na *Newsweek*, na *New Republic*, e depois, no jornal *Anti-Defamation League*, um memorando de Jacob Robinson intitulado "Relato sobre o mal da banalidade". Esse ex-consultor junto a Robert Jackson, procurador dos Estados Unidos no processo de Nuremberg e ex-assistente de Hausner em Jerusalém, está apenas começando seu trabalho sistemático contra Hannah. Dois anos mais tarde, ele publicará um livro relançando a polêmica.

Em Nova York, seus amigos a ajudam a deixar que passe essa artilharia. Rose Feitelson, por exemplo, tenta persuadi-la de que os judeus comuns e inteligentes que não têm contas a prestar a compreendem, mas que os candidatos autoproclamados à martirologia judaica a invejam. Para consolá-la, tenta fazê-la rir: "Vá para casa Hannah Arendt, você a ignorante, cheia de ódio, rancorosa, mentirosa, megera, judia prussiana sem alma e que se detesta, e você também, Heinrich, *goy* prussiano mas não irrecuperável, pois você tem mau gosto para suas mulheres judias."[30] "Suas mulheres judias." Observação que se torna mais picante pelo fato de ela ainda manter relações amorosas com Heinrich, que continua a ter sua vida conjugal com Hannah. Será que Heinrich amaria apenas mulheres judias?

Ela persiste, em sua correspondência com os amigos, em dizer que não há em seu texto — que ela subtitula *report*[31] e não *essay* — nenhuma idéia, são apenas fatos, além de algumas conclusões e de uma discussão jurídica no epílogo. É, portanto, claro que todo o furor desencadeado contra ela incide sobre fatos e não sobre teorias. Em 25 de setembro de 1963, ela vai, com dor no coração, preocupada por deixar Heinrich, para a Universidade de Chicago. Refugia-se ainda em sua atitude de autojustificação, recusando-se a analisar as reações geradas pela interpretação de seu texto, como se estivesse persuadida de que ele não oferecesse apenas uma leitura da verdade mas que fosse pura e simplesmente a transcrição da verdade.

Algumas críticas mais amistosas começam, porém, a aparecer. Mary lhe confia o que seu amante sentiu depois de ter fechado o livro: "Ele acha que concorda com você mas não tem certeza de tê-la compreendido." Mary confirma que seu texto "exige complementos de informação, novos esclarecimentos, definições mais precisas". Ela gostaria que Hannah precisasse a amplitude da responsabilidade dos conselhos judaicos e desenvolvesse a noção de banalidade de Eichmann: "O que significa isto? Se não for a fórmula ingênua de que 'há um pequeno Eichmann em cada um de nós', o que é?"[32] Hannah se recusa a fazê-lo. Rejeita até mesmo a possibilidade de se explicar. Seu livro não trata do porquê e do como das coisas, simplesmente descreve o que aconteceu. Ela está convencida de que não deve responder a nenhuma crítica individual, persuadida de que se trata de uma campanha política dirigida por "grupos de interesse" e "agências governamentais", e não quer se deixar enredar no que chama de "falsas questões" como a da resistência judaica. O verdadeiro tema, segundo ela, é o fato de que os membros dos conselhos judaicos tinham a possibilidade, a título individual, de não participar. Quanto à banalidade de Eichmann, não se trata para ela de uma noção, mas de uma descrição fiel do que viu. Ela se reserva o direito de escrever sobre a natureza do mal, mas não agora.

Será que Hannah é vítima de um complô tramado pelas organizações que representam as diferentes famílias do judaísmo americano? Alguns pretendem que a violência de que ela foi objeto prefigura a instrumentalização do Holocausto pela comunidade judaica americana...[33] Prefiro, de minha parte, me alinhar à tese de Maurice Kriegel, que mostra, a propósito do livro de Peter Novick sobre *O Holocausto na vida americana*, que as organizações judaicas americanas estavam na época legitimamente inquietas com as interpretações que podiam ser feitas do livro de Hannah Arendt, e preocupadas em não acirrar as confusões que ele podia provocar.

Hannah se obstina em sua recusa de responder ou de se explicar. Será para se proteger de sentimento de culpa? Ela não acha que agiu mal. Por isso não quer se fazer ajudar por organismos que aplaudem as teses de seu livro, como o Conselho do Judaísmo Americano, organização anti-sionista que se propõe a ajudá-la. Corajosa e sincera Hannah. "Você sabe que fui sionista e que as razões que me levaram a romper com a organização são muito diferentes das posições anti-sionistas do Conselho: não sou por princípio hostil a Israel. Sei, ou creio saber que se uma catástrofe tivesse que atingir esse Estado judeu por qualquer razão que fosse (e mesmo que se tratasse da própria loucura deles), certamente seria uma catástrofe final para todo o povo judeu, quaisquer que pudessem ser então as opiniões de cada um de nós."[34] Ela não quer saber do fato de que pode causar dor. Gosta de transgredir e devemos ver em sua atitude a confissão implícita de uma ferida, mas também uma espécie de postura. Quanto mais é atacada, mais acha que tem razão. Quanto mais é prejudicada, mais se persuade de que disse a verdade — uma verdade que antes dela ninguém se teria permitido enunciar.

Não é por isso que ela deixa de refletir, intelectualmente, sobre as conseqüências da publicação de seu texto.

Depois de quatro meses de querelas, em meio à onda de ódio e de insultos, Hannah se reanima uma vez mais. Em 3 de outubro de 1963, anuncia sua intenção de escrever para a próxima primavera um ensaio sobre as relações entre a verdade e a política.[35] Esse texto constituirá uma resposta teórica aos ataques de que ela foi objeto. Entretanto, ela levará quase quatro anos para escrevê-lo. Ele só será publicado em 25 de fevereiro de 1967, no *New Yorker*, sendo depois retomado em sua obra intitulada *Entre o passado e o futuro*.[36]

Pois a polêmica sobre Eichmann vai continuar e, *de facto*, ultrapassá-la e submergi-la. Sua couraça de certezas logo se desfará. É em sua correspondência com Jaspers que se pode perceber os primeiros sinais disso: Jaspers a censura por sua definição da resistência. Julga-a pouco clara e demasiado restritiva. São resistentes a seus olhos não apenas aqueles que trabalharam ativamente para a queda do regime hitlerista, mas também aqueles que, silenciosa e passivamente, "sofrendo quotidianamente, rejeitaram cem por cento o nazismo".[37] Jaspers acha que eles são mais de cem mil na Alemanha. Hannah aceita sua crítica em parte mas escreve que "a atividade não organizada de alguns indivíduos é uma questão completamente diferente, mesmo que eles fizessem parte de grupos. Eles freqüentemente ajudaram, quando puderam, arriscando realmente a vida, mas trata-se então de uma questão de humanidade, e não de política. Mas uma vez no terreno político, eles estimavam que não deviam mais argumentar com razões 'humanas' ou 'morais'".[38]

Isolada em Chicago, vive com angústia crescente as ondas de choque da campanha midiática em curso. Chega a ficar levemente paranóica e acha que todas as revistas, todos os jornais, todas as organizações dirigidas por judeus estão por definição contra ela. Fala de "matilha".[39] Em sua correspondência, evoca incessantemente seus inimigos, fecha-se em obsessões delirantes, estima que não pode responder, pois "eles" têm enormes recursos financeiros e organizações muito poderosas, "eles" ganharão ainda contra ela instrumentalizando seu pensamento. Seus nervos cedem. Ela fala de "assassinato moral":[40] afirmam que ela diz coisas que nunca disse a fim de impedir que se saiba o que realmente disse. Diz sofrer a epidemia da mentira. Está persuadida de que suas idéias tocaram em uma parte do passado judeu não superado e que é por isso que querem que ela pague. Está literalmente cercada, asfixiada, por essa atmosfera de ódio: "As pessoas que, se posso dizer, me cobrem de lama vêm a mim escondidas, na calada da noite, para me dizer que inicie um processo, que é uma campanha de ódio..."[41] O desgosto provocado por todo o tumulto a submerge. Ela acaba por imaginar que talvez esteja em perigo: "Bem, eles não vão me assassinar, pois nada tenho a 'desembuchar'. Eles querem dar um exemplo para mostrar o que acontece com quem se atreve a se interessar por essas coisas."[42]

A lição de Scholem

Ela tem a impressão de cair numa cilada. Tudo se volta contra ela. Sente-se acuada. É justamente o que está acontecendo. Assim, a polêmica com Scholem — inicialmente uma correspondência privada entre dois velhos amigos, cinco cartas escritas entre 23 de junho e 19 de outubro de 1963 — se torna uma questão pública internacional.[43] Scholem, de fato, acaba de decidir publicar as duas primeiras cartas entre eles: primeiramente no boletim dos judeus de origem alemã que vivem em Israel (em 26 de agosto de 1963) e no *Neue Zürcher Zeitung* (em 20 de outubro de 1963), depois em hebraico no jornal *Davar* (em 31 de janeiro de 1964) e enfim no *Encounter* (janeiro de 1964). Hannah Arendt fala, a esse respeito, de uma sórdida história. É verdade que Scholem lhe havia pedido, e ela tinha concordado com suas razões, autorização para publicar as cartas em Israel. Isso "me parecia sem gravidade".[44] Mas ela fica indignada com o fato de Scholem ter "recorrido a todas as suas relações para alardear em todas as direções".[45] Ela gostaria de apresentar queixa contra ele mas teme perder o combate no plano jurídico.

Ela tem razão em se aborrecer por ver tornada pública a polêmica que a opõe a Scholem. Vindo de um dos intelectuais judeus alemães de nacionalidade israelense que sempre se bateu pela verdade e pela defesa de seu povo e que, mais do que isso, se opôs ao enforcamento de Eichmann, o ataque incide dessa vez tanto sobre o plano intelectual quanto sobre o plano simbólico. Chega a ser uma punhalada. A primeira carta que Scholem dirige a Hannah é datada de 23 de junho de 1963. Ele dedicou seis semanas a estudar seu livro. Para começar, observa que o texto comporta erros e deformações. Mas o problema não é esse. O que conta para ele são os dois temas desenvolvidos por Hannah Arendt: o comportamento dos judeus durante a catástrofe e a responsabilidade de Eichmann no genocídio. Scholem trabalha com esses temas há muito tempo. Tem plena consciência da complexidade e dos desafios dessas problemáticas, de sua extensão, de sua profundidade, e também de sua ambigüidade. Afirma que uma discussão sobre o Holocausto é legítima e inelutável, ainda que ache que sua geração não está em condições de realizar um julgamento histórico. É cedo demais para julgar e a falta de recuo ainda não permite a objetividade. Mas a juventude está aí e faz a pergunta: por que eles se deixaram massacrar? Essa pergunta não é chocante. Ao contrário, Scholem a considera justificada. Mas não vê, como Hannah, uma resposta simples para ela. E é isso que ele censura: "A cada momento decisivo, seu livro fala apenas da *fraqueza* da posição dos judeus no mundo. Estou pronto a reconhecer essa fraqueza; mas você fala dela com tal ênfase que, em minha opinião, sua exposição deixa de ser objetiva e adquire ressonâncias malevolentes. O problema é real, admito. Mas por que seu livro deixa um sentimento de amargura e de vergonha, não por causa da compilação mas do compilador?"[46]

Scholem teve o sentimento de que a visão de Hannah sobre o que tinha acontecido vinha incessantemente se interpor entre ele e os acontecimentos. Tanto do ponto de vista intelectual quanto do ponto de vista psicológico, ele toca numa questão essencial do raciocínio arendtiano: "É como se nós, leitores, lêssemos não a história tal como ela pode ser relatada por múltiplos pontos de vista, mas a história unicamente do ponto de vista de um autor que também vê a história, mas a faz passar pela História."[47]

É tanto a falta de empatia quanto a frieza do ato de acusação que Scholem estigmatiza. "O que censuro em seu livro é a insensibilidade, o tom freqüentemente quase sarcástico e malevolente com que trata esses temas que tocam nossa vida no ponto mais sensível",[48] explica Scholem, que diz estar falando em nome do profundo respeito que tem por ela como intelectual. É, aliás, em nome desse respeito, e devido aos próprios sentimentos suscitados, que ele acredita que um debate dessa natureza exige procedimentos mais tradicionais, mais circunspectos, mais exigentes. Ele lembra que, na tradição judaica, existe um conceito difícil de ser definido mas bem concreto: *Ahavat Israel*, o "amor pelo povo judeu".[49] Scholem censura Hannah, como a tantos intelectuais provenientes da sociedade alemã, por conservar apenas poucos traços desse amor e por dar provas de uma desenvoltura condenável em relação ao tema tratado. "O tema é a destruição de um terço de nosso povo, e eu a considero como uma filha de nosso povo, integralmente, e nada além disso."[50] Ele acha "inconveniente" o tom que ela usou e lamenta que não tenha havido espaço para o "*Herzenstakt*", o tato do coração.

Scholem lhe dá uma lição de moral e de psicologia ao mesmo tempo que lhe dirige críticas de ordem intelectual e histórica. Jamais recoloca em causa os ângulos de ataque escolhidos por Arendt: a colaboração dos judeus, a responsabilidade de Eichmann, que ele não considera um tabu como a maioria das críticas a ela então dirigidas. O que ele critica, além do tom, é a leviandade da demonstração, que não o convence e que descamba para o exagero, para a tese mais do que para a explicação. O que ele não pode suportar, mais profundamente, é a pretensão dela de querer julgar. Quem somos nós, afinal, para poder julgar? Onde estávamos naquele momento?[51]

Scholem lembra muito oportunamente a Hannah que nem ele nem ela tiveram que se submeter aos campos de concentração. "Quem dentre nós poderia hoje dizer que decisões deveriam ter tomado naquelas circunstâncias os líderes da comunidade judaica?"[52] Ele, em todo caso, não sabe. Sabe aliás, cada vez menos à medida que lê e reflete sobre a questão. Mas Arendt diz saber. Ela tem muita sorte, pois "sua análise dos acontecimentos não me assegura de que sua certeza tenha fundamentos melhores do que minha incerteza".[53] O que teríamos feito? Scholem se põe no lugar dos membros dos conselhos judaicos. Havia entre eles pessoas comuns que foram obrigadas a decidir coisas terríveis em circunstâncias que nem mesmo podemos imaginar. Scholem não sabe se estavam certas ou erradas. E não tem a pretensão de poder ou querer julgá-las.

Ele contesta a tese de Arendt sobre a supressão da distinção entre carrasco e vítima, que considera tendenciosa e até mesmo perversa. "Seria preciso então confessar que os judeus tiveram 'sua parte' nesses atos de genocídio? Isso é tipicamente uma *quaternia terminorum*"[54] — um raciocínio abusivo. O heroísmo para Scholem nem sempre é guerreiro, como pensa Arendt, que, aos olhos dele, uma vez mais se engana quanto ao alvo. E houve judeus que agiram em plena consciência do que os esperava. Ora, esse gesto também é heróico. Heróicos foram os homens, as mulheres que decidiram seguir seu rabino para Treblinka enquanto este lhes havia ordenado que fugissem. "O heroísmo dos judeus nem sempre foi o do guerreiro; e nem sempre tivemos vergonha disso."[55]

Scholem terminará essa carta terrível com uma crítica da visão que Hannah tem de Eichmann. Considera seu julgamento "de uma prodigiosa inconseqüência"[56] e todo o fim de seu livro impossível de ser levado a sério. Derradeiro golpe, o último parágrafo da carta evoca a tese da banalidade do mal e critica a falta de seriedade de sua argumentação filosófica. Ele observa que Arendt, certamente para brilhar, para distinguir-se e provocar, desdiz o que havia inventado de maneira tão original e tão profunda doze anos antes em *Origens do totalitarismo*, contradizendo as teses que havia desenvolvido com tanta eloqüência e erudição. Ela não havia de fato demonstrado que, em sua própria natureza, os regimes totalitários tentavam se assegurar da cumplicidade de suas vítimas, não com uma finalidade utilitária ou prática mas puramente ideológica? Ora, em *Eichmann em Jerusalém*, Arendt afirma que se os nazistas buscaram a cooperação dos judeus, foi porque sem isso certamente lhes teria faltado mão-de-obra. Scholem põe, assim, à luz suas contradições ao mesmo tempo que a poupa, pois na realidade ela se contradiz bem mais do que Scholem se permite dizer. Na parte de *Origens do totalitarismo* que dedica ao anti-semitismo, Hannah havia de fato insistido sobre a prioridade absoluta, para os nazistas, de "limpar" a Europa dos judeus. Ela sublinhava, desnudando assim um dos mecanismos fundamentais do totalitarismo nazista, como, entre 1944 e o início de 1945, enquanto as tropas alemãs faltavam cruelmente no front, efetivos haviam sido reservados para permitir que os fornos de Auschwitz funcionassem em regime integral. Scholem lhe faz brutalmente a pergunta: como é que ela pode afirmar, treze anos depois, que a falta de recursos de que teriam sofrido os alemães sem a cooperação dos judeus teria obrigado os nazistas a reduzir seus esforços ou a renunciar a eles?

Por que ela se contradiz? Scholem explica isso por seu ódio a Ben Gurion e sua profunda desconfiança em relação ao Estado de Israel, diz que, ao querer se singularizar a qualquer preço, ela acabou se confundindo em suas próprias argumentações. Já em 1945, Scholem havia estimado que ela estigmatizava a evolução do sionismo, que, segundo ela, tomava um viés demasiadamente nacionalista. Ele então a havia censurado, em particular, por discutir em uma base "trotskista anti-sionista" e por mobilizar "argumentos progressistas".[57] É interessante notar que as teses de Hannah sobre a colaboração dos judeus não estão tão distantes das que foram publicadas na imprensa soviética, que evocam na época um conluio entre nazismo e sionismo e, em conseqüência, fazem de Israel e da República Federal Alemã dois países próximos ideológica e politicamente. O processo de Eichmann será qualificado pela agência Tass como "farsa" e como trabalho de demolição da própria idéia de justiça. Esse fato seguramente contribuiu para endurecer a oposição e a campanha conduzidas contra o livro de Hannah.

Teria ela, que tanto dissecou as perversidades da ideologia, se tornado uma ideóloga, acomodando no armazém dos acessórios alguns conceitos filosóficos que ontem lhe pareciam necessários, como acha Scholem? Imaginar que a crítica de Scholem sobre a banalidade do mal não vai ocupar e atormentar Hannah dia e noite seria julgar mal sua profundidade de espírito, sua lealdade consigo mesma, sua capacidade de retomar as coisas. Ela se sente ainda pior pelo fato de saber que ele está certo, ao menos em grande parte. É verdade que o tom de Scholem é um pouco professoral. De um lado, a pequena Hannah frágil e contraditória, do outro o grande Gershom, paternalista e enfático. É a partir de seu pertencimento ao povo judeu e da significação que pretende dar a ele que ela decide primeiramente lhe responder. Hannah jamais pretendeu ser outra coisa que não judia. "A verdade é que jamais pretendi ser outra coisa, nem ser diferente do que sou, nem sequer senti essa tentação. É como se dissessem que sou um homem, e não uma mulher, ou seja, um propósito insensato. Sei evidentemente que há um 'problema judeu', mesmo nesse nível, mas jamais foi meu problema, nem mesmo em minha infância. Sempre considerei minha judeidade como um dos dados reais e indiscutíveis de minha vida e jamais desejei mudar ou renegar fatos desse gênero."[58] Pode-se acreditar em Hannah Arendt. Ela evocará freqüentemente junto aos amigos, com profundidade e simplicidade, esse sentimento de gratidão fundamental por "tudo o que é como é", que ela sente desde que está no mundo. Ela é judia. É assim. Jamais teve vergonha de sê-lo mas não tem um orgulho particular dessa condição.

Toma-a como uma dádiva. É uma atitude existencial, de certa forma pré-política. Daí a amar os outros judeus por ser judia, daí a apoiar Israel a qualquer custo, daí a permanecer sionista... há um abismo. Evocando sua ausência de amor pelo povo judeu, ela responde, então, a Scholem estas frases que se tornaram célebres: "Você está inteiramente certo: não sou animada por nenhum 'amor' desse gênero, e isso por duas razões: nunca em minha vida 'amei' nenhum povo, nenhuma coletividade — nem o povo alemão, nem o povo francês, nem o povo americano, nem a classe operária, nem nada desse tipo. Amo 'unicamente' meus amigos e a única espécie de amor que conheço e em que acredito é o amor pelas pessoas. Em segundo lugar, esse 'amor pelos judeus' me pareceria, uma vez que eu mesma sou judia, antes de tudo suspeito. Não posso amar a mim mesma, amar aquilo que sei ser uma parte, um fragmento de minha própria pessoa."[59]

Brilhante e perversa

Karl Jaspers toma conhecimento de sua correspondência com Scholem e cumprimenta Hannah por sua coragem e sua determinação. Previne-a, porém: "Sua resposta a Scholem, por mais magnífica que seja [...] é um esforço inútil. Nesse nível, Scholem não compreende muito mais do que outros."[60] Ele a convida então para que se explique, se justifique. Mas Hannah não segue seus conselhos e continua a absorver os golpes em silêncio. Sente-se traída por todos. Norman Podhoretz, um amigo de longa data, agora à frente da revista *Commentary*, para a qual ela colaborou várias vezes, publica em setembro de 1963 um artigo crítico mas sem violência sobre *Eichmann em Jersualém*. O texto de Podhoretz, intitulado "Hannah Arendt sobre Eichmann, um estudo a respeito da perversidade do brio", tem o mérito de ser sutil e equilibrado. Não apenas ele não repete o coro da maioria como também tem primeiramente o cuidado de eximir Hannah de todas as falsas acusações que envenenam a atmosfera. Grande parte delas, avalia Podhoretz, são injustas e podem ser qualificadas como difamação pura e simples. Ele separa o debate sobre o processo das suspeitas sábia e maldosamente sustentadas por uma parte da comunidade judaica americana, que destila a idéia de que Hannah seria uma cabeça-de-ponte do anti-sionismo. Pois Hannah não é anti-sionista.

O artigo de Podhoretz constitui a análise mais fina, mais leal, mais detalhada de *Eichmann em Jerusalém*. Ele disseca as contradições, demonstra seus erros no plano histórico, especialmente sobre os *Judenräte* e sobre a pretensa cooperação dos judeus com os nazistas, e reconhece a originalidade de sua interpretação de Eichmann. Para Podhoretz, a originalidade não é, contudo, a maior das virtudes intelectuais, e Hannah infelizmente tenta se mostrar original a qualquer preço. De acordo com ele, Hannah é brilhante, mas perversa. Essa é a chave de sua interpretação pois "a perversidade pode provir da busca do brilho por uma mente que se maravilha com sua própria agilidade e que tenta fascinar".[61]

Para ele, o raciocínio de Hannah é de fato perverso do início ao fim: quando ela sustenta que Eichmann não é anti-semita, quando pensa que Eichmann é um homem de consciência e afirma ao mesmo tempo que ele é comum, até mesmo em sua banalidade. Pois como é possível ser banal e nazista? "Em lugar do nazista monstruoso, ela nos dá o nazista 'banal'; em lugar do judeu mártir virtuoso, ela nos dá o judeu como cúmplice do mal; em lugar da oposição entre culpa e inocência, ela nos dá a colaboração entre o criminoso e sua vítima."[62] Podhoretz vai ao encontro de Scholem quanto ao ponto essencial da atitude dos judeus durante a guerra. Hannah está errada ao estigmatizá-los. Para ele, diante dos nazistas, os judeus não reagiram de maneira pior ou melhor do que qualquer outro povo. A Solução Final não revela nada sobre as vítimas a não ser que eram mortais, vulneráveis e impotentes. Por que então achar que os judeus fossem melhores do que os outros povos?

Tentei em várias ocasiões, em vão, entrevistar Podhoretz. Ele hesitava em me encontrar. Temia revolver lembranças dolorosas. Amigos comuns fizeram a gentileza de apoiar meu pedido que ele finalmente recusou, sob a alegação de que era complicado demais falar de Hannah. Eu só podia lhe dar razão: de fato não é fácil dar conta de seus feitos e gestos, menos ainda de seus pensamentos. Ao fim das contas, depois de se ter desculpado, ele me encaminhou para a leitura de suas lembranças,[63] onde conta que para sua grande surpresa Hannah lhe telefonou após a publicação do artigo a fim de convidá-lo para falar das "diferenças" entre eles. Antes de desligar, ela precisa, rindo: "Talvez eu seja brilhante, mas não sou perversa." Com o coração batendo forte, Podhoretz se dirigiu a seu apartamento de Riverside Drive na tarde do dia seguinte. Não é todos os dias que um jornalista político, por mais renomado que seja, tem a oportunidade de discutir com uma das mentes mais extraordinárias deste mundo. Ele chegou às duas horas da tarde e foi embora apenas cinco horas mais tarde. Hannah, quando a noite caiu, não acendeu as lâmpadas. Continuaram a conversa na escuridão. Hannah não deu o braço a torcer e se justificou de maneira insistente, sempre voltando à ausência de loucura dos nazistas. "'Meu caro Norman", dizia ela num tom que parecia indicar que ela agora realmente me tinha nas mãos, "posso lhe assegurar que os nazistas absolutamente não eram loucos.'" Podhoretz tentou se explicar. Constatando que ela se recusava deliberadamente a compreendê-lo, jogou a toalha e decidiu ir embora. Mas Hannah ainda não tinha terminado em relação a ele. Ela o convidará, na primavera de 1965, para um debate em que o enfrentará publicamente.

*

Pouco a pouco, no entanto, Hannah começa a reconhecer certas fraquezas em seu texto, especialmente em relação ao que chamou de banalidade do mal. Desde 3 de outubro de 1963, como se pode perceber em seu *Journal de pensée*, ela reflete filosoficamente sobre a natureza do mal. Relê Kant e particularmente os textos relacionados com o mal radical.[64]

A Gershom Scholem, ela confessa que se enganou. Não falará mais de mal radical: "Atualmente, minha opinião é de que o mal jamais é 'radical', que ele é apenas extremo, e que não possui nem profundidade nem dimensão demoníaca. Pode invadir tudo e devastar o mundo inteiro precisamente porque se propaga como um cogumelo. Ele 'desafia o pensamento', como eu disse, porque o pensamento tenta atingir a profundidade, tocar nas raízes, e no momento em que se ocupa do mal, se frustra porque não encontra nada. É aí que está sua 'banalidade'. Só o bem tem profundidade e pode ser radical."[65]

Ela diz a ele que gostaria de discutir de viva voz. Confessa sentir saudade das conversas de ambos em Israel, na época do processo. Tem necessidade de falar, de aprofundar seriamente essas questões, que pretende desenvolver nos próximos anos. Sente-se que ela está perdida, confusa, em plena interrogação metafísica. E se tivesse perdido tempo e energia demais lutando no terreno dos fatos, afastando-se das questões teóricas? Rompe definitivamente com o jornalismo. Desde então, só recorrerá de fato à disciplina fundadora de todas as outras, a filosofia. Ela se tornará assim uma das maiores teóricas da filosofia contemporânea e a fundadora de uma nova moral, moral do reconhecimento calcada na mentalidade alargada designada por Kant como a aptidão a se transportar em pensamento para outros pontos de vista.[66]

XVII

LEAL À REALIDADE

O assassinato do presidente John Fitzgerald Kennedy em 22 de novembro de 1963, em Dallas, interrompe a campanha da imprensa contra *Eichmann em Jerusalém*. Em seu apartamento do campus da Universidade de Chicago, Hannah acompanha, hora a hora, as informações ao mesmo tempo aterradoras e opacas sobre as circunstâncias do acontecimento. Como muitos americanos, ela se lamenta e telefona várias vezes por dia para Heinrich,[1] que teme, de seu lado, que os Estados Unidos percam seu status de superpotência. Hannah votou em Kennedy. Seu assassinato e as condições que o cercam a tocam a fundo: a bala por trás, a cabeça que explode e nenhuma prova... Sequer uma tentativa de reconstituição! Hannah está enojada, revoltada. Mary McCarthy, que vem passar alguns dias com ela, anuncia que vai criar com amigos uma comissão de investigação sobre as condições do assassinato de J.F.K. Hannah a encoraja e não poupará esforços para ajudá-la.

Hannah redige um artigo sobre Nathalie Sarraute,[2] que ela admira há muito tempo, para a *New York Review of Books*, e continua a falar de Eichmann em suas aulas. Obtém um tal sucesso que a universidade se vê obrigada a gravá-las para que todos aqueles que, por falta de lugar, não podem assistir a elas, possam ouvi-las.[3] Ela não esquece o assassinato de Dallas. É como se tivessem arrancado uma máscara do país. Hannah vislumbra então um futuro cheio de apelos à violência e de estímulos aos instintos mais sanguinários.

Ao retornar a Nova York para as festas de *Thanksgiving*, encontra seu marido cansado, envelhecido, deprimido, desamparado pela amplitude adquirida pelo caso Eichmann. Ela conta a Jaspers que Heinrich gostaria de quebrar a cara de seus adversários: "Pois ele é um cavalheiro à moda antiga quando se trata de mim. Ele deveria no entanto saber que não está em condições de se engalfinhar com gente mais jovem (Graças a Deus)."[4] O caso Eichmann retomou seu curso. Persuadida agora de que o mundo se divide em dois, o dos *goys* e o dos judeus, explica a Jaspers que esse erro não lhe será perdoado. Em uma recepção, o cônsul de Israel observa: "Tudo o que você disse é verdade, naturalmente; sabemos disso. Mas como você pôde, como judia, dizê-lo *in a hostile environment*?"[5] Hannah está infeliz. Jaspers a consola, pede-lhe que tome distância. Ele acaba de terminar a leitura de *Eichmann em Jerusalém* com o lápis na mão, e fez apenas observações puramente formais relativas ao recorte dos parágrafos, sem de modo algum contestar o conteúdo. A propósito das próprias anotações, declara: "Parece um professor primário! você dirá. Nem ele próprio sabe fazer o que quer que os outros façam. É perfeito. [...] Mas no fundo, concordo com você."[6]

Renegada

Hannah descobre os riscos da vida pública. Não está muito habituada a ela e o caso toma proporções internacionais que a assustam. Na Alemanha, o escritor e historiador Golo Mann publica na revista *Neue Rundschau* um artigo bastante virulento.[7] "Mais um passo e os judeus perseguiram e exterminaram a si mesmos, na presença acidental de alguns nazistas."[8]

Depois de tê-lo lido, Jaspers é tomado por pressentimentos sombrios. Teme as reações de Hannah.[9] Na Grã-Bretanha, o historiador Hugh Trevor-Roper a censura por sua frieza, sua ironia, sem coração. Jaspers ouve, por um amigo comum, médico, que a expressão "banalidade do mal" não provém dela, mas de Heinrich,[10] que depois se lamentaria ao constatar, impotente, o alto preço pago por Hannah por suas próprias negligências intelectuais, seus exageros, sua necessidade de provocar.

Hannah efetivamente endossou a idéia de Heinrich sobre a banalidade do mal sem submetê-la a um exame crítico suficiente. A fórmula é certamente brilhante e dá um belo título de livro, bastante insinuante. Sim, aquele mal é banal, mas não o mal em si, lhe diz Jaspers, que considera as respostas a Scholem demasiado agressivas e demasiado levianas intelectualmente.[11] Nesse início de 1964, isolada, ela não se sente mais à altura do combate travado contra ela, nos últimos seis meses, pela mídia, pelos professores universitários, mas também por seus amigos mais próximos. Pois *Eichmann em Jerusalém* é agora lido e comentado no mundo inteiro, fala-se dele na televisão, e não apenas nos meios universitários.

O momento mais difícil ocorre dez meses depois da publicação da obra, sob a forma de uma longa carta que soa como uma renegação. Ela é assinada por seu amigo de quarenta anos, ex-apaixonado, seu irmão intelectual e amigo de seu marido há vinte anos, Hans Jonas. Depois de muito hesitar, este decidiu lhe escrever para dizer a opinião ruim que tem acerca de seu trabalho. Calou-se durante muito tempo para preservar a amizade deles mas, se continuasse calado, essa amizade acabaria destruída. A publicação da correspondência com Scholem fez com que desse o passo. Achou as respostas de Hannah tão estúpidas e impertinentes que se poderia crer que ela estava perdida. Ele sabe que não pode ter êxito onde Scholem fracassou mas a situação desesperada em que ela mesma se acuou o leva a tentar o impossível.

Ele se esforça, então, nessa longa e impressionante carta, para demonstrar o que é falso e imoral no discurso dela, a partir de alguns exemplos relativamente comuns referentes a pessoas vivas, e que se pode tratar de maneira inofensiva (não constituindo, pois, pecados para com os mortos, de quem ele não poderia falar sem romper com sua amizade). Ele a censura por dar ao leitor nova-iorquino apenas fatos truncados e parciais. Retoma passagens em que ela fala da estrela amarela (em especial com o slogan: "Use a estrela amarela com orgulho"), e em que ela afirma que as perspectivas sionistas recomendavam seu uso seis anos antes de os nazistas o tornarem obrigatório. Hannah aponta uma concordância entre a lógica sionista e a política dos nazistas, e o acordo dos sionistas com a idéia de revolução nacional. Ora, explica Hans Jonas, esse slogan provém do artigo de Robert Weltsch que dizia "Use com orgulho a mancha amarela". Esse slogan não significava que se devia usar a estrela amarela para ir para o gueto, mas invocava, ao contrário, que se partisse para a Palestina. Um slogan como esse é de saída polêmico e vai de encontro aos "assimilacionistas", voltados para o passado, ao passo que os sionistas, voltados para o presente, falam de fato a mesma língua que a da revolução nacional. Na realidade, Jonas acusa Hannah Arendt de dar ao leitor uma imagem maldosa e falsificada dos judeus e de introduzir enganações em cada frase do texto.[12]

Hannah não se dignará a responder a Hans. Sua eleição inesperada, no *National Institute of Arts and Letters*, distinção que, em geral, só é concedida a artistas e a escritores, lhe reanima a alma. Ela volta a insistir com seu advogado e vê enfim sua queixa contra a empresa de táxis chegar ao tribunal. O juiz propõe, como indenização, que o caminhão e a empresa de táxis paguem a Hannah, cada um, dez mil dólares. O acordo será feito em julho de 1964 com a soma de 22.500 dólares. Hannah embolsa 14.612 dólares e o resto vai para seu advogado.

A depressão de Heinrich se dissipa progressivamente. Ele continua terrivelmente impaciente com todos mas se mostra menos irascível e menos cansado. Retoma suas aulas no Bard College diante de um auditório interessado, majoritariamente feminino. Hannah constata que o ensino lhe dá energia e combatividade. Ela o deixa finalmente sozinho em Nova York e vai dar suas aulas na Universidade de Chicago, onde encontra Nathalie Sarraute,[13] essa escritora de quem gosta tanto. As duas mulheres logo estabelecem uma viva amizade. Ela dá um seminário sobre Kant — particularmente sobre os *Fundamentos da metafísica dos costumes* — que lhe apraz bastante. Nos arquivos da New School, os traços da preparação de seus cursos mostram que ela volta a ser, com júbilo, uma estudante de filosofia. Kant é sua história, sua questão, o filósofo dela. Lê-lo novamente é apaziguar-se e renascer. "Ler Kant me faz um bem extraordinário",[14] diz ela a Jaspers. Ela chama isso de "trazer-se à razão".[15] É somente quando se conhece esse autor que se sabe o que encerra o termo razão, explica Jaspers.[16] Ler Kant também lhe dá a distância necessária. Ela decide, no outono seguinte, dar um curso sobre a *Crítica da faculdade do juízo*. Seu mergulho na obra kantiana lhe permite enfim confrontar-se consigo mesma e sair da asfixia criada há meses por sua necessidade de autojustificação. Ela não quer mais mentir e, no momento em que aceita que *Eichmann em Jerusalém* seja publicado na Alemanha, aproveita a ocasião para acrescentar um novo texto que ela pretende um ajuste a um só tempo com os fatos, com as críticas, e sobretudo consigo mesma. Agradece a Jaspers do fundo do coração por ter feito uma leitura tão minuciosa e pelas propostas tão precisas. "Escrevi esse texto com impaciência. Tinha notado que ele ia se afundando na areia, mas isso acontece freqüentemente comigo."[17]

Para Hannah Arendt, uma obra permanece sempre aberta, um texto nunca é definitivo. E reescrever é escrever. Hannah escreve rápido, rápido demais. Ela só põe seus pensamentos na página quando tem a totalidade do tema na cabeça. O processo de escrita então se desencadeia sem poder parar. Escrever é dar fim. Hannah praticamente não relê. Não verifica suas fontes, preferindo lançar logo seus textos como alimento para seus leitores, diretores de revistas, professores universitários, amigos. São as idéias que a interessam, e não o rigor da demonstração. Seus textos permanecem esmaltados de desalinhos, frases indecisas, borrões, cada um de seus livros tem seu quinhão de desordem.

A leitura de *As palavras*, de Jean-Paul Sartre, a acompanha ao longo de sua reescrita de *Eichmann em Jerusalém*. Esse Sartre que tanto "a [desagrada]",[18] diz ela a Mary. Vê nele apenas um amontoado de mentiras terrivelmente embaralhadas. Por que tanta severidade? Hannah jamais gostou de Sartre, a quem sempre opôs Camus e Aron, mas dessa vez vai mais longe, afirmando que Sartre, sob a capa de uma confissão sincera, finge dizer verdades mais ou menos escandalosas a fim de melhor ocultar o que realmente aconteceu. Como é que ele vai contar sua "'verdade' em relação ao fato desagradável de que não participou da resistência, na verdade nunca moveu uma palha"?[19]

No verão de 1964, ela vai novamente com Heinrich para Palenville. Leva o último livro de Jaspers sobre Nicolau de Cusa e o último texto de Günther

Anders, *Nós, filhos de Eichmann*. Günther se exprime em nome de seu status de sobrevivente: "Sou um destes judeus que escaparam do aparelho do pai de vocês e que devem o fato de ainda estarem vivos apenas ao acaso de não terem sido assassinados."[20] Anders quer pôr à luz o que chama de monstruoso na história de Eichmann e que ainda hoje não é pensado: como explicar que tenha havido destruição institucional e industrial de seres humanos aos milhões e que homens tenham executado esses atos, Eichmanns servis, Eichmanns sem honra, Eichmanns obstinados, Eichmanns ávidos, Eichmanns covardes, mas também Eichmanns passivos. Anders mergulha nas raízes deste monstruoso que atinge em cheio, não os alemães em particular, mas a civilização inteira desde que fez de nós criaturas de um mundo da técnica. Não podemos mais perceber nem representar o mundo em que estamos.

Sem fazer alusão direta ao livro de sua ex-esposa, esse texto, levado por uma meditação de inspiração heideggeriana sobre a superpotência da técnica, não banaliza a responsabilidade de Eichmann mas, assemelhando-se quanto a isso ao raciocínio de Hannah, exime de culpa global o povo alemão. O mundo está escurecendo, profetiza Günther. Ele está se tornando tão escuro que não podemos reconhecer seu escurecimento. Entramos na *dark age*.

Hannah voa para a Europa em 2 de setembro para conversar com seu editor alemão, Piper, sobre as condições de publicação de *Eichmann em Jerusalém*. Ela passa um dia em Zurique para resolver problemas financeiros e depois se instala durante uma semana em Basiléia, no Hotel Kraft. Passa seus dias com Gertrud e Karl, evocando o processo mas também falando dos filósofos que abordaram os entornos do mal. Jaspers a aconselha a reler Spinoza. Ela vai para Munique dia 15, dia 27 para Frankfurt, concedendo entrevistas para o rádio e para a televisão. Não sente o cansaço enquanto está excitada por esse reconhecimento da mídia e pela acolhida calorosa dos jovens estudantes. A Mary, ela explica as razões de sua euforia: "Na juventude, eu costumava ter bastante sorte com *goiim* alemães (nunca, por acaso, com judeus alemães) e foi divertido ver que parte dessa sorte ainda persiste."[21]

Seu editor, Piper, organizou para ela vários encontros. Ela aceita especialmente uma entrevista para a televisão com um homem que ela estima, Günther Gaus. Ela se prepara longamente por escrito e submete seu texto a Jaspers, que o julga convincente e bem-sucedido: "Até mesmo seus inimigos, se tentarem em vão encontrar argumentos contra você, serão afetados. Que outra pessoa além de você ousa se mostrar tão natural? [...] Quem pode hoje contar inteiramente consigo mesmo, como você fez?"[22]

"Em absoluto uma filósofa"

A entrevista será transmitida pela ZDF em 23 de outubro de 1964, no âmbito de uma série intitulada *Zur Person*. Nos primeiros momentos, Hannah aparece na defensiva. Vestida com um tailleur e pouco maquiada, passa a imagem de uma mulher culta, distante, mais para autoritária, que não aceita necessariamente o jogo da entrevista. A realização do programa, austera e estática — primeiro plano fixo no rosto, má iluminação, ausência do entrevistador no quadro —, não melhora as coisas. Hannah dá a impressão de ser rígida, demasiado segura de si e pouco inclinada a aceitar a possibilidade de ser criticada. A uma pergunta a respeito das polêmicas suscitadas por seu livro sobre Eichmann, Hannah responde agressivamente que seus detratores pensam que só se pode escrever sobre esse assunto "de forma patética".[23] "Veja, há pessoas que levam a mal o fato de que eu ainda possa rir, e eu os compreendo, em certa medida."[24] Ela confessa ter rido às gargalhadas e inúmeras vezes durante a leitura do interrogatório de Eichmann, que ela persiste em retratar com os traços de um palhaço. Ao ver o programa, Jaspers fica completamente abatido: "Não era um belo quadro [...] sua cabeça às vezes maior que ao natural, desagradável, via-se às vezes os músculos do pescoço tremendo, e era como se assistíssemos a uma demonstração de anatomia, mais uma distração — bárbara."[25] Hannah teme, de seu lado, ter-se mostrado espontânea demais e pouco sensata... Na realidade, se não nos detemos no dispositivo meio antiquado do programa, sentimo-nos rapidamente conquistados pela lealdade para consigo mesma de que Hannah dá prova, e por seu intransigente desejo de elucidação. A expressão de seu rosto é magnífica, as palavras escolhidas para dizer seu amor pelo saber são impressionantes, a modéstia demonstrada é notável. Tensa e nervosa no início, Hannah se anima ao longo da entrevista, se revela, é contraditória, intensa.

Publicada em seguida em *La Tradition cachée*, essa entrevista com Günther Gaus, intitulada "Só permanece a língua materna", permite descobrir uma Hannah que não hesita em falar de si mesma e de seus futuros projetos de teórica do político. Gaus lhe pergunta sobre a influência que ela exerce, ela responde que é uma questão puramente masculina: "Os homens têm sempre esta vontade enorme de exercer uma influência, mas, de certa maneira, vejo isso de fora."[26] Hannah diz não querer ter autoridade, não querer fazer escola. O que quer é compreender e fazer compreender. "Não me sinto em absoluto uma filósofa",[27] afirma para Gaus, "nem creio que seria aceita no círculo dos filósofos, ao contrário do que você afirma com tanta amabilidade." Gaus insiste: "Mas eu a considero filósofa."[28] "Isso é coisa sua",[29] responde Hannah secamente. Que sentido dar a essa afirmação?

Hannah parece sincera. Essa negação não é provocação ou orgulho deslocado, mas uma confissão de modéstia, o testemunho da dúvida que a atravessa. Não se pretender filósofa é recusar-se a se igualar aos maiores, aceitar fazer humildemente história da filosofia, retornar à teoria inventada por um gênio, Immanuel Kant, e tentar compreendê-la. Kant é seu pedaço de chão, sua cabana, seu abrigo psíquico para se reanimar e encarar o futuro. Ela retorna a Chicago para ensinar a *Crítica da razão pura* e não poupa seu tempo nem para seu seminário nem para seus alunos.[30] Após os seminários, adora discutir durante noites inteiras com os colegas do departamento de filosofia, que ela considera notáveis. Está feliz e faz amizade com o professor de ciência política, Dolf Sternberger, que mora a dois passos dela.[31] O outono é magnífico, sol, frescor, céu límpido. Hannah não disse adeus à filosofia.

Manteve intacta sua capacidade de questionar o mundo, seu apetite de saber, sua mente alerta que lhe permite tomar consciência de algumas de suas fraquezas metodológicas. Confessa, assim, a Jaspers que esclareceu alguns problemas depois de ter meditado sobre Kant, "uma possibilidade de forjar conceitos para as ciências histórico-políticas".[32] Como pensar a política de outra maneira? Ela continua a trabalhar questões de filosofia moral, mas também aceita dar conferências sobre Eichmann. Por quê? Ela não pode culpar ninguém por isso. Precisa de dinheiro, embora isso realmente não lhe agrade mais. Nem a agressividade que suscita nem a admiração que desperta a contentam. Onde quer que fale, as salas estão repletas. Detesta isso. É esperada como uma celebridade, mas esse reconhecimento lhe parece pesado: "Sinto-me como um animal cujos acessos estão todos fechados — não posso mais me dar porque ninguém me quer como sou, todos sabem mais do que eu."[33]

Ela está novamente extenuada. Preocupa-se com a saúde de Jaspers, vítima de uma hemorragia intestinal em junho de 1965. Quando consegue voltar à sua mesa de trabalho, ele redige um texto em que defende Hannah. Antes disso ela já se sentia mal por tomar-lhe energia: "Você escreve um livro sobre mim e eu só penso em coisas aberrantes."[34]

Hannah trabalha novamente o tema da responsabilidade durante a guerra. Acredita na renovação da Alemanha. É verdade que, sob o chanceler Konrad Adenauer, um grande número de ex-nazistas continua a ocupar altas funções. Mas essa situação não vai durar, pois os jovens de vinte anos lidam agora com quadragenários que, por sua vez, não estão comprometidos: "Eles têm a coragem de abrir a boca e conduzem os mais velhos — os quadragenários, naturalmente, e não os honestos representantes de minha geração."[35]

Ela aceita um novo debate sobre *Eichmann em Jerusalém* na Universidade de Maryland.[36] É inútil dizer que ela ainda suscita paixões. Nesse domingo de primavera de 1965, o imenso ginásio mal contém a multidão que se aperta nas arquibancadas. A discussão com Dwight Macdonald, o diretor da revista *Politics*, e com Norman Podhoretz, incide sobre temas filosóficos relativamente obscuros mas, apesar da seriedade do conteúdo, a atmosfera se assemelha mais à de um encontro esportivo que à de um debate universitário. Cada observação provoca aplausos ou vaias. O que está em jogo naquela tarde é a afirmação pública feita por Hannah de que a Alemanha permanece, ainda hoje, em 1965, como o único país de referência no plano do pensamento. Como a maioria dos intelectuais judeus alemães que emigraram para o novo continente, Hannah considera os Estados Unidos uma terra inferior ao seu país natal no plano cultural. O fato de a Alemanha ter dado origem ao nazismo não pode diminuir esse sentimento. Hannah se explica diante de um público exaltado, fascinado por sua argumentação brilhante e suas teses politicamente incorretas. Dessa justa contra dois homens que pensam que é possível ser americano e filósofo, Hannah sai vitoriosa: só se pode ser filósofo sob a condição de se permanecer na arquitetura de pensamento e na língua alemãs.

Nessa primavera de 1965, Hannah dirige dois seminários em Chicago, um sobre os diálogos de Platão e outro sobre a *Crítica da faculdade do juízo* de Kant. Vai e volta para Nova York algumas vezes. Um dia, Heinrich lhe entrega uma carta de um desaparecido que não dá notícias há cinco anos. Martin Heidegger responde, enfim, à carta de felicitações que Hannanh lhe havia enviado por seu septuagésimo quinto aniversário, mas se comporta ainda e sempre como seu mestre. É claro que tomou conhecimento do clamor suscitado pelo livro sobre Eichmann, que ela lhe enviou, mas não se deu o tempo de olhá-lo. A Hannah, ele escreve: "O que significa pensar? Significa: trazer o agradecimento?"[37] Ele acaba de ministrar um seminário em Basiléia. Jaspers o achou agressivo. "Há nele algo — algo de substancial — mas não se pode fundar nada nele. E ele é capaz de vilanias",[38] confia a Hannah. Pensa em escrever um livro sobre ele mas prefere terminar primeiro seu ensaio sobre a independência do pensamento na obra de Hannah.

Hannah se sente longe de tudo isso. Em paz. Em consonância consigo mesma. O retorno à filosofia aconselhado por Heidegger é vivido por ela psiquicamente, plenamente, além de ser fisicamente experimentado como um ganho. De volta a Chicago, Hannah faz um seminário sobre Rousseau, outro sobre Spinoza.[39] Mostra-se de imediato atenta e simpática à agitação estudantil do campus de Chicago e aplaude a iniciativa dos estudantes de

Berkeley que reagiram aos bombardeios sobre o Vietnã em fevereiro de 1965 parando um trem de soldados que se dirigia para a base de Oakland. O Vietnã a mergulha na dúvida e no desvario. Não entende exatamente o que está acontecendo lá, mas acha, desde o início, que se trata de uma guerra civil que é preciso deter. Um ano mais tarde, escreverá: "Sou contra a intervenção dos Estados Unidos na guerra civil no Vietnã. A maneira de resolver um conflito armado é sempre a mesma: cessar-fogo, armistício, negociações de paz, e, pode-se esperar, tratado de paz."[40] Ela participa dos encontros dos estudantes, que acha razoáveis e corajosos. "Um verdadeiro debate, e informação também. Muito agradável."[41]

Em abril, Heinrich escapa, por milagre, da morte. Ele voltava de táxi com colegas do Bard College quando, na auto-estrada, o motorista de repente desabou sobre ele, morto: ataque cardíaco. Heinrich teve a presença de espírito de pisar no freio. Hannah ainda está tremendo.[42] Eles se refugiam em junho em sua casa de verão para nadar e caminhar na floresta. "Permanecer leal à realidade, mesmo contra a maré, é o que exige o amor pela verdade assim como a gratidão por termos sido postos no mundo",[43] escreve a Jaspers. Ela trabalha magnificamente e transforma duas conferências em ensaios. A verdade e a política, desde a aurora da humanidade, jamais fizeram um bom par. Será da própria essência da verdade ser impotente e da própria essência do poder ser enganador? E uma verdade impotente não será tão desprezível quanto um poder indiferente à verdade?

Hannah Arendt formula com acuidade perguntas bastante embaraçosas que todos nós nos fazemos em algum momento de nossa existência. Aquele que diz a verdade arrisca sua vida, como explica Platão na alegoria da caverna. Aquele que quer libertar seus concidadãos da falsidade do mundo se expõe ao desaparecimento. Hannah distingue a verdade de fato da verdade de razão, e observa que a verdade de fato tem dificuldades para se impor contra os assaltos do poder. Pois apareceu uma nova arma nos tempos modernos: a mentira organizada, arma fatal, a única verdadeiramente apropriada em um combate contra a verdade. Hannah entrelaça o raciocínio filosófico sobre o poder da razão em Kant e em Spinoza com reflexões filosóficas sobre a interpretação da Segunda Guerra Mundial. Ela pergunta se é possível afirmar que nenhum fato, nenhum acontecimento, é independente da opinião e da interpretação, e responde com força que "a marca distintiva da verdade fatual consiste em que seu contrário não é o erro, nem a ilusão, nem a opinião, nenhum dos quais se reflete sobre a veracidade pessoal, e sim a falsidade deliberada, a mentira".[44] Ela critica a idéia de uma relatividade da verdade de fato na história e estabelece a diferença entre verdade de fato e opinião: "Fatos informam opiniões, e opiniões, inspiradas por diferentes interesses e paixões, podem diferir amplamente e ainda serem legítimas no que respeita à sua verdade fatual."[45] O historiador não pode manipular os fatos: "Mesmo que admitamos que cada geração tem o direito de escrever sua própria história, não admitimos mais nada além de ter ela o direito de rearranjar os fatos de acordo com sua própria perspectiva; não admitimos o direito de tocar na própria matéria fatual."[46]

É exatamente por levar em conta o caráter acidental da realidade que ela elabora uma nova filosofia moderna: a das questões humanas em sua complexidade, na assunção de um transbordamento perpétuo constituído pelo real, longe da vontade de purificar esse real por meio da recorrência ao arbitrário, ou de construir a ilusão existencial de um mundo móvel encerrado sobre si mesmo. Ao pôr à luz novas proposições filosóficas, ela se liberta enfim do domínio heideggeriano e propõe pistas de reflexão para uma nova maneira de pensar o mundo em sua fragilidade e em sua diversidade.

Humana, demasiado humana filosofia arendtiana. Nossa capacidade de mentir, mas não necessariamente nossa capacidade de dizer a verdade, faz parte dos dados elementares que constituem nossa liberdade. O mentiroso é um homem de ação. Aquele que diz a verdade, não. Entretanto, é ele quem começa a agir. Pois dizer a verdade é dar o primeiro passo rumo à mudança do mundo. Ela invoca a lealdade, um *tête-à-tête* pacífico consigo mesmo, persuadindo-nos de que a verdade é a única coisa que não podemos modificar: "Metaforicamente, ela é o solo sobre o qual nos colocamos de pé e o céu que se estende acima de nós."[47]

XVIII

FILÓSOFA

O relato e a realidade

Hannah voa para a Europa em 1º de agosto de 1965. Ela acaba de passar o mês de julho em Palenville, onde transformou duas conferências em ensaios: "Uma tem por objeto a verdade e a política,[1] e é de fato o produto de toda a agitação em torno de Eichmann: devemos, podemos simplesmente dizer a verdade em política?"[2] A outra é sobre Bertolt Brecht.

Desde o início da polêmica, Hannah reflete sobre a verdade e a política, que se torna, aliás, o título de seu caderno de trabalho, como revela seu *Journal de pensée*. Hannah afirma: "A mentira é também liberdade, *a verdade obriga*."[3] Como podemos determinar — determinar, e não saber — o que é a verdade? Quais são os critérios? Ninguém pode afirmar que detém *a* verdade. Quais são as diferenças entre verdade e ideologia? Por que aquele que possui a verdade se prevalece dela utilizando-a para fins de dominação? Verdade filosófica e exatidão científica, o poder da ilusão, verdade *versus* ideologia... Hannah reúne material para tentar compreender, como filósofa, o que lhe aconteceu. "Para dizê-lo de maneira jurídica: ao passo que eu deveria estar dando queixa contra a calúnia, vejo-me em posição de ter que me defender [...] Se somos completamente inocentes, não podemos mais argumentar. É por isso que a acusação tem sempre que produzir a prova da culpa. É impossível provar a inocência."[4] Hannah se sente de fato completamente inocente, e é uma mulher tranqüila, feliz, em plena forma, que se prepara para desfrutar de suas merecidas férias com seus amigos do peito.

Encontra-se por alguns dias com Mary McCarthy na Itália, em Bocca Di Magra, depois vai para a Alemanha. Convidada por seu editor Klaus Piper para debater em Colônia com Carlo Schmid, político e especialista em direito internacional, sobre o tema da revolução, ela aproveita para ir ver Gertrud e Karl Jaspers durante dois dias em Basiléia. Acha-o cansado, esgotado. Corrige as provas de *L'Avenir de l'Allemagne* [O futuro da Alemanha], que prefacia, e tenta ajudá-lo o máximo que pode. Nunca sentiu tanto a aproximação da morte. Durante sua estadia, não pode evitar pensar o tempo todo que o está vendo pela última vez.

Sua família vem de Israel para encontrá-la, e depois Anne Weil. Heinrich chega e eles vão visitar a Holanda, pela segunda vez. Encontram vários intelectuais e se embriagam de pintura. Hannah gosta da solidez dos habitantes, da prosperidade do país, do clima de serenidade. "País sem histéricos!",[5] diz a Mary. É dizer tudo. Depois embarcam para Roterdã no *SS Rotterdam*. Mal chega em Nova York, Hannah retoma suas aulas na Cornell University, onde trabalha dois dias e meio por semana. Ela gostaria muito de ter mais tempo livre, mas ainda precisa ganhar a vida. Tem dificuldade em recomeçar seu trabalho. "Apenas minha sombra se senta à máquina",[6] confia a Jaspers. Ela tenta reescrever, para uma edição inglesa, sua tese sobre Santo Agostinho. Uma experiência traumatizante, diz a Mary McCarthy. "Estou reescrevendo todo esse negócio infeliz, tentando não fazer nada de novo, salvo explicar em inglês (não em latim) o que eu pensava aos vinte anos. Provavelmente não vale a pena [...] mas agora estou estranhamente fascinada por este encontro."[7]

Em 10 de novembro é lançado, pelas edições Macmillan, o livro de Jacob Robinson, *And the Crooked Shall Be Made Straight* [E o tortuoso será endireitado].[8] O subtítulo é explícito: *Le récit de Hannat Arendt et la réalité des faits* [O relato de Hannah Arendt e a realidade dos fatos]. Jacob Robinson, assistente do procurador Bach em Nuremberg e um dos conselheiros do procurador Gideon Hausner no processo de Jerusalém, dedicou 450 páginas à refutação das teses de Hannah Arendt. Uma bomba, "[...] um bloco de rochedo que quer esmagar e aniquilar seu livro",[9] adverte Jaspers, que tenta, porém, tranqüilizá-la precisando-lhe que a obra mata de tédio e é extensa demais. Talvez. Mas será preciso responder a uma nova onda de ataques: no início Hannah não leva muito a sério, obtém o livro mas espera para lê-lo, persuadida de que não terá nenhum impacto e de que o autor não fez um trabalho sério.

Ela está enganada. A obra faz grande sucesso nos Estados Unidos, assim como em Israel e na Grã-Bretanha. Robinson não se contenta em refutar as teses de Hannah: dedica-se a uma longa e minuciosa investigação sobre os conselhos judaicos, recenseia todos os erros, que considera voluntários, de Hannah Arendt, e faz a lista de suas aproximações e de suas inexatidões. Trata-se, portanto, de um documento esmagador, cujo objetivo inicial é mostrar que *Eichmann em Jersualém* apresenta uma história desnaturada, mas trata-se também de um livro de historiador, que traz novas informações sobre responsabilidade de Eichmann, sobre a natureza e a amplitude das perseguições a que foram expostos os judeus europeus e sobre seu modo de enfrentar o desastre. Jacob Robinson realizou um trabalho considerável de arquivo, e deduz que nenhum membro dos conselhos judaicos propôs seus serviços aos nazistas. Ele observa que houve vastas zonas na Europa em que os judeus foram aniquilados sem a participação de conselhos, e até mesmo sem conselhos, como a União Soviética, a França, a Itália, a Bulgária, a Iugoslávia, a Romênia. O verdadeiro problema posto por Robinson é, na realidade, o de compreender como uma ínfima parcela do povo judeu europeu conseguiu sobreviver sob o terror nazista.

Pode-se deplorar sua obstinação em refutar Arendt, página após página, com um tom que se assemelha mais ao de um procurador que ao de um historiador. Pode-se também criticar alguns vôos moralizadores do autor, que afirma, por exemplo, que é necessário simpatizar com as vítimas para tratar dessa tragédia, retomando assim o debate crítico introduzido por Scholem. Contudo, entre os numerosos artigos que atacam Hannah Arendt, o texto se distingue por seu rigor e sua profundidade de campo histórico.

Mas não se exime por isso de um tom de censura. Nas últimas páginas, uma frase resume a principal reprimenda, de ordem moral, dirigida a Hannah: "Abordar a tragédia de um povo acuado até o último extremo sob o ângulo das relações normais da sociedade civilizada — essa é uma distorção de perspectiva inadmissível."[10]

Em outubro de 1965, Hannah Arendt fica sabendo sucessivamente do suicídio de seu amigo poeta Randall Jarrell[11] e da morte do teólogo Paul Tillich.[12] O grande pianíssimo da idade atinge em cheio sua geração. Ela decide responder violentamente ao livro de Robinson e envia para a *New York Review of Books* um texto intitulado "*The Formidable Mister Robinson. A Reply to the Jewish Establishment*"[13] ["O formidável senhor Robinson, Uma resposta ao establishment judeu"], que logo reacende a controvérsia. O historiador Walter Laqueur resenha o livro de Robinson na mesma revista, e exalta a longa lista de seus títulos e distinções. Robinson se torna o horror de Hannah. Ela se diz uma vez mais vítima de um complô, se abre com Jaspers, pretende que quatro pesquisadores "desastrados" trabalharam em tempo integral contra ela, financiados por recursos alemães enviados a Israel para projetos culturais.[14] Walter Laqueur publica um segundo ponto de vista mais equilibrado sobre seu trabalho, que soa como uma absolvição temporária: "Miss Arendt foi menos atacada pelo que disse do que pela maneira como disse [...] ao passo que seus adversários pareciam muito freqüentemente inclinados a jogar o bebê com a água do banho."[15] Hannah ignora. Considera o artigo de Laqueur demasiado breve e mal argumentado...

No mesmo período, Heidegger faz também, por outras razões, as manchetes das atualidades. Como Hannah, ele reage violentamente a qualquer crítica. Em 7 de fevereiro de 1966, *Der Spiegel* publica a carta de um leitor resenhando um livro de Alexander Schwan[16] que acaba de ser lançado sobre a filosofia política no pensamento de Heidegger, evocando sua atitude durante o Terceiro Reich, e que formula a questão fundamental: há, na filosofia de Heidegger, um fundamento para seus julgamentos e para suas opções políticas? Hannah escreve imediatamente para Gertrud e Karl Jaspers: "Deveriam deixá-lo em paz. Além disso, realmente não gostei. Tenho a impressão de que tudo isso é encenado e organizado pelo clã de Adorno."[17] Jaspers não partilha seu ponto de vista, pois a questão formulada lhe parece constituir uma verdadeira questão, e estima que não é desejável deixar Heidegger em paz na medida em que ele representa um modelo, sobretudo hoje, para quem quer que queira desculpar seu passado nazista. Aos seus olhos, a significação de seu comportamento não é de modo algum anódina. O tempo passou, e Jaspers, com a idade, põe em perspectiva de maneira mais serena e mais solta suas tumultuadas relações com Heidegger. Se o julga hoje culpado por seu silêncio no plano político, considera-o, a título pessoal, um homem covarde, que não lhe fez sequer um aceno durante a guerra, nem quando Gertrud, pelo fato de ser judia, foi forçada a se esconder, nem quando ele próprio, em 1937, foi demitido. "Uma vez que ele próprio jamais foi anti-semita, seu comportamento em relação aos judeus foi às vezes notável, como quando queria proteger alguém como Brock[18] (como, aliás, também fizeram quase todos os ex-nazistas), e às vezes odioso, como em sua carta oficial para Göttingen a respeito do judeu Fränkel,[19] na qual se expressou exatamente como os nazistas." Tudo isso entra para Jaspers na categoria "perda do senso do que é justo ou não". "Parece que ele nunca o teve, ou apenas por acaso."[20]

Heidegger responde ao *Der Spiegel* com uma carta ultrajada e de grande má-fé. Insurge-se contra a divulgação e a publicação de pretensas informações relativas à sua atitude durante o Terceiro Reich, subentendendo que está disposto a responder às acusações levantadas contra ele. Jaspers acha a resposta irritante. Hannah não tem vontade de julgar Heidegger: "Você mesmo diz", escreve a Jaspers, "que o anti-semitismo não teve nenhum papel. Mas os ataques contra ele vêm apenas nessa direção e em nenhuma outra."[21]

Hannah está persuadida de que o "clã Adorno" controla os fios da controvérsia que se reacende na Alemanha em torno de Heidegger. De fato, ela sente apenas desprezo por Adorno. Em resposta ao jornal dos estudantes de Frankfurt,[22] que o havia censurado por ter feito, na publicação mensal *Die*

Musik, em junho de 1934, declarações mais do que respeitosas sobre o regime nazista, ele se justificou dizendo que fora "um erro de apreciação da situação", que acreditava na época que o "Terceiro Reich não poderia durar muito tempo", "que era preciso salvar o que podia ser salvo". Mas o que teve o dom de exasperar Hannah, que não tinha por ele nenhuma estima havia muito tempo, foi sobretudo esta afirmação: "Quem observa a continuidade de minha obra não deveria me comparar a Heidegger, cuja filosofia é fascista até o mais fundo de si mesma."[23]

Hannah já está com 60 anos. Por mais que Jaspers lhe diga: "'Envelhecer' não existe para você. Sua vitalidade jamais se perderá, a não ser que você chegue aos 80 anos",[24] e que ela não se sinta estar se transformando numa velha senhora, não quer fazer o papel daquela que recusa os anos. "Já que temos que envelhecer, que seja com dignidade, sem pensar em 'frescor da juventude' [...] Vou me esforçar mas não será fácil, pois meus cavalos sempre têm tendência a disparar."[25]

É na ocasião de seu sexagésimo aniversário que Martin reata com Hannah. Martin Heidegger, sempre também poético e enigmático, lhe escreve esta carta: "Congratulações cordiais pelo seu sexagésimo aniversário. Eu lhe desejo para o próximo outono de sua existência todo o apoio necessário à realização das tarefas que você estabeleceu para si mesma e à concretização daquelas ainda desconhecidas que esperam por você. A alegria do pensar se recolocará por si mesma sempre novamente e será acompanhada pela meditação acerca do que o pensamento ainda pode empreender em meio a este mundo confuso. Mas já é suficiente se for concedido ao pensamento uma tradição subterrânea."[26] Ele anexa um poema de Hölderlin, "O outono":

O cintilar da natureza é de uma elevada aparição,
Onde a tarde com muitas alegrias se finda,
É o ano que com esplendor deslinda,
Onde frutos em elevada cintilância encontram união.

O círculo da terra é tão cheio de enfeites, e raro com ruídos aparece
O som através dos campos abertos, o sol aquece
Suavemente o dia de outono, os campos se aprumam
Como uma vista ampla, os ventos sopram

Através dos ramos e das hastes e em alegre êxtase seguem,
Se com vazios os campos já se despem,
Todo o sentido da luminosa imagem vigora
Como uma imagem que alça o esplendor dourado à sua hora.[27]

Hannah responde a Martin que essa carta lhe traz "a maior alegria, a maior alegria possível". Antes de terminar sua própria carta por um "como sempre", que soa como o anúncio de um futuro noivado, ela escreve: "A primavera trouxe e partiu-lhes o coração, o outono curou uma vez mais a primavera."[28]

Ela pensa então que Martin está escrevendo o segundo tomo de *Ser e Tempo*, sob o título de *Tempo e Ser*. Na realidade, Heidegger abandonou — por um tempo apenas — a filosofia. Ele acaba de reagir à divulgação do que chama de pretensas informações relativas à sua atitude sob o Terceiro Reich. Pede, pois, ao *Der Spiegel* para dar explicações. O *Der Spiegel* envia rapidamente, em setembro de 1966, Rudolph Augstein, Heinrich Wiegand Petzet e Georges Wolff[29] à casa de Heidegger para uma longa entrevista sobre suas atividades políticas.[30] O filósofo, fiel a seus hábitos, evita as questões incômodas, contorna os obstáculos, se justifica com inabilidade. É penoso acompanhar seus sucessivos subterfúgios nesta entrevista que, a seu pedido, só será publicada após sua morte. É justo que não explique que foi forçado por seus colegas a se apresentar à reitoria, precisando ao mesmo tempo que não havia trabalhado em colaboração com os nazistas. Às declarações que fez, como a de que "o próprio Führer e apenas ele é a realidade alemã de hoje e do futuro, assim como sua lei", objeta que tais frases não se encontram no discurso de posse na reitoria, mas apenas no jornal local dos estudantes de Freiburg![31]

Nem uma sombra de remorso, nem um esboço de arrependimento. Apenas estas duas frases: "Quando aceitei a reitoria, sabia claramente que não sairia ileso. Hoje eu não escreveria mais as frases citadas. Nunca mais disse nada desse gênero depois de 1934."[32] Com um cinismo estupefaciente, Heidegger insiste em sua coragem por ter proibido um auto-de-fé de livros de autores judeus, por tê-los mantido na biblioteca da universidade, e por ter protegido alguns estudantes judeus. Vai buscar em sua biblioteca as dedicatórias de uma de suas antigas alunas, Hélène Weiss, com quem ele precisa que teve relações até sua morte, justifica a supressão da dedicatória a Edmond Husserl com a introdução em uma nota de pé de página de agradecimentos dirigidos a seu mestre...

Heidegger não dá o braço a torcer: não perdeu o rumo durante seu mandato, não se arrepende de nada, no máximo uma fraqueza na ocasião da doença e da morte de Husserl, pela qual desculpou-se em uma carta para a Sra. Husserl. Prefere evocar sua demissão, sobre a qual a imprensa, que tanto havia comentado sua promoção à reitoria, fez e continua a fazer silêncio. Ele dá a entender que, a partir de 1934, se distancia do regime. Afirma que foi vigiado por serviços secretos nazistas, proibido de publicar, excluído dos congressos internacionais e requisitado, no verão de 1944, para trabalhos de fortificação no Reno, enquanto os nazistas haviam isentado de qualquer forma de serviço militar os quinhentos intelectuais e artistas mais consideráveis da Alemanha.

Para além de sua defesa em causa própria, Heidegger dá prova de um anticomunismo visceral, de um antiamericanismo também radical, de uma total ausência de confiança na democracia, e se insurge contra a ameaça constituída, nos últimos trinta anos, pelo que chama de "movimento planetário da técnica dos tempos modernos".[33] A verdadeira questão é para ele a da importância revestida pela técnica nesta nova fase que vive o Ocidente. "Somente um deus pode nos salvar. [...] É justamente na experiência do ser humano de ser assim comprometido e requisitado (*gestellt*) por algo que ele não é e que ele próprio não domina que ele descobre a possibilidade de compreender que o ser faz uso do homem e precisa dele."[34] Resta-nos, como única possibilidade, despertar em cada um de nós uma "disponibilidade para o aparecimento do deus na ausência do deus em nosso declínio".[35] Heidegger nos impõe pensar o ser, essa palavra que veio de muito longe, portadora de muitos sentidos, e nos colocar diante de nós mesmos. "Trazer-nos a ver isto: o pensamento não pretende fazer mais. A filosofia está extenuada."[36]

Martin Heidegger tem 77 anos e ainda a mesma energia, obstinação e vontade quando se trata de defender seu ponto de vista. Ainda a mesma força também para se dar conta de que o pensamento "não consegue sequer pensar até o fim o desamparo em que está".[37]

Hannah, por sua vez, também precisa de força para continuar a trabalhar, a pensar. Para ela, velhice também significa força da idade. Nenhum dos dois tem medo da morte. A própria idéia da morte perturba pouco Hannah. "Sempre amei a vida", escreve a Jaspers, "mas não a ponto de desejar que dure para sempre. Para mim, a morte sempre foi uma companheira agradável — sem melancolia. A doença me desagradaria muito, me pesaria, ou pior ainda. O que eu gostaria de possuir é um meio seguro, conveniente, para um eventual suicídio; eu gostaria de tê-lo ao alcance da mão."[38] Enquanto espera, ela continua a viver de maneira trepidante.

Hannah continua a percorrer a América das universidades e organiza seminários sobre Maquiavel e Marx. Uma verdadeira professora ambulante, igualmente conferencista, reputada comentarista das experiências políticas do século XX. Em Chicago, ministra um seminário sobre a história das posições morais de Sócrates a Nietzsche, tema abordado inúmeras vezes em seus livros.

Hannah voa para Basiléia em 16 de setembro. Ela acabou de concluir seu texto sobre Rosa Luxemburgo,[39] verdadeiro hino à coragem política e à clarividência intelectual dessa figura, a mais controvertida e a menos compreendida da esquerda alemã. Rosa, a vermelha, Rosa, a provocadora, Rosa, a idealista romântica, soube, desde o início da revolução, fazer da política uma arte suprema. Aquela que amava em primeiro lugar e acima de tudo o amor precioso pela vida e que, até sua morte, se mostrou disposta a lutar por seu quinhão cotidiano de felicidade com a teimosia de uma mula, que fez de seu engajamento na revolução uma questão de moral. Hannah vê em Rosa um duplo de si mesma: Rosa manteve com seu companheiro Leo Jogiches laços afetivos e intelectuais semelhantes aos que Hannah construiu com Heinrich. No plano político, compartilha de sua defesa da república, de sua desconfiança em relação a toda revolução, de seu gosto pelo real, que faz com que prefira o reformismo à ruptura com a tradição, e do recurso a uma liberdade individual e pública como princípio absoluto da vida em conjunto. Como Rosa, Hannah tem a impressão de ser corajosa, leal a si mesma, mas também de estar isolada, banida da sociedade, e de gritar no deserto.

Rosa e Hannah, sós, incompreendidas. O reconhecimento foi recusado a Rosa em vida mas também após sua morte. Ela teve razão antes de todos, mas não viveu o bastante para sabê-lo. Suas notas sobre a revolução, publicadas três anos depois de seu assassinato, lhe valeram o reconhecimento de Lênin, que enfrentou todos os interditos e, contra a opinião do conjunto do partido, declarou, citando um velho provérbio russo: "Uma águia pode às vezes voar mais baixo do que uma galinha, mas uma galinha jamais pode se elevar à altura de uma águia. Rosa Luxemburgo [...] apesar de [seus] erros [...] era, e é uma águia."[40]

Hannah se instala em Basiléia em 16 de setembro de 1966 no confortável hotel Heuler para três semanas de diálogo ininterrupto com Gertrud e Karl Jaspers. Os três evocam a situação na Alemanha e falam com grande liberdade da idade que avança. Mary McCarthy vem encontrá-la para passarem três dias juntas e tenta elevar-lhe o moral. Hannah está deprimida: acabou de concluir a introdução da versão americana de um livro sobre Auschwitz[41] que a transtornou,[42] e parece afetada pela ausência de reconhecimento de seu ensaio *Sobre a revolução*. Sofre com a distância de Heinrich, que, uma vez mais, apesar de suas súplicas, não quis acompanhá-la à Europa. Ela acha Jaspers muito envelhecido e suas conversas marcadas pela melancolia, obsessivamente dirigidas para o horror inspirado pelo mal, mas sem a exuberância de antes.

Ela passa por Bruxelas para ver Anne Weil, que acaba de se instalar ali com sua irmã e seu marido, mas Éric Weil se revela, uma vez mais, lamentável, enquanto a irmã de Anne tornou-se "disforme de tanto que engordou".[43] Hannah está feliz com a idéia de reencontrar Heinrich. No aeroporto de Nova York, ele a espera com um buquê e chocolates...[44] Ela cai em seus braços. A festa de seu sexagésimo aniversário está apenas começando: flores, telegramas, programas de rádio, mensagem do embaixador em Washington...[45] Hannah não precisava tanto! Tantas honras a envelhecem um pouco. Em vez de continuar a bancar a adolescente rebelde, sempre na ativa, ela tem que assumir a idade, acalmar seus tormentos e contradições, não mais se sentir em guerra contra a terra inteira, mas ocupar-se de si mesma e tentar encontrar, enfim, a serenidade.

Ela parece em paz, persuadida de que a polêmica sobre Eichmann está definitivamente encerrada. Uma tradução do livro está prestes a ser lançada em Israel. Ela interpreta essa publicação como o sinal de uma trégua definitiva. A Jaspers, escreve: "Acho que a guerra entre mim e os judeus terminou."[46] Está enganada. A guerra vai se inflamar.

Reações francesas

Ela parte novamente para fazer conferências em Chicago. A partir de mil dólares, não se recusa uma conferência, explica a Jaspers.[47] É sua maneira de dizer, mas não de fazer, se julgarmos pela qualidade e pelo entusiasmo com que ela dá aulas sobre as questões de filosofia moral, que hoje podem ser lidas graças a uma publicação de Jerome Kohn.[48] Em seu ciclo de conferências intitulado "Questões de filosofia moral", ela aborda, em termos de ruptura de civilização, o aparecimento do regime nazista. Não é apenas o fato bruto e atroz das fábricas de morte que deve ser considerado como a barbárie de nosso tempo. Mais importante e mais grave aos seus olhos é a colaboração banalizada de todas as camadas da população alemã com o poder nazista, inclusive daqueles e daquelas que nunca se identificaram com o novo poder.

Desde a polêmica sobre Eichmann, Hannah não cessa de retornar aos problemas de responsabilidade, de grau de gravidade no mal. Para ela, o regime nazista constitui o grau extremo do mal: "Do ponto de vista dos fatos, acho justificado sustentar que, moralmente falando, mesmo que não seja verdade no plano social, o regime nazista era bem mais extremo que o de Stalin em seus piores momentos. Ele anunciava um novo conjunto de valores e criou um sistema jurídico consoante com eles."[49] Para Hannah, o que constitui o verdadeiro problema moral, e que sempre esquecemos, "não é o comportamento dos nazistas, mas a conduta daqueles que apenas se 'coordenaram', sem agir por convicção". É este desabamento da consciência de si, esta perda assumida da moral comum que a atormenta e a obseda.

Ela tem a impressão de fazer parte da última geração que viveu, desde os primeiros tempos do cristianismo, sob um mesmo regime comum de regras. Estas agora explodiram, o que torna incontrolável a possibilidade do futuro. Hannah explica a seus alunos que essa questão moral permaneceu "adormecida", é o termo que ela usa, desde o fim da guerra, e que pretende discuti-la com a ajuda da filosofia. Não se pode deixar de considerar esse drama que transformou, em sua própria essência, a humanidade e aquilo que nos une. Pois para Hannah, "a conduta moral não é evidente, mas o conhecimento moral, o conhecimento do justo e do injusto, sim".[50] Como podemos realizar o mal sem pensar que o estamos fazendo? O pensamento é de fato uma atividade. A banalidade do mal nos concerne, portanto, a todos. Hannah acredita poder prolongar suas reflexões sobre o processo por meio de um aprofundamento filosófico. Acredita também ter saído da espiral midiático-política.

É através de uma carta de Mary McCarthy, que mora então em Paris, que ela fica sabendo que seu livro sobre Eichmann, que acaba de ser traduzido na França e publicado pela Gallimard, foi muito mal recebido.[51] O livro chegou à editora graças à agente de Hannah, que o havia proposto a Michel Mohrt, que cuidava então dos direitos estrangeiros. Pierre Nora — este é um de seus primeiros livros como editor na Gallimard — conhece, evidentemente, a amplitude da polêmica que o texto suscitou ultra-Atlântico, e pede uma nota de leitura a Léon Poliakov.[52] Este emite um parecer reservado. Não nega que, em uma primeira leitura, o livro possa aparecer como alerta e espiritual, mas pode em seguida dar a impressão de que, na história dos responsáveis pelo genocídio, um lugar privilegiado cabe aos judeus e, particularmente, aos conselhos judaicos. É verdade, acrescenta Poliakov, que Hannah Arendt possui um talento crítico considerável, mas ela dá uma mãozinha aos fatos históricos. Ele precisou de uma segunda leitura para perceber que "se trata de uma obra ignóbil, se essa expressão tem um sentido". É, portanto, aos seus olhos, um livro de terceira ordem. Poliakov estimula Nora a fazer com que seja precedido de uma "introdução". Pierre Nora pede sucessivamente a Léon Poliakov e a Saül Friedländer que se encarreguem de escrevê-la, o que ambos recusam.

Pierre Nora decide, então, publicar *Eichmann em Jerusalém* com uma nota do editor, redigida por ele próprio, recordando o contexto histórico. O texto evoca inicialmente as censuras suscitadas pela publicação do livro em Israel e nos países anglo-saxônicos. Mais do que em questões de fatos, eminentes críticos insistiram em "sua falta de compreensão das realidades históricas daqueles anos terríveis e no tom aparentemente indiferente, e até mesmo irônico em certos trechos, que ela usa para falar das vítimas". O editor destaca também a controvertida tese da responsabilidade coletiva dos alemães e o retrato contestável de Adolf Eichmann. Ele termina com o elogio do livro que Gideon Hausner acabou de publicar, *Justice in Jerusalem*.[53]

A Gallimard organiza o lançamento do livro, e *Le Nouvel Observateur* aceita publicar de imediato, como "pré-lançamento", as "boas páginas". Mais do que isso, a redação decide fazer do livro a matéria de capa. Pierre Nora está, portanto, com a razão. "Esse livro é dinamite", diz a seus interlocutores para ressaltar o que está em jogo.

"Você sabia", logo escreve Mary a Hannah, "que os trechos de *Eichmann* estão sendo publicados no *Nouvel Observateur* — acompanhados de um prefácio extremamente fingido e covarde, escrito, na opinião de uma amiga minha, por Jean Daniel?"[54] Este se lembra muito bem do furor de Mary e de suas próprias reações ao texto. "Se Hannah mostra perspicácia ao compreender a mediocridade de Eichmann, ela não se dá conta, ao que parece, de que assim diminui sua responsabilidade. Quanto mais ele é medíocre, menos é responsável." Jean Daniel se lembra de suas impressões de leitor, de sua fascinação pela transferência da diabolização para a banalidade, de sua exasperação diante do tom, da distância, da frieza de Hannah, de sua maneira de revelar mais perspicácia na compreensão de Eichmann do que compaixão pelo desamparo judeu, mesmo que se coloque a questão, difícil e dolorosa, dos conselhos judaicos. Ao ler a revista, Mary tem uma síncope. Pergunta a Hannah se ela deseja um direito de resposta, pede conselho a Raymond Aron. A polêmica está lançada.

Seis páginas de trechos do livro aparecem inicialmente no *Le Nouvel Observateur* de 5 de outubro de 1966, em um dossiê intitulado: "Um documento perturbador: Eichmann e os judeus", precedido de um editorial não assinado em que a obra de Hannah Arendt é tratada como áspera, irritante, fonte de um estranho mal-estar. As passagens aparecem sob forma de documentos destinados a evocar "os temas escolhidos por Hannah Arendt, uma vez superado o mal-estar dos leitores".

"Hannah Arendt tem um dever e um poder de mostrar o distanciamento mais científico para tratar um tema que aparece ainda — e felizmente —, apesar do recuo, como uma das taras indeléveis da humanidade: o crime do genocídio perpetrado contra o povo judeu pela Alemanha hitlerista." *Le Nouvel Observateur* previne, portanto, seus leitores: "Se faz questão de ser o primeiro a apresentar o essencial deste livro de irônica frieza, que, quase complacentemente, tomou o partido da objetividade, e que foi defendido por Aron e Mary McCarthy mas violentamente atacado por organizações judaicas e também por não-judeus, como o célebre historiador britânico Hugh Trevor-Roper, *Le Nouvel Observateur*, que insiste nas questões chocantes e abrasadoras que são infligidas aos leitores de Hannah Arendt, confia em seus leitores ao dispor os primeiros trechos do documento."

Em 12 de outubro, a manchete não é mais sobre Hannah Arendt mas sobre Jean-Luc Godard, um apaixonado pela filósofa. Sob a rubrica "Documento", *Le Nouvel Observateur* continua a publicação de trechos mais particularmente orientados para o tema dos conselhos judaicos. "Onde se situa a responsabilidade de Adolf Eichmann? É essa a questão, diz o título da matéria, que é posta, com áspera brutalidade, por essa judia de coração científico." O texto não é assinado.

O livro é percebido como objeto de escândalo. Mary tranqüiliza Hannah. Isso não durará muito tempo, pois como lhe explicou uma de suas amigas: "A comunidade judaica francesa vai ter uma reação muito diferente da americana diante do livro. Os judeus franceses [...] não são tão *judaicos*."[55] Mary e sua amiga estão enganadas. Em 26 de outubro, pela terceira vez, *Le Nouvel Observateur* retorna ao caso Arendt. "Hannah Arendt é nazista?" Sob esse título, o jornal propõe três páginas de cartas. Na seqüência da publicação dos trechos do livro, vários leitores manifestaram, de fato, sua indignação. Hannah Arendt estaria visando minimizar o caráter criminoso das atividades de Eichmann e acusar os conselhos judaicos de terem sido os responsáveis na aplicação da Solução Final? Três cartas, uma de M. Ackerman, intitulada "Os outros culpados", outra de Éliane Amado Lévy Valensi, intitulada "Elevar o debate", e uma terceira, coletiva, assinada por prestigiosos professores universitários, publicada em uma página inteira, atraem a atenção dos leitores. Todas elas manifestam indignação moral e criticam a ausência de rigor intelectual...

Aos olhos deles, Arendt dá provas de masoquismo. Os criminosos agiam por dever, os dirigentes judeus obedeciam por prazer... Ausência de coerência, de lógica, de objetividade, generalizações ilegítimas, contraverdades, contradições internas, simples confusão, dom de penetração psicológica atribuído unicamente a Eichmann e não às vítimas. As críticas da carta coletiva são inúmeras e argumentadas. A principal censura toca, creio eu, à maneira como Hannah Arendt decidiu tratar a questão: não operar distinção clara entre os carrascos e as vítimas. Esses professores que se preocupam com a ascensão potencial, em algumas publicações de esquerda, de judeus, que, em nome de sua judeidade, transferem para si próprios a responsabilidade pelos desastres por que passaram, acham escandaloso encerrar na mesma reprovação moral aqueles que, por tradição ou por princípio, não querem se defender, e aqueles que fizeram do assassinato um princípio.

Hoje, Jean Daniel não se arrepende de ter dedicado três dossiês a esse livro essencial. Voltando à questão a respeito do título "Hannah Arendt é nazista?", ele explica que o ponto de interrogação sublinha o procedimento da redação, que não exclui a eventualidade de uma resposta negativa. É um procedimento retórico e jornalístico que estimula o questionamento e engaja o jornal. Sim, a questão se coloca, diz o jornal, mas vocês, leitores, têm o direito de não partilhar de nossa opinião.[56]

De toda maneira, a edição francesa de *Eichmann em Jerusalém* é lançada. Os debates, ainda mais do que nos Estados Unidos e na Alemanha, são vivos, e a polêmica dura o outono inteiro. Raros são os que tomam a defesa da obra. Dominique Jamet, em *Le Figaro* de 1º de dezembro de 1966, é um dos únicos a fazer o elogio "de um livro cujo espírito livre, crítico e desinteressado é digno da raça de Hannah Arendt" (*sic!*) Pobre Hannah Arendt! É por ela ser judia que lhe contestam o direito de ter escrito *Eichmann em Jerusalém*. É também por ser judia que mostraria uma coragem resoluta para, como escreve Jamet, ir de encontro a "hábitos de lamentação, de grande eloqüência e de falsa emoção".

O *Le Monde* de 13 de janeiro de 1967 se mostrará mais nuançado, e proporá dois pontos de vista diferentes. Manès Sperber, que já havia publicado um artigo negativo na revista *Preuves* na ocasião da publicação do livro nos Estados Unidos, continua da mesma forma crítico. Aos seus olhos, Hannah Arendt compreendeu Eichmann muito bem, mas não suas vítimas. Aquela que ele qualifica como excelente filósofa e ensaísta ignora os dados essenciais do problema judaico. Seu trabalho não traz nada de novo sobre os fatos e os acontecimentos. Se a isenta de ter tomado a defesa de Eichmann, Sperber põe em causa o próprio espírito de que comunga a obra: sua decepção pessoal em constatar que seu próprio povo não se opôs ao extermínio. Isso é a seus olhos um não-senso infamante. Ele faz de *Eichmann em Jerusalém* um livro sintoma, ao mesmo tempo profundamente alemão e ultrajantemente antigermânico, testemunho quase inconsciente do afastamento em relação à terra natal, urdido com um desprezo e uma violência que ele acha consternadores. Sperber destaca a resistência judaica, que desempenhou um papel essencial e não, como diz Arendt, minoritário, e sublinha o abandono das nações européias em relação a seus judeus. Ressalta a fragilidade de um povo sem terra, abandonado por todos. Estranhamente mais arendtiano que a própria Arendt, Sperber insiste nas devastações da assimilação que autorizou, pela primeira vez em sua história, o povo judeu a "perecer por nada, em nome de nada".[57]

Pierre Vidal-Naquet, por sua vez, evoca, ainda no *Le Monde*, com sua clarividência habitual, um livro brilhante, às vezes exasperador, freqüentemente injusto, mas sempre inteligente. "Essa socióloga a um só tempo irônica e apaixonada, de tom freqüentemente cruel, não leva em consideração o bastante as nuanças e os casos particulares."[58] O historiador se insurge contra a violência das polêmicas, pede calma e explica o que o livro não é e o que quer ser. É aí que reside o problema. Somente hoje, com o recuo, podemos enfim nos dar conta de que esse livro é uma interrogação metafísica maior a uma das mais antigas preocupações humanas: como é possível que os homens normais se tornem em toda lucidez e sem má consciência carrascos?

Nos *Nouveaux Cahiers* [Novos Cadernos], Léon Poliakov escreve claramente o que confiou a Pierre Nora: "Não se escreve a história com 'se'."

Quarenta anos mais tarde, o livro continua a dividir. Ele desconstruiu, como explica Pierre Bouretz em sua introdução a *Eichmann*, os mitos de Israel e a imagem de seus fundadores, tornou-se, em todo o mundo, um modelo de tese crítica em relação ao Estado de Israel, anuncia o fim de uma história lacrimosa do povo judeu e dessacraliza, pela primeira vez, a Shoah.

Mary, em Paris, continua a se morder de raiva e toma o partido de Hannah, tentando defendê-la. Considera os modos do *Le Nouvel Observateur* piores que os do *France-Dimanche*, e estigmatiza esse golpe publicitário camuflado sob a aparência de uma lamentável piedade antifascista. Mas a guerra do Vietnã absorve rapidamente sua energia e a polêmica sobre Eichmann é substituída na primeira página dos jornais intelectuais pelos trabalhos da comissão Bertrand Russell sobre os crimes de guerra, dirigida por Simone de Beauvoir e Jean-Paul Sartre.

No fim do ano de 1966, em Nova York, Hannah emenda um seminário no outro, das três horas da tarde às onze horas da noite. Trabalho e culto da amizade: ela hospeda Mary em sua casa durante uma semana, organiza festas.[59] Recita-se Homero e bebe-se vinho de boa qualidade, ao mesmo tempo que se reconstrói o mundo. Até mesmo Heinrich, normalmente tão ranzinza, gosta de viver nesse turbilhão. Em janeiro de 1967, Hannah é escolhida para ser jurada em uma corte. Passará duas semanas inteiras no tribunal. Está contente em poder participar desse dever implicado pela cidadania. Ela se diz impressionada pela qualidade do funcionamento da justiça americana e pela seriedade das deliberações.

O *National Book Award*, o júri do prêmio literário mais prestigioso da América, lhe propõe tornar-se um de seus membros, para a filosofia, a ciência e a teologia: uma dessas honras que não se recusam. Hannah aceita com alegria esse novo encargo.[60] Mas todos esses sinais de reconhecimento não a impedem de abismar-se em uma espécie de *spleen*. Ela se sente presa, pesada. "Em minha casa tudo tem acontecido lentamente, preciso de muito tempo para tomar força."[61] Ela redige a introdução à coletânea de ensaios de Walter Benjamin, *Illuminations* [*Iluminações*]: "como ele é totalmente desconhecido aqui e seu pensamento é realmente muito complicado, tenho que ser precisa e detalhada",[62] explica a Jaspers. Ela tem medo de não saber apresentar suas teorias. Não tem razão de se preocupar. A amizade e a admiração que dedica a Benjamin lhe dão graça, leveza e profundidade. Hannah não escreve como crítica literária mas como leitora apaixonada, e busca, por detrás dos textos aparentemente mais obscuros, os lampejos de verdade que iluminam literalmente o conjunto dos textos esparsos. Hannah presta homenagem ao amigo que as fadas más acompanharam desde o nascimento. A vida de Benjamin, foi de fato, apenas adversidade, luta incessante contra a morte, tentativa desesperada de encontrar um lugar no mundo. Fraqueza e gênio compunham nele a trama de uma existência inteiramente votada a desvendar os segredos da origem. Com uma segurança de sonâmbulo, era sempre atraído para lugares em que a desventura o esperava. Como Proust, tinha razão em benzer a maldição da qual retirava a matéria de seus escritos. Se nunca foi poupado pela sorte, não foi por sua culpa. Hannah nunca encontrou alguém que tomasse tantas precauções. Se nunca soube acender um fogo, abrir uma janela, não deixou de elaborar um sistema que, no entanto, não o protegia de nada nem de ninguém. Tantos eram os obstáculos da vida exterior que, vindos de todos os lados, o assaltavam, que nunca soube se mover no mundo. Marxista à sua maneira, Benjamin se situava por trás da realidade das coisas, só se interessava pelos aspectos menos aparentes da existência, aqueles que outros teriam percebido como dejetos. Como Goethe, acreditava na existência fática de um *Urphänomen* no qual palavra e coisa, idéia e experiência coincidiriam.[63] Como Kafka, ficava comovido com as coisas aparentemente mais simples, como aqueles dois grãos de trigo do museu de Cluny, onde uma alma irmã inscrevera na íntegra o *Shema Israel*.[64] A essência mais minúscula aparece sobre a coisa mais minúscula... Benjamin, o *flâneur* preguiçoso, apaixonado por Baudelaire, elaborou uma teoria da história em que a sucessão da ordem do tempo é perturbada, e presente e passado se interpenetram. O anjo da história, figura enigmática que ele criou a partir do quadro de Paul Klee, *Angelus Novus*, tem a face voltada para o passado, imenso celeiro de escombros, mas o corpo tende irresistivelmente para um futuro para o qual o empurra, por trás, o sopro da tempestade do progresso. Segundo Hannah, só podemos compreender a obra de Benjamin se a lermos com a certeza de que a questão judaica constitui o coração incandescente de sua reflexão e de sua criação. Como para Kafka, essa foi para ele a única questão. Como enfrentar o que o autor de *O processo* chama de "a terrível condição interior dessas gerações"?[65] Esse dilaceramento pessoal marca a totalidade de seus escritos e explica seu procedimento. Como Kafka, seu pai não acreditou nele e desejou apagar sua origem. Hannah insiste nessa mentalidade dos pais que, por sua atitude, impediram *de facto* que os filhos saíssem do judaísmo; com a perna de trás ainda presa ao judaísmo de seus pais, e com a perna da frente sem encontrar nenhum solo novo.[66] Benjamin, colecionador, professor em matéria de paixões, era assombrado pelo fracasso, fracasso que o moía mas fracasso que ele buscava.

Esse retrato, ao mesmo tempo subjetivo e rigoroso, é habitado por um desejo tão sincero de transmitir sua própria admiração que se torna impressionante. Esse texto, um dos mais literários de Hannah Arendt, que, habitualmente, tem uma língua pesada, frases longas, é um verdadeiro tratado de estilo. Ela envia seu trabalho a Mary, que introduz algumas correções gramaticais, faz sugestões e a previne que suas alusões aos judeus alemães, mesmo apoiadas pela sagrada autoridade de Kafka, vão provavelmente desencadear uma nova tempestade. Mas seu texto sobre Benjamin, como seu recente livro sobre a revolução, é publicado em meio a uma indiferença geral. Depois do sucesso demasiado ruidoso, o silêncio assustador...

Heinrich passa seus últimos meses no Bard College antes de se aposentar como chefe administrativo — mas vai continuar no ensino. Hannah aceita um ótimo posto, *Graduate Faculty*, na New School for Social Research, em Nova York, nesta universidade excepcional criada no início da Segunda Guerra Mundial para acolher os intelectuais judeus do mundo inteiro obrigados a se exilar, e que se tornou em poucos anos o crisol e a câmara de eco dos maiores filósofos, sociólogos e outros semiólogos.[67] Desde o anúncio da guerra dos Seis Dias,[68] Heinrich e Hannah passam todo o tempo, dia e noite, ouvindo rádio. Hannah se mostra, pela primeira vez em sua vida, pró-israelense.[69] Ela considera os militares notáveis e não economiza elogios ao general Moshe Dayan,[70] admirando suas performances de estrategista. Em agosto do mesmo ano, visita sua família e, pela primeira vez, acha tudo "muito bonito, muito interessante, muito amistoso"[71] em Israel. Vai aos territórios recém-conquistados e não detecta gestos de conquistadores nos israelenses, mas sente, em compensação, a população árabe mais hostil do que imaginava. Fica indignada com as condições em que os egípcios deixam os refugiados viverem na faixa de Gaza: eles moram em cabanas de argamassa sem janelas, como no tempo dos trogloditas. Com a família Fuerst, ela percorre o país em todos os sentidos e se sente muito bem, feliz em ver que os israelenses não têm mais medo e que o caráter nacional está melhorando. "Um pouco de humanidade, e tudo funciona", escreve a Jaspers, acrescentando: "Senti-me realmente bem. E no que diz respeito ao próprio país, vê-se nitidamente a que ponto eles de repente se libertaram de um medo enorme. Isso contribui de maneira decisiva para a melhora do caráter nacional."[72]

Ela passa pela Europa e, manifestamente sem dizer a Jaspers, revê Martin Heidegger em 27 de julho de 1967. Ela é de fato convidada pela universidade de Freiburg para dar uma conferência. A data fixada é 9 de agosto. Ela passa dias inteiros com Martin falando de Mallarmé e Benjamin, e da relação entre o modo de pensar filosófico e o modo de pensar poético. No dia previsto, Hannah se instala no estrado do professor no anfiteatro que conhecera como estudante. Como Alice no país das maravilhas, encontra-se do outro lado do espelho. A sala está repleta. Na primeira fila, Martin Heidegger. Hannah se dirige diretamente a ele, gerando espanto e alguns gracejos na sala. Ela prossegue imperturbavelmente sem prestar atenção ao tumulto. Heidegger, que lhe escreve no dia seguinte, a fará notar, não sem ironia: "Quando você começou a conferência com um elogio, temi imediatamente por uma reação desfavorável. [...] Há anos advirto os jovens a evitar citações minhas que sejam feitas em tom de concordância, caso desejem seguir em frente na carreira."[73] É a primeira vez que os papéis estão invertidos e que, quarenta anos mais tarde, o aluno se vê no lugar do mestre. É também a primeira vez que Heidegger consente em lhe fazer elogios: "Sua conferência produziu porém um efeito nas pessoas inteligentes simplesmente pelo nível e pela estruturação. Algo deste gênero tem desaparecido cada vez mais de nossas universidades, assim como a coragem para dizer as coisas tal como elas são."[74]

Depois da conferência, Martin e Hannah passam a tarde e a noite juntos. Na manhã do dia seguinte, ele tenta encontrá-la em seu hotel, mas ela já se foi. Ele lhe escreve, em Basiléia, para marcar um novo encontro. Hannah toma o trem para Freiburg em 17 de agosto. Ninguém sabe o que aconteceu naquele dia. No dia seguinte, Martin escreve a Hannah: "Sua vinda até nossa casa foi maravilhosa. Ainda hoje cedo encontrei esta folha. Como sempre"...[75]

Ela volta para Nova York cansada e deprimida. Em torno dela, a doença não pára de ampliar sua sombra: Heinrich é atingido por uma flebite em outubro de 1967, Karl Jaspers sofre de uma pneumonia complicada por uma pleurisia em abril de 1968, vários amigos são operados, e embora tente valentemente fazer o papel de enfermeira, o moral se ressente. Ela foi obrigada a cancelar seus cursos para cuidar de Heinrich e, no início, fica maravilhada por poder ficar em casa ocupando-se do trabalho doméstico e cozinhando.

Como Heinrich se recupera aos poucos, ela decide voltar para Chicago. Está preocupada. Não escreve nem fala sobre isso, mas suas amigas atestam hoje o estado de angústia em que ela então se encontrava. Heinrich assegura que está melhor, mas na realidade declina. Finge ir ao médico para tranqüilizar Hannah, mas não faz o gênero de administrar seus problemas de saúde como um aposentado qualquer. Para desespero de sua mulher, ele perde manifestamente seus recursos físicos e psíquicos. Assim que se afasta dele, até mesmo por alguns minutos para fazer compras na esquina, ela fica com medo.

Ela suspende todos os seus projetos de viagem ao exterior. Como para se desculpar com Jaspers por não estar ao lado dele no dia de seu octogésimo aniversário, ela grava, de Nova York, para a rádio bávara, uma homenagem ao filósofo. Para a apresentação, escolheu a seguinte frase de Heinrich: "A fidelidade é o signo da verdade."[76] É uma das raras vezes em que Hannah falta a um encontro com Jaspers. Ela própria se sente muito cansada. É também a primeira vez que reconhece isso.

Mary se instala em Paris no momento em que eclodem os acontecimentos de maio de 1968. De volta do Vietnã, onde, como enviada especial da *New York Review of Books*, redigiu artigos em que se posiciona abertamente pelo Vietcong,[77] ela vive esse início do mês de maio de maneira dubitativa e passeia no Quartier Latin observando as manifestações. Revolução ou não? Ela não sabe se é preciso pôr aspas ou não. Aprova a ação dos estudantes e se felicita pela ocupação da Sorbonne e do Odéon, mas acha grotesco e repulsivo o comportamento das pessoas do mundo literário: zomba de Marguerite Duras, tomando assento em comitês revolucionários, emitindo oráculos e se tomando por uma pitonisa. Faz também ironias a respeito do grupo *Tel quel*, que publica manifestos decretando que "doravante toda literatura deve ser marxista-leninista". Hannah, por sua vez, acompanha com mais simpatia a evolução dos acontecimentos e tenta entrar em contato, por intermédio de Mary, com o filho de seus amigos Cohn-Bendit: Dany. Ela quer simplesmente que esse garoto maravilhoso saiba que velhos amigos de Paris como ela pensam nele e desejam muito ajudá-lo se ele precisar de dinheiro. Em 27 de junho, escreve a ele: "Estou convencida de que seus pais, principalmente seu pai, ficariam muito orgulhosos de você se ainda estivessem vivos."[78]

Heinrich passa em meados de maio por um exame médico completo. Os médicos o acham cansado e ordenam que repouse. Em 13 de junho de 1968, em casa, sofre um ataque cardíaco.[79] Internado em uma clínica, sai alguns dias mais tarde com um regime surpreendentemente flexível: o *schnaps* não lhe é proibido, pode fumar cachimbo e charuto com moderação... Os médicos se mostram estupefatos com sua recuperação e lhe permitem retomar suas aulas no Bard College, onde ele recebe a distinção de doutor *honoris causa*. Imediatamente depois, Hannah toma um avião para Zurique a fim de fazer uma visita relâmpago a Karl Jaspers. Ela o encontra imensamente diminuído, mas constata que ele conservou o gosto de viver. "A vida era bela", lhe diz ele. "Mas você ainda pensa apesar de tudo que a vida é bela?" replica ela. E ouve-o responder: "Sou uma coisa velha. Como você deve se aborrecer comigo."[80] Hannah pressente, quando deixa o amigo, que não o verá novamente.

De volta a Nova York, endurece suas posições e critica abertamente a nova esquerda que apóia o *Black Power*. Opõe-se ao entusiasmo geral desencadeado pela luta pelos direitos civis, que leva a que sejam integrados à sociedade americana, em grandes quantidades, negros sem qualificação.[81] Para Hannah, essa luta choca os princípios republicanos e não resolve nada. Ela censura essa nova esquerda por sua eterna negação dos fatos, sua linguagem abstrata e sua cegueira. Ao mesmo tempo que retoma suas aulas em Chicago, e depois na New School em Nova York, trabalha em um novo texto, que intitula "Sobre a violência".[82] Esforça-se para compreender e pôr em ordem tudo o que viveu nesses últimos anos em um estado de grande confusão e de busca de si mesma, e tenta especialmente repensar a ordem do mundo integrando a ela a corrida aos armamentos nucleares. Para ela, todos os panoramas teóricos, políticos se encontram abalados por esse fato:

resulta dele uma completa inversão de ordem entre poder e violência e entre pequenas e grandes potências. No que se transforma, nesse novo ambiente, a violência? Qual é sua natureza, suas conseqüências? A nova esquerda cresceu à sombra da bomba atômica e aprendeu nas escolas sobre a existência dos campos de concentração. Ela aderiu, portanto, naturalmente a uma política de não-violência.[83] Hannah faz o elogio de uma parte desses estudantes que ela contribuiu para formar e que revelam possuir, diante da guerra do Vietnã, uma verdadeira coragem, uma espantosa vontade de agir, uma confiança não menos surpreendente na possibilidade de mudar o mundo. Mas ela se eleva contra uma minoria do movimento que faz a apologia da violência deformando as teorias de Marx e apoiando-se em Frantz Fanon e em Jean-Paul Sartre. Para ela, a violência não pode cicatrizar as feridas que infligiu, e não pode constituir o remédio miraculoso para todos os nossos males. O progresso da ciência não coincide mais com o progresso da humanidade, mas poderia, ao contrário, anunciar seu fim. Hannah, como filósofa e teórica da ciência política, opera a distinção entre poder, potência, força, autoridade e violência. O poder é essencialmente um princípio de organização dos homens entre si que não deve ser nem instrumentalizado nem desencaminhado. A violência, por sua vez, pode destruir o poder, mas se mostra incapaz de criá-lo. Hannah deseja ver nascer uma sociedade em que o poder poderia extinguir toda violência ao permitir a continuidade e a própria existência do viver em conjunto.

Em sua vida cotidiana de professora, ela se engaja cada vez mais resolutamente contra as ações violentas pregadas por uma minoria de estudantes. Elisabeth Young-Bruhel se lembra[84] de um fim de tarde em que, como o fazia habitualmente, Hannah jantava depois de seu seminário da New School com alguns estudantes em um restaurante de Downtown quando um barulho assustador ressoou na esquina. Uma bomba colocada pelo movimento de extrema esquerda *Stormy Weathers* provocou o desabamento de um prédio, e um pânico geral se apoderou de todo o bairro. Naquela noite, cercada de jovens entre os quais alguns aprovavam esse modo de violência revolucionária, Hannah insistiu em suas posições de democrata preocupada com o respeito pela autoridade, e se insurgiu contra os métodos que qualificou como terroristas, antidemocráticos e irresponsáveis.

Karl Jaspers morre em 26 de fevereiro de 1969.[85] Em 4 de março, na cerimônia oficial organizada pela universidade de Basiléia, Hannah faz uma alocução em sua memória.[86] O que importa para ela, de fato, é que o número daqueles que ouvem a linguagem e a compreendem não diminua. Por trás dos livros de Jaspers, sinais de sua maneira de ter habitado o mundo, há uma pessoa que, em sua vida, foi o próprio exemplo do laço indestrutível que ele soube tecer, tanto em sua vida intelectual quanto na pessoal, entre liberdade, razão e comunicação.

Ninguém sabe o que se passa quando um ser morre. Sabemos apenas que ele nos deixa. Os mortos precisam de nós. É preciso aprender a freqüentá-los.[87] Durante meses após seu falecimento, Hannah se mostrará muito afetada por esse desaparecimento. Encorajará vários de seus alunos a fazer teses sobre sua obra, que, para ela, ocupa um lugar maior na filosofia do século XX.

É com esse pensamento sobre a morte e a preocupação de se afastar da realidade complexa e ruidosa dos acontecimentos do mundo que Hannah Arendt opera, no fim de 1969, sua última virada, que constitui uma verdadeira reviravolta: ela, que é uma das teóricas políticas dos Estados Unidos com maior visibilidade, ela, que reflete em voz alta sobre os acontecimentos americanos e cujas análises são solicitadas pela *New York Review of Books* assim como pelas mais prestigiosas universidades, decide afastar-se em todos os sentidos do termo.

Ela deixa os limites deste mundo e volta para a filosofia. A Mary, confia: "O problema é que para escrever é preciso parar de pensar; além disso, pensar pode ser tão confortável, escrever é tão problemático."[88] Platão dizia que o terreno favorável à filosofia era ou o exílio ou a fragilidade. Após ter batalhado durante vinte e cinco anos para se tornar uma cidadã como qualquer outra pessoa, Hannah decide enfim ser o que é: uma exilada cujo traço de caráter mais profundo é a fragilidade. Assumindo essas duas diferenças, ela se abriga em seu recanto de teorias, construído ao longo de sua adolescência. O problema com ela é que pensa o tempo todo. Noite e dia. Seu pensamento faz barulho, incomoda-a, "sobre-habita"-a. Ela gostaria de fazer um pacto com ele para encontrar enfim um pouco de tranqüilidade. Simplesmente pensar. Deixar-se levar por sua inclinação natural e não "pensar em".

Ela se fecha em si mesma e enfrenta, enfim, tudo o que a obseda e a atormenta há muito tempo: a questão da vida interior, seu tumulto, o que se passa no processo mental. Retorna aos seus primeiros amores, à fenomenologia, e faz a si mesma, na aurora da velhice, as perguntas que nos fazemos quando somos crianças: quem sou eu? Sou único ou como os outros? O que chamamos viver? O que acontece entre a vida e a morte?

Ela escolherá atrelar-se ao tema, por essência, mais filosófico da filosofia: o que quer dizer pensar. O que se passa neste diálogo silencioso entre mim e mim mesmo? Pensar é esquecer de si. Pensar é desabitar-se. Onde está o verdadeiro eu?

Hannah relê as tragédias gregas, anota Hegel, mergulha novamente na obra de Nathalie Sarraute, em busca da compreensão do que ela chama de "vida interior". Como descrever o que acontece quando se pensa? É a tarefa que desde então delega a si mesma: "Embora o pensamento seja um falar consigo mesmo, é impossível *dizer* em que ele consiste, não há língua para isso, pelo fato de que ele próprio é *mudo* ao passo que toda língua se faz ouvir pelo fato de ser inaparente *por essência*, ao passo que o que é dito aparece."[89]

XIX

SOZINHA

Hannah e Heinrich passam um verão maravilhoso na Suíça, em Tegna, no cantão do Tessin. Muitos convidados, amigos, e também sua sobrinha Edna, que vem de Israel para passar uma semana. "Uma moça completamente crescida e muito encantadora e agradável, aberta, sincera, muito inteligente".[1] Hannah continua a refletir sobre a questão da vida interior, sobre este diálogo silencioso entre mim e mim mesmo, sobre a noção de alter ego, sobre esse dois em um. "No pensamento, você é sem-eu — sem idade, sem atributos psicológicos, nada do você 'realmente' é."[2]

Ela volta para Nova York no início do outono, a tempo de viver plenamente as chamadas manifestações do Moratorium, que começam em 15 de outubro com uma campanha maciça de estudantes batendo de porta em porta para mobilizar a opinião pública em favor da retirada do Vietnã. Hannah se associa a essa mobilização. Está louca de alegria diante da amplitude de seu sucesso. Regozija-se em ver o caso ultrapassar os partidos e implicar apenas o povo. "Mas claramente: *protestas in populo*.[3] Não sei quais serão os resultados; espero muitíssimo que as manifestações de novembro aconteçam. Também: todo o negócio organizado pela nova geração, que agora talvez realmente se assuma, deixa longe os 'extremistas' e sua retórica oca, e talvez redescubra a república, a coisa pública."[4]

Hannah jamais desejou decretar uma opinião política definitiva, nem quis bancar o profeta. "Às questões particulares, são necessárias respostas particulares", respondia ela quando vinham a ela para encontrar soluções.[5] "Não há soluções, nada além de fatos que é preciso tentar acolher", e somos todos responsáveis por esses fatos.

Hannah apóia abertamente a atitude dos estudantes contra a guerra do Vietnã e se mostra pragmática quando lhe perguntam se é preciso cooperar com os sindicatos para lutar contra a guerra: "Sim, pois assim vocês poderão usar os mimeógrafos deles."[6] Quando os estudantes da New School ocupam as salas de aula, e o corpo docente se reúne para saber se é preciso chamar a polícia para restabelecer a ordem, e ela sente que a balança se inclina para essa solução, exclama: "Meu Deus, são estudantes e não criminosos!" Sua frase acaba com a discussão. O caso está encerrado.[7]

O leitor pode se dar conta disso em suas notas do *Journal de pensée*: Hannah está novamente mergulhada na obra de Heidegger. Reflete sobre o retraimento, o velamento, sobre a noção de acontecimento como desvelamento da finitude.[8] Ela anota: "A questão do pensamento consiste em tornar presente o que está ausente"; e acrescenta: "Heidegger: a tempestade em que ele se viu não era a tempestade do século. Ele só foi pego nessa tempestade uma única vez, provavelmente porque a calma reinava nele."[9]

Por seu octogésimo aniversário, Martin Heidegger tem direito, novamente, a todas as honras universitárias. Aquele que, não faz muito tempo, era apontado com o dedo é hoje celebrado como o maior filósofo de seu país. A morte de Jaspers fez dele o único sobrevivente da geração da Primeira Guerra Mundial. É verdade que Hans-Georg Gadamer continua a publicar, mas ele se reconhece como professor, e não é considerado, a exemplo de Heidegger, como um pensador.

Hannah havia prometido a Heidegger no fim do último encontro. Ela aceita, portanto, colaborar na celebração de seu aniversário redigindo um texto para a revista alemã *Merkur*.[10] Intitulado "Martin Heidegger faz oitenta anos", ele pretende celebrar não apenas seu aniversário mas também o cinqüentenário de sua atividade pública de professor, e abre com uma cita ção de Platão: "Pois o começo é também um deus que, enquanto permanece entre os homens, tudo salva."[11]

Heidegger não é um líder de seita ou de capela, mas um rebelde, um rei secreto — "não havia senão um nome, mas o nome viajava por toda a Alemanha como a novidade do rei secreto"[12] —, um homem que rejeitava a disciplina acadêmica para se dedicar ao que o próprio Heidegger chama hoje de "a coisa do pensar".[13] Graças a ele, o pensamento voltou a ser vivo. Graças a ele, pudemos aprender a pensar. Para ela, a influência subterrânea de Heidegger ultrapassa o círculo de seus alunos e até mesmo daquilo que se entende geralmente por filosofia. Heidegger contribuiu para determinar de maneira decisiva a fisionomia espiritual do século. É um mestre. Hannah o descreve como aquele que lhe ensinou a pensar. E pensar volta a ser nessa época sua única preocupação. Não pensar sobre alguma coisa, mas pensar alguma coisa. Pensar como realizar um ato cirúrgico. Pensar como abismar-se na profundidade, descobrir um solo último, permanecer nessa profundidade, traçar signos.

Nessa reiterada homenagem a Heidegger, Hannah desejou também introduzir a dimensão da absolvição da responsabilidade política. Comparando Heidegger a Platão, que cometeu o erro de se ocupar de política, ela reconhece: "E, no que concerne ao mundo, mostrou-se ainda um pouco pior para Heidegger do que para Platão, pois o tirano e suas vítimas não estavam além-mar, mas em seu próprio país."[14] Ela trata da época do reitorado como uma "escapada",[15] recusa a expressão erro político, fala de sua adesão ao nazismo como "dez curtos meses de febre", e de como ele sabe "extrair uma lição, em seu pensar, do que experimentara".[16] Ela afirma que Heidegger, assim que se deu conta de seu "erro" — erro que ela julga sem importância quando "comparado ao erro muito mais decisivo, que consistiu em se esquivar à realidade dos porões da Gestapo e dos infernos de torturas dos campos de concentração [...] refugiando-se em regiões pretensamente mais significativas"[17] —, assumiu muito mais riscos do que então se correu na universidade alemã.

Se o texto de Hannah Arendt é, quanto ao essencial, um texto filosófico de grande amplitude e de uma limpidez marcada por graça e calor, seu final soa como uma constatação histórica: podemos, talvez, achar estranho e escandaloso que tanto Platão quanto Heidegger tenham recorrido aos tiranos e aos ditadores. O que Hannah chama de "tendência ao tirânico"[18] é próprio aos grandes espíritos. Aos poucos numerosos grandes espíritos. "Para esse pequeno número, pouco importa ao final onde podem lançá-los as tempestades de seu século. Pois a tempestade que o pensamento de Heidegger levanta — como a que ainda sopra contra nós da obra de Platão, há milênios — não se origina nesse século. Ela vem do imemorial e o que deixa atrás de si é uma realização que, como toda realização, retorna ao imemorial."[19]

Em Nova York, ela espera com impaciência as reações que seu texto não pode deixar de suscitar. Logo confessa a Mary sua decepção. Heidegger não lhe agradece, mas a censura por não ter ido pessoalmente proferir seu discurso, ao qual não faz nenhuma alusão, enquanto fala profusamente dos textos que está escrevendo. A sua amiga, Hannah confia: "Talvez esteja exausto demais com todo o problema do aniversário, talvez esteja ofendido. Só Deus sabe [...] inconclusivo."[20]

Nos Estados Unidos, a mobilização contra a guerra se amplifica. É a *res publica* que, uma vez mais, lhe importa e a apaixona. Decifrando o real que a cerca, ela decide se aplicar a compreender o que está acontecendo e se dedica novamente a uma problemática sociopolítica que ocupa as mentes e provoca muitos debates e manifestações: a desobediência civil. Tomando distância em relação à atualidade estudantil nos *campi*, escolhe como ângulo de reflexão o ponto de vista jurídico.

Estarão infringindo a lei aqueles, cada vez mais numerosos, que, próximos do movimento de desobediência civil, se recusam a ir participar da guerra no Vietnã? Serão os que protestam delinqüentes de direito comum? Aqueles que manifestam desobediência civil o fazem coletivamente, ao contrário dos que praticam a objeção de consciência, que agem individualmente. Será preciso reduzir tudo aos problemas de consciência? O homem, sozinho em face de si mesmo, seria ele próprio seu único juiz? Hannah colhe em Platão, Aristóteles, Maquiavel, Camus, Shakespeare suas reflexões. Ela coloca, indiretamente, a única questão que a importuna há muito tempo: como pensar o pensamento?

Seu *Journal de pensée* atesta a intensidade de suas leituras e a profundidade de suas interrogações sobre o tema. Sempre se pensou, mas como hoje transformar essa capacidade em atividade crítica: "A filosofia começa pelo pensamento que alça vôo no espanto ou pelo pensamento sobre o pensamento?"[21] O pensamento como "teia de Penélope". O pensamento como confirmação do que é. Tudo o que pode lhe tomar tempo — suas conferências em Chicago, a recente viagem à Suíça, seus seminários em Colorado, a estadia relâmpago em Bonn e até mesmo as férias na Itália com Mary McCarthy e Heinrich — a perturba e deixa irritada, pois, como declara: "Quero apenas me aplicar à coisa sobre o pensamento."[22] É, porém, na Itália, em Tegna, neste hotel simples e tranqüilo, a *Casa Barbatè*, de que gosta particularmente e onde tem hábitos a ponto de falar dali como de "casa",[23] que poderá terminar seu texto intitulado "A desobediência civil", lançado em 12 de setembro de 1970 no *New Yorker*.[24]

Cícero, Locke e Gandhi são citados neste texto em que Hannah estigmatiza violentamente a atitude do governo americano que se permite processar, em nome da lei, indivíduos responsáveis que manifestam sua cidadania ao se oporem à guerra do Vietnã, ao passo que ele próprio, após sete anos de combate, jamais declarou guerra oficialmente, e passa o tempo ameaçando as liberdades fundamentais da Constituição americana. A não-violência faz parte da desobediência civil, que é um ato não delituoso mas respeitoso ao direito, e de uma legalidade válida para a humanidade inteira. Hannah apóia, portanto, sem ambigüidade a prática da desobediência civil, nova forma de engajamento político para ela, mas pede aos estudantes que dêem prova de vigilância: ela os intima a salvaguardar a independência intelectual desse movimento e a recusar o crescente contágio das influências ideológicas castristas, stalinistas, feministas, que podem levá-los à divisão. Ela reivindica que seja criado lugar para a desobediência civil no funcionamento de nossas instituições públicas. Mary passará oito dias de sonho com sua amiga discutindo filosofia.

Insensivelmente, esta se torna a protetora de Hannah e fica cada vez mais a seu lado depois da morte de Jaspers. Em nome da amizade delas, Mary lhe diz tudo o que pensa sem ficar embaraçada por eventuais suscetibilidades. Não hesita em colocá-la em dificuldade, em contradizê-la, em corrigir seus erros de sintaxe e de vocabulário em inglês, em verificar suas fontes bibliográficas e certas citações, em completar suas argumentações demasiado apressadas, em propor raciocínios mais rigorosos. Mary põe ordem nos escritos de Hannah, tanto no sentido próprio quanto no figurado. Mary era a mais próxima de suas editoras, aquela em quem ela confiava totalmente, e de quem aceitava tudo. Ocorria, porém, que várias pessoas, que não se conheciam, trabalhavam em seus manuscritos com seu consentimento, mas não necessariamente com sua colaboração. Ela chamava isso, com um sorriso no canto da boca, de "se fazer anglicizar".

Mary desempenha esse papel essencial e precioso junto a Hannah em vida, mas também o desempenhará após sua morte. Pois se nem sempre leva suas objeções em consideração, Hannah lhe será grata por sua solicitude ativa e seu companheirismo intelectual. Ela sabe de sua amizade indefectível, capaz de atravessar sem incidentes todas as turbulências intelectuais, filosóficas, afetivas. Aceita dela todas as críticas, pois sabe no fundo de seu coração que elas são leais e legitimamente fundadas.

Hannah escolherá duas de suas amigas como testamenteiras literárias. Lotte Köhler, que, ainda hoje, não poupa esforços para transmitir seu entusiasmo em fazer compreender a seus interlocutores no mundo inteiro que Hannah Arendt é a pensadora do século XX, e Mary McCarthy, que terá a dura tarefa, após a morte de Hannah, de pôr ordem em seus manuscritos e arquivar aquilo que ela vinha empreendendo havia anos, esta famosa "coisa do pensamento", sua última obra, sua "crítica da razão de pensar": *A vida do espírito*.[25]

Em 30 de junho, Hannah confia a Mary que no dia seguinte começará a trabalhar a aparência, terreno natural de onde se retira o pensamento. "Gostei bastante, e só [desejaria] poder ficar e trabalhar nessas condições paradisíacas [*sic*], mas com meus livros, muitos meses mais — sem aulas, sem solicitações, sem trabalho doméstico. E, por favor, um pouco de tédio — o tédio é tão saudável em pequenas doses."[26] Em 9 de agosto, Heinrich e Hannah tomam o avião para Nova York.

O telegrama é datado de 1º de novembro de 1970 e endereçado a Mary. É o primeiro gesto de Hannah. Depois do estupor, ela dita ao telefone, para Paris, a seguinte frase: "Heinrich morreu sábado de um ataque cardíaco." Mary toma imediatamente o avião para Nova York, se instala no apartamento e ajuda Hannah a organizar a cerimônia que ocorrerá perto da casa deles, na Riverside Chapel. "Como farei para viver de agora em diante?" Essa é a pergunta que ela faz ao pequeno círculo de amigos que se reúne em sua casa na noite seguinte à morte de Heinrich. Estão lá Hans e Lore Jonas, Lotte Köhler, Jerome Kohn, Glenn Gray, Salo e Jeanette Baron.

Mary havia achado Heinrich muito cansado quando os visitara no pequeno albergue *Casa Barbatè*, em Tegna. Ele ouvia mal, perdia rapidamente o fôlego, se preocupava com sua saúde e se recusava, ao contrário do que ocorria nos anos anteriores, a fazer longas caminhadas no vale ou a tomar o trem para ir visitar seu velho amigo Robert Gilbert em Locarno.

Desde o retorno a Nova York, as pressões e obrigações desabam sobre ele: conferências, seminários, colóquios de todo tipo. Heinrich assume. Hannah também está sobrecarregada. Ela dá um seminário sobre Kant e aprofunda os conceitos de desinteresse e de imparcialidade. Na sexta-feira 30 de outubro, faz uma conferência na New School intitulada "O Pensamento e as considerações morais".[27]

Volta para casa, de táxi como sempre (a universidade fica do outro lado de Nova York), e prepara o jantar. Convidou, naquela noite, Glenn Gray, o filósofo que havia conhecido na Wesleyan University, e que se tornou amigo seu e de Heinrich, e que acaba de voltar da Alemanha, onde trabalhou com Heidegger. Quando ele chega, Heinrich se queixa de uma vaga dor no peito, mas Hannah logo se tranqüiliza. Heinrich e Glenn comem com entusiasmo e, depois do jantar, bebem vários copos de *schnaps* enquanto conversam.

No dia seguinte de manhã, Heinrich e Hannah trabalham, como de hábito, cada um em seu escritório. É durante o almoço que Heinrich é tomado por um mal-estar súbito. Hannah tenta transportá-lo até a cama, onde ele sofre um ataque cardíaco. Aterrorizada, ela encontra a calma necessária para chamar uma ambulância. Blücher, muito calmo, segura firmemente a mão de sua mulher e lhe repete com um tom que se quer tranqüilizador: "Pronto, é isso." Transportado no início da tarde para o hospital Monte Sinai, Heinrich morrerá na noite seguinte, sem sofrer, ao lado de Hannah. Ele tinha 71 anos. Ela solta sua mão da dele e lhe fecha os olhos. Chama em seguida Peter Huber, um velho amigo de Heinrich, para que venha tirar fotografias dela junto ao leito de morte de seu marido.[28] Por quê? Ele não está mais ali, mas ainda está ali, e ela pretende levar o testemunho último deste *estar-juntos* que eles conseguiram constituir durante mais de 36 anos. Hannah telefona depois para Lotte para que venha buscá-la. Elas dormirão juntas no apartamento de Riverside Drive. Mary espera o dia seguinte.

A cerimônia ocorre em 4 de novembro na Riverside Chapel, simples e comovente. Alguns amigos de Heinrich quiseram falar. Entre eles, Dwight Macdonald, amigo comum dos dois, diretor da revista *Politics*, que faz dele este retrato: "Primeiramente e acima de tudo era um verdadeiro anarquista, sem esperança, de espírito e de caráter — sempre disposto a responder a qualquer convite (ou a um argumento, bom ou ruim) com temeridade e de todo coração, sem, no entanto, que essa temeridade ou esse arrebatamento [...] o fizessem perder o fio condutor, o essencial [...]. O tom resmungão de sua voz de baixo e suas exclamações pontuadas de olhares cintilantes [...] eram uma resposta humanista [...] a muitos argumentos [nas] discussões [...]."[29]

Após a cerimônia, que começa à 14:15h, Hannah reúne alguns amigos próximos em seu apartamento: Lotte Köhler, Charlotte Beradt, Irma Brandeis, colega de Heinrich no Bard College, o poeta Ted Weiss, Rose Feitelson, Hans Morgenthau, especialista em política germano-americano, amigo de Heinrich e de Hannah com quem ele trabalhou na universidade de Chicago, os Klenbort, Margareth e Dwight Macdonald e, é claro, Mary. Ela parece calma, mas confessa a seus amigos que teria desejado para seu marido funerais judaicos, com o *Kaddish*. Pensa em sua infância, evoca a morte de seu pai e a lembrança da mãe e da avó, que viveram com maridos doentes, mortos prematuramente.[30]

No dia seguinte ela recebe o boletim do campus do Bard College dedicado a Heinrich. Ele é qualificado como criador do espírito de grupo que ainda anima o colégio. Recorda-se que ele era ao mesmo tempo filósofo, escritor, historiador, especialista em história e estratégia militares, psicólogo, historiador da arte. Anuncia-se que um *memorial service* ocorrerá em breve na universidade.

Lotte me dirá que Hannah, nos dias que se seguem, fica de pé durante longas horas, imóvel no meio de seu escritório com o olhar fixo no horizonte, perdida em seus pensamentos. Imóvel, imobilizada, desesperada. Como continuar a viver sem aquele que, há mais de trinta anos, discute com você desde o café-da-manhã sobre a interpretação a ser dada a uma frase de Aristóteles relida na noite anterior, ou que, feita a leitura de cinco jornais alemães, reinventa o mundo depois de ter tomado seu café? Alunos de Heinrich vêm vê-la para trazer-lhe aulas que mimeografaram e lhe propõem empreender a publicação do conjunto de seus seminários. Hannah os encoraja e mergulha em textos de Heinrich, tal como neste em que ele define a filosofia: "Há três interesses sem os quais qualquer atividade filosófica é impossível: o erótico, a amizade e a política. Se eles não são relacionados, é preciso então que tentemos associá-los a uma espécie de responsabilidade ética e humana. Negligenciamos demais nosso dever primeiro, o de nos preocuparmos com as relações humanas, isto é, políticas, que só podem emergir quando os homens são livres."[31]

Em 7 de novembro, Hannah escreve uma carta ao diretor do Bard College, situado em Annandale on Hudson, explicando-lhe que deseja depositar as cinzas de Heinrich no cemitério do campus da universidade e que quer organizar, em presença de amigos e alunos, uma cerimônia em sua memória. Ela anexa um cheque de 12 mil dólares para cobrir as futuras despesas. Mary desaprova essa iniciativa e teme que a comemoração reabra uma ferida. Mas Hannah, ao contrário, vê nela um consolo. A cerimônia é comovente e Hannah fica tocada pelo elogio de uma aluna que fala de Heinrich Blücher como de um amigo: "Chamavam-no de professor de filosofia, e no entanto ele não dava aulas sobre filósofos ou escolas filosóficas de pensamento. Ensinava a filosofia sendo filósofo."

O professor Schafer, amigo de Heinrich, professor de filosofia e de história das religiões em Bard,[32] decide ler as palavras de Sócrates sobre a morte na *Defesa*: "Bem, é chegada a hora de partirmos, eu para a morte, vós para a vida. Quem segue melhor seu rumo, se eu, se vós, é segredo para todos, menos para a divindade."[33] Heinrich partiu. Hannah tem que viver. Como? Assegurando a continuidade da vida cotidiana. Trabalhando, portanto. Já no dia seguinte retoma seus cursos na New School. Tem medo de não agüentar. Para sua grande surpresa, consegue conduzir seu seminário. Ao menos tem essa sensação. Não está segura de que não deveria ter vergonha de si mesma. Funciona em piloto automático. A Mary, confia: "A verdade é que estou completamente exausta, se você não entender esta palavra como um superlativo de cansaço. Não estou cansada, ou não muito cansada, só exaurida [...] Acho que nunca lhe disse que, durante dez longos anos, senti um medo constante de que acontecesse justamente essa morte súbita. Este medo freqüentemente chegou quase a um verdadeiro pânico. Onde havia o medo e o pânico, agora há puro vazio."[34]

Em seu *Journal de pensée*, ela escreve, na data de 25 de novembro:[35] "Em 31 de outubro Heinrich morreu de repente, muito rapidamente, em sete horas e meia. Os funerais ocorreram em 4 de novembro, no dia 15 a urna foi enterrada no Bard College", e anota, imediatamente depois, estes versos da "Balada de Mazeppa", de Bertolt Brecht, que, desde a morte de Heinrich, não cessam de assombrá-la:

E ele partiu com tudo o que tem
Com porte e cavalo, paciência e silêncio
E depois vieram o céu e além dele os abutres.[36]

Ela pergunta a sua amiga Anne Weil se ela pode vir ajudá-la a suportar as festas de Natal. Anne vem encontrá-la e se instala em sua casa. Assegura o dia-a-dia e fala alemão com Hannah com as expressões da Prússia Oriental, como no tempo da infância delas. Diante de seu embotamento, de sua dor, Anne repete: "Hannah, tente apenas pôr um pé à frente do outro." Hannah sabe que o mais ligeiro contratempo em sua agenda romperia seu equilíbrio factício. Tem a impressão de flutuar, de não poder mais andar. Aprisionada pela presença-ausência de Heinrich no apartamento, ela se senta no escritório dele e usa a máquina de escrever. Tenta, assim, encontrar algo em que se agarrar. Em nenhum momento perde o controle de si mesma, e espanta-se com isso. "Talvez seja um processo de petrificação, talvez não. Não sei."[37]

Anne continua a tranqüilizá-la com sua presença constante. Ela se lembra de que um dia, quando volta para a casa de Hannah, esta está discutindo com um aluno. Ouvindo o barulho da porta, ela diz: "Heinrich, deixe seus sapatos na porta." Quando vê Anne entrar, cai para trás em sua cadeira.[38]

Numa noite de desespero, tocam a campainha. É o poeta Auden, amigo que ela tanto aprecia e admira. Ele se parece de tal maneira com um vagabundo que o porteiro não quis acreditar quando disse que era amigo de Hannah: ele o acompanhou até o apartamento para verificar... Auden, naquela noite, faz a Hannah uma declaração de amor e lhe pede que se case com ele. Ela não o leva a sério e se esforça para acalmá-lo. Tem a maior dificuldade para se livrar dele. Admira-o e vê que ele está infeliz, fica com vergonha de rejeitá-lo.[39] A Mary, confessa: "[...] tenho de rejeitá-lo. Algo me diz que isto já lhe aconteceu demasiadas vezes, ou seja, ser rejeitado, e fico quase afora [*sic*] de mim quando penso no assunto todo. Mas não posso fazer nada; seria simplesmente suicídio — na verdade, pior que um suicídio."[40] Auden vai embora no meio da noite, completamente embriagado. Hannah não lhe propõe dormir em sua casa nem o acompanha. "Odeio piedade, tenho medo, sempre tive, e acho que nunca conheci ninguém que despertasse minha piedade a tal ponto." Entretanto, esse penoso episódio não põe fim à amizade deles, nem, sobretudo, à solicitude de Hannah em relação a Auden, que nunca conseguiu tomar a própria vida nas mãos de maneira autônoma.

A *National Review*[41] publica um artigo em que Heinrich é apresentado como um filósofo dos tempos modernos que aderiu à grande tradição dos filósofos amadores que podiam ser encontrados nos salões do século XVIII discutindo com Diderot, a quem ele se assemelhava em certos aspectos. Hannah é submersa por cartas de condolências. Cartas comoventes de homens e mulheres que tentam se lembrar de Heinrich, fixar na memória uma atitude, um gesto... O que resta de Heinrich? "Um fraco pelos charutos, um gosto pelo bom vinho, pelas moças bonitas: o sentimento de um homem sem filhos, de que todos os jovens eram seus filhos e de que ele mesmo era uma criança", escreve um de seus amigos.

Heinrich deixa muitos órfãos. Hannah olha para essa montanha de cartas e confessa a Mary: "De todo o meu passado, camada em cima de camada, nenhuma convencional, com solidariedade ou velha amizade ainda viva. Estranho."[42] A carta que mais a emociona é a de Martin Heidegger:

> Cara Hannah,
>
> Agora lhe é exigida também esta despedida. A proximidade de Heinrich transformou-se. Você carregará de boa vontade o que aí se deu e para o que não temos nome algum, e entregará a própria dor em silêncio à transformação.[43]

A carta é acompanhada de um poema sobre o tempo que será para Hannah, durante essas longas semanas de desamparo, um viático para seus pensamentos.

Para se restabelecer, ela lê e relê Heidegger. O que ela temia há dez anos — a morte brutal de Heinrich — afinal aconteceu. Mary lhe sugere que a perda desse medo certamente vai operar nela uma espécie de purgação e provocar "até certo ponto, um alívio — alívio envenenado. Não sei como você vai lidar com isto. Não posso imaginar. Deve sentir-se como se estivesse vivendo com alguém que mal conhece — você mesma sem ansiedade".[44]

Hannah continua a assegurar suas aulas na New School sobre as leituras da Revolução Francesa feitas por Kant e Marx. Elisabeth Young-Bruhel se lembra de sua coragem, de seu controle de si, mas também de seu cansaço, de seus traços abatidos. Ela se abisma em uma melancolia que sabe ser perigosa e, apesar das visitas incessantes de Hélène Wolff, Dwight Macdonald, Alfred Kazin, e Lotte Köhler, não consegue encontrar forças para viver sozinha. Leva semanas para responder a Heidegger e, pela primeira vez, lhe confessa seu amor por Heinrich: "Entre duas pessoas surge às vezes, o que é muito raro, um mundo. Este mundo mostra-se então como a pátria — de qualquer modo esta era a única pátria que estávamos prontos a reconhecer. Este ínfimo micromundo, no interior do qual sempre é possível se salvar do mundo, desmorona quando um dois vai embora. Eu sigo em frente, estou totalmente calma, e penso: *foi embora*!"[45] Ela aceita o convite de um de seus ex-alunos de Chicago para passar duas semanas na abadia de St John's em Minnesota em fevereiro de 1971. Conclui, enfim, a versão de "O Pensamento e as considerações morais" para a revista *Social Research*, que dedica a Auden, assegurando-lhe que a amizade dos dois permanece intacta.

Hannah começa a absorver a idéia de que acabou de perder ao mesmo tempo seu medo e Heinrich. Vive esse relaxamento de uma tensão perpétua como uma dor mas também como uma reconquista de si mesma. No início de 1971, anota em seu *Journal*: "Sem Heinrich. Livre como uma folha ao vento."[46]

Ela precisa da presença de Anne mas quase não a suporta. Tem a impressão de ficar sufocada em seu apartamento entre Lotte, que vem visitá-la todos os dias "cheia de dramaticidade", e Anne, que "perdeu todo o contato com o mundo, normalmente está feliz, porém meio adormecida".[47] Fica tomada entre a solicitude dessas duas amigas e tenta, em vão, se concentrar em alguma coisa. Começa a fazer planos, a organizar um pouco seu tempo. Cria a fundação Heinrich Blücher, uma fundação sem fins lucrativos e de cunho caritativo, universitário, literário.

Hans Jonas, com quem ela se reconciliou, se preocupa com sua aposentadoria e intervém como professor de filosofia junto à New School, onde ambos ensinam, para que ela possa obter um cargo de professor associado. Proposta aceita. Hannah pode desde então respirar. Ela sabe que pode trabalhar até a data de sua aposentadoria — data que ela própria escolherá. Está enfim livre de todos os problemas materiais. Em fevereiro, vai novamente para Chicago por oito dias, e retoma, não sem dificuldade, seus cursos a partir da *Crítica do juízo* de Kant. De volta a Nova York, trabalha ininterruptamente na transcrição das velhas fitas das aulas de Heinrich na New School.

É Heidegger, uma vez mais, quem lhe dá o impulso e a energia para continuar a viver. Hannah lhe comunica sua intenção de dedicar-se a uma obra sobre essa estranha faculdade de pensar. Ela pergunta se eles podem se ver. Sua carta termina com uma última questão: "É sempre possível que ainda chegue a publicar um livro que tenho sob minhas mãos — uma espécie de segundo volume da *Vita activa.* Sobre as atividades humanas não ativas: pensar, querer, julgar. Não tenho a menor idéia se ele vingará e quando estarei pronta com o trabalho. Talvez nunca. Caso chegue a tanto, posso dedicá-lo a você?"[48]

Ela passa um dia delicioso com Nathalie Sarraute, de passagem em Nova York. "Pode-se rir com ela, e rimos das mesmas coisas — uma delícia."[49]

Ela tem a impressão de sair das trevas, a percepção íntima de que a vida volta a pulsar. A Mary, confia: "Estou quase 'bem', não mais tão tremendamente cansada."[50]

XX

PROFUNDA

Em 4 de abril de 1971, ela vai para Paris, onde revê Anne e Mary. Hospeda-se no hotel Montalembert e encontra Nathalie Sarraute. Revê também sua velha amiga de exílio Nina Gourfinkel, com quem passa uma noite. Hannah reata laços com seu passado, tenta pôr em ordem a continuidade de sua história, reconstrói pacientemente o fio de sua existência. Tenta, assim, encontrar seu lugar no mundo, com a lembrança de Heinrich, que durante tanto tempo havia desempenhado para ela o papel de mentor, corrigindo suas provas, influenciando suas opiniões e suas orientações políticas e intelectuais.

Ela parte em seguida para a Sicília com Mary e seu marido James West. Palermo, Cefalù e Siracusa até 18 de abril, data em que vai para Zurique. Viagem de sonho, esplendor dos teatros gregos, odor das flores selvagens. Hannah revive com emoção sua última viagem com Heinrich. Coloca seus passos nos dele. Novas impressões vêm recobrir as primeiras. Vai então rever Martin Heidegger em Freiburg em 22 de abril.[1] Leva para ele um volume da correspondência de Brecht com Benjamin. No dia seguinte envia-lhe um buquê de flores por sua partida.[2] Depois fica em Colônia de 9 a 16 de maio e participa, no dia 11, de uma mesa-redonda sobre o tema "A segunda fase da revolução democrática? Os sintomas da crise ocidental. Um exemplo de saída possível: Os Estados Unidos".

Em 16 de maio, ela toma um avião para Londres, onde vive sua meia-irmã Eva Beerwald, depois vai para Cambridge, onde se instalou sua prima Else Braüde, e, enfim volta para Nova York. Assiste em 24 de maio a uma cerimônia no Bard College em memória de Heinrich.

Ela se sente novamente só, se acha sem interesse, comum, neutra, indistinta. A Mary, declara: "Nada me acontece nunca." Ela se pergunta se é possível viver sem acontecimentos. A vida se torna para ela um fluxo neutro em que ela tem dificuldade de diferenciar um dia de outro. Sente-se como uma folha, levada pelo vento. Mas nem por isso livre, pois vive petrificada pelo "peso do passado (gravitas)". Relê Hölderlin para acalmar seus tormentos e o cita em sua carta a Mary McCarthy: "E muito/ como sobre seus ombros/ um feixe de lenha/ a suportar e guardar."[3]

Na primavera, é concedido a ela o título de doutor *honoris causa* pela universidade de Yale e ela vai a New Haven para receber o prêmio. Como suportar o primeiro verão sem Heinrich? Ela aceita a proposta de Mary de ir à sua residência, em Castine, no Maine. A região é esplêndida, belas residências antigas, um porto de pesca deslumbrante, uma floresta que vai até o mar. Mary preparou para ela um pequeno apartamento independente sobre a garagem, longe da circulação dos convidados. Ela encontra ali a tranqüilidade necessária para escrever "Da mentira em política: reflexões sobre os documentos do Pentágono",[4] texto em que critica tanto a direita quanto a esquerda, ambas imobilizadas pela "inaptidão a ou [pela] recusa deliberada de tirar a lição da experiência ou dos fatos".[5] Ela transformará o texto em uma conferência, proferida em Washington, e depois em uma série de artigos publicados na *New York Review of Books*. Hannah é então mais do que nunca assediada por solicitações de conferências provenientes dos quatro cantos dos Estados Unidos. Os jovens estudantes, que consideram esse texto como um oásis de pureza e de verdade, brigam por ela. Ela começa então a trabalhar na história da vontade.

Hannah mantém também uma correspondência constante com Heidegger, que lhe pede que seja seu agente literário na América e que ceda seus direitos ao editor que fizer as melhores propostas financeiras. Ele precisa, de fato, de dinheiro para construir sua nova casa e Hannah, a seu pedido, vai tentar fazer com que se elevem as ofertas para vender seus manuscritos para universidades e proteger os direitos de tradução de sua obra. O amigo de Hannah, Glenn Gray, vai ajudá-la nessas complicadas aventuras editoriais. Como agradecimento, Heidegger lhe envia poemas.[6]

Ela também retoma suas meditações sobre a filosofia e começa a redigir o manuscrito sobre o querer. Sem se afastar do mundo, acha que a filosofia não está aí para compensar as frustrações da política ou mesmo, de maneira mais geral, da vida. Ela está novamente em busca desta lufada de ar livre que a filosofia lhe dá. Começa uma longa pesquisa bibliográfica sobre aqueles que escreveram a respeito do pensamento e da vontade. Tarefa esmagadora, que ela abandona assim que se depara com a obra de Duns Scot, que a aterroriza e imobiliza.

O que é pensar? Através desse questionamento incessante, que a acompanhará nos últimos anos de sua vida, Hannah busca também se reconciliar consigo mesma. No fundo, Hannah Arendt retoma a eterna, a atormentadora questão colocada por Kant e retomada por Heidegger: como estabelecer uma distinção entre o pensamento e o saber? Ao fazê-lo, ela reabre, indiretamente, o dossiê do processo de Eichmann. A ausência de pensamento pode levar à ignorância das fronteiras entre o bem e o mal? Ser sem pensamento justifica a ausência de responsabilidade?

Hannah diferencia a incapacidade de pensar do que chama de estupidez. Por meio de artifícios e da dialética, toma atalhos e evita as verdadeiras questões. Mary McCarthy, no decorrer desse verão, lhe diz isso. Para ela, está claro que a estupidez não resulta de uma fraqueza cerebral mas de uma perversidade do coração. Essa aparência de esquecimento mental é uma escolha. Para Mary, um idiota de aldeia pode ser muito menos estúpido do que Eichmann. Hannah a escutará. Graças a Mary, ela introduzirá a equação entre simplicidade e bondade de alma ou de coração. Todo homem é um caniço pensante e possui, por essência, a capacidade de pensar. Então Eichmann é um monstro. Sua perversidade de coração, testemunho de sua liberdade, nos permite condená-lo. "O que nos faz pensar?" e "Onde estamos quando pensamos?"[7] serão os títulos dados por Hannah, dois anos mais tarde, no primeiro tomo de *A vida do espírito* dedicado ao pensamento, ao fruto de suas reflexões.

Hannah tem uma recaída no fim do outono. Sente-se mal. Trabalho demais na New School, problemas demais para resolver, pessoas demais para ver. Ela precisa de calma, mas ao refugiar-se em casa, sente-se à flor da pele, tem reações exageradas, desgosta-se rapidamente. Para Mary, ela precisa: "E também minha velha dificuldade, da vida toda, com as pessoas, na verdade uma forma [de] hipocondria ou algo do gênero." A decisão do governo alemão de conceder a Hannah, a título de reparação, uma pensão confortável, com indenizações que correspondem ao salário que ela teria recebido se tivesse trabalhado em tempo integral em uma universidade, não a tira de sua morosidade. Ela não consegue se livrar de uma angina no peito que a exaure. Os médicos a alertam e lhe pedem que mude seu modo de vida. Intimam-na em primeiro lugar a parar de fumar. Ela não faz nada. Hannah nunca viveu e nunca viverá para sua saúde.

Um amigo próximo de Mary, Nicola Chiaramonte, morre em um elevador de ataque cardíaco. Hannah tenta consolar Mary: "Acho que sei como você está triste e como esta perda é grave."[8] Hannah enfrenta ondas de melancolia que a submergem. Em seu apartamento, sempre foi e ainda é difícil suportar a ausência de Heinrich, que ela acredita ver a cada instante. Então sai. Anda em Nova York para "[olhar] para todas as casas que a Morte esvaziou nos últimos anos".[9] À noite, relê as orações judaicas para os mortos. Ela é invadida pelas lembranças de infância. As palavras do *Kaddish* retornam à sua mente. Nesse canto à glória de Deus, o nome do morto não é mencionado. Ela tenta tirar lições. "Não se queixe se lhe foi tirado algo que lhe havia sido dado, mas que não era necessariamente seu. E não esqueça, para ser tirado, primeiro teve de ser dado. Se você acreditou que era seu, se esqueceu que era dado, é uma pena para você."[10]

Hannah retoma as aulas em Chicago sobre Duns Scot, se regozija com o fato de que a mobilização dos estudantes contra a guerra do Vietnã não tenha enfraquecido, e prossegue dando seminários em junho de 1972, em

Princeton e em Darmouth. Decide passar o verão na Europa. A *Rockefeller Foundation* a convida para descansar à beira do lago de Como, na vila Serbelloni, onde ficará de 1 a 23 de agosto. Ela pretende em seguida ir a Tegna para trabalhar, mas sente o desejo de rever Heidegger, que continua a lhe enviar poemas que a perturbam, como este, intitulado "Agradecimento":

Tranqüilo pertencer aos que evocam o próprio,
Clamando o caminho antes da localidade
Do dócil pensar
Contra si mesmo —
Conduzindo conduta.
Miseravelmente guarda algo ínfimo
Inexpresso legado:
Dizerληθεια,
Nomeação da iluminação:
Desocultamento da retenção
De um antigo consentimento
A partir de um duradouro começo.[11]

Hannah precisa falar com ele, explicar-se. Ela não compreende bem por que, assim como não está segura de compreender o que ele quer dela. Com ele, sente ainda afinidades secretas. Eros do pensamento. Ambos se fazem perguntas muito semelhantes ao mesmo tempo. Por isso ela quer dividir com ele a questão que tem sido para ela, nos últimos tempos, um verdadeiro quebra-cabeça: onde estamos, de fato, quando pensamos? Hannah tem um encontro marcado com Martin em 20 de julho de 1972 às três horas.

Nunca o diálogo entre esses dois seres foi tão fecundo. Ela lê o texto sobre Schelling que Heidegger acabou de concluir, depois de ter relido seu seminário sobre Nietzsche.[12] O filósofo pensa de um modo filosófico mas também de um modo poético em um único e mesmo movimento, e se abandona, com ela, às suas próprias intuições. Fala de seu trabalho em termos de fuga, de busca de um único começo, de recusa de todo modelo, e tenta pensar contra si mesmo. Tenta explicar a Hannah seu procedimento:

"Tudo isso na tentativa talvez balbuciante de um pensamento que precisa chegar 'com pés de pomba' e que por isso permanece inaudito no barulho do mundo atual."[13] Ela se dirá encantada com sua tarde junto a Heidegger. Vai passar uma semana em Israel, em Jerusalém, de 24 a 30 de julho, para rever sua família. Tem uma estadia muito agradável, depois se instala na vila Serbelloni, uma imensa propriedade à beira do lago de Como, onde redige o primeiro capítulo daquela que será sua última obra, *A vida do espírito*.

Assim como a *Condição do homem moderno*, *A vida do espírito* havia sido concebida em três partes: *Pensar*, *Vontade* e *Juízo*, as três atividades fundamentais da vida mental, aos seus olhos. A introdução é precedida de uma citação de Heidegger: "O pensamento não traz o saber como o fazem as ciências. O pensamento não traz sabedoria prática. O pensamento não resolve os enigmas do universo. O pensamento não nos dá diretamente o poder de agir."[14] *A vida do espírito* se tornará mais tarde uma obra em dois volumes. O Pensar, a parte mais longa, devia constituir o primeiro, ao passo que o segundo devia incluir Vontade e Juízo. Ela previa que a parte sobre o Juízo seria mais curta e esperava "dar conta dela com mais facilidade".[15]

Viver é pensar

Antes de voltar para Nova York, Hannah vai novamente a Freiburg em 24 de setembro, no início da tarde. Martin Heidegger está em estado de choque: o marido de sua sobrinha acabou de ser esmagado por um caminhão de cascalho em um passeio na Floresta Negra, diante da mulher e dos dois filhos. "[Ele] morreu na hora. Não gostaríamos mais de falar nisso quando você chegar."[16]

Eles conseguem, apesar de tudo, trabalhar. Hannah toma notas em um caderno que esquecerá em seu escritório e que ele encontrará, três meses mais tarde, misturado aos seus textos. Quando perceber, nem lhe passará pela cabeça enviá-lo de volta. Apenas vai informá-la de que "sem reparar o [recolocou] como se fosse o [seu] junto com os [seus] textos".[17] Ela intervém em um colóquio em Toronto sobre teoria política e assiste a um colóquio que lhe é inteiramente dedicado na universidade de Nova York. Vários participantes lhe perguntam por que rejeita a idéia de agir ou de influenciar os outros em política. Ela incomoda ao responder: "Não creio que nós [teóricos da política], tenhamos ou possamos ter uma influência no sentido em que vocês a entendem, penso que o engajamento pode facilmente nos levar a um ponto em que não podemos mais pensar. Existem certas posições em que você tem que agir. Mas essas situações são extremas. [...] E penso [...] que o teórico que diz a seus alunos o que eles devem pensar e como devem agir... meu Deus, eles são adultos! Não estamos em uma creche."[18]

Hannah aceitou, em junho de 1972, o convite da universidade de Aberdeen, na Escócia, para ocupar, durante a primavera de 1973, a cátedra das *Gifford Lectures*, prestigioso ciclo de conferências criado em 1885 e confiado sucessivamente a Henri Bergson, Karl Barth, Étienne Gilson, Gabriel Marcel, entre outros. Ela se sente orgulhosa por fazer parte desse círculo tão restrito e planeja aproveitar este momento passado longe do tumulto nova-iorquino para tentar escrever o conjunto de seus trabalhos sobre a faculdade de pensar. Supersticiosa, vê nesse convite um sinal de sorte. Não foi graças às *Gifford Lectures* que Gabriel Marcel terminou *Le Mystère de l'être* [O mistério do ser] e Étienne Gilson *L'Esprit de la philosophie médiévale* [O espírito da filosofia medieval]?[19] Em Nova York, ela se fecha, em todos os sentidos do termo. Essa necessidade de trabalho a confina cada vez mais em uma solidão infeliz. Ela lamenta agora seu engajamento: "Nada é mais detestável que um prazo imposto e este pânico que se apodera de repente de mim quando estou apenas tentando viver um pouco." Ela passa a noite de seu aniversário com Lore e Hans Jonas rememorando meio século de amizade. Auden acabou de se despedir dela antes de sua partida para a Grã-Bretanha. Pela primeira vez, ela o acha não apenas infeliz e descuidado, como sempre, mas realmente doente. Ele lhe dá a impressão de que alguma coisa grave lhe aconteceu. Ela lamenta deixá-lo partir sem lhe dizer nada. Sabe, intuitivamente, que nunca mais o verá. O primeiro capítulo de *A vida do espírito*, dedicado à aparência, começa com estas palavras: "Deus nos julga pelas aparências? Tenho a impressão de que sim." Uma citação de Auden.

Hannah chega a Aberdeen em 21 de abril de 1973, após ter passado dois dias em Londres. Sua primeira conferência ocorre em 23 de abril. A última, em 14 de maio. Mary assiste à primeira e à última. Agenda cerrada. Conferências densas e difíceis. Hannah expõe o que chama de "o pensamento sem parapeito".[20] A atividade de pensar sempre nos prepara para encontrar tudo o que devemos encontrar em nossa vida cotidiana. Essa atividade de pensar é "uma função maiêutica, um trabalho de parteira. Isso quer dizer que você chega com todos os preconceitos e opiniões; e sabe que, qualquer que seja o diálogo [de Platão], Sócrates nunca descobriu um filho [do espírito] que não seja um ovo oco. De tal forma que o pensamento o deixa, em certo sentido, vazio [...]. E uma vez vazio, então, de maneira difícil de dizer, você está pronto para julgar".[21] Arendt busca o modo como o pensamento nos prepara para julgar; não se sente segura de si e teme decepcionar seus ouvintes. Ela própria acha pretensioso este título dado à série de conferências, *A vida do espírito*. Falar do pensamento lhe parece tão presunçoso que sente a necessidade de começar a se justificar. "O que me perturba é que seja *eu* a tentar, pois não pretendo nem ambiciono ser um 'filósofo', ou estar incluída entre aqueles que Kant chamou, sem ironia, de *Denker von Gewerbe* (pensadores profissionais)."[22] Ela abandona a segurança da ciência política para abordar problemas tão aterradores quanto o mal. Hannah confessa que o ponto de partida de suas reflexões se situa no processo Eichmann. Sentiu, então, que a famosa expressão "banalidade do mal", que para ela não esconde tese ou doutrina, toma a "nossa tradição de pensamento — literário, teológico ou filosófico — sobre o fenômeno do mal. Aprendemos que o mal é algo demoníaco".[23] O que tinha diante dos olhos era uma evidente falta de profundidade. Os atos eram monstruosos, mas o responsável inteiramente comum, como qualquer um de nós. Para Hannah Arendt, não se trata de estupidez mas de falta de pensamento.

É essa ausência de pensamento que ela quer tentar mapear para compreender o problema do bem e do mal. A faculdade de distinguir o que é bom do que é mau estará em relação com nossa faculdade de pensar? O que se faz quando só se faz pensar? Onde se está quando, enquanto estamos cercados de outros seres humanos, o pensamento nos acomete? Hannah vai ao essencial ao mesmo tempo que volta às perguntas que fazia a si mesma quando era adolescente. Sua lealdade para com seu tema e seus interlocutores força a admiração. Ela termina, esgotada, seu ciclo de conferências.

Ela deixa a Escócia para descansar em Tegna. O caso Watergate, que explode em abril de 1973, a inquieta. Fica indignada com a dissimulação, a paranóia da administração Nixon. De seu lado, Mary é despachada para Washington como correspondente do semanário inglês *The Observer*, e pode assistir aos depoimentos de membros da equipe de Nixon no Senado. Ela escreve também para a *New York Review of Books*. As duas mulheres ficam impressionadas com o espetáculo de uma administração surpreendida em flagrante delito de espionagem e de mentira, e descobrem um Estado policial com redes de vigilância rivais espionando os cidadãos e se espionando entre si. Hannah se preocupa com a intrusão maciça da criminalidade nos procedimentos políticos. Uma vez que agiu como um tirano, Nixon deve partir. Mas as conseqüências de sua partida são imprevisíveis. Hannah põe no mesmo saco todos os partidos políticos e constata que, em vez de fazer propostas aos cidadãos, os democratas estão apenas esperando a derrota dos republicanos para tomar o poder. A Mary, confia: "Está vendo, Watergate absorveu profunda e fortemente meu tempo e minha atenção. O número assombroso de escândalos que vêm à luz causa, de certo modo, o próprio fracasso do processo. Todo mundo, é o que deve *parecer*, fez mais ou menos a mesma coisa que Nixon, e onde todos são culpados, ninguém é culpado."[24] Hannah retoma, porém, seu trabalho em *A vida do espírito*, lendo, tomando notas, revisando. Ela escreve sobre o querer, o que a coloca diante de muito mais problemas do que o pensamento. Pede a Heidegger para vê-lo,[25] mas ele se recusa a encontrá-la.[26] Como na ocasião do início do amor entre eles, ele acha seu tempo precioso demais para dividir. Tem coisas melhores a fazer: está em pleno diálogo com os poetas e feliz demais por estar diariamente dedicado às suas coisas; passa a achar a literatura filosófica superficial; prepara um seminário na França a convite do poeta René Char.[27] Ela se mostra bastante afetada.

Depois de Tegna, ela passa quinze dias de férias na ilha de Rhodes, com o professor Hans Morgenthau, seu velho amigo. Qual não é sua estupefação ao ouvi-lo, uma noite, propor-lhe casamento![28] Aquele cavaleiro fiel que a acompanhava com freqüência às reuniões sociais se revela então, apesar das respectivas idades, um apaixonado enrustido. Ela recusa a proposta gentilmente mas com firmeza. Volta a Tegna para se perder em Santo Agostinho e São Paulo. Não passará mais nenhum verão com Hans Morgenthau, mas continuará a vê-lo e cuidará dele quando ele ficar doente.

Hannah volta para Nova York em 5 de setembro de 1973, com a morte na alma. Esse país passa a lhe inspirar um medo real. Ela acha que, desde o escândalo de Watergate, a democracia foi atingida no próprio cerne de suas instituições. Os cidadãos estão agora ameaçados em seus direitos fundamentais. É uma tirania sem derramamento de sangue, mas nem por isso menos terrível. Ela encontra na New School uma atmosfera de anarquia e tem que enfrentar sérios problemas administrativos. Alguns membros do conselho de administração querem eliminá-la das decisões do departamento de filosofia. Além disso, não teve tempo de preparar seus seminários e se sente tensa, inquieta e atormentada. Volta-lhe à mente a velha brincadeira de Santo Agostinho. À pergunta: "Que fazia Deus antes de criar o céu e a terra?" a resposta é: "Preparava a geena para aqueles que perscrutam estes profundos mistérios!"[29]

Wystan H. Auden morre em 28 de setembro. Na New School, seus alunos se surpreendem com a emotividade de Hannah, tão diferente da reserva demonstrada após a morte do marido. Ela pensa o tempo todo em seu amigo poeta, no desamparo de sua vida, na elegância que ele manifestava diante da adversidade; ela se censura por lhe ter recusado ajuda quando ele veio lhe pedir abrigo. Vai, com um de seus alunos, aos funerais em St John Divine de Nova York, e inscreve no cartão de participação dois versos do poeta: "Cante os insucessos homem, em um êxtase de desamparo."[30] Ela chora ao longo de toda a cerimônia. Vêm-lhe à mente as lembranças comuns desde o início dos anos 1960, a amizade deles, é claro, mas também a maneira como os escritos de Auden a aguilhoavam intelectualmente.[31] Ela sente remorso. No entanto, esteve presente quando Auden não estava bem. Com Heinrich, desde o outono de 1958, abria o apartamento para ele, até mesmo tarde da noite, e o encorajava, quando estava esgotado, a ir descansar no mosteiro dos beneditinos. A Hannah, Auden confiava seus estados de alma, suas angústias, seu desejo por álcool, drogas, como revelam uma correspondência inédita e poemas que ele lhe enviou.[32] Até o famoso dia em que ele declarou sua chama e ela o pôs à porta. Essa lembrança a assalta e ela sente vergonha.

Na semana que se segue à morte do poeta inglês, Hannah vai dar suas aulas na New School desatinada e pouco segura de si.[33] Ela aceita dar ao testamenteiro de seu amigo seus poemas e publicar uma contribuição no volume de homenagens. Desculpa-se, previamente, junto ao editor, por não estar realmente à altura, e se explica de coração aberto: "Você sabe que encontrei Wystan Auden tarde em minha vida, e isso significa que não havia real intimidade em nossa amizade. Na medida em que uma certa proximidade de fato existiu, ela permaneceu não dita. Tenho medo de não poder escrever nada sem fazer referência a esse não-dito. E o que eu teria então a dizer corre o risco de ser indiscreto."[34] Hannah está convencida de que Wystan Auden era, em seus últimos anos, infeliz a um ponto insuportável. Releu todos os seus poemas e tem a certeza de que essa tristeza invadiu sua vida. O preço que pagava por sua poesia sempre foi muito elevado e, ao envelhecer, tornou-se elevado demais para que ele pudesse pagá-lo. Ele nunca confessou isso. Finalmente, em um texto perturbador, intitulado "En Souvenir de Wystan H. Auden, mort dans la nuit du 28 septembre 1973"[35] ["Em lembrança de Wystan H. Auden, morto na noite de 28 de setembro de 1973"], Hannah o compara a Goethe e a Puchkin, recorda que esse homem que ela havia conhecido como um cavaleiro sedutor se transformou em um vagabundo miserável que vivia apenas através dos outros e para os outros, e fez do *cogito* de Descartes o seguinte adágio: "Sou amado, logo sou." Esse mortificado em poesia se ofereceu às infidelidades do coração, às injustiças do mundo. Auden se entregou, durante toda a sua vida, "aos insucessos do homem". Não foi reconhecido em vida. Hannah o amou o bastante? "Agora, com a atroz sabedoria da lembrança, vejo-o com os traços de um perito nas infinitas variedades do amor sem retorno."[36]

A guerra do Kippur explode em 6 de outubro. Hannah teme que Israel, desta vez, seja destruído. Desde a guerra dos Seis Dias, de 1967, ela havia mudado em relação ao Estado hebraico. Ao fazer a distinção entre guerra ofensiva e guerra defensiva, ela pensava que o engajamento militar de 1967 era tão justificado quanto o de 1956 havia sido aventureiro. Mostrou-se então orgulhosa da vitória militar israelense, comportando-se, segundo seus amigos, como uma "madrinha de guerra".

Essa angústia de ver Israel riscado do mapa do mundo se apossa novamente dela em 6 de outubro, data em que, após muitas tergiversações e questionamentos, ela finalmente aceitou dar uma entrevista para a televisão francesa, realizada por Roger Errera, diretor de coleção na editora Calmann-Lévy e introdutor de seu pensamento na França. Roger Errera se lembra hoje com precisão da atmosfera que reinava no apartamento de Hannah na época da gravação em Nova York. Ela se mostrou muito gentil com a equipe técnica mas angustiada com a idéia de ser filmada. Nos Estados Unidos, sempre havia recusado dar qualquer entrevista. Ela responde, aliás, a Errera, em um primeiro momento, que quer passar algumas horas com ele bebendo um bom vinho e conversando, mas não quer ser filmada. Estima-o por tudo o que ele fez na França pela tradução de seus livros, pelos artigos que escreveu no *Le Monde*, mas suplica-lhe uma vez mais que renuncie a entrevistá-la: "Eu lhe serei muito grata se você puder impedir. Detesto coisas assim."[37] Confessa-se vencida no verão de 1973, e é contra a vontade que enfrenta esse *tête-à-tête*. O documento o revela: os olhos cintilantes de malícia por trás dos óculos escuros, elegantemente vestida de amarelo, maquiada de maneira discreta mas própria, filmada em seu luminoso apartamento coberto de livros e atulhado de plantas verdes, Hannah se impõe por sua profundidade, sua lealdade, sua humanidade, e também por seu humor. Realizado no âmbito da série televisiva francesa "Um certo olhar", o programa, gravado com graça e poesia por Jean-Claude Lubchansky, mostra uma Hannah defendendo a Constituição americana com ardor e entusiasmo. Ela estigmatiza as teorias políticas pseudocientíficas, como a teoria dos dominós, e zomba de todos aqueles que prevêem o futuro. "Não conhecemos o futuro. Todo mundo age com vistas ao futuro e ninguém sabe o que está fazendo."[38] Hannah reafirma que a contingência é o principal fator da História. Ninguém sabe o que vai acontecer. Muitas coisas acontecem por acaso. Em compensação, a história é lógica. Como é que isto foi possível? Por que as coisas não se passaram de outra maneira? Essas são, para Hannah, as questões mais importantes da filosofia. Todos temos medo da liberdade mas não o dizemos. Temos medo de ter medo. Mas temos, antes de tudo, medo de ser livres. Hannah já descreve então um mundo político inteiramente regido pelo desejo de aparência, pela vontade de dar uma imagem do real e não de regê-lo. Ela se tornou americana por necessidade: "Talvez eu esteja errada. Não tenho medo de viver neste país. Sinto-me perfeitamente livre neste país."

Hannah reafirma que não é uma liberal e que não professa nenhuma filosofia política que pudesse terminar em *ismo*. "Você diria que Montesquieu é um liberal? Quanto a mim, sirvo-me do que posso, pego aquilo que penso e posso." René Char disse isso de outra maneira: "Nossa herança não é precedida de nenhum testamento."[39]

Cada ser humano pode refletir sobre seu próprio destino. Como fazer nascer esse desejo de refletir? Pensando sempre de maneira crítica, Hannah Arendt reafirma que só existe pensamento perigoso, pela simples razão que o fato de pensar já é por si só um empreendimento perigoso. Mas não pensar é ainda mais perigoso. A uma pergunta sobre a herança do século XX que Errera lhe faz, Hannah responde: "Você é jovem, eu estou velha. Mas nós dois ainda estamos aqui para deixar alguma coisa." Ela acha que restarão a arte moderna e a poesia, a arquitetura. O século XX permanecerá como um grande século da História, conclui, mas não em matéria política.

Durante essa semana de filmagem, Hannah não poupa nem seu tempo nem sua energia para ajudar o Estado de Israel. Vai a uma reunião pública na Columbia University em favor de Israel, leva seu apoio financeiro para a *United Jewish Appeal*, que coleta fundos como ela havia feito em 1967, envia dinheiro à sua família,[40] assiste à primeira reunião do Conselho da ONU[41] e fica indignada com o ódio que se dissemina contra Israel. O texto de sua entrevista com Errera revela suas preocupações: "Hoje o povo judeu é um povo de Israel. Eles sentem que têm um Estado, uma representação política. Têm não apenas uma pátria como também um Estado-nação..." Israel não é mais a seus olhos um refúgio para judeus desamparados. "Hoje Israel é o representante dos judeus no mundo inteiro; se isso agrada ou não, é uma outra questão." O Estado de Israel é o que nos representa aos olhos do mundo, afirma Hannah, que, desde a morte do seu marido, evoluiu muito a respeito da questão do sionismo e da assimilação. Os judeus são inassimiláveis. Um povo não se suicida. Não existe assimilação a uma cultura. Ser judeu é uma cultura, um modo de vida, e não uma cidadania. Agrada a Hannah que jovens judeus americanos aprendam o hebraico, mas o essencial, a seus olhos, é a continuação da existência do Estado de Israel. A questão não é mais ser a favor ou contra. Hannah é agora a favor de Israel, onde religião e nação coincidem. De resto, de acordo com a lei judaica, um judeu sempre permanece judeu. E Hannah, de origem alemã, cidadã americana, permanece judia acima de tudo.

Ela se diz esgotada por essa entrevista e a considera um desastre total. Tem dificuldade para recomeçar a trabalhar em *A vida do espírito* ("Estou com alguma dificuldade em voltar a trabalhar, sobretudo por causa dessa irrupção da 'história' [...]",[42] explica a Mary), relê Hegel, anota Kant, lê Mestre Eckart para permanecer em empatia com Heidegger para além do oceano. Participa da festa de *Pessach* com alguns amigos e ouvem com paixão o relato de *Hagadah*, entoando — de memória —, com os outros, os cantos tradicionais dessa festa. Curioso e comovente retorno a esta religiosidade doce e sensual da gruta da infância. As festas de fim de ano se anunciam sinistras. Hannah está gripada e se sente cansada. Sente-se longe de suas duas amigas, Mary e Anne. Ela não tem ninguém com quem compartilhar seus tormentos.

Em 23 de dezembro de 1973, Philip Rahv, um ex-companheiro de Mary e amigo de Hannah desde a aurora dos anos 1950, intelectual e brilhante marxista inveterado, é encontrado morto em seu apartamento em Cambridge, em Massachusetts. Segue-se uma investigação policial. Hannah e Mary suspeitam de um suicídio com barbitúricos. A polícia não consegue concluir sua investigação. Mary vive esse desaparecimento como uma catástrofe. Sua morte lhe faz mal: "Talvez o amor, mesmo tão antigo, atinja mais o seu centro vital que a amizade e a admiração. Dou-me conta de que *devo* tê-lo amado quando vivemos juntos e continuado a amar depois, embora sem perceber."[43] Hannah vem em socorro de Mary. Também se sente tocada. A morte se aproxima dela a cada dia. A grande ceifeira faz sua implacável demonstração. A Mary, Hannah confia: "Como se envelhecer não significasse, como disse Goethe, 'a gradual retirada da aparência' — que não me preocupa —, mas a gradual (bastante súbita) transformação de um mundo com rostos familiares (amigos ou inimigos, pouco importa) numa espécie de deserto, povoado por rostos estranhos. Em outras palavras, não sou eu que me retiro, é o mundo que se desfaz — proposição totalmente diferente."[44]

Ela havia prometido a seu editor que o manuscrito de *Querer* seria concluído para a segunda série de conferências de Gifford. Entre janeiro e meados de março de 1974, Hannah se tranca para trabalhar. Voa para a Inglaterra em 28 de março, fica dois dias em Londres, onde vê sua meia-irmã Eva, e vai para Aberdeen em 1º de maio. No dia 5, ela é acometida por uma crise cardíaca no meio de seu seminário. Na manhã seguinte, bem cedo, manda chamar seu amigo e editor americano William Jovanovich, que está dormindo no mesmo hotel. Este lhe dá os remédios que usa para suas próprias insuficiências cardíacas antes de chamar uma ambulância. Hannah é transportada de urgência para o hospital e internada em uma unidade de tratamento intensivo.[45]

Lotte Köhler se lembra hoje muito bem do pânico que a invadiu quando Mary a avisou. Ela tomou imediatamente um avião e foi para a cabeceira de sua amiga. Encontrou-a, dois dias após o acidente que quase a levou, em uma forma incrível, discutindo filosofia e política e dando ordens às enfermeiras para que as deixassem *tête-à-tête*: a uma Lotte atordoada, Hannah faz prometer que lhe trará imediatamente um maço de cigarros. Lotte o faz e Hannah fuma escondida, nos banheiros, assim que a tenda de oxigênio é retirada do quarto.[46] Lotte ainda revê Mary à cabeceira de Hannah, que se impacienta, sente que o tempo não passa, e suplica aos médicos que a liberem. Em 27 de maio, Mary retorna a Aberdeen para escoltar Hannah a Londres, e é Elke, a mulher de Robert Gilbert, um amigo de juventude de Heinrich, que a acompanha até Tegna.

Hannah praticamente ignora os conselhos do doutor Finlayson, que queria que ela não fizesse nada durante três meses. Banca a teimosa e se obstina a esgotar-se mais do que a repousar. Continua a fumar seus dois maços de cigarros por dia e a trabalhar dia e noite, e suas amigas acham que está extremamente agitada. Mary lhe suplica: "Por favor, minha querida, obedeça ao médico agora e dirija a sua vontade para a recuperação, não para a resistência."[47] Em vão.

De toda maneira, ela quase não tem vontade de continuar a viver, e nunca considerou sua própria vida como um bem precioso de que é preciso cuidar para prolongá-lo. Heidegger, que havia sentido em suas últimas cartas um cansaço profundo, quase não se surpreende com o que lhe aconteceu. Ele a aconselha a reduzir um pouco seu ritmo de trabalho e a aceitar a idade. "O ser velho e o envelhecer nos estabelecem suas próprias requisições. O mundo mostra uma outra face e equilíbrio é necessário."[48]

Ela pára de tomar todos os remédios sob o pretexto de que lhe dão náusea, e mergulha na leitura de Iris Murdoch, Alexandre Soljenitsin e Simone de Beauvoir.

Vai para Freiburg em 10 de julho de 1974 e passa a tarde com Heidegger. Ele a acha cansada, diz isso a ela e pede-lhe novamente que repouse. Ela também o percebe como um nadador esgotado que não consegue voltar à margem. Hannah vai embora com o coração pesado. A Glenn Gray, conta: "Vi Heidegger sem nenhum incidente ou acidente desagradável. No entanto, foi uma atmosfera triste. Heidegger estava cansado, mas não é essa a palavra. Ele estava distante, de acesso difícil como nunca antes, apagado. Elfride me deixou só com Martin sem ficar constantemente me espiando.

Creio que ela está sinceramente preocupada. Ele ainda está trabalhando em sua introdução. Essas páginas supostamente resultarão na quintessência de sua filosofia mas duvido que ele faça outra coisa além de repetir o que disse antes e melhor no passado."[49]

Glenn Gray visita o mestre alguns dias mais tarde. Hannah, ávida, o interroga: "Ele está melhor? Falou de mim?" Glenn a tranqüiliza: Heidegger está em plena forma, alegre, bem disposto e trabalha sem parar. Suspeita que ele não lhe tenha dito que esses dias de trabalho são de tempos em tempos interrompidos por um cansaço excessivo e dificuldades de respirar. Em 26 de julho, Martin Heidegger envia a Hannah duas transcrições inéditas de suas aulas sobre Kant e Aristóteles para lhe permitir avançar em seu trabalho sobre *A vida do espírito*. Hannah as lê de imediato e agradece por escrito.[50] Seus temores se apaziguam. O diálogo recomeça.

Ela volta a Nova York em 15 de agosto de 1974. Três semanas antes, em 24 de julho, a Corte Suprema ordenava que Nixon pusesse à disposição da justiça as escutas ilegais realizadas pela Casa Branca no edifício Watergate. Em 27 de julho, a comissão judicial da Câmara considerava três motivos de destituição... Hannah espera, com impaciência, a queda do presidente Richard Nixon e se exalta, novamente, com a cena política. Heidegger não compreende bem seu ardor ao sentir-se tão engajada: "Diferentemente de você, só concedo à política um interesse ínfimo. No principal, a conjuntura mundial é porém clara. O poder da essência da técnica quase não é experimentado. Tudo se movimenta no primeiro plano. O singular não consegue fazer mais nada contra a rebeldia dos 'meios de comunicação de massa' e das instituições — e já não faz absolutamente nada, se se trata da proveniência do pensar a partir do começo do pensar grego."[51]

Hannah continua a vigiar ativamente as traduções de Heidegger na América e consegue convencer Joan Stambaugh, professora de filosofia antiga que tem a confiança de Martin e já traduziu alguns de seus textos, a empreender a tradução integral de *Ser e Tempo*. Ela verifica certos termos e relê Heidegger ao mesmo tempo que retoma seu manuscrito sobre *A vida do espírito*. Começou a preparar, antes do verão, o capítulo "O que nos faz pensar", e o retoma alimentando-o com as teses expostas por Heidegger em *O que é pensar?*. Novamente, o mestre desempenha o papel de professor. Como se o tempo estivesse suspenso. Como se ela ainda fosse sua aluna na flor da adolescência. Ele lhe envia suas aulas de 1930, intituladas *Da essência da liberdade humana*[52] — para refrescar-lhe a memória e lembrá-la de sua concepção de liberdade. Heidegger está, ainda e sempre, apaixonado. E como no início do amor entre eles, escreve-lhe poemas como este:

Instaurador enquanto poetar,
Fundador enquanto pensar,
Permanece o agradecimento.
Os que alcançam o cerne da gratidão,
Ele traz de volta para diante
Do presente do inacessível,
Ao qual somos — os mortais todos —
Desde o começo
Próprios[53]

Em 1º de setembro, ela vai encontrar-se com Mary e seu marido para uma semana de descanso no Maine. O que aconteceu? Uma discussão tempestuosa? Demasiada atenção da parte de Mary, que teria tratado sua amiga como se ela estivesse muito doente, irritando assim Hannah, que geralmente detesta que tomem conta dela? Hannah antecipa, sob um pretexto qualquer, seu retorno. Mary a acompanha até o aeroporto. Ela a vê atravessar o portão de embarque sem olhar para trás. Angustiada, Mary telegrafa a Hannah: "Algo está acontecendo ou aconteceu com nossa amizade, e não posso acreditar que, por observar isto, estou sendo hipersensível ou imaginando coisas. O mínimo que posso imaginar é que lhe dei nos nervos."[54]

Hannah fica atordoada, muda de surpresa. A própria idéia de que sua melhor amiga possa indispô-la não pode lhe passar pela cabeça. Ela não sabe por que não se voltou no aeroporto. "Eu estava muito triste, apesar de sua idéia relativa a minha esplêndida solidão, claro que estou solitária, como qualquer um em minha situação estaria."[55] Hannah reconhece que não é sensível e que tende até a ser rebelde a toda ajuda psicológica, ou mesmo psicanalítica. Mary já a conhece há muito tempo. De sua solidão, ela pretende tirar força e coragem, e não construir uma fortaleza. Precisa de seus amigos. Para reafirmar sua amizade, Hannah convida Mary para um grande jantar, preparado em sua homenagem. Mary vem de Paris para abraçá-la, caindo em seus braços. Elas passarão novamente noites inteiras discutindo política. Em 23 de dezembro Hannah vai a Paris para festejar o Natal em companhia de Mary.

O presidente Ford acaba de anistiar seu antecessor Richard Nixon. "É quase como se o encobrimento do encobrimento não fosse dar certo",[56] comenta Hannah. Hannah confia na imprensa, na justiça de seu país e teme que Nixon ainda disponha de poder de barganha. De volta a Nova York, participa da festa de Ano-Novo na casa de Rose Feitelson, que convidou toda a tribo de Hannah. Fica sabendo, no início do ano, que a universidade de Copenhague acabou de conceder-lhe o prêmio Sonning por "trabalhos meritórios em favor da civilização européia", no valor de 35 mil dólares. Ela é assim recompensada por seu trabalho de historiadora e de teórica do totalitarismo. É o primeiro cidadão americano e a primeira mulher a receber esse prêmio, depois de, em especial, Winston Churchill e Laurence Olivier.

Antes de ir para a Dinamarca, em meio a uma difícil greve do quadro administrativo da New School, ela encontra tempo para comprar um vestido para a entrega do prêmio, prepara seu discurso, no qual, como sempre, pede desculpas por ser recompensada: "As máscaras ou os papéis que o mundo nos atribui, que precisamos aceitar e que devemos até mesmo aprender se quisermos minimamente participar do jogo do mundo, são intercambiáveis. Eles não são inalienáveis [...] não estão para sempre associados a nosso íntimo, da mesma forma que a voz da consciência, como quer uma crença bastante disseminada, acompanha incessantemente a alma humana."[57] Hannah não quer ser confundida com sua imagem pública. Não quer o reconhecimento que oficializa seu pensamento nem o peso da notoriedade. Quer, como diz, viver o mundo na nudez de sua ipseidade, sem sucumbir à grande tentação deste reconhecimento que nos transforma inexoravelmente em indivíduos que, fundamentalmente, não somos.

Ela passa três dias maravilhosos em Copenhague, em companhia de Mary e de seu editor Jovanovich, depois retorna a Nova York, e vai para Boston, onde aceitou — podemos nos perguntar por quê — fazer um discurso na ocasião da celebração inaugural das festas pelo bicentenário da cidade. Compreendemos melhor suas razões se lermos seu texto: ela vai, de fato, utilizar a ocasião como tribuna política. Intitula seu discurso "Retorno ao remetente".[58] Ela aproveita a ocasião para interpelar violentamente o governo americano sobre a guerra do Vietnã, Watergate, a anistia de Nixon por Ford. Para ela, esse conjunto de elementos leva a pensar que estamos assistindo ao declínio do poder da República.

Suas declarações, que serão gravadas, desencadeiam uma nova polêmica quando são difundidas, cinco dias mais tarde, pela National Public Radio, antes de serem publicadas na *New York Review of Books*. Em seu retorno de Boston, como depois de *Eichmann em Jerusalém*, ela é inundada de cartas de detratores e de admiradores. Aceita um convite para dar uma conferência em Colônia e decide aproveitar a oportunidade dessa viagem à Europa para confiar alguns de seus arquivos — as correspondências com Kurt Blumenfeld, Karl Jaspers e um velho amigo berlinense, o escritor Erwin Lowenson — ao prestigioso centro de arquivos literários alemães, o *Deutsches Literaturarchiv* de Marbach.

Sua viagem à Europa será extenuante e melancólica. Ela aluga um pequeno apartamento em Marbach e passa os dias a organizar sua correspondência. Cai no poço do passado e tem dificuldade para suportar as lembranças que retornam. Vacila. Sozinha consigo mesma, vê-se arrastada em longas meditações metafísicas. Fotografias atestam essa atmosfera de sombria lucidez em que desejou se fechar. O filme de Eglal Errera, realizado por Alain Ferrari, intitulado *La Jeune Fille Étrangère*[59] [A moça estrangeira], a mostra andando no parque de Marbach com passos lentos, o rosto virado para o solo; todo o seu corpo parece cansado. O que há de mais triste e perturbador que mergulhar de volta no passado, reler as cartas de amigos que hoje estão mortos? Ela organiza sua correspondência e separa textos inéditos, que levará para Nova York com vistas a futuras publicações. À noite, consola-se relendo a obra de Adalbert Stifter, pela qual Heidegger tem também apreço. Em 15 de maio, Mary vai encontrá-la e a ajuda a classificar os papéis.

Fim de jogo

Em fim de julho, ela vai para a *Casa Barbatè*, em Tegna, onde já tem seus hábitos e se faz mimar pelas pessoas do estabelecimento, respeitosas dos horários e da solidão desta mulher que só sai de seu quarto à tarde e trabalha o dia inteiro. Sente-se muito bem fisicamente, mas intelectualmente frágil. Recomeça a ler Kant, e particularmente a *Crítica da faculdade do juízo*. Descobre também os *Fragmentos póstumos* e confessa toda a sua admiração por esses aforismos, entre os quais alguns, muito belos, a tocam em cheio, como este: "Quem se entrega a especulações sobre a vida após a morte se assemelha à lagarta que sabe que seu verdadeiro destino é tornar-se uma borboleta."

Uma fotografia a mostra no pequeno terraço de seu quarto, em uma manhã de verão, com os braços nus, levemente maquiada, sorridente, feliz, relaxada, sentada em uma *chaise longue*, acariciando com o olhar os pintarroxos que debicam as migalhas de seu café da manhã. Uma de suas amigas, Elke Gilbert, vem encontrá-la. De dia, ela escreve sobre Kant e relê Marx e Nietzsche.

Ela briga com o pensamento de Hegel. Para levar adiante a obra em que está trabalhando, põe por escrito o que pensa ter sido o erro cardeal do filósofo: pensar e agir são, para ele, a mesma coisa. Para Hegel, quando pensamos, agimos. Ela acha que Marx comete o mesmo erro com sua consciência de classe. Para ela, todas essas argúcias hegelianas e marxistas participam do que chama de "maluquices metafísicas". Hannah limpa o terreno, explora, retira as ervas daninhas para acabar com as influências. Sente, no entanto, uma vez mais, vontade de visitar Heidegger para lhe fazer perguntas, lhe falar de seus tormentos. Heidegger se antecipa e redige assim seu convite: "Há muito que contar e mais ainda que meditar."[60] Ela chega a Freiburg na terça-feira 12 de agosto de 1975 às 15 horas.[61]

Ela volta de lá muito deprimida. "Heidegger de repente ficou de fato muito velho, muito mudado desde o ano passado, muito surdo e distante, inabordável como nunca o vi antes",[62] escreve ela a Mary. Será o último encontro deles. Hannah sente cada vez mais a impressão de ser um fantasma entre fantasmas que inexoravelmente se afastam dela. Ela manifesta a angústia de não estar mais em contato direto com o mundo, como se um véu o escurecesse. Seu primeiro marido Günther volta à superfície e lhe envia cartas desesperadas, nas quais evoca sua ruína psíquica e física, assim como sua solidão mortífera. Sua mulher, americana e sionista, acabou de deixá-lo. Ele mora em Viena. Ela não responde a seu S.O.S. Morgenthau, que devia se encontrar com ela, acabou de ter um infarto e cancela a viagem: "Há semanas que sou rodeada aqui por pessoas idosas que de repente ficaram muito velhas."[63] Anne vem vê-la, mas também está esgotada e deprimida.

Ela fica sabendo que acabou de receber em Nova York o prêmio da Associação Americana de Ciência Política, o *Benjamin E. Lippincot Award* por *A condição do homem moderno*, considerada a "melhor obra de teoria política". Vai ao circo, ao cinema, lê Jean-Paul Sartre, faz excursões de trem com Elke Gilbert até Locarno. Adia seu ciclo de conferências na Escócia e trabalha na segunda parte de *A vida do espírito*. Deixa enfim o paraíso da *Casa Barbatè*, faz escala em Paris. Ela aceitou o convite para um simpósio em Jouy-en-Josas dedicado aos terrores do ano 2000. Depois volta para os Estados Unidos.

Em Nova York, cansada, deprimida, tranca-se em casa, cada vez mais teme sair. Quer escrever mas praticamente não consegue, e, oprimida por essa solidão tão pouco fecunda, telefona a amigos, já à noite, para que venham jantar em sua casa. O calor da amizade a envolve e lhe permite continuar a viver sem cair na depressão. Seus amigos fazem uma festa surpresa por seu sexagésimo nono aniversário. Ela retorna lentamente a seu trabalho sobre o julgamento. Heidegger a preveniu sobre as dificuldades que encontraria. Ela também termina as conferências para a Escócia sobre a vontade, com as quais quer fazer um díptico: o primeiro volume, mais longo, seria dedicado ao pensar, o segundo, à vontade e ao juízo. Ela recusa todos os seminários, todos os artigos, para se dedicar inteiramente à vontade, tema que ela impõe também às aulas que continua a dar na New School.

Estamos encerrados entre o passado e o futuro. Como atingir a calma do Agora em uma existência humana sacudida pelo tempo? Para Hannah, pensar é encontrar seu lugar neste vazio entre passado e futuro, assumindo assim o papel de árbitro, de juiz dos casos múltiplos. Ela se refere a Paul Valéry e a Franz Kafka. O homem que pensa não é um *ele* e não é um *alguém*. As reflexões sobre o pensamento a assombram há muito tempo. No fim de 1969, ela anotava em seu *Journal de pensée*: "A propósito dos prazeres do espírito: pensar é a única *atividade* (e não passividade) que a reflexão sobre o que estou fazendo não interrompe. A felicidade da ação não passa de um pensamento a posteriori."[64] O homem pensa, por exemplo, quando cria obras atemporais que transcendem a finitude do tempo. Ela coloca para si a questão do lugar e da importância da vontade face ao desejo e à razão. Analisa a vontade fundando-se em sua história, indissociável, a seu ver, da descoberta da interioridade. Ela reencontra assim Santo Agostinho, que, muito cedo na história da filosofia, teve a intuição de que o que está em guerra em nós não é a carne, mas o espírito, enquanto vontade, este eu mais profundo do homem no interior de si mesmo, erguido em permanência contra si mesmo.

Hannah está numa encruzilhada. Ela pretende terminar o desmantelamento da metafísica operado por Heidegger mas também quer criar uma obra filosófica que ultrapasse a fenomenologia, movimento de pensamento a seu ver demasiado centrado no si e na existência, para pensar o mundo em termos de ação e liberdade. Para ela, cada pessoa, assim que chega a este mundo, tem a possibilidade de conquistar sua liberdade e agir. Hannah se opõe assim às teses de Marx. Para ela, o homem dispõe de uma autonomia enquanto ser pensante, e sua independência, em relação às coisas tal como são ou tal como advieram, constitui a própria essência de sua liberdade.

Hannah escreve durante dias inteiros, mais para seus futuros ouvintes escoceses do que para futuros leitores. O estado de seu manuscrito[65] revela o trabalho febril, a estratificação das leituras, a acumulação sucessiva de novas idéias. É um canteiro de obras permanente com um pensamento arborescente que se estende para todos os domínios: literário, filosófico, econômico, político. Mas quem tudo quer nada tem. Hannah fica perdida. Colhe, então, em sua biblioteca fontes de apaziguamento, relendo Shakespeare, Bergson, Kant, ainda e sempre. Hannah, antes tão arrogante, tão desejosa de fazer aceitar seu pensamento, está literalmente capturada por sua pesquisa. Sente-se que está modesta. Ela assume esse desamparo e começa a escutar a efervescência interior que agita seu cérebro noite e dia. É como se algo pensasse por si só. Sem vontade de pensar, justamente. Algo nela corre, rola, jorra. Não é por acaso que usa um vocabulário de garimpeiro, de pirata dos mares do sul, de aventureiro em terras distantes, para definir o que está lhe acontecendo. Ela se entrega, se solta. Em *A vida do espírito*, retoma um poema de Auden.

O plunge your hands in water,
Plunge them in up to the wrist;
Stare, stare in the basin
And wonder what you've missed.

The glacier knocks in the cupboard,
The desert sighs in the bed,
And the crack in the tea-cup opens
A lane to the land of the dead.[66]*

Quem somos? Onde estamos? O que podemos? Para que serve viver? Ela se recusa a se aproximar dessa terra de mortos justamente para continuar a utilizar sua força de pensar. Só o pensamento pode vencer a própria idéia da morte porque, precisamente, o ser no mundo sabe, por essência, que é mortal. Em suas reflexões, lampejos de Heidegger, de Santo Agostinho,

*"Mergulha tuas mãos na água,/ Mergulha-as até os pulsos;/ Olha, olha bem na bacia/ E pensa no que perdeste.// A geleira bate no guarda-louças,/ O deserto suspira na cama,/ E a rachadura na xícara de chá abre/ Uma trilha para a terra dos mortos." (Tradução livre — *N. T.*)

verdadeiro companheiro de estrada: "Jamais sou tão ativo como quando não faço nada, jamais sou menos só na solidão."[67]

Hannah continua, porém, a passar muito tempo com seus alunos, e acompanha ativamente a tradução e a composição de uma antologia de textos de Heidegger, confiada pela editora Harper and Row ao professor universitário David Farel Krell, e que será publicada com o título *Basic Writings*. Ela luta para que os trechos mais significativos da obra de Heidegger, especialmente o pós-escrito da conferência sobre a metafísica, sejam incluídos. E vence o combate.[68]

Hannah mergulha cada vez mais no que chama de seus devaneios metafísicos.[69] Encontra alguns amigos e seu círculo de alunos, que freqüentemente convida para jantar em um pequeno café na parte baixa de Manhattan. Fica desolada ao constatar que o mundo, seu mundo, mudou, e que, agora, vivemos e viveremos em uma sociedade de consumo. Ela traça um cruel diagnóstico: "A realidade é que a maioria das pessoas que trabalham, à exceção dos dirigentes que morrem cedo, passam mais tempo gastando seu dinheiro que o ganhando."[70]

Ela profetiza o reino da burocracia como tipo de futuro de todo governo. Hannah jamais se colocou a questão de saber se a vida do espírito era — ou não — superior à vida dita ativa. Mas dedicou-se física, psíquica e mentalmente a esse trabalho do pensamento, que tratava como uma tarefa que lhe era imposta desde o início de sua existência. Hannah nasceu para pensar. Jamais romperá com isso. Até seu último suspiro de vida, honrará a promessa que fez a si mesma: tentar pensar.

Seu livro sobre Rahel Varnhagen é enfim publicado nos Estados Unidos. Ela o oferece com certo orgulho a seus amigos ao mesmo tempo que lhes pede indulgência por um trabalho escrito há mais de quarenta anos. Seu texto sobre a vontade lhe causa muitas dificuldades. Ela reconhece, à guisa de introdução, que não há outra capacidade do espírito cuja existência tenha sido posta em dúvida com tanta persistência, e por tantos filósofos. Ela não se pretende filósofa profissional nem tampouco historiadora das idéias, mas inventora de uma nova filosofia, que coloca o homem no centro de suas teorias e a vontade como móbil da ação. Impregnada pela idéia de que a vida é um eterno recomeço, habitada pela certeza de que o tempo constitui um eterno escoamento em que o homem, no momento em que nasce, inscreve seu traço e se inscreve na história, Hannah preconiza uma filosofia moral humanista para a qual a idéia do livre-arbítrio e do exercício da liberdade é ainda e sempre possível.

Esta mulher que nunca teve filhos erige o nascimento em conceito fundamental. Esta intelectual que teve que sofrer as tragédias da história se opõe às noções de destino e de inelutabilidade, preconizando a idéia de que tudo sempre é possível uma vez que o homem, por essência, é livre e, portanto, capaz, sempre, de resistir. Esta pensadora do acontecimento, grande jornalista política, opera um retorno à filosofia como única disciplina necessária e vital, pois o pensamento pode e deve preceder a realidade, e não somente compreendê-la e interpretá-la. Esta aluna apaixonada até o fim de sua vida por seu professor ousa, enfim, afrontá-lo e, colocando-se diante dele, e não sob sua dependência, contesta a idéia de retirada do mundo preconizada por Heidegger, e critica esse elogio do não-agir, que constitui, a seu ver, uma fuga para uma região do pensamento em que as noções de liberdade e de verdade seriam desconhecidas. Ela estigmatiza em termos crus a visão heideggeriana de uma culpa inerente à condição humana, que subentende a ausência de responsabilidade. Quando todos são culpados, ninguém pode ser responsável.

Hannah se separa aqui definitivamente do empreendimento teórico de Heidegger e chega a interpretar a criação de alguns de seus conceitos como respostas intelectuais a sua prevaricação moral: retirar do pensamento sua própria natureza subjetiva, impedir o homem de existir como ser pensante, uma vez que o que ele pensa não dependeria dele, seria apenas uma reação dócil ao comando do ser, é uma maneira de evitar intencionalmente tratar da ação e de denunciar, veementemente, qualquer possibilidade de consciência moral.

Genial artesã, ela reivindica sua ausência de *parti pris*, sua recusa de espírito de sistema, suas argumentações que não são levadas a seu termo, suas repetições, suas contradições. Põe no mesmo nível a poesia de Rilke e a de Ossip Mandelstan, as *Confissões* de Santo Agostinho e o *Assim falou Zaratustra* de Nietzsche, considerando-os como fontes de alimentação de seu caminhar.

Hannah aceita, para grande surpresa de seus amigos, ir passar o semestre seguinte no Smith College, em Northampton, Massachusetts. Lotte e Lore a advertem: o inverno é rigoroso e ela ficará isolada. Mas Hannah assina o contrato. Está disposta a tudo para sair de seu apartamento, que ela não suporta mais.

A New School propõe que ela pare de dar aulas e lhe oferece uma pensão de mil dólares mensais. Terá ela suportado a idéia de ser aposentada? Em dezembro, ao descer de um táxi, cai diante de casa. Uma multidão se aglutina. A polícia chega. Voltando a si e constatando que não quebrou nada, Hannah, sem nada dizer, se levanta sozinha, vira as costas aos policiais que querem acompanhá-la até em casa, fecha a porta.

Ela relê as *Geórgicas*, os quatro poemas de Virgílio à glória do trabalho nos campos, farta-se com este sentimento de plenitude proporcionado por esse texto dedicado à terra tranqüila e à serenidade do tempo, que sobrevive aos filhos dos filhos. Sempre a idéia de começo. Ela se encanta com todas estas maravilhas da terra feitas para as delícias eternas do homem. Hannah nunca acreditou em contos de fada, nem mesmo quando menina. Preferia as histórias de anões malvados senhores dos infernos. Gostava de fazer medo em si mesma, ter medo, viver no terror. Sem piedade. Nunca se queixar. Assumir.

A idade de ouro é uma idéia melancólica. A noção de progresso está definitivamente arruinada. O velho sonho do reino da liberdade sem classes e sem guerra está para sempre enterrado. Em que acreditar? Não em si, mas em nós. Na possibilidade de viver junto em um espírito de comunidade. Na cidadania moral. Na idéia de razão. Nesta liberdade a que estamos condenados, queiramos ou não. Na própria idéia de começo. Hannah, como boa heideggeriana, sabia que viver é saber morrer. Integrou, desde os dezesseis anos, em seu corpo e em seu coração, a própria idéia de que ia morrer. Não pensava que fosse viver tanto.

Hannah Arendt morre como viveu: reta, altiva, em pleno movimento, em plena escrita, também. Tinha, naquela noite, convidado um casal de amigos, Salo e Jeannette Baron, para jantar, após ter passado o dia trabalhando em seu apartamento nova-iorquino, luminoso e claro, no quinto andar de um edifício burguês, diante do Hudson River. Era uma quinta-feira de dezembro em que a luz do inverno brilhava sobre o rio, traçando placas irisadas. No sábado anterior, ela havia terminado o livro que estava preparando e que intitulou simplesmente *A vontade*. Vontade: termo filosófico, é verdade, mas que também se aplica à sua força de caráter. Hannah não desceu de manhã para ir andar no parque embaixo de sua casa. Havia caído mais uma vez alguns dias antes, não quis consultar um médico. Fiel à divisa "*Kein Mitleid*" — "Sem piedade". Sem piedade para com os outros, mas principalmente sem piedade para consigo mesma.[71]

Ela havia mencionado essa queda a Lotte durante uma conversa, e sua amiga lhe havia suplicado que fosse ao médico. Mas ela praticamente não cuidava de sua saúde, nunca se queixou, nem mesmo depois de seu terrível acidente de carro ou do sério alerta cardíaco do ano anterior, na Escócia. Vivia em paz consigo mesma, com as pequenas infelicidades habituais de uma mulher que envelhecia, mas conservava uma energia intelectual e uma força conceitual consideráveis. Certamente para tranqüilizar Lotte, marcou uma consulta com o médico para o dia seguinte, mas uma violenta tempestade a dissuadiu de sair. Na terça-feira, preocupada, Lotte veio vê-la, encontrou-a em plena forma, falante, alerta, organizando os papéis do livro concluído, desejosa de sentar à máquina de escrever para datilografar um texto sobre o qual havia acumulado notas durante os cinco últimos anos. Confessou que *A vontade* lhe havia dado muito trabalho. Esperava que o próximo livro fosse mais curto, menos difícil de redigir.

Havia algum tempo que ela não gostava mais de sair à noite, porém tampouco suportava a solidão. Mas era conhecida por seus talentos culinários, pela gentileza, pelo senso de hospitalidade e por sua propensão a oferecer e querer contentar a todos, e os amigos jamais se recusavam a vir encontrá-la neste bairro pouco central, na orla do Riverside Park, onde as casas do fim do século XIX dão uma sensação silenciosa de calma mas onde, caída a noite, a insegurança se instala. Ela não tinha medo de ladrões, fora recentemente atacada perto de casa mas soubera se dirigir tão cruamente a seu agressor que ele havia fugido. Hannah repetia freqüentemente nessa época que o tempo lhe era precioso. Não se deve ver nisso o pressentimento de seu próprio fim, mas somente a necessidade de fixar esse texto, ordená-lo, colocá-lo no papel. São sempre os inícios de livro que são mais difíceis, ela sabia disso havia muito tempo, ela que sempre tivera tanta dificuldade para pôr por escrito seus próprios pensamentos, ela que, desde a infância, tinha relações tão tensas com as palavras, ela que, apesar do peso dos anos, do reconhecimento universitário e da notoriedade tingida de escândalo, se sentia sempre ameaçada por sua própria fragilidade.

Ela prepara, então, o jantar, põe sobre a pequena mesa os aperitivos, grande quantidade de zakuski, uma bela refeição, como me disseram todos os que tiveram a sorte de ser freqüentadores de seus jantares. Em sua casa, o escritório e o salão constituem um cômodo único, e as visitas têm o hábito de discutir em seu escritório. Hannah espera a chegada dos Baron a qualquer minuto.

Ela bate à máquina o título de seu livro. Interrompe. Jeannette e Salo Baron acabaram de tocar a campainha. Vão jantar na sala. Eles se lembrarão[72] de uma Hannah animada, risonha, preocupada com o futuro da reconstrução cultural judaica na Alemanha e feliz com a publicação póstuma de um livro de história de um dos amigos deles. No fim do jantar, ele propõe um café. Diante de seus amigos estupefatos, depois de um breve acesso de tosse, Hannah Arendt cai para trás em sua poltrona e perde a consciência. Consta o nome de um médico em um frasco de remédio sobre a escrivaninha. Ele chegará tarde demais.

Na máquina, o título do livro terminado: *A vida do espírito*. Ao lado, uma folha de papel com duas citações a lápis, e o título do livro seguinte: *O Juízo*.

Essa morte tão brusca, sem dor, sem alerta — como não pensar em um pássaro atingido em pleno vôo pela arma de um caçador —, ressoa estranhamente. Hannah Arendt, que passou toda a sua vida tentando entender a plenitude do homem, que sempre soube em seu íntimo que a morte faz parte da vida, constitui sua própria essência, sua razão de ser, morreu sem perceber. Como se lhe tirassem a vida mas seu pensamento continuasse. A mais bela prova disso será a publicação póstuma de *A vida do espírito*, editado por sua amiga Mary, que de certa forma concluirá o trabalho preparatório de Hannah, sendo obrigada a "acabá-lo" para lhe dar uma forma definitiva. É um gesto de troça que é dirigido à morte por esse livro em que, graças à amizade, a vida triunfa sobre ela. Desse texto, Hannah dizia a seus amigos, zombando de si mesma, que era seu único livro de filosofia.

Ainda Goethe: "O eterno se faz sentir em tudo/ Pois tudo deve cair no nada/ Se quiser persistir no ser."

Hannah morre em 4 de dezembro de 1975 diante da página em branco. Suas últimas frases evocam a própria capacidade de começo, o fato de que seres humanos, novos homens, vêm ao mundo, incessantemente, ao nascerem.

Morte súbita. Morte tranqüila, acrescentará Martin Heidegger. Hannah, "centro de um círculo grande e múltiplo", cujos "raios [agora] giram no vazio".[73] A criança febril se reúne à mãe adorada no céu estrelado. Aquela que era perdidamente apaixonada pela filosofia sabia que o pensamento era uma preparação para a morte. Pronta ela estava havia muito tempo. Cinco anos antes de falecer, escrevia: "A morte é o preço que pagamos pela vida, pelo fato de termos vivido."[74]

AGRADECIMENTOS

Ao longo desses sete anos de pesquisa, consegui trabalhar graças à ajuda preciosa dos amigos de Hannah. Gostaria de agradecer-lhes pelo tempo e a energia que me deram. Elisabeth Young-Bruehl, a biógrafa, que me encorajou com seu livro e as entrevistas que me forneceu em Nova York; Jerome Kohn, pois sem ele este livro não existiria. Sua gentileza, sua doçura e sua serenidade talvez sejam o legado de Hannah... Lotte Köhler, a amiga de sempre, cujo apartamento é uma ode a Hannah, tamanha a sua presença nele. Edna Brocke, sua sobrinha querida, que me recebeu em Essen, na sua casa, e me confiou suas cartas, suas fotografias, suas lembranças. Lore Jonas, que tanto amou Hannah. Há ainda aqueles que conheceram Martin Heidegger e aceitaram me receber: em primeiro lugar, Hermann, seu filho, que, com a esposa, me confiou suas lembranças sobre o pai e sobre Hannah, e me transmitiu suas opiniões com toda franqueza e muita alegria; Frédéric de Towarnicki, que escavou seus arquivos e sua memória, e me ajudou bastante; Raymond Klibansky, no Canadá, que me informou com muita precisão; Maurice de Gandillac, jovem centenário, que ressuscitou para mim com brio e classe o personagem de Heidegger; Alain Resnais; François Vezin; Dominique Fourcade.

Há aqueles e aquelas com quem precisei falar e que aceitaram me conceder seu tempo e me dar sua opinião sobre as questões que eu me colocava. Georges-Arthur Goldschmidt, Paul Ricœur, Jacques Derrida, Julia Kristeva, Alain Finkielkraut, Roger Errera, Olivier Mongin, Françoise Collin, Sylvie Courtine-Denamy, Alexandre Adler, Dominique Janicaud, Annette Wieviorka, Jacques Julliard, Maurice Kriegel, Philippe Lacoue-Labarthe,

Catherine Nicault, Myriam Revault d'Allonnes, Edgar Morin, Victor Malka, Daniel Cohn-Bendit.

Há os que me permitiram esclarecer aspectos da personalidade e da biografia de Hannah: Franck Tétard pelo período de Königsberg, Katrin Tenenbaum e o professor Detlef Horster pelo período do exílio em Portugal, Raul Hilberg pelos capítulos sobre *Origens do totalitarismo*, Giorgio Agamben pela filosofia moral, David de Rothschild e Béatrice Rosenberg pelo período do exílio na França, Roger Errera que não desistiu de querer que ela fosse mais conhecida na França, Pierre Nora que publicou *Eichmann em Jerusalém*, Jean Daniel que, no quadro de seu jornal *Le Nouvel Observateur*, coordenou os dossiês sobre esse livro no momento de sua aparição e me passou suas reflexões a respeito do que Hannah Arendt representa nos dias de hoje, Kostas Axelos que soube restituir os desafios filosóficos fundamentais de Martin Heidegger no século e a fascinação que ele provocava, Lucien Jerphagnon por Santo Agostinho e Eglan Errera que me mostrou arquivos inéditos, assim como Georges-Arthur Goldschmidt que me ajudou com a língua alemã.

Meus agradecimentos também aos autores de livros fundamentais sobre Hannah Arendt, que me ajudaram a tentar compreendê-la: a biografia de Elisabeth Young-Bruehl, é claro, mas também as obras de Martine Leibovici (*Hannah Arendt, une juive, Expérience, politique et histoire*), Julia Kristeva (*Le Génie féminin*), Sylvie Courtine-Denamy (*Hannah Arendt*), Françoise Collin (*L'homme est-il devenu superflu?*), Jacques Taminiaux (*La Fille de Thrace et le penseur professionnel, Arendt et Heidegger*), Philippe Lacoue-Labarthe e Jean-Luc Nancy (*Le Mythe nazi*) e Alain Finkielkraut (*L'Humanité perdue*).

Obrigada ao Hannah Arendt Literary Trust por ter me autorizado a reproduzir extratos dos arquivos de Hannah Arendt.

Obrigada também ao acolhimento das numerosas bibliotecas onde trabalhei. Particularmente a Jeffrey Katz, à biblioteca do Bard College em Nova

York; a Jean-Claude Kuperminc, da biblioteca de l'Alliance israélite universelle em Paris; à biblioteca do Goethe Institut; a Susan Gilfert, da biblioteca de New School de Nova York; a Simone Schliachter no Central Zionist Archives, em Jerusalém; a Corinna Franz, do Institut historique allemand em Paris.

Este texto não existiria sem Teresa Cremisi, que foi fiel desde o início e sempre, Antoine Gallimard, que me apoiou, Françoise Cibiel, Jean-Cristophe Brochier, que foi um leitor excepcional e me ajudou a dar à luz este texto, e Thomas Simonnet e Gérald Larché, a quem agradeço do fundo do coração por terem sido tão presentes e por terem me esclarecido com suas observações críticas. Este livro deve sua existência ao apoio de Frédérique Fimbel e Anne-Julie Bémont e à sua ajuda com as traduções do alemão.

Alain Veinstein foi o primeiro leitor. Sua arte de escutar e sua capacidade de diálogo crítico foram determinantes. Pela presença constante durante esse ciclo de vida, eu gostaria de agradecê-lo.

NOTAS

I. CRIANÇA FEBRIL

1. Evocando o bombardeio de outubro de 1943, Jörg Friedrich afirma o seguinte: "As duas cidades chamadas de Hanover, a de antes e a de depois da guerra, nada têm em comum além do nome." Jörg Friedrich, *O incêndio: Como os aliados destruíram as cidades alemãs*, traduzido por Roberto Rodrigues, Rio de Janeiro, Record, 2006, p. 224.
2. Hannah Arendt, *O que é política?*, texto organizado e comentado por Ursula Ludz, traduzido por Reinaldo Guarany, Rio de Janeiro, Bertrand Brasil, 2ª ed., 1999, pp. 21, 23.
3. Para os fatos que se seguem, baseio-me no trabalho precioso de Elisabeth Young-Bruehl, *Hannah Arendt*, traduzido para o francês por Joël Roman e Etienne Tassin, Calmann-Lévy, 1999 [*Hannah Arendt:* Por amor ao mundo. Rio de Janeiro, Relume Dumará, 1997].
4. *Unser Kind*, 19 de fevereiro de 1911.
5. *Ibid.*
6. "Seule demeure la langue maternelle". Essa entrevista televisiva com Günther Gaus, realizada no quadro da série *Zur Person*, foi primeiramente publicada em 1964 em Munique com o título de "Portraits" [Retratos], depois com o título de "Seule demeure la langue maternelle" no número 6 da revista *Esprit* de 1980 e, por fim, no livro *La Tradition cachée, le juif comme paria* [A tradição escondida, o judeu como pária], traduzido por Sylvie Courtine-Denamy, Christian Bourgois, 1987. No Brasil, foi publicada com o título "Só permanece a língua materna" no livro *Hannah Arendt, A dignidade da política*, organizado por Antonio Abranches e traduzido por Helena Martins, Frida Coelho, Antonio Abranches, César Almeida, Claudia Drucker e Fernando Rodrigues, Rio de Janeiro, Relume Dumará, 2002, pp. 123-143.
7. *Unser Kind*, 19 de fevereiro de 1911.
8. "Só permanece a língua materna", *op. cit.*, pp. 128, 138.
9. *Ibid.*, p. 128.
10. Hannah Arendt e Kurt Blumenfeld, *Correspondance 1933-1963*, traduzido para o francês por Jean-Luc Évard, Desclée de Brouwer, 1998. Ver a nota de Martine Leibovici no prefácio, p. 8. Kurt Blumenfeld descreve esse propósito de Gabriel Riesser em seu livro *Erlebte Judenfrage, ein Vierteljahrundert deutscher Zionismus*, Stuttgart deutsche verlaganstalt, 1963, p. 45.

11. Virgílio, *Quatrième bucolique* [Quarta bucólica], versos 60-64: "*Incipe, parve puer, risu cognoscere matrem / (Matri longa decem tulerunt fastidia menses); / Incipe, parve puer: qui non risere parenti, / Nec deus hunc mensa, dea nec dignata cubili est.*"
12. "Só permanece a língua materna", *op. cit.*, p. 128.
13. *Ibid.*
14. Elisabeth Young-Bruehl, *op. cit.*, p. 13.
15. "Só permanece a língua materna", *op. cit.*, pp. 129.
16. Hannah Arendt, *Journal de pensée*, janeiro de 1954, § 32, Seuil, 2005. Como ressalta Sylvie Courtine-Denamy, é freqüente na obra de Hannah Arendt essa associação entre o coração e a pedra.
17. Entrevista com Lotte Köhler, Nova York, 2001.
18. *Unser Kind*, trecho redigido em janeiro de 1914.
19. *Ibid.*
20. *Ibid.*
21. Hannah Arendt, *Journal de pensée*, *op. cit.*, maio de 1965, § 54, p. 836.
22. *Ibid.*
23. Elisabeth Young-Bruehl, *op. cit.*
24. Alexandre Soljenitsyne, *La Roue rouge. Août 14: premier nœud* [A roda vermelha. 14 de agosto: primeiro enlace], traduzido para o francês por Jean-Paul Sémon *et alii*, Fayard, 1983.
25. *Unser Kind*, citado por Elisabeth Young-Bruehl, *op. cit.*, p. 28.
26. *Ibid.*, p. 29.
27. *Unser Kind*, fevereiro de 1916.
28. *Ibid.*, início de 1916.
29. *Ibid.*
30. *Ibid*, 1917.
31. Ver Elisabeth Young-Bruehl, *op. cit.*, pp. 34-35, e entrevistas com Jerome Kohn.
32. Se ainda hoje conhecemos muito mal esse movimento espartaquista, ignoramos ainda mais o lugar das mulheres durante esses anos de guerra, ainda que subsistam os escritos e as posições de teóricas como Clara Zetkin e Rosa Luxemburgo. Nas grandes cidades da Alemanha, mulheres organizam ajuntamentos para dar voz a suas idéias de cidadãs engajadas contra a guerra e de mães em revolta contra a penúria alimentar. Em 18 de novembro de 1915, duzentas mulheres fazem uma passeata em frente ao Reichstag. Em 28 de maio de 1916, elas organizam uma manifestação pela paz diante do parlamento. Em 28 de outubro, entre duzentas e trezentas mulheres conseguem que sua manifestação seja lida pelo comitê de direção do partido social-democrata. As mulheres não cessarão, até o fim da guerra, de multiplicar suas ações. Na casa de Martha, ressoarão durante esses quatro anos querelas e contradições que dividem o partido social-democrata.

    Sobre a figura de Rosa Luxemburgo, pode-se ler a excelente biografia de John Nettl, *Rosa Luxemburg, 1871-1919, La vie et l'œuvre de Rosa Luxemburg*, 2 volumes, Oxford University Press, traduzido por Irène Petit e Marianne Rochline, Maspero, 1972. Rosa

Luxemburgo, *Vive la lutte, Correspondances 1891-1914*, Maspero, 1976. De Gilbert Badia, *Rosa Luxemburg. Journaliste, polémiste, révolutionnaire*, Éditions Sociales, 1975, assim como *Le Spartakisme, Les Dernières années de Karl Liebknecht et de Rosa Luxemburg*, Éditions de l'Arche, 1967, e *Les Spartakistes: 1918. L'Allemagne en révolution*, "Archives", Gallimard-Julliard, 1966. Alfred Döblin consagrou quatro volumes à revolução de Novembro (1918). O quarto volume, intitulado *Karl et Rosa*, faz de Rosa uma personagem ao mesmo tempo ficcional, presa de alucinações, e um personagem histórico, atuante na revolução de Berlim, oposta à ditadura de Lênin e defensora da democracia.

33. Em 1966, num artigo publicado na *The New York Review of Books*, Hannah fará um retrato dela caloroso e admirado, e dirá até que ponto seu percurso e seu engajamento marcaram sua infância. Artigo publicado com o título de "Rosa Luxemburgo, 1871-1916", in *Homens em tempos sombrios*, traduzido por Denise Bottmann, São Paulo, Companhia das Letras, 1987.
34. *Ibid.*, p. 40.
35. *Ibid.*, p. 42.
36. *Les Cahiers du comte Kessler (1918-1937)* [Os cadernos do conde Kessler (1918-1937)], traduzido para o francês por Boris Simon, Grasset, 1972.
37. Elisabeth Young-Bruehl, *op. cit.*, p. 35.
38. Friedrich Nietzsche, *Crépuscule des idoles ou Comment philosopher à coups de marteau*, traduzido para o francês por Jean-Claude Hémery, Gallimard, 1977 [*Crepúsculo dos ídolos*, tradução, notas e posfácio de Paulo César de Souza, São Paulo, Cia das Letras, 2006].
39. Ernst Bloch, *L'Esprit de l'utopie*, confissão lúcida e desesperada de um filho do século que diagnostica que, após o fim da guerra e o esmagamento da revolução, a atmosfera de destruição se amplificará na Alemanha e que a velha ordem retornará. Nessa atmosfera sinistra e vazia em que a juventude tem de morrer nos campos de batalha e em que os sobreviventes patinham no pântano da decadência inelutável, Ernst Bloch faz um chamado ao encontro de si mesmo, ao mundo da alma, ao espírito de Kant, para tentar construir um futuro portador de esperança, tecido pela utopia; traduzido para o francês por A.M. Long e L. Piron-Audard, Gallimard, 1977.
40. Poema "A Saudação do Angelus", escrito por Gershom Scholem para Walter Benjamin. Ver Walter Benjamin, *Correspondance 1910-1928*, edição organizada e anotada por Gershom Scholem e Theodor W. Adorno, traduzido por Guy Petitdemange, Aubier-Montaigne, 1978-1979, p. 247. No Brasil, esse poema se encontra in Walter Benjamin e Gershom Scholem, *Correspondência*, tradução de Neusa Soliz, São Paulo, Perspectiva, 1993, p. 119.
41. Sobre Franz Rosenzweig, ver *La Pensée de Franz Rosenzweig* [O pensamento de Franz Rosenzweig], Anais do colóquio apresentados por A. Munster, PUF, 1994, e também Pierre Bouretz, *Témoins du futur, Philosophie et messianisme* [Testemunhas do futuro, Filosofia e messianismo], Gallimard, 2003, que lhe consagra um capítulo intitulado "De la nuit du monde aux éclats de la Rédemption: l'étoile de Franz Rosenzweig".
42. Franz Rosenzweig (1886-1929), *L'Étoile de la Rédemption* [A Estrela da Redenção], traduzido para o francês por Alexandre Derczanski e Jean-Louis Schlegel, prefácio de Stéphane Mosès,

Seuil, 2003. Sobre Rosenzweig, ler também a magnífica obra de Stéphane Mosès, *L'Ange de l'histoire* [O anjo da história], Seuil, 1992, consagrada à Alemanha dos anos 1920 a partir das obras de Benjamin, Scholem e Rosenzweig.

43. Bertolt Brecht, "Epitáfio 1919", in *Poèmes III*, 1930-1933, L'Arche éditeur, 1966, p. 17.

II. MOÇA ESTRANGEIRA

1. Esse texto se encontra em Hannah Arendt e Martin Heidegger, *Correspondência: 1925-1975*, traduzido para o português por Marco Antonio Casa Nova, Rio de Janeiro, Relume Dumará, 2001, pp. 14-18.
2. Ver a carta de Hannah Arendt de 27 de julho de 1948, in Hannah Arendt e Heinrich Blücher, *Correspondance, 1936-1968*, traduzido para o francês por Anne-Sophie Astrup, Calmann-Lévy, 1999, pp. 143-144. Ver também Elisabeth Young-Bruehl, *op. cit.*, pp. 305-307.
3. Hannah Arendt e Martin Heidegger, *Correspondência: 1925-1975*, *op. cit.*, p. 293.
4. Ver Elisabeth Young-Bruehl, *op. cit.*, p. 43.
5. *Ibid.*, p. 45.
6. Martin Buber (1878-1965) é conhecido por seus escritos sobre o judaísmo e particularmente sobre o hassidismo, assim como sobre o diálogo. Inspirou Gabriel Marcel e Paul Tillich. Foi obrigado a fugir da Alemanha em 1938 e se instalou em Jerusalém, onde lecionou até 1951.
7. Gershom Scholem, *De Berlin à Jérusalem, Souvenirs de jeunesse* [De Berlim a Jerusalém, Lembranças da juventude], traduzido para o francês por Sabine Bollack, "Présences du judaïsme", Albin Michel, 1984, p. 108.
8. Ele elaborou uma reflexão teológica com as ferramentas da fenomenologia de Edmund Husserl e de Max Scheller, ancorando-as numa temática existencial. Publicou importantes trabalhos sobre Santo Agostinho, Pascal e Dostoievski. Proibido de lecionar pelos nazistas em 1943, conseguiu se reintegrar à universidade após a guerra e, depois de um curto período na universidade de Tübingen, tornou-se professor em Munique, onde morreu em 1968.
9. "Só permanece a língua materna", in *A dignidade da política, op. cit.*, p. 130.
10. Friedrich Hölderlin, *Hypérion ou l'Ermite de Grèce*, traduzido para o francês por Philippe Jaccottet, Mercure de France, 1965 [*Hyperion*, tradução de Márcia Sá Cavalcante, Petrópolis, Vozes, 1994].
11. "Só permanece a língua materna", *op. cit.*, p. 130.
12. Sören Kierkegaard, *Post-scriptum aux miettes philosophiques* [*Post-scriptum às migalhas filosóficas*], traduzido para o francês por Paul Petit, Gallimard, 1949, reed. coll. Tel, p. 138.
13. Stéphane Mosès, *Systéme et révélation, La philosophie de Franz Rosenzweig* [Sistema e revelação, A filosofia de Franz Rosenzweig], prefácio de Emmanuel Levinas, Bayard, 2003. Franz Rosenzweig, *l'Étoile de la Rédemption, op. cit.* Ver também Pierre Bouretz, *Témoins du futur, Philosophie et messianisme, op. cit.*
14. Esse poema está no volume Hannah Arendt e Martin Heidegger, *Correspondência:1925-1975*, *op. cit*, p. 294.

15. Oswald Spengler (1880-1936), *Le Déclin de l'Occident, Esquisse d'une morphologie de l'histoire universelle* [O declínio do Ocidente, Esboço de uma morfologia da história universal], 2 vol., 1918, 1922, traduzido para o francês por M. Tazerout, Gallimard, 1948, rééd. 1976, 2 vol. Spengler via a história como a sucessão de culturas radicalmente heterogêneas em suas criações e sua atitude face ao mundo. Para Spengler, o Ocidente estava marcado, desde a época moderna, por uma ambição faustiana e desmedida de conquista e domínio do mundo natural e do mundo humano. Spengler via no advento de uma técnica todo-poderosa vinda da ciência, na substituição da religião pelo socialismo, e no poder do dinheiro, a passagem ao declínio e a decadência do Ocidente moderno, onde as aspirações das massas deveriam engendrar no plano político uma forma de cesarismo. Embora conservador, Oswald Spengler criticou duramente o nazismo. O sucesso da obra de Spengler é confirmado, por exemplo, pelo fato de Heidegger ter feito uma conferência sobre essa obra em abril de 1920, como este assinala a Jaspers em sua correspondência.
16. Hannah Arendt e Martin Heidegger, *Correspondência: 1925-1975, op. cit*, pp. 295-296.
17. Poema sem título, *ibid.*, p. 297.
18. Poema sem título, *ibid.*, p. 298.
19. Ver Elisabeth Young-Bruehl, *op. cit.*, p. 46.
20. Paul Natorp (1854-1924), Hermann Cohen (1842-1918) e Ernst Cassirer (1874-1945) eram os principais pensadores da "escola de Marburg", cuja palavra de ordem era o retorno a Kant. Heidegger se opôs à interpretação de Kant feita por Cassirer na ocasião dos famosos debates em Davos, em março de 1929.
21. Rudolf Bultmann (1884-1976), *L'Histoire de la tradition synoptique* [A história da tradição sinótica], traduzido para o francês por André Malet, Seuil, 1973. Bultmann não cessou de completar e de modificar essa obra de 1931 a 1971.
22. Hannah Arendt, *Journal de pensée, op. cit.*
23. Hans Jonas, *Souvenirs d'après des entretiens avec Rachel Salamander* [Lembranças a partir de entrevistas com Rachel Salamander], traduzido para o francês por Sabine Cornille e Philippe Ivernel, Payot-Rivages, 2005, p. 83.
24. Paul Celan, *Choix des poèmes* [Poemas escolhidos], Poésie / Gallimard, 1998, p. 149.
25. Hannah Arendt e Martin Heidegger, *Correspondência: 1925-1975, op. cit.*, abril de 1925, pp. 14-18.
26. Karl Jaspers, *Psychologie der Weltanschauungen*, Berlim, Springer-Verlag, 4ª ed., 1954.
27. Martin Heidegger, *Correspondance avec Karl Jaspers (1920-1963)* [Correspondência com Karl Jaspers], traduzido para o francês por Pascal David, Gallimard, 1996, carta nº 1 de Martin Heidegger de 21 de abril de 1920, p. 11.
28. Karl Jaspers, *Autobiographie philosohique* (1984) [Autobiografia filosófica], traduzido para o francês por Pierre Boudot, Aubier, 1963.
29. Martin Heidegger, *Correspondance avec Karl Jaspers, op. cit.*, cartas nº 7 de 1º de abril de 1921 de Karl Jaspers e nº 3 de Martin Heidegger de 21 de janeiro de 1921, p. 15.
30. *Ibid.*, carta nº 3 de Martin Heidegger de 21 de janeiro de 1921, p. 15.

31. Martin Heidegger, *Correspondance avec Karl Jaspers, op. cit.*, carta nº 8 de 5 de agosto de 1921, pp. 19-20.
32. *Ibid.*, carta nº 9 de 27 de junho de 1922, p. 24.
33. *Ibid.*, carta nº 16 de 14 de julho de 1923, p. 36.
34. Entre os quais, Paul Jacobi, Hans Jonas, Ernst Grumach.
35. Ver Karl Löwith, *Ma vie avant et après 1933* [Minha vida antes e depois de 1933], traduzido para o francês por Monique Lebedel, Hachette, 1988.
36. Martin Heidegger, *Correspondance avec Karl Jaspers, op. cit.*, carta nº 22 de 18 de junho de 1924, pp. 41-42.
37. *Ibid.*
38. Não esqueçamos que desse encontro participaram defensores de uma democracia radical, mas também porta-vozes do mito do nacionalismo alemão infiltrado, desde 1923, pelos partidários de Hitler.
39. Martin Heidegger, *Correspondance avec Karl Jaspers, op. cit.*, carta nº 23 de 19 de maio de 1925, pp. 43-44.
40. Platão, *Teeteto*, 197 c-e.
41. Adalbert Stifter (1805-1868), *Les Grands Bois* [Os grandes bosques], traduzido para o francês por Henri Thomas, Gallimard, 1943, reed. col. Du monde entier, 1979.
42. Ver Hans Jonas, *Souvenirs d'après des entretiens avec Rachel Salamander, op. cit.*, p. 79.
43. Ver Karl Löwith, *Ma vie avant et après 1933, op. cit.*

III. SOMBRA

1. Ver Hans Jonas, *Souvenirs d'après des entretiens avec Rachel Salamander, op. cit.*, p. 83.
2. Hannah Arendt e Martin Heidegger, *Correspondência: 1925-1975, op. cit.*, carta nº 1 de 10 de fevereiro de 1925, p. 7.
3. *Ibid.*
4. *Ibid.*
5. *Ibid.*, carta nº 12 de 24 de abril de 1925, p. 18.
6. *Ibid.*, carta de 27 de fevereiro de 1925, pp. 9-10.
7. *Ibid.*, p. 19.
8. *Ibid.*, carta nº 10 de 17 de abril de 1925, p. 14.
9. *Ibid.*, "Sombras", abril de 1925, p. 15.
10. *Ibid.*
11. *Ibid.*, p. 16.
12. É também o título original, *Men in dark times* [Homens em tempos sombrios], que ela deu a sua coletânea publicada em francês com o título de *Vies politiques, op. cit.*
13. Hannah Arendt e Martin Heidegger, *Correspondência: 1925-1975, op. cit.*, "Sombras", p. 18.
14. *Ibid.*

15. Hannah Arendt e Martin Heidegger, *Correspondência 1925-1975, op. cit.*, ver a nota 12, p. 195. Esse manuscrito comporta uma dedicatória manuscrita de Martin Heidegger: "Em lembrança pelos dias 20 e 21 de abril de 1925."
16. Heidegger se refere a essas palavras na carta nº 12 de 24 de abril de 1925, Hannah Arendt e Martin Heidegger, *Correspondência: 1925-1975, op. cit.*, p. 19.
17. *Ibid.*
18. *Ibid.*
19. *Ibid.*, p. 20.
20. *Ibid.*, carta nº 24 de 17 de julho de 1925, p. 30.
21. *Ibid.*, carta nº 14 de 8 de maio de 1925, p. 21.
22. *Ibid.*
23. *Ibid.*, carta nº 15 de 13 de maio de 1925, p. 22.
24. *Ibid.*
25. *Ibid.*, "Canção de verão", verão de 1925, p. 299.
26. Martin Heidegger, *Être et Temps* (1927), traduzido para o francês por François Vezin, Gallimard, 1986 [*Ser e Tempo*, tradução de Márcia de Sá Cavalcante, Petrópolis, Vozes, 2 vol., 1998].
27. Indico as seguintes obras preciosas e esclarecedoras: Dominique Janicaud (org.), *Heidegger en France*, 2 vol., Albin Michel, 2001; Jacques Derrida, *Heidegger et la question*, Champs Flammarion, 1993; Philippe Lacoue-Labarthe, *Heidegger, La politique du poème*, Galilée, 2002. Pode-se também consultar: Christian Dubois, *Heidegger, Introduction à une lecture*. Points Seuil, 2003; Jean-Michel Salanskis, *Heidegger*, les Belles Lettres, 2003; *Heidegger*, Cahier de l'Herne, 1983, reed. Biblio-essais, Livre de Poche, Hachette, 1986.
28. Martin Heidegger, *Être et Temps, op. cit.*, § 40, p. 236.
29. *Ibid.*, p. 237.
30. *Ibid.*, § 50, p. 305.
31. *Ibid.*, § 30, pp. 184-187.
32. *Ibid.*, § 26, p. 164.
33. *Ibid.*, § 34, p. 211.
34. Hannah Arendt e Martin Heidegger, *Correspondência: 1925-1975, op. cit.*, carta de Heidegger nº 15 de 13 de maio de 1926, p. 23.
35. *Ibid.*, carta de 14 de junho de 1925, p. 25.
36. *Ibid.*, carta de Heidegger nº 23 de 9 de julho de 1925, p. 29.
37. *Ibid.*, carta nº 25 de 24 de julho de 1925, p. 30.
38. *Ibid.*, carta nº 26 de 31 de julho de 1925, p. 31.
39. *Ibid.*, carta nº 29 de 14 de setembro de 1925, pp. 34-35.
40. *Ibid.*, carta nº 31 de 18 de outubro de 1925, p. 36.
41. *Ibid.*, poema "Para os amigos" de Hannah Arendt, inverno de 1925-1926, documentos complementares, p. 303.
42. *Ibid.*, carta nº 35 de 10 de janeiro de 1926, p. 39.

43. *Ibid.*
44. *Ibid.*, carta nº 31 de 18 de outubro de 1925, p. 37.
45. *Ibid.*, poema "Canção da noite", inverno de 1925-1926, documentos complementares, p. 304.
46. Emmanuel Lévinas, *En découvrant l'existence avec Husserl et Heidegger* [Descobrindo a existência com Husserl e Heidegger], Vrin, 1982.
47. Karl Löwith, *Ma vie avant et après 1933*, *op. cit.*, p. 43.
48. Emmanuel Lévinas, *En découvrant l'existence avec Husserl et Heidegger*, *op. cit.*
49. Edmund Husserl, *La Crise des sciences européennes et la phénoménologie transcendantale* [A crise das ciências européias e a fenomenologia transcendental] (1936), traduzido para o francês por Gérard Granel, Gallimard, 1976, reed. col. Tel, 1989.
50. Ver o magnífico trabalho de Marc Richir, em particular *L'Intentionnalité en question* [A intencionalidade em questão], Vrin, 1995.
51. Edmund Husserl, *La Crise des sciences européennes et la phénoménologie transcendantale*, *op. cit.*, pp. 14-21.
52. Ver Georges-Arthur Goldschmidt, *La Traversée des fleuves, Autobiographie* [A travessia dos rios, autobiografia], Seuil, 1999.
53. Hans Jonas, "Éloge funèbre de Hannah Arendt" [Elogio fúnebre de Hannah Arendt], in *Entre le néant et l'éternité* [Entre o nada e a eternidade], textos reunidos e traduzidos por Sylvie Courtine-Denamy, Berlim, 1996, pp. 79-80.
54. *Ibid.*
55. Hans Jonas, *Souvenirs...*, *op. cit.*, pp. 80-81.
56. Martin Heidegger, *Correspondance avec Karl Jaspers*, *op. cit.*, carta nº 16 de 14 de julho de 1923, p. 36.
57. Elisabeth Young-Bruehl, *op. cit.*, p. 81.
58. Existe uma dúvida sobre a identidade da pessoa, pois Heidegger se contenta com a letra J., mas o contexto mostra que só pode ser Jaspers. Uma outra possibilidade seria que se tratasse de Paul Jacobi. Ver a carta nº 36 de 29 de julho de 1926, *op. cit.*, pp. 41-42.
59. Hannah Arendt e Karl Jaspers, *Correspondance, 1926-1969*, traduzido para o francês por Éliane Kaufholz-Messmer, Payot, 1985. Carta nº 1 de 15 de julho de 1926, pp. 33-34.
60. Hannah Arendt e Martin Heidegger, *Correspondência: 1925-1975*, *op. cit.*, carta nº 37 de 7 de dezembro de 1927, p. 43.
61. Martin Heidegger, *Correspondance avec Karl Jaspers*, *op. cit.*, carta nº 32 de 24 de abril de 1926, pp. 54-55.
62. Martin Heidegger, *Correspondance avec Karl Jaspers*, *op. cit.*, carta nº 39 de 26 de dezembro de 1926, p. 62.
63. Hannah Arendt e Martin Heidegger, *Correspondência: 1925-1975*, *op. cit.*, carta nº 37 de 7 de dezembro de 1927, p. 44.
64. *Ibid.*
65. *Ibid.*, carta nº 38 de 8 de fevereiro de 1928, p. 45.

66. *Ibid.*, carta nº 39 de 19 de fevereiro de 1928, pp. 45-46.
67. *Ibid.*, carta nº 41 de 18 de abril de 1928, pp. 47-48.
68. *Ibid.*, carta nº 42 de 22 de abril de 1928, p. 48. Trata-se do 43º dos *Sonnets from the Portuguese*, de Elizabeth Barrett Browning, transpostos por Rainer Maria Rilke, *Sonnette aus dem Portugiesischen*, Leipzig, Insel Verlag, 1991, p. 90.

IV. ESTUDANTE ANTINAZISTA

1. Hans Jonas, *Souvenirs...*, *op. cit.*, p. 83.
2. Assim Marianne Weber (1870-1952), após a morte de seu marido, Max Weber, organiza com freqüência encontros nos quais poetas e filósofos vão refazer o mundo na companhia de mulheres como Gertrud Simmel, Else von Richthofen, Gertrud Jaspers. Ver a esse respeito Elisabeth Young-Bruehl, *op. cit.*, pp. 82-83.
3. Edith Stein (1891-1942), *Vie d'une famille juive* [Vida de uma família judia], tradução para o francês e anexos de Cécile e Jacqueline Rastoin, Le Cerf, 2001.
4. Jeanne Hersch (1910-2000), *L'Étonnement philosophique* [O assombro filosófico], Gallimard, col. Folio Essais, 1993.
5. William Stern (1871-1938), *Person und Sache, System der philosophischen Weltanschauungen*, Leipzig, J. A. Barth, 1906.
6. Hans Jonas, *Souvenirs...*, *op. cit.*, p. 60.
7. Günther (Stern) Anders (1902-1992), *Et si je suis désespéré, que voulez-vous que j'y fasse?*, entrevistas com Mathias Greffrath, traduzido por Cristophe David, Allia, 2001, pp. 18-20.
8. *Augustin und das paulinische Freiheitsproblem. Ein Beitrag zur Entstehung dês christlich-abendländischen Freiheitidee* [Agostinho e o problema paulino da liberdade. Uma contribuição à gênese do conceito de liberdade cristão-ocidental], 2ª ed., Göttingen, Vandenhoek & Ruprecht, 1930.
9. Hannah Arendt, *Le concept d'amour chez saint Augustin, Essai d'interprétation philosophique*, traduzido por Anne-Sophie Astrup, prefácio e notas de Gilles Petitdemange, Payot-Rivages, 1999 [*Conceito de amor em Santo Agostinho*, Instituto Piaget, 1997].
10. Elisabeth Young-Bruhel, *op. cit.*, p. 97.
11. Pierre Birnbaum, *Géographie de l'espoir, L'exil, les Lumières, la désassimilation* [Geografia da esperança, O exílio, o Iluminismo, a desassimilação], Gallimard, 2004.
12. Günther (Stern) Anders (1902-1992), *Et si je suis désespéré, que voulez-vous que j'y fasse?*, *op. cit.*
13. *Ibid.*
14. Gershom Scholem (1897-1982), *De Berlin à Jérusalem*, 1977, traduzido por Sabine Pollack, Albin Michel, 1984, p. 59.
15. *Ibid.*, p. 73.
16. *Ibid.*, p. 61.
17. Hans Jonas, *Souvenirs...*, *op. cit.*, p. 61.
18. *Ibid.*, p. 60.

19. *Ibid.*
20. *Ibid.*, p. 80.
21. *Ibid.*, p. 90.
22. Elisabeth Young-Bruhel, *op. cit.*, pp. 88-90.
23. Hans Jonas, *Souvenirs...*, *op. cit.*, p. 217.
24. Hannah Arendt e Martin Heidegger, *Correspondência: 1925-1975*, *op. cit*, carta nº 43, 1969, p. 48.
25. Hans Jonas, *Souvenirs...*, *op. cit.*, p. 79.
26. Hannah Arendt e Karl Jaspers, *Correspondance*, *op. cit.*, carta nº 5 de 13 de junho de 1929, pp. 36-37.
27. Martin Heidegger, *Correspondance avec Karl Jaspers*, *op. cit.*, carta nº 83, p. 109.
28. *Ibid.*, carta nº 84, p. 110.
29. "Só permanece a língua materna", in *A dignidade da política*, *op. cit.*, p. 139.
30. Hannah Arendt in Gershom Scholem, "Le process Eichmann: débat avec H. Arendt", carta de 24 de julho de 1962, in *Fidélité et Utopie, Essais sur le judaïsme contemporain* [Fidelidade e Utopia, Ensaios sobre o judaísmo contemporâneo], traduzido por Marguerite Delmotte e Bernard Dupuy, Calmann-Lévy, 1978, reed. Presses-Pocket, 1992, p. 222.
31. "Só permanece a língua materna", in *A dignidade da política*, *op. cit.*, p. 133.
32. Hannah Arendt, *Rahel Varnhagen, A vida de uma judia alemã na época do Romantismo*, traduzido por Antônio Trânsito e Gernot Kludasch, Rio de Janeiro, Relume Dumará, 1994.
33. *Les Cahiers du comte Kessler*, *op. cit.*
34. Nicolaus Sombart, *Chronique d'une jeunesse berlinoise* [Crônica de uma juventude berlinense], *1933-1943*, traduzido por Olivier Mannoni, Quai Voltaire, 1992.
35. Victor Klemperer, *LTI, la langue du III Reich, Carnets d'un philologue* [LTI, a língua do III Reich, cadernos de um filólogo], traduzido por Elisabeth Guillot, Albin Michel, 1996, reed. Presses-Pocket, 2003.
36. Hans Jonas, *Souvenirs...*, *op. cit.*
37. Hannah Arendt e Karl Jaspers, *Correspondance*, *op. cit.*, carta nº 3 de 28 de janeiro de 1929, p. 35.
38. Algumas dessas cartas foram reproduzidas no livro de Hannah Arendt, *Rahel Varnhagen*, *op. cit.* Podem-se encontrar outras na correspondência do barão Adolphe de Custine.
39. Nota do diário de Rahel Varnhagen de 11 de março de 1810. Citado por Hannah Arendt in *Rahel Varnhagen*, *op. cit.*, p. 11.
40. Hannah Arendt, *Rahel Varnhagen*, *op. cit.*, p. 11.
41. Hannah Arendt e Karl Jaspers, *Correspondance*, *op. cit.*, carta nº 14 de 20 de março de 1930, p. 43.
42. *Ibid.*
43. Hannah Arendt e Karl Jaspers, *Correspondance*, *op. cit.*
44. Karl Jaspers, *La Situation spirituelle de notre époque* [A situação espiritual de nossa época], traduzido por Walter Biemel, Desclée de Brouwer, 1951.

45. Karl Jaspers, *Autobiographie philosophique*, *op. cit.*
46. Hannah Arendt, *Rahel Varnhagen*, *op. cit.*, p. 15.
47. Hannah Arendt e Heinrich Blücher, *Correspondance*, *op. cit.*, carta de Hannah Arendt de 13 de agosto de 1936, p. 44.
48. Como tão bem explica Pierre Birnbaum, *Géographie de l'espoir*, *op. cit.*
49. Ver Karl Löwith, *Ma vie en Allemagne avant et après 1933*, *op. cit.*, p. 77.
50. Martin Heidegger, *Kant et le problème de la métaphysique* [Kant e o problema da metafísica], traduzido por Alphonse de Waelhens e Walter Biemel, Gallimard, 1953, reed. col. Tel, 1981.
51. Victor Farias, *Heidegger et le nazisme* [Heidegger e o nazismo], traduzido por Myriam Benarroch e Jean-Baptiste Graset, Verdier, 1987.
52. Hugo Ott, *Martin Heidegger, Éléments pour une biographie* [Martin Heidegger, Elementos para uma biografia], traduzido por Jean-Michel Belœil, Payot, 1990.
53. *Ibid.*
54. Ver Karl Jaspers, *Autobiographie philosophique*, *op. cit.* Ver também Martin Heidegger, *Correspondance avec Karl Jaspers*, *op. cit.*, carta nº 101 de 17 de maio de 1930, pp. 119-120.
55. "Völkisch" é um adjetivo formado a partir de *Volk*, povo, com uma forte conotação racial, remetendo à ideologia do sangue e do solo, *Blut und Boden*, característica da extrema direita alemã, em particular do nazismo.
56. Ver Emmanuel Faye, *Heidegger, l'introduction du nazisme dans la philosophie. Autour des séminaires inédits de 1933-1935* [Heidegger, a introdução do nazismo na filosofia. Em torno dos seminários inéditos de 1933-1935], Albin Michel, 2005, pp. 147-152.
57. Victor Klemperer, *LTI, la langue du III Reich*, *op. cit.*
58. In revista *Conférence*, nº 12, primavera de 2001, traduzido por Michèle Colombet.
59. Günter (Stern) Anders, *Sur la pseudo-concrétude de la philosophie de Heidegger* [Sobre a pseudo-concretude da filosofia de Heidegger], traduzido a apresentado por Luc Mercier, Sens & Tonka, 2003.
60. Hannah Arendt, *On Human Condition*, Chicago University Press, 1958. [*A condição humana*, Rio de Janeiro: Ed. Forense Universitária, 1981.]
61. Sens & Tonka, Allia, as revistas *Lignes* e *Conférence*.
62. Hannah Arendt e Karl Jaspers, *Correspondance*, *op. cit.*, carta nº 15 de 24 de março de 1930, p. 44.
63. Elisabeth Young-Bruehl, *op. cit.*, p. 104.
64. Theodor Adorno e Walter Benjamin, *Correspondance, 1928-1940*, traduzido por Philippe Ivernel, apresentação de Enzo Traverso, La Fabrique, 2002.
65. Walter Benjamin, *Sens unique*, traduzido por Jean Lacoste, les Lettres nouvelles, 1978, reed. 1988; reed 10/18, 2000 [*Obras escolhidas II, Rua de mão única*, São Paulo, Ed. Brasiliense, 1995].
66. Walter Benjamin, *Origine du drame baroque allemand*, traduzido por Sybille Muller e André Hirt, Flammarion, col. Champs, 2000 [*Origem do drama barroco alemão*, São Paulo, Ed. Brasiliense, 1984].

67. Ver Stefan Müller-Doohm, *Adorno, Une biographie*, traduzido por Bernard Lortholary, Gallimard, 2004.
68. Theodor Adorno e Walter Benjamin, *Correspondance, op. cit.*
69. Ver Elisabeth Young-Bruehl, *op. cit.*, p. 104.
70. Hannah Arendt e Martin Heidegger, *Correspondência: 1925-1975, op. cit*, carta nº 44 de setembro de 1930, p. 49.
71. *Ibid.* É Hannah quem sublinha.
72. Victor Klemperer, por exemplo, havia sido persuadido por amigos a se engajar no sionismo, mas não mordeu a isca. Preferiu se agarrar à sua qualidade de alemão, europeu, homem, como ele mesmo afirma. Reivindicava a sua germanização. A sua judeidade, ele achava que só dizia respeito a ele. Ver *LTI, la langue du III Reich, op. cit.*
73. Günther Anders, *Et si je suis désespéré…, op. cit.*
74. Hannah Arendt e Karl Jaspers, *Correspondance, op. cit.*, carta de Hannah Arendt de 7 de setembro de 1952, p. 284.
75. Ver a esse respeito Hannah Arendt e Kurt Blumenfeld, *Correspondance, op. cit.*, prefácio de Martine Leibovici.
76. Ver Günter (Stern) Anders, *Sur la pseudo-concrétude de la philosophie de Heidegger, op. cit.*
77. *Ibid.*
78. Elisabeth Young-Bruehl, *op. cit.*, p. 123.
79. *Ibid.*, p. 125.
80. "Só permanece a língua materna", *op. cit.*, p. 126.
81. *Ibid.*
82. Emmanuel Faye, *Heidegger, l'introduction du nazisme dans la philosophie, op. cit.*
83. Karl Jaspers, *Philosophie; I Orientation dans le monde, II Éclairement de l'existence, III Métaphysique* [Filosofia; I Orientação no mundo, II Esclarecimento da existência, III Metafísica], traduzido por Jeanne Hersch, Berlim, Springer Verlag, 1989.
84. Martin Heidegger, *Correspondance avec Karl Jaspers, op. cit.*, carta nº 109 de 20 de dezembro de 1931, pp. 130-132.
85. *Ibid.*, carta nº 102 de 24 de maio de 1930, p. 22.
86. *Ibid.*, carta nº 109 de 2 de dezembro de 1931, p. 131.
87. *Ibid.*
88. *Ibid.*, carta nº 11 de 8 de dezembro de 1932, p. 135.
89. Emmanuel Faye, *Heidegger, l'introduction du nazisme dans la philosophie, op. cit.*, p. 60: "[*die*] *Verjudung im weiteren und engeren Sinne.*"
90. Carta ao doutor Einhauser de 25 de junho de 1933, citada por Emmanuel Faye, *Heidegger, l'introduction du nazisme dans la philosophie, op. cit.*, pp. 65-66: "*aus Boden und Blut.*"
91. Hannah Arendt e Martin Heidegger, *Correspondência: 1925-1975, op. cit*, carta nº 45, inverno de 1932-1933, pp. 49-50.
92. "Só permanece a língua materna", *op. cit.*, pp. 132-133.
93. Ver os testemunhos de Hans Fallada, *Seul dans Berlin* [Sozinho em Berlim], traduzido por A. Virelle e A. Vandevoorde (revisto e corrigido por André Vandevoorde), Denoël, 2002; e Claude

Vernier, *Tendre exil, Souvenirs d'un réfugié antinazi en France* [Exílio afetuoso, lembranças de um refugiado antinazista na Fança], La Découverte-Maspero, 1983.

94. "Só permanece a língua materna", *op. cit.*, p. 126.
95. *Ibid.*
96. *Ibid.*, p. 127.
97. Karl Jaspers, *Autobiographie philosophique, op. cit.*
98. Emmanuel Faye, *Heidegger, l'introduction du nazisme dans la philosophie, op. cit.*, pp. 71-75.
99. Ver Philippe Burrin, *Hitler et les Juifs, Genèse d'un génocide* [Hitler e os judeus, gênese de um genocídio], Seuil, 1995.
100. Ver os textos inéditos citados por Emmanuel Faye, *Heidegger, l'introduction du nazisme dans la philosophie, op. cit.*, assim como o "Discours de rectorat" [Discurso de reitorado] nos *Écrits politiques, 1933-1966*, de Martin Heidegger, traduzido, apresentado e anotado por François Fédier, Gallimard, 1995.
101. Karl Löwith, "Les implications politiques de la philosophie de l'existence" [As implicações políticas da filosofia da existência], *Les Temps Modernes*, 1946.
102. Martin Heidegger, "Discours de rectorat", *Écrits politiques, op. cit.*, pp. 97-110.
103. Martin Heidegger, *Correspondance avec Karl Jaspers, op. cit.*, carta nº 119 de 23 de agosto de 1933, pp. 140-142. Ver também Hugo Ott, *Martin Heidegger, Éléments pour une biographie, op. cit.*
104. Martin Heidegger, "Discours de rectorat", *op. cit.*
105. *Ibid.*
106. *Ibid.*, p. 105.
107. *Ibid.*, p. 104.
108. Karl Löwith, *Ma vie en Allemagne avant et après 1933, op. cit.*, p. 51.
109. Martin Heidegger, "Discours de rectorat", *op. cit.*, p. 106.
110. *Ibid.*, pp. 108-109.
111. A fórmula é ambígua e também poderia ser traduzida por "Tudo o que é grande é frágil". Heidegger não podia ignorá-lo. Sobre essa questão, ver Hugo Ott, *Martin Heidegger, Éléments pour une biographie, op. cit.*, p. 172.
112. Martin Heidegger, "Discours de rectorat", *op. cit.*, p. 108.
113. Victor Farias, *Heidegger et le nazisme, op. cit.*
114. Martin Heidegger, *Écrits politiques, op. cit.*, p. 113.
115. Ver Martin Heidegger, *Correspondance avec Karl Jaspers, op. cit.*, seguido da correspondência com Elisabeth Blochmann, carta nº 61 de 19 de setembro de 1933, pp. 297-298.
116. Para uma apresentação de Erik Wolf e seu lugar na constituição da ideologia nazista, ver Emmanuel Faye, *Heidegger, l'introduction du nazisme dans la philosophie, op. cit.*, pp. 283-331.
117. Martin Heidegger, *Écrits politiques, op. cit.*, pp. 117-118.
118. *Ibid.*, p. 119.
119. *Ibid.*, p. 127.

120. "L'étudiant allemand comme travailleur" [O estudante alemão como trabalhador], alocução pronunciada por ocasião da cerimônia de inscrição dos estudantes no sábado 25 de novembro de 1933, Heidegger, *Écrits politiques*, *op. cit.*, p. 126.
121. Hans-Georg Gadamer, *Années d'apprentissage philosophique* [Anos de aprendizagem filosófica], Critérion, 1992.
122. Christian Delacampagne, *Histoire de la philosophie au xx siècle* [História da filosofia no século XX], Seuil, 1995.
123. Stefan Müller-Doohm, *Adorno, Une biographie* [Adorno, uma biografia], traduzido por Bernard Lortholary, Gallimard, 2004.
124. Esses processos acabaram tendo eco, e ele se refugiou na Grã-Bretanha. Mais tarde, ele se arrependerá de sua atitude e de sua proposta. Theodor Adorno e Walter Benjamin, *Correspondance*, *op. cit.*
125. Ver Jean-Michel Palmier, *Weimar en exil: le destin de l'imigration intellectuelle allemande antinazie en Europe et aux États Unis* [Weimar no exílio: o destino da imigração intelectual alemã antinazista na Europa e nos Estados Unidos], 2 vols., Payot, 1987. t. I, p. 95.
126. Emmanuel Faye, *Heidegger, l'introduction du nazisme dans la philosophie*, *op. cit.*, pp. 93-94.
127. *Ibid.*
128. Hannah Arendt e Karl Jaspers, *Correspondance*, *op. cit.*, carta n° 22 de Hannah Arendt de 1° de janeiro de 1933, p. 51.
129. *Ibid.*, carta n° 23 de Karl Jaspers de 3 de janeiro de 1933, p. 52.
130. *Ibid.*
131. *Ibid.*
132. "Só permanece a língua materna", *op. cit.*, p. 127.
133. *Ibid.*, p. 126.
134. Philippe Burrin, *Hitler et les Juifs*, *op. cit.*

V. EXILADA

1. Elisabeth Young-Bruehl, *op. cit.*, p. 136.
2. Ver Hannah Arendt e Heinrich Blücher, *Correspondance*, *op. cit.*
3. Elisabeth Young-Bruehl, *op. cit.*, p. 148.
4. Enzo Traverso, "Notes sur un portrait intellectuel de Günther Anders", revista *Lignes*, outubro de 1995.
5. Theodor Adorno e Walter Benjamin, *Correspondance*, *op. cit.* Ver também *Lignes* n° 11, com artigo de Enzo Traverso, "Adorno-Benjamin, une correspondance à minuit dans le siècle".
6. Jean-Michel Palmier, *Weimar en exil*, *op. cit.*
7. Manès Sperber, *Au-delà de l'oubli* [Para além do esquecimento], traduzido por Edmond Beaujon e o autor, Calmann-Lévy, 1979.
8. Rainer Maria Rilke, *Elegias de Duíno*, "Primeira elegia", traduzido por Dora Ferreira da Silva, Rio de Janeiro, Ed. Globo, 4ª ed., s/d., p. 3.

9. Revista *Poésie*, nº 38.
10. Rainer Maria Rilke, *Elegias de Duíno*, *op. cit.*, p. 5.
11. Elisabeth Young-Bruehl, *op. cit.*, p. 149.
12. Manès Sperber, *Au-delà de l'oubli*, *op. cit.*
13. Arthur Koestler, *Hiéroglyphes* [Hieróglifos], traduzido por Denise Van Moppès, "Pluriel", LGF, 1978.
14. Revista *Recherches philosophiques*, nº 4.
15. Revista *Esprit*, nº 26, novembro de 1934, reed. Cahier de l'Herne, *Emmanuel Lévinas*, 1991, reed. Biblio-Essais, 1993.
16. Martin Heidegger, *Écrits politiques*, *op. cit.*, pp. 136-141.
17. *Ibid.*
18. Hugo Ott, *Martin Heidegger, Éléments pour une biographie*, *op. cit.*, pp. 250-258.
19. Emmanuel Faye, *Heidegger, l'introduction du nazisme dans la philosophie*, *op. cit.*, p. 74. Ver também o relatório escrito por Karl Jaspers sobre Martin Heidegger, datado de 22 de dezembro de 1945, *in* Martin Heidegger, *Correspondance avec Karl Jaspers*, *op. cit.*, p. 420.
20. *Ibid.*
21. Ver Hugo Ott, *Martin Heidegger, Éléments pour une biographie*, *op. cit.*, p, 191.
22. *Ibid.*, p. 257.
23. Günther Anders, *Et si je suis désespéré...*, *op. cit.*
24. Arthur Koestler, *Hiéroglyphes*, *op. cit.*
25. Günther Anders, *Et si je suis désespéré...*, *op. cit.*
26. Hannah Arendt e Karl Jaspers, *Correspondance*, *op. cit.*, carta nº 29 de 8 de agosto de 1936, p. 57.
27. Elisabeth Young-Bruehl, *op. cit.*, pp. 150-151.
28. Hannah Arendt e Kurt Blumenfeld, *Correspondance*, *op. cit.*, carta nº 1 de 28 de novembro de 1933, p. 28.
29. Hannah Arendt e Heinrich Blücher, *Correspondance*, *op. cit.* Cartas de Hannah Arendt de 18 de novembro de 1949, pp. 155-156; de 30 de janeiro de 1950, p. 183; de 4 de fevereiro de 1950, p. 184.
30. Lembremos que nesse período o Quai d'Orsay — assim como Louis Barthou, presidente de honra da França-Palestina — ainda apóia o sionismo, antes de tomar atitudes para tentar acabar com o fluxo de refugiados ilegais que passam pelo Líbano com passaportes de turistas para chegar à Palestina.
31. Catherine Nicault, *La France et le sionisme, 1897-1948. Une rencontre manquée?* [A França e o sionismo, 1897-1948. Um encontro perdido?], Calmann-Lévy, 1992.
32. *Journal juif des jeunes*, a consultar na biblioteca do Centre de Documentation juive contemporaine (CDJC). Consultar também o jornal *La Terre retrouvée* e Catherine Nicault, *La France et le sionisme*, *op. cit.*
33. "Só permanece a língua materna", *op. cit.*, p. 131.
34. *Journal juif des jeunes*, *op. cit.*

35. *Ibid.*, p. 239.
36. Ver os arquivos de correspondências inéditas com Anne Weil, em que ela evoca com freqüência a lembrança de Germaine, New School, Nova York.
37. Entrevista com David de Rothschild, junho de 2003.
38. Elisabeth Young-Bruehl, *op. cit.*, p. 154.
39. Meus agradecimentos a Avigdar Arika, Béatrice Rosenberg, Sra. Mielgens e *op. cit.* de David de Rothschild, que perderam seu tempo para me explicar a personalidade, o calor humano e a generosidade de Germaine.
40. Nina Gourfinkel, *L'Autre Patrie* [A outra pátria], Seuil, 1953.
41. Amos Oz, *De amor e trevas*, São Paulo, Companhia das Letras, 2005.
42. Gershom Scholem, *De Berlin à Jerusalém*, *op. cit.*, p. 236.
43. Revista *La Terre retrouvée*, nº 19, 1º de julho de 1928, biblioteca do Centre de Documentation juive contemporaine.
44. Sigmund Freud e Arnold Zweig, *Correspondance, 1927-1939*, traduzido por Luc Weibel com a colaboração de Jean-Claude Gehrig, prefácio de Marthe Robert, Gallimard, 1973.
45. Citado por Elisabeth Young-Bruehl, *op. cit.*, pp. 179-180.
46. Hannah Arendt e Heinrich Blücher, *Correspondance*, *op. cit.*, carta de 24 de agosto de 1936, p. 56.
47. Ver também Elisabeth Young-Bruehl, *op. cit.*, pp. 161-169.
48. Hannah Arendt e Heinrich Blücher, *Correspondance*, *op. cit.*, carta de 5 de agosto de 1936, p. 33. O verso é tirado de *Claudine von Villa Bella* e a estrofe é a seguinte: "Você deslocou, desarrumou todos os meus instrumentos/ Procuro, mas me tornei cego e feito louco/ Sua gritaria desajeitada vai fazer fugir a pequena alma/ Ela vai partir da choça."
49. *Ibid.*, carta de Hannah Arendt de 6 de agosto de 1936, p. 34.
50. *Ibid.* p. 35.
51. *Ibid.*
52. *Ibid.*, carta de Heinrich Blücher de agosto de 1936, pp. 35-37.
53. *Ibid.*, carta de Hannah Arendt de 8 de agosto de 1936, pp. 38-39.
54. *Ibid.*, carta de Heinrich Blücher de agosto de 1936, pp. 40-42.
55. *Ibid.*, p. 41.
56. Chalotte Beradt, *Rêver sous le III Reich* [Sonhar durante o III Reich], prefácio de Martine Leibovici, traduzido por Pierre Saint-Germain, Payot, 2002. Charlotte deixou a Alemanha em 1939 para ir à Inglaterra. Chegou a Nova York no *Scynthia*, um dos últimos navios que saíram de Londres. Encontrou Heinrich e virou amiga de Hannah, a quem pediu que lesse o seu trabalho, que Hannah achou notável. *Rêver sous le III Reich*, que só foi publicado em 1966, continua sendo um testemunho de primeira grandeza e uma análise capital do totalitarismo vivido pela própria autora.
57. Hannah Arendt e Heinrich Blücher, *Correspondance*, *op. cit.*, carta de 19 de agosto de 1936, pp. 45-46.
58. *Ibid.*, carta de 12 de agosto de 1936, pp. 44-45.

59. *Ibid.*, p. 44.
60. *Ibid.*
61. *Ibid.*, carta de Hannah Arendt de 24 de agosto de 1936, p. 55.
62. *Ibid.*, p. 45.
63. *Ibid.*, carta de Heinrich Blücher de 21 de agosto de 1936, juntando um conceito de Hannah, p. 48.
64. *Ibid.*, p. 51.
65. *Ibid.*
66. *Ibid.*
67. *Ibid.*, carta de Hannah Arendt de 24 de agosto de 1936, p. 54.
68. *Ibid.*, p. 55.
69. "L'armée juive, le début d'une politique juive?" [O exército judeu, o início de uma política judaica?], revista *Aufbau* de 14 de novembro de 1941.
70. Hannah Arendt e Heinrich Blücher, *Correspondance*, *op. cit.*, carta de Hannah Arendt de 23 de novembro de 1936, p. 57.
71. *Ibid.*, carta de Heinrich Blücher de 15 de fevereiro de 1937, p. 59.
72. *Ibid.*, carta de Heinrich Blücher de 25 de novembro de 1936, p. 59.
73. *Ibid.*, carta de Hannah Arendt de 15 de fevereiro de 1937, p. 60.
74 *Ibid.*, carta de Hannah Arendt de 17 de fevereiro de 1937, p. 61.
75. *Ibid.*, carta de Hannah Arendt de 15 de fevereiro de 1937, p. 60.
76. *Ibia.*, carta de Heinrich Blücher de 17 de fevereiro de 1937, p. 62.
77. *Ibid.*, carta de Heinrich Blücher de 21 de fevereiro de 1937, p. 67.
78. *Ibid.*
79. *Ibid.*, carta de Hannah Arendt de 23 de fevereiro de 1937, p. 69.
80. *Ibid.*, carta de Heinrich Blücher de 22 de fevereiro de 1937, pp. 67-68.
81. *Ibid.*, carta de Hannah Arendt de 9 de setembro de 1937, p. 71.
82. *Ibid.*, carta de 16 de setembro de 1937, p. 78.
83. Walter Benjamin e Gershom Scholem, *Correspondência, 1933-1940*, traduzido por Neuza Soliz, São Paulo, Perspectiva, 1980, carta de 5 de agosto de 1937, p. 276.
84. Hannah Arendt e Heinrich Blücher, *Correspondance*, *op. cit.*, carta de Hannah Arendt de 18 de setembro de 1937, p. 79.
85. *Ibid.* Carta de Heinrich Blücher de 19 de setembro de 1937, p. 80.
86. Walter Benjamin, *Charles Baudelaire: Un poète lyrique à l'apogée du capitalisme*, traduzido e prefaciado por Jean Lacoste, a partir da edição original estabelecida por Rolf Tiedemann, Payot, 1982 [Walter Benjamin, *Charles Baudelaire: um lírico no auge do capitalismo*, *Obras escolhidas*, vol. III, traduzido por José Carlos Martins Barbosa e Hemerson Alves Baptista, São Paulo, Ed. Brasiliense, 1995].
87. Denis Hollier, *Le collège de sociologie, 1937-1939* [O colégio de sociologia, 1937-1939], Gallimard, col. Folio Essais, 1995. Georges Bataille lhe dá a permissão para publicar "L'œuvre d'art à l'époque de sa reproduction mécanisée" [A obra de arte na época de sua

reprodutibilidade técnica], que será traduzido por Pierre Klossowski, que participava desde 1934, como Hannah e Günther, da redação de *Recherches philosophiques*. Foi na revista *Contre-Attaque* que Klossowski conheceu Benjamin, de quem também traduziu extratos do estudo sobre *As afinidades eletivas*, de Goethe.

88. Walter Benjamin e Gershom Scholem, *Correspondência, op. cit.*
89. *Ibid.*, carta nº 118 de 20 de fevereiro de 1939, p. 329.
90. *Ibid.*, carta nº 122 de 8 de abril de 1939, p 339.
91. Walter Benjamin, *Correspondance, op. cit.*, carta de junho de 1939 (data incerta), p. 300.

VI. PÁRIA

1. Bertolt Brecht, "Sur le sens du mot émigrant" [Sobre o sentido da palavra emigrante], *Poèmes IV*, 1934-1941, L'Arche éditeur, 1966, p. 131.
2. Claude Vernier, *Tendre exil: Souvenirs d'un réfugié antinazi en France* [Exílio afetuoso: Lembranças de um refugiado antinazista na França], La Découverte-Maspero, 1983.
3. Hannah Arendt e Heinrich Blücher, *Correspondance, op. cit.*, início de setembro de 1939, p. 87.
4. Walter Benjamin, *Correspondance, op. cit.*, t. 2, carta de 21 de setembro de 1939, p. 306.
5. Hannah Arendt e Heinrich Blücher, *Correspondance, op. cit.*, carta de 29 de setembro de 1939, p. 89.
6. *Ibid.*, carta de Heinrich Blücher de 17 de outubro de 1939, pp. 91-92.
7. Ver *Exilés en France: Souvenirs d'antifascistes allemands émigrés (1933-1945)* [Exilados na França: lembranças de antifascistas alemães emigrados], entrevistas de Klaus Berger, Lotte H. Eisner, Peter Gingold..., introdução de Gilbert Badia, Maspero, 1982; Denis Peschanski, *La France des camps: L'internement, 1938-1946* [A França dos campos: a detenção, 1938-1946], Gallimard, 2002. Ver também Florimond Bonte, *Les Anstifascistes allemands dans la Résistance française* [Os antifascistas alemães na Resistência francesa], Éditions Sociales, 1969.
8. Ver Jean-Michel Palmier, *Weimar en exil, op. cit.*
9. Walter Benjamin, *Correspondance, op. cit.*
10. Hannah Arendt e Heinrich Blücher, *Correspondance, op. cit.*, carta de Heinrich Blücher de 24 de novembro de 1939, p. 95.
11. Sob a direção de Gilbert Badia, *Les Barbelés de l'exil: Études sur l'émigration allemande et autrichienne, 1938-1940*, Presses Universitaires de Grenoble, 1979. Ver o capítulo sobre os campos de internação na França.
12. Jean-Michel Palmier, *Weimar en exil, op. cit.*, t. 2, p. 115.
13. Gilbert Badia, *Les Barbelés de l'exil, op. cit.*
14. Pode-se consultar essas cartas nos arquivos da New School em Nova York. Ver também sua correspondência com Kurt Blumenfeld, *op. cit.*
15. Ver a coletânea *Exilés en France, op. cit.*, assim como Hanna Schramm e Barbara Vormeier, *Vivre à Gurs, Un camp de concentration français, 1940-1941* [Viver em Gurs, um campo de concentração francês, 1940-1941], traduzido por Irène Petit, Maspero, 1979.

16. Elisabeth Young-Bruehl, *op. cit.*, p. 200.
17. *Ibid.*
18. Elisabeth Young-Bruehl, *op. cit.*, pp. 200-202.
19. Walter Benjamin, *Correspondance, op. cit.*, carta nº 332 de 22 de agosto de 1940.
20. Ver Elisabeth Young-Bruehl, *op. cit.*, p. 204.
21. Henri Jacoby, citado por Jean-Michel Palmier, *Weimar en exil, op. cit.*
22. Anna Seghers, *Transit* [Trânsito], traduzido por Jeanne Stern, Alinéa, 1990.
23. Conversa entre Stefan Hessel e Walter Benjamin, entrevista com Stefan Hessel, 3 de junho de 2002.
24. Ver Gershom Scholem, *Histoire d'une amitié, op. cit.*, p. 244.
25. Lisa Fittko, *Le Chemin des Pyrénées, Souvenirs 1940-1941* [O caminho dos Pireneus, lembranças, 1940-1941], traduzido por Léa Marcou, Maren Sell, 1987.
26. Gershom Scholem, *De Berlin à Jerusalém, op. cit.*, pp. 248-249. Do mesmo autor, ver também *Histoire d'une amitié, op. cit.* Ver enfim Bruno Tackels, *Walter Benjamin, Une introduction* [Walter Benjamin, Uma introdução], Presses Universitaires de Strasbourg, 1992.
27. Hannah Arendt, *Vies politiques, op. cit.*, pp. 267-268.
28. Walter Benjamin, *Correspondance, op. cit.*, carta nº 331 de 8 de julho de 1940, p. 335.
29. Poema citado por Elisabeth Young-Bruehl, *op. cit.*, p. 211. Na edição brasileira, *op. cit.*, esse poema se encontra na p. 164.
30. Walter Benjamin, "Sobre o conceito da história", in *Obras escolhidas*: Magia e técnica, Arte e política, tradução de Sérgio Paulo Rouanet, 7ª ed., São Paulo, Brasiliense, 1994, p. 222.
31. Correspondência inédita, Central Zionist Archives, Jerusalém. Meus agradecimentos a Simone Schliachter em Jerusalém e a Kátia Tenembaum em Roma.
32. *Ibid.*
33. Walter Benjamin, "Angelus Novus", *Essais*, traduzido e prefaciado por Maurice de Gandillac, 2 tomos, Denoël, 1966. Ler também Gershom Scholem, *Walter Benjamin et son ange* [Walter Benjamin e seu anjo], traduzido e apresentado por Philippe Ivernel, Rivages, 1995.
34. Correspondência inédita, Central Zionist Archives, Jerusalém.
35. Walter Benjamin, "Angelus Novus", *art. cit.*
36. Arthur Koestler, *Hiéroglyphes, op. cit.*
37. Correspondência inédita, Central Zionist Archives, Jerusalém.
38. *Ibid.*

VII. JORNALISTA

1. Alma Mahler, *Minha vida*, São Paulo, Martins Fontes, 1988.
2. Franz Kafka, *Contemplação e o Foguista*, tradução de Modesto Carone, São Paulo, Companhia das Letras, p. 45.
3. Citado por Jean-Michel Palmier, *Weimar en exil, op. cit.*
4. Hannah Arendt e Heinrich Blücher, *Correspondance, op. cit.*, p. 100.

5. Jean-Michel Palmier, *Weimar en exil*, *op. cit.*, t. 2, p. 202.
6. *Ibid.*, p. 179.
7. Elisabeth Young-Bruehl, *op. cit.*, pp. 213-215.
8. Hannah Arendt e Heinrich Blücher, *Correspondance*, *op. cit.*, carta de 21 de julho de 1941, pp. 101-104.
9. *Ibid.*, p. 102.
10. *Ibid.*, p. 103.
11. *Ibid.*
12. *Ibid.*, carta de 24 de julho de 1941, p. 106.
13. *Ibid.*, carta de 25 de jullho de 1941, p. 107. Milagrosamente, ela reencontrará um outro exemplar de seu texto em agosto de 1945, graças a Karthe Fuerst, a quem ela havia entregado uma cópia em 1936, quando emigrou com seu marido Ernst, primo de Hannah, para a Palestina.
14. *Ibid.*, carta de 26 de julho de 1941, p. 108.
15. *Ibid.*, carta de 26 de julho de 1941, p. 109.
16. *Ibid.*, carta de 1º de agosto de 1941, p. 113.
17. *Ibid.*, carta de 2 de agosto de 1941, p. 116.
18. *Ibid.*
19. *Ibid.*, carta de 2 de agosto de 1941, p. 115.
20. Desde seu nascimento, a revista só teve um público restrito e seu ritmo de publicação logo perdeu fôlego. Faliu rapidamente, exacerbando a amargura e o desespero de Klaus Mann. Ver Klaus Mann, *Le Tournant, Histoire d'une vie*, traduzido por Nicole Roche com a colaboração de Henri Roche, Solin, 1984.
21. Hannah Arendt e Heinrich Blücher, *Correspondance*, *op. cit.*, carta de 1º de agosto de 1941, p. 114.
22. Hannah Arendt, *Journal de pensée*, *op. cit.*
23. Hannah Arendt e Heinrich Blücher, *Correspondance*, *op. cit.*, carta de 2 de agosto de 1941, p. 117.
24. *Ibid.*
25. *Ibid.*
26. Ver Enzo Traverso, *La Pensée dispersée, Figures de l'exil judéo-allemand* [O pensamento disperso, Figuras do exílio judaico-alemão], Leo Scheer, 2004.
27. Hannah Arendt e Heinrich Blücher, *Correspondance*, *op. cit.*, carta de 4 de agosto de 1941, p. 118.
28. Correspondência inédita, datada de 6 de fevereiro de 1942, que se pode consultar nos fundos Arendt da biblioteca da New School, em Nova York.
29. Ver Stefan Müller-Doohm, *Adorno, Une biographie*, *op. cit.*, Ver também Walter Benjamin, *Correspondance*, *op. cit.*
30. In *Auschwitz et Jérusalem*, traduzido por Sylvie Courtine-Denamy, Deux-temps Tierce, 1991, reed. Presses Pocket, 1993, pp. 23-26.
31. *Ibid.*, p. 25.

32. *Ibid.*
33. *Ibid.*, p. 23.
34. Thomas Mann, *Appels aux Allemands, Messages radiodiffusés adressés aux Alemands (d'octobre 1940 à juin 1945)*, traduzido por Pierre Jundt, introdução crítica de Edmond Vermeil, M. Flinker, 1948; Balland, 1985.
35. Elisabeth Young-Bruehl, *op. cit.*, p. 222.
36. Entrevista com André Schiffrin, março de 2002. André Schiffrin, outrora editor da Pantheon Books, fundou, depois da compra da Pantheon por um grande grupo, uma editora sem fins lucrativos, a The New Press. É autor de *L'Édition sans éditeurs* [A edição sem editores], traduzido por Michel Luxembourg, La Fabrique, 1999, e *Le Controle de la parole* [O controle da palavra], traduzido por Eric Hazan, La Fabrique, 2005.
37. Ver Peter Novick, *L'Holocauste dans la vie américaine* [O Holocausto na vida americana], traduzido por Pierre Emmanuel Dauzat, Gallimard, 2001.
38. Carta de 18 de agosto de 1942 citada por Elisabeth Young-Bruehl, *op. cit.*, p. 224.
39. *Ibid.*
40. Hannah Arendt, "Papier et réalité" [Papel e realidade], artigo do *Aufbau* de 10 de abril de 1942, in *Auschwitz et Jerusalém, op. cit.*, p. 32.
41. Hannah Arendt, "L'éloquence du diable" [A eloqüência do diabo] artigo do *Aufbau* de 8 de maio de 1942, in *Auschwitz et Jerusalém, op. cit.*, p. 34.
42. *Struma* é o nome de um navio de refugiados desaparecido no mar Negro em 24 de fevereiro de 1942, tendo a bordo 769 judeus que queriam emigrar para a Palestina. O navio foi rechaçado pelo governo turco.
43. Grifo meu.
44. Hannah Arendt, "La prétendue armée juive" [O pretendido exército judeu], artigo do *Aufbau* de 22 de maio de 1942, in *Auschwitz et Jerusalém, op. cit.*, p. 38.
45. Hannah Arendt, "On ne prononcera pas le Kaddish" [Não pronunciaremos o Kaddish], artigo do *Aufbau* de 19 de junho de 1942, in *Auschwitz et Jérusalem, op. cit.*, p. 39.
46. *Ibid.*
47. *Ibid.*, p. 40.
48. Elisabeth Young-Bruehl, *op. cit.*, p. 225.
49. *Ibid.*, p. 231.
50. *Ibid.*, p. 232.
51. *Ibid.*
52. *Ibid.*, p. 233.
53. Hannah Arendt, "Le dos au mur" [Encostados na parede], publicado em 3 de julho de 1942 no *Aufbau*, in *Auschwitz et Jérusalem, op. cit.*, p. 44.
54. Citado por Jean-Michel Palmier, in *Weimar en exil, op. cit.*
55. Élie Wiesel, *Un Juif aujourd'hui* [Um judeu hoje], Seuil, 1977.
56. Amos Gitai soube transmitir no filme *Kedma*, apresentado em 2002, a confusão desses judeus europeus esgotados, que conseguiram sair milagrosamente dos campos da morte e que

fracassam às margens da Palestina, perseguidos por soldados britânicos que querem impedi-los de entrar. Tom Segev, e com ele toda uma escola de jovens pesquisadores israelenses, testemunhou a intransigência e a falta de vontade política de Ben Gurion em relação ao destino dos judeus europeus. Na época, sua preocupação principal era povoar a Palestina com jovens valentes e vigorosos, prontos a trabalhar a terra, e não aceitar bandos de judeus de todas as idades, desgastados com a experiência dos *pogroms*. Ver Tom Segev, *Le Septième Million: Les Israéliens et le génocide* [O Sétimo Milhão: Os israelenses e o genocídio], traduzido por Eglal Errera, nova edição, Liana Levi, 2002.

57. Citado por Tom Segev, *Le Septième Million, op. cit.* Ler também Georges Bensoussan, *Une histoire intellectuelle et politique du sionisme, 1860-1940* [Uma história intelectual e política do sionismo, 1860-1940], Fayard, 2002.
58. Hannah Arendt, "La crise du sionisme" [A crise do sionismo], artigo publicado no *Aufbau* em 20 de novembro de 1942, in *Auschwitz et Jérusalem, op. cit.*, p. 54.
59. *Ibid.*
60. Essa correspondência pertence aos fundos da New School, em Nova York.
61. Essa observação dizia respeito ao artigo de Hannah Arendt "La question judéo-arabe peut-elle être résolue?" [A questão árabe-judaica pode ser resolvida?], publicado nos dias 17 e 31 de dezembro de 1943 no *Aufbau*, in *Auschwitz et Jérusalem, op. cit.*, pp. 59-63.
62. "Só permanece a língua materna" in *A dignidade da política, op. cit.*, pp. 134-135.
63. *Ibid.*, p. 135.
64. *Ibid.*
65. *Ibid.*, pp. 241-242.
66. *Ibid.*
67. Hans Jonas, *Souvenirs..., op. cit.*
68. Poema citado por Elisabeth Young-Bruehl, *op. cit.*, p. 242. Na edição brasileira, *op. cit.*, o poema se encontra na p. 182.
69. *Ibid.*, p. 241.
70. Hannah Arendt, "Pour l'honneur et la gloire du people juif" [Pela honra e a glória do povo judeu], artigo publicado em 21 de abril de 1944 no *Aufbau*, in *Auschwitz et Jérusalem, op. cit.*, pp. 65-67.
71. Hannah Arendt, "Une leçon en six coups de fusil" [Uma lição em seis tiros de fuzil], artigo de 11 de agosto de 1944, publicado no *Aufbau*, in *Auschwitz et Jérusalem, op. cit.*, pp. 85-87.
72. Hannah Arendt, "Les partisans juifs dans l'insurrection européenne" [Os partidários judeus na insurreição européia], artigo de 8 de setembro de 1944 publicado no *Aufbau*, in *Auschwitz et Jérusalem, op. cit.*, p. 95.
73. Walter Laqueur, "*The Arendt Cult: Hannah Arendt as political commentator*", in Steven E. Aschheim (org.), *Hannah Arendt in Jerusalem*, University of California Press, 2001.
74. Hannah Arendt, "Pour l'honneur et la gloire du people juif", *art. cit.*, p. 66.
75. *Ibid.*, pp. 65-66.
76. *Ibid.*, p. 67.

77. Ver Peter Novick, *L'Holocauste dans la vie américaine* [O Holocausto na vida americana], traduzido por Pierre-Emmanuel Dauzat, Gallimard, 2001, que acrescenta: "Era uma etiqueta da qual fugíamos por todos os meios. Raros eram aqueles que queriam se considerar vítimas, e mais raros ainda os que tinham vontade de serem percebidos enquanto tal."
78. Citado por Tom Segev, *Le Septième Million, op. cit.*
9. Citado por Tom Segev, *ibid.*
80. Ver Ilan Greilsammer, *La Nouvelle Histoire d'Israël, Essai sur une identité nationale* [A Nova História de Israel, Ensaio sobre uma identidade nacional], Gallimard, 1998.
81. Correspondência inédita entre Hannah Arendt e Gershom Scholem, fundos da New School, Nova York.
82. Hannah Arendt e Kurt Blumenfeld, *Correspondance, op. cit.*, carta de 26 de junho de 1945, p. 29.
83. Correspondência inédita entre Hannah Arendt e Gershom Scholem, fundos da New School, Nova York, 6 de março de 1945.
84. Hannah Arendt, "Franz Kafka", in *La Tradition cachée, op. cit.*, p. 107.

VIII. ANTI-SIONISTA

1. Hannah Arendt observa em seus artigos o enfraquecimento das forças palestinas no plano internacional: nenhuma das organizações judaicas consegue de fato uma cadeira como partidária de pleno direito por ocasião das negociações preliminares à fundação das Nações Unidas.
2. Hannah Arendt e Kurt Blumenfeld, *Correspondance, op. cit.*, carta nº 4 de 19 de setembro de 1945, p. 45.
3. *Ibid.*
4. Hannah Arendt, "Sans droits et avilis" [Sem direitos e aviltamentos], artigo publicado no *Aufbau* em 15 de dezembro de 1944, in *Auschwitz et Jérusalem, op. cit.*, pp. 135-138.
5. "Não que você as tenha colocado cientemente, mas um leitor maldoso poderia muito bem deduzi-las", escreverá então Clement Greenberg, um dos responsáveis pela revista.
6. Hannah Arendt, "Le sionisme reconsideré" [O sionismo reconsiderado], publicado no *Menorah Journal* de outubro de 1944, in *Auschwitz et Jérusalem, op. cit.*, pp. 97-133.
7. *Ibid.*, p. 97.
8. *Ibid.*
9. *Ibid.*, p. 99.
10. *Ibid.*, p. 105.
11. Ver Ilan Greilsammer, *La Nouvelle Histoire d'Israël, op. cit.* Hans Jonas conta em seu *Souvenirs...*, *op. cit.*, pp. 95-96, ter sido um dos primeiros a pedir um certificado de imigração, que na época era chamado de certificado de capitalista ou ainda um certificado de mil libras, o equivalente a doze mil marcos, e que recebeu sem vergonha do governo nacional-socialista

uma autorização de transferência. Assim, a Palestina gozava até da preferência das autoridades nazistas como terra de emigração para os judeus, pois era bem mais difícil obter a mesma autorização, e do mesmo montante, para partir aos Estados Unidos.

12. Citado por Ilan Greilsammer, *La Nouvelle Histoire d'Israël, op. cit.*
13. Hannah Arendt, "Réexamen du sionisme" [Reexame do sionismo], publicado no *Menorah Journal* de outubro de 1944, in *Auschwitz et Jérusalem, op. cit.*, p. 107.
14. *Ibid.*, p. 133.
15. O texto só ficou disponível em inglês a partir de 1970, data em que apareceu na MacMillan com o título original.
16. Correspondência inédita entre Hannah Arendt e Gershom Scholem, fundos da New School, Nova York.
17. Hannah Arendt e Kurt Blumenfeld, *Correspondance, op. cit.*, carta n° 7 de 14 de janeiro de 1946, p. 57.
18. *Ibid.*, carta n° 8 de 17 de julho de 1946, p. 60.
19. Elisabeth Young-Bruehl, *op. cit.*, p. 279.
20. Hannah Arendt e Karl Jaspers, *Correspondance, op. cit.*, carta n° 30 de 28 de outubro de 1945, p. 58.
21. Entrevista com Lotte Köhler, Nova York, novembro de 2001.
22. Elisabeth Young-Bruehl, *op. cit.*, p. 279.
23. Hannah Arendt e Karl Jaspers, *Correspondance, op. cit.*, carta n° 30 de 28 de outubro de 1945, p. 58.
24. *Ibid.*, carta de 18 de novembro de 1945.
25. *Ibid.*, carta n° 31 de 18 de novembro de 1945, p. 61.
26. *Ibid.*, carta de 18 de novembro de 1945.
27. Hannah Arendt, "*Privilized Jews*", *The Jewish Social Studies*, janeiro de 1946. Tradução francesa com o título de "Les Juifs d'exception" [Os judeus de exceção], in *La Tradition cachée, op. cit.*, p. 127.
28. Aharon Appelfeld, "L'héritage nu" [A herança nua], in revista *Penser, rever, Retours sur la question juive*, L'Olivier, 2005.
29. Ver seu artigo da *Review of Politics*, n° 7, 4 de outubro de 1945, traduzido para o francês com o título "Les germes d'une internationale fasciste" [Os germes de uma internacional fascista], in *Auschwitz et Jérusalem, op. cit.*
30. Peter Novick, *L'Holocauste dans la vie américaine, op. cit.*
31. Theodor W. Adorno e Max Horkheimer, *La Dialectique de la raison, Fragments philosophiques* [A dialética da razão, Fragmentos filosóficos], traduzido por Éliane Kaufholz, Gallimard, 1974. Inicialmente publicado em 1947 pela Querido, em Amsterdã, depois reeditado com um novo prefácio de Adorno e Horkheimer em 1969, antes de ser traduzido por Eliane Kaufholz, reeditado na col. Tel em 1983.
32. Hannah Arendt e Karl Jaspers, *Correspondance, op. cit.*, carta n° 32 de 2 de dezembro de 1945, p. 62.

33. *Ibid.*, carta nº 34 de 29 de janeiro de 1946, p. 66.
34. *Ibid.*, p. 71.
35. Thomas Mann, *Appels aux Allemands, op. cit.* O artigo foi publicado no número de outubro de 1945 da *Neue Rundschau*, em Estocolmo.
36. Karl Jaspers, *La Situation spirituelle de notre époque* [A situação espiritual de nossa época], traduzido por Jean Ladrière e Walter Biemel, Desclée de Brouwer, 1951. E *La Culpabilité allemande* [A culpabilidade alemã], traduzido por Jeanne Hersch e prefaciado por Pierre Vidal-Naquet, Minuit, 1990.
37. Hannah Arendt e Karl Jaspers, *Correspondance, op. cit.*, carta nº 38 de 8 de maio de 1946, p. 80.
38. *Ibid.*, carta nº 38 de 10 de maio de 1946, p. 83.
39. *Ibid.*
40. *Ibid.*
41. Ver a correspondência inédita de Hannah Arendt e Hilde Fränkel nos fundos da New School, em Nova York.
42. Hannah Arendt e Heinrich Blücher, *Correspondance, op. cit.*, carta datada do início de julho de 1946, p. 127.
43. *Ibid.*, carta de 8 de julho de 1946, p. 128.
44. *Ibid.*
45. *Ibid.*, carta de Heinrich Blücher de 9 ou 10 de julho de 1946, p. 129.
46. *Ibid.*, carta de Heinrich Blücher de 15 de julho de 1946, p. 135.
47. *Ibid.*, carta de Hannah Arendt de 8 de julho de 1946, p. 129.
48. Correspondência inédita entre Hannah Arendt e Hermann Broch, fundos da New School, em Nova York. Hannah Arendt não esconderá de Gertrud Jaspers a emoção despertada pela leitura de *A morte de Virgílio*, comparável à que sentiu quando descobriu Kafka: "Broch é judeu como Kafka, como Proust. Não podem mais nos excluir da grande evolução produtiva da modernidade ocidental." Ver Hannah Arendt e Karl Jaspers, *Correspondance, op. cit.*
49. Correspondência inédita, fundos da New School, Nova York.
50. Hannah Arendt e Karl Jaspers, *Correspondance, op. cit.*, carta nº 324 de 29 de janeiro de 1946, p. 68.
51. Hannah Arendt e Kurt Blumenfeld, *Correspondance, op. cit.*, carta nº 32 de 19 de julho de 1947, p. 64.
52. *Ibid.*
53. Hannah Arendt e Karl Jaspers, *Correspondance, op. cit.*, carta nº 43 de 17 de agosto de 1946, p. 102.
54. Hannah Arendt e Heinrich Blücher, *Correspondance, op. cit.*, carta a Heinrich Blücher de 21 de julho de 1947, p. 138.
55. Hannah Arendt, "L'image de l'enfer" [A imagem do inferno], artigo publicado em *Commentary* 2/3 de setembro de 1946, in *Auschwitz et Jérusalem, op. cit.*, pp. 156-157.

56. *Ibid.*, p. 151-160.
57. *Ibid.*, p. 153.
58. *Ibid.*, p. 152.
59. *Ibid.*
60. *Ibid.*, p. 154.
61. *Ibid.*, pp. 154-155.
62. David Rousset , *L'Univers concentrationnaire* [O universo dos campos de concentração], nova edição, Minuit, 1965.
63. Robert Antelme, *L'Espèce humaine* [A espécie humana], Gallimard, col. Tel, 1978.
64. Primo Levi, *Os afogados e os sobreviventes*, traduzido por Luiz Sérgio Henriques, Rio de Janeiro, Paz e Terra, 1990.
65. Annette Wieviorka, *L'Ére du témoin* [A era do testemunho], Plon, 1998.
66. Citado por Peter Novick, *L'Holocauste dans la vie américaine, op. cit.*
67. Entrevista com Frédéric de Towarnicki, junho de 2003. Ver também Frédéric de Towarnicki, *Martin Heidegger, Souvenirs et chroniques* [Martin Heidegger, Lembranças e crônicas], Payot-Rivages, 1999.
68. Hugo Ott, *Martin Heidegger, Éléments pour une biographie, op. cit.*
69. Martin Heidegger, *Correspondance avec Karl Jaspers, op. cit.*, p. 419. O texto é citado numa nota que reproduz a carta de Friedrich Oehlkers a Karl Jaspers, assim como o relatório que Jaspers faz sobre Heidegger.
70. "Nazista à sua maneira", como explica de forma luminosa George Steiner em seu *Martin Heidegger*, traduzido por Denys de Caprona, Albin Michel, 1981. Ver também Philippe Lacoue-Labarthe e Jean-Luc Nancy, *Le Mythe Nazi* [O mito nazista], L'Aube, 1991, e a obra esclarecedora de Pierre Bourdieu, *L'Ontologie politique de Martin Heidegger* [A ontologia política de Martin Heidegger], Minuit, 1988. Por fim, ver Hannah Arendt e Karl Jaspers, *Correspondance, op. cit.*, carta de 9 de julho de 1946.
71. Martin Heidegger, *Correspondance avec Karl Jaspers, op. cit.*, pp. 420-421.
72. *Ibid.*, p. 421.
73. "[...] ainda que não esteja interessada objetiva nem pessoalmente no velho Husserl, pretendo continuar solidária nesse ponto; e como sei que essa carta e essa assinatura quase o assassinaram [*a carta de demissão da universidade assinada pelo reitor Heidegger*], não posso me impedir de ver em Heidegger um assassino em potencial", Hannah Arendt e Karl Jaspers, *Correspondance, op. cit.*, carta nº 42 de 9 de julho de 1946, p. 92.
74. *Ibid.*, carta nº 42 de 9 de julho de 1946, pp. 91-92.
75. Martin Heidegger, *Correspondance avec Karl Jaspers, op. cit.*, p. 421.
77. Meus agradecimentos a Maurice de Gandillac, que me recebeu várias vezes e não economizou seu tempo para me esclarecer.
78. Hannah Arendt e Karl Jaspers, *Correspondance, op. cit.*, carta de 9 de julho de 1946, p. 92.

IX. MILITANTE POLÍTICA

1. Hannah Arendt, *Origens do totalitarismo*, terceira parte, "O totalitarismo", capítulo "Ideologia e terror: uma nova forma de governo", traduzido por Roberto Raposo, São Paulo, Companhia das Letras, 1989, pp. 520-521.
2. Revista *Commentary*, fevereiro de 1946.
3. *Ibid.*, p. 818.
4. *Ibid.*
5. Carta a Mary Underwood de 14 de setembro de 1946, citada na esclarecedora introdução de Pierre Bouretz a *Les Origines du totalitarisme*, edição organizada por Pierre Bouretz, Gallimard, col. Quarto, 2002, p. 143.
6. Hannah Arendt e Karl Jaspers, *Correspondance*, *op. cit.*, carta nº 43 de Hannah Arendt de 17 de agosto de 1946, pp. 98-99.
7. Pierre Birnbaum, *Géographie de l'espoir, l'exil, les Lumières, la désassimilation*, *op. cit.*
8. Hannah Arendt e Karl Jaspers, *Correspondance*, *op. cit.*, carta nº 43 de Hannah Arendt de 17 de agosto de 1946, p. 100.
9. *Ibid.*
10. Morris Waldman a John Slawson, carta não datada, mas recebida no dia 26 de agosto de 1946, AJComittee Papers, AJC, citada por Peter Novick, *L'Holocauste dans la vie américaine*, *op. cit.*, p. 93.
11. Samuel Lubell, "*The Second Exodus of the Jews*", *Saturday Evening Post*, 219, 5 de outubro de 1946, citado por Peter Novick, *L'Holocauste dans la vie américaine*, *op. cit.*, p. 93.
12. Citado por Tom Segev, *Le Septième Million*, *op. cit.*
13. *Ibid.* Ver também Peter Novick, *op. cit.*, e Ilan Greilsammer, *La Nouvelle Histoire d'Israël. Essai sur une identité nationale* [A nova história de Israel. Ensaio sobre uma identidade nacional], Gallimard, 1998.
14. Citado por Tom Segev, *op. cit.*
15. Hannah Arendt, "Les germes d'une internationale fasciste" [Os germes de uma internacional fascista], in *Auschwitz et Jérusalem*, *op. cit.*, pp. 139-150.
16. *Ibid.*, p. 140.
17. Hannah Arendt e Karl Jaspers, *Correspondance*, *op. cit.*, carta nº 41 de 27 de junho de 1946, p. 88.
18. *Ibid.*
19. *Ibid.*, carta nº 43 de 17 de agosto de 1946, p. 101.
20. *Ibid.*, carta nº 41 de 27 de junho de 1946, p. 89.
21. *Ibid.*, carta nº 43 de 17 de agosto de 1946, p. 102.
22. Hannah Arendt e Heinrich Blücher, *Correspondance*, *op. cit.*, carta de 25 de julho de 1947, p. 139.
23. Salman Schocken (1877-1959).
24. Shmuel Yosef Agnon (1888-1970).

25. Hannah Arendt e Karl Jaspers, *Correspondance, op. cit.*, carta n° 61 de 4 de setembro de 1947, p. 158.
26. *Ibid.*, carta n° 47 de 11 de novembro de 1946, p. 115.
27. Correspondência, fundos da New School, Nova York.
28. Hannah Arendt e Kurt Blumenfeld, *Correspondance, op. cit.*, carta n° 10 de 19 de julho de 1947, p. 63.
29. Hannah Arendt, "*To Save the Jewish Homeland: There is Still Time*", *Commentary*, 5 de maio de 1948, traduzido por Pierre Pachet em *Penser l'événement* [Pensar o acontecimento], organizado por Claude Habib, Belin, 1989, pp. 135-153.
30. Hannah Arendt e Karl Jaspers, *Correspondance, op. cit.*, carta n° 69 de 18 de maio de 1948, p. 173.
31. O conde Bernadotte, mediador da ONU, propunha que o território destinado ao Estado palestino fosse anexado à Cisjordânia, que a emigração para Israel continuasse sem restrição durante dois anos, que Jerusalém fosse anexada à parte árabe, e sobretudo que todos os refugiados palestinos pudessem voltar para suas terras. Apenas a Grã-Bretanha apoiou o plano Bernadotte. A URSS se opôs violentamente, os Estados Unidos hesitaram e Israel recusou.
32. Correspondência inédita, fundos da New School, Nova York.
33. *Ibid.*
34. Elisabeth Young-Bruehl, *op. cit.*, p. 229.
35. *Ibid.*, p. 301.
36. Correspondência inédita, fundos da New School, Nova York, carta de Gershom Scholem a Hannah Arendt de 6 de março de 1945.
37. *Ibid.*, Hannah Arendt a Judah Magnes, 3 de agosto de 1948.
38. *Ibid.*, carta de Hannah Arendt a Judah Magnes, 24 de agosto de 1948.
39. "*This Mission of Bernadotte*", *New Leader*, 31 de outubro de 1948.
40. Citado por Elisabeth Young-Bruehl, *op. cit.*, p. 305, carta de 3 de outubro de 1948.
41. Elisabeth Young-Bruehl, *op. cit.*, p. 304.
42. Hannah Arendt e Karl Jaspers, *Correspondance, op. cit.*, carta n° 73 de 31 de outubro de 1948, p. 181.
43. Hannah Arendt, "La visite de Begin et ses objectifs politiques" [A visita de Begin e seus objetivos politicos], carta aberta publicada em 4 de dezembro de 1948 no *New York Times*, assinada também por Albert Einstein e outros, in *Auschwitz et Jérusalem*, *op. cit.*, p. 165.
44. *Ibid.*
45. *Ibid.*, p. 167.
46. Correspondência inédita, fundos da New School, Nova York.
47. Hannah Arendt e Karl Jaspers, *Correspondance, op. cit.*, carta n° 73 de 31 de outubro de 1948, p. 181.
48. *Ibid.*, carta n° 55 de 23 de março de 1947, p. 133.
49. Hannah Arendt e Heinrich Blücher, *Correspondance, op. cit.*, carta de 22 de julho de 1948, pp. 141-142.

50. Correspondência inédita, fundos da New School, Nova York.
51. Elisabeth Young-Bruehl, *op. cit.*, p. 306.
52. Hannah Arendt e Heinrich Blücher, *Correspondance, op. cit.*, carta de 27 de julho de 1948, p. 143.
53. *Ibid.*
54. *Ibid.*
55. *Ibid.*
56. *Ibid.*
57. *Ibid.*, carta de 29 de julho de 1948, p. 144.
58. *Ibid.*, pp. 144-145.
59. Hannah Arendt e Karl Jaspers, *Correspondance, op. cit.*, carta n° 74 de 6 de novembro de 1948, p. 183.
60. Hannah Arendt e Heinrich Blücher, *Correspondance, op. cit.*, carta de 29 de julho de 1948, pp. 145-146.
61. Ela se chama Rose Feitelson. É professora e escritora. A paixão é recíproca.
62. *Ibid.*, p. 147.
63. Elisabeth Young-Bruehl, *op. cit.*, p. 255.
64. Citado por Elisabeth Young-Bruehl, *op. cit.*, p. 314.
65. *Ibid.*, p. 317. Carta a Hella Jaensch de 12 de junho de 1965.
66. *Journal de pensée, op. cit.*, § 26, p. 63.

X. PRIMEIRO RETORNO À EUROPA

1. Hannah Arendt e Karl Jaspers, *Correspondance, op. cit.*, carta n° 73 de 1° de outubro de 1948, p. 182.
2. *Ibid.*, carta n° 81 de 13 de janeiro de 1949, p. 192.
3. Martin Heidegger, *Correspondance avec Karl Jaspers, op. cit.*, carta n° 124 de 12 de outubro de 1942, pp. 149-150.
4. *Ibid.*, carta a Friedrich Oehlkers de 22 de dezembro de 1945, pp. 418-422.
5. *Ibid.*, carta n° 125 de 1° de março de 1948, p. 151.
6. *Ibid.*, pp. 151-152.
7. *Ibid.*, p. 152.
8. *Ibid.*
9. *Ibid.*, carta de 6 de fevereiro de 1949, p. 153.
10. *Ibid.*, p. 154.
11. *Ibid.*
12. *Ibid.*, p. 155.
13. Hannah Arendt e Karl Jaspers, *Correspondance, op. cit.*, carta n° 86 de 15 de fevereiro de 1949, p. 200.
14. *Ibid.*, carta n° 50 de 17 de dezembro de 1946, p. 121.

15. *Ibid.*, carta nº 92 de 1º de setembro de 1949, p. 210.
16. *Ibid.*, p. 211.
17. Ele fez o mesmo para várias de suas estudantes, como por exemplo Hélène Weiss, que trabalhou sobre Aristóteles, saiu da Alemanha nazista e publicou em 1942 sua tese, em que agradece a Heidegger pela ajuda.
18. *Ibid.*, carta nº 93 de 29 de setembro de 1949, p. 213.
19. Martin Heidegger, *Correspondance avec Karl Jaspers*, *op. cit.*, carta nº 127 de 22 de junho de 1949, pp. 155-156.
20. *Ibid.*, carta nº 129 de 5 de julho de 1949, p. 157.
21. *Ibid.*
22. *Ibid.*, p. 158.
23. *Ibid.*
24. Martin Heidegger, " Le Chemin de campagne" [O caminho do campo], *Questions III*, traduzido por André Préau, Roger Munier e Julien Hervier, Gallimard, 1968, reed. col. Tel, 1990.
25. Martin Heidegger, *Correspondance avec Karl Jaspers*, *op. cit.*, carta nº 130 de 10 de julho de 1949, p. 159.
26. Martin Heidegger, *Chemins qui ne mènent nulle part* [Caminhos que não levam a lugar nenhum], traduzido por Wolfgang Brokmeier e editado por François Fédier, Gallimard, 1962, reed. col. Tel, 1986.
27. Hannah Arendt lhe confessou em 1947 não ter entendido por que ele não havia expressado em Berlim, em 1933, sua oposição ao nacional-socialismo no seio da universidade (*cf.* carta de Martin Heidegger nº 59 de 30 de junho de 1947, *op. cit.*, p. 69.). Embora diga ter sempre respeitado seu silêncio, ela o atribui ao medo.
28. Pierre Bourdieu, *L'Ontologie politique de Martin Heidegger* [A ontologia política de Martin Heidegger], Minuit, 1988.
29. Martin Heidegger, *Lettre sur l'humanisme*, in *Questions III-IV*, Gallimard, col. Tel, 1990. Traduzido para o português por Emmanuel Carneiro Leão, *Sobre o humanismo*, Rio de Janeiro, Tempo Brasileiro, 1967.
30. Hannah Arendt e Karl Jaspers, *Correspondance*, *op. cit.*, carta nº 93 de 29 de setembro de 1949, p. 213.
31. Martin Heidegger, *Correspondance avec Karl Jaspers*, *op. cit.*, carta nº 131 de 6 de agosto de 1949, p. 161.
32. Hannah Arendt e Karl Jaspers, *Correspondance*, *op. cit.*, carta nº 93 de 29 de setembro de 1949, p. 213.
33. *Ibid.*
34. Fundos Arendt, New School, Nova York, carta de 26 de novembro de 1949.
35. Hannah Arendt e Heinrich Blücher, *Correspondance*, *op. cit.*, carta de 28 de novembro de 1949, p. 155.
36. *Ibid.*

37. *Ibid.*, carta de 8 de dezembro de 1949, p. 158.
38. *Ibid.* carta de 14 de dezembro de 1949, p. 159.
39. *Ibid.*
40. *Ibid.*
41. Correspondência inédita, fundos da New School, Nova York, 20 de dezembro de 1949.
42. Hannah Arendt e Heinrich Blücher, *Correspondance, op. cit.*, carta de 15 de dezembro de 1949, p. 162.
43. *Ibid.*, carta de 18 de dezembro de 1949, p. 164.
44. *Ibid.*
45. *Ibid.*, carta de 26 de dezembro de 1949, p. 170.
46. Hannah Arendt e Karl Jaspers, *Correspondance, op. cit.*, carta n° 95 de 28 de dezembro de 1949 de Karl Jaspers a Heinrich Blücher, pp. 214-215.
47. Hannah Arendt e Heinrich Blücher, *Correspondance, op. cit.*, carta de 26 de dezembro de 1949, p. 169.
48. *Ibid.*, carta de 3 de janeiro de 1950, pp. 172-173.
49. *Ibid.*, carta de 30 de janeiro de 1950, p. 182.
50. *Ibid.*
51. *Ibid*, carta de 4 de fevereiro de 1950, p. 184.
52. *Ibid.*
53. *Ibid.*, carta de 5 de fevereiro, p. 187, e de 8 de fevereiro de 1950, p. 189.
54. *Ibid.*, carta de 5 de fevereiro de 1950, p. 187.
55. *Ibid.*
56. Hannah Arendt e Martin Heidegger, *Correspondência: 1925/1975, op. cit.*, carta de 7 de fevereiro de 1950, p. 51.
57. *Ibid.*
58. Stups é o apelido afetuoso que Hannah deu a Heinrich.
59. Hannah Arendt e Heinrich Blücher, *Correspondance, op. cit.*, carta de 8 de fevereiro de 1950, p. 189.
60. Hannah Arendt e Martin Heidegger, *Correspondência: 1925/1975, op. cit.*, carta de 9 de fevereiro de 1950, pp. 53-54.
61. Correspondência inédita, fundos da New School, Nova York, carta de 10 de fevereiro de 1950. Elisabeth Young-Bruhel também cita alguns extratos, *op. cit.*, pp. 322-323.
62. *Ibid.*
63. *Ibid.*
64. Martin Heidegger, "De l'essence de la vérité, Approche de l'"allégorie de la caverne' et du *Théétète* de Platon" [Da essência da verdade, abordagem da 'alegoria da caverna' e do *Teeteto* de Platão], texto estabelecido por Hermann Mörchen e traduzido por Alain Boutot, in *Œuvres de Martin Heidegger*, seção II, cursos 1923-1924, Gallimard, 2001.
65. Hannah Arendt e Heinrich Blücher, *Correspondance, op. cit.*, carta de 19 de fevereiro de 1950, p.198.

66. Hannah Arendt e Martin Heidegger, *Correspondência: 1925/1975, op. cit.*, carta de 9 de fevereiro de 1950, pp. 53.
67. Hannah Arendt e Heinrich Blücher, *Correspondance, op. cit.*, carta de 8 de fevereiro de 1950, p. 189.
68. Essa carta nº 49 datada de 10 de fevereiro de 1950 está reproduzida na correspondência de Hannah e de Martin Heidegger, *op. cit.*, pp. 54.
69. *Ibid.*, carta nº 48 de 9 de fevereiro de 1950, pp. 53-54
70. *Ibid.*, carta nº 46 de 8 de fevereiro de 1950, pp. 51-53.
71. *Ibid.*, p. 52.
72. Correspondência inédita, fundos da New School, Nova York.
73. Hannah Arendt e Martin Heidegger, *Correspondência: 1925/1975, op. cit.*, carta nº 51 de 15 de fevereiro de 1950, pp. 57-58.
74. Hannah Arendt e Heinrich Blücher, *Correspondance, op. cit.*, carta de 2 de março de 1950, p. 203.
75. *Ibid.*, carta de 8 de março de 1950, p. 207.

XI PENSAR O TOTALITARISMO

1. Hannah Arendt e Martin Heidegger, *Correspondência: 1925/1975, op. cit.*, carta sem data, nº 50, provavelmente entre os dias 10 e 15 de fevereiro de 1950, p. 56.
2. Hannah Arendt e Heinrich Blücher, *Correspondance, op. cit.*, carta de 22 de fevereiro de 1950, p. 199.
3. Correspondência inédita, fundos da New School, Nova York.
4. Trata-se de uma citação do *Fedro* de Platão, 115b. Ver também Hannah Arendt e Karl Jaspers, *Correspondance, op. cit.*, carta de 20 de abril de 1950, p. 222.
5. Hannah Arendt e Karl Jaspers, *Correspondance, op. cit.*, carta nº 101 de 25 de junho de 1950, p. 223.
6. *Ibid.*, carta nº 100 de 20 de abril de 1950, p. 221.
7. "Li bastante coisa de Max Weber — depois de seu sonho, para dizer a verdade", carta nº 101 de 25 de junho de 1950, p. 223.
8. Sobre a própria gênese do texto, ler a ótima introdução de Pierre Bouretz a *Les Origines du totalitarisme, op. cit.*
9. Ver Sylvie Courtine-Denamy, *Trois femmes dans de sombres temps: Edith Stein, Hannah Arendt, Simone Weil, ou "Amor fati, amor mundi"* [Três mulheres em tempos sombrios: Edith Stein, Hannah Arendt, Simone Weil, ou "amor fati, amor mundi"], Albin Michel, 1996.
10. Raymond Aron, *Machiavel et les tyrannies modernes* [Maquiavel e as tiranias modernas], reed. De Fallois, 1993.
11. Raymond Aron, *L'Homme contre les tyrans* [O homem contra os tiranos], Gallimard, 1946.
12. Carl Schmitt (1888-1985), *Der Leviathan in der Staatslehre des Thomas Hobbes: Sinn und Festschlag eines politischen Symbols*, Hamburgo, Hanseatischen Verlag, 1938, *Le Léviathan*

dans la doctrine de l'État de Thomas Hobbes: sens et échec d'un symbole politique [O Leviatã na doutrina do Estado de Thomas Hobbes: sentido e dano de um símbolo político], traduzido por Denis Trierweiler, Seuil, 2002.

13. Franz Leopold Neumann (1900-1954), *Behemoth. The structures and Practice of National-Socialism*, Londres, V. Gollancz ltd, 1942. *Behemoth. Structures et pratiques du national-socialisme* [Behemoth. Estruturas e práticas do nacional-socialismo], Payot, 1987.
14. Ernst Fraenkel (1898-1975), *The Dual State*, Nova York, Londres, Oxford University Press, 1941.
15. Waldemar Gurian (1902-1954), *Bolchevism: Theory and Practice*, Nova York, The Mac Millan Company, 1932, *Le bolchevisme. Introduction historique et doctrinale* [O bolchevismo. Introdução histórica e doutrinal], Beauchesne et fils, 1933.
16. Franz Borkenau (1900-1957), *The Totalitarian Enemy*, Faber and Faber Limited, 1940.
17. Boris Souvarine (1895-1984), *Stalin. A Critical Survey of Bolshevism*, Nova York, Alliance Book Corporation, Green & Co., 1939.
18. Rudolf Hilferding (1877-1941), *Das Finanzkapital, eine Studie über die jüngste Entwicklung des Kapitalismus*, Viena, 1910. *Le Capital financier. Étude sur le développement récent du capitalisme* [O capital financeiro. Estudo sobre o desenvolvimento recente do capitalismo], Minuit, col. Arguments, 1970.
19. Ver a análise de Walter Laqueur, "The Arendt culture", in S. Ascheim (org.), *Hannah Arendt in Jerusalem*, University of California Press.
20. Menos metódica e rigorosa do que o historiador Hans Kohn que, desde 1935, estabelece o paralelo entre nazismo e comunismo, ela retoma entretanto suas teses sem citá-lo, introduzindo nelas a força da emoção assim como intuições poderosas e nem sempre argumentadas. No entanto, evoca várias vezes Carlton J. H. Hayes, autor do texto fundamental *La Nouveauté du totalitarisme dans l'histoire de la civilisation européenne* [A novidade do totalitarismo na história da civilização européia], e três vezes Carl Schmitt, como teórico do monopólio do Estado, sem fazer referência a seu engajamento nazista. Também cita Nicolas Berdaiev, autor de *Sources et le sens du communisme russe*, Gallimard, 1938, e apenas duas vezes David Rousset, que no entanto influencia profundamente seu pensamento.
21. Ver *Recherches*, nº 32-33, setembro de 1978, retomado em Ernst Jünger, *L'État universel* [O Estado universal], seguido de *La Mobilisation totale* [A mobilização total], traduzido por Henri Plard e Marc B. de Launay, Gallimard, 1990.
22. François Furet, *Le Passé d'une illusion, Essai sur l'idée communiste au XXe siècle* [O passado de uma ilusão, Ensaio sobre a idéia comunista no século XX], Robert Laffont-CalmannLévy, 1995, reed. Hachette, le Livre de Poche, 1996. Ver em particular o capítulo 6, "Communisme et fascisme", pp. 261-347.
23. E é também por isso que ela foi lida tão tardiamente, e que suas reflexões têm, principalmente na França, pouco retorno. A esquerda francesa considerava que a luta contra o totalitarismo era uma diversão cujo objetivo era fazer esquecer a realidade do imperialismo ocidental. Ver

Enzo Traverso, *Le Totalitarisme: le XXe siècle en débat* [O Totalitarismo: o século XX em debate], Seuil, 2001.

24. Simone Weil, in *Écrits historiques et politiques* [Escritos históricos e políticos], parte I "Histoire", col. "Espoir", Gallimard, 1960.
25. Hannah Arendt e Karl Jaspers, *Correspondance, op. cit.*, carta nº 73 de 31 de outubro de 1948, p. 182.
26. Günther Anders, *Nous, fils d'Eichmann, Lettre ouverte à Klaus Eichmann* [Nós, filhos de Eichmann, Carta aberta a Klaus Eichmann], traduzido e apresentado por Sabine Cornille e Philippe Ivernel, Payot-Rivages, 1999.
27. Hannah Arendt, prefácio à terceira parte "Totalitarismo" in *Origens do totalitarismo, op. cit.*, p. 339.
28. *Ibid.*, pp. 339-340.
29. Hannah Arendt e Karl Jaspers, *Correspondance, op cit.*, carta nº 76 de 19 de novembro de 1948, p. 187.
30. *Origens do totalitarismo, op. cit.*, p. 19.
31. *Ibid.*, p. 339.
32. *Ibid.*, p. 168.
33. *Ibid.*, "O Imperialismo", capítulo 5, p. 302.
34. *Ibid.*, p. 323.
35. Isaac Deutscher (1907-1967), *Stalin, a political Biography*, Londres, Nova York, Oxford University Press, 1949; *Staline*, Gallimard, 1953.
36. Karl Jaspers, *La Culpabilité allemande* [A culpabilidade alemã], traduzido por Jeanne Hersch, prefácio de Pierre Vidal-Naquet, Minuit, reed. 1990. Inicialmente publicado na Alemanha em 1946.
37. *Journal de pensée, op. cit.*, junho de 1950.
38. *Ibid.*, § 1, p. 19. Pode-se observar que Hannah não utiliza o termo mal radical, mas o termo mal absoluto na primeira edição de *Origens do totalitarismo.* Foi revisando a tradução do texto para o alemão que ela decidiu substituir o termo por mal radical.
39. *Origens do totalitarismo, op. cit.*, parte III.
40. *Ibid.*, p. 492.
41. *Ibid.*
42. Publicado inicialmente em *Jewish Social Studies*, 1950; em *Auschwitz et Jérusalem, op. cit.*, pp. 203-215 e na edição Quarto, pp. 845-859.
43. *Ibid.*, respectivamente p. 214 e p. 858.
44. *Ibid.*, p. 215 e p. 859.
45. *Journal de pensée, op. cit.*, outubro de 1950.
46. Mary McCarthy, *The Oasis*, Random House, 1949; *Memories of a Catholic Girlhood*, Harcourt Brace, Harvest Books, 1972 [*Memórias de uma menina católica.* Companhia das Letras, 1987].
47. Hannah Arendt e Mary McCarthy, *Entre amigas: a correspondência de Hannah Arendt e Mary McCarthy*, org. e introdução Carol Brightman; tradução Sieni Campos, Rio de Janeiro, Relume Dumará, 1995, carta de 26 de abril de 1951, p. 34.

48. Hannah Arendt e Mary McCarthy se encontram pela primeira vez em Manhattan por intermédio de amigos escritores. Mary logo ficou fascinada com o humor e a indolência desenvolta de Hannah, e esta também foi cativada pela inteligência e a sensibilidade de Mary. Essa amizade nascente ficou abalada com um incidente violento que aconteceu com as duas mulheres durante um evento em 1945. Ao evocar a hostilidade dos franceses em relação aos ocupantes alemães, Mary declarou que Hitler impeliu o absurdo até querer o amor de suas vítimas. Hannah, muito chocada, lhe respondeu: "Como você pode dizer uma coisa dessas na minha presença — eu, uma vítima de Hitler, que fui para um campo de concentração?" Mary não se desculpou. Três anos mais tarde, elas se cruzaram numa plataforma de metrô na saída de uma reunião sobre o futuro da revista *Politics*. Hannah foi falar com Mary: "Vamos terminar com esse absurdo. Temos um pensamento tão próximo." Mary se desculpou. Hannah confessou nunca ter ido a um campo de concentração. Mary se ocupou de Hannah até seu último suspiro.

XII. RADICAL

1. Ver a ilustração na edição Quarto de *Les Origines du totalitarisme*, *op. cit.*, p. 129.
2. Eric Voegelin (1901-1985). Sua grande obra *Order and History* não foi traduzida para o francês.
3. Eric Voegelin, "The Origins of Totalitarianism", *Review of Politics*, janeiro de 1953, retomado na edição Quarto, "Les origines du totalitarisme", traduzido por Étienne Tassin, p. 959.
4. Carta de Hannah Arendt a Eric Voegelin de 22 de abril de 1951, fundos da New School.
5. Hannah Arendt e Karl Jaspers, *Correspondance*, *op. cit.*, carta n° 109 de 15 de fevereiro de 1951, p. 242.
6. E que em seguida ela suprimiu das edições ulteriores. É possível encontrá-lo na edição Quarto, traduzido por Martine Leibovici, pp. 860-874.
7. Hannah Arendt, *Les Origines du totalitarisme*, *op. cit.*, p. 861. Capítulo não traduzido na edição brasileira.
8. *Ibid.*, p. 873.
9. Karl Jaspers, *Origine et sens de l'histoire* [Origem e sentido da história], Zurique, 1949, traduzido para o francês por Hélène Naef, Plon, 1954.
10. Martin Heidegger, *Correspondance avec Karl Jaspers*, *op. cit.*, nota da carta n° 138 de 2 de dezembro de 1949, p. 431.
11. *Ibid.*, carta n° 139 de 10 de dezembro de 1949, p. 175.
12. *Ibid.*
13. Hannah Arendt e Karl Jaspers, *Correspondance*, *op. cit.*, carta n° 107 de 7 de janeiro de 1951, p. 238.
14. Martin Heidegger, *Chemins qui ne mènent nulle part*, *op. cit.*, e "De l'éssence de la vérité, Approche de l''allégorie de la caverne' et du *Théétète* de Platon", texto estabelecido por Hermann Mörchen e traduzido por Alain Boutot, in *Œuvres de Martin Heidegger*, seção II, cursos de 1923-1949, Gallimard, 2001.

15. Martin Heidegger, *Correspondance avec Karl Jaspers*, *op. cit.*, carta nº 179 de 7 de março de 1950, p. 179.
16. *Ibid.*
17. *Ibid.*, carta nº 142 de 19 de março de 1950, p. 180.
18. *Ibid.*, carta nº 144 de 8 de abril de 1950, p. 183.
19. *Ibid.*
20. *Ibid.*
21. *Ibid.*, p. 184.
22. *Ibid.*
23. *Ibid.*
24. Martin Heidegger, "Der Weg: der Gang durch *Sein und Zeit*", arquivos de Marbach, a sair pela Gallimard no tomo VIII das *Œuvres*.
25. Hannah Arendt, *Journal de pensée*, *op. cit.*, § 9, outubro de 1950, p. 53.
26. *Ibid.*, § 26, dezembro de 1950, p. 63.
27. *Ibid.*, p. 64.
28. *Ibid.*
29. Hannah Arendt e Karl Jaspers, *Correspondance*, *op. cit.*, carta nº 109 de 4 de março de 1951, p. 245.
30. Hannah Arendt, *Journal de pensée*, *op. cit.*, § 23, agosto de 1950.
31. Hannah Arendt e Martin Heidegger, *Correspondência: 1925/1975*, *op. cit.*, carta nº 64 de 16 de maio de 1950, p. 79.
32. *Ibid.*, carta nº 77 de 14 de dezembro de 1951, p. 96.
33. *Ibid.*, carta nº 74 de 14 de julho de 1951, p. 92.
34. *Ibid.*, carta nº 78 de 17 de fevereiro de 1952, p. 97.
35. Hannah Arendt e Kurt Blumenfeld, *Correspondance*, *op. cit.*, carta nº 14 de 2 de julho de 1951, p. 77.
36. *Ibid.*, p. 81.
37. *Ibid.*, p. 79.
38. Hannah Arendt e Karl Jaspers, *Correspondance*, *op. cit.*, carta nº 113 de 28 de setembro de 1951, p. 252.
39. Hannah Arendt e Heinrich Blücher, *Correspondance*, *op. cit.*, carta de 30 de março de 1952, p. 218.
40. *Ibid.*
41. *Ibid.*, carta de 11 de abril de 1952, pp. 221-222.
42. Hannah Arendt, *O que é política?*, texto estabelecido e comentado por Ursula Ludz, traduzido por Reinaldo Guarany, Rio de Janeiro, Bertrand Brasil, 1999.
43. Inicialmente publicado em janeiro de 1954 na revista *Critique*, retomado em fevereiro de 1985 na revista *Commentaire*, e enfim publicado em *Machiavel et les tyrannies modernes* [Maquiavel e as tiranias modernas], De Fallois, 1993, reed. Biblio-essais, Le Livre de Poche, 1995, pp. 203-221.

44. Hannah Arendt e Karl Jaspers, *Correspondance, op. cit.*, carta nº 115 de 25 de janeiro de 1952, p. 256.
45. Raymond Aron, *Machiavel et les tyrannies modernes, op. cit.*, p. 215.
46. Raymond Aron, *Démocratie et Totalitarisme* [Democracia e Totalitarismo], Gallimard, 1965, reed. Folio Essais, 1987.
47. Léon Poliakov, *Le Bréviaire de la haine* [O breviário do ódio], Calmann-Lévy, 1951.
48. Hannah Arendt, carta a Eric Voegelin de 22 de abril de 1951, fundos da New School, Nova York.
49. Hannah Arendt e Heinrich Blücher, *Correspondance, op. cit.*, carta de 24 de abril de 1952, p. 231, carta de 17 de abril de 1952, p. 227.
50. Ver François Furet, *Le passé d'une illusion, op. cit.*
51. Hannah Arendt e Heinrich Blücher, *Correspondance, op. cit.*, carta de 17 de abril de 1952, p. 227.
52. *Ibid.*, carta de 10 de maio de 1952, p. 240.
53. *Ibid.*, carta de 2 de agosto de 1952, p. 291.
54. *Ibid.*, carta de 1º de maio de 1952, p. 233.
55. *Ibid.*, carta de 18 de abril de 1952, p. 230.
56. *Ibid.*, carta de 8 de maio de 1952, p. 237.
57. *Ibid.*, p. 238.
58. *Ibid.*, carta de 23 de maio de 1952, p. 247.
59. *Ibid.*, carta de 18 de maio de 1952, p. 246.
60. *Ibid.*, carta de 24 de maio de 1952, p. 249.
61. *Ibid.*
62. *Ibid.*
63. *Ibid.*, p. 250.
64. Hannah Arendt e Martin Heidegger, *Correspondência: 1925/1975, op. cit.*, carta de 15 de dezembro de 1952, p. 100. É Heidegger quem sublinha.
65. Hannah Arendt e Heinrich Blücher, *Correspondance, op. cit.*, carta de 23 de maio de 1952, pp. 246-247.
66. *Ibid.*, carta de 24 de maio de 1952, p. 250.
67. Hannah Arendt e Martin Heidegger, *Correspondência: 1925/1975, op. cit.*, carta de 5 de junho de 1952, p. 99. É Heidegger quem sublinha.
68. Correspondência, fundos da New School, Nova York.
69. Hannah Arendt e Heinrich Blücher, *Correspondance, op. cit.*, carta de 13 de junho de 1952, p. 260.
70. Hannah Arendt, *Penser l'événement* [Pensar o acontecimento], conjunto de artigos políticos, traduzido sob a organização de Claude Habib, Belin, 1989.
71. Hannah Arendt e Kurt Blumenfeld, *Correspondance, op. cit.*, carta nº 17 a Kurt Blumenfeld de 6 de agosto de 1952, p. 88.
72. *Ibid.*, carta nº 17 de 6 de agosto de 1952, p. 88.

73. Hannah Arendt e Heinrich Blücher, *Correspondance, op. cit.*, carta de 1º de agosto de 1952, p. 290.
74. *Ibid.*, carta de 2 de agosto de 1952, p. 292.
75. *Ibid.*, carta de 7 de agosto de 1952, p. 293.
76. *Ibid.*
77. Hannah Arendt e Kurt Blumenfeld, *Correspondance, op. cit.*, carta nº 19 de 14 de outubro de 1952, p. 96.
78. Hannah Arendt e Martin Heidegger, *Correspondência: 1925/1975, op. cit.*, carta de 15 de dezembro de 1952, p. 99.
79. *Ibid*, .p. 100.
80. Martin Heidegger, *Lettre sur l'humanisme* [Carta sobre o humanismo], in *Questions III-IV*, Gallimard, 1990.
81. Martin Heidegger, *Correspondance avec Karl Jaspers, op. cit.*, carta nº 149 de 24 de julho de 1952, p. 192.
82. Hannah Arendt e Karl Jaspers, *Correspondance, op. cit.*, carta nº 137 a Gertrud Jaspers de 1º de novembro de 1952, p. 291.
83. Hannah Arendt e Mary McCarthy, *Entre amigas: a correspondência de Hannah Arendt e Mary McCarthy*, org. e introdução Carol Brightman; tradução Sieni Campos, Rio de Janeiro, Relume Dumará, 1995, carta de 7 de outubro de 1952, p. 40.
84. Carta de David Riesman de 26 de agosto de 1949, citada por Elisabeth Young-Bruehl, *op. cit.*, p. 334.
85. Publicado na edição Quarto de *Les Origines du totalitarisme, op. cit.*, pp. 875-879.
86. Hannah Arendt e Karl Jaspers, *Correspondance, op. cit.*, carta nº 107 de 7 de janeiro de 1951, p. 239.
87. Martin Heidegger, *Lettre sur l'humanisme*, in *Questions III-IV, op. cit.*
88. Hannah Arendt e Karl Jaspers, *Correspondance, op. cit.*, carta nº 138 de 19 de dezembro de 1952, p. 294.
89. *Ibid.*, carta nº 142 de 13 de maio de 1953, p. 307.
90. "*Ideology and Terror: A Novel Form of Government*", *Review of Politics*, 15 de julho de 1953. Integrado e transformado no capítulo XIII de *Origens do totalitarismo, op. cit.*, pp. 512-531.
91. Hannah Arendt, *Origens do totalitarismo, op. cit.*, p. 528.
92. *Ibid.*, p. 530.
93. *Ibid.*, p. 531.
94. Hannah Arendt e Karl Jaspers, *Correspondance, op. cit.*, carta nº 141 de 3 de abril de 1953, p. 298.
95. Publicado por *Commonwealth*, depois retomado em 31 de julho de 1953 pelo *Washington Post*. Traduzido para o francês in Hannah Arendt, *Penser l'événement*, no capítulo intitulado "L'Amérique du maccarthysme et l'épuration de la terreur", *op. cit.*
96. Hannah Arendt e Kurt Blumenfeld, *Correspondance, op. cit.*, carta nº 31 de 16 de novembro de 1953, p. 127.

97. *Ibid.*
98. *Ibid.*, p. 128.
99. "*Understanding and Politics*", *Partisan Review*, setembro-outubro de 1953. Traduzido em *Penser l'événement, op. cit.* Sobre o pensamento político de Hannah, é preciso ler a admirável obra de André Enegren, *La Pensée politique de Hannah Arendt* [O pensamento político de Hannah Arendt], PUF, 1984.
100. Hannah Arendt, *Journal de pensée, op. cit.*
101. "Compréhension et politique", *art. cit.*
102. Hannah Arendt, *A condição humana*, Forense Universitária, 1981.
103. Hannah Arendt e Karl Jaspers, *Correspondance, op. cit.*, carta n° 152 de 21 de dezembro de 1953, p. 332.
104. *Ibid.*, carta n° 153 de 7 de fevereiro de 1954, pp. 334-335.
105. *Ibid.*, carta n° 154 de 19 de fevereiro de 1954, p. 336.
106. Prêmio "Artes e letras" por *Origens do totalitarismo*, concedido pelo *National Institute of Arts and Letters*, fundado em 1898, do qual faziam parte duzentos e cinqüenta membros. Em 1963, Hannah integrará o júri como membro permanente.
107. Hannah Arendt e Karl Jaspers, *Correspondance, op. cit.*, carta n° 155 de 9 de maio de 1954, p. 338.
108. *Commonwealth*, 24 de setembro de 1954, retomado em *Penser l'événement*, op. cit.
109. Hannah Arendt e Kurt Blumenfeld, *Correspondance, op. cit.*, carta de 29 de maio de 1953, p. 113.
110. *Ibid.*, p. 114.
111. *Ibid.*, carta n° 28 de 18 de maio de 1953, p. 120.
112. *Ibid.*, carta n° 30 de 26 de outubro de 1953, p. 124.
113. *Ibid.*, p. 125.
114. *Ibid.*, carta n° 31 de 16 de novembro de 1953, pp. 128-129.
115. Hannah Arendt, *Journal de pensée, op. cit.*, agosto de 1954, § 30, p. 685.
116. Hannah Arendt e Kurt Blumenfeld, *Correspondance, op. cit.*, carta n° 33 de 24 de maio de 1954, p. 133.
117. Hannah Arendt e Heinrich Blücher, *Correspondance, op. cit.*, carta de 30 de março de 1955, p. 326.
118. *Ibid.*, carta de 8 de março de 1955, p. 320.
119. Hannah Arendt e Karl Jaspers, *Correspondance, op. cit.*, carta n° 165 de 26 de março de 1955, p. 362.
120. *Ibid.*, p. 363.
121. Hannah Arendt e Kurt Blumenfeld, *Correspondance, op. cit.*, carta n° 41 de 9 de maio de 1955, p. 162.
122. Hannah Arendt e Karl Jaspers, *Correspondance, op. cit.*, carta n° 169 de 6 de agosto de 1955, p. 370.
123. Publicada em outubro de 1956 na *Review of Politics*.

124. Hannah Arendt e Heinrich Blücher, *Correspondance*, *op. cit.*, carta de 23 de setembro de 1955, p. 362.
125. *Ibid.*, carta datada de meados de setembro de 1955, p. 366.
126. *Ibid.*, carta de 17 de setembro de 1955, p. 363.
127. Hannah Arendt e Kurt Blumenfeld, *Correspondance*, *op. cit.*, carta nº 44 de 11 de julho de 1955, p. 167.
128. Hannah Arendt e Heinrich Blücher, *Correspondance*, *op. cit.*, carta de 18 de outubro de 1955, p. 376.
129. *Ibid.*
130. *Ibid.*, carta de meados de outubro de 1955, p. 377.
131. *Ibid.*, carta de 22 de outubro de 1955, p. 378.
132. *Ibid.*
133. *Ibid.*
134. *Ibid.*, p. 379.
135. *Ibid.*, carta de 28 de outubro de 1955, p. 380.
136. *Ibid.*, carta de 6 de novembro de 1955, p. 385. Ela prevê a redação dessa manuscrito, em alemão, para o verão de 1956, logo após a série de conferências que aceitou para a primavera do mesmo ano.
137. *Ibid.*, carta de 14 de novembro de 1955, p. 389.
138. *Ibid.*, carta de 28 de novembro de 1955, p. 394.
139. *Ibid.*, carta de 13 de dezembro de 1955, p. 400.

XIII. DEVORADORA DE LIVROS

1. Hannah Arendt e Karl Jaspers, *Correspondance*, *op. cit.*, carta nº 179 de 29 de dezembro de 1955, p. 380.
2. *Ibid.*, carta nº 182 de 17 de fevereiro de 1956, p. 391.
3. *Ibid.*, carta nº 184 de 12 de abril de 1956, pp. 395-396.
4. *Ibid.*, carta nº 187 de 1º de julho de 1956, p. 402.
5. Hannah Arendt e Kurt Blumenfeld, *Correspondance*, *op. cit.*, carta nº 54 de 31 de julho de 1956, pp. 198-199.
6. *Ibid.*, carta nº 56 de 2 de agosto de 1956, p. 209.
7. Hannah Arendt e Heinrich Blücher, *Correspondance*, *op. cit.*, carta de 9 de outubro de 1956, p. 405.
8. Hannah Arendt e Karl Jaspers, *Correspondance*, *op. cit.*, carta de 13 de outubro de 1956.
9. *Ibid.*, carta nº 199 de 16 de outubro de 1956, pp. 417-418.
10. Hannah Arendt e Heinrich Blücher, *Correspondance*, *op. cit.*, carta da segunda quinzena de outubro de 1956, p. 408.
11. *Ibid.*, carta de 2 de outubro de 1956, p. 410.

12. Martin Heidegger, *Correspondance avec Karl Jaspers, op. cit.*, carta nº 151 de 3 de abril de 1953, p. 194.
13. Hannah Arendt e Heinrich Blücher, *Correspondance, op. cit.*, carta de 31 de outubro de 1956, p. 412.
14. *Ibid.*, carta de 24 de outubro de 1956, p. 410.
15. *Ibid.*, carta de 31 de outubro de 1956, p. 412.
16. *Ibid.*, carta de 5 de novembro de 1956, p. 415.
17. Em francês, *Condition de l'homme moderne*, traduzido por Georges Fradier, Calmann-Lévy, 1961, reeditado em 1988 com um prefácio de Paul Ricoeur, Presses Pocket. *The Human Condition* também é o título do primeiro capítulo de *Vita activa.* Em português, *A condição humana*, traduzido por Roberto Raposo, Rio de Janeiro, Editora Forense Universitária, 1981. Para as citações referentes a esse texto, será utilizada a edição brasileira.
18. *A condição humana, op. cit..*, p. 13.
19. *Ibid.*
20. Prefácio de Paul Ricœur in *Condition de l'homme moderne, op. cit.*, p. 14.
21. Hannah Arendt, *A condição humana, op. cit.*, p. 17.
22. Prefácio de Paul Ricœur in *Condition de l'homme moderne, op. cit.*, p. 17.
23. *Ibid.*, p. 18.
24. Hannah Arendt, *A condição humana, op. cit.*, p. 197.
25. Hannah Arendt e Heinrich Blücher, *Correspondance, op. cit.*, carta de 18 de maio de 1952, p. 246.
26. *Journal de pensée, op. cit.*, § 12, maio de 1952, p. 231.
27. *A condição humana, op. cit.*, p. 259.
28. *Ibid.*
29. Hannah Arendt, *Entre o passado e o futuro*, São Paulo, Perspectiva, 1972.
30. Hannah Arendt e Karl Jaspers, *Correspondance, op. cit.*, carta nº 205 de 24 de fevereiro de 1957, p. 430.
31. *Ibid.*, carta nº 206 de 14 de abril de 1957, p. 432. Hannah precisa que o número de judeus alemães não cessa de crescer, passando de setenta mil a oitenta mil pessoas. "E sem judaísmo alemão, não pode haver judaísmo europeu, ao menos é isso o que nos ensina a história." Para ela, o judaísmo é, portanto, europeu por essência.
32. Hannah Arendt e Kurt Blumenfeld, *Correspondance, op. cit.*, carta nº 65 de 9 de janeiro de 1957, p. 229.
33. Hannah Arendt e Karl Jaspers, *Correspondance, op. cit.*, carta nº 205 de 24 de fevereiro de 1957, p. 429.
34. *Ibid.*, carta nº 211 de 16 de setembro de 1957, pp. 442-444 e cartas seguintes. Em seguida, Hannah conseguirá publicar inúmeras obras de Jaspers e uma parte de sua correspondência tratará de problemas de contrato com os editores e escolha de tradutores.
35. *"Authority in the Twentieth Century"*, *Review of Politics*, nº 48, 14 de outubro de 1956.
36. Hannah Arendt e Karl Jaspers, *Correspondance, op. cit.*, carta nº 214 de 4 de novembro de 1957, pp. 449-450.

37. "O que é a autoridade?", in *Entre o passado e o futuro*, traduzido por Mauro W. Barbosa de Almeida, 2ª ed., São Paulo, Perspectiva, 1979.
38. E notadamente em "*The Modern Concept of History*", *Review of Politics*, nº 20, 4 de outubro de 1958, que figura em *Entre o passado e o futuro*, *op. cit.*, com o título de "O conceito de História — antigo e moderno", pp. 69-126.
39. "O que é a autoridade?", in *Entre o passado e o futuro*, *op. cit.*, p. 140.
40. *Ibid.*, nota 16, p. 152
41. Hannah Arendt e Kurt Blumenfeld, *Correspondance*, *op. cit.*, carta nº 74 de 19 de maio de 1957, p. 93.
42. Mary McCarthy, *Dis-moi qui tu hantes* [Diga-me quem você freqüenta], traduzido por Angélique Lévi, Stock, 1963.
43. Capítulo não incluído na edição brasileira. Na edição francesa, *Les Origines du totalitarisme*, *op. cit.*, p. 896.
44. *Ibid.*, p. 938.
45. Hannah Arendt e Mary McCarthy, *Entre amigas*, *op. cit.* Ver carta de 7 de junho de 1957, p. 72.
46. *Ibid.*, p. 73.
47. Hannah Arendt e Kurt Blumenfeld, *Correspondance*, *op. cit.*, carta nº 78 de 16 de dezembro de 1957, p. 93.
48. *Journal de pensée*, *op. cit.*, sem data (último trimestre de 1957), § 37, pp. 778-779.
49. "*Reflections on Little Rock*", *Dissent*, nº 611, inverno de 1959, retomado no *Journal of Politics*, maio-junho de 1973, e traduzido para o francês com o título "Réflexions sur Little Rock" [Reflexões sobre Little Rock], em *Penser l'événement*, *op. cit.*, pp. 230-240.
50. *Ibid.*, p. 240.
51. Hannah Arendt, carta de 1º de fevereiro de 1958 aos redatores de *Commentary*, citado por Elisabeth Young-Bruehl, *op. cit.*, p. 409.
52. O texto só será publicado no inverno de 1959. Sobre a polêmica levantada pelo texto de Hannah no *Commentary*, ler a autobiografia de Norman Podhoretz (redator-chefe da revista), intitulada *Making it*.
53. Elisabeth Young-Bruehl, *op. cit.*, p. 411.
54. *Penser l'événement*, *op. cit.*, introdução.
56. Hannah Arendt e Karl Jaspers, *Correspondance*, *op. cit.*, carta nº 183 de 7 de abril de 1956, p. 394.
57. *Ibid.*, carta nº 216 de 18 de novembro de 1958, p. 455.
58. *Ibid.*, carta nº 223 de 5 de março de 1958, p. 469.
59. Hannah Arendt e Kurt Blumenfeld, *Correspondance*, *op. cit.*, carta nº 87 de 29 de abril de 1958, p. 277.
60. Hannah Arendt e Heinrich Blücher, *Correspondance*, *op. cit.*, carta de 4 de maio de 1958, p. 419.
61. *Ibid.*, carta de 11 de maio de 1958, p. 423.

62. *Ibid.*, carta de 25 de mao de 1958, p. 428.
63. *Ibid.*, p. 429.
64. Karl Jaspers, *La Bombe atomique et l'avenir de l'homme* [A bomba atômica e o futuro do homem], traduzido por Edmond Saget, Buchet-Chastel, 1963.
65. Hannah Arendt e Heinrich Blücher, *Correspondance*, *op. cit.*, carta de 8 de junho de 1958, p. 434.
66. *Ibid.*, carta de 15 de junho de 1958, p. 436.
67. *Ibid.*, carta de 17 de junho de 1958, p. 438.
68. *Ibid.*, carta datada de início de julho de 1958, pp. 442-443.
69. Hannah Arendt e Kurt Blumenfeld, *Correspondance*, *op. cit.*, carta nº 90 de 16 de julho de 1958, p. 280.
70. *Ibid.*, carta nº 91 de 15 de agosto de 1958, p. 284.
71. Esse elogio será publicado em francês em *Vies politiques*, Gallimard, 1974, col. Tel, pp. 83-93 e em português em *Homens em tempos sombrios*, Companhia das Letras, 1999.
72. Hannah Arendt e Karl Jaspers, *Correspondance*, *op. cit.*, carta nº 232 de 12 de outubro de 1958, p. 485.
73. *Ibid.*, carta nº 233 de 16 de novembro de 1958, p. 487.
74. Hannah Arendt e Martin Heidegger, *Correspondência: 1925/1975*, *op. cit.*, carta nº 89 de 18 de outubro de 1960, pp. 108-109.
75. *Ibid.*, carta nº 91 de 6 de outubro de 1988, pp. 111-112.
76. Hannah Arendt e Kurt Blumenfeld, *Correspondance*, *op. cit.*, carta nº 98 de 1º de fevereiro de 1959, p. 292.
77. Hannah Arendt e Karl Jaspers, *Correspondance*, *op. cit.*, carta nº 234 de 31 de dezembro de 1958, p. 491.
78. Referência aos primeiros versos de Bertolt Brecht "Àqueles que nascerão depois de nós", no ciclo de *Poèmes de Svendborg*, éditions de l'Arche, 1966.
79. Publicado na Alemanha (Munique) por Piper Verlag em 1960 e traduzido para o português por Denise Bottmann in *Homens em tempos sombrios*, *op. cit.*, pp. 13-36.
80. *Ibid.*, p. 27.
81. *Ibid.*, p. 35.
82. Hannah Arendt e Karl Jaspers, *Correspondance*, *op. cit.*, carta nº 249 de 3 de outubro de 1959, p. 516.
83. *Ibid.*, carta de Karl Jaspers a Heinrich Blucher nº 253 datada de 28 de outubro de 1959, p. 520.
84. Hannah Arendt e Heinrich Blücher, *Correspondance*, *op. cit.*, carta de 18 de outubro de 1959, p. 460.
85. *Ibid.*, carta de meados de outubro de 1959, p. 458.
86. Hannah Arendt e Karl Jaspers, *Correspondance*, *op. cit.*, carta nº 254 de 3 de janeiro de 1960, p. 522.
87. *Ibid.*, carta nº 255 de 29 de fevereiro de 1960, p. 525.

88. "*Society and Culture*", *Daedalus*, primavera de 1960. Esse artigo será integrado ao livro *Entre o passado e o futuro, op. cit.*, com o título de "A crise na cultura: sua importância social e política", pp. 248-281.
89. *Ibid.*, p. 260.
90. Hannah Arendt e Mary McCarthy, *Entre amigas, op. cit.*, carta de 18 de maio de 1960, p. 94.
91. *Ibid.*, carta de 25 de maio de 1960, p. 97.
92. A Northwestern University é uma universidade privada situada em Evanston, no Illinois, e a Wesleyan, outra universidade privada que fica em Middletown, no Connecticut.
93. Hannah Arendt e Mary McCarthy, *Entre amigas, op. cit.*, carta de 20 de junho de 1960, p. 100.

XIV. GRANDE REPÓRTER

1. Agradeço a Anette Wieviorka por me ter dado seu tempo e sua energia para me fazer compreender os desafios do processo Eichmann. As outras obras fundamentais para compreender o processo são as de Léon Poliakov, *Le Procès de Jérusalem* [*O processo de Jerusalém*], Calmann-Lévy, 1963; de Gideon Hausner, *Justice à Jérusalem, Eichmann devant ses juges* [*Justiça em Jerusalém, Eichmann diante de seus juízes*], Flammarion, 1975; de Haïm Gouri, *La Cage de verre* [*A jaula de vidro*], Albin Michel, 1964, e, de Raul Hilberg, *La Politique de la mémoire* [*A política da memória*], Gallimard, 1994. Agradeço também a Rony Brauman, que me ajudou a aprofundar as problemáticas do processo. Ver seu filme *Un spécialiste* e seu livro escrito com Eyal Sivan, *Éloge de la désobéissance: à propos d'"Un spécialiste", Adolf Eichmann* [*Elogio da desobediência: a propósito de "Um especialista", Adolf Eichmann*], Le Pommier, 1999.
2. Hannah Arendt e Karl Jaspers, *Correspondance, op. cit.*, carta nº 265, de 4 de outubro de 1960, p. 544.
3. Hannah Arendt e Mary McCarthy, *Entre amigas: a correspondência de Hannah Arendt e Mary McCarthy, op. cit.*, carta de 8 de outubro de 1960, p. 114.
4. *Ibid.*
5. In *Journal de pensée, op. cit.*, janeiro de 1961, § 16, p. 808.
6. Hannah Arendt e Karl Jaspers, *Correspondance, op. cit.*, carta nº nº 267, de 14 de outubro de 1960, p. 546-547.
7. *Ibid.*, carta nº 271, de 2 de dezembro de 1960, p. 553.
8. *Ibid.*, p. 554.
9. *Ibid.*
10. *Ibid.*, carta nº 274, de 23 de dezembro de 1960, p. 560-561.
11. *Ibid.*
12. *Ibid.*, p. 561.
13. *Ibid.*
14. *Ibid.*

15. Ver a introdução de Pierre Bouretz a *Eichmannn à Jérusalem*, publicado no mesmo volume que *Les Origines du totalitarisme, op. cit.*, p. 984, e Elisabeth Young-Bruehl, *op.cit.*, p. 447.
16. Hannah Arendt e Karl Jaspers, *Correspondance, op. cit.*, carta nº 274, de 23 de dezembro de 1960, p. 563.
17. *Ibid.*
18. 1 Hannah Arendt e Heinrich Blücher, *Correspondance, op. cit.*, carta de 20 de abril de 1961, p. 477.
19. *Ibid.*
20. Hannah Arendt e Karl Jaspers, *Correspondance, op. cit.*, carta nº 274, de 23 de dezembro de 1960, p. 563.
21. *Ibid.*, carta nº 273, de 16 de dezembro de 1960, p. 558.
22. *Ibid.*
23. *Ibid.*, carta nº 274, de 23 de dezembro de 1960, p. 564.
24. *Ibid.*, carta nº 275, de 31 de dezembro de 1960, p. 566.
25. *Ibid.*, carta nº 277, de 5 de fevereiro de 1961, p. 571.
26. *Ibid.*
27. *Ibid.*, carta nº 284, de 3 de abril de 1961, p. 584.
28. Hannah Arendt e Heinrich Blücher, *Correspondance, op. cit.*, carta de meados de abril de 1961, p. 472.
29. *Ibid.*, carta de 15 de abril de 1961, p. 473.
30. Hannah Arendt e Karl Jaspers, *Correspondance, op. cit.*, carta nº 271, de 2 de dezembro de 1960, p. 553.
31. *Ibid.*, carta nº 272, de 14 de dezembro de 1960, p. 555.
32. Hannah Arendt e Heinrich Blücher, *Correspondance, op. cit.*, carta de 15 de abril de 1961, p. 474.
33. Jean-Marc Théolleyre, *Le Monde*, 13 de abril de 1961.
34. Hannah Arendt e Heinrich Blücher, *Correspondance, op. cit.*, carta de 15 de abril de 1961, p. 474.
35. Hannah Arendt, *Eichmann em Jerusalém. Um relato sobre a banalidade do mal.* Tradução de José Rubens Siqueira. São Paulo: Companhia das Letras, 1999, p. 283.
36. Hannah Arendt e Karl Jaspers, *Correspondance, op. cit.*, carta nº 285, de 13 de abril de 1961, p. 585.
37. *Ibid.*
38. *Ibid*
39. Gideon Hausner, *Justice à Jérusalem, op.cit.*
40. Ver Haïm Gouri, *La Cage de verre, op.cit.*
41. Hannah Arendt, *Eichmann em Jerusalém. Um relato sobre a banalidade do mal, op. cit.*, p. 16.
42. Hannah Arendt e Karl Jaspers, *Correspondance, op. cit.*, carta nº 285, de 13 de abril de 1961, p. 585.
43. Hannah Arendt e Heinrich Blücher, *Correspondance, op. cit.*, carta de 15 de abril de 1961, p. 474.

44. Hannah Arendt e Karl Jaspers, *Correspondance, op. cit.*, carta nº 285, de 13 de abril de 1961, p. 587.
45. Peies, isto é, ortodoxos.
46. *Ibid.*
47. *Ibid*, p. 586.
48. *Ibid.*
49. *Ibid.*
50. *Ibid*, p. 585.
51. Hannah Arendt e Heinrich Blücher, *Correspondance, op. cit.*, carta de 15 de abril de 1961, p. 474.
52. *Ibid.*
53. Ver Jean-Marc Théolleyre, *Le Monde*, 13 de abril de 1961, e Haïm Gouri, *La Cage de verre, op. cit.*
54. Hannah Arendt e Heinrich Blücher, *Correspondance, op. cit.*, carta de 20 de abril de 1961, p. 476.
55. *Ibid.*, p. 476.
56. Ver o prefácio de Avner Less à obra de Jochen von Lang, escrita com a colaboração de Claus Sibyll, *Eichmann: l'interrogatoire* [*Eichmann: o interrogatório*], traduzida por Jean-Marie Argelès, Belfond, 1984.
57. Hannah Arendt e Heinrich Blücher, *Correspondance, op. cit.*, carta de 20 de abril de 1961, p. 476.
58. *Ibid.*, pp. 476-477.
59. É o que sugere Léon Poliakov em *Le Procès de Jérusalem, op. cit.*
60. Citado por Léon Poliakov, *Le Procès de Jérusalem, op. cit.*
61. Hannah Arendt e Heinrich Blücher, *Correspondance, op. cit.*, carta de 20 de abril de 1961, p. 476.
62. *Ibid.*, carta de 25 de abril de 1961, pp. 479-480.
63. *Ibid.*, p. 480.
64. Léon Poliakov, *Le Procès de Jérusalem, op. cit.*
65. In *Eichmann par Eichmann* [*Eichmann por Eichmann*], texto estabelecido por Pierre Joffroy e Karin Königseder, prefácio de Avner Less, posfácio de Pierre Joffroy, Grasset, 1971.
66. Hannah Arendt e Heinrich Blücher, *Correspondance, op. cit.*, carta de 26 de abril de 1961, p. 482.
67. Hannah Arendt e Karl Jaspers, *Correspondance, op. cit.*, carta nº 287, de 25 de abril de 1961, p. 589.
68. Léon Poliakov, *Le Procès de Jérusalem, op. cit.*
69. *Ibid.*
70. *Le Monde* de 3 de maio de 1961.
71. Hannah Arendt e Heinrich Blücher, *Correspondance, op. cit.*, carta de 6 de maio de 1961, p. 484.

72. *Ibid.*
73. Haïm Gouri, *La Cage de verre, op. cit.*
74. Hannah Arendt, *Eichmann em Jerusalém. Um relato sobre a banalidade do mal, op. cit.*, pp. 138-139.
75. Hannah Arendt e Heinrich Blücher, *Correspondance, op. cit.*, carta de 6 de maio de 1961, p. 485.
76. *Ibid.*, carta de 8 de maio de 1961, p. 487.
77. *Ibid.*, p. 488.
78. Correspondência inédita, acervo da New School, Nova York.
79. *Ibid.*
80. Hannah Arendt e Mary McCarthy, *Entre amigas: a correspondência de Hannah Arendt e Mary McCarthy, op. cit.*, carta de 31 de maio de 1961, p. 131.
81. Sobre Günter Anders, ver Claude Eatherly, *Avoir détruit Hiroshima* [Ter destruído Hiroshima], correspondência de Claude Eatherly com Günter Anders, traduzido por Pierre Kamnitzer, Robert Laffont, 1962. Revistas *Austriaca*, n° 35, 1992, duas entrevistas com Günter Anders, e *Conférence*, n° 14, 2002, Günter Anders, "L'Humanité dépassée" ["A humanidade superada"].
82. Jean-Pierre Dupuy, *Petite Métaphysique des tsunamis* [Pequena metafísica dos tsunamis], Seuil, 2005, e sua entrevista em *Le Nouvel Observateur*, 23 de junho de 2005, pp. 38-39.
83. Em inglês, "*A report on the Banality of Evil*". Para esses textos, Hannah Arendt quis trabalhar como uma jornalista que faz o relatório de um processo. É por isso que conviria mais falar de reportagem ou de relatório judiciário sobre a banalidade do mal.
84. Hannah Arendt e Karl Jaspers, *Correspondance, op. cit.*, carta nº 293, de 6 de agosto de 1961, p. 600.
85. *Ibid.*, carta de Heinrich Blücher a Karl Jaspers, de 5 de setembro de 1961, p. 605.
86. *Ibid.*, carta nº 293, de 6 de agosto de 1961, p. 600.
87. *Ibid.*, p. 601.
88. *Ibid.*, p. 600.
89. *Ibid.*, carta nº 297, de 1º de novembro de 1961, p. 612.
90. *Ibid.*, carta nº 298, de 6 de novembro de 1961, p. 617.
91. *Ibid.*, carta nº 296, de 13 de setembro de 1961, p. 609.
92. *Ibid.*, carta nº 293, de 6 de agosto de 1961, p. 603.
93. *Ibid.*, carta nº 294, de 18 de agosto de 1961, p. 605.
94. *Ibid.*, carta nº 297, de 1º de novembro de 1961, p. 613.
95. Hannah Arendt. *Da Revolução.* Brasília: Ática, 1990.
96. Hannah Arendt e Karl Jaspers, *Correspondance, op. cit.*, carta nº 301, de 30 de dezembro de 1961, p. 627.
97. Hannah Arendt e Mary McCarthy, *Entre amigas: a correspondência de Hannah Arendt e Mary McCarthy, op. cit.*, carta de 11 de janeiro de 1962, p. 132.
98. *Ibid.*, p. 134.

99. Hannah Arendt e Karl Jaspers, *Correspondance, op. cit.*, carta nº 301, de 30 de dezembro de 1961, p. 627.
100. *Ibid.*
101. Acervo inédito da New School, Nova York.
102. Elisabeth Young-Bruhel, *op. cit.*, pp. 438-439.
103. Hannah Arendt e Karl Jaspers, *Correspondance, op. cit.*, carta nº 303, de 19 de fevereiro de 1962, p. 631.
104. Hannah Arendt e Mary McCarthy, *Entre amigas: a correspondência de Hannah Arendt e Mary McCarthy, op. cit.*, carta de 4 de abril de 1962, p. 137.
105. Hannah Arendt e Karl Jaspers, *Correspondance*, op. cit., carta nº 306, de 31 de março de 1962, p. 635.
106. *Ibid.*, p. 636.
107. *Ibid.*, carta 309, de 5 de abril de 1962, p. 639.
108. *Ibid.*

XV. CONTROVERTIDA

1. Hannah Arendt e Mary McCarthy, *Entre amigas: a correspondência de Hannah Arendt e Mary McCarthy, op. cit.*, carta de 20 de maio de 1962, p. 141.
2. Mencionemos na França Jean Pierre-Bloch, Henry Torrès, Daniel Mayer, Edmond Fleg, entre outros; ver Annette Wieviorka, *op. cit.*, p. 112.
3. Hannah Arendt e Mary McCarthy, *Entre amigas: a correspondência de Hannah Arendt e Mary McCarthy, op. cit.*, carta de 7 de junho de 1962, p. 145.
4. Citado por Annette Wieviorka, *op. cit.*, p. 113.
5. Hannah Arendt e Mary McCarthy, *Entre amigas: a correspondência de Hannah Arendt e Mary McCarthy, op. cit.*, carta de 7 de junho de 1962, p. 145.
6. Citado *in* Léon Poliakov, *Le Procès de Jérusalem, op. cit.*
7. Hannah Arendt e Mary McCarthy, *Entre amigas: a correspondência de Hannah Arendt e Mary McCarthy, op. cit.*, carta de 7 de junho de 1962, p. 145.
8. Peter Novick, *L'Holocauste dans la vie américaine, op.cit.*
9. Hannah Arendt e Kurt Blumenfeld, *op. cit.*, carta 124, de 11 de setembro de 1962, pp. 336-337.
10. Hannah Arendt, *Eichmann em Jerusalém. Um relato sobre a banalidade do mal, op. cit.*, p. 291.
11. *Ibid.*, p. 292.
12. Hannah Arendt e Mary McCarthy, *Entre amigas: a correspondência de Hannah Arendt e Mary McCarthy, op. cit.*, carta de 30 de outubro de 1962, p. 149.
13. Acervo da New School, Nova York.
14. Hannah Arendt e Karl Jaspers, *Correspondance, op. cit.*, carta nº 312, de 17 de setembro de 1962, p. 643.

15. Hannah Arendt e Heinrich Blücher, *Correspondance, op. cit.*, carta de meados de março de 1963, p. 546-547.
16. Hannah Arendt e Karl Jaspers, *Correspondance, op. cit.*, carta nº 267, de 14 de outubro de 1960, p. 513.
17. *Ibid.*, carta nº 329, de 29 de maio de 1963, p. 677.
18. *Ibid.*, carta nº 324, de 14 de abril de 1963, p. 669.
19. *Ibid.*, carta nº 329, de 29 de maio de 1963, p. 677.
20. *Ibid.*, carta nº 331, de 20 de julho de 1963, p. 680.
21. *Ibid.*, p. 681.
22. *Ibid.*
23. Hannah Arendt, *Eichmann em Jerusalém. Um relato sobre a banalidade do mal, op. cit.*, "Nota ao leitor" de junho de 1964, p. 5. Ver também "Note sur la révision de la traduction" ["Notas sobre a revisão da tradução"], de Martine Leibovici. Em Hannah Arendt, *Eichmann à Jérusalem, op. cit.*, p. 1014.
24. Pierre Vidal-Naquet, *Les Assassins de la mémoire*, "Un Eichmann de papier" et autres essais sur le révisionnisme [*Os assassinos da memória*, "Um Eichmann de papel" e outros ensaios sobre o revisionismo], La Découverte, 1987, reed. 1995.
25. Martine Leibovici, "Note sur la révision de la traduction", in *Eichmann à Jérusalem, op. cit.*, p. 1014.
26. Hannah Arendt, *Eichmann em Jerusalém. Um relato sobre a banalidade do mal, op. cit.*, p. 303.
27. *Ibid.*, p. 308.
28. *Ibid.*, pp. 308-309.
29. Hannah Arendt e Mary McCarthy, *Entre amigas: a correspondência de Hannah Arendt e Mary McCarthy, op. cit.*, carta de 23 de junho de 1964, p. 171.
30. Citado por Elisabeth Young-Bruhel, *op. cit.*, p. 444. Trata-se de notas redigidas para uma conferência proferida na universidade de Wesleyan em 11 de janeiro de 1962.
31. *Ibid.*, p. 491. Hannah Arendt emprega essa expressão em uma carta a Meyer-Cronemeier de 18 de julho de 1963.
32. Pierre Bouretz, Introducão a *Eichmann à Jérusalem, op. cit.*, p. 1007.
33. Hannah Arendt, *Eichmann em Jerusalém. Um relato sobre a banalidade do mal, op. cit.*, p. 22.
34. *Ibid.*, p. 15.
35. Gideon Hausner, *Justice à Jérusalém* [*Justiça em Jerusalém*], prefácio de René Cassin, introdução de Bárbara Tuchman, traduzido por Pierre Javet, Flammarion, 1966.
36. Acervo da New School, Nova York, texto não datado.
37. Hannah Arendt, *Eichmann em Jerusalém. Um relato sobre a banalidade do mal, op. cit.*, p. 23.
38. *Ibid.*, p. 28.
39. *Ibid.*, p. 33.
40. *Ibid.*, p. 32.
41. *Ibid.*, p. 36.

42. *Ibid.*
43. *Ibid.*, p. 38.
44. *Ibid.*, p. 62.
45. *Ibid.*, p. 67.
46. Citado em Annette Wieviorka, *op. cit.* Ver também Leon Poliakov, *op. cit.*
47. Hannah Arendt, *Eichmann em Jerusalém. Um relato sobre a banalidade do mal, op. cit.*, p. 111.
48. *Ibid.*
49. *Ibid.*, p. 119.
50. *Ibid.*, p. 113
51. *Ibid.*, pp. 115-116.
52. *Ibid.*, p. 114.
53. *Ibid.*, p. 120.
54. *Ibid.*, p. 130.
55. *Ibid.*.
56. *Ibid.*, p. 131.
57. *Ibid.*, p. 133.
58. *Ibid.*
59. *Ibid.*, p. 134.
60. Raul Hilberg, *La Destruction des Juifs d'Europe* [*A destruição dos judeus da Europa*], traduzido por Marie-France de Paloméra e André Charpentier, Fayard, 1988, reed., Gallimard, Folio Histoire, 1991.
61. Hannah Arendt, *Eichmann em Jerusalém. Um relato sobre a banalidade do mal, op. cit.*, p. 134.
62. Franz Neumann, *Béhémoth: structure et pratique du national-socialisme, 1933-1944* [*Béhémoth: estrutura e prática do nacional-socialismo, 1933-1944*], traduzido por Gilles Dauvé, com a colaboração de Jean-Louis Boireau, Payot, 1987.
63. Léon Poliakov, *Le Bréviaire de la haine, le IIIe Reich et les Juifs, op. cit.*
64. Mais amplamente, ver Raul Hilberg, *La Politique de la mémoire* [*A política da memória*], traduzido por Marie-France de Paloméra, Gallimard, 1996.
65. Hannah Arendt e Karl Jaspers, *Correspondance, op. cit.*, carta nº 351, de 20 de abril de 1964, p. 731.
66. Hannah Arendt, *Eichmann em Jerusalém Um relato sobre a banalidade do mal, op. cit.*, p. 134.
67. *Ibid.*, p. 134.
68. *Ibid.*, p. 136.
69. *Ibid.*, p. 137.
70. Ver Peter Novick, *L'Holocauste dans la vie américaine, op. cit.*, p. 199.
71. Hannah Arendt, *Eichmann em Jerusalém. Um relato sobre a banalidade do mal, op. cit.*, pp. 141-142.
72. Citado por Peter Novick, *L'Holocauste dans la vie américaine, op. cit.*, p. 202.
73. Hannah Arendt, *Eichmann em Jerusalém. Um relato sobre a banalidade do mal, op. cit.*, p. 152.

74. *Ibid.*, pp. 153-154.
75. *Ibid.*, pp. 170-171.
76. *Ibid.*, pp. 189-190.
77. *Ibid.*, p. 194.
78. *Ibid.*
79. *Ibid.*, p. 210.
80. *Ibid.*, p. 299.
81. *Ibid.*, p. 254.
82. *Ibid.*

XVI. ACUADA

1. Hannah Arendt, *Eichmann em Jerusalém. Um relato sobre a banalidade do mal, op. cit.*, p. 275.
2. *Ibid.*, p. 280.
3. *Ibid.*
4. *Ibid.*, p. 284.
5. *Ibid.*, p. 290.
6. *Ibid.*, pp. 295-296.
7. A que se pode ter acesso no acervo Arendt da New School, Nova York.
8. Hannah Arendt e Karl Jaspers, *Correspondance, op. cit.*, carta nº 331, de 20 de julho de 1963, p. 682.
9. Em francês, no texto.
10. *Ibid.*
11. *Ibid.*, carta nº 333, de 9 de agosto de 1963, p. 688.
12. *Ibid.*, carta nº 332, de 25 de julho de 1963, p. 683.
13. *Ibid.*, carta nº 334, de 12 de agosto de 1963, p. 691.
14. *Ibid.*, carta nº 333, de 9 de agosto de 1963, p. 688.
15. Mary McCarthy, *Le Groupe*, traduzido por Antoine Gentien e Jean-René Fenwick, Gallimard, 1983.
16. Hannah Arendt e Karl Jaspers, *Correspondance, op. cit.*, carta nº 343, de 24 de novembro de 1963, p. 714, e carta nº 364, de 29 de setembro de 1964, p. 749. O artigo contestado por Hannah Arendt havia sido publicado na revista *Aufbau* de 26 de julho de 1963, e ela enviou uma carta para Kurt May em 29 de julho de 1963 pedindo direito de resposta.
17. Lionel Abel, "*The Aesthetics of Evil*", *Partisan Review*, verão de 1963, p. 219.
18. Michael Musmanno, "*Man with an Unspotted Conscience*", *New York Times Books Review*, 19 de maio de 1963, pp. 40-41, Ver Elisabeth Young-Bruehl, pp. 459 e 470.
19. Ver o acervo da New School, em Nova York.
20. Correspondência inédita, acervo da New School, Nova York.
21. Hannah Arendt, *Eichmann em Jerusalém. Um relato sobre a banalidade do mal, op. cit.*, p. 135.

22. Hannah Arendt tratou Leo Baeck de "*Führer* judeu" na primeira edição de *Eichmann em Jerusalém* mas suprimiu a expressão das edições ulteriores. Ver também Martine Leibovici, in *Eichmann à Jérusalem, op. cit.*, p. 1014. Leo Baeck (1873-1956), presidente da Representação Nacional dos Judeus da Alemanha de 1934 a 1938, depois da Federação Nacional dos Judeus da Alemanha de 1938 a 1939, foi deportado para Theresienstadt em janeiro de 1943. Hannah havia acusado os membros dos conselhos judaicos (*Judenräte*) de terem cooperado para a Solução Final. Para ela, a presença ou a ausência dos conselhos judaicos tem uma relação direta com o exame que ela faz, país por país, do processo de extermínio. Daí a frase que lhe valeu o maior número de comentários insultantes: "Em Amsterdã assim como em Varsóvia, em Berlim como em Budapeste, os funcionários judeus mereciam toda confiança ao compilar as listas de pessoas e de suas propriedades, ao reter o dinheiro dos deportados para abater as despesas de sua deportação e extermínio, ao controlar os apartamentos vazios, ao suprir forças policiais para ajudar a prender os judeus e conduzi-los aos trens, e até, num último gesto, ao entregar os bens da comunidade judaica em ordem para o confisco final." In *Eichmann em Jerusalém. Um relato sobre a banalidade do mal, op. cit.*, p. 134. Hannah Arendt teve a oportunidade, em 1946, em Nova York, de se encontrar e de falar com Leo Baeck, que havia sobrevivido à Shoah. Ela evoca esse encontro em uma carta de 14 de janeiro de 1946, endereçada a Kurt Blumenfeld, *Correspondance, op. cit.*, carta 7, pp. 55-56: "Vi Baeck e falei com ele, que é de fato impressionante, pois é realmente impávido e nada o abalou. Exprime-se exatamente como em 1932: Hitler perseguiu os judeus — Por quê? Por causa do talento! o dos judeus, naturalmente. E a rudeza, nos outros banal, você jamais encontrará em um judeu. Em suma, a habitual conversa fiada chauvinista dos assimilados."
23. Correspondência inédita, acervo da New School, Nova York.
24. *Ibid.*
25. Hannah Arendt e Mary McCarthy, *Entre amigas: a correspondência de Hannah Arendt e Mary McCarthy, op. cit.*, carta de 16 de setembro de 1963, p. 152.
26. Hannah Arendt e Karl Jaspers, *Correspondance, op. cit.*, carta nº 336, de 20 de outubro de 1963, p. 698.
27. In "La controverse autour d'*Eichmann à Jérusalem*" ["A controvérsia em torno de *Eichmann em Jerusalém*"], *Eichmann à Jérusalem, op. cit.*, p. 1403.
28. Hannah Arendt e Mary McCarthy, *Entre amigas: a correspondência de Hannah Arendt e Mary McCarthy, op. cit.*, carta de 16 de setembro de 1963, p. 152.
29. In "La controverse autour d'*Eichmann à Jérusalem*", *Eichmann à Jérusalem, op. cit.*, p. 1405.
30. Correspondência inédita, acervo da New School, Nova York.
31. Ver *supra*, nota 83 do capítulo XIV.
32. Hannah Arendt e Mary McCarthy, *Entre amigas: a correspondência de Hannah Arendt e Mary McCarthy, op. cit.*, carta de 24 de setembro de 1963, p. 155.
33. Ver introdução de Pierre Bouretz para *Eichmann à Jérusalem, op. cit.*, p. 993.
34. Citado por Elisabeth Young-Bruhel, *op. cit.*, p. 474. Carta de Hannah Arendt de 11 de junho de 1963.

35. Hannah Arendt e Mary McCarthy, *Entre amigas: a correspondência de Hannah Arendt e Mary McCarthy, op. cit.*, carta de 3 de outubro de 1963, p. 157.
36. "Verdade e política" em *Entre o passado e o futuro, op. cit.*
37. Hannah Arendt e Karl Jaspers, *Correspondance, op. cit.*, carta nº 332, de 25 de julho de 1963, pp. 683-684.
38. *Ibid.*, carta nº 333, de 9 de agosto de 1963, p. 689-690.
39. *Ibid.*, carta nº 336, de 20 de outubro de 1963, p. 696.
40. *Ibid.*, p. 697.
41. *Ibid.*, carta nº 333, de 9 de agosto de 1963, p. 688.
42. *Ibid.*, carta nº 336, de 20 de outubro de 1963, p. 696. Precisemos que Hannah fala aqui de "assassinato" porque evocou um pouco antes o de Rudolf Kastner, ex-presidente do Conselho judaico húngaro, que foi assassinado, provavelmente pelo serviço secreto israelense, por ter cooperado com os nazistas.
43. Ver Hannah Arendt, *Eichmann à Jérusalem, op. cit.*, e Gershom Scolem, *Fidélité et Utopie: essais sur le judaïsme contemporain* [*Fidelidade e Utopia: ensaios sobre o judaísmo contemporâneo*], traduzido por Marguerite Delmotte e Bernard Dupuy, Calmannn-Lévy, 1978.
44. Hannah Arendt e Karl Jaspers, *Correspondance, op. cit.*, carta nº 336, de 20 de outubro de 1963, pp. 697-698.
45. *Ibid.*, p. 698.
46. In *Eichmann à Jérusalem, op. cit.*, pp. 1343-1344.
47. Correspondência inédita, acervo da New School, Nova York.
48. Hannah Arendt, *Eichmann à Jérusalem, op. cit.*, p. 1344.
49. *Ibid.*
50. *Ibid.*
51. *Ibid.*, p. 1345.
52. *Ibid.*
53. *Ibid.*
54. *Ibid.*, p. 1346.
55. *Ibid.*, p. 1347.
56. *Ibid.*, "um prodigioso *non sequitur*".
57. Cf. Pierre Bouretz, introdução a *Eichmann à Jérusalem, op. cit.*, p. 998.
58. *Eichmann à Jérusalem*, correspondências e dossiê crítico, *op. cit.*, carta de Hannah Arendt de 24 de julho de 1963, p. 1353.
59. *Ibid.*, p. 1354.
60. Hannah Arendt e Karl Jaspers, *Correspondance, op. cit.*, carta nº 339, de 29 de outubro de 1963, p. 704.
61. Norman Podhoretz, *Ex-Friends: falling out with Allen Ginsberg, Lionel & Diana Trilling, Lillian Hellman, Hannah Arendt and Norman Mailer* [*Ex-amigos: saindo com Allen Ginsberg, Lionel & Diana Trilling, Lillian Hellman, Hannah Arendt e Norman Mailer*], The Free Press, 1999.
62. Citado na introdução de Pierre Bouretz a *Eichmann à Jérusalem, op. cit.*, p. 1003.

63. Norman Podhoretz, *Ex-Friends...*, *op. cit.*
64. Immanuel Kant, *La Religion dans les limites de la simple raison* [*A religião nos limites da simples razão*], tradução de J. Gibelin revista por M. Naar, Vrin, 1982. Ver especialmente a primeira parte. Recordemos que em Kant a expressão mal radical não designa uma vontade diabólica que teria o projeto de fazer o mal *com vistas ao próprio mal.* A expressão corresponde antes à idéia de uma corrupção da vontade em sua própria raiz: ela não coloca o respeito pela lei moral como motivo de suas ações. A inversão da hierarquia dos motivos constitui o mal radical que deve ser imputado a uma livre escolha originária, e é essa inversão que torna possível as ações más.
65. Citado in *Eichmann à Jérusalem*, *op. cit.*, p. 1358.
66. Immanuel Kant, Critique de la faculté de juger, § 40 [*Crítica da faculdade do juízo*, tradução de Valério Rohden e Antônio Marques. São Paulo/Rio de Janeiro: Forense Universitária, 1993]. O livro de Alain Finkielkraut, *L'Humanité perdue: essai sur le XXe siècle* [*A humanidade perdida: ensaio sobre o século XX*], 1996, é inteiramente atravessado por esta esperança arendtiana de acreditar ainda em um mundo comum face a um mundo global, império do ressentimento.

XVII. LEAL À REALIDADE

1. Hannah Arendt e Karl Jaspers, *Correspondance*, *op. cit.*, carta nº 343, de 24 de novembro de 1963, p. 711.
2. Sua crítica de *Les Fruits d'or* [*Os frutos de ouro*] aparece em 5 de março de 1964 em *The New York Review of Books.* Ver também: Hannah Arendt e Mary *McCarthy, Entre amigas: a correspondência de Hannah Arendt e Mary McCarthy*, *op. cit.*, nota 1 da carta de 13 de janeiro de 1964, p. 242.
3. Hannah Arendt e Karl Jaspers, *Correspondance*, *op. cit.*, carta nº 343, de 24 de novembro de 1963, p. 712.
4. *Ibid.*, carta nº 344, de 1º de dezembro de 1963, p. 717.
5. *Ibid.*, carta nº 343, de 24 de novembro de 1963, p. 713.
6. *Ibid.*, carta nº 352, de 24 de abril de 1964, p. 733.
7. Gollo Mann, "*Hannah Arendt und der Eichmann-Prozess*" ["*Hannah Arendt e o processo Eichmann*"], *Neue Rundschau*, nº4, 1963.
8. Citado na introdução a *Eichmann à Jérusalem*, *op. cit.*, p. 998.
9. Hannah Arendt e Karl Jaspers, *Correspondance*, *op. cit.*, carta nº 345, de 13 de dezembro de 1963, p. 719.
10. *Ibid.*, p. 721.
11. *Ibid.*
12. Carta de Hans Jonas para Hannah Arendt, enviada aproximadamente dez meses depois da publicação de *Eichmann em Jerusalém.* Acervo Arendt da New School de Nova York.
13. Hannah Arendt e Karl Jaspers, *Correspondance*, *op. cit.*, carta nº 353, de 14 de maio de 1964, p. 740.

14. *Ibid.*, p. 738.
15. *Ibid.*, carta nº 360, de 4 de outubro de 1964, p. 750. É Karl Jaspers quem se refere a esse comentário feito por Hannah Arendt sobre si mesma.
16. *Ibid.*
17. *Ibid.*, carta nº 353, de 14 de maio de 1964, p. 739.
18. Hannah Arendt e Mary McCarthy, *Entre amigas: a correspondência de Hannah Arendt e Mary McCarthy, op. cit.*, carta de 2 de abril de 1965, p. 178.
19. *Ibid.*, carta datada do Natal de 1964, p. 174.
20. Günther Anders, *Nous, fils d'Eichmann, op. cit.*
21. Hannah Arendt e Mary McCarthy, *Entre amigas: a correspondência de Hannah Arendt e Mary McCarthy, op. cit.*, carta datada do Natal de 1964, p. 175.
22. Hannah Arendt e Karl Jaspers, *Correspondance, op. cit.*, carta nº 360, de 4 de outubro de 1964, p. 750.
23. Hannah Arendt, "Só permanece a língua materna", in *A dignidade da política, op. cit.*, p. 137.
24. *Ibid.*
25. Hannah Arendt e Karl Jaspers, *Correspondance, op. cit.*, carta nº 363, de 29 de outubro de 1964, p. 759.
26. Hannah Arendt, "Só permanece a língua materna", in *A dignidade da política, op. cit.*, p. 123.
27. *Ibid.*
28. *Ibid.*
29. *Ibid.*
30. Hannah Arendt e Karl Jaspers, *Correspondance, op. cit.*, carta nº 362, de 25 de outubro de 1964, p. 755.
31. *Ibid.*, pp. 755-756.
32. *Ibid.*, carta nº 365, de 29 de novembro de 1964, p. 764.
33. *Ibid.*, carta nº 369, de 19 de fevereiro de 1965, p. 773.
34. *Ibid.*, carta nº 365, 29 de novembro de 1964, p. 764.
35. *Ibid.*, carta nº 371, de 14 de março de 1965, p. 779.
36. Norman Podhoretz, *Ex-friends..., op. cit.*
37. Hannah Arendt e Martin Heidegger, *Correspondência 1925/1975, op. cit.*, carta nº 90, de 13 de abril de 1965, p. 109
38. Hannah Arendt e Karl Jaspers, *Correspondance, op. cit.*, carta nº 378, de 16 de junho de 1965, p. 798-799.
39. *Ibid.*, carta não datada que chegou em 13 de abril de 1965, p. 786.
40. Carta de Hannah Arendt para Woolf e Bagguley de 14 de setembro de 1966, citada por Elisabeth Young-Bruhel, *op. cit.*, p. 502.
41. Hannah Arendt e Karl Jaspers, *Correspondance, op. cit.*, carta nº 373, de 13 de abril de 1964, p. 786.
42. *Ibid.*, p. 784.

43. *Ibid.*, carta de 11 de junho de 1965.
44. Hannah Arendt, "Verdade e política", in *Entre o passado e o futuro, op. cit.*, p. 308.
45. *Ibid.*, p. 295.
46. *Ibid.*, p. 296.
47. *Ibid.*, p. 325.

XVIII. FILÓSOFA

1. "Verdade e política" será publicado pela *New Yorker* em 25 de julho de 1967, e depois integrado a *Entre o passado e o futuro, op. cit.* pp. 282-325.
2. Hannah Arendt e Karl Jaspers, *Correspondance, op. cit.*, carta de 25 de julho de 1965, p. 803.
3. *Journal de pensée, op. cit.*, caderno "Vérité et politique", 1963-1964, §2, p. 811.
4. *Ibid.*, §10, p. 814.
5. Hannah Arendt e Mary McCarthy, *Entre amigas: a correspondência de Hannah Arendt e Mary McCarthy, op. cit.*, carta de 20 de outubro de 1965, p. 189.
6. Hannah Arendt e Karl Jaspers, *Correspondance, op. cit.*, carta nº 382, de 20 de setembro de 1965, p. 804.
7. Hannah Arendt e Mary McCarthy, *Entre amigas: a correspondência de Hannah Arendt e Mary McCarthy, op. cit.*, carta de 20 de outubro de 1965, p. 190.
8. Jacob Robinson, *And The Crooked Shall Be Made Straight*, Nova York, Macmillan, 1965, *La Tragédie juive sous la croix gammée à la lumière du procès de Jérusalem, Le récit de Hannat Arendt et la réalité des faits* [*A tragédia judaica sob a suástica à luz do processo de Jerusalém, O relato de Hannah Arendt e a realidade dos fatos*], traduzido por Lucien Steinberg, Centro de documentação judaica contemporânea, 1969.
9. Hannah Arendt e Karl Jaspers, *Correspondance, op. cit.*, carta nº 384, de 7 de outubro de 1965, p. 809.
10. Jacob Robinson, *La Tragédie juive sous la croix gammée..., op. cit.*
11. Randall Jarrell (1914-1965) continua pouco traduzido na França. Sua obra completa está disponível em inglês: *The complete poems* [*Poemas completos*], Londres, Faber and Faber Ltd., 1971.
12. Paul Tillich (1889-1965). Notemos a publicação de sua *Théologie systématique* [*Teologia sistemática*], Le Cerf, Labor et Fides, Presses de l'Université Laval, 2000.
13. Hannah Arendt, "*The Formidable Mister Robinson. A Reply to the Jewish Establishment*", *New York Review of Books*, nº 5112, 20 de janeiro de 1966. Ela responderá às cartas suscitadas por seu artigo no número de 17 de março de 1966. Ver *Eichmann à Jérusalem, op. cit.*
14. Hannah Arendt e Karl Jaspers, *Correspondance, op. cit.*, carta nº 389, de 16 de janeiro de 1966, p. 821. Ela precisa que "essa brincadeira teria custado de 160 a 200 mil dólares, de acordo com alguém que trabalha no mesmo estabelecimento que o senhor Robinson".
15. *New York Review of Books* de 11 de novembro de 1965. Ver *Eichmann à Jérusalem, op. cit.*, p. 137.

16. Alexander Schwan, *Politische Philosophie im Denken Heideggeres* [*Filosofia política no pensamento de Heidegger*], Colônia-Opladen, 1965.
17. Hannah Arendt e Karl Jaspers, *Correspondance, op. cit.*, carta nº 391, de 19 de fevereiro de 1966, p. 829.
18. Werner G. Brock (1901-1974), professor em Freiburg entre 1931 e 1933, conseguiu chegar à Grã-Bretanha graças a Martin Heidegger. Tornou-se novamente professor na universidade de Freiburg após a guerra.
19. Karl Jaspers alude a um relatório de Martin Heidegger para o corpo docente de Göttingen datado de 16 de dezembro de 1933, já evocado, no qual ele falava do "judeu Fränkel".
20. Hannah Arendt e Karl Jaspers, *Correspondance, op. cit.*, carta nº 393, de 9 de março de 1966, p. 831-832.
21. *Ibid.*, carta nº 397, de 18 de abril de 1966, p. 837.
22. Diskus, 13º ano, nº 1, janeiro de 1963.
23. Hannah Arendt e Karl Jaspers, *Correspondance, op. cit.*, nota da carta nº 399, de 4 de julho de 1966, p. 1022.
24. *Ibid.*, carta nº 398, de 27 de junho de 1966, p. 837.
25. *Ibid.*, carta nº 401, de 10 de agosto de 1966, p. 856.
26. Hannah Arendt e Martin Heidegger, *Correspondência 1925/1975, op. cit.*, carta nº 91, de 6 de outubro de 1966, p. 111.
27. *Ibid.*, p. 112. O poema de Friedrich Hölderlin (1770-1843) foi escrito um ano antes de sua morte, em 12 de julho de 1842. O texto em alemão é o seguinte: "*Der Herbst*".

Das Glänzen der Natur ist höheres Erscheinen,
Wo sich der Tag mit vielen Freuden endet,
Es ist das Jahr, das sich mit Pracht vollendet,
Wo Früchte sich mit frohem Glanz vereinen.

Das Erdenrund ist so geschmückt, und selten lärmet
Der Schall durchs offne Feld, die Sonne wärmet
Den Tag des Herbstes mild, die Felder stehen
Als eine Aussicht weit, die Lüfte wehen

Die Zweig' und Äste durch mit frohem Rauschen
Wenn schon mit Leere sich die Felder dann vertauschen,
Der ganze Sinn des hellen Bildes lebt
Als wie ein Bild, das goldne Pracht umschwebet.

28. Hannah Arendt e Martin Heidegger, *Correspondência 1925/1975, op. cit.*, carta nº 92, de 19 de outubro de 1966, p. 113.
29. Isto é, o editor e dois membros da redação da revista.

30. Martin Heidegger, "Martin Heidegger interrogé par *Der Spiegel*" ["Martin Heidegger interrogado por *Der Spiegel*"], *Écrits politiques, op. cit.*, pp. 239-272. Conforme a vontade de Heidegger, o artigo só foi publicado depois de sua morte, ou seja, dez anos depois da entrevista, no número de 31 de maio de 1976, do *Spiegel*.
31. *Ibid.*, p. 246.
32. *Ibid.*
33. *Ibid.*, pp. 256-257.
34. *Ibid.*, pp. 260-261.
35. *Ibid.*, p. 260.
36. *Ibid.*, p. 261.
37. *Ibid.*, p. 271.
38. Hannah Arendt e Karl Jaspers, *Correspondance, op. cit.*, carta nº 401, de 10 de agosto de 1966, p. 831-857.
39. Hannah Arendt, "Rosa Luxemburgo: 1871-1919", *Homens em tempos sombrios, op. cit.*, pp. 37-55.
40. *Ibid.*, p. 67.
41. Bernard Nauman, *Auschwitz: A Report on the Proceedings Against Robert Karl Ludwig Mulka and Others Before the Court at Frankfurt* [*Auschwitz: um relato sobre os procedimentos contra Robert Karl Ludwig Mulka e outros diante da Corte em Frankfurt*], traduzido por Jean Steinberg, com uma introdução de Hannah Arendt.
42. Hannah Arendt e Karl Jaspers, *Correspondance, op. cit.*, carta nº 399, de 4 de julho de 1966, p. 851.
43. *Ibid.*, carta nº 407, de 13 de outubro de 1966, pp. 864-865.
44. *Ibid.*, p. 865.
45. *Ibid.*, carta nº 408, de 3 de novembro de 1966, p. 866.
46. *Ibid.*, carta nº 394, de 26 de março de 1966, p. 835.
47. *Ibid.*, carta nº 401, de 10 de agosto de 1966, p. 855.
48. Hannah Arendt, *Responsabilité et jugement* [*Responsabilidade e julgamento*], edição estabelecida por Jerome Kohn, traduzido por Jean-Luc Fidel, Payot, 1995.
49. *Ibid.*
50. *Ibid.*
51. Hannah Arendt e Mary McCarthy, *Entre amigas: a correspondência de Hannah Arendt e Mary McCarthy, op. cit.*, carta de 11 de outubro de 1966, p. 194.
52. Agradeço a Pierre Nora por me ter concedido seu tempo e aberto seus arquivos, nos quais pude tomar conhecimento dessa nota de leitura de Léon Poliakov.
53. Gideon Hausner, *Justice à Jérusalem, Eichmann devant ses juges, op. cit.*
54. Hannah Arendt e Mary McCarthy, *Entre amigas: a correspondência de Hannah Arendt e Mary McCarthy, op. cit.*, 11 de outubro de 1966, p. 194.
55. *Ibid.*
56. Agradeço a Jean Daniel pelas duas entrevistas que me concedeu e pelas discussões, longas e apaixonadas, que tivemos a respeito da pertinência das questões colocadas por Hannah.

57. Citado por Pierre Bouretz, Introdução a *Eichmann à Jérusalem*, *op. cit.*, p. 997.
58. *Ibid.*
59. Hannah Arendt e Karl Jaspers, *Correspondance*, *op. cit.*, carta nº 414, de 16 de janeiro de 1967, p. 876.
60. *Ibid.*, p. 878.
61. *Ibid.*
62. *Ibid.*
63. Hannah Arendt, "Walter Benjamin: 1892-1940", *Homens em tempos sombrios*, *op. cit.*, p. 142.
64. *Ibid.*
65. *Ibid.*, p. 158.
66. *Ibid.*, nota 12, citação de Franz Kafka, p. 155.
67. A New School conserva hoje uma parte dos arquivos de Hannah Arendt.
68. De 5 a 10 de junho de 1967, Israel travou uma guerra simultaneamente contra o Egito, a Jordânia e a Síria.
69. Hannah Arendt e Karl Jaspers, *Correspondance*, *op. cit.*, carta nº 419, de 10 de junho de 1967, pp. 884-885.
70. Dayan era, desde o fim de maio, ministro da Defesa de Israel.
71. Hannah Arendt e Karl Jaspers, *Correspondance*, *op. cit.*, carta nº 421, de 1º de outubro de 1967, p. 888.
72. *Ibid.*
73. Hannah Arendt e Martin Heidegger, *Correspondência 1925/1975*, *op. cit.*, carta nº 93, de 10 de agosto de 1967, p. 113.
74. *Ibid.*
75. *Ibid.*, carta nº 96, de 18 de agosto de 1967, p. 115. Ele termina com "Lembranças de Elfride. Cumprimente Heinrich".
76. Hannah Arendt e Karl Jaspers, *Correspondance*, *op. cit.*, carta nº 423, de 20 de fevereiro de 1968, p. 891.
77. Em uma carta a Mary McCarthy, Hannah fala da admiração que tem por seu trabalho de reportagem (cf. Hannah Arendt e Mary McCarthy, *Entre amigas: a correspondência de Hannah Arendt e Mary McCarthy*, *op. cit.*, carta de 13 de junho de 1968, p. 213). Até então ela só leu o início, depois se mostrará muito mais crítica.
78. Hannah Arendt, carta a Daniel Cohn-Bendit de 27 de junho de 1968, citada por Elisabeth Young-Bruehl, *op. cit.*, p. 541. Agradeço a Daniel Cohn-Bendit por me ter concedido seu tempo para evocar a importância da pessoa de Hannah para seus pais e por me explicar a influência de sua obra filosófica, que ele freqüenta há muito tempo.
79. Hannah Arendt e Karl Jaspers, *Correspondance*, *op. cit.*, carta nº 426, de 13 de junho de 1968, p. 893.
80. Hannah Arendt e Heinrich Blücher, *Correspondance*, *op. cit.*, carta de 4 de setembro de 1968, p. 516.

81. Elisabeth Young-Bruehl, *op. cit.*, p. 548-549.
82. *Sobre a violência*, Rio de Janeiro, Relume Dumará, 2001.
83. *Ibid.*, p. 117.
84. Entrevista com Elisabeth Young-Bruehl, Nova York, novembro de 2002.
85. Hannah Arendt e Karl Jaspers, *Correspondance, op. cit.*, carta nº 433, telegrama de Gertrud Jaspers de 26 de fevereiro de 1969: "Karl faleceu às 13:43".
86. *Ibid.*, pp. 900-902.
87. *Ibid.*
88. Hannah Arendt e Mary McCarthy, *Entre amigas: a correspondência de Hannah Arendt e Mary McCarthy, op. cit.*, carta de 17 de outubro de 1969, p. 237.
89. *Journal de pensée, op. cit.*, agosto de 1969, §27, p. 915.

XIX. SOZINHA

1. Hannah Arendt e Mary McCarthy, *Entre amigas: a correspondência de Hannah Arendt e Mary McCarthy, op. cit.*, carta de 8 de agosto de 1969, p. 234.
2. *Ibid.*, p. 233.
3. "O poder está no povo", Cícero, Das leis, 3, 2, 38.
4. Hannah Arendt e Mary McCarthy, *Entre amigas: a correspondência de Hannah Arendt e Mary McCarthy, op. cit.*, carta de 17 de outubro de 1969, p. 237.
5. Ver o prefácio de Jerome Kohn a *Responsabilité et jugement, op. cit.*
6. *Ibid.*
7. Ver também Hannah Arendt e Karl Jaspers, *Correspondance, op. cit.*, carta nº 422, de 25 de novembro de 1967, p. 890. Hannah Arendt explica que o fato de recorrer à polícia equivaleria a tratar os estudantes como criminosos, e provocaria violências.
8. *Journal de pensée, op. cit.*, agosto de 1969, §27, p. 917.
9. *Ibid.*, p. 918.
10. "Martin Heidegger faz oitenta anos", *Homens em tempos* sombrios, *op. cit.*, pp. 221-231.
11. *Ibid.*, p. 221. Citação de Platão, *Leis*, 775e.
12. *Ibid.*, p. 221.
13. *Ibid.*, p. 223. Tradução da expressão *zur Sache des Denkens*, que corresponde a um texto publicado por Heidegger em 1969.
14. *Ibid.*, p. 229.
15. *Ibid.*
16. *Ibid.*, p. 230.
17. *Ibid.*, p. 229-230.
18. *Ibid.*, p. 230.
19. *Ibid.*, p. 231.
20. Hannah Arendt e Mary McCarthy, *Entre amigas: a correspondência de Hannah Arendt e Mary McCarthy, op. cit.*, carta de 17 de outubro de 1969, p. 238.

21. *Journal de pensée, op. cit.*, novembro de 1969, §12, p. 950.
22. Citado por Elisabeth Young-Bruhel, *op.cit.*
23. Hannah Arendt e Mary McCarthy, *Entre amigas: a correspondência de Hannah Arendt e Mary McCarthy, op. cit.*, carta de 4 de junho de 1970, p. 245.
24. Hannah Arendt, "La désobéissance civile" ["A desobediência civil"], *Du mensonge à la violence. Essais de politique contemporaine, op. cit.*, pp. 53-104.
25. Hannah Arendt, *A vida do espírito*, Rio de Janeiro, Relume Dumará, 1991.
26. Hannah Arendt e Mary McCarthy, *Entre amigas: a correspondência de Hannah Arendt e Mary McCarthy, op. cit.*, carta de 30 de junho de 1970, p. 248.
27. Ver Elisabeth Young-Bruhel, *op.cit.*, p. 516.
28. *Ibid.*, p. 567.
29. *Ibid.*, pp. 567-568.
30. *Ibid.*
31. Aulas mimeografadas de Heinrich Blücher, acervo do Bard College. Agradeço às pessoas desse estabelecimento que me receberam e falaram de Heinrich Blücher, permitiram que eu visitasse a biblioteca de Hannah e de Heinrich e que eu fosse ao parque onde ambos repousam, sob as árvores, na calma da natureza e em meio ao chilreio dos pássaros.
32. Acervo da New School, Nova York.
33. Platão, "Defesa de Sócrates", 42 a, in *Sócrates*. Os pensadores. São Paulo, Abril Cultural, 1980, p. 27.
34. Hannah Arendt e Mary McCarthy, *Entre amigas: a correspondência de Hannah Arendt e Mary McCarthy, op. cit.*, carta de 22 de novembro de 1970, p. 257.
35. *Journal de pensée, op. cit.*, novembro de 1970, §86, p. 989.
36. Bertolt Brecht, "Ballade de Mazeppa" ["Balada de Mazeppa"] (1918), décima estrofe, in *Poèmes* [*Poemas*], tomo I, traduzido por Eugène Guillevic, L'Arche, 1965, p. 97.
37. Hannah Arendt e Mary McCarthy, *Entre amigas: a correspondência de Hannah Arendt e Mary McCarthy, op. cit.*, carta de 22 de novembro de 1970, p. 258.
38. Elisabeth Young-Bruhel, *op.cit.*
39. *Ibid.*, p. 574.
40. Hannah Arendt e Mary McCarthy, *Entre amigas: a correspondência de Hannah Arendt e Mary McCarthy, op. cit.*, carta de 22 de novembro de 1970, p. 258.
41. Edição de 12 de novembro de 1970.
42. Hannah Arendt e Mary McCarthy, *Entre amigas: a correspondência de Hannah Arendt e Mary McCarthy, op. cit.*, carta 22 de novembro de 1970, p. 259.
43. Hannah Arendt e Martin Heidegger, *Correspondência 1925/1975, op. cit.*, carta nº 126, de 22 de novembro de 1970, p. 148.
44. Hannah Arendt e Mary McCarthy, *Entre amigas: a correspondência de Hannah Arendt e Mary McCarthy, op. cit.*, carta de 1º de dezembro de 1970, p. 260.
45. Hannah Arendt e Martin Heidegger, *Correspondência 1925/1975, op. cit.*, carta nº 127, de 27 de novembro de 1970, p. 150.

46. *Journal de pensée, op. cit.*, 1971, §1, p. 993.
47. Hannah Arendt e Mary McCarthy, *Entre amigas: a correspondência de Hannah Arendt e Mary McCarthy, op. cit.*, carta de 5 de fevereiro de 1971, pp. 263-264.
48. Hannah Arendt e Martin Heidegger, *Correspondência 1925/1975, op. cit.*, carta nº 128, de 20 de março de 1971, p. 151.
49. Hannah Arendt e Mary McCarthy, *Entre amigas: a correspondência de Hannah Arendt e Mary McCarthy, op. cit.*, carta de 13 de fevereiro de 1971, pp. 268.
50. *Ibid.*

XX. PROFUNDA

1. *Journal de pensée, op. cit.*, 1971, §7, referência explícita à visita a Heidegger de 22 de abril de 1971, p. 995.
2. Hannah Arendt e Martin Heidegger, *Correspondência 1925/1975, op. cit.*, carta nº 130, de 17 de maio de 1971, p. 152.
3. Hannah Arendt e Mary McCarthy, *Entre amigas: a correspondência de Hannah Arendt e Mary McCarthy, op. cit.*, carta de 31 de maio de 1971, p. 279.
4. Hannah Arendt, "Du mensonge en politique: réflexions sur les documents du Pentagone" ["Da mentira em política: reflexões sobre os documentos do Pentágono"], *Du mensonge à la violence, op. cit.*, pp. 7-51.
5. *Ibid.*, p. 46.
6. Hannah Arendt e Martin Heidegger, *Correspondência 1925/1975, op. cit.*, cartas nº 131 a 135, entre 13 de julho e 19 de agosto de 1971, pp. 153-160.
7. Hannah Arendt, *A vida do espírito, op. cit.* Os capítulos citados correspondem aos capítulos III e IV do primeiro volume, *O pensar*.
8. Hannah Arendt e Mary McCarthy, *Entre amigas: a correspondência de Hannah Arendt e Mary McCarthy, op. cit.*, carta datada de 22 e 25 de janeiro de 1972, p. 289.
9. *Ibid.*
10. *Ibid.*
11. Hannah Arendt e Martin Heidegger, *Correspondência 1925/1975, op. cit.*, poema anexado à carta nº 141, de 15 de fevereiro de 1972, p. 165.
12. *Ibid.*, carta nº 144, de 27 de março de 1972, pp. 167-169.
13. *Ibid.*, carta nº 145, de 19 de abril de 1972, p. 170
14. Martin Heidegger, *Qu'appelle-t-on penser?* [*O que chamamos de pensar?*], traduzido por Aloys Becker e Gérard Granel, "Épiméthée", PUF, 1959.
15. Ver o prefácio de Mary McCarthy a *La Vie de l'esprit, op. cit.*, pp. 7-16. Ver também a análise magistral de Julia Kristeva, *Le Génie Féminin* [*O gênio feminino*], tomo I, Fayard, 1999.
16. Hannah Arendt e Martin Heidegger, *Correspondência 1925/1975, op. cit.*, carta nº 150, de 17 de setembro de 1972, p. 174.
17. *Ibid.*, carta nº 151, de 8 de dezembro de 1972, p. 174.

18. Citado por Elisabeth Young-Bruhel, *op. cit.*, p. 592.
19. Gabriel Marcel terminou *Le Mystère de l'être*, Aubier, 1951; e Étienne Gilson *L'Esprit de la philosophie médiévale*, J. Vrin, 1932.
20. Elisabeth Young-Bruhel, *op. cit.*, p. 593.
21. Citado por Elisabeth Young-Bruhel, *op. cit.*, p. 594.
22. Hannah Arendt, *A vida do espírito*, p. 5.
23. *Ibid.*
24. Hannah Arendt e Mary McCarthy, *Entre amigas: a correspondência de Hannah Arendt e Mary McCarthy*, *op. cit.*, carta de 17 de agosto de 1973, p. 320.
25. Hannah Arendt e Martin Heidegger, *Correspondência 1925/1975*, *op. cit.*, carta nº 155, de 18 de julho de 1973, pp. 176-177.
26. *Ibid.*, carta nº 156, de 29 de julho de 1973, p. 177.
27. Conhecido como "seminário do Thor", devido ao nome do lugar onde ocorria, durante duas horas e meia por dia ao longo de três dias, diante de um círculo de amigos. Agradeço a Dominique Fourcade por me ter descrito esses seminários, que ele teve a oportunidade de assistir.
28. Elisabeth Young-Bruhel, *op. cit.*, p. 596.
29. Santo Agostinho "Confissões", XI, 12, in *Santo Agostinho*, Coleção Os pensadores, São Paulo, Abril Cultural, 1980, p. 216.
30. Wystan Hugh Auden (1907-1973), *Poésies choisies* [*Poesias escolhidas*], traduzido por Jean Lambert, Gallimard, 1968, reed. Coleção Poésie, 2005.
31. A publicação do livro de Auden sobre *Falstaff* a havia assim levado a meditar como filósofa sobre o perdão e a caridade.
32. Ver o acervo Hannah Arendt, na New School, em Nova York.
33. Lembranças de Elisabeth Young-Bruhel, *entrevista de 12 de fevereiro de 2001*.
34. Acervo da New School.
35. Publicado na *New Yorker* de 20 de janeiro de 1975 e, em francês, em Wystan H. Auden, *Essais critiques* [*Ensaios críticos*], traduzido por Claude Habib, Claude Mouchard, Pierre Pachet, seguidos de "En Souvenir de Wystan H. Auden, mort dans la nuit du 28 septembre 1973" ["Em Lembrança de Wystan H. Auden, morto na noite de 28 de setembro de 1973"] por Hannah Arendt, Belin, 2000.
36. Citado por Elisabeth Young-Bruhel, *op. cit.*, p. 598.
37. Carta inédita a Roger Errera, de 31 de outubro de 1972, acervo Hannah Arendt, New School, Nova York.
38. Arquivos do Instituto Nacional do Audiovisual.
39. Essa citação de Char abre o prefácio de Hannah Arendt a *Entre o passado e o futuro*.
40. Elisabeth Young-Bruhel, *op. cit.*, p. 599.
41. Hannah Arendt e Mary McCarthy, *Entre amigas: a correspondência de Hannah Arendt e Mary McCarthy*, *op. cit.*, carta de 16 de outubro de 1973, p. 327.
42. *Ibid.*

43. *Ibid.*, carta de 1º de março de 1974, p. 331.
44. *Ibid.*, carta de 23 de dezembro de 1973, p. 329. Carta citada por Elisabeth Young-Bruhel, *op. cit.*, p. 578.
45. Elisabeth Young-Bruhel, *op. cit.*, p. 603. Hannah Arendt e Mary McCarthy, *Correspondance*, *op. cit.*, nota do editor, p. 505.
46. Entrevista com Lotte Köhler, fevereiro de 2003.
47. Hannah Arendt e Mary McCarthy, *Entre amigas: a correspondência de Hannah Arendt e Mary McCarthy*, *op. cit.*, carta de 11 de maio de 1974, p. 335.
48. Hannah Arendt e Martin Heidegger, *Correspondência 1925/1975*, *op. cit.*, carta nº 159, de 20 de junho de 1974, p. 179.
49. Acervo da New School, Nova York. Martin Heidegger está de fato escrevendo uma introdução para a edição integral de suas obras, na qual esboça as linhas diretrizes de seu trabalho. Ele confia a Hannah: "Isso exige muita reflexão e apontamentos [...]. O pensar só não vai aparentemente longe nestes apontamentos." Hannah Arendt e Martin Heidegger, *Correspondência 1925/1975*, *op. cit.*, carta nº 162, de 17 de setembro de 1974, p. 182.
50. *Ibid.*, carta nº 161, de 26 de julho de 1974, pp. 180-181.
51. *Ibid.*, carta nº 158, de 14 de março de 1974, p. 179.
52. Martin Heidegger, *De l'essence de la liberté humaine: introduction à la philosophie* [*Da essência da liberdade humana: introdução à filosofia*], texto estabelecido por Hartmut Tietjen e traduzido por Emmanuel Martineau, in *Oeuvres de Martin Heidegger* [*Obras de Martin Heidegger*], seção II, cursos 1923-1944, Gallimard, 1987.
53. Hannah Arendt e Martin Heidegger, *Correspondência 1925/1975*, *op. cit.*, carta nº 163, datada de "Depois de 26 de setembro de 1974", p. 182.
54. Hannah Arendt e Mary McCarthy, *Entre amigas: a correspondência de Hannah Arendt e Mary McCarthy*, *op. cit.*, carta de 9 de setembro de 1974, p. 340.
55. *Ibid.*, carta de 12 de setembro de 1974, p. 340.
56. *Ibid.*
57. Citado em Elisabeth Young-Bruhel, *op. cit.*, p. 606.
58. In *New York Review of Books* de 26 de junho de 1975 e recentemente traduzido em francês em *Responsabilité et Jugement*, *op. cit.*
59. Produzido por Fabienne Servan-Schreiber.
60. Hannah Arendt e Martin Heidegger, *Correspondência 1925/1975*, *op. cit.*, carta nº 164, de 6 de junho de 1975, p. 183.
61. *Ibid.*, carta nº 166, de 30 de julho de 1975, p. 184.
62. Hannah Arendt e Mary McCarthy, *Entre amigas: a correspondência de Hannah Arendt e Mary McCarthy*, *op. cit.*, carta de 22 de agosto de 1975, p. 358.
63. *Ibid.*
64. *Journal de pensée*, *op. cit.*, dezembro de 1969, §22, p. 954.
65. Conservado no acervo Arendt da New School.
66. W.H. Auden, citado por Hannah Arendt, *A vida do espírito*, *op. cit.*, p. 160.

67. Citação de Agostinho que sempre retornava à boca de Hannah Arendt ao longo de conversas com suas amigas. Entrevista com Lotte Köhler e Lore Jonas.

68. Os *Basic Writings* [*Escritos básicos*] conterão, como ela desejava, a introdução de *Ser e Tempo* e os ensaios *Qu'est-ce que la métaphysique?* [*O que é a metafísica?*], *Sur l'essence de la vérité* [*Sobre a essência da verdade*], *L'Origine de l'oeuvre d'art* [*A origem da obra de arte*], *Lettre sur l'humanisme* [*Carta sobre o humanismo*].

69. Correspondência inédita com o professor Peter Fuss, acervo da universidade do Missouri, arquivos New School, Nova York.

70. Carta de Hannah Arendt a Peter Fuss de 19 de fevereiro de 1975, acervo Arendt da New School, Nova York.

71. Elisabeth Young-Bruhel, *op. cit.*, p. 614.

72. *Ibid.*, pp. 614-615.

73. Hannah Arendt e Martin Heidegger, *Correspondência 1925/1975*, *op. cit.*, carta nº 167, de Martin Heidegger a Hans Jonas, de 6 de dezembro de 1975, p. 187.

74. *Journal de pensée*, *op. cit.*, junho de 1970, §66, p. 977.

BIBLIOGRAFIA DAS OBRAS DE HANNAH ARENDT PUBLICADAS NO BRASIL

A condição humana. Tradução de Roberto Raposo. Rio de Janeiro, Forense Universitária, 1981.

Crises da república. Tradução de José Volkmann. São Paulo, Perspectiva, 1999.

Da revolução. São Paulo, Ática, 1989.

A dignidade da política: ensaios e conferências. Organização de Antônio Abranches, tradução de Helena Martins e outros. Rio de Janeiro, Relume Dumará, 1993.

Eichmann em Jerusalém: um relato sobre a banalidade do mal. Tradução de José Rubens Siqueira. São Paulo, Companhia das Letras, 1999.

Entre o passado e o futuro. Tradução de Mauro W. Barbosa de Almeida. São Paulo, Perspectiva, 1979.

Homens em tempos sombrios. Tradução de Denise Bottmann. São Paulo, Companhia das Letras, 1987.

Lições sobre a filosofia política de Kant. Organização de Ronald Beiner, tradução de Ronald Beiner e André Duarte de Macedo. Rio de Janeiro, Relume Dumará, 1994.

Origens do totalitarismo. Tradução de Roberto Raposo. São Paulo, Companhia das Letras, 1989.

O que é política? Organização de Ursula Ludz, tradução de Reinaldo Guarany. Rio de Janeiro, Bertrand Brasil, 1999.

Rahel Varnhagen, a vida de uma judia alemã na época do Romantismo. Tradução de Antônio Trânsito e Gernot Kludasch. Rio de Janeiro, Relume Dumará, 1994.

Responsabilidade e julgamento. Tradução de Rosaura Eichenberg. São Paulo, Companhia das Letras, 2004.

Sobre a violência. Tradução de André Duarte. Rio de Janeiro, Relume Dumará, 1994.

A vida do espírito. Rio de Janeiro, Relume Dumará, 1991.

Correspondências:

Hannah Arendt e Martin Heidegger, *Correspondência 1925/1975*. Organização de Ursula Ludz, tradução de Marco Antonio Casa Nova. Rio de Janeiro, Relume Dumará, 2001.

Hannah Arendt e Mary McCarthy, *Entre amigas*. Organização de Carol Brigtman, tradução de Sieni Campos. Rio de Janeiro, Relume Dumará, 1995.

ÍNDICE ONOMÁSTICO

Abel, Lionel: 465
Adenauer, Konrad: 443, 489
Adler, Hans Günther: 456
Adler, Salomon: 188-190
Adorno, Theodor: 99, 109-110, 129, 180, 184, 192, 199-200, 238, 312, 343, 497
Agnon, Shmuel Yosef: 268
Agostinho, Santo: 66, 77, 89-91, 109, 110, 320, 377, 542, 556, 559
Anders, Günther, *ver* STERN, Günther
Antelme, Robert: 250, 252
Appelfeld, Aharon: 235
Aragon, Louis: 148
Arendt, Frieda: 40
Arendt, Henriette: 20
Arendt, Johanna: 20
Arendt, Klara: 20, 28
Arendt, Martha, nascida Cohn, viúva Beerwald: 20, 22, 23, 26, 27, 29-33, 37, 40, 132, 135, 160,162, 164, 166, 168, 174, 181, 194-195, 197, 201, 203, 231, 276-280, 297
Arendt, Max: 20, 22, 25
Arendt, Paul: 20, 23, 40, 420
Aristóteles: 51, 55, 77, 302, 311, 326, 375, 527, 549
Aron, Raymond: 138, 140, 164, 310, 312, 321, 341, 485, 506
Auden, Wistan Hugh: 197, 529, 531, 539, 542, 556
Augstein, Rudolf: 499
Bach, Procurador: 494
Badia, Gilbert: 172
Baeck, Leo: 380, 456, 466
Baeumler, Alfred: 165, 248, 257
Barbusse, Henri: 145
Baron, Jeannette: 525, 560, 561
Baron, Salo: 215, 294, 413, 449, 525, 560, 561
Barth, Karl: 539
Barth, Renée: 179
Bataille, Georges: 141, 165
Baudelaire, Charles: 154, 186, 511
Bauer, Fritz: 423
Beaufret, Jean: 253, 346
Beauvoir, Simone de: 509, 549
Beerwald, Clara: 37-38
Beerwald, Eva: 37-38, 166, 276-279, 297, 534, 547
Beerwald, Martin: 37, 166
Beethoven, Ludwig van: 101
Begin, Menahem: 275, 457
Bejsky, Moshe: 418
Ben Gurion, David: 211, 217, 220, 223-225, 228, 264, 269, 272, 273, 367-368, 401, 405-406, 409, 411, 413, 418, 432, 441-444, 461, 475
Benjamin, Walter: 34, 41-42, 80, 94, 109-110, 114, 138-141, 147-148, 153, 161, 165, 168, 170, 172-173, 180, 182, 184-187, 189, 196, 199-201, 208, 221, 242, 267, 311, 318, 510-513, 533

Beradt, Charlotte: 158, 425, 436, 526
Bergson, Henri: 539, 555
Bernadotte, Conde: 272, 274
Bernanos, Georges: 312
Biolik, Haïm Nahman: 264
Birnbaum, Pierre: 92, 263
Blixen, Karen: 382
Bloch, Ernst: 34
Bloch, Joseph: 31
Blochmann, Elisabeth: 87, 128
Blücher, Heinrich: 154-166, 168, 170-176, 178-183, 187-188, 190, 191-200, 201-202, 204, 213, 215, 221, 229, 231, 233, 243-247, 266, 269, 276-283, 293-295, 297-299, 305-308, 317, 320, 331, 338, 343-347, 349, 351-352, 357, 363-364, 366-375, 389-390, 393, 396-397, 399, 405, 407, 411, 413, 418, 422, 424-426, 428-429, 435-436, 463, 465, 468, 482-484, 485, 490, 494, 502-503, 510, 512, 514, 519, 523, 525-532, 533-534, 536, 543
Blumenfeld, Kurt: 42, 95, 113-115, 116, 122, 135, 146, 153, 160, 201, 219, 221, 227-229, 246, 265, 268, 270, 338, 341, 349, 351, 358, 362, 365, 367, 372, 385, 390, 392, 406, 415-416, 433, 552
Boccherini, Luigi: 149
Bondy, François: 407, 410-411
Borkenau, Franz: 313
Bourdieu, Pierre: 291-292
Bouretz, Pierre: 441, 509
Brandeis, Irma: 526
Brandler, Heinrich: 156, 419
Braque, Georges: 307
Braüde, Else: 534
Brauman, Rony: 407
Brecht, Bertolt: 35, 116, 130, 136, 144, 145, 165, 169, 192-193, 201, 204, 243, 246, 439, 493, 528, 533
Broch, Hermann: 193, 246, 267, 281, 295, 366
Brock, Werner: 123, 497
Brocke, Edna, nascida FUERST, *ver* FUERST, Edna
Brod, Max: 268
Brockmeier, Peter: 18
Buber, Martin: 41, 94, 114, 147, 149, 168, 382, 432
Bultmann, Rudolf: 43, 49, 76, 88, 130
Burrin, Philippe: 133

Camus, Albert: 344, 485, 522
Cassirer, Ernst: 43, 96, 120, 146
Celan, Paul: 50, 255
Céline, Louis Ferdinand: 166, 312
Chaplin, Charlie: 145, 191
Char, René: 542, 545
Chateaubriand, René de: 277
Chiaramonte, Nicola: 536
Churchill, Winston: 202, 551
Cícero: 523
Clausewitz, Karl von: 181
Clemenceau, Georges: 201, 353
CocteaU, Jean: 198
Cohen, Benno: 416
Cohen, Elliot: 275
Cohen, Hermann: 94
Cohn, Alfred: 172-173
Cohn, Jacob: 20
Cohn, Rafael: 30
Cohn-bendit, Dany: 514
Cohn-bendit, Erich: 164, 171, 180, 208, 298, 390, 514
Cohn-bendit, Gaby: 179
Cohn-bendit, Herta: 390, 514
Colie, Rosalie: 424
Conrad, Joseph: 312, 318
Cusa, Nicolas de: 485
Czerniakow, Adam: 454-456

Daladier, Edouard: 178
Daniel, Jean: 505, 507

Darwin, Charles: 262
Dayan, Moshe: 429, 512
Delbrück, Hans: 156
Descartes, René: 53, 171
Desenberg, Mme: 465
Deutscher, Isaac: 322
Diderot, Denis: 530
Döblin, Alfred: 140, 193, 246
Dostoievski, Fiodor: 56
Douglas, William: 436
Dreyfus, Alfred: 88, 313, 315, 341, 463
Duchamp, Marcel: 292
Duras, Marguerite: 514

Eatherly, Claude: 421
Eban, Audrey: 274
Eckhart, Mestre: 546
Eichmann, Adolf: 19, 86, 97, 202, 227, 241, 316, 324, 325, 400, 401-408, 410, 413, 414, 417-419, 421, 423-424, 426, 431-435, 437-440, 442-449, 453-455, 459-460, 461-462, 464-465, 469-470, 472, 473-475, 477, 481-482, 486, 493, 503-507, 508, 535, 540
Einstein, Albert: 215, 275
Eisenhower, Dwight David: 352
Eisler, Kurt: 145
Eisner, Lotte: 176
Eliot, T.S.: 268
Engels, Friedrich: 262
Epicteto: 356
Errera, Eglal: 552
Errera, Roger: 544, 545

Fanon, Frantz: 516
Farias, Victor: 106, 256
Faulkner, William: 175, 246, 382, 397
Faye, Emmanuel: 118
Ferrari, Alain: 552
Feteilson, Rose: 230, 281, 344, 350, 366, 468, 526, 551
Feuchtwanger, Leon: 133, 172
Finckenstein, Barão: 104
Fink, Eugen: 423
Finkelstein, Louis: 344
Finlayson, Doutor: 548
Fischer, Kaethe: 31, 151-152
Fittko, Lisa: 185
Ford, Gerald Rudolf, Jr: 551
Foucault, Michel: 310
Fox, Professor: 453
Fraenkel, Ernst: 313
Franco, Francisco: 236
Fränkel, Fritz: 156, 164, 175
Fränkel, Hilde: 230, 243, 282, 293-296, 298, 300, 306, 308-309
Frankenstein, Karl: 83-84
Freud, Sigmund: 111, 153
Friedländer, Paul: 120
Friedländer, Saul: 457
Friedrich, Carl: 343
Fromm, Erich: 402
Fry, Varian: 184, 188
Fuerst, Edna, esposa Brocke: 20, 22, 85-86, 88, 281, 339, 396, 406, 411, 415, 519
Fuerst, Ernst: 85, 151, 339, 367, 396, 406, 415
Fuerst, Kaethe: 367, 396, 406, 415
Fuerst, Margarethe: 29, 166
Furet, François: 314
Gadamer, Hans-Georg: 129
Gagarin, Youri: 410
Gandillac, Maurice de: 258
Gaus, Günther: 24, 42, 132, 213, 487
Gehlkers, Friedrich: 256
George, Manfred: 203
George, Stefan: 126
Gide, André: 166, 175
Gilbert, Elke: 548, 553-554
Gilbert, Robert: 161, 422, 525, 548
Gilson, Etienne: 539
Giraudoux, Jean: 341

Godard, Jean-Luc: 309
Godard, Justin: 146
Goebbels, Joseph: 99, 129, 138, 206, 239, 314, 416
Goethe, Johann von: 39, 65, 78, 89, 92, 101, 111, 113, 116, 154, 157, 277, 336, 371, 395, 398, 511, 543, 547, 562
Gourfinkel, Nina: 150, 182, 533
Gouri, Haïm: 409, 418, 431
Gray, Glenn: 424, 525, 535, 548
Green, Julien: 197
Greilsammer, Ilan: 218, 265
Gruenbaum, Itzhak: 211, 264
Grumach, Ernst: 38, 40, 45, 48
Gruner, Bertha: 424
Grynszpan, Herschel: 166, 414
Grynszpan, Zyndel: 414
Guardini, Romano: 42-43
Gurian, Waldemar: 313, 343, 353, 382
Gurland, Mme: 185

Hausner, Gideon: 408-409, 413, 417-419, 433, 441, 468, 495, 505
Hegel, G. W. F.: 39, 43, 60, 66, 122, 140, 162, 208, 312, 335, 343, 365, 413, 424, 518, 547, 553
Heidegger, Elfride: 53, 87, 107, 254, 299-302, 303, 336, 345, 347, 548
Heidegger, Hermann: 53, 59-60, 123, 299, 300-301
Heidegger, Jörg: 53
Heidegger, Martin: 40, 42-44, 46-48, 50-56, 57-61, 63-64, 66-68, 70, 73-84, 87-89, 91, 96, 100, 103-108, 111, 117-121, 123-129, 131, 143, 157, 165, 242, 247, 253-259, 281, 286-292, 296-306, 318, 331-336, 338, 339, 342, 344-347, 351-352, 353, 358, 369-370, 371, 374, 381, 384, 389, 391-393, 423, 438, 455, 490, 496-501, 513, 520-522, 530-532, 533-535, 537-538, 541, 547-550, 553-557, 558, 562
Heine, Heinrich: 212, 268
Heráclito: 303, 337
Hersch, Jeanne: 87, 343
Herz, Henriette: 101
Herzl, Nadja: 28
Herzl, Theodor: 25, 93, 114
Hessel, Stefan: 184
Heydrich, Reinhardt: 416, 447
Hilberg, Gwendallyn: 451
Hilberg, Raul: 449-454
Hilferding, Rudolf: 111, 313
Himmler, Heinrich: 416, 448
Hirsch, Kaethe: 175
Hitler, Adolf: 88, 98, 107, 113, 117-119, 122, 124-125, 127-130, 132, 140-143, 145, 160, 165-166, 170, 172-173, 177, 181, 201-202, 205, 222, 224-225, 231, 237, 240, 255, 258, 280, 314, 319, 351, 355, 379, 405, 416, 438, 444, 447, 461-462, 499
Hobbes, Thomas: 180, 311-312, 318
Hölderlin: 41, 43, 48, 65, 69, 293, 392, 498
Homero: 510
Hook, Sydney: 387
Horder, Professor: 124
Horkheimer, Max: 109, 129, 182, 184, 192, 199, 201, 238, 312, 343
Horster, Detlef: 18-19
Huber, Peter: 162, 171, 180
Husserl, Edmund: 48, 51-53, 64, 69, 73-77, 81, 87-88, 94, 99, 105, 120, 123, 143, 255, 257, 360
Husserl, Mme: 500

Jackson, Robert: 467
Jacob, Berthold: 190
Jacobi, Paul: 40
Jacobson, Victor: 150
Jacobsthal, Paul: 120

Jamet, Dominique: 508
Jarrell, Randall: 268, 281, 496
Jaspers, Gertrud: 77, 131, 230, 232-233, 242, 296, 339, 349, 360, 370, 396, 422, 425, 428, 435-436, 486, 494, 497, 502
Jaspers, Karl: 42, 51-52, 54, 70, 75, 77-80, 82, 87, 89-91, 97, 99-101, 103, 106-107, 110-111, 119, 123-124, 129, 131, 140, 145, 155, 229, 230-233, 238, 240-243, 245, 247, 255-259, 265-266, 268, 271, 274-276, 280, 285-291, 292, 296, 298-299, 304, 306, 308, 315, 322, 330-336, 345, 347, 349, 351, 353, 356-358, 360, 362, 365-366, 368, 370, 374, 378-381, 388-393, 396, 402-408, 410, 416, 419-420, 422-425, 428-429, 433-435, 437, 454, 463, 470, 476, 482-483, 485-489, 491, 494, 497-498, 501-503, 510, 512-516, 520, 524, 552
Jefferson, Thomas: 424
Jefroikyn, Natasha: 162
Jerphagnon, Lucien: 90
Jerphagnon, Thérèse: 90
Jhering, Herbert: 116
Jogiches, Leo: 502
Jonas, Hans: 41-42, 45, 56, 57, 71, 76, 79, 84, 87-89, 91, 94, 95, 112, 139, 202, 214, 219, 221, 231, 325, 420, 483-484, 525, 531, 539
Jonas, Lore: 75, 281, 525, 539
Jovanovich, William: 547, 552
Joyce, James: 246, 318
Jünger, Ernst: 126, 314

Kafka, Franz: 83, 114, 137, 138, 144, 148, 167, 186, 191, 246, 267, 359, 511, 555
Kaiser, Joseph: 423
Kant, Emmanuel: 17, 43, 49, 60, 66, 69, 76, 82, 96, 119, 122, 140, 171-172, 180, 204, 292, 321, 326, 365, 391, 395, 458, 478-479, 484, 489, 491, 525, 531, 535, 540, 546, 549, 553, 556
Kantorowicz, Alfred: 172
Kastner, Rudolf: 448, 451
Kazin, Alfred: 309, 353, 530
Kennedy, John Fitzgerald: 433, 481
Kessler, conde: 98
KhrouchtcheV, Nikita: 383
Kierkegaard, Sören: 39, 44, 45-46, 49, 56, 89, 96, 109, 204, 381
Klee, Paul: 189, 511
Klemperer, Victor: 98, 107
Klenbort, Chanan: 147, 157, 164, 205, 406, 526
Klenbort, Lotte: 178, 205, 278, 406, 526
Koestler, Arthur: 141, 144, 172, 190
Köhler, Lotte: 230, 281-282, 429, 524-527, 530, 547, 560
Kohn, Hans: 274
Kohn, Jerome: 75
Kojève, Alexandre: 140, 312, 343
Koyré, Alexandre: 140, 294, 373
Kracauer, Siegfried: 133
Krell, David Farel: 557
Krieck, Ernst: 165
Kriegel, Maurice: 469
Kristeller, Paul Oskar: 79

La Boétie, Etienne de: 142
La Rochefoucauld, François, duque de: 186
Landau, Moshe: 408, 416
Lang, Fritz: 191
Lanzmann, Claude: 251
Laqueur, Walter: 216, 496
Lasky, Melvin: 229
Lasson, Adolf: 43, 523
Lawrence, T.E., dito Lawrence da Arábia: 313
Lazare, Bernard: 220, 312, 338
Lefort, Claude: 310, 507
Leibniz, Wilhelm Gottfried: 17
Leibovici, Martine: 439, 455

Lenin, Vladimir Illitch Oulianov, dito: 341, 354
Less, Avner: 411, 414
Lessing, Gotthold Ephraim: 393-394, 396
Levi valensi, Eliane Amado: 507
Levi, Primo: 251-253
Lévinas, Emmanuel: 73, 99, 141
Liebknecht, Karl: 31, 33-34, 156
Locke, John: 523
Loewenson, Erwin: 84, 552
Louis-Ferdinand, príncipe: 101
Löwe, Adolph: 110
Lowenfeld, Henry, 100
Lowenfeld, Yela: 100
Löwith, Karl: 45, 56, 71, 73, 79, 83, 105, 107, 123, 125, 231, 255
Lubchansky, Jean-Claude, 544
Lucrécio: 360
Lutero, Martin: 56, 111, 354
Luxemburgo, Rosa: 31-34, 156, 212, 372, 383, 390, 501-502

MacDonald, Dwight: 353, 489, 526, 530
MacDonald, Margareth: 526
Maquiavel: 312, 350, 365, 425-426, 501, 523
Magnes, Judah: 115, 270-274
Mahler, Alma: 183, 191
Maier, Joseph: 208
Mailer, Norman: 464
Maimonide, Moisés: 114
Mallarmé, Stéphane: 513
Malraux, André: 140, 308
Mandelstam, Ossip: 559
Manheim, Ralph: 389, 393
Mann, Golo: 482
Mann, Heinrich: 130, 141, 145
Mann, Klaus: 133, 197
Mann, Thomas: 39, 69, 140, 145, 192-193, 197, 203, 239-244, 246, 248
Mannheim, Karl: 99, 109-111, 115
Marcel, Gabriel: 138, 164, 539
Marcuse, Herbert: 147, 192
Marcuse, Ludwig: 130, 193
Marx, Karl: 117, 154, 180, 199, 208, 212, 262, 318, 331, 340, 343, 348, 353, 358, 365, 374, 377, 381, 501, 516, 530, 553, 555
Matisse, Henri: 195
Maurras, Charles: 341
Mccarthy, Joseph: 357
Mccarthy, Mary: 230, 326, 341, 352, 366, 372-373, 382, 384, 399, 420, 426, 428, 432, 435, 463-464, 467-468, 481, 485, 486, 494, 502, 504-507, 510, 514, 517, 522-528, 530, 532, 533-536, 540-541, 547, 550-554, 562
Mead, Margaret: 399
Meir, Golda: 416, 446
Melkman, Joseph: 453
Mendelssohn, Anne, ver WEIL, Anne
Mendelssohn, Kaethe: 294, 503
Mieville, Anne-Marie, 309
Missac, Pierre: 201
Mohrt, Michel: 504
Möllendorf von, reitor: 123
Moloshok, mestre: 463, 484
Monnier, Adrienne: 170, 173, 174
Montesquieu, barão de: 347-348, 360, 545
Morgenthau, Hans: 526, 542, 554
Mulisch, Harry, 433
Mundt, Martha: 135, 157, 162
Müntzel, Herbert: 129
Murdoch, Iris: 548
Musmanno, Michael: 465
Mussolini, Benito: 314

Natorp, Paul: 49, 54
Neumann, Erich: 84
Neumann, Franze: 175, 312, 314, 449-453
Neumann, Sigmund: 117, 424
Nietzsche, Friedrich: 34, 73, 96, 119, 126, 243, 255, 282, 292, 295, 350, 381, 537, 553

Nixon, Richard: 352, 541, 549, 551
Nora, Pierre: 505, 509
Novick, Peter: 214, 237-238, 469

Olivier, Laurence: 551
Ott, Hugo: 106, 143, 256
Oz, Amos: 151

Palmier, Jean-Michel, 138
Parmênides: 337
Pascal, Blaise: 56, 390
Paulo, São: 89
Péguy, Charles: 312
Pendorf, Robert: 449
Péricles: 391
Peschanski, Denis: 172
Pétain, Philippe: 178, 184, 188
Petlioura, Simon: 404
Petzet, Heinrich Wiegand: 499
Picasso, Pablo: 195, 429
Piper, Klaus: 379, 396, 486
Platão: 41, 51, 54, 64, 69, 75, 77, 126, 155, 204, 256, 286, 312, 326, 331, 350, 358, 364, 371-372, 374, 382, 391, 403, 438, 490, 491, 517, 521-523, 540
Podhoretz, Norman: 476-478, 489
Poliakov, Leon: 342, 414, 417, 431, 452, 509
Pougotch, Isaac: 149
Proust, Marcel: 141, 150, 246, 312-313, 389, 510
Puchkin: 543

Rafael: 163
Rahv, Philip: 546
Rath, Ernst von: 166, 414
Regler, Gustav: 140
Rembrandt: 163, 372, 374, 420
Resnais, Alain: 253
Retz, Cardinal de: 186
Ribbentrop, Joachim von: 166
Rickert, Heinrich: 73, 78, 80
Ricœur, Paul: 376
Ridner, Fanny: 181
Riesman, David: 329, 353
Rilke, Rainer Maria: 43, 83, 133, 139, 267, 395, 559
Robinson, Jacob: 467, 494-496
Romains, Jules: 173
Roosevelt, Franklin Delano: 204, 207
Rosen, Pinhas: 415, 446
Rosenberg, Harold: 352
Rosenblath, Felix: 136
Rosenzweig, Franz: 34, 45, 268
Roth, Joseph: 133
Rothschild, David de: 149
Rothschild, Edouard de: 149
Rothschild, Germainde de: 149
Rousseau, Jean-Jacques: 424, 426, 490
Rousset, David: 249-251, 252, 312, 321
Rovere, Dick: 352
Russell, Bertrand: 509

Salazar, Antonio: 236
Salisbury, Harrison: 436
Salomon, Albert: 195
Sarraute, Nathalie: 397, 484, 518, 532, 533
Sartre, Jean-Paul: 140, 144, 253, 258, 343, 485, 509, 516, 554
Schafer, professor: 528
Scheler, Max: 88
Schelling, Friedrich: 335, 369, 537
Schiffrin, André: 204
Schiller, Friedrich von: 87, 113, 157
Schirach, Baldur von: 129
Schlegel, Dorothea: 101
Schlesinger Jr, Arthur: 352
Schmid, Carlo: 494
Schmitt, Carl: 257
Schocken, Salman: 267, 294
Scholem, Fania: 416
Scholem, Gershom: 34, 41-43, 94, 97, 113-114, 147, 152, 165, 167, 185, 200, 219-

220, 227, 265, 268-270, 273, 382, 385, 416, 432, 471-478, 479, 483, 495
Schopenhauer, Arthur: 34, 45, 243
Schramm, Hanna: 177
Schubert, Franz: 420
Schumann, Robert: 196
Schwan, Alexander: 496
Schwarzbard, Samuel: 404
Schwoerer, Viktor: 120
Scot, Duns: 535, 537
Segev, Tom: 265, 281, 442
Seghers, Anna: 133, 183, 190
Servatius, Robert: 408, 413, 456
Shakespeare, William: 522, 556
Shawn, William: 402
Simenon, Georges: 180
Simon, Ernst: 212, 467
Sivan, Eyal: 407
Sócrates: 155, 210, 308, 350, 371, 528, 540
Soljenitsyn, Alexandre; 548
Sombart, Nicolaus: 98
Souvarine, Boris: 313, 322
Spengler, Oswald: 46, 126, 413
Sperber, Manès: 114, 139, 144, 508
Spiero, Fanny: 20
Spinoza, Baruch de: 287, 486, 490
Stalin, Joseph: 181, 280, 318, 334, 350, 354, 383, 504
Stambaugh, Joan: 549
Starr, Joshua: 294
Steffin, Margaret: 168
Stein, Edith: 87
Stern, Günther *alias* Anders, Günther: 71, 84, 86-88, 92-98, 100, 107-112, 117, 121, 132, 136-142, 144-145, 154, 165, 180, 182, 192, 196, 199, 233, 267, 316, 369, 390, 419-421, 486, 553
Stern, Juliette: 150, 173, 208
Sternberger, Dolf: 488
Stifter, Adalbert: 56, 553
Strauss, Leo: 192-193, 310-312
Strauss, Max: 267
Strauss, Richard: 121

Theolleyre, Jean-Marc: 408
Tillich, Paul: 109, 193-194, 243, 282, 420, 496
Tocqueville, Alexis de: 180, 277, 340, 361
Toller, Ernst: 192
Towarnicki, Frédéric de: 253-255, 258
Trakl, Georg: 351
Trevor-Roper, Hugh: 482, 506
Tristan, Flora: 320
Trotski, Léon: 117
Tucídides: 391

Valéry, Paul: 148-149, 173, 360, 555
Van Gogh, Vincent: 56
Varnhagen, Rahel: 96, 98-99, 101-104, 108, 116, 159, 167, 195, 320, 379, 577
Vidal-Naquet, Pierre: 438, 509
Virgílio: 25, 559
Voegelin, Eric: 311-312, 329, 340, 342, 382
Vogelstein, Hermann: 24-26
Vogelstein, Julie: 194, 230, 244, 269, 278, 367
Voltaire: 277

Wagner, Richard: 121, 129, 243
Wahl, François: 140
Wahl, Jean: 150, 164, 294, 389
Waldman, Morris: 264
Weber, Max: 78, 111, 131, 143, 257, 308, 371
Weil, Anne, nascida Mendelssohn: 161, 171, 180, 230, 231, 294, 298, 339, 344, 366, 373, 390, 393, 423, 494, 503, 528, 533, 547, 554
Weil, Éric: 140, 146, 150, 161, 208, 231, 294, 503
Weil, Hans: 111
Weil, Simone: 310, 314
Weill, Kurt: 210

Weiss, Ernst: 133
Weiss, Hélène: 79, 500
Weiss, Ted: 481, 526
Weizmann, Chaïm: 146
Weliczker-Wells, Leon: 417
Weltsch, Robert: 114, 484
Werfel, Franz: 141, 183, 197
Werner, Erik: 466
Werth, Léon: 141
West, James: 533
Wiese, Benno von: 129, 375
Wiesel, Elie: 210
Wieviorka, Annette: 252
Wiggins, Henry: 453
Wisliceny, Dieter: 401
Wolf, Erik: 128, 520
Wolff, Georges: 499
Wolff, Hélène: 530
Wolff, Kurt: 380
Woodward, Beverly: 365
Woolf, Virginia: 298

Yosselewska, Rivka: 418
Young-Bruehl, Elisabeth: 230, 516, 530

Zuckerman, Zivia Lubtkin: 418
Zweig, Arnold: 153
Zweig, Stefan: 133, 140, 197, 312

Este livro foi composto na tipologia Agaramond, em corpo 12/16, e impresso em papel off-white 80g/m², no Sistema Cameron da Divisão Gráfica da Distribuidora Record.